역사활용의 기술

-성공적인 정책결정을 위한 22가지 노하우-

역사활용의 기술

초판1쇄 발행일 • 2006년 1월 31일

지은이 • 리처드 노이스타트, 어니스트 메이
옮긴이 • 이호령, 오영달, 이웅현
펴낸이 • 이재호
펴낸곳 • 리북
등 록 • 1995년 12월 20일 제13-663호

서울시 마포구 서교동 395-68 2층
T. 02-322-6435 F. 02-322-6752

정 가 / 25,000원

ISBN 89-87315-69-X 03340

역사활용의 기술

-성공적인 정책결정을 위한 22가지 노하우-

리처드 노이스타트, 어니스트 메이 지음
이호령, 오영달, 이웅현 옮김

리북

■ 저자 서문

이 책은 정책결정을 하는 사람들을—또는 그렇게 되기를 희망하는 사람들을—염두에 두고 쓴 책이다. 이 책은 공직에 선출되거나 임명되는 사람 모두를 위한 것이다. 또한 스태프 또는 "관료들"로서 그러한 사람들을 보좌하는 이들을 위한 것이기도 하다. 이 서문의 목적은 우리가 하고 있는 것이 무엇이며 왜 그것을 하는지에 대해 분명히 밝히기 위한 것이다.

우리들의 삶을 통하여 역사와 통치(governance)라는 문제는 우리들에게 경이감을 안겨주었다. 우리는 오랜 시간 동안 역사가 통치에 어떻게 도움을 줄 수 있는가를 골똘히 생각하며 보내왔다. 1970년대부터 우리는 함께 "역사의 활용"이라는 이름의 특수대학원 강좌를 가르쳐왔다. 우리와 함께 공부한 사람들 중에서 보통 사용되는 의미의 "학생들"은 극소수였다. 대부분은 중견으로서 보다 높은 임무의 훈련을 위해 학교로 보내진 사람들이었다. 그 가운데 일부는 최고관리자 프로그램에 등록한 고위 공무원들—의원, 국장들, 영관급 장교들, 장성들, 대사들 등—이었다.

우리가 이 강좌를 시작한 이유는 부분적으로 우리 주변—우리의 수업, 언론매체, 워싱턴 정가—의 많은 사람들이 역사에 대해 내놓고 말할 수 있을 만큼 알지 못하며 그러한 역사 지식의 결핍에서 오는 피해를 알고 있지도 못하며, 또한 세상이 새롭다고 생각하거나 모든 문제들을 갓 생겨난 (모든 것이 히로시마나 베트남이나 워터게이트 또는 가장 최근의 선거 이후에 일어난) 것으로 생각할 뿐만 아니라 공공부문의 결정들은 이성이나 감성이 우선적으로 필요로 할 뿐이라고 생각하고 있다는 것을 감지했기 때문이다. 그러나 그러한 사람들이 있음에도 불구하고 워싱턴의 정책결정자들은 실제 그들의 결정에서 역사를 활용한다는 사실 즉 그들이 어떤 역사를 알든 알지 못하든 최소한 자신의 주장을 옹호하거나 또는 위안을 얻기 위해 그것을 활용한다는 것도 알게 되었다. 우리는 이 강좌를 시작하면서 배증하고 있는 정부 관리직 학생들의 도움으로 매일 있는 결정과 관리업무의 다른 측면들에 쫓겨 분주한 사람들이 그들의 업무를 위해 역사를 보다 잘 활용할 수 있는 손쉬운 절차를 개발하기를 희망했다.

누가 누구를 가르쳤는가는 좋은 질문이다. 이 책에서 말하는 많은 부분들을 우리는 학생들로부터 배웠는데, 특히 역사를 다소라도 활용하는 것이 정말 얼마나 효과적이었는가에 대해 우리에게 전하기 위해 전화하고 편지를 써 준 사람들이다. 이 강좌를 수강한 거의 모든 사람들이 이 강좌에서 많은 이익을 얻었다고 말한다. 더욱 중요한 것은 그들이 우리에게 이 강좌가 그들이 봉급을 받으며 하고 있는 일에 유익했다고 즉, 정책을 결정하고 어떤 정책 사업을 관리, 운용하는 데 있어서 도움이 되었다고 말해 주었다는 점이다.[1] 그들의 증언은 이 책 또한 많은 이익을 줄 것이며 활용될 수 있을 것이라는 희망을 갖게 한다.

어느 모로 보나 이 책은 공저이다. 우리는 수업마다 함께 가르쳤

---

1) 부록에는 이 강좌를 수강했던 졸업생들의 일람이 포함되어 있으며, 이들의 평가 결과의 초록이 수록되어 있다.

으며 장(章)마다 함께 집필하였다. 그것은 지나한 과정이었다. 우리는 첫 초고의 장들을 절반 정도 완성한 뒤에 서로 교환하여 어떤 것도 수정될 수 있다는 원칙 하에 다시 손질하였다. 거의 모든 것이 바뀌었다. 우리는 한층 더 엄격한 원칙을 가지고 있었는데 어떤 수정 주장에 대해서도 반박할 수 있다는 것이었다. 반박된 것도 있고 그렇지 않은 것도 있다. 우리는 연이은 초고들을 통하여 서로의 주장들을 반박하였으며 새로운 자료 역시 같은 원칙의 지배를 받았다. 너무도 많은 교환이 있었기 때문에 우리들 각자는 무엇인가 수정해 놓고는 다른 사람이 "나는 상관없어. 네가 그것을 썼으니까."라고 하는 말에 놀라곤 했다. 우리는 자료출처에 대해 논쟁하였으며 해석에 대해 철저히 논의했다. 우리는 더 이상 누가 처음 무엇을 썼는가를 생각해 낼 수 없으며, 이제 누가 무엇을 처음 생각했는지도 기억할 수가 없다—또 우리가 무엇인가를 함께 연구했을 때 누가 무엇을 찾아냈는지도 기억할 수 없다. 우리는 한 마음이며 한 목소리이(기를 희망한)다.

비록 이 책이 역사의 *활용*에 대한 것이지 역사 *그 자체*는 아니지만 그 활용은 역사로부터 가져온 사례들에 의하여 예증될 것이다. 독자들 일부는 대부분의 사례들이 1950년대와 그 후로부터 온 것이며 더러는 심지어 1970년대와 1980년대로부터 온 것이라는 것을 알고 놀랄 수도 있겠다. 우리의 현직자-학생들처럼 독자들도 "역사"란 확실히 그들보다 훨씬 전인 자신들의 부모가 태어나는 시기에 끝나는 것으로 생각하도록 교육받았을지도 모른다. 그러나 우리의 관점은 보다 사실에 충실하고 광범위하게 오늘날 화제가 되는 일까지도 포함하려 노력했다.

우리가 선택한 예시들은 대부분 미국에 관계된 것이며 대부분

지난 40년 동안 일어난 것으로 미국 정부의 고위급에 있는 다수 사람들이 기억할 수 있는 과거에 속하는 것들이다. 몇몇 사건들은 제2차 세계대전 종전 후 10년 동안 태어난 세대가 잘 알 수 없는 것들—대학에서 논의된 것은 너무 최근이며 우리 주변에서는 이미 멀어진 과거의 사건들이다. 이제 막 사회인이 된 더 젊은 사람들에게 이 예시들은 거의 그런 종류일 것이다. 30대에게는 신랄한 말이나 표현일지라도 20대에게는 희미한 연상만 불러일으킬 그런 예시들인 것이다. "구정(Tet)"과 "워터게이트"는 물론이고, "테헤란"의 "인질들"과 "베이루트"의 "해병대"는 그 좋은 예이다. 우리는 이처럼 눈에 잘 뜨이지 않는 상황에 있는 사례들에 초점을 맞추었는데 그 이유는 부분적으로, 우리가 나중의 장들에서 주장하는 것처럼, 역사를 활용하는 방법의 한 가지는 관찰자와 다른 연령, 성, 인종, 국적 또는 신념을 가진 사람들을 이해하는 것이기 때문이다. 우리가 그러한 사례들에 초점을 맞추는 다른 이유는 우리 시대에는 그러한 것들이 의미가 있기 때문이기도 하다. 이점에 대해서는 나중에 다시 논의하기로 한다.

우리들의 예시의 대부분은 악전고투의 이야기들이다. 삶이 반드시 그렇기 때문만은 아니다. 한편으로는 기자들이 문젯거리나 불화 등을 선호하기 때문이며 다른 한편으로는 회고록의 저자들이 무엇인가 옳은 것을 했다고 자랑해 댈 때보다는 어떤 잘못을 저질렀는가 하는 이유를 규명하려고 할 때 더 확실하고 구체적으로 세부 묘사를 하기 때문이다. 뿐만 아니라 충분히 증명된 실패담이 우리의 목적에 가장 잘 부합하기 때문이기도 하다.

우리의 예시에 등장하는 많은 당사자들은 무엇인가 잘못되어 간다는 느낌을 갖고 있었다. 그러한 예들 중에는 피그만 사건, 베트남

전쟁의 미국화, 발생하지도 않은 돼지독감으로부터 국가를 구하려고 했던 제럴드 포드의 노력, 카터 행정부로부터 나온 여러 가지 일화들 그리고 레이건 행정부 초기의 사회보장혜택 삭감과 관련한 불운 등이 있다. 그 핵심적인 결정을 내렸던 개인들, 아니 적어도 그들 중 일부는 회고하면서, "도대체 우리가 어떻게 *그런 일*을 하게 되었지?"라고 물었다.

이러한 점들을 전제로 하면 우리는 각 사례에 대하여 다음과 같은 의문을 제기할 수 있다. 즉, 스태프들의 관행이 간과했거나 찾아보지도 않았던 역사적인 근거들을 살펴보았더라면 "*그런 일*"이 일어나지 않을 수도 있었을까? 물론 우리는 사후지혜(hindsight)를 활용한다. 그밖에 또 무엇이 있을까? 우리의 사후지혜 활용은 전문가적인 것으로서 적어도 흔한 의미에 있어서 "정치적"인 것은 아니며, 어떤 사람이나 단체에 대하여 평결을 내리려 하기보다 미래의 성과를 위한 지침을 확인하는 데 보다 큰 의도가 있는 것이다. 우리가 끔찍한 것으로 간주하지만 당사자들은 꽤 잘 된 것으로 생각하는 많은 이야기들—예를 들면 1970년 캄보디아 침공—을 우리는 다루지 않았다. 우리가 선호하는 것은 이미 사후적으로 스스로를 비판한 사람들에 대해서만 가하는 사후적 비판이다.

어떤 독자들은 카터 행정부에 대하여 우리가 지나치게 가혹하다고 생각할지도 모른다. 우리는 마치 시린 이를 자꾸 혀로 핥는 사람처럼 카터 시절로 되돌아간다. 이에 대해서는 최소한 세 가지 이유가 있다. 카터의 대통령직 재임은 우리가 우리의 강좌를 통해 가장 열심히 공부하고 있을 때 시작되었다가 끝났다. 따라서 카터 행정부는 수업이 있을 때마다 토론을 위한 그 무엇인가를 제공했다. 둘째, 우리가 이 책을 쓰고 있을 때 카터와 그의 비서실장, 국가안보 보좌관 그리고 국무장관 모두가 회고록을 출판했다. 이 회고록들이 추측들에 대한 우리들의 전거 제시 능력을 뚜렷이 향상시켜 주었다. 셋째, 이 회고록의 저자들은 모두 많은 일들이 잘못 되었다는 데 동의하고 있다. 비록 무엇이 실패하였고 누가 비난받아야 할지에 대하여 단 두 사람의 의견도 일치하지는 않지만 발생했던 일을 막았어야 했다는 점은 모두가 시사하고 있다. 아이젠하워나 닉슨 행정부로부터 나온 회고록들은 그러한 통로를 거의 제공하지 못한다. 이 시기 회고록의 저자들은 불행한 일을 운명의 탓 또는 의회나 헌법에 돌리기는 해도 그들 자신들의 생각이나 절차에 결함이 있을 수 있었다고는 하지 않는다. 이와는 대조적으로 카터 행정부에 관한 저술들은 다음과 같은 질문을 하게 만든다: 어떤 스태프의 업무가 누구에 의해 그리고 언제 수행되었더라면 결과가 의도와 더 잘 부합되게 할 수 있었을까?

네 번째 이유가 있을 수 있다. 한때 카터의 연설문 작성자였던 제임스 팰로우즈(James Fallows)는 애틀랜틱 먼슬리(*Atlantic Monthly*)지에 "카터의 기질"에 대해 썼다: "문제를 보는 관점이 역사적이 아니라 인위적이며 그 이야기가 전에 어떤 모습으로 나타났는지에 대한 호기심이 결여되어 있었다."[2] 우리는 카터 행정부에서 우리의 주장을 위한 많은 예시들을 발견할 수 있었는데 그 이유는 카터에 의해 좌우된 스태프들의 업무처리가 역사에 두드러지게 무관심하였기 때문이다.

만약 우리가 이 책을 좀 더 늦게 시작했더라면, 그리하여 지금쯤 로널드 레이건 시절의 회고록들이 알렉산더 헤이그의 그다지

---

2) James Fallows, "The Passionless Presidency," Atlantic Monthly, May 1979, p.44.

밝혀주는 바 없는 『경고(*Caveat*)』보다 더 많았더라면 우리는 분명히 보다 최신 문제들에 기초한 비판을 가할 수 있었을 것이다. 결국 1983년에 미 해병대는 베이루트에서 무엇을 하고 있었는가? 사정이 그렇기 때문에 우리는 카터를 괴롭히는 것 외에 다른 선택의 여지가 없어 그의 시절에 관한 이야기들을 존 케네디(John F. Kennedy) (회고록의 저자들에 의하여 많은 것이 밝혀진 또 다른 대통령) 시절로 거슬러 올라가는 다른 이야기들과 프랭클린 루즈벨트(Franklin Roosevelt) 시절로 거슬러 올라가는 다른 이야기들로 보충할 수밖에 없었다. 반복해 말하건대 우리가 하려는 것은 결코 어떤 사람을 비난하려는 것이 아니며, 단지 미래의 공공 업무가 어떻게 하면 보다 잘 수행될 수 있을까에 대해 가능한 한 시사하려는 것이다.

각각의 예화마다 우리는, 정책결정자들이 그들의 한계적 환경 속에서도 좀 더 잘 해낼 수는 없었을까?를 묻는다. 잘 해낼 수 있었다면, 어떻게? 그리고 현직자들은 그들 자신의—또는 다른 어떤 사람의—일상적인 활용을 위해 어떤 일반 도식을 추출할 수 있을까? 그러한 질문들은 만약 다른 배역인물들이 그들의 역할을 다르게 수행했더라면 이야기는 어떻게 전개되었을까 하는 상상과 관련된다. 역사를 솔기 없는 직물이나 어찌할 수 없는 단단한 화합물로 보고 여기에 한 뜸 저기에 한 주름도 변화시키지 말아야 하는 것으로 보도록 훈련된 학자들에게 그러한 상상은 지적으로 어려운 일이다. 왜 그래야 하는 지는 유사한 훈련을 받은 학자로써 충분히 이해할 수 있다. 그러나 우리의 목적을 위해서는, 어떤 다른 접근법도 떠오르지 않았다.

우리는 정부 업무의 실제에 관심이 있으며, 관심이 있는 정부는 일차적으로 우리 자신의 정부이다. 이것은 다른 나라 정부들에 대하여 관심이 없어서가 아니다. 오히려 그것은 대부분 미국인들인 우리의 학생들에게 우리가 진 빚에 대한 보답이며, 그리고 미국의 제도적 장치가 가지고 있는 특별한 성격에 대한 우리의 답례라 할 수 있다. 만약 우리가 발견한 것들이 다른 나라 정부나 또는 기업들의 조건에도 맞는 것으로 귀결된다면 다행스런 일이다. 하지만 우리는 그런 취지의 주장을 하지 않는다. 우리는 다만 이 책이 그러한 비교연구를 촉진할 수 있는 계기가 되기를 바란다. 하지만 그러한 비교가 현재 이 책의 목적은 아니다.

우리의 목적은 엄격한 한계를 가지고 있다. 우리는 공직자들과 그들의 보좌관들이 그들의 임무를 *어떻게* 수행할 수 있는지에 대해 시사점을 제공한다. 우리는 그들이 *무엇을* 했거나 해야 하는 지에 대해 거의 말하지 않는다. 절차에 대한 우리의 시사점들이 질문 던지기와 추정에 대한 면밀한 검토를 강조함으로써 정부 행동의 도덕성에 대한 마키아벨리적 무관심이라는 비난은 완화될 것으로 생각한다. 만약 우리의 접근법이 업무에서의 보수주의적 경향과 소극적인 태도를 조장한다는 엉뚱한 비난을 촉발시킨다면 그것은 어쩔 수 없다. 우리는 이 책의 여러 곳에서 역사의 활용은 상상력을 자극할 수 있다고 주장한다. 즉 과거를 보는 것은 사람들이 대안적인 미래를 내다보게 하는 데 도움을 줄 수 있다는 것이다. 그러나 우리는 또한 분석이 선견의 적이 될 수 있다는 것도 수긍한다. 만약 콜럼버스가 그의 전제의 취약성을 더 많이 알고 있었더라면 그는 아마 결코 항해에 나서지 않았었을 것이다. 그럼에도 불구하고 우리들의 그간의 경험과 독서를 통한 간접 경험들은 우리에게 신중함이 미덕이라고 말하고 있는데 미사일 시대가 도래한 지 30년이 된 지금에도 마찬가지이다. 이처럼 우리는 우리의 한계를 인정한다.

또한 우리는 대문자 M으로 시작하는 용어로서의 방법론(Methodolgy)을 구성하고 있는 체 하고 싶지 않다. 우리의 이야기들은 당시에 어떤 것이 분석되거나 옹호되어야 했으며 그리하여 이를 바탕으로 같은 위치에 있는 분주한 사람들에 의하여 실제 업무가 어떻게 향상될 수 있었는가(성공담과 관련해서는 어떻게 반복되는가)에 대한 생각을 함께 제시할 것이다. 우리는 이를 위해 우리가 소방법(mini-method) 또는 소문자 m의 방법(method)이라고 명명한 일련의 지침을 도출하고 정의하는데, 그 의도는 이러한 지침들이 현장에 있는 사람들에게 적합하게 쉽게 기억되고, 즉각적으로 짧은 시간에 적용될 수 있게 하기 위해서이다.

대개 공포스런 일을 경험하고 나서야 생존자들은 그들이 물었어야 했던 질문들에 대하여 알게 된다. 그러한 질문들은 다음과 같은 일반적인 범주들에 속한다: 왜 우리는 *그것을* 믿었는가? 왜 우리는 *그것을* 기대했는가? 무엇이 우리로 하여금 그 또는 그녀 (또는 그들)가 *그것을* 할 것으로 믿게 하였는가? 우리의 소방법(mini-methods)은 늦기 전에 일찍 물어야 할 순서대로 배열된 질문들의 점검목록을 제공한다. 그 외의 점검목록들도 마찬가지로 잘 기능할 수 있을 것이다. 우리가 우리의 점검목록에 대하여 권리를 주장할 수 있는 것은, 일부는 사례들을 재고하기도 하고 또 일부는 그 일에 대한 시행착오의 보고 결과를 통해 되풀이하여 수정, 재명명(reword), 간단명료화 했기 때문이다. 소방법들이 어떤 마력이 있는 것은 아니지만 이를 시도해 본 사람들 대부분은 그 기능의 효과를 알게 된다.

현직자-학생들로부터의 찬사로 인해 우리가 너무 자만하고 있지 않나 염려되어 우리는 예닐곱 명의 고위급 인사에게 우리의 이야기들을 읽고 소감을 말해 줄 것을 부탁하였다. 그 가운데 한 명이 딘 러스크(Dean Rusk)였다. 아직 원고 상태에 있던 이 책에 대한 평을 하면서 그는 (여러 가지 중에) 다음과 같이 말했다.

> 먼저 당신들을 약간 놀려 주는 것으로 시작하겠다. 제2차 세계대전의 한 시기에 국방부에서 근무할 때, 나는 스태프들의 메모를 자주 보곤 했었다… 아주 많은 경우에 그와 같은 스태프 메모를 작성하는 사람들은 〈추천안을〉 먼저 시작한 뒤에 메모는 나중에 작성하곤 했다. 때때로 가장 집요한 논란은 어떤 문제를 진술함에 있어서 이미 작성된 결론에 어떻게 잘 맞추는가를 두고 벌어졌다. 내 인상을 말하자면 당신들이 때때로 … 어떤 문제에 대하여 무슨 일이 행해졌어야 하는가에 대한 당신들의 결론으로부터 시작하고 있으며 그리고 나서 그 시점에서 나왔어야 할 자신들의 주장을 구성했다는 것이다. 내가 이런 말을 하는 것은 당신들도 우리 모두처럼 인간이라는 것을 상기시켜 주기 위해서일 뿐이다.
>
> 보다 중요한 논평은 문서기록이란 것은 정책결정을 하는 사람들의 마음에 있는 생각 그리고 문서들에 나타나지 않는 정책결정자들 간의 논의의 아주 조그만 부분만을 반영할 뿐이라는 점이다. 중요한 외교정책 문제는 그 자체 내에 수십 가지의 문제들을 2중, 3중으로 가지고 있어서 정책결정자들의 마음은 문서가 무엇을 보여주는지에 관계없이 그러한 요소들에 대한 광범위한 점검표를 뒤지게 된다. 이러한 점검표들은 비행기 조종사들이 비행기에서 이륙직전에 활용하는 그런 것과 어슴푸레하게 비슷하다. 내가 받은 인상은 당신들이 어딘가 이러한 문제들 중 어떤 것들의 복잡성을 과소평가했으며, 그들이 정책결정에 도달하기 전에 거치는 과정들을 과소평가했다는 것이다.

첫 번째 사항에 대하여 우리 자신을 방어하기 위해 주장하고 싶은 것은 우리는 인간의 한계 내에서 초지일관 우리로부터 사후적 지혜가 달아나지 않도록 노력했다는 점이다. 어쨌든 우리는 *우리가* 그렇게 되기를 바랐던 것들이 (우리가 정말 바램을 가지고 있었을 때) 최소한 몇몇 참여자들에 의하여 같은 시기에 실제 주창되거나 또는 최소한 이해되었다고 생각한다. 러스크의 두 번째 지적 사항에 대해 답하자면 우리가 지나치게 단순화시키지 않았기를 바란다. 그런 경우가 있다면 우리가 독자들의 집중력을 고려해서 그렇게 했을 뿐이다. 우리의 이야기는 단지 *우리의* 요점을 예증하려는 의도일 뿐이며, 다른 역사적 기록의 대체물을 제공하려는 것이 아니다. 따라서 우리는 각주를 통해 독자들이 보다 완전한 설명을 다른 데서 접근할 수 있도록 노력했다.

사실, 거의 모든 예시들을 위해 우리는 당사자들에 의해 사적으로 우리에게 말해진 것들이나 씌어진 것들을 이용하였으며 그리고 추가적인 증언 모두가 각주로 표시되거나 또는 공식적으로 적시되지는 않았다. 우리는 그들의 희망에 따라 처리하였다. 이렇게 말하는 것은 독자들이 이러한 이야기들의 우리 버전을 그대로 믿으라는 것을 암시하고자 하는 것은 아니다. 단지 각주들이 우리의 모든 정보원을 확인해 주지는 않음을 밝히기 위해서이다. 우리가 쓴 어떤 것들은 저널리즘으로 취급될 수도 있을 것이다.

전체를 통하여 우리는 세 가지 가정을 하고 있는데 모두 일상적인 정책관행은 향상될 수 있다는 희망 속에 암시되고 있다. 이 가정들은 우리 수업의 핵심이며 이 책의 핵심이기도 하다.

- 정부의 권력을 사용함에 있어서 특수한 사정들은 중요하다. 이

념, 시대정신, 사회의 일반적 세력 또는 경제는 특정의 장소에서 특정의 날에 특정의 수단을 활용하는 특정의 사람을 통하여 나타난다. 그리고 이러한 변수들 가운데 어느 하나라도 변화한다면 그 결과는 달라질 것이다.

- 업무수행에 있어서 미미한 개선일지라도 추구할 가치가 있다. 진정으로 우리는 이에 대해서는 이견이 있을 것이라고는 생각하지 않는다. 정책결정들은 한 번에 하나씩 이루어지지만 각각 평균적으로 약간만 상회하는 개선이 이루어진다면 우리는 만족할 것이다. 결과적으로 종합해 보면 훨씬 더 많은 개선이 이루어질 수 있을 것이다.
- 잠시의 심사숙고도 도움이 될 수 있다. 어떤 정책결정자도 완전히 합리적일 수는 없다. 합리적이든 그렇지 않든, 대부분의 사람들은 때때로 계기를 놓치게 된다. 그럼에도 불구하고 서구 과학의 범주 내에서 활동하는 모든 교사들처럼 우리는 합리성을 업무수행을 위한 일상관습이며 표준으로 간주한다. 그러나 동시에 우리는 권좌에 있는 분주한 사람들이 복잡한 정부문제에 마주하고 불확실성 하에서 행동하지 않으면 안 될 때, 무엇을 해야 하는가에 대해 먼저 생각하게 되고 그리고 나서 두 번째로, 가능하기만 하다면 아무 것도 하지 않는 것을 생각하게 되는 거의 저항할 수 없는 유혹을 피하지 못할—피할 수 없을—것이라고 생각한다. 그러나 현직자들이 과연 얼마나 골똘히 그리고 얼마나 오랫동안 역사를 위해 짬을 낼 수 있을 것인가? 그 유혹이 그들과 그들 주변의 모두를 강하게 잡아당길 때 얼마나 버틸 수 있을까? 신중함은 완벽한 해법을 이끈다: 우리는 겸손하다.

우리의 이야기 속으로 들어가기 전에 세 가지 서언적인 추가 사항을 덧붙여야겠다. 첫 번째는 이 책은 어떤 면에서 우리 저자들이 살아온 역사를 반영하고 있다는 점이다. 어떻게 그렇지 않을 수 있겠는가? 당연히 우리의 예화들도 그러하다. 우리의 요지를 예증하기 위한 사례들을 선택함에 있어서는 다른 사람들의 회고록과 기록의 입수가능성은 물론 상황들에 대한 우리의 느낌과 우리 자신의 기억 정도에 의해 영향을 받았다. 예를 들면, 우리는 연방 최초의 여성 각료인 프랜시스 퍼킨스(Frances Perkins)를 소개하고 프랭클린 루즈벨트의 대통령 재임 초기에서부터 사회보장제도의 제 측면을 스케치한다. 우리들 중의 한 명은—노이스타트(Neustadt)—당시에 워싱턴의 한 고등학교에 재학 중이었다. 뉴딜 정책에 관여하고 있던 관리였던 그의 부친은 20년 동안 퍼킨스와 친하게 지냈었고 사회보장제도의 수립에 일정한 역할을 하였다. 그가 저녁식사 자리에서 들은 것들은 어린 마음에 쉽게 각인될 수 있었는데, 특히 루즈벨트의 첫 임기 동안에 듣게 되었던 많은 열의, 특색, 분위기, 흥취 등은 더욱 그러하였다. 의심의 여지없이 우리가 선택한 예화들은 노이스타트가 어릴 때의 기억에 가지고 있던 것들에 의해 영향을 받았다.

다른 이야기들에 대한 우리의 선택 또한 그의 이후 경력의 다양한 측면들에 의하여 영향을 받았다. 한국전쟁이 시작될 당시 그는 해리 트루먼의 하급 보좌관으로서 대체로 백악관 업무의 법률적인 문제들(우연히도 사회보장제도의 확대를 포함하여)을 다루고 있었다. 노이스타트는 한국전쟁의 결과를 그런 관점에서 정치적으로 보고 느꼈다. 10년 후 노이스타트는 케네디 대통령의 자문관으로서 여러 가지 중에서도 영국과의 스카이볼트 위기에 관하여 자세히 연구하였다. 이것은 존슨 시절의 초기에 북대서양조약기구 동맹국들과의 문제들에 관한 업무로 이어졌다. 훨씬 후에 이것은 또한 카터의 첫 보건교육복지부(현재는 보건봉사부) 장관이었던 조지프 칼리파노(Joseph Califano)를 위해 비슷한 연구를 하는 일로 이어졌는데, 칼리파노는 케네디 시절에 국방부의 보좌역이었다. 칼리파노는 스카이볼트 연구를 상기하였고 그리고 돼지독감 소동 직후에 그가 막 물려받은 행정적인 문제들을 강조하기 위하여 마찬가지의 연구를 원했다. 당연하게 우리는 이 책을 위해 한국전쟁의 시작뿐만 아니라 스카이볼트와 돼지독감을 선택했다. 그리고 우리 연구경력의 대부분에 걸쳐 (우리의 학생들이나 대학 그리고 국가는 말할 필요도 없고) 선생으로서의 우리에게 영향을 미쳤던 베트남 결정을 다루는 데 있어서—그들을 여기에 포함하는 충분한 이유임—우리는 우연히 노이스타트가 백악관의 현장에서 1960년대 초와 중반의 사람들에 대해 얻었던 통찰력을 활용하였다.

우리들 중 다른 한 사람은—메이—열 살이 젊은데 한국전쟁 동안 합참을 위한 역사가로서 제복을 입은 상태에서 처음 워싱턴을 접하게 되었다. 외교사에 관한 후일의 저술에서 그는 이 전쟁의 주요 결정들을 짜임새 있게 검토하였으며, 존슨 시절에 메이는 국방부의 친구들을 위해 하노이의 생각을 변화시킬 목적으로 행해진 미국의 폭격과 유사한 사례들을 비밀리에 조사하였다. 1970년대에 연이은 세 국방부 장관들 밑에서 메이는 1949년 소련의 원자폭탄 실험 이래 미국과 소련 사이의 전략무기 경쟁에 대한 심도 있는 검토를 지휘, 감독하였다. 전략무기제한회담(SALT)과 그 결과들은 그의 시계(視界) 안에 있었다. 노이스타트의 스카이볼트에 대한 연구처럼 메이의 연구도 기밀문서로 남아 있지만 마찬가지로 그것도 우리의 예화 선택에 도움을 주었는데 특히 제2차 전략무기제한회담이 그러하다.

1970년대에 메이는 중앙정보국(CIA)을 조사하는 상원위원회의 자문관이기도 했다. 그는 종종 자신의 학생이었던 앤 커랠리커스(Anne Karalekas)가 중앙정보국의 공식 역사를 준비할 때 어깨 너머로 이를 볼 수 있었다. 그 역사 또한 우리의 예화들에 뚜렷이 드러난다.

이 책의 뒷부분에서 우리는 "위치 짓기", 즉 우리가 다루는 사람의 관점에 영향을 미쳤을 공적인 역사에 있어서의 사건과 개인의 삶에 있어서 알려진 세부사항들을 시간의 궤적 위에 나열하는 테크닉에 대하여 기술한다. (이곳이 여러 사람들 중에서도 퍼킨스가 등장하는 부분이다.) 독자들은 우리와 대면하면서 우리 자신의 역사들이 예화들에 대한 우리의 선택에 영향을 미쳤으며, 더욱이 우리가 여러 해 가르쳤던 것은 우리와 우리의 학생들이 경험하며 살아왔던 사건들과 더불어—여기에 우리가 학생으로서 경험했던 것들을 포함하여—이 책의 주제뿐만 아니라 그 결론들에도 미친 영향을 알아차리게 될 것이다. 우리는 신중성을 강조하고 싶다. 우리의 처지에서 그것은 전혀 놀랄만한 일이 아니다.

우리들 중의 한 명은 제1차 세계대전 직후에, 다른 한 사람은 대공황이 시작할 무렵에 출생했다. 우리는 제2차 세계대전 이래의 역사적인 사건들에 대해 성인으로서의 인식을 공유해 왔다. 우리는 미국인이며 서부인으로서, 노이스타트는 캘리포니아 출신이고 메이는 텍사스 출신이다. 우리 둘은 대학에서 가르치는 일을 1950년대 중반에 시작했는데 노이스타트는 코넬, 콜럼비아 그리고 하버드에서, 메이는 줄곧 하버드에서였다. 메이는 외교사에 집중하였고 노이스타트는 정치제도, 특히 미국대통령제에 집중했는데 이러한 것들이 우리의 관심을 함께하게 하였다. 1960년대 중반에 우리는 왜 그토록 많은 결과들이 지금까지 정책의도와 차이가 나는가라는 질문에 공통의 관심을 발전시키고 연구를 수행하였다. 베트남과 '위대한 사회(Great Soceity)'라는 문제는 우리는 물론 메이 그룹이라는 위원장의 이름을 딴 연구단체(공식명칭은 좀 복잡한데, 관료제, 정치 그리고 정책에 관한 정치학부 연구그룹 연구소였다.)에 모였던 우리 동료들에게 이러한 질문을 갖게끔 했던 것이다. 그것은 매우 생산적인 단체로 판명되었다. 여러 가지 중에서도 당시에 등장하고 있던 케네디 행정대학원(Kennedy School of Government)의 새 경영교육과정이 여기서 나왔다. 우리는 그때 이래 그곳에서 가르쳐왔으며 종종 함께 가르쳤다.

관리의 측면에서 신중성은 그 무엇보다도 타당성에 대한 기민한 판단, 즉 다음 행동에 대해 숙고하여 본 실행가능성에 달려 있는 듯하다. 그러한 판단을 하는 방법, 또는 보다 핵심요점을 말하자면, 어떻게 하면 정책결정자들이 그렇게 될 수 있도록 자기 자신을 무장하는 데 도움을 줄 수 있을까 하는 것이 이전까지의 쓴 많은 글들에서의 우리의 관심사였다. 그러한 모색은 이 책에서 계속된다. 이전의 글들은 실제적 정책결정을 근거로 하여 성공적인 논증을 해 내지 못했다. 이는 부분적으로 우리의 이전 제안들을 충분히 설득력 있게 하지 못했기 때문이며 또는 부분적으로 간명하게 말하는데 실패했기 때문이다. (아마도 이 문제는 그 누구의 글에서도 썩 만족스럽지 않은 것 같지만 우리는 아직 두 손 들 준비가 되어 있지 않다!) 부분적으로 이러한 까닭은 공적인 삶의 미국인들은 최소한 현 세대까지는 국가 역사 속에서 "할 수 있다"는 믿음에 익숙해 있기 때문이다. 우리가 추구하는 어떤 것도 우리는 달성할 수 있다; 수단은 충분한 의지만 있으면 결정에 자동적으로 뒤따른다. 20년 전 즉, 베트남전쟁이 막 확전되기 시작할 때, 그러한 믿음이 그것을 밀어붙이며 날로

커져 갈 때 노이스타트는 헨리 잭슨 상원의원의 국가안보 참모 · 작전소위원회(Subcommittee on National Security Staffing and Operations)에서 증언하였다;

정부결정, 군사결정 등 우리가 공공정책이라고 부르는 범주에 속하는 결정들은 언제나 바람직한 것을 실행 가능한 것에 견주는 일을 포함한다. 공무원들은 모든 행동 수준에서 그 자신에게 "무엇" 뿐만 아니라 "어떻게"를 물음으로써 목표뿐만 아니라 또한 방법과 수단 등을 고려하며 그리고 나서 수단을 확보할 가능성에 대해 계산해 본다… 공무원들은 일반적으로 이러한 계산을 할 때 운영 측면에서 수단에 대한 충분한 고려를 하지 않고 정치적인 동의만 얻는다면 정부의 안팎에서 실제 일을 수행하는 사람들로부터 필요한 반응을 창조해 내거나 또는 즉흥적으로 만들어 내거나 또는 어쩌면 강제할 수 있다고 가정하는 경향이 있다…

그러한 가정은 아마도 우리의 역사 깊은 곳에 뿌리를 가지고 있다: 미국인들은 종종 다른 사람들이 전에 하지 않았던 것을 할 수 있는 수단을 즉흥적으로 만들어냈다. 우리는 연방주의를 창의적으로 만들어냈으며 서부를 확보했고 이전에 없던 규모의 남북전쟁을 치렀고 이민관련 문제들을 극복하였으며, 대량생산에 능란하였으며 파마나 운하를 건설—당시로서는 엄청난 위업이었음—하였다. 그리고 우리가 근대적인 면에서 우리의 안보와 우리의 외교를 형성하기 시작한 이래 우리는 빈번히 이러한 분야들에 있어서도 그러한 가정을 따랐는데 그것을 방증하는 것으로 보이는 결과들이 있다. 해리 트루먼의 그리스에 대한 원조, 마셜 플랜, 베를린 공수, 북대서양조약기구 등은 그 증거들이다.

지금은 단지 약간 조심스런 정도로 보이지만 당시로서는 멋없던 비관주의를 표현하는 말로 노이스타트는 계속해서 다음과 같이 말했다. "나는 우호적인 조건이, 의심 없이 실행한 정책결정의 효과적인 결과를 위한 선행조건이 되지 않았나 생각한다. 불행하게도 이러한 조건들은 항상 존재하는 것은 아니다."[3)]

1980년대는 1960년대와 다르다. 비교해서 말하면 이 두 시기 사이에 발생했던 어려운 일이 우리를 해외와 국내에서 더욱 조심스럽게 행동하도록 했다. 악의 제국과의 투쟁과 새로운 국가적 혁명에 관한 수사들이 이끌던 국제문제에 대한 적극적 태도와 국내적으로 견지되던 낙관적인 전망이 동시에 위축되고 있는 것이다. 그러나 왕성한 자신감(can-doism)이 아직 지속되고 있다. 이는 너무 가난하고 또는 비효율적이어서 돌볼 수 없을 것으로 보이는 장애자들에 대하여 이제 정부가 경제성장을 바탕으로 그들 모두를 돌볼 수 있다고 말하는 것이 그 예다. 우리는 낙관주의를 좋아하고 또 이러한 패기가 지속될 수 있기를 바란다. 그러나 우리가 또한 열망하는 것은 그러한 자신감이 지금껏 미국이 해 온 것과는 다른 방법으로 정책결정 과정에서 적용되는 것이고 또한 이 책이 그러한 목적에 어느 정도의 기여하는 것이다. 우리의 경험에 비추어 볼 때 어느 정도라는 말이 적당할 것이다. 하지만 그 희망만큼은 간절하다.

정책결정자들은 의식적이든 아니든 항상 과거의 경험을 활용하기 때문에 우리는 때때로 학생들에게 우리의 강좌가 중학교의 성교육과 유사한 목표를 가지고 있다고 말한다. 그들은 우리의 주제가

---

3) 89th Cong., 1st Sess., U.S. Senate, Committee on Government Operations, Subcommittee on National Security and International Operations, Hearings, June 29 and July 27, 1965, Part 3, pp.121 ff.

되었던 일을 실행할 수밖에 없을 것이기 때문에 조만간 그들은 수단과 방법에 대한 선견을 가지게 됨으로써 이득을 보게 될 것이다. 이러한 맥락에서 성교육 시간에 배운 작은 지식처럼 우리의 제안이 안전판으로서 뿐만 아니라 기쁨을 증진시킬 수 있다는 기대를 갖게 한다. 우리 서문의 마지막 직전에 역사에 대한 흥미를 강조하고 싶다.

우리의 강좌처럼 이 책은 하나의 숨겨진 (꼭 그렇지만은 않지만) 목적을 가지고 있다: 최소한 20세기의 것으로 특히 발생 전후의 저간의 사정이 불분명한 상태로 있는 미국 역사의 중요한 측면에 대한 지식의 틈을 메우는 것이다. 어떤 사람이 살아온 기간 전부를 포괄하는 좀더 긴 불분명한 역사는 흔한 일이다. 그러한 틈을 메우는 것은 전문가로서 교육받은 무식쟁이들에게 정말 기쁜 일이다. 그런 사람들이 많이 있는데 그들 자신의 작은 결함 때문이기도 하고 미국의 교육이 매년 이를 더 조장하고 있기 때문이기도 하다. 문제는 숨겨진 의제가 공표된 의제를 압도하지 않게 하는 것이다. 그래서 우리는 본문의 장들에서 이러한 예화들을 파고드는 것이다. 그리고 수업현장에서는 나이와 상관없이 “다음에 무엇이 발생했는가?” 그리고 “왜?”라고 묻는 학생들에게 답해 주어야 한다. 그런데 슬프게도 종종 학생들은 알지 못한다. 누군가 그들에게 얘기해 줄 때에야 알아내는 것에 학생들은 흥미를 느낀다. 그 흥미는 강렬하고 의미있는 것이다.

항상 역사를 읽는 가장 전통적인 이유도 두 번째 목적이 된다. 그 이유들은 정보에 관계될 뿐만 아니라 심미적이며, 원칙적으로 누구나 포함한다. 그러나 우리의 주요한 관심은 크고 작은 선택을 통하여 그들의 권위를 행사하면서 통치하고자 노력하는 사람들에게 있다. 다시 말하건대 우리의 초점은 역사에 대한 활용 그리고 제대로 활용하지 못하고 있으나 그렇게 할 수 있는 상황에 있으며 또한 그들 자신의 입장에서 스스로의 힘으로 어떻게 하면 역사를 더욱 잘 활용할 수 있는가에 있다.

마지막으로 우리가 한 번 이상 우리의 현직자-학생들에게 말하지 않으면 안 되는 것이 있다: 우리의 과목은 역사과목이 아니다—그리고 우리는 독자들에게도 이 책이 역사책이 아니라는 것을 되풀이 말한다. 더욱이 여기에 등장하는 많은 예화들에 관한 역사서도 아니다. 그것은 내일을 바라보면서 오늘 무엇을 해야 할 것인가를 결정하는 과정에서 멀리 떨어져 있든 가까이 있든 경험을 어떻게 활용하는가에 관한 것이다.

1985년 11월

매사추세츠 캠브리지

하버드 대학교

REN ERM

■ 역자 서문

우리는 매일 결정을 내리며 살고 있다. 습관화된 일상적인 결정의 경우 결정과정의 험난함도 거의 없고 그 결과에 그다지 큰 영향을 받지 않기 때문에 그 의미에 관한 반추 없이도 삶을 영위할 수 있다. 그러나 인생의 중대사라고 판단되는 결정의 경우 복잡한 내적 갈등과 외적 접촉의 험로를 자발적으로 선택할 뿐만 아니라 그 결과의 영향에 대해서도 진지한 고려를 아끼지 않는다. 따라서 결정이라는 지점에 도달하기까지는 원점으로의 회귀를 수도 없이 반복하며, 최종적인 결정을 내리고 그 결과를 기다리는 순간에도 '가지 않은 길'을 자꾸만 뒤돌아보게 된다. 그리고 결과의 성패에 따라 가슴을 쓸어내리든지 아니면 쥐어뜯든지 한다.

개인의 인생사에 있어서의 결정이 이러하다면 기업이나 국가를 운영하는 CEO나 정치지도자의 결정에는 그 영향의 범위가 다수의 운명을 포괄한다는 점에서 지혜와 인내심이 허용하는 최대한의 신중함이 수반되어야 한다. 이 '지혜와 인내심이 허용하는 최대한의 신중함'이란 무엇이며 그 신중함을 어떻게 구체화하여 적용하면 성공적인 결정을 내릴 수 있을까 하는 것이 노이스타트와 메이의 문제의식이자 이들이 제시하는 해법이다. 모든 결정의 가치가 결과에 의해서 판단되는 곳 특히 기업과 정치의 무대에서 최고의 정책결정자는 자신의 결정과 기대되는 성과 사이의 심리적 긴장 상태에서 판단의 기준이 될 수 있는 그 무엇엔가 의지하고자 할 것이며, 노이스타트와 메이는 그 '무엇'이 무엇인지를 이야기하고자 하는 것이다.

자포자기의 심정이 아니라면 실패할 것을 전제하고 결정을 내리는 경우는 없을 것이다. 그러나 성공하고자 하는 희망이나 성공할 것이라는 신념으로 가득 찬 결정도 현실의 세계에서는 쉽게 결정자를 배신한다. 결정의 동기 즉 희망이나 신념의 수준과 결정의 결과 즉 성취의 수준이 일치하지 않는 현실의 배반현상 그리고 그로부터 느껴야 하는 배신감과 모멸감의 극소화를 위한 '과학'적 방법론의 도출을 두 사람의 저자는 시도하고 있다.

정부의 일에 몸담고 있는 사람이든 기업을 경영하는 사람이든 또는 어떠한 성격이든지 자신이 속한 집단을 위한 공적인 결정을 내려야 하는 위치에 있는 사람이라면 어떠한 결정을 내리면서 기대하는 결과와 실제적인 결과 사이의 간극을 좁히기를 원할 것이다. 정치와 사업의 현실에서 결과로부터 배신당하지 않고 또 가능한한 이 배반의 간극을 줄이기 위해서는 '역사'를 활용해야 한다고 두 석학은 주장한다. 이들이 말하는 '역사'는 일반적인 개념의 '역사'가 아니라, 결정을 요하는 사안의 '역사'와 결정 과정에 관여하는 액터의 '역사'이다. 이들은 자신들이 말하는 '역사'의 지식을 확보, 축적하고 그로부터 지혜를 도출할 수 있는 방법까지도 친절하게 제시해 주고 있다.

현실적으로 모종의 공동체를 대표하는 위치에 있는 사람은 물론 "내가 내리는 결정에 수많은 사람 또는 집단, 국가의 운명이 걸려 있다"는 자부심을 가지고 있거나 또는 강박관념에 시달리는 사람이 체득해야 할 일종의 '결정의 강령'을 이 책은 만들어 놓았다. 두 저자가 전수하고자 하는 것은 단순한 '역사' 활용에 관한 지식이 아니라

체화해야 할 행동준칙인 것이다. 따라서 이 책은 기업이나 정부를 꾸려나가는 '훌륭한' 사람들은 물론이거니와 일상적인 절차 속에서 또는 중요하지 않다는 판단 하에 아무 생각 없이 내린 결정 때문에 뒤바뀐 운명을 살고 있는 사람(대개의 경우 이런 것을 알고 있는 사람은 아주 드물지만) 즉 '사소한 결정의 횡포(tyranny of small decisions)'에 시달리는 사람에게도 인생사 반성의 의미에서 일독의 가치가 있다.

『시간의 흐름 속에서 사고하기(Thinking in Time)』라는 원제명의 이 책을 번역하면서 난해한 개념과 우리말로 옮기기 어려운 용어 그리고 함축적인 문장 등으로 많은 어려움을 겪었다. 이미 1986년에 출간된 이 고전적인 저작의 번역이 지금까지 이루어지지 않은 이유의 일단을 이해할 수 있을 정도였다. 번역의 과정에는 원저 자체가 구사하는 개념과 문장의 난해함에 더해 역자 각각의 번역 스타일의 차이도 무시할 수 없는 문제로 등장하여, 역자들은 우선 각각의 담당 장들을 번역한 후 여러 차례의 회합, 논의를 통해 모든 장에 등장하는 개념과 용어를 통일하고, 다시 서로의 번역문을 교환하여 읽고 검토하는 과정을 거쳐야 했다. 그럼에도 불구하고 여전히 자연스럽지 못한 부분이나 오류가 있더라도, 원저자들의 지성적 화려함과 치밀함에 누가 될 치명적인 것은 아니기를 역자들은 희망한다. 이 책의 제1~5장은 이호령이, 저자서문과 제6~10장은 오영달이 그리고 제11장부터 부록까지는 이웅현이 각각 책임을 지고 번역했다. 없애려고 노력은 했지만, 독파의 과정에 여전히 문장 스타일의 차이가 느껴진다면 이러한 분담에서 연유하는 것으로 양해해 주시기 바란다. 번역상의 모든 오류와 부자연스러움은 각 장들을 담당한 역자들에게 있다.

이 책의 번역을 처음 제안해 주신 리북의 이재호 사장님은 최종 번역이 나오기까지 3년이 넘는 시간을 인내해 주셨고, 좀 더 나은 역서의 출간을 위해 번역원고를 원저와 다시 대조 검토하는 '펴낸이' 이상의 노력을 해 주셨다. 이 '제4의 역자'에게 깊은 감사의 말씀을 드린다.

2006년 1월
역자들

■ 차 례

제1장

성공 사례 I

"그들은 너무 바쁘다. 그들은 지금 받은 것을 읽을 수가 없다. 그들은 아마 리무진에서 다른 사람들과 대화를 나누면서 서류를 훑어 볼 것이다. 당신이 그들의 주의를 끈다 해도 그것은 잠깐뿐, 그들은 바로 전화를 걸거나 회의장으로 발길을 옮길 것이다."

관료들이 역사를 더 잘 활용해야 한다는 우리의 주장에 경험 많은 외교관은 이렇게 응답했다. 맞는 말이다. 대통령이나 각료와의 1분 면담보다는 백만 달러의 공적 자금을 얻는 것이 더 쉬울지 모른다. 피그만 사건(The Bay of Pigs) 실패의 원인 중 하나도 이 문제 논의 때마다 케네디(John F. Kennedy) 대통령과 핵심참모의 관심을 45분 이상 끌지 못했다는 데 있다.[4] 주지사, 시장, 고위관리들도 정도의

4) 이 평가는 대통령 개인 캘린더에 기초한 것인데, 여기에는 CIA 주요 인사인 리처드 빗셀(Richard Bissell)이 대통령과 단독 면담을 한 시기가 나와 있다. 비셀의 등장에는 항상 '오프 더 레코드'가 붙었다. 이 캘린더에 장시간의 대화록이 담겨 있지는 않지만, 여기에 실린 내용은 어디에도 실려 있지 않다. 우리가 대화를 나눴던 참가자들은 등장인물에 대해 놀랍다고

차이는 있지만 이러한 시간상의 긴장문제를 겪는다.

그러나 우리는 그렇게 많은 것을 요구하지 않는다. 정부 안에서나 밖에서나, 정책결정자들은 역사를 활용한다. 그들은 매일 다른 사람들의 과거 경험을 활용한다. 그들은 비서들에게 일종의 역사연구 즉, 파일을 찾거나 기억을 점검하거나 회고들을 비교하는 업무를 맡긴다. 그들은 서류에서 엄청난 양의 단어들을 보게 된다. 한때 고위관료였던 분에 따르면, "대중들은 대통령이나 국무장관이 읽고 생각할 시간이 없다고 보지만, 사실은 정반대라고 한다. 그들은 상당 시간을 정부 안팎에서 만들어진 자료를 읽는데 할애하고 있다."[5] 우리가 여기서 주장하고자 하는 것은, 현재 활용되는 역사를 좀 더 고찰하고 체계화시킨다면 더 많은 도움을 받을 수 있다는 것이다.

이 책은 바로 어떻게 하면 그렇게 될 수 있는가를 다룬 것이다. 성공과 실패 사례를 통해 우리는 방법론을 제안하고자 한다. 이것을 일상화하면 적어도 자주 범하는 실수를 피할 수 있다고 본다. 우리는 사례를 흥미롭게 구성하려고 노력했다. 심지어 아직 투표권이 없는 청소년에게도 유익할 것이라고 생각한다. 그러나 이 책은 특히 정책결정자들과 이들의 핵심참모가 되고자 하는 사람들에게 도움이 될 것이다. 거의 모든 행정가들은 분열적 인성을 갖고 있다. 그들은 행동하기를 원하기 때문에 그들의 행동을 막으려는 사람들에게 인내력을 보이지 않는다. 대통령은 의회, 행정관료, 동맹국, 언론에 대해 이러한 감정을 느낄 것이고, 각료들은 대통령에 대해, 차관은 장관에 대해 그리고 차례로 가장 낮은 관리자에 이르기까지 이러한

했지만 그들 캘린더나 구체적인 기억에 기초하여 이견을 제기하지는 못했다.

5) 딘 러스크(Dean Rusk)와의 면담, 1984년 8월 22일.

감정을 느낄 것이다. 동시에 모든 행정가들은 참을성 없는 부하들이 정신없이 행동으로 옮기는 것에도 두려움을 갖는다. 이러한 현상은 입법자에게도 예외가 될 수 없다. 의원들도 이러한 과정을 거쳐서 결정을 내린다. 훌륭한 보좌관이란 정책결정자를 두 측면에서 보좌하는 것인데, 한 측면은 장벽을 제거해 주는 것이고, 다른 한 측면은 보호 장벽을 쌓는 것이다. 이 책은 이러한 역할을 수행하는 보좌관들에게 지침서가 되고자 한다. 우리는 정책결정자들이 이 책을 읽고 난 후, 여기서 제시한 권고사항을 보좌관들이 실천하게끔 해 주기를 바란다. 보좌관들은 이 책을 지침서처럼 사용하기를 바란다.

우리는 2개의 성공 사례, 즉 1962년의 쿠바 미사일 위기와 1983년의 사회보장개혁의 사례부터 시작하고자 한다. 모두가 이 두 개의 사례를 성공적이라 말하는 것에 동의하지 않을 수도 있다. 그러나 이 사례의 참여자들이나 저널리스트 대부분은 성공사례로 간주하고 있다. 대부분의 이야기가 완벽한 해피엔딩으로 끝나지 않았다는 것을 알기 때문에, 보다 엄격한 기준을 적용하지 않으려고 한다. 쿠바 미사일 위기의 경우, 미사일은 철수되었고 핵전쟁은 발생하지 않은 것으로, 사회보장개혁의 경우는 그 시스템 하에서 돈이 고갈되지 않았고, 봉급자들이 불이익을 당하지 않았다는 점에서 성공사례로 간주했다. 두 사례 모두 장기적 우려상황을 해소하지 않고, 현안문제만 충족시켰다. 카스트로(Fidel Castro)는 여전히 완고한 공산주의자였고, 생활비 조정은 여전히 예산국장 탓으로 돌아갔다. 돌이켜보면 최고의 우선순위는 당시 직면했던 상황에 주어졌기 때문이고 이러한 경향은 지금도 마찬가지다. 이 사건들의 결과에 대해 우리는 충분히 알고 있다. 쿠바 미사일 사례는 대외사건으로 민주당집권기에 일어났고, 사회보장개혁 사례는 대내사건으로 공화당집권기에 발생했다. 따라서 역사를 효과적으로 활용하는 데는 정책영역 혹은 정당과 아무런 연관이 없다고 주장할 수 있다.

먼저 쿠바 미사일 사례부터 살펴보고, 사회보장개혁 사례는 제2장에서 다루기로 한다. 그 다음 두 사례가 역사를 잘 활용했던 점을 요약하려고 한다.

1962년 10월 16일 화요일 오전 8시 45분경 케네디의 안보 보좌관인 맥조지 번디(McGeorge Bundy)가 케네디 침실에 와서 고공 정찰기 U-2가 보낸 사진 즉, 소련의 쿠바 중거리 핵미사일 발사대 건설을 케네디에게 보고하면서 미사일 위기는 고조되기 시작했다.[6)]

케네디는 놀라움과 노여움이 섞인 반응을 보였다. 5년 전, 소련은 '스푸트니크'호를 우주에 발사하면서 세상을 놀라게 했다. 당시 소련 지도자 흐루시초프는 이것은 러시아가 대륙간 핵미사일로 미국을 파괴할 수 있다는 것을 보여준 것이라고 말했다. 미국은 소련과와 '미사일 기술 갭'이 벌어지는 것을 두려워했다. 이러한 갭을 종식시키겠다고 선거운동을 한 케네디는 1960년 대통령에 당선되자, 국

6) 미사일 위기와 관련해서 중요한 저서로는 Elie Abel, *The Cuban Missile Crisis* (Philadelphia: J. B. Lippincott, 1966); Graham T. Allison, *Essence of Decision: Explaining the Cuban Missile Crisis* (Boston: Little, Brown, 1971); George W. Ball, *The Past Has Another Pattern: Memoirs* (New York: W. W. Norton, 1982), Chapter 20; David Detzer, *The Brink: Cuban Missile Crisis, 1962* (New York: Thomas Y. Crowell, 1979); Robert Kennedy, *Thirteen Days: A Memoir of the Cuban Missile Crisis* (New York: W. W. Norton, 1969); Arthur M. Schlesinger, Jr., *A Thousand Days: John F. Kennedy in the White House* (Boston: Houghton Mifflin, 1978), pp.499-532; Theodore C. Sorensen, *Kennedy* (New York: Harper & Row, 1965), Chapter 24 등이 있다. 그 외에도 워싱턴 D.C.의 Carrollton 출판사의 Declassified Documents Quarterly Catalogue를 통해 찾아볼 수 있으며, 백악관, 국무부 및 비밀해제 문서들을 참조하기 바람.

가방위 증강에 우선순위를 부여했다. 흐루시초프가 공갈을 하고 있다는 새로운 첩보가 들어왔을 즈음, 미국은 소련과의 약 200:1의 비율로 미사일 갭이 나도록 계획하고 있던 터였다. 소련이 동서 베를린사이에 장벽을 설치하면서, 미소관계는 더욱 긴장되었다. 최근에 와서야 양국 간에 긴장이 다소 완화되었다. 케네디는 흐루시초프와 몇 가지 협정에 도달했고, 더 많은 것을 희망했다. 당시 상황은 이랬다.

먼저, 쿠바상황을 살펴보자! 카스트로가 1959년 혁명으로 정권을 잡자, 미국은 스푸트니크호 발사 때 받았던 충격만큼 공산주의 정권 수립에 충격을 받았다. 1960년 케네디는 쿠바를 미국의 영향권에 편입시키겠다는 희망을 약속했으나, 그렇게 하지 못한 것이 결국 쿠바위기로 공화당에게 비난의 빌미를 제공해 줬다. 카스트로가 소련에게 군사원조를 요청하고 이를 받게 되자 결국 소련을 돕는 셈이 되었다. 뉴욕의 공화당 상원의원인 케네스 키팅(Kenneth Keating)은 소련이 쿠바에 핵미사일 기지를 건설 중이라고 비난했다. 다른 공화당 의원들도 키팅의 주장을 옹호했다. 인디애나주 상원의원인 호머 케이프하트(Homer Capehart)는 재선에 출마하여 쿠바 공격을 주장했다. 그러나 어느 누구도 탄두가 비핵이며 대공방어용 미사일이라는 점 이외에는 어떤 증거도 명백히 제시하지 못했다. 중앙정보국(CIA, Central Intelligence Agency) 분석가들도 케네디에게 소련이 동유럽에도 핵미사일을 배치하지 않았는데, 쿠바에 이것을 배치할 이유가 없다는 의견을 제시했다.(동유럽에 배치된 중거리 미사일은 소련에 도달할 수 있었지만, 쿠바에 배치된 것은 그렇지 않을 것이다. 그러나 그 점은 사실을 바탕으로 보다 쉽게 알 수 있다.)

8월 말 케네디는 걱정에 휩싸였다. 그는 관련 정보를 매일 점검하기 시작했다. 9월 4일 그는 소련이 쿠바에 공격무기를 실어 나르고 있다는 증거가 없다고 국민들을 안심시켰다. 그러면서도 케네디는 흐루시초프를 향해 "그러한 행동을 할 경우, 엄청난 일이 발생하게 될 것"이라고 경고했다. 이후 케네디는 정보기관뿐만 아니라 소련 대사 아나톨리 도브리닌(Anatoly Dobrynin)으로부터 직접 이 점에 대해 재확인을 받았다. 도브리닌은 대통령 국내정책 고문이자 연설문 담당인 시오도어 소렌슨(Theodore Sorensen)에게 소련이 쿠바에서 하는 모든 것은 "성격상 방어적"이라고 했다. 도브리닌은 또한 법무장관이자 대통령 동생인 로버트 케네디(Robert F. Kennedy)에게도 똑같은 말을 했다.

따라서 번디가 화요일 아침 대통령 침실로 가져갔던 뉴스가 완전히 예상 밖의 소식은 아니었다. 그럼에도 불구하고 그것은 충격이었다. 케네디는 즉각 의논 대상자 몇 명을 거명했다. 이 그룹은 국가안전보장회의(NSC)의 집행위원회(Executive Committee)로 불리게 되었고, 줄여서 엑스콤(ExComm)이라고 불렸다. 번디, 소렌슨, 국무장관 딘 러스크(Dean Rusk), 국방장관 로버트 맥나마라(Robert McNamara), 재무장관 더글러스 딜런(Douglas Dillon)이 포함되었다. 로버트 케네디도 계속 참여했다. 종국에는 다른 사람들도 이 회의에 참석하게 됐다.

일주일 동안, 대통령과 엑스콤은 이 문제를 비밀리에 다뤘다. 소련 외무장관 안드레이 그로미코(Andrei Gromyko)는 11월에 의회선거가 있기 때문에 소련은 도발적인 행위를 하지 않을 것이라고 말하며 케네디를 여러 차례 안심시키려고 했지만, 케네디는 이에 수긍하지 않았다. 케네디와 그의 보좌진들은 다양한 계략을 통해 백악관 기자단들이 그들의 주야 토론을 모르게 했다.

케네디와 엑스콤이 첫 회의에 들어갔을 때, 그들은 역사를 활용했다. 그러나 역사를 매우 정형화된 방법으로 활용하지는 않았다. 우리가 알고 있는 사례 가운데, 중대한 결정을 해야 할 상황에서 진행된 토론들은 적어도 십중팔구 "우리가 무엇을 하는가?"라는 질문으로 시작한다. 배경과 맥락은 건너뛴다. 현 상황을 논의할 때, 사람들은 '유추'를 통해 과거와 연계시킨다. 즉, 낯선 것에 친숙함을 부여한다. 이는 어떤 주장의 옹호를 강화하기 위한 것인데, 유추로부터 얻는 교훈에 기초하여 무엇을 해야 하는가를 주장하는 자의 선호를 지지해 주기 때문이다. 그렇지 않다면, 모든 관심사들은 과거를 단 한번이라도 힐긋 쳐다보지 않게 되어, 현재의 문제로만 그리고 미래의 문제로만 초점이 맞춰진다. 이러한 일상적 관행과 관련된 사례들이 많이 있다. 심지어 지금 여기서 다루고 있는 미사일 위기에서도 그러한 면을 볼 수 있다.

엑스콤의 첫 번째 회의 기록들은 이제 누구나 찾아 볼 수 있다. 보스턴의 케네디 도서관을 방문하는 사람들은 누구나 당시 회의의 인용구들을 들을 수 있다. 엑스콤 그룹은 정오 직전 백악관의 국무회의실에 모인다. CIA 전문가들은 U-2기가 보내온 사진들을 설명한다. 세부사항들에 대한 질문들이 오고간다. 그리고 나면, 조지아 시골 출신이자 로즈 장학생 출신인 러스크가 남부지방 억양으로 두 가지 선택사항, 즉 미사일 혹은 미사일 기지 철수를 최선의 선택으로 정할 것인지 아니면 이를 기습공격으로 격퇴시킬 것인지에 대한 실질적 논의를 시작한다. 딱딱하고 확신에 찬 목소리로 맥나마라는 "미사일 기지뿐만 아니라 주변의 공항과 항공기… 그리고 모든 잠재적인 핵 저장기지 등도 공중폭격을 해야 한다"고 주장한다. 합참의장인 맥스웰 테일러(Maxwell Taylor)도 확고히 말했다. "우리가 하고자 하는 것은… 무엇이든 어떠한 경고도 없이 그것들을 제거하는 것이다." 그러나 그는 해상봉쇄를 포함해 다른 군사적 선택도 고려했다. 한동안 갑론을박이 있은 후, 케네디는 특유의 보스턴 식 음률을 지닌 부드러운 목소리로 주저하듯 그 날 논의의 후속 방향을 제시했다. 그는 세 가지 선택사항을 설명했다. "첫째, 미사일을 제거한다. 둘째, 모든 비행기를 제거한다. 셋째, 공격이다" 그의 결론은 "우리는 첫째 방안을 선택할 것이다. 우리는 이 미사일들을 제거할 것이다"로 귀착되었다.

회의 초반에, 유추에 기초한 발언이 있었다. 러스크는 소련이 아마도 베를린에 모종의 계획을 갖고 있어 다른 지역 즉 쿠바로 관심이 가도록 유도했을지 모른다며, 1956년의 "수에즈-헝가리 조합"을 언급했다. 당시 서구가 수에즈 운하에 주의를 집중하고 있을 때, 소련은 쉽게 헝가리 혁명을 탱크로 짓밟을 수 있었다. 이후, "수에즈"는 그러한 진단의 대명사가 되었다.

이날 이후의 토론에 대해서, 우리는 아직 녹취록을 갖고 있지 않다. 우리는 당시 비망록과 기억들을 갖고 그 때의 상황을 재구성해야 한다. 엑스콤 구성원들은 수요일에 케네디가 참석하지 않은 몇 번의 회의를 가졌다. 케네디는 러스크의 부관인 조지 볼(George Ball)이나 맥나마라의 부관인 로스웰 길패트릭(Roswell Gilpatric)이 자신이 참석하지 않을 때 목소리를 더욱 높일 것이라고 생각했다. 또한 회의장소도 바꿨다. 국무부 신관 7층 회의실은 그때부터 주요 회의장소가 되었다.

초기에 로버트 케네디는 공중폭격 논의에 불편한 심기를 보였다. 그는 화요일에 미사일과 폭격기 사용을 모두 반대했다. "여러분들이 쿠바 전 지역에 폭탄을 투하한다면…. 여러분들은 엄청난 수의 인명을 죽이게 될 것이고,… 어 그리고 끔찍하고 격렬한 비난에 휩싸이게 될 것입니다." 조지 볼도 이와 비슷한 우려를 표명하면서 유사사례를 들었다. "이것은 진주만 폭격 시 지옥 같았던 상황을 떠올리게 합니다." 로버트 케네디는 후에 "나는 지금 도조(東條)가 진주만 공격을 계획할 때, 심정이 어떠했는지를 알 것 같다"라고 적힌 쪽지를 형에게 건넸던 일을 회상했다. 수요일에 로버트 케네디는 이 유추를 강조했다. 그는 기습적인 공중폭격을 적극 반대하면서, 다음과 같이 말했다. "폭격을 감행한다면, 그것은 제2의 진주만 폭격이 될 것이고, 미국은 역사의 장에 오명을 남기게 될 것이다." 소렌슨이 대통령을 위해 준비한 수요일 회의 기록에는 "진주만"[7]에 대한 언급이 여러 번 있었다.

지금까지 진행된 이 상황은 정형화된 관행에는 부합하지만, 이상적이지는 않다. 엑스콤 기록들을 보면 근시안적으로 당장 내일 무엇을 해야 하는가에 집중하려고 했다. 말을 줄이기 위해서나 또는 강조를 위해, 가끔씩 최근 역사 속의 유사사례가 언급될 뿐이다. 그러나 지금 되돌아보면, 그것들은 일상적인 것과 대조적인 관행의 징후들임을 알 수 있다. 만약 첫째 날 혹은 둘째 날에 취해졌더라면 그러한 징후들은 좀처럼 주목받지 못했을 것이다. 결정은 거의 확실히 공중폭격이 됐을 것이다. 대통령이 미사일 기지뿐만 아니라 폭격기와 대공방어망을 공격하도록 선택했을지 우리는 추측할 수 없다. 그의 선택이 무엇이었든 간에, 장기적으로 무엇이 일어났던 간에

7) 1962년 10월 16일 백악관 회의 원고가 삭제된 부분(I: 11:50 A.M. 12:57 P.M.; II. 6:30–7:55P.M.)은 1982년 10월 존 F. 케네디 도서관에서 공개했다. 초고의 이야기는 케네디의 *Thirteen Days* p.9에 나와 있으며, 나머지 부분은 소렌슨의 *Kennedy* p.684에 나와 있다. 1962년 10월 17일, 18일의 소렌슨의 비망록은 1978년 백악관 파일로 공개됐다.

역사가들은 케네디의 결정을 일상적 관행의 결과물로 간주한다.

사실, 케네디는 거의 지속적으로 6일 이상 이와 같은 논의를 한 뒤 10월 22일 월요일까지 결정을 발표하지 않았다. 소련의 행위를 세상에 알린 후, 그는 해군에 의한 강제정선을 선언할 예정이었다. 조치 과정을 보면, 초기에 테일러 장군이 지나가는 말로 언급한 것을 부통령 존슨(Lyndon B. Johnson)이 처음으로 힘을 실어줬고, 회의 첫날 저녁 맥나마라가 적극 찬성했다. "이 대안이 매우 바람직한 것은 아니지만 현재로서는 다른 대안이 없습니다."[8] 대통령은 초기부터 일정 부분에 대해 같은 견해를 가졌는지 모른다. 주말쯤 거의 합의가 이뤄졌다. 미 해군은 어떠한 새 미사일도 쿠바로 못 들어가게 했다. 이 방법을 통해 케네디는 이미 쿠바에 배치한 미사일을 제거하도록 소련과의 대화 시간을 벌고자 했다. 그러나 주말이 지나자, 대화를 위해 사용할 수 있는 시간이 다 소진되었다. 케네디는 다시 원점으로 돌아왔다. 다시 문제는 미사일 기지만 폭격할 것인가, 비행장까지 폭격할 것인가로 돌아갔다. 그러나 그 주 일요일에 흐루시초프가 미사일을 철수하겠다고 발표함으로써, 이 사례는 성공담 중 하나가 되었다.

가장 중요했던 것은 모스크바의 정책결정이었던 것 같다. 미국이 한 것이라고는 시간을 지연시킨 것뿐인데 이 때 소련은 마음을 바꾸었다. 미국의 결정과 무결정 행위가 결과에 큰 영향을 미친 것 같지는 않다고 생각된다. 돌이켜보면, 어떤 경우든 위기의 신중한 지연은 평화적 해결을 목표로 한 여러 가지 방안과 함께 역사에 의존했

---

8) 존슨의 해상봉쇄 방안은 Transcript I, p.20; 맥나마라의 코멘트는 Transcript II, pp.46-47에 있다. 로버트 케네디는 존슨의 역할을 완전히 잊어버렸다. 쿠바위기가 끝난 지 한 달 뒤인 1962년 11월에 작성된 회고록을 보면, "그는 모든 대화과정에서 존슨이 어떠한 기여도 하지 않았다"고 기술되어 있다. Schlesinger, *Robert Kennedy*, p.525.

거나 혹은 최소한 역사에의 의존을 통해 영향을 받았을 것이다. 그러나 이는 미 정부 관리들의 일상적인 모습은 아니다. 이런 다행스런 결과가 케네디와 엑스콤 참여자들의 선택 때문이라고 해도, 이러한 결과를 가져올 수 있었던 것은 아마도 역사의 활용 덕분이라고 볼 수 있다.

케네디와 엑스콤 참여자들이 유사사례를 진지하게 분석했다는 점에서 무엇보다도 기존의 정형화된 관행과 달랐다. 초기에 대통령은 엑스콤에 전 국무장관이자 당시 개인 변호사로 활동하고 있던던 애치슨(Dean Acheson)을 초청했다. 애치슨은 신속한 공중폭격에 찬성했다. 유사사례로 진주만 이야기를 듣고 나서, 그는 후에 이러한 판단에 대해 "바보"같고 "완전히 잘못된 그리고 말도 안 되는" 것이라고 썼다. 그는 대통령에게 어떠한 유사점(similarity)도 없으며 차이점(difference)만 많다고 말했다.

> 진주만 사례의 경우, 일본은 어떠한 경고도 없이 자국 해안에서 수천 마일 떨어져 있는 우리 함대를 공격했습니다. 현 상황의 경우, 소련은 우리 해안으로부터 90마일 떨어져 있는 곳에 미사일을 배치했습니다. 비록 소련은 그렇게 하고 있다는 것을 부인하고 있지만, 공격 무기들은 미국에 치명적인 피해를 줄 수 있습니다. 먼로 독트린 경고가 있은 지 140년이 지난 현재에 그들은 이런 일을 하고 있습니다. "제2의 진주만"이라는 오명을 피하기 위해 얼마나 더 많은 경고가 필요하겠습니까?[9)]

---

9) Dean G. Acheson, "Dean Acheson's Version of Robert Kennedy's Version of the Cuban Missile Crisis: Homage to Plain Dumb Luck," *Esquire*, LXXI (February 1969): 76 et seq.

애치슨이 의도한 분석은 엑스콤 참여자들에게 아마 대통령에게도 정반대의 효과를 가져왔다. 모든 차이점을 제거해 버림으로써 애치슨은 유사사례와의 연관성을 드러냈다. 로버트 케네디는 "175년 동안 우리는 그러한 나라가 아니었다"고 애치슨에게 답했다. "비밀리에 공격하는 것은 우리의 전통이 아니다." 그리고 나서—얼마 안 있다가—재무장관인 딜런(Douglas Dillon)은 설득당했다. "나는 정말로 역사의 전환점에 있다는 것을 알게 됐다" 그는 후에 "나는 그 때 우리는 사전경고 없이 공격하지는 않을 것이라는 점을 알게 됐다"고 회상했다.[10)]

중요한 점은 엑스콤의 진행과정에 특이할 정도로 역사적 유추를 드물게 사용했으나, 제기된 유추에 관해서는 매우 신중하게 검토했다는 점이다. "수에즈" 사례 외에도 몇 건이 더 있었다. "강제정선"(quarantine)이 "해상봉쇄"(blockade)로 대체되어야 한다는 견해가 나왔을 때, 국무부 법률가는 루스벨트(Franklin D. Roosevelt)의 1937년 "강제정선 연설"을 언급했다. 그러나 어느 누구도 그 상황들이 서로 유사하다고 보지 않았다. 비록 소렌슨이 1948~49년의 베를린 봉쇄와 1961년의 피그만 사건을 언급했지만, 참여자들의 상상력을 자극할 만한 유사점이 없어 보였다.[11)] 케네디는 텔레비전에 나와서, 소련의 후퇴를 요구하는 근거로 1930년대의 "명백한 교훈"에 대해 언급했다. 그러나 그것은 수사적인 것이었다. 엑스콤 논의의 기록들을 보면, 1930년대의 "교훈"에 관해서는 어떠한 암시도 없었다.

일반적 관행과 다른 엑스콤의 두 번째 특징은 이슈의 역사 즉, 그 이슈의 근원 및 맥락에 주의를 기울였다는 점이다.

케네디 자신은 이러한 특징과 관련해 많은 일을 해야만 했고, 엑

---

10) Schlesinger, *Robert Kennedy*, p.509.; Dillon Oral History, Kennedy Library.
11) 소렌슨이 저자들에게 보낸 서한, 1984년 10월 19일.

스콤 구성 시에도 일부 이러한 특징이 반영되었다. 그는 비밀유지를 중시하였다. 그는 모임 초기에 "아마 많은 사람들이 저기서 무엇을 하는지에 대해 알 것이다"라고 말했다. "그러나 우리가 하려고 하는 것에 관해서는, 여러분도 아시다시피, 모든 것이 철저하게 비밀로 지켜져야 합니다. 그렇지 않으면, 일을 그르치게 됩니다." 그럼에도 불구하고, 그는 엑스콤에 참여시킬 필요가 없는 사람을 참여시켰다. 딜런이 그에 해당된다. 재무부는 대표자격이 없다. 물론, 케네디는 당쟁이 다가오는 것을 알고 있었다. "우리는 케이프하트를 막 선출했습니다… 켄 키팅이 아마 차기 대통령이 될 것입니다"라고 그는 측근에게 미사일 위치가 발견된 직후 말했다. 딜런은 아이젠하워(Dwight D. Eisenhower) 시기에 국무부 부장관을 역임했고, 후속 행정부의 가장 주목받는 공화당 인물이었다. 케네디는 초당파를 위해 그를 배려했는지 모른다. 케네디가 전 국방부 장관인 로버트 A. 로비트(Robert A. Lovett)를 엑스콤에 초대한 이유도 동일하다. 로비트는 뉴욕 공화당 설립의 리더였기 때문이다. 아니면 케네디는 딜런과 로비트의 판단을 높이 평가했기 때문에 참석시켰을 지도 모른다. 이유야 어떻든 간에, 그는 그들의 참여로 다양하고 폭넓은 경험을 덤으로 얻었다. 또한 그는 그들 주변 인물들, 즉 소련정책을 다루고 제2차 세계대전의 경험을 소유한 인물들도 데리고 있었다. 그는 또한 찰스 볼렌(Charles Bohlen)과 르웰린 톰슨(Llewellyn Thompson)도 참석시켰다. 이들은 국무부의 현직 고위 소련 전문가 중 두 명이었고, 에드윈 마틴(Edwin Martin)은 국무부의 남미국 출신이다. 이들 3명은, 즉 두 명은 러시아 나머지 한 명은 쿠바에 대해 과거의 역사를 되새길 수 있는 기억을 갖고 있었다.[12)]

이러한 결과는 우연이 아니다. 엑스콤의 모든 기록들을 살펴보면,

케네디 자신은 끊임없이 이 이슈와 관련된 구체적인 실제 역사에 대해서 질문을 던졌다. 그는 회의 첫날 "나는 소련에 대해 잘 알지 못 합니다"라고 말하면서, "베를린 봉쇄 이후, 소련이 어디서 우리에게 명백한 도발을 해 왔는지 말해 줄 수 있습니까? 개인적으로는 그들이 매우 신중성을 보여 왔기 때문에 언제 그러했는지 모르겠습니다"라고 했다. 그는 그가 이전에 무엇인가 보다 명확히 말했다면 (회고컨대, 강력한 비판조로 말했다면) 이 위기는 회피될 수 있었는지에 대해 궁금해 했다. 그는 소련의 미사일 설치 결정 시기를 알기 위해서 노력했다. 특히, 이러한 동기에 영향을 미칠 수 있는 단서를 찾고자 노력했다. CIA는 대통령 요구에 따라, 쿠바에 대한 소련의 군사원조 역사 검토 보고서를 상세히 만들었다. 케네디의 대국민연설 이후 흐루시초프의 철수 결정이 있기까지 끔찍했던 6일 동안 케네디는 엑스콤 산하의 기획소위원회(planning subcommittee)에 "균형 잡힌 시각에서 바라본 쿠바 기지 문제"에 대한 보고서 제출을 요구했다.[13] 셋째, 특이할 정도로 케네디와 엑스콤 구성원들은 핵심

---

12) Capehart와 Keating에 대한 코멘트는 Kenneth P. O'Donnell and David F. Powers, Johnny, *We Hardly Knew Ye* (Boston: Little, Brown, 1970), p.378 참조. 엑스콤 구상에 대한 케네디의 심사숙고는 Detzer, *The Brink*, pp.102 ff 참조. 쿠바 미사일 위기 첫날 케네디가 전화로 자문을 구한 John J. McCloy는 펜타곤 시절 Lovett의 전시동료였고 뉴욕외교정책의 사실상의 수장이었다. 그는 미사일 철수를 위하 정확한 조건을 유엔의 소련대사와 협상토록 유럽에서 불리워질 때까지, 케네디가 자문을 구한 것을 기억하지 못하고 있었다. 이에 대해서는 Abel, *The Missile Crisis*, p.33 참조.

13) "전 모릅니다… ," Transcript Ⅱ, pp.35-36. 그가 말한 것은 똑같은 짧은 독백이었다. "아마 우리의 실수는 그들이 이런 짓을 하면 우리가 행동을 취할 것이라는 점을 올 여름이 오기 전에 말하지 않았다는 점입니다." 좀 더 일찍이 "지난달 우리는 관심 없다고 말했어야 했는데… "(*ibid.*, p.15)라고 그는 가볍게 말했다. 그러나 그가 말한 맥락은 애매하다. 역사 연구에 대한 그의 요구는 1962년 10월 24일 NSC ExComm Planning

적인 추정(presumption)들을 면밀히 검토했다는 점이다. 모임 초기에 대통령은 "여러분, 소련에서 날아오는 ICBM에 박살나든지, 90마일 떨어져 있는 쿠바에서 날아오는 미사일에 박살나는 것 간에는 아무런 차이가 없습니다"라고 말했다.[14] 소렌슨은 대통령에게 엑스콤 토의 시작이후 둘째 날까지 논의된 사항들을 다음과 같이 요약했다. "이들 미사일 배치로 인해, 심지어 미사일이 완전히 작동된다 할지라도, 미소간의 세력균형에 중대한 변화가 발생하지 않을 것이라는 데 대부분 동의하고 있습니다 … 그럼에도 불구하고 우리의 용기와 공약에 대한 믿음을 우리 동맹국이 그리고 적이 평가한다는 점을 고려해 볼 때, 우리 해변에서 90마일 떨어진 곳에 공격 핵무기가 존재한다는 것은 참을 수 없습니다." 비록 어느 누구도 당시에 이런 추정에 대한 논의를 중단하지 않았지만, 케네디와 번디 간의 초기 논의 교환에는 이 특정 추정들의 조합은 약점을 노출했다.

케네디: 우리가 갑자기 터키에 상당량의 중거리 미사일(MRBM)을 배치하기 시작하면, 매우 위험하겠지. 그럴 거야.

번　디: 이미 우리는 배치했습니다.

사실, 1957년부터 미국은 터키에 소련이 쿠바에 배치하려는 미사일 보다 사정거리가 더 긴 주피터 미사일을 배치해 왔다. 이미 15기가 배치돼 있었다.[15] 소련은 줄곧 이 미사일 배치에 대해 "참아 왔었다."

Subcommittee 회의록에 있다. 이 회의록은 75년에 공개됐고, 1962년 10월 25일 NSC 엑스콤 조치 기록은 1982년에 공개됐다.

14) Transcript Ⅱ, p.13. "미사일은 미사일이다" 논쟁은 대개 맥나마라가 했다. 그러나 기록에 따르면, 대통령이 처음 제기한 것으로 나와 있다.

15) Transcript Ⅱ, p.26.

후속 엑스콤 회의에서 대통령은 맥나마라 예하에 있는 인물 중 국방부 부장관 폴 니츠(Paul Nitze)를 참석시켰다. 그렇게 함으로써, 케네디는 또 다른 과거를 접하게 되었다. 니츠는 트루먼(Harry S Truman) 시절에 애치슨 밑의 기획담당 국장이었다. 니츠는 쿠바 미사일이 세력균형에 영향을 미치지 않는다는 가정에 이의를 제기했다. 물론 현재의 미사일 능력 및 수적 차이를 볼 때, 미국이 "제2차 공격능력"을 갖고 있다는 점에는 의문의 여지가 없다. 소련도 미국이 대규모 기습공격을 받는다 할지라도 소련을 황폐화 시킬 수 있다는 것을 알고 있었다. 그런 정황을 알고 있었기 때문에 소련은 전쟁 위험을 야기할 어떠한 행동에 대해서도 조심스러울 수밖에 없었을 것이다. 그런데 쿠바에 미사일 배치로, 그들은 다르게 생각할 수도 있다고 니츠는 주장했다. 즉 그들은 대규모 기습공격으로 소련 영토가 끔찍한 피해를 입지 않을 만큼 미국의 미사일과 폭격기를 충분히 파괴할 수 있다고 가정할 지도 모른다는 것이다. 어떤 경우든, 그들은 자국 내에 배치한 미사일과 쿠바에 배치한 미사일이 미국에 위협을 가함으로써 미국이 베를린의 경우처럼 전쟁을 단행할 엄두를 내지 못할 것이라는 가정도 하고 있을지 모르는 일이었다. 따라서 쿠바의 미사일 배치는 세력균형에 실제 영향을 미친다고 니츠는 주장했다.

왜 소련이 갑자기 지금까지 취해 왔던 보수적 행태를 갑자기 중단했는가에 대한 대통령의 궁금증은 니츠의 논의로 다소 해소됐다. 적어도 그는 이전에 가졌던 추정을 바꿨고, 이후 미사일은 상징성 이상의 의미를 갖는다고 인식하게 되었다. 그 결과, 케네디는 쿠바로 향하는 소련 폭격기보다 미사일이 더 중요하다는 것을 명확히 인지하게 되었다. 그는 폭격기를 포함해 모든 "공격무기" 철수를 강조했다. 소련은 사실 두 가지 모두를 철수시켰다. 그러나 케네디는 엑스콤에서 "우리는 폭격기에… 정신이 팔려 있으면 안 된다"라고 말했다.[16)]

다른 추정들 또한 검증을 통해 수정되었다. 미사일 기지에 대해서만 "국부공격"을 가하겠다는 미국의 능력에 관한 것이다. 군사기획가들은 미국폭격기를 보호하기 위해서는 쿠바와 소련의 대공방어망을 제압해야 하기 때문에, 미사일 기지만 효과적으로 폭격하는 데에는 다소 어려움이 있다고 과장했다. 맥나마라도 공중폭격에 대해 로버트 케네디처럼 우려했기 때문에, 그는 그러한 과장을 고무시켰는지 모른다. 그럼에도 불구하고 적어도 첫 며칠 동안은 엑스콤 구성원 중 일부는 케네디가 공중폭격 명령을 내림으로써 사건을 종결시킬 것이라고 믿고 있었다.

미사일을 어디에 배치시키든 간에, 미사일은 미사일이라는 추정처럼, "국부공격"이 효과를 거둘 수 있다는 추정은 퇴색하기 시작했다. 국부공격에 대한 역사적 기록을 자세히 조사하거나 명백하게 테스트 했다기 보다는 이와 연관된 역사에서 살았던 사람들이 의문을 제기했기 때문이다. 어느 누구도 과거의 공중작전의 정확성을 검토하지 않았지만, 참석자 중 일부는 그러한 작전을 많이 보았다. 한때 해군 조종사였던 로비트는 제2차 세계대전 당시 민간인 신분으로 미 공군에서 일했다. 이러한 점은 그가 공중폭격보다는 해상봉쇄가 더 적절하다고 주장하는 배경이 되었다. 로버트 케네디는 그 후 로비트가 사용한 인용구, 즉 "훌륭한 판단은 보통 경험의 결과다. 그러나 경험은 종종 나쁜 판단의 결과다"를 마음에 새겼다.[17)]

16) NSC ExComm Meeting No. 10, Summary Record, October 28, 1962, 1982년에 공개됨.

미사일 위기가 시작된 지 13일 동안, 다른 많은 추정들에 대해서도 이견이 제시되었다. 맥나마라와 해군작전사령관 간에는 폭언이 오고갔다. 맥나마라가 해군이 대통령이 명령한 효과적 봉쇄 방법을 알고 있다는 가정에 의문을 제기했기 때문이다. 러스크는 의문을 제기하면서 자기 부서 및 CIA에 카스트로가 소련의 손아귀에 있는지 여부에 대한 보고서를 많이 요구했다. 사실, 해군은 정확히 무엇을 해야 하는지 알고 있었다. 비록, 카스트로가 때때로 소련에게 화를 내기도 했지만, 그는 결코 한순간도 손해를 감수하면서까지 소련과의 거래를 깨려고 하지 않았다.[18] 그럼에도 불구하고, 케네디와 엑스콤 멤버들은 우리에게 행동할 계획에 대한 추정을 어떻게 잘 설정할 것인가에 대해 어느 정도 모범을 보여준 것 같다.

넷째, 케네디와 엑스콤은 적의 수뇌부들이 행해 왔던 것들의 역사에 대해 특별한 관심을 보였다. 엑스콤 첫 번째 회의에서 케네디는 소련을 단일한 합리적 행위자로 인식하면서 질문들을 제기했다. 실제로 케네디는, 왜 *그가 나한테* 이런 행동을 할까? 라고 질문을 던졌다. 국제분쟁에 관련된 대부분의 고위관리들은 보통 이러한 질문을 한다. 초기의 추론은 의인화된다. "이것은 11월에 우리를 방문하러 올 때 그가 좀 세게 보이려고 시도한 레프트 훅일 거야, 아마 베를린

---

17) 국부공격(Surgical Strike)은 번디가 제시: Transcript I, p.17. 국부공격 논쟁의 최고 분석은 Allison, *Essence of Decision*, pp.123-26, 204-10. 참조. 로버트 인용은 Schlesinger, *Robert Kennedy*, p.532. 참조.

18) 맥나마라와 해군에 대해서는 Abel, *The Missile Crisis*, pp.157. ff.; Allison, *Essence of Decision*, pp.127-32; Dan Caldwell, "A Research Note on the Quarantine of Cuba, October 1962," *International Studies Quarterly*, XXII (December 1978) pp.625-33 참조. 러스크와 쿠바에 대해서는 NSC ExComm meeting No.5, Summary Record, October 25, 1962 (82년 공개)와 Schlesinger, *Robert Kennedy*, pp.525 ff. 참조.

에서처럼 말이야" 이러한 논지는 한 엑스콤 참석자가 "수에즈"이론을 수용하게 하는 모험을 조성하기도 했다.[19] 케네디의 초기의 모든 공식은 회고적 방법을 추구했다는 점이다. 즉, 케네디는 합리적 행위자는 과거 행동의 연장선상에서 정책결정을 수행한다는 점에 주목했다. 그러나 위기가 지속됨에 따라, 케네디와 참모진들은 소련 정부를 개개의 행위자들로 구성된 집단으로 인식하기 시작했다.

톰슨의 권고로, 엑스콤 멤버들은 미국의 조치에 자극 받은 흐루시초프가 냉정한 이성적 추론보다는 돌출 행동을 할 수도 있다는 점을 고려하기 시작했다. 엑스콤 구성원들은 또한 미국이 그들의 미사일 기지를 공격한다면 이 문제는 자존심의 문제로 귀착돼 소련의 군사 행동에 영향을 미칠 수도 있다는 점을 고려했다. 적어도 우리가 보기에는, 케네디나 그의 참모들 중 어느 누구도 러시아 역사 즉, 흐루시초프를 비롯한 여타 소련 지도자들이 경험했던 혁명, 내전, 대숙청, 제2차 세계대전, 스탈린 격하운동, 중소분쟁 등에 관해 궁금해하지 않았다. 반면, 톰슨 마음에는 소련 역사 중 명확히 기억하는 대목이 있었다. 외교적 승인을 얻기 위한 투쟁과 유엔을 설계하는데 있어서의 소련의 역할을 떠올리면서, 톰슨은 엑스콤 참여자들에게 미주기구의 투표가 러시아에게 어떠한 영향을 줄 수 있는지를 말했다. 그는 소련이 법적 형식을 매우 중시한다고 말했다. 톰슨은 또한 소련은 터키에 배치한 미국 미사일 철수를 요구할 것이라고 예측했다: "그들은 공평한 것을 좋아하기 때문이다."[20]

로버트 케네디에 의하면, 대통령은 계속해서 흐루시초프 입장에서 생각하려 했다고 한다. 위기가 진행되는 동안, 케네디는 심지어

19) *New York Times*, November 3, 1962, p.6.
20) Thompson Oral History, Kennedy Library.

워싱턴포스트지의 벤 브래들리에게 자신이 크레믈린에 있다면 어떻게 할까에 대한 생각을 설명하기도 했다. 물론 그는 브래들리에게 오프 더 레코드를 주문했다. "흐루시초프의 문제를 이런 방식으로 이해한다는 것은 정치적으로 현명하지 못하기 때문이다."[21]

위기가 최고점에 다다른 몇 시간 동안, 케네디는 흐루시초프로부터 두 개의 메시지를 받았다. 첫 번째는 미국이 쿠바를 침략하지 않으면 그 대가로 미사일을 철수시키겠다는 내용이 담긴 외관상 산만하게 4개의 파트를 적은 전보였고, 다른 하나는 짧고 공식적인 전보로 그러한 제안을 철회하겠다는 내용이었다. '레프트 훅'으로 대응하기보다는, 대통령과 엑스콤 멤버들은 크레믈린의 소수 견해인지 여부에 대해 심사숙고했다. 그들은 흐루시초프가 크레믈린의 거대한 집무실에서 날인을 들고 서성거리면서, 아마 침착성을 잃은 채 비서관에게 전문내용을 어느 누구에게도 보이지 말고 보내라고 지시하는 것을 상상했다. 그들은 또한 소련 정치국의 몇몇 사람들이 두 번째 전보를 구겨버리고 그 내용에 대한 보안을 철저히 했을 것이라는 점을 상상했다. 그렇다면 두 번째 전문의 내용을 무시하고 첫 번째 전문을 받아들여야 한다는 결정을 쉽게 내릴 수 있다. 이후, 그들 중 일부는 이러한 전술이 결국 성공의 원인이 되었고, 위기를 종결짓는 수단이 되었다고 생각했다. 만약 그들이 이 시점까지 흐루시초프를 나름의 개인사를 가진 한 개인으로 생각하지 않았다면 아마, 이 문제를 해결하지 못했을 것이다.

다섯째, 케네디와 엑스콤 멤버들은 조직의 역사에 관심을 기울였다. 그들은 이후 우리가 제시할 방법대로 행동하지 않았다. 그들은

---

21) Kennedy, *Thirteen Days*, pp.102 ff., and Detzer, *The Brink*, p.158.

조직들이 시간이 경과됨에 따라 어떻게 행동해야 하고 왜 그렇게 해야 하는가에 관해 뚜렷한 생각도 없이 행동한다고 생각했다. 그러나 그들이 조직의 행동을 고려해야 한다는 사실은 개개의 지식을 갖고 있는 정책결정자 그룹과는 90퍼센트 이상 완전히 다르다고 생각했다.

케네디 자신이 엑스콤에게 그러한 단서를 주었다. 그는 거대 조직들이 과거에 행동했던 대로 현재도 행동한다는 경향을 뼈저리게 느끼고 있었다. 그는 미국민의 행동에 대한 나름대로의 예감이 있었다. 그는 CIA에게 플로리다 기지에 있는 공군기 촬영을 요구했다. 촬영된 사진을 보면, 공군 비행기들은 그의 명령과는 상반되게 가장 일반적 형태 즉, 날개 끝과 날개 끝이 서로 접하게 일렬로 배열되어 마치 21년 전 마닐라에서처럼 적의 공격에 상당히 취약한 형태로 있었다. 케네디는 제2차 세계대전 때 하급장교를 지내봤기 때문에 군대 절차의 타성을 잘 알고 있었다. 따라서 그는 화가 났지만 놀라지는 않았다.

케네디와 엑스콤 멤버들은 톰슨의 조언 즉, 소련의 군사조직은 군사연습을 극도로 비밀리에 한다는 점에 유의하여 해상봉쇄 쪽으로 힘을 실었다. 조직행태의 일상성에 기초해 볼 때, 비밀스럽다는 것 자체가 러시아를 주저하게 만들 수 있다. 그들은 배를 띄워 소련의 비밀행동을 찾는 모험을 해 보고 싶었다.[22] 사실, 소련은 미사일을 나르던 모든 배를 해상봉쇄선 밖에서 정지시켰다.

톰슨과 소련전문가들은 또한 케네디와 엑스콤 멤버들에게 소련측의 행동들은 심사숙고 끝에 나온 결과라기보다는 조직의 일상적

22) Kennedy, *Thirteen Days*, pp.37–38.

성향 혹은 모멘텀의 산물일 수 있다는 점을 인지하게 했다. 케네디와 그의 보좌관들이 흐루시초프가 보낸 두 개 전문의 수수께끼를 풀고자 할 때, 미국 U-2 정찰기가 쿠바 상공에서 격추됐다. 당연히 이 사건을 소련이 강경해졌다는 시그널로 평가할 수 있다. 그러나 케네디는 소련의 대공 방어망에 정치적 파장을 미치지 않도록 하기 위해서 톰슨의 자문을 받아들였다. 즉, 소위 교과서 식의 행동을 하지 않았다. 일부는 적어도 그에 상응하는 보복을 해야 한다고 촉구했지만, 케네디는 기다리는 쪽을 선택했다. 결국, 소련의 대공방어망에 대한 미국의 무반응은 흐루시초프가 케네디의 조건을 받아들이는데 대한 결정을 복잡하게 만들었다.(반면, 케네디는 우연히 소련 항공으로 넘어가는 실수를 저지른 U-2 정찰기에 대해 "항상 말을 안 듣는 개자식들이 있단 말이야"라고 설명했다).[23]

위기가 종료된 후, 케네디는 전쟁의 승산을 "간발의 차이"로 간주했다. 로버트 케네디에 따르면, 대통령은 "흐루시초프가 충분한 시간을 갖고 우리의 결정을 알았더라면 그는 결정을 바꿀 수 있는 합리적이고 유능한 사람일 것"이라고 믿었다. 케네디 형제들에 대해 잘 알고 있는 역사가 아서 슐레신저(Arthur M. Schlesinger, Jr.)는 이와 상반되는 듯한 설명을 했다. 즉, "케네디의 승리는 흐루시초프와의 게임에 있다기 보다는 인간의 실수로 인해 끔찍하게 잘못된 방향으로 치달을 수 있다는 공포에 근거하고 있었다."[24] 이 말이 정확하다면, 조직행동에서 역사패턴을 고려했다는 점이 케네디와 엑스콤의 모범적인 독특한 행동 중에 매우 주요한 사항이 됐을지 모른다.

---

23) NSC ExComm Meeting No. 8, Summary Record, October 27, 1962 (82년 공개); Schlesinger, *A Thousand Days*, p.828.

24) Schlesinger, *Robert Kennedy*, pp.528-29.

그러나 그들 행동의 특이성 중 이 마지막 사항이 아마도 가장 중요했던 것 같다. 이상하게도, 케네디와 엑스콤 구성원들은 그들 앞에 놓인 이슈들을 시간의 연속선상에서 파악했다. 즉 위기 개시시점부터 지속적으로 불명확한 미래를 연장해서 문제를 파악했다. 오늘의 선택에 대해 사람들이 10년 뒤 혹은 100년 뒤에 어떻게 평가할까? 케네디와 엑스콤 구성원들이 사안을 심사숙고할수록, 그들은 결과에 비중을 더 두게 되었고, 무엇을 해야 할 것인가에 대한 단순한 문제를 보다 어려운 문제로 전환시켰다.

엑스콤의 초기 일주일간의 논쟁에서는 명확한 생각들이 반영되지는 않았다. 그러나 회의 첫날 저녁에, 몇몇 참가자들은 그들의 관점을 제시했다. "우리가 쿠바를 공격한 후, 우리가 어떤 세상에 살 수 있을지 모르겠다"고 맥나마라가 말했다. 그리고 번디는 "우리의 주요 문제는 우리가 공격을 했을 경우 세상이 어떻게 될 것인지를 생각해야 되고, 또 그렇지 않았을 경우 세상이 어떻게 될지도 생각해야 한다"고 했다.[25)]

문제를 내다보는 대통령의 방식은 터키에 배치한 미국의 미사일 문제를 다룰 때 가장 명확했다. 초기에는 쿠바 미사일 문제를 처리하기 위해 터키에 배치된 미국 미사일과 연계해서 다룬다는 것은 생각조차 할 수 없었다. 한편, 위기 개시 이후 10일, 11일 경과 후 케네디와 그의 보좌관들은 위기의 긴 연속성을 어떻게 맞춰 나갈

25) Transcript Ⅱ, pp.22, 29. 유엔 대사인 스티븐슨(Adlai Stevenson)은 케네디에게 "역사의 판단은 모멘텀의 판단과 좀처럼 일치하지 않는다"라는 점에 주의를 기울이라고 조속히 메모를 썼다. 그러나 스티븐슨은 이 일에 거의 연루되지 않았다. 케네디 써클의 대부분 구성원들은 그가 거만하고 설교하기를 좋아하는 사람이라고 생각했다. 그는 주요 정책결정 라인에 있지 않았다.

것인가라는 측면에서 사건 해결 가능성을 논하기 시작했다. 케네디 보좌관들 대부분은 미사일 철수를 반대했다. 터키의 항의와 북대서양조약기구(NATO) 회원국들의 끝없는 성토가 예상되었기 때문이다. 당시 보좌관들은 과거와 미래를 고려하면서, 외교부와 국방부의 시각을 반영했기에 반대했던 것이다. 케네디는 문제를 보다 광범위하게 보았다. 엑스콤 회의록에 다음과 같은 내용이 있다.

> 대통령은 일 년 전, 주피터 미사일의 노후화와 군사적 가치가 없다는 이유로 터키에서 철수하고자 했던 점을 기억했다. 쿠바 미사일이 소련의 핵 능력을 50퍼센트 증대시킨다면, 터키에 배치한 미사일을 쿠바 미사일과 협상용으로 사용하는 것이 군사적 가치가 있다. 그런데 우리는 지금 군사적 가치가 없는 터키에 배치한 미사일로 쿠바와 베를린에서 전쟁으로 치달을 수 있는 위기에 직면해 있다. 정치적 관점에서 보면, 쿠바를 공습한다는 것은 지지 받을 수 없을 것 같다. 많은 사람들은 우리가 터키에서 미사일을 철수시키면 소련도 쿠바에서 미사일을 철수시킬 것이라고 생각하기 때문이다. 만약 우리가 터키에 쓸 모 없는 미사일을 유지하기 위해 쿠바를 공격한다면 우리는 곤경에 처할 수 있다. 우리는… 미사일에 대한 일종의 거래를 할 수밖에 없는 상황에 직면한 것 같다.

로버트 케네디는 딜레마 상황에서 하나의 방안을 찾아냈다. 도브리닌과의 극히 사적인 대화에서, 그는 미국 미사일은 4, 5개월 뒤 터키에서 철수 될 것이라고 약속했다. 그러나 만약 당신네 중 어느 누구라도 이 사실을 누설할 경우, 그는 이 약속이 있었다는 것을 부인할 것이고 모든 거래는 중단될 것이라고 말했다. 이 협상은 진행됐다. 미국이 쿠바를 공격하지 않는다는 조건으로 소련이 쿠바에서 미사일을 철수한다는 거래 외에 어떠한 거래의 언급도 없었다. 5개월 후, 미국 미사일은 터키에서 철수됐다.[26)]

대통령이 쿠바 미사일 문제를 시간의 흐름 속에서 파악하려고 한 노력은 그의 동생에게 제1차 세계대전을 언급했던 점을 볼 때 더욱 그러하다. 그는 그 즈음 전쟁발발에 대한 책을 한권 읽었다. 그 책을 읽는 동안 그가 대학에서 왜 제1차 세계대전이 발발했는가에 대한 질문을 받고 전 독일수상이 "아, 우리가 알기만 했더라도… "라는 대답을 했다고 들었던 기억이 그의 뇌리를 스쳤다. 케네디는 그의 동생이 진주만을 언급한 대목에서도 유사사례의 언급으로 간주하지 않았다. 대신, 1914년이 그의 마음을 사로잡았다. 그는 자신을 그 당시의 정책결정자들이 겪었던 즉, 많은 사람들의 생명이 그들의 정책결정에 좌우될 수 있었던 그 과정을 바라봤다. 그 책은 바버라 터크먼의 『8월의 총성*(Guns of August)*』이었다. 케네디는 그의 동생에게 "나는 쿠바 사태가 『8월의 총성』과 비교되는 『10월의 미사일』이라는 제목으로 누군가에 의해 저술되는 전철을 밟고 싶지 않다. 누군가 이에 대해 쓰고 싶다면, 그들은 우리가 평화로운 해결책을 찾기 위해서, 또한 상대방에게 명예로운 퇴로를 주기 위해서 모든 노력을 다했다는 것을 이해할 것이다."[27)] 라고 말했다.

미사일 위기는 우연하게 성공한 사례인지 모른다. 우리는 왜 소련이 그러한 결정을 내렸는지 모른다. 그들이 다른 결정을 내렸다면, 끔찍한 종말을 초래했을 수도 있었다. 미국의 정책결정들이 어느

---

26) NSC ExComm Meeting No. 7, October 27, 1962 (82년 공개). 비밀협상에 대한 최고의 설명은 Schlesinger, *Robert Kennedy*, pp.526 ff. 참조.
27) Kennedy, *Thirteen Days*, p.109.

정도 사건의 최종 결과들의 모습을 유도해 나갔지만, 특징이 없는 역사의 활용 방법—그리고 역사에 대한 외면—으로는 그 정책결정들의 명확성과 설득력을 충분히 설명하지 못한다. 그 선택들은 특수한 조건들의 산물이다: 강도 높은 집중력; 방송매체와의 협력에 따른 효과적인 비밀유지(워터게이트 사건이후, 이러한 일은 미국헌법 수정조항 제1조를 모반하는 것으로 간주); 상당 수준의 일치감—이들은 "최고의 가장 명석한 사람" 이라기보다는 경험을 폭넓게 공유했던 덕분이었다. 일처리가 부족한 보좌관이 있는가 하면, 제분기가 돌아가지 않을 때 이를 다루지 못해 있으나 마나한 사람도 있다. 어떠한 지위에서든, 비슷한 조건을 갖춘 사람들을 얻기가 쉽지 않다. 워싱턴과 모스크바간의 첫 번째 군사적 대립을 초래했던 미사일 위기만큼, 최전선에서 관심사와 선택을 고민하고 결정해 나갔던 그리고 이색적이며 너무나 중대해서 사람들의 이목을 확 끄는 긴박감을 지니는 사건은 거의 없다.

그럼에도 불구하고, 역사를 활용한 기법들은 명백히 미사일 위기 동안, 위기분석과 위기관리에 확실히 기여한 것 같다. 맞든 틀리든 간에, 케네디는 이성적이며 사려 깊은 선택을 위한 수단을 가졌고, 역사에의 의존이 그러한 숙고에 도움을 줬다. 보다 적은 선택방안으로 현세의 많은 문제에 대해, 최고수준이든 하위수준이든 간에 1962년의 사례를 통해 얻은 방법으로만 문제를 해결하고자 한다면 그 결과가 좋을 것이라고 기대할 수는 없다. 어느 누구도 다음에 올 위기에 대해 당시의 적용됐던 요소들에 의존할 수 없기 때문이다. 그러나 선택을 결정하는 데 있어 준비 업무의 수준이 높든 낮든 간에, 쿠바사례에 기초해서 이에 필적하는 혹은 이보다 나은 방법으로 역사를 활용한다면 왜 희망이 없겠는가?

제 2 장

성공 사례 Ⅱ

일상적인 관행도 개선되어질 수 있다는 희망은 쿠바 미사일 사례에 버금갈만한 1983년의 사회보장개혁 사례를 통해서도 잘 알 수 있다. 아직 상세한 내용이 공개되지는 않았지만, 공개된 당시 기록들을 볼 때 이 사례도 역사를 독특한 방식으로 활용했다는 점을 알 수 있다. '국가사회보장개혁위원회'의 보고서를 지원하고 추진했던 사람들은 역사 속에서 연관된 내용, 절차, 조직, 개인들의 유사사례를 찾으려 했고 과거의 다양한 사례들을 신중하게 관찰했다. 누구에게 최고의 점수를 줄 지는 다소 의문이다. 레이건(Ronald Reagan) 시기 백악관의 입법전략 그룹, 이 문제와 관련한 하원의장 자문단, 위원회 의장, 집행국장 그리고 적어도 다른 4개의 관련 위원회가 가장 큰 몫을 놓고 경쟁하고 있다. 그러나 여러 조직이 이 문제를 둘러싸고 관련되어 있다는 것으로 족하다. 그들은 그룹을 통해 케네디의 엑스콤이 했던 것처럼 중요한 일을 달성했다.

이 문제는 포드(Gerald Ford) 대통령 시기로 거슬러 올라간다. 당시

사회보장 재정조달 문제가 처음으로 제기되었다. 포드가 집권하기 이전 30년 동안 정부가 운영해 온 노후생활보험(OASI, Old Age and Survivor's Insurance)은 고용인, 피고용인 모두에게 부과하는 소득세 징수로 재정을 조달해 왔다: 은퇴 후 연금을 받으려는 자들은 현재 연금을 필요로 하는 사람들에게 기꺼이 그 비용을 지불한다는 원칙이다. 이 시스템은 완전히 정착된 시스템도 아니었고, 적용범위도 제한적이고 지급금도 적어서 지난 몇 십 년간 별 무리 없이 운영되어왔다. 1949년 이후 보험범위는 확대되고 지급금도 점차적으로 증대되었다. 1945년 이후의 베이비 붐 세대들이 노동인구에 합류했기 때문에, 노령자 대비 노동인구의 비율은 높아져서 이 기능은 여전히 이전처럼 작동됐다. 베트남전쟁동안, 고용률이 최고절정에 이르렀을 때 OASI 신탁금의 보유액도 최고점에 이르렀다.[28]

1972년 이러한 상황들은 노후보험체제의 실질적 변화를 위해 선거해에 정치적 요소와 결합되었다. 유권자 중 은퇴자의 비율이 증대하고 있었고, 은퇴자의 상당부분이 선벨트주[Sun belt States, 미국 남부의 동서지역]에 살고 있어서 이 지역들은 1960년 혹은 68년처럼 이번 대통령 선거에서 박빙의 사활지역이 될 것이라고 예측되고 있었다. 공화당 출신인 리처드 닉슨(Richard N. Nixon)은 재선을 희망했기 때문에 민주당 주도의 의회요구, 즉 OASI의 지급금 증대를 결국 받아들였다.

동시에, 닉슨은 인플레이션 억제책으로서 지급금 변동제를 승인했다. 그것은 단기적이고 효과적인 인플레이션 억제 프로그램의 일환으로 밀어붙이기식이었다. 지난 몇 십 년간, 임금상승률이 물가상승률보다 평균적으로 더 빨리 진행됐기 때문에 행정부는 비교적

28) 수혜자에게 복리방식으로 지급했다. 보다 자세한 것을 알려면, "Social Security: B," Kennedy School of Government Case No. C14-77-198 참조.

보수주의적 접근법을 선택했다. 즉, 지급금을 소비자 물가지수를 통해 나타난 소매가격에 맞췄다.

종합해 보면 이러한 변화들은 OASI를 최소보장제도에서 충분한 연금제도로 그 위상을 변화시켜 놓았다. 이것은 로버트 볼(Robert Ball) 국장이 이끄는 사회보장국(SSA, Social Security Administration) 경력직 관리들의 다년간의 염원이었다. 또한 의회 자유주의자들과 주요 조합, 특히 전미자동차노조(UAW)원들의 지향점이기도 했다. 1972년 연금제도의 현실화는 장기간 하원 세입위원회 위원장이었던 윌버 밀즈(Wilbur Mills)의 예기치 않은 지지 덕분이었다. 그는 국내 세수법안과 연관된 변호사와 사업가들에게 살아있는 우상으로 민주당의 유력한 대통령 후보로 점쳐져 왔다. 공화당 보수주의자들이나 전국제조업협회(NAM)와 같은 기업세계의 전통적 반대론자들은 밀즈의 반감에 따른 위협과 닉슨의 생각 변화, 즉 연금 증대는 유감이지만, 전적으로 반대할 수 없을 것이라는 불길한 생각으로 불만을 제기하지 못하고 있었다. 닉슨은 재선 후, 볼을 해고하는 것으로 만족했다.[29)]

얼마 지나지 않아서 예기치 못했던 3가지 경향이 거의 동시에 나타났다. 첫째, 베이비 붐은 붕괴되는 반면, 수명 연장으로 노령화가 진행되었다. 둘째, 1974년 경제지표에서 1946년 이후 처음으로 물가상승률의 급속한 증가는 임금상승률을 상회한 것으로 나타났다. 셋째, 경제지표는 경기후퇴를 나타냈고, 과거 15년과 비교해 볼

29) *New York Times*, Jan. 6, 1973. 볼이 해임되던 날, 닉슨의 공보관인 론 지글러(Ron Ziegler)는 사회보장 프로그램에 대한 "새로운 지침"을 발표했다. 이에 대해 윌버 밀즈(Wilbur Mills)는 의회가 이 프로그램을 정치화하지 않도록 경고했다.

때 고용률이 최저였다. 사회보장 재정의 장래가 갑자기 불투명해지자 미래는 암울했다. 노동자와 퇴직자와의 적정 비율은 이미 붕괴되기 시작했다. 베이비 붐 세대들이 은퇴했을 때, 누가 이들을 먹여 살리기 위해 일을 하겠는가? 한편, 얼마 안 가서 이미 낮아진 신탁보유금도 잘못된 법률제정으로 인해 더욱 악화될 것이다. 이윤은 물가상승으로 올랐지만, 자원은 고용으로 인해 고갈되고 있었다. 어디서 현금을 얻을 수 있는가? 파산에 대한 이야기는 1977년까지 공공연하게 회자되었다.

지미 카터(Jimmy Carter)는 공약으로 이 문제를 제기하고 대통령직에 올랐다. 그는 일반세입으로 전환되기를 요구했다. 의회는 이것의 의미를 잘 알고 있었다; 사회보장은 "보험"이지 "복지"가 아니라는 근거에 대해 양당의 입장차이가 있었다. 대신, 의회는 주로 소득세의 순차적인 인상과 점증적으로 연방세의 대폭적 인상을 제안했다.[30] 이것은 모든 것을 치유할 것만 같았다. 다시 말해, 1978년에 새롭게 나타난 인플레이션을 제외하고는 1979년 한 해 동안 이전에 나타났던 모든 상승을 억누를 수 있고, 이러한 정책은 카터 임기동안 지속될 수 있다고 판단했을지 모른다. 그러나 임금상승은 주춤했고 고용도 마찬가지였다. 1981년 카터가 레이건에게 자리를 내줬을 때, 사회보장 재정은 4년 전의 위기수준에 머물러 있었다.

카터 집권기에 모든 것을 진정시켜 왔지만, 가장 핵심인 연금 확대 문제는 해결하지 못했다. 카터 시기에 의회는 당시의 지급금을 수정할 수 있는 거의 모든 노력들을 거부했다. 그러나 이 과정에서

---

30) 의회가 승인한 계획으로 10년간 2770억 달러의 소득세(payroll tax)를 올렸다. 최고월급을 44,100달러로 평가할 때, 1980년대 중반의 고용주와 피고용인은 각각 7.15%씩을 낸 셈이다.

많은 것들이 고려됐고, 일부는 보건교육복지부(HEW, Department of Health, Education, and Welfare, 지금은 HHS)에서 제안했고, 어떤 것은 사회보장국(SSA)의 업무범위를 넘어서는 것도 있었다. 재정조달 전망 때문에 HEW는 세금인상 대신 지급금에 대한 일부 제한을 SSA가 수용하도록 재정비를 요구했다. 이 문제가 반복적으로 발표되자, 의회는 과거 그 어느 때보다도 적절한 해결책을 찾고자 고심했다. 펜실베이니아 거리 양 끝에서 그리고 그 외 거리에서도 이익단체들은 점진주의—지급금의 미래에 대해 주목하도록 함—가 핵심이라는 것을 알고 있었다.

레이건의 승리나 공화당의 상원 장악에도 불구하고 이 문제의 해법을 찾는 노력은 지속되었다. 신임 대통령은 사회보장—"사회안전망"의 중심—을 그대로 유지할 것을 약속했다. 이러한 조치는 현금 흐름의 몇몇 균형조치들과 충돌되지는 않았다. 문제는 전통적으로 우려하는 집단들: 전문가, 위원회, 조합, 비즈니스 그룹과 새로 조직된 연금자 집단(이 조직의 옹호자는 플로리다주 의원인 클로드 페퍼(Claude Pepper)로 머지않아 하원 운영위원회 위원장이 되었다) 간의 합의를 위한 토대를 찾는 것이었다.

하원 세입위원회는 노후보험제 수정 협상의 중심지였다. 레이건이 1981년 집권했을 때, 사회보장 소위원회의 텍사스 출신 민주당 위원장인 피클(J. J. Pickle)은 양당 공동의 해법을 찾기로 약속했다.

4개월 후, 레이건은 고의는 아니었지만 이 계획을 망쳐 놓았다. 감세는 레이건 경제정책의 핵심이었다. 그의 예산국장인 데이비드 스토크먼(David Stockman)은 연방적자를 감소시킬 방안을 찾는데 혈안이 되어 있었고, 그 방안 중 하나로 조기에 은퇴하는 사람에게 주는 일부 연금 지급금에 대해 즉각적인 삭감조치를 추구했다.[31)]

과거 의원직 경험이 있던 스토크먼은 이러한 삭감조치는 의회를 거칠 수 있다고 판단했다. 그는 캘리포니아주 3명의 동료의원을 포섭해서 복지정책에 중요한 역할을 부여했다. 그들은 과거 상원의원을 지냈던 새로운 보건교육복지부 장관에게 대통령이 동의할 경우 피클의 정책에 동의해 줄 것을 설득했다. 피클은 장기적인 제안을 위해 압력을 행사했다; 단기적인 감축은 대응의 일부 역할을 수행할 수 있었다. 그리고 나서 스토크먼과 동료들은 급하게 대통령에게 자문하고 결재를 받으려고 했다; 이 이슈가 대통령에게 도착하기 직전까지, 그들은 백악관 주요 스태프들, 즉 제임스 베이커(James Baker)와 그의 부보좌관이자 입법전략그룹 의장인 리처드 다먼(Richard Darman)에게 이러한 상황을 거의 알리지 않았다. 이러한 상황을 뒤늦게 안 사람들은 이러한 움직임이 보건교육복지부가 한 것이지 대통령이 아니며, 피클이 양당으로부터 지지를 받아 냈다고 했다. 레이건은 양당의 다수지지를 확신했기에 동의했다. 그러나 서투른 진행으로 대통령은 삭감을 법안화 하는데 장관의 발표까지 이틀간의 시한 밖에 갖지 못했다.32)

이 문제의 정치적 중요성은 현안 이슈를 앞섰다. 한 연대기 작가가 쓰기를;

60년대 초기로 돌아간 레이건은 사회보장에 대해 보험설계사의

---

31) *Congressional Quarterly*, May 16, 1981, p.842. 행정부의 계획에도 외부수입에 대한 한계 제외, 체불납에 대한 요구 강화, 생활비 상승시 3개월 연장 등의 조치를 포함시켰다.

32) 보다 자세한 사항을 알기 위해서는, Laurence I. Barrett, *Gambling with History* (New York: Doubleday, 1983), pp.154-59.; William Greider, *The Education of David Stockman and Other Americans* (New York: E. P. Dutton, 1981) pp.44-48 참조.

확신보다 더 회의적이었다. 그는 한 가지 전제조건: 강압적인 참여(누구든 연금, 혹은 개인퇴직계좌(IRAs) 혹은 아무 것도 원하지 않는 자라도 비용을 지불할 수 있다)에 대한 유보사항이 있었다. 이러한 불확실은 그에게 1976년, 1980년 선거에 어려움을 안겨줬다. 그래서 그는 이에 대해 침묵했다.[33]

그러나 노후생활보험 지지자들은 그것을 적대적인 행위로 받아들였다. 거의 보편적인 "보험"(전통적으로 미국인들은 소득권을 구체화할 수 있는 보험제도를 좋은 것으로 간주)체제가 상대적으로 가난한 자들을 위한 거주 지원, 즉 "복지"(미국인들은 이를 점차 싫어함)와 유사하게 전환시키는 의도가 있다고 판단했기 때문이다.

레이건은 1976년처럼 1980년에도 보험체제를 무너뜨리고자 했다. 그는 선거기간에 그리고 그 이후에도, 전적으로 이에 대한 약속을 해왔다. 그런데 현재의 즉각적 삭감에 대한 지지는 그의 신뢰성을 위협했다.

레이건의 엄청난 실수를 감지한, 확고한 민주당 기조론자인 토머스 오닐(Thomas P. O'Neill) 대변인은 피클에게 현 입장을 철회할 것을 촉구했다. 민주당은 광분했다; 공화당도 곧 가세했다. 일주일 이내, 공화당 다수인 상원에서 이 문제를 레이건의 조기은퇴 삭감안과 분리하는 결의안을 압도적인 표차로 통과시켰다. 즉각적인 효과가 있을 것이라는 기대는 퇴직자들의 장기계획을 혼란스럽게 만들었고, 예상보다 더 심한 분노를 자아냈으며, 이 문제는 더욱 더 공론화되었다. "불공평" 이슈는 바로 이때 심어졌다.

---

33) Barrett, *Gambling*, p.155.

1981년 5월 모든 것이 다 일어났다. 이것은 확실히 20년 전 케네디의 피그만 사태에 대한 초기 실책에 버금가는 아니, 그 이상이 될 수 있는 첫 번째 대실책이었다. 레이건의 첫 번째이자 최악인 이 사태는 새 대통령 취임직후였기에 문제가 더 커졌다.[34)]

레이건은 후퇴했고, 단기예금에 대한 희망을 접었다. 그리고 반복적으로 행정부는 사회보장에 대해 지지했고 앞으로도 지지할 것을 발표했다. 그러나 아무 효과도 없었다. 대변인과 그의 주변 사람들은 대통령이 사회보장책에 부여했던 것을 보여주려고 했다; 그것이 그들이 할 수 있는 유일한 것이었다. 이 문제는 정치화된 상태로 유지됐다. 피클은 옴짝달싹 못하는 처지에 빠졌고, 그의 절친한 상원의원들도 마찬가지였다. 경기침체가 매달 이어지고, 여름부터는 고용삭감에 따른 세수감소로 OASI는 현금이 고갈되어 갔다. 인플레이션은 진정되고 있지만, 균형을 맞추기에는 불충분했다. 현금지불의 실질적 파산은 1983년 7월로 예견됐다.[35)]

1981년 가을, 대통령은 이 이슈를 연구해서 1982년 의회선거 이후에 보고하도록 양당위원회 구성을 요구했다. 의장을 포함해서 5명을 임명했다. 하원의장과 상원의 다수당 당수는 소수당을 위해 반대진영과 협의 하고 각각 5명을 더 임명했다. 이와 유사한 선례로는 2개의 후버위원회도 포함된다. 비슷한 형태로 임명했기 때문이다. 언론들은 선거 해에 '뜨거운 감자'를 쥐기 위해 창설된 이 위원회를 다른 자문기관들에 유추해서 자유로이 평가했다.

---

34) 정권 이양기에 대해서는, Richard E. Neustadt, *Presidential Power, Revised Edition* (New York: John Wiley & Sons, 1980), Chapter 11 참조.

35) *Report of the National Commission on Social Security Reform* (Washington, D.C.: U.S. Government Printing Office, 1983), Appendix J, p.14.

그러나 이들이 수행한 것들을 볼 때 이 위원회가 타 위원회와 구별되고 특별하다는 것이 증명됐다. 1983년 새 의회가 구성되자 이 위원회는 보고했다. 빠른 시간 내에 현금흐름을 처리하기 위해, 위원회는 세수입과 시기 모두 다 점진적 변화가 증대될 것에 대비해 합의된 제안을 제시했다. 공화당이 이것을 추구하면, 민주당은 저것을 추구했으나, 양당은 서로 양보했다. 그들은 또한 약간 과장된 종합세 부과에 대해서도 양보했다(그렇게 인식되지는 않았지만). 베이비 붐 세대가 부과한 장기적 문제에 관해서는, 위원회는 대안을 분리해서 제시했다. 대통령, 상원총무, 하원의장 모두 이 보고서를 환영했으며, 양당에서 조치를 취해 줄 것을 요구했다. 전국제조업협회, 전미자동차노조 그리고 다른 유사기관들도 반대하지 않았다. 페퍼도 반대하지 않았다. 의회는 재빨리 반응했다. 합의된 제안사항에 대해 큰 수정 없이 대부분을 법안으로 제정했다. 뿐만 아니라 장기화에 대비한 대안도 포함됐다.[36] 이 법안은 1983년 4월 레이건 책상에 올려졌다. 대통령은 성대한 축하 분위기 속에서 이 법안을 사인했다. 재정위기는 종결됐다.

자문위원회가 해낸 이 성과는 예기치 못한 결과였다. 적어도 다음과 같은 4가지 요소 덕분이었다. 첫째, 위원회 구성원. 둘째, 아슬아슬한 시기에 이 사안에 대한 백악관의 재평가. 셋째, 이후 백악관의 기민한 개입. 넷째, 레이건 설득이다. 각각에 대해 보다 자세히 설명

---

36) *New York Times*, March 22, 1983. 장기 재정을 제공하기 위해, 의회는 2027년까지 은퇴연령을 65세에서 67세로의 점증적 증대를 승인했다. 단기 조치로서는 (1) 사회보장제도의 혜택을 연방의 신입 고용인들에게까지 확대 (2) 1990년까지 고용인, 피고용인 모두에게 소득세를 7.65%까지 증대 (3) 83년 이후부터의 생활비 증대로 인한 체납불이행에 대해 6개월간 연장 (4) 자영업자에 대한 소득세 증대 (5) 2만5천불 이상 혹은 맞벌이 총액이 3만 2천불 이상일 경우, 사회보장 혜택에 대한 세금 50%삭감 등이 있다.

하면 다음과 같다.

위원회의 15명 구성원은 대부분 결과를 도출해 낼 수 있는 선수들로 구성되었다; 정당, 행정부, 스태프, 협상그룹 등 1972년 조직과 유사하다. 상원의 공화당 총무인 테네시주 하워드 베이커는 위원회가 정치화된 이 문제를 모두가 잘 이해할 수 있도록 해결해 주기를 원했던 것 같다. 그의 동료인 상원의 공화당 의원들과 하원의 민주당 의원들은, 하원의장은 물론이고, 과거 세입위원회에서와 같은 협상의 장을 탈피하고자 했다; 베이커는 이 문제를 상원이 아닌 다소 일시적인 안정된 새로운 자리에서 해결하고자 했다. 그는 이 위원회가 그 역할을 해 주기를 희망했다. 따라서 그는 그의 몫으로 이 위원회에 지명할 사람들에 대해 세심한 배려를 했는데 4명은 어떤 협상에 있어서 필수적으로 있어야 할 사람들이고 나머지 다섯 번째 사람은 유용한 대목에서 그 참석을 통해 신빙성을 더해 주었다. 이 4명은 1976년 제럴드 포드의 부통령 후보였고 현재 상원 재정위원회 의장인 캔서스주의 로버트 돌(Robert Dole), 콜로라도주 공화당 의원이며 사회보장 소위원회 의장인 윌리엄 암스트롱(William Armstrong) 그리고 과거 국내 복지 분야에 닉슨 참모로 있었고 케네디 초기에도 유사한 일을 담당했던 뉴욕의 민주당 출신인 대니얼 패트릭 모이니핸(Daniel Patrick Moynihan), UAW가 최근에 가입한 조합연대인 AFL-CIO의 새 위원장이며 과거 사회보장 전문가인 레인 커클랜드(Lane Kirkland)이다. 베이커가 지명한 다섯 번째 인물은 펜실베이니아주 공화당 출신의 상원의원인 존 하인츠(John Heinz)이다. 존 하인츠는 다른 4명에 비해 젊었지만, 노령화 문제를 다루는 특별위원회 의장이었다.

하원의장은 위원회의 운명에 기여는 많이 하지 않았지만, 멤버

구성 몇몇에 기여는 했다. 매우 중요한 인물 2명의 임명도 포함되어 있었다. 한 명은 과거 공직의 장으로 있었고 현재는 민간인 신분으로 민주당과 특히 오닐에게 정평이 나 있는 전문가 로버트 볼이고, 다른 한 명은 뉴욕 출신의 바버 코너블(Barber Conable)로 세입위원회의 공화당 1인자이며 양당 및 상하원 모두로부터 폭넓은 지지를 받고 있었다. 하원의장이 지명한 또 다른 인물로는 존경할만한 페퍼, 하원의원을 역임했고 카터 시기 보건복지부 부장관이었던 마사 케이즈(Martha Keyes), 피클 소위원회의 공화당 1인자인 텍사스주의 윌리엄 아처(William Archer)를 들 수 있다. 그런데 피클과 코너블의 카운터 파트로서 전체위원회의 위원장인 일리노이주 민주당 의원인 대니얼 로스텐코우스키(Daniel Rostenkowski)는 왜 이 그룹에 없었는가? 예비로 남겨 놨다. 한때 강경했던 밀즈를 잇는 로스텐코우스키는 세입위원회 이외의 협상의 장에서는 별로 필요하지 않은 인물이었다; 당시, 그는 위원회가 실패하기를 기다린 후, 그의 주장을 재천명하고자 했다는 후문이 있다.

백악관도 이 위원회 설립에 대해 이전의 많은 양당 위원회들이나 각종 위원회들과 언뜻 견주어 볼 때 실패할 수도 있다고 봤다. 첫 번째의 후버위원회를 제외하고, 크게 다른 맥락과 시간의 틀 속에서, 그러한 기구들은 레이건의 보좌진들이 보기에 그들이 단지 보고서를 제출할 때 걸리는 시간동안 그 논란거리를 보류시켰다는 점에서 성공적이었다는 것이다. 이후에는 그 문제들이 한동안 지속될 뿐이었으며 또는 경우에 따라 보고서로 인해 일을 악화시키거나 단지 시야에서 사라지게 할 뿐 아무런 결과도 없었다. 즉, 닉슨과 포드 대통령 시절, 이와 비슷한 결과를 창출하는 많은 이름의 위원회가 있었다. 당시 행정부의 베테랑들이 지배하고 있었던 레이건 입법전략 그룹은 하워드 베이커가 1982년 가을 내내 이 문제를 그가 희망했던 위원회의 협상의 장에서 공회전 될 것이라고 봤다. 이 기간은 의회선거기간이므로 공화당과 레이건을 돕기 위해 이 문제를 회피시킬 것이라고 판단했기 때문이다. 따라서 백악관은 5명의 인사를 추천하는데 베이커나 오닐이 그들의 인물을 고르는데 신경 썼던 것만큼 크게 관심을 두지 않았다. 두 사람은 주요 협상에서 유용했으나, 3명은 그렇지 않았다. 그 둘은 존슨 행정부의 상무장관을 역임하고 오랫동안 이 문제에 정통하며 운 좋게도 NAM의 의장을 맡고 있는 알렉산더 트로우브리지(Alexander Trowbridge)와 온건한 공화주의자며, 한때 포드 경제자문위원회 위원장을 역임하고 월스트리트와 의회에서 평판이 좋은 비교적 비정치적이며 포드 행정부와 연관되었다가, 현재는 레이건 행정부에 봉직하며 옛 친구들에게 귀를 기울일 용의가 있는 또 커클랜드와 좋은 관계를 유지하고 있는 앨런 그린스펀(Alan Greenspan)이다. 레이건은 그린스펀을 위원장에 지명했다. 레이건이 임명한 다른 3명은 특별히 화려한 경력을 소유한 사람들은 아니었지만, 2명은 사업가 출신의 공화당원으로 프루덴셜 생명보험 사장인 로버트 벡(Robert Beck)과 경영 컨설턴트인 메어리 팔비 풀러(Mary Falvey Fuller)이고 나머지 한 사람은 16년간 루이지애나 민주당 의원으로 보수적인 조 워고너(Joe Waggonner)이다.

이 그룹의 멤버구성은 집행국장인 로버트 마이어스(Robert Myers) 임명으로 완성됐다. 그는 공화당원들을 위해 역할을 수행했는데, 그것은 민주당원들이 로버트 볼에게 맡겼던 내부 전문가의 역할이었다. 마이어스는 또한 오랜 기간의 공무원 경력도 있었다. 그는 사회보장관리국의 보험설계 장으로 존경을 받아왔으며, 여러 해 동안 볼의 스태프들에게 신중한 목소리를 내기도 했다. 그리고 거의 비슷한 시기동안 온건한 공화당원들에게 조언을 해 왔다. 누가 마이어스를 집행국장으로 추천했는지는 모르겠지만, 그에게 이 직위를 부여한 것은 너무나 당연한 것으로 간주됐다.

개혁을 시킬 것인가 아니면 개혁을 붕괴시킬 것인가를 다뤄야 하는 이 서클에는 3명, 즉 하원의장, 로스텐코우스키, 대통령을 제외한 모두가 포함되었다. 이런 결과에 대해 백악관의 기여는 적었지만, 의회 선거후 레이건의 전략가들은 이 기회를 잡아야 한다는 것을 인식했다. 바로 그 기회는 상원 다수당 총무가 염원했던 것이다. 선거기간 내내 위원들은 사회보장문제에 집중하고 실제로 사회보장의 개념정의에 대한 합의까지 이뤄냈다. 그 구성을 고려해 볼 때, 이 서클에 불참한 3명의 멤버가 만족 혹은 중립적인 입장만 보였더라도, 이 합의는 더욱더 많은 해결책을 찾았을지 모른다. 이러한 결과는 예상치 못한 것이었고, 제임스 베이커와 관련자들은 가능하다면 이것은 대통령과 나라에게 매우 중요한 문제이기에 이를 달성해야 한다고 결심했다. 여론조사에서 이 이슈가 공화당원에게는 치명적이라는 결과가 나와 이들로 하여금 박차를 가하게 했다는 후문이 있다. 과거 실패와 비교되는 부정적 이미지를 버리고, 베이커와 여기 참여한 사람들은 이 위원회를 재정비하고 큰 변화 없이 격상시켰다. 그들은 제대로 된 대표성의 확보를 위해 비공식적인 전문가 집단인 "협상그룹"(negotiating group)의 창설로 이를 달성했다.

이러한 노력을 주도한 백악관 전략가들은 이 이슈에 익숙해 있었고, 핵심 위원들도 잘 아는 사람들이었다. 제임스 베이커는 포드 행정부 시기 엘리어트 리처드슨(Elliot Richardson)에 이어 제2대 상무부(Deputy Secretary of Commerce) 부장관을 역임했다. 베이커와 당시 정책 부장관을 역임했던 리처드 다먼은 포드시기 경제정책국에서 재정위기가 처음 출현했을 때 이 문제를 다뤘다. 게다가 다먼은 1971~72년 리처드슨과 함께 일했다. 당시 리처드슨은 보건교육복지부 장관이었고 볼은 여전히 사회보장 위원이었으며, 모이니핸(Moynihan)은 막 백악관을 나왔던 시기다. 현재 다먼은 베이커 바로 밑에 있다. 1982년 입법전략그룹의 또 한 명의 구성원으로 케네스 두버스타인(Kenneth Duberstein)도 있다. 그는 의회 연락담당이었고 포드 시기 총무행정 일을 했었는데, 하원의장을 포함해 관련된 모든 사람들의 신임을 얻고 있었다. 또 다른 레이건의 전략가로는 예산국장인 스토크먼을 들 수 있다. 지금은 다소 화려함이 누그러졌으나, 그는 의원직을 역임했었을 뿐만 아니라 대학원 시절 당시 교수였던 모이니핸의 수제자였다. 이러한 인적 연결고리를 더욱 세분화시킬 수 있지만, 이를 다 추적해서 밝히기에는 지면이 부족하다. 이들 4명은 6명의 위원들과 함께 자신들을 그들의 "협상그룹"에 투신했다고 말하는 것으로 충분하다. 6명에는 볼, 모이니핸, 돌, 코너블 그리고 그린스펀, 암스트롱(나중에 탈퇴)이다. 커클랜드와 트로우브리지는 서로 지속적으로 밀접하게 정보를 나눴다.

6주 동안 수시로, 때로 모두가 다 참여해서 또 때로는 소그룹으로 나눠 서로 얼굴을 맞대고 토론했던, 이들 12명은 위원회 보고서가 성공적으로 끝나도록 협상작업을 마쳤다. 그렇게 하기 위해 그들은 종종 베이커와 다먼을 통해 대통령과 자주 접촉했고, 볼과 두버스타인을 통해 하원의장과 접촉했다. 그들은 레이건과 오닐로부터 합의를 받아내야 될 뿐만 아니라 두 사람이 공식적으로 동시에 이 보고서에 사인하도록 조정도 해야 했다. 대통령은 한때 정열을 갖고 그 점을 주장했다. 로스텐코우스키는 처음 하원의장과 공화당 의원들 간의 상호 치열한 실랑이에 직면해 있다가, 오래된 문제에 대처할 수 있는 대안을 신중히 제시한 보고서에 대해 만족했다. 따라서 그는 일련의 행동을 취할 수 있게 됐다: 그의 위원회는 선택을 주도할 수 있었고, 나중에는 2027년까지 은퇴정년을 2년 늘이도록 했다.

"협상그룹"이 최고의 두뇌와 자기 입장이 뚜렷한 자들로 구성되어 있다는 사실을 고려해 볼 때, 이 그룹은 놀라울 정도의 신속한 처리로 공동입장에 이르렀다.(그 당시에는 이것을 감지할 수 없었다. 신문지상에는 부정적이고 실패할 것이라는 기사들로 가득 차 있었기 때문이다. 그것은 확실히 전술의 부산물이었을 것이다.)[37] 그것은 "협상그룹"이 출범하기 전에 그 문제의 비중을 부분적으로 증명해 준다. 위원회는 향후 7년 동안 1,500~2,000억 달러 규모에 이르는 새로운 재원의 필요성에 합의했다. 어디서 어떻게 이 돈을 마련할 것인가는 "협상그룹"의 몫이었다. 총액 규모가 너무나 커서 실현 가능한 규모의 세금 증액이나 지급금 삭감으로 이 돈을 모을 수가 없었다. 따라서 민주당의 세금 증액 요구와 공화당의 지급금 삭감 요구 모두 다 일정정도 양보를 할 수밖에 없는 상황임을 그들은 초기부터 알았다. 더욱이 그렇게 큰 규모의 총액을 모으기 위해서는 세입에서 일정정도 돈을 끌어올 수밖에 없었기 때문에, 원칙상 이를 반대하는 보수주의자들은 실질적으로 조용히 방법을 찾고 있는 자유주의자들과 공모할 수밖에 없었다. 잡다한 "보상금"들이 재무부에서 신탁기금으로 옮겨졌는데 이 신탁기금은 명목상 근로소득세에 의해서만 지탱되었다. 일시적으로 소득세도 근로소득세의 증액에 기여하게 했다. 새로 책정된 기금 규모를 충족시키기 위해 과거 10년 동안 배당금과 세금의 모든 항목별 변화에 대한 다른

37) 1982년 12월과 1983년 1월 초 동안, *Washington Post*와 *New York Times*는 붕괴가 임박하게 된 요인들의 환경적 스토리들을 자주 실었다.

사람들의 요구에 대해서도 점검했다. 특히 이들 중 볼과 스토크먼은 상세항목들을 점검하면서 독창적이고 종종 대조적인 제안을 제시했다. 협상그룹의 나머지 사람들은 이를 청취하고, 논쟁하고, 설득하고, 소그룹회의도 열고, 타협도 했다. 이들 중 위원들은 등에 2,000억 달러라는 짐을 지고, 불평 없이 조금씩 문제를 해결해 나갔다. 그리고 그들은 결국 해냈다.

베이비 붐 세대가 21세기에 대거 은퇴했을 때 대비한 장기적인 재정문제에 대해, "협상그룹"은 21세기에 은퇴정년과 세금 중 어느 것을 더 높일 지에 합의를 보지 못했다. 7명의 공화당 위원은 전자를, 5명의 민주당 위원은 후자를 선택했다. 어느 쪽이든 현재의 평가하에서 도움이 될 것이었다. 위원들은 이 문제를 명확히 하기 위해서, 또 올바른 선택을 받기 위해서(로스텐코우스키에게 그가 원하던 역할을 부여하면서도 동시에 그것을 제한하는) 의회에 두 가지 대안을 제출했다. 그리고 그들은 기다렸다.[38] 타협을 도출하는데 있어서, 베이커 그룹의 행동은 모범적인 본보기였다.

그러나 위원회가 있었다. "협상그룹"은 비교적 위원회보다 대표성을 더 많이 갖고 있었지만, 의도된 결과물이 보고서 형태를 띤 이후에는 전체위원회 없이 또는 위원회에 거역하며 행동을 취할 수 없었다. 주요 문제에 대해 거의 만장일치를 이끌어 내는 것은 양당합의의 효과를 극대화하는데 중요했다. 그 결과물은 "합의된

---

38) 위원회는 의회가 수정안을 채택하기로 한 은퇴연령 대안에 대해, 은퇴연령기를 매달 증가시켜 2015년에는 66세에 이르게 한다는 계획을 내놓았다. 그러나 의회는 2027년까지 67세로 연령을 높이는 것으로 대체했다. 인구평가를 낙관적이거나 비관적이 아닌 '중도적 입장'에서 평가할 경우, 경제가 장기적 침체에 빠지거나 높은 인플레이션을 겪지 않는다면, 베이비 붐 세대들이 모두 은퇴하더라도 후자의 방안은 2050년까지 신탁금을 지불할 능력을 갖는다.

보고서"라고 불러질 것이었다. "협상그룹"에서 빠져 있던 위원들 중 하인츠 상원의원은 그의 동료들에 가세했다. 페퍼를 비롯해 하원의장 사람들도 볼과 코너블에 가세했다. 그러나 레이건이 지명한 사람들은 불만을 토로했다. 그들은 기업가들의 지지를 받는 것이 중요했는데, 특히 벡이 그러했다. 그들은 백악관에서 긴 회의동안 설득되어야 했는데 이에는 백악관의 최종 설득자인 대통령도 나섰다—이것은 백악관의 보좌진이 일찍이 이 위원회는 다른 실패한 위원회나 마찬가지일 것이라고 여긴 것에 대해 대가를 치루는 것이었다.

따라서 위원회는 지금은 해산된 협상그룹과 함께 하나가 되었다. 그 과정에서 레이건과 오닐 (그리고 하워드 베이커)은 그들의 역할 수행을 위해 끌어 들여졌다. 위원회가 공식적으로 보고할 때, 그들은 동시에 박수갈채를 보냈다. 로스텐코우스키는 청문회를 계획했고, 돌도 똑같이 따라했고 3개월 후 모든 중요한 것들이 법률로 제정됐다.

우리들의 관점에서 볼 때, 이 사례에서 가장 두드러진 점은, 한때 레이건이 큰 실책을 범했지만 복구를—자신과 신탁기금 양자 모두—위해 보여준 정교하고 성공적인 노력은 쿠바 미사일 위기도 그랬듯이 역사를 평범하게 활용하거나 무시하지 않았다는 점이다. 1981년 5월 상원의 반대투표와 하원의장의 지속적인 신랄한 비판에 질린 행정부 구성원들은 처음으로 직접 그 문제에 파고 들어가서 돌파하는 액션을 취했다. "우리가 무엇을 할 수 있는가?" 그들은 다시 확신을 주려고 시도했다; 재보장이 실패하자 역사 유추가 머리에 떠올랐다. 그들 가운데 과거에 이 뜨거운 이슈를 식혔던 위원들이 있었다. 사례가 자주 등장하면서 역사 유추는 해답이 되어 갔다. 그러나 1단계로 이것을 기준으로 삼았지만, 행동은 과거와 달랐다. 어느 시점에서 1962년처럼, 이 문제에 관련된 사람들은 이 이슈가 너무나 중대해서 유사한 사례들로 정의될 수 없다고 인식하는 듯했다. 우리가 알고 있는 한, 백악관 보좌진이나 위원회와 위원회 스태프들 어느 누구도 다른 자문 그룹의 경험을 다시 언급하지 않았다. 이 점은 현명한 방침이었다. 하워드 베이커가 원하고, 제임스 베이커가 궁극적으로 달성하고자 하는 근접한 비교상대가 없었기 때문이다.

한편, 1962년 사례처럼 성공을 가져온 사람들은 대개 경미한 역사 사건에도 관심을 갖는다. 기획하고 임명했던 사람들은 이 이슈의 정치적, 경제적 역사에 대해 초미의 관심을 보였다. 심지어 케네디의 엑스콤 그룹보다 더 심할 정도로 모든 미팅에서 이 이슈의 과거사는 등장했다. "협상그룹"에는 사회보장제도가 처음 실시된 이후 50년간 진행된 모든 사항 및 세부사항들에 대해 모르는 사람이 아무도 없었다. 그들 모두 이 문제가 불거진 이후 적어도 지난 10년간 직접 관여했던 사람들이었다. 따라서 그들은 노후생활보험에 대한 개념이 "보험"이지, "복지"가 아니라는 오랜 세월 동안의 고집스런 뿌리를 잊지 않고 있었다. 이 이슈의 역사에 대한 인식은 이런 추정의 이면을 보게 했다. 심지어 1972년 밀즈를 포함한 초기의 협상가들은 연령 분포, 고용 대비 은퇴 비율, 인플레이션률, 가격과 임금 관계 등과 같은 통제요소의 예측에 의존하려했다. 협상그룹은 결정을 내렸다: 더 나을 것이 없다. 과거를 통해, 협상그룹은 불확실을 알았고 불확실을 정의했다. 장기적으로 생계비 조정은 규모 변화와 경제변화를 자동적으로 적용시키기로 했다.[39]

---

39) 위원회는 또한 의회에 "안전한 메커니즘이 실패"했을 경우에 대비한 3가지 대안을 촉구했다. 즉, 갑작스런 경제변화로 신탁금이 예상했던 수준보다 더 빨리 바닥이 나고, 또 그때 의회가 회기 중이 아닐 경우,

위원회와 협상그룹의 구성원은 이 이슈와 연관된 집단의 수뇌부로 역사적 사건들을 잘 인식하고 있었다. 이들은 단순히 잘 조직된 이익집단을 대표하는 자문기구가 아니었다. 협상그룹과 위원회 스태프 모두는 노후생활보험 이익과 기금에 적용했던 거의 모든 방법들을 다 기억하고 있었다. 그린스펀은 위원들을 위해 대표자 자리를 차지하지 않았다. 따라서 이 이슈의 자초지종에 대해 전모를 모르고 간략히 아는 대리인이 이 이슈의 관점을 위원회에 잘못 전달할 가능성은 없었다. 그리고 역사는 사회보장국과 의회 위원회에도 영향을 미쳤다.

협상그룹과 위원회 스태프들이 과거 어느 시점까지 돌아보고 얼마나 멀리 앞날을 내다 봤는지는 확실히 말할 수 없다. 다른 사람들은 이 점을 더 캐고 싶겠지만, 여기서는 이 정도로 하자. 그들은 자랑스러운 사람들이었고, 그들의 업적을 자랑스러워했다. 회고록이 나올 것이고 비교될 것이다. 그러나 1962년처럼, 1983년의 성공은 정책결정 참여자들이 과거 일련의 사건에서부터 시작해 향후 앞으로 발생할 일까지를 고려해서 결정을 내렸다는 점이다. 그들이 해낸 과업의 특징을 뽑아본다면, 그것은 시간을 계산해낸 방법이다. 심지어 다음 선거까지의 중간기간 동안에도 이 공식은 난관에 부딪히지 않았다. 그러나 항상 해결책이 있는 것처럼 행동하지는 않았다. 위원회 보고서는 해결하기 어려운 이슈는 가까운 시기에 재등장하고 더 많은 것을 요구한다는 점을 인정하고 있다. 장기적 대안을 마련할 때에는 현재의 많은 평가와 불확실한 상황이 반영되기 때문이다.

혹은 생각할 시간이 필요한 시기에는 어떻게 할 것인가이다. 과거에 이런 경우는 없었고 이런 가능성을 고려조차 하지 않았기에 의회는 우발상황에 대비한 계획을 매우 신중히 고려했다.

그런데 문제는 이 이슈가 장기화되고 있었으며, 예측의 한계 하에서 즉시 다뤄야만 했다. 의회에 두 가지 대안이 제시됐다. 젊은 근로자들은 지금부터 그들 고용인과 더불어 적어도 은퇴 후 받을 이익금의 모든 비용을 지불해야 한다는 것과 은퇴와 동시에 현금을 지불하는 방법(payments-as-you-go)이었다. 후자는 보유액이 많을 때 가능한 것으로 기득권 계층의 요구를 수용하는 것이며 이미 1939년 사회보장제도가 시행되기 이전인 1935년 초기 사회보장법에 있었다. 역사적 마인드를 갖고 있는 협상가들은 이 점을 잘 이해하고 있었다.

증명해 보일 수는 없지만, 그들 중 일부는 적어도 케네디가 제1차 세계대전을 떠올렸을 때 향후 『10월의 미사일』이라는 저서가 나올 것이라는 점을 상상한 것만큼 과거를 뒤돌아보고 미래를 내다봤다. 그들이 효과적인 타협의 액자를 만들고 있었지만, 베이커의 협상가들은 하원의장과 대통령 없이는 못을 박을 수가 없었다. 둘 다 확신해야만 했다. 볼은 루스벨트 시기, 즉 요람시기부터 사회보장에 관여해 온 오닐에게 타협이 단기적으로 이 시스템을 구할 수 있고 장기적으로 보호할 수 있다는 점을 적극 설득했다. 그러나 레이건은 확실히 이 시스템과 연관된 적도 없었고 그의 머릿속에 들어와 있지 않았다. 그러면 무엇이 그를 설득했는가? 그 답은 바로 일화에서 찾을 수 있다.

스타워즈 계획이나 감세정책을 통해서 알 수 있듯이 레이건은 적절한 순간에 과감한 거래를 좋아한다. 또한 그는 그 자신이 갖고 있던 아이디어를 발전시켜나가는 것도 좋아한다. 스태프들은 그에게 사안을 타협하는 방법을 제시해야 했다. 즉, 그에게 U턴으로 보이는 것이 어떻게 과거보다 더 진일보할 수 있게 한 S 커브였는지를 보여줘야만 했다. 1982년 봄, "총 세수 증대"는 1981년 세금감액 목표와 연계됐다. 이 시점은 레이건이 민주당에게 그의 세금 법안을 통과시키기 위해 엄청난 삭감으로 민주당을 압박하기 이전이었고, 또 이 법안이 아직 의회를 통과하기 이전이었다. 1982년 12월 이 사안은 계속되었고 볼과 오닐의 만족을 위해 제기된 명목상 사회보장의 개혁은 그들이 끔찍이 싫어하는 세금감액과 연계되었다.

스토크먼과 다른 사람들도 합의된 이 개혁안에 이의를 제기했다. 사회보장 개혁안은 베이비 붐 세대들이 평생 일하면서 비용만 내다가 은퇴 후 그들이 받는 것은 그들이 같은 기간 동안 개인적으로 투자해서 받는 액수보다 훨씬 더 적을 수 있기 때문이다. 자발성을 강조하며 IRAs에 대한 격찬은 베이비 붐 세대들의 반란을 부추기는 격이 되었다. "개혁으로 이 사안의 짐을 가라앉히겠다." 누군가 레이건에게 S 커브를 말해 줬다.

단지 몇 주 전에 대통령은 백악관에서 위원들 중 어느 한 사람에게 전화를 받으면서 "나는 여러분이 자발적인 제도를 만들어 오기를 바란다"고 말한 적이 있다고 한다. 이 말을 들은 그 위원은 이 제도와 관련된 모든 기관에 말해 줬다. 이 말이 전파되는 것을 레이건은 내심 기뻐했을 것이다.

게다가, 그는 또 다른 고정관념이 있었다. 즉 그의 개혁 중 하나에는 '부유층 연금에 세금 가중'과 같은 이슈를 가시화시켜 이 문제를 직접적으로 돌파하고자 했다. 레이건은 그의 '부유한 친구'들이 연금 받는 것을 본적이 없다고 한다. 보좌관들은 그에게 법에는 원칙이 있기 때문에 뒤로 약간 물러서는 것이 더 많은 것을 얻을 수 있다고 말했다. 이 점에서 레이건은 민중을 위해 오닐과 아일랜드인에게 눈에는 눈으로 대했다.

이 버전만으로는 레이건이 어떻게 확신을 갖게 되었는지 증명할 수는 없다. 가장 가까이 다가가서 밝힐 수 있는 방법은 백악관 자료를 인용하는 것이다. 코멘트 한 사람은 주요 회의에 참석하지는 않았지만 대개 그가 준 정보를 인용해 보면 다음과 같다.

> 잘 모르겠지만, 삶의 진리를 추구하는 데는 이런 식이었던 것 같다. 이 이야기가 없었다면, 나는 그의 열정을 설명하기 위해 그와 같은 것을 만들어내야 했다. 그의 이해관계는 정치적으로 얽혀있고 신탁기금 문제가 주어진 상황에서, 물론 그는 거의 그 방향을 따라가야 했다. 그는 확실히 재임 동안 또 임기 말년까지도 이 문제가 도탄에 빠지기를 원하지 않았다. 그러나 이러한 점만으로는 그의 열정을 설명할 수는 없다. 심지어 그는 견해가 완전히 다른 의원들과 일했다; 그들에게 자기 방향을 따라 줄 것을 요구했다. 이 이야기가 바로 그의 그런 점을 잘 드러내 주며, 왜 1984년 봄 당시 재무부 장관이었던 돈 리건이 공식적으로 사회보장기금은 장기적으로 계속해서 문제가 될 수 있다고 언급했는지를 알 수 있다. 당시 자금이 거의 파산에 이르렀을 때 의회가 의료보험에 OASI 자금을 출혈시킬 것이라고 생각하지 않았다면 그의 이러한 언급은 불필요했고 이례적인 것으로 보였다. 아마 그는 대통령을 대신하여 여피족들에게 시그널을 보내고자 한 것이었다.[40]

---

40) 당시 또 다른 백악관 고문에 따르면, 우리에게 자발주의를 연계해서 생각하는 것은 아무런 가치가 없다는 것을 제고하게 했다. 그러나 우리는 "신탁금 규모의 총량이 작아지면(fall of its own weight)"이라는 말이 나온 회의장에 없었기 때문에, 대통령이 수행했던 것에 효과적인 접근을 할 수 없다. 레이건 페이퍼에서 결국 그 사항이 결정된 것 같기는 하지만 확신할 수는 없다. 대통령과의 대화록 어디에서도 이와 관련된 축어적 표현이 없기 때문이다. 물론 비망록이란, 이러한 점을 충분히 반영시키지 않는다는 점을 고려해도 말이다.

그러나 꼭 이와 같지는 않았을 것이다. 오히려 그의 개인적 선호가 무엇이었든 간에, 레이건은 새클라멘토 시기에 그를 동요시킨 충고에 주의를 기울였을 것이다. 예를 들면 이런 식이다. 탱크가 당신 앞에 나타났고 피하기는 너무 늦었는데, 깔리지 마 혹은 뛰어 내려! 하는 격이다. 이런 태도는 또한 그의 열정을 설명할 수 있는 예다.

그런데 대통령의 방식이 어떠했던 간에 한 가지 명백한 점은 있다: 베이커의 협상가들은 확실히 당시 제기된 각종 이슈와 조직뿐만 아니라 대통령에 대해서도 너무 잘 알고 있었다. 따라서 그들은 이 이슈와 관련된 모든 과거사를 분석보다는 효과적으로 주창하는데 이용했다.

지금까지 우리가 설명한 것처럼 쿠바 미사일 위기와 사회보장개혁 두 사례의 정책결정 과정은 우리가 일상적으로 알고 있는 관행보다는 역사를 활용하려는 충분한 사전 정지작업에 기초하였다는 것이다. 두 사례에서는 유사사례에 대한 역사 유추는 그다지 사용되지 않았다; 이슈의 역사를 이해했으며, 추정들이 검토되었으며, 핵심 관련자에 대한 역사뿐만 아니라 연관된 조직의 역사가 끌어 들여져 기능했다. 이 점은 일상적 관행도 개선될 수 있다는 희망을 보여 준다.

이 두 성공사례는 우리가 서문에 언급했던 추정들을 더욱 명확히 지지해 준다.

- 권력의 결정 하나하나는 특별하고 중요하다. 모든 사항들을 고려하지 않고, 케네디가 초기에 공중폭격을 했다면, 수많은 쿠바인과 러시아인은 죽었을 것이다. 그들을 고려하지 않는 것은 역사상으로 중요

하지 않을 수 있지만, 적어도 그들에게는 중요하다. 아마 수백만의 다른 민간인들에게도 중요했을 것이다.

- 최소한의 개선을 찾고자 하는 노력은 가치 있는 것이다. 쿠바위기 때 적어도 일주일 동안 인명피해를 내지 않았다는 점은 상호오인으로 인한 핵무기 사용의 위협가능성을 줄였다. 물론 이러한 결론은 가정에 기초한 사후적 해석일 수 있고 또 이 사건의 모든 분석에 대해 동의하지 않을 수 있다. 케네디는 방어적인 것과 공격적인 것을 구분 짓지 않고 더 일찍 소련에게 메시지를 보내거나 쿠바 미사일 배치를 철수할 것을 경고했어야 한다고 느꼈을지 모른다. 그리고 레이건은 스토크먼을 1981년 5월 위원회로 되돌려 보냈으면 더 잘 했을지도 모른다. 그러나 최소한의 개선은 가치 있는 역할을 수행한다. 어떤 이슈에 대해 막다른 골목에 이르렀을 때 더 나은 대안을 찾고자 하는 노력은 예상되는 한계상황 속에서 얻을 수 있는 최적의 결과보다 더 큰 결과를 얻을 수 있다. 마치 핵전쟁을 치뤄야 하느냐 아니냐의 선택의 기로에서 제3의 해법을 찾아냈던 것처럼 말이다.
- 사안을 많이 생각하는 것이 도움이 된다. 케네디가 쿠바 미사일 위기를 접했을 때, 그의 첫 번째 반응은 뭔가를 해야 한다는 것이었다. 그리고 두 번째로는 모든 선택을 열어 놓은 채, 일련의 과정하에 무엇을 해야 할지를 생각했다. 레이건도 비슷했다. 두 번 생각하는 것이 도움이 된다. 생각을 많이 하면 역사를 돌아보게 된다. 이런 점은 배워야 한다.

보다 나은 결정을 하는 것은 질문을 예리하게 만들기 위해 역사에 의존하는 것과 관계되며 이를 체계적이고 일상적으로 수행하는 것이다. 결정은 어떤 확정된 결과가 아니라 우리의 목표를 겨냥하는 것이다. 또한 우리가 무엇을 희망하는 것이다.

집요한 질문하기 없이 레이건은 1981년 5월에 스토크먼에게 일을 맡겼다. 케네디 형제들은 역사에 의해 자극받은 질문을 충분히 한 다음에 1962년 10월 초기의 대량 공중폭격을 연기시킬 수 있었다. 판단의 측면에서 볼 때, 전자는 유감이고 후자는 잘했다. 여기서 판단이라 함은 심사숙고에 많은 가치를 둔 것이지, 미국 혹은 소련 정부가 당시 상황을 해결해 나가기 위해 발휘한 포용력을 이야기하는 것은 아니다.

이러한 시사점들이 정부 활동에서의 역사의 활용은 단지 분석적인 것에 불과하다 것은 아니다. 이미 앞에서도 언급했듯이, 주창을 위해서 활용되고 있다. 그러나 케네디가 해외에 배치된 소련의 무기 "공격성"에 대한 역사를 요약한 것은 대중들에게 지지를 끌어내서—그것은 질문하기를 이끌어내는 것이 아니라 질식시키는 것이다—당시의 논란을 덮고자 했다. 따라서 다소 왜곡된 점이 있다. 사회보장의 "사회안전망" 등 다른 사례들에도 이러한 왜곡이 많이 있다. 물론 그런 점을 주창하는 것과 분석하는 것 간의 구분은 모호하고 상호 영향을 주고받는다. 물론 주창하는 것도 논점에 대한 분석을 질식시키기도 한다. 그러나 그것은 분석의 기초 위에서 행해진다. 케네디가 쿠바 미사일 위기를 (경고 시간의 늑장이나 경고의 모호성을 내버려둔 채) 그대로 방치하는 것보다는 자신이 생각하는 방향으로 이 문제를 끌고 나갔던 것이 훨씬 나았다; 케네디는 소련이 그를 속이고 있다는데 의문의 여지가 없었다. 분석을 할 때, 확신에 찬 믿음보다 더 위협적인 것은 없다. 확신에 찬 믿음은 분석에 명백한 오점을 가져온다.

앞서 언급했듯이, 우리의 목적은 규범적인 것이다; 우리는 더 나은 행동방법을 찾고자 하며, 한계상황하의 최소한의 개선책을 찾는 데 목표를 두고자 한다. 우리가 가장 두려워해야 할 "일상적인" 행동에는 6가지가 있다: 재빨리 행동을 취하고자 하는 것; 확신에 찬 믿음이나 분석 혹은 두 가지 측면 모두에서 어설픈 역사적 추론에 지나치게 의존하는 것; 이슈와 연관된 역사를 간과하는 것; 주요 전제사항에 대해 두 번 생각하지 않는 것 사람 혹은 조직에 대해 갖는 정형화된 가정; 선택을 역사의 연속선상에서 하지 않는 것 등이다. 우리가 알고 있는 바로는 "일상적인"인 것은 예외적인 것이 아니라는 점이다. 실천가들은 점점 더 빨리 "일상적인"틀에 맞춰 행동하고 "위기관리자"라고 칭하는 사람들도 "그것이 현재의 방법이다"라고 말한다. "일상적인" 것이 우리가 생각하는 것보다 더 낫다면 문제가 없지만, "일상적인" 것이 우리가 두려워하는 것이라면 더 나은 방향을 찾아야 한다. 우리는 많은 사례들을 접하면서 여기에 제시된 두 가지 사례와 밀접하게 연계시킬 수 있는 행태를 찾고자 했다. 물론 두 사례가 이상적인 사례는 아니다. 사례들을 검토해 본 후 우리는 문제를 개선시킬 수 있는 특이사항들을 찾았다. 3장부터는 우리가 생각하기에 보다 확실한 성공을 가져올 수 있고, 아마 더 빨리 성공을 가져올 수 있었던 절차를 제시하고자 한다. 우리가 제시한 두 개의 성공 사례는 이후에 나오는 다른 사례들과 비교해 볼 때, 역사를 염두에 두었기 때문에 일처리가 더 잘 진행됐다는 것을 보여줬다. 두 사례는 "일상적인" 틀에 기초하지 *않은* 행동의 유용성을 보여줬다.

제 3 장

부적절한 역사 유추

1950년 6월 24일 오후 9시 20분, 미주리 인디펜던스의 노스 델라웨어가의 흰 떡갈나무 판자 집인 월레스 하우스에 전화벨이 울렸다. 거기엔 트루먼 내외가 여름 주말 시간을 보내고 있었다. 워싱턴에서 국무장관인 딘 애치슨(Dean Acheson)이 대통령에게 북한이 남한을 침공했다는 사실을 알리는 전화였다.

다음 날 트루먼 대통령은 워싱턴으로 돌아왔다. 그의 딸 마가렛의 일기에는 "우리는 싸울 것이다"라고 쓰인 것처럼, 그는 이미 마음의 결정을 내렸다. 내셔널 공항에서 국무장관인 애치슨, 국무부차관인 제임스 웹(James Webb), 국방장관인 루이스 존슨(Louis Johnson)을 만나고, 돌아오는 차안에서 트루먼은 "신은 우리에게 그들을 물리치도록 명했다"[41]고 말했다.

그날 밤, 백악관으로 이어지는 펜실베이니아가 건너의 블레어 하우

41) Margaret Truman, *Harry S. Truman* (New York: William Morrow, 1973), p.455. Glenn D. Paige, *The Korean Decision* (New York: Free Press, 1968), p.124.

스에서, 트루먼은 애치슨, 웹, 존슨, 수석 보좌관 및 다른 참모들과 수차례 있었던 회의의 첫 모임을 가졌다. 유엔주재 미 대사는 정전 결의안을 손에 넣었다. 이것을 전쟁 선포의 법적 근거로 해서, 트루먼은 그 주 안에 미군 함대와 공군 및 육군을 남한으로 파견토록 명령했다.

그 6월의 결정이 영원한 교훈이 된 것은, 불과 얼마 전에 비스마르크의 말을 패러디하여 남한이 미주리 방위병의 목숨만한 가치도 없다고 결론을 내린 바로 그 인물이라는 사실이다. 1급 비밀문서에서 대통령 보좌관들은 1948년 이전까지 트루먼과 국가안보회의(NSC, National Security Council)에 그렇게 조언했었다. 트루먼이 의장이었던 안보회의는 보좌관들의 권고안을 승인했다. 1949년 국가안보회의는 이 문제를 재검토했다. 이 회의에는 1950년 6월의 결론을 만들어냈던 핵심 멤버들이 모두 포함되어 있었다. 그들은 한국이 "미국에게 전략적 가치가 거의 없으며 미국이 한국에 군사력을 사용하는 것은 잘못된 것"이라고 반복하면서, 기본 정책을 재확인했다. 그 대통령이 다시 바로 그 회의의 의장이 되었다.[42]

남한이 군사적으로 가치가 없다고 평가했었음에도, 왜 트루먼은 1950년 한국 전선에서 전쟁을 결정하게 되었는가? 물론, 부분적인 이유로는 냉전의 악화를 들 수 있다: 소련은 당시 첫 번째 원자폭탄을 생산했고; 트루먼은 수소폭탄을 개발하겠다고 천명했으며; 유럽인들은 미국이 과연 그들을 보호하기 위해 파멸이라는 위험을 실제

42) United States, Department of State, *Foreign Relations of the United States, 1949,* VII, pt. 2 (Washington, D.C.: Government Printing Office, 1980): 969-78. 보다 자세한 사항은 카터 행정부 시절 비밀 해제된 공식적인 JCS사(史)에 나타나 있다.: United States Joint Chiefs of Staff, *The History of the Joint Chiefs of Staff: The Joint Chiefs of Staff and National Policy,* Vol. III: James F. Schnabel and Robert J. Watson, *The Korean War* (Wilmington, Del.: Michael Glazier, Inc., 1979), Part One, pp.1-130.

로 감수할 것이냐에 의문을 제기하기 시작했다. 비록 한국이 전략적 가치가 없다고 할지라도, 한국을 방어하는데 실패한다면 러시아나 유럽은 미국이 싸울 의지가 없다고 판단할 것이다.

국내 정치 또한 이러한 결정에 영향을 미쳤다. 많은 공화당 지지자들과 민주당 지지자들, 가장 널리 구독되는 타임지를 비롯한 수많은 신문과 잡지들은 중국의 공산화에 대해서 행정부를 비난했다. 중국 문제에 최대한 발을 뺐던 1950년 4월의 갤럽 여론조사에 따르면, 트루먼 행정부에 대한 대중의 지지율은 37퍼센트가 고작이었다. 그것은 18개월 전 당선되었을 당시의 69퍼센트에 비하면 상당한 지지율 하락이었다.[43] 기존 상 · 하원에 조성되어 있던 민주당의 주도권은 다가오는 11월 총선으로 위기에 봉착하게 되었고, 특히 대통령이 제안한 의료보험법에 대해 미국의약협회(American Medical Association)가 강력하게 반발하며 처음으로 전국적인 의회 캠페인을 벌이는 상황에 이르자 문제는 더욱 심각해졌다. 정치 전략가들도 외교정책 자문들과 마찬가지로 미 행정부가 더 많은 아시아를 공산주의자들에게 넘겨준 것에 대한 책임 소재가 가시화될 것을 두려워했다.

또한 1950년의 결정 뒤에는 최근 역사에 대한 어떤 강력한 믿음이 뒷받침되고 있었다. 그 믿음들은 일부 당시 유럽과 미국 내에서 팽배했던 불안감의 원인이었다. 그 믿음은 대통령과 블레어 하우스의 회의에 참석했던 자들의 머릿속에 확고히 자리 잡고 있었다. 트루먼은 회고록에서 일요일 캔자스에서 워싱턴으로 날아오면서 다음과 같은 생각을 품었다고 적고 있다:

---

43) George C. Gallup, ed., *The Gallup Poll: Public Opinion 1935-1971* 3 Vols. (New York : Random House, 1972) Ⅱ, *1949~1958*: 784, 939.

나는 만주와 에티오피아 그리고 오스트리아에서 일어났던 이전의 몇 가지 사건들을 되돌아보았다. 민주주의가 행동에 실패했을 때마다 그것이 침략자들에겐 성공할 수 있는 빌미가 되었다는 사실을 떠올렸다. 마치 히틀러와 무솔리니와 일본이 10년, 15년, 20년 전에 자행했던 것처럼 공산주의가 한국에서 움직이고 있었다. 만일 남한이 몰락하도록 허용된다면 공산주의 지도자들은 의기 충천하여 국가들을 유린하고 감히 내 조국의 해안선에까지 이를 것이라고 확신했다. 만일 공산주의자들이 자유세계의 아무런 저항을 받지 않고 대한민국으로 자신의 세력을 확장하게 된다면, 어떠한 약소국도 강력한 이웃 공산주의자들의 침략과 위협에 저항할 용기를 갖지 못할 것이다. 만일 이러한 일들이 아무런 도전도 없이 용납된다면, 그것은 제2차 세계대전을 불러 일으켰던 역사적 유사사례들이 보여 주듯이 제3차 세계대전을 의미하게 될 것이다.[44)]

---

44) Harry S. Truman, *Memoirs*, 2 Vols. (Garden City, N.Y.: Doubleday Co., 1955~56), Ⅱ, *Years of Trial and Hope*: 332–33. 한국 문제에 대한 트루먼의 결정에 있어서 역사적 유추의 역할에 대해서는 다음 문헌에 보다 잘 나타나 있다. Ernest R. May, *"Lessons" of the Past: The Use and Misuse of History in American Foreign Policy* (New York: Oxford University Press, 1973), pp.52–86. 다르게 표현된 것을 제외한 인용구와 여타 구체적인 사항들은 거기에서 찾아볼 수 있으며 적절히 인용되어 있다. 이 부분은 특히 다음 문헌을 참조하였다. Paige, *The Korean Decision*. 이 문헌은 특히 사건이 일어난 직후 핵심적인 참가자들과 광범위한 인터뷰에 근거한 것이다. 보다 최근의 유용한 문건들이 포함된 것으로는 다음 문헌들이 주요하다. Bruce Cumings, "Korean–American Relations," in Warren I Cohen, ed., *New Frontiers in American–East Asian Relations* (New York: Columbia University Press, 1983), pp.237–82; Robert J. Donovan, *Tumultuous Years: The Presidency of Harry S. Truman*, 1949~53 (New York: W. W. Norton, 1982), pp.146–248; William Whitney Stueck, Jr., *The Road to Confrontation: American Policy Toward China and Korea, 1947~1950* (Chapel Hill: University of North Carolina Press, 1981). 미국의 결정과 그 이후의

이러한 상기가 그의 실제 생각에 얼마나 많은 영향을 미쳤는지는 알 수 없다. 당시 비망록에서 트루먼이 국제연맹(League of Nations)이 실패한 첫 날 말했던 것과 1930년대의 사건들에 대해 언급한 내용들을 볼 수 있다. 트루먼이 역사적 사건들에 접근하는 방법들을 고려해 볼 때, 그가 이후에 열거할 사건들을 생각해 냈는지는 의문스럽다. 왜 미국이 군대를 파견해야 하는지를 의회에서 설명할 때, 트루먼은 "침략에 저항하지 않았던 것이 더 큰 침략을 불러와 결국 전쟁으로 귀결됐던 1930년대의 치명적 사건"을 언급했다. 그리고 당시 이것은 케네디가 미사일 위기 때 했던 연설과 같은 그러한 의례적인 어조는 아니었다. 트루먼의 이러한 역사적 유추의 역설은 당시 미국인들에게 이를 거부할 수 없게 했다.

이러한 역사적 유추를 통해 트루먼이 잘못된 결정을 내렸다는 것이 아니다. 미국인들은 그들이 참여했던 대부분의 전쟁을 후회했다. 1812년의 전쟁에서부터 베트남전쟁에 이르기까지 전쟁에 대한 미국인들의 평가를 보면 그러하다. 한국전쟁은 독립전쟁과 제2차 세계대전과 더불어 하나의 예외적인 경우다. 한국전쟁을 대실수라거나 피할 수 있었던 비극이라고 기술하는 역사가들은 거의 없다. 우리 역시 이것을 부인하지 않는다. 우리는 트루먼이 1950년 6월에 역사를 이용한 방식이 권고할 만하다고 이후에 주장할 것이다. 그러나 트루먼과 그의 보좌진들이 한 가지 중요한 문제를 고려하지 않은 것을 지적할 것이다. *왜* 1930년대의 역사적 유추가 그토록 주저 없이 판단의 근거가 되었는지에 대해 그들은 의문을 품지 않았다.

최초의 결정은 현명했던 것으로 보이지만, 이후의 결정들은 그런

상황에 대한 당시의 문건들은 주2)에서 제시한 쉬너블과 워트슨의 저작에 잘 나와 있다.

것 같지 않다. 트루먼이 파견한 군대는 남한을 도와 부산항의 끝자락을 지키도록 했다. 더 많은 군대가 일본에 도착한 후, 맥아더 장군은 북한의 진출 후방에 위치한 인천 상륙작전에 성공했다. 올가미에 걸려들 위험에 처한 북한은 후퇴할 수밖에 없었다. 북한군이 후퇴하자, 트루먼은 맥아더가 북한으로 진군해 북한군을 소멸시키고 비공산 국가로 한반도를 통일시키도록 허락했다. 소리 없는 베이징의 경고에는 주의를 기울이지 않은 채 맥아더는 그의 장병들이 크리스마스를 고향에서 보낼 수 있다고 장담했다. 그러나 11월 중국이 이 전쟁에 가담했다. 맥아더의 군대는 거의 부산까지 후퇴했다. 10월의 갤럽 조사에서는 64퍼센트가 전쟁 이전 상태로의 복귀보다는 한반도 전역의 접수를 지지했다. 1951년 1월이 되자 66퍼센트가 한국 철수에 표를 던졌다.[45] 결국 전선은 북위 38도선에 확정되었다. 중국과 북한이 정전협정에 합의하기까지 2년의 시간이 흘렀으며, 그 기간 동안 34,000명의 미국 장병이 희생되었고 민주당은 상하 양원에서 다수의석을 상실했으며 공화당이 정권을 잡게 되었다.

돌이켜보면, 압도적이지는 않았지만 가능했던 몇 가지를 생각해 볼 수 있다. 블레어 하우스 회의에서 이 문제를 판단할 때 참고했던 역사적 사건을 보다 명확히 분석했더라면, 트루먼은 당초 결정사항의 목적을 보다 더 잘 정의했을 것이다. 그는 그가 보았던 목적과 결과를 보다 더 명확히 정의할 수 있었으며 이후에 벌어진 일들도 다르게, 즉 보다 긍정적으로 이룰 수 있었을 것이다.

한국의 사례를 조망해 보면, 일탈한 성공사례이긴 하지만, 정책결정시 분석의 첫 단계에서 사건을 낱낱이 분해해서, 행동이 수반되는

---

45) Gallup, *The Gallup Poll*, II: 943, 961.

상황을 명확히 정의해야 한다는 교훈을 얻을 수 있다. 우리는 이 교훈에 대한 어떠한 특허권도 요구하지 않는다. 다시 말하면, 그것은 어떤 행동을 취하기 전에 요소요소들을 일렬로 늘어놓아야 한다는 한 가지 원칙에 지나지 않는다. 우리는 망각 혹은 간과하기 쉬운 단계를 놓치지 않도록 '소방법(mini-methods)'을 습관적으로 사용해야 한다는 점에서 우리의 방법은 특별하다.

우리는 심지어 베테랑 행정가들도 이러한 기본과정을 거쳐야 한다고 제안하고 싶다. 즉, 다분히 글자 그대로의 감각(개체를 뜻하는 *아나스(anas)*에서부터, *리자인(lysein)*과 분해에 이르는 과정)을 살려 분석할 필요가 있다는 것이다. 말하자면, 그 순간에서의 상황인 "지금"을 분석하는 것으로, *알려진 것*(Know)으로부터 *불분명한 것*(Unclear)을 분리하고, *추정되는 것*(Presumed)에서 이 두 가지를 분리하는 것이다.

목적은 단순하며, 과정은 더더욱 그러하다. 그럼에도 불구하고 실제로 관찰해 보면, 이러한 소방법은 기술하기는 쉽지만 적용하기는 그렇지 못하다는 것이 현실이다. *알려진 것* 혹은 문제가 있다고 *추정되는 것* 혹은 *불분명한 것*은 더더욱 그러하다. 실제로 몇몇 되지 않는 중요한 요소들을 어떻게 추려낼 수 있을까? 매우 혼란스러운 위기의 순간에 이러한 과정을 어떻게 실현할 수 있을까?

핵심은 실행의 정확한 목표를 항상 염두해 두는 것이다. 우선, 요청되고 있는 것으로 보이는 몇 가지 결정들의 이유를 엄밀히 조사해야 한다. 다음은 결정한 바의 목적들을 진단해야 한다. 규칙상, 고위직 관리자들은 상황에 관심을 가질 수밖에 없다. 그들의 관심은 데드라인, 이를테면 예산안이나 연두교서, 1981~83년 레이건 시대의 청문회나 자문위원회 등에 따라 제약을 받을 수 있다. 아니면, 1962년 케네디의 경우나 1950년 트루먼의 경우처럼, 갑작스럽고 예기치 못한 상황이 돌출할 수도 있다. 둘 중 어떤 경우라도 당면한 상황 "현재"에 관심을 가질 필요가 있다. 그것은 어제도 지난주도 혹은 다른 때도 아니다. 그리고 그것은 이상적이지도 만족할 만한 것도 아니기에, 무시되거나 방치될 수도 있다. 이제는 그럴 수 없다. *알려진 것, 불분명한 것,* 그리고 *가정되는 것*의 개념의 의미는 그것이 예전에 있었던 것과 달리 현재의 상황을 만드는 것이다.

보통 문제에 집중할 때 "우리의 문제가 무엇인가?"라는 태도보다는 "제기랄! 우리가 뭘 하는 거지"와 같은 반응이 자연스럽게 나오며, 그 문제에 대해 순간적인 방어를 하게 된다. 그것은 정책 결정자의 관심사를 간과하게 만든다. (여기서 우리가 "문제(problems)"를 쓰지 않고 "관심사(concerns)"라 하는 것은, 문제라고 할 때 그것은 해결책을 내포하지만 관심사라고 할 때는 그렇지 않기 때문이다.) 따라서 이것은 고위직 관리자들에게 다른 문제의 해결책이 도용되지 않게 하는 보호책이 된다.

행동이 *왜* 필요한 지에 대한 이해는 그 행동의 목적을 정의할 수 있게 해 준다. 초기의 발생한 상황이 견딜만한 것이라면, 상황을 이전의 상태로 돌려놓는 것이 가능한 목적일 것이다. 어떠한 경우에도 목적은 행위를 강제하는 요소들과 관련돼 있어야 한다. 만일 그렇지 않으면 정책결정자는 자신들이 그렇지 못하다는 사실을 알아야만 한다. 일반적인 경우에, 익히 우리가 관찰하거나 문헌을 통해 본 것처럼, 그런 경우는 그다지 흔하지 않다. *"왜"* 라는 문제에 대한 충분한 고려 없이 앞으로 취할 행동을 논쟁하면, 정책결정자들이나 참모들은 이와 관련된 문제와는 전혀 상관없는 목적에 이르기 쉽다. 1950년 트루먼은 북한의 남침에 대해 단순히 군대를 파병하는 것으로만 대응한 것이 아니라 독일을 재무장하고 유럽에 4개의 미군사단을 주둔시키며 장거리 핵폭탄을 구매할 목적으로 방위비 예산을 총 3배나 증액시키는 등 여러 조치들을 취했다. 특별한 사실들을 추출해 냄으로써 문제와 해결책(혹은 비해결책) 간의 관계를 유지할 수 있다.

*알려진 것*과, *불분명한 것 그리고 추정되는 것*들이 당면 문제와 관련이 있어야 한다는 것이 첫 번째 경고라면, 두 번째로 명심해야 할 것은 그것들이 *행동을 해야 하는 당사자의 관점에서 확인되어야만 한다*는 사실이다. 만일 당신이 정책결정자라면, 리스트는 당신의 몫이다. 만일 당신이 참모이거나 분석가라면, 다른 사람들로부터 당신이 추론해 낸 것들은 아이템이 된다. 당신은 그것들을 제거하기 위해 노력할 수도 있다. *불분명한 것*에서 그리고, 문제가 된다고 판단되는 *추정*에서 알고 있는 것을 분리해 내는 것은, 가능한 신속하고 경제적으로 특별한 조건을 만들어내는 것이다. 정책결정자는 그 조건 내에서 특정 시간에 자신의 위치에 주어진 직무를 수행해야 한다고 느끼게 된다.

마지막으로 한 가지를 더 지적할 수 있다. *알려진 것, 불분명한 것 그리고 추정되는 것*들을 조목조목 직접 적어놓을 필요가 있다. 비록 봉투 뒷면에 끄적거린다 해도 직접 적어 놓을 필요가 있다. 리 아이아코카(Lee Iacocca)가 공장에서 매니저로 일한 다년간의 경험을 토대로 말한 것처럼, "대화를 하면서, 당신은 종종 알지 못하는 사이에 모호한 것들과 이치에 맞지 않는 사항들을 제거해 버릴 수 있다. 그러나 당신의 생각을 종이 위에 적어 놓을 때는 다르다. 종이 위에 써 보면, 당신은 구체적인 사항들을 열거할 수 있게 된다. 그렇게 하면, 당신 자신 혹은 다른 사람들을 기만하기가 더더욱 힘들어진다."[46] 우리는 이 말에 동의한다.

설명을 위해서, 1950년 6월 블레어 하우스 회의로 돌아가, 누군가가 트루먼 대통령을 위하여, *알려진 것, 불분명한 것, 추정되는 것*들을 적어두었다고 상상해 보자. 결과는 아마도 다음과 같을 것이다.

알려진 것

- 한국 내 상황: 북한의 38선 침공, 남한의 후퇴
- 세계적 상황: 냉전의 긴장 상황, 특히 독일의 분단뿐만 아니라, 지중해, 중동, 아시아 지역에서의 긴장상황 발생; 이제 막 정권을 수립해 본토 전역을 공산화한 중국은 잠재적으로 대만과 프랑스령 인도차이나에 위협적 요소; 유엔에서 소련 대표들은 공산화된 중국 의석에 반대하는 결정에 이의를 제기하며 일시적으로 불참
- 미국 내 상황: 총선이 4개월 앞으로 다가옴; 1949년 경기 후퇴 이후 경제 회복 막 달성; 트루먼과 민주당에 대한 지지율 하락; "중국의 상실" 문제 부각; 상원의원 조지프 매카시(Joseph McCarthy)가 행정부 내에 공산주의자들이 잠복해 있다는 비난성 발언으로 파문 확산; 방위비 지출이 1930년대 수준으로 하락해, 미국의 전술 화력 부적합, 그러나 일본 주둔군의 경우 오키나와와 필리핀으로부터 전함과 전투기가 충당되어 한국에서의 제한적인 작전 수행에는 차질 없음.

불분명한 것

- 한국 내 상황: 외부 도움이 없을 경우의 남한 정부 존립 문제
- 세계적 상황: 소련이 다른 지역에서 추구하는 것이 무엇인가;

46) Lee Iacocca, *Iacocca* (New York: Bantam Books, 1984), p.47.

인도차이나, 이란 또는 독일 등지에서 소련을 업고 공산주의가 위협할 경우 지역적 대응책은 무엇인가; 한국에서의 미국과 유엔의 무력 대응에 대해 소련과 중국은 어떤 자세를 취할 것인가

- 미국 내 상황: 총선 시기까지의 정치적 상황; "중국의 상실" 문제와 "정부 내 공산주의자들의 잠복" 문제의 파장; 의료보험 문제와 같은 페어딜(Fair Deal) 문제에 대한 여론의 향배

추정되는 것

- 한국 내 상황: 소련은 고의적으로 교묘하게 북한을 부추겨 남한을 침공토록 했다. 남한은 비공산국으로 남아 있기를 원한다. 북한은 남한보다 군사적으로 우세하다. 남한에서 유사 독재정권이 군림한다 하더라도, 남한과 북한을 포함한 모든 한국인에게 자유로운 선택권을 준다면 그들은 공산주의 정권보다는 유사 독재정권을 더 선호할 것이다.
- 세계적 상황: 미국이 핵무기와 핵폭탄의 사용을 주도하려면, 소련은 새로운 세계대전을 주도하지 않을 것이다. 미국이 남한을 방어한다면, 미국이 다른 국가들에 대해서 했던 구체적인 약속뿐만 아니라 미국의 일반적인 천명들에 대해서도 신뢰성이 강화될 것이다. 만일, 미국이 남한에서 손을 뗀다면, 반대의 상황이 초래될 것이다. 유엔 내 대다수의 비공산 국가들은 한국의 수호에 찬성할 것이다. 요청한다면, 몇몇 국가들은 명분을 위해 최소한의 군대를 파견할 것이다.
- 미국 내 상황: 적어도 당분간은 한국 수호 문제는 대중적인 지지를 받을 것이다. 극좌파는 비판적이겠지만, 그들은 주목할 만한 수준이 못 된다. 다른 한편으로, 행정부가 아무런 조치를 취하지

않아 남한이 몰락하게 되면, 비판 여론이 득세할 것이다. 우파들은 모두 들고 일어날 것이며, 그러한 우파는 미국 내에 다수를 차지하고 있다.

- 기타: 남한의 수호 문제는 "제3차 세계대전"을 예견할 수 있으므로 면밀히 검토되어야 한다. 결속된 대중의 지지는 소련의 신중함과 마찬가지로 명백한 미국의 자제력을 요구한다.

1950년 6월, 38선 이남의 군사적 상황 변화에 대해 트루먼은 즉각적인 관심을 보였다. 소련이 전쟁을 일으키는데 어떠한 동기가 있다고 추정해 보면, 다른 지역에서도 똑같은 변화가 뒤따를 수 있다고 판단되었다. 미국의 신뢰성 여부에 대해 추정해 보면, 미국과 유엔 둘 다 국제적 입지에도 변화가 뒤따를 수 있다고 판단되었다.

다른 경우들과 마찬가지로, 이러한 경우에도 *알려진 것, 불분명한 것, 추정되는 것*들을 구별해 내는 것은 관심사와 목적들을 명확히 하기 위한 첫 번째 단계이다. 성공적인 사례들처럼 중요한 경우에 두 단계를 순차적으로 밟아 나가는 것은 정책결정 과정에 유용하다. 다소 덜 성공적인 경우라 하더라도 이 과정은 유용하다. 우리가 여기에서 설명하게 될 한 가지는 정책결정자의 마음속에 떠오르는 역사 유추에 대한 신속한 조망이다. 다음으로 설명하게 될 것은, 개별적인 관심사들이 어떻게 나타나는지를 확인하면서 해당 문제의 역사를 조망하는 것이다.

1950년 한국전에 참전하기로 결정할 때, 역사 유추를 조망할 시간을 짧게라도 가졌더라면 관심사들과 목적들을 이해하는데 도움이 됐을 것이다.

트루먼은 자신의 회고록에서 1930년대의 3가지 사건이 마음속에 떠올랐다고 적고 있다. 즉, 일본이 중국으로부터 만주를 강탈했던 1931~32년의 만주 사태, 1935년 이탈리아의 에티오피아 침공, 1938년 히틀러의 오스트리아 합병이 그것이다. 히틀러가 갑작스럽게 비무장지대로 여겨지는 곳으로 진군했더라면, 그에게 1936년의 라인란트 위기도 떠올랐을 것이다. 그리고 1938년 체코 위기도 들 수 있는데, 그 때 영국, 프랑스, 이탈리아는 히틀러에게 체코슬로바키아의 중요한 지역을 양도함으로써 뮌헨 회의에서 잠정적인 평화를 얻어냈다. 회의에 참석한 사람들은 이 사건들을 참조했다. 그러나 1936~39년의 스페인 내전에 대해 언급한 사람은 없었다. 스페인 내전 당시 열강들은 스페인 문제에 개입하지 않는 것처럼 행동했지만, 실제로 독일과 이탈리아는 민족주의자들을 원조했고 러시아는 공화주의자를 지원했다. 그러나 모두 최종적인 결과에는 실망을 금할 수 없었다.

1950년 6월 트루먼의 참모들은 다음과 같은 의문사항에 짧게라도 유용한 시간을 투자했어야 했다. 역사적으로 유사한 사례와 작금의 사태를 비교해 보았을 때, *유사점*과 *차이점*은 무엇인가? 지금 무엇을 해야 할 지를 고려하기 전에 "현재"와 "그 때"를 비교해 보자.

사태를 공정하게 진단하기 위해서는 트루먼과 여타 미국인들이 1950년에 이해했던 것처럼 1930년대의 국제 역사를 재정립할 필요가 있다. 역사가 비록 매혹적이기는 하지만, 그러한 역사 해석이 주요한 주제로부터 상당히 이탈해 있다는 사실을 제대로 이해해야 한다.[47] "만주"나 "라인란트"를 비롯한 여타 역사적 사건들이 *유사*

47) 1950년에 이해되었던 "그 당시"는 아래 문헌들에 일부분 나와 있는 것을 재구성했다. Winston S. Churchill, *The Gathering Storm* (Boston: Houghton Mifflin, 1948), and William L. Shirer, *The Rise and Fall of the Third Reich*

성을 이끌어낼 수 있는 역사적 사례가 아니라고 독자들을 미혹할 위험이 있기는 하지만, 우리는 아래에서 그 해 6월 블레어 하우스에서 누군가가 필기했을 사항들을 다시 한 번 살펴보려고 한다.

유사점

- 해당지역 측면: 만주와 에티오피아에 무장 침공; 에티오피아, 오스트리아, 체코슬로바키아에서 그랬듯이 희생자들은 외부 도움을 요청; 조약 파기—한국의 경우는 유엔 헌장, 만주·에티오피아·스페인의 경우는 국제연맹 규약, 라인란트의 경우는 베르사유 조약과 로카르노 협정, 오스트리아의 경우는 베르사유 조약 및 트리아농 조약을 파기
- 국제적 측면: 확장주의를 추구하는 독재정권; 평화적 성향의 민주주의정권
- 국내적 측면: 말할 것이 없음

차이점

- 해당지역 측면: 한국은 2개로 분리된 민족국가가 아니다; 이 점은 스페인을 제외한 다른 사례들과 상황적으로 다른 점이다. 어떠한 강대국의 군대도 국경을 넘지 않았다. (만주, 에티오피아, 라인란트, 오스트리아, 체코슬로바키아의 사례에서는 강대국이 침략자였다.)

(New York: Simon & Schuster, 1960). 1950년에 보인 모든 영역에 걸친 유추에 대해서는 우리의 사례연구에 조목조목 간략히 소개했다. "Korea and the Thirties (B)," Kennedy School of Government Case No. C194-80-299 (부록 참조).

- 국제적 측면: 1945년 이래로 집단 안전보장이나 그와 유사한 체제가 성공적으로 유지되고 있다. (트루먼은 1950년 6월에 1945년 이후의 국제사회의 지속적인 협조 경험들로 안도감을 가졌다. 그는 백악관의 한 보좌관에게 이렇게 말했다. "한국은 극동의 그리스나 다름없어. 현재 우리가 3년 전 그리스에서 했던 것처럼 강력하게 충분히 대응한다면, 그들은 다음 단계의 조치를 취하지 못할 거야." 트루먼과 거기 있던 참모들은 1946년에 이란의 아제르바이잔에서 소련에 철수를 요구했던 것, 1948년 베를린 공수작전 그리고 1949년 북대서양조약기구의 조인 사례를 다뤘던 것들을 언급했다.)
- 국내적 측면: 유화정책은 말할 것도 없이, 고립주의 정책에 대한 지지의 근거도 찾아보기 힘들다.
- 군사적 측면: 핵무기 존재로, 집단안전보장의 지지자들은 적절한 처벌로 위협을 가할 수 있는 힘을 갖고 있다. 그리고 지역적 차원에서도 그들은 특정 침공에 대응하거나 지연시킬 수 있는 재래식 화력을(점령지 일본에서처럼) 갖고 있다. (이것은 아마도 라인란트에서는 통하는 이야기이지만 다른 경우는 명확하지 않다.)

이처럼 역사적으로 유사한 사례들의 유사점들과 차이점들을 비교하면서 피상적으로 조명하는 동안 한 가지 사실을 명심해야만 했었다. 즉, 대통령의 주요 관심사는 한국이 아니었다는 사실이다. 한국은 1948년과 1949년 군사적으로 가치가 없다고 판단되자 정책 문건에서 제외됐다. 이후, 한국은 새로운 전략적 중요성을 갖지 못했다. 트루먼과 정책가들의 주요 관심은 남한과 같은 국가를 보호할 수 있는 집단안전보장체제였다. 집단안전보장체제를 통해 남한을 효과적으로 방어하게 될 때, 소련의 스탈린 체제와 같은 독재 체제는 팽창주의 야욕을 추구하지 못할 것이라고 보았다. 트루먼은 기자들에게 비공식적으로 왜 선전포고를 하지 않았는지를 설명하면서 다음과 같이 말했다. "우리는 전쟁을 수행하는 것이 아니다. 유엔 회원국들은 한국을 습격한 강도일당을 저지하기 위해서 한국을 원조할 따름이다." 그는 미국이 "경찰 역할의 수행"[48]에 몸담게 되었다고 말했던 한 기자의 묘사를 수용했다.(이후 미국은 이 "세계 경찰"로서의 역할에 사활을 걸고 국제무대에서 행동했다.) 그러나 트루먼은 자신의 입장을 명확하게 표현하지는 않았다. 만일 그의 참모들이 일상적으로 행동하면서, *알려진 것과, 불분명한 것 그리고 추정되는 것*들을 잘 분류하고, *유사점*과 *차이점*에 관한 강력한 역사적 유추를 표명했었다면 그리고 그의 자문위원들도 그러한 참모들의 역할로부터 유용함을 얻었더라면, 그의 입장은 불명확하지 않았을 것이다.

비교를 통해 트루먼은 목적을 보다 명확히 정의할 수 있었을 것이고, 심지어 그 목적들을 어떻게 달성할 것인지도 제시할 수 있었을 것이다. 1930년대 이후의 유사한 역사적 사례들의 주안점은, 취해졌어야 할 조치가 취해졌더라면 제2차 세계대전도 피할 수 있었을 텐데 그러한 조치가 취해지지 않았다는 사실이다. 트루먼 생각에 이전의 정책결정자들이 해야 만 했던 일들은 과연 무엇일까? 당시의 과거사에 기초해 볼 때, 트루먼의 대답은 1950년의 한국사례처럼 명백했을 것이다. 만주와 에티오피아의 경우, 국제연맹의 회원국들은 일본과 이탈리아에 대해 위협을 가하거나 무력을 사용해서라도

48) Donovan, *Tumultuous Years*, p.212.

저지시켜, 침략을 중단시키고 이전 상태로 복귀시켰어야만 했다. 라인란트와 오스트리아 위기 경우도, 베르사이유 조약의 서명국들은 히틀러가 라인란트와 오스트리아로부터 군대를 철수하도록 강요했어야만 했다. 체코 사태 경우에도, 서방 국가들은 체코인들의 양보를 강요하기보다는 싸울 의지가 있음을 천명했어야 했다.

이 모든 사례들은 트루먼이 실제로 선택해야 할 제안의 근거가 되었다. 즉, 침략을 물리치기 위해 무력을 사용하는 것이었다. 그러나 역사적으로 유사한 사례들을 좀 더 자세히 생각해 보면,—비교를 통한 방법이 필요한데—그 목적은 "물리치는 것"이었다. "처벌을 한다"든가, "보복을 한다"든가, "상황을 이용한다"든가는 목적이 아니었다. 그것은 당시의 통용되는 가정도 아니었고 트루먼도 확실히 그러한 생각을 갖고 있지 않았다. 당시 국제연맹 회원국들은 만주에서 *이전상태로의 복귀(status quo ante)* 이상의 조치를 취했어야 했다. 예를 들면 당시 일본의 지배하에 있었던 한국이나 대만을 해방시키는 것이다. 서방 강대국들은 라인란트 위기를 해결하기 위해 독일의 일부를 점령해야 한다고 생각하지는 않았다. 각각의 경우에, 트루먼과 그의 참모들이 생각하기에 "정당한" 행동의 경로는 무력을 사용해서라도 이전상태로 복귀시키는 것이다. 말하자면, 트루먼과 다른 참석자들은 그렇게 결론을 내림으로써 블레어 하우스에서 당면했던 결정들을 조금 더 명확하게 정의할 수 있었다.

1950년에 가능한 "대안 문건"(option papers)들을 열거해 본다면, 블레어 하우스에서 잠정적으로 고려되었을 사항들은 아래와 같을 것이다.

- 제1안: 북한의 침공을 규탄한다. 그러나 다른 행동은 취하지 않는다.

- 제2안: 경제제재를 부과한다. 북한이 이전 상황으로 복귀할 때 제재 조치를 풀기 시작한다.
- 제3안: 같은 조건으로 봉쇄 조치를 취한다.
- 제4안: 이전 상태로의 복귀를 위해 무력을 동원한다.
- 제5안: 무력 개입을 한다. 기회가 주어진다면, 북한을 패퇴시켜 통일된 비공산주의 국가인 한국을 수립한다.
- 제6안: 소련에 대항한다. (1) 북한이 후퇴하지 않으면 전쟁 불사의 위협을 가한다. (2) 미국의 이해관계가 높은 지역의 소련 철수를 요구한다. 혹은, (3) 직접 공격을 개시한다.

1950년 6월 제1안과 2안, 즉 북한 침공에 대한 규탄을 천명하거나 경제제재 조치를 취하는 것은, 집단안전보장과 대미 신뢰 확보 차원에서 볼 때 채택할 수 없었다. 봉쇄조치인 제3안이 고려될 수도 있었지만, 남한의 군사분계선이 무너지고 맥아더가 북한을 완전히 패배시키기 위해 미국은 군대를 동원해야 한다는 한마디만 하게 되면 폐기되어 버리는 것이었다. 러시아인들을 직접적으로 위협하는 것은, 한번 선언해 버리고 나면 북한에 대한 어떠한 통제력도 가질 수 없었기에 고려될 수 없었다. 또한 제3차 세계대전의 위협도 안고 있었다. 만일 트루먼과 그의 참모들이 블레어 하우스에서의 광범위한 대안들을 고려했더라도, 이전 상태로의 복귀인 제4안과 북한을 응징한다는 제5안만이 선택 가능한 대안으로 간주됐을 것이다.

1950년 6월 트루먼은 분명 5안보다는 4안을 더 선호했다. 그는 군에 한국을 도와 침략을 저지할 것을 명령했다. 맥아더를 비롯한 군 출신 참모들의 조언에 따라 트루먼은 당시 남북 분계선인 38선 이북 지역의 전투비행 임무를 허용했다. 그는 국방위원회에서 "우리는 북한이 38선 이북으로 후퇴하도록 어떠한 조치라도 취할 것이다" 라고 설명했다. 국무부와 국방부의 하위직 관료들은 이번 기회에 한국을 비공산국가로 통일시키고자 한 반면, 대통령과 국무장관인 애치슨은 38선 회복에만 관심이 있었다.[49] 침범된 경계선의 복원은 만주나 에티오피아, 오스트리아 등 역사적으로 유사한 사례들에서 찾아 볼 수 있는 정책의 목표였을 뿐만 아니라, 트루먼을 비롯한 몇몇 정책결정자들이 과거 몇 년 동안 이란, 그리스, 베를린 등지에서 성취해 냈던 것이기도 했다.

그러나 트루먼과 애치슨은 대중의 마음속에 심지어 자신들의 심중에도 그러한 목표를 정하지는 않았다. 유엔주재 미 대사인 워런 오스틴(Warren Austin)이 전쟁의 목적이 한국의 통일에 있다는 것을 함축하는 연설을 했을 때, 트루먼과 애치슨은 이를 문제 삼지 않았다. 민주당과 공화당 하원의원들이 공산주의를 철수시켜야 한다고 주장했을 때에도 그들은 공식적인 반박을 하지 않았다. 그리고 9월, 맥아더가 북한을 점령하려고 했을 때, 트루먼과 애치슨은 다른 모든 사람들처럼, 통일이 눈앞에 왔으며 이는 *이전상태로의 복귀*보다 더 나은 목적이 될 수 있다고 판단했을 것이다.

우리가 보기에 트루먼과, 애치슨 및 정책결정자들이 명백한 유추를 진지하게 관찰했더라면, 자신들이 단지 *이전상태로의 복귀*의 대안을 위해 초기에 왜 그토록 강력한 입장을 추진했는지를 더 잘 이해했을 것이다. 트루먼에겐 별도의 이유가 있었고, 처음 며칠 동안은 그 자체로 충분했다. 그는 모스크바, 런던, 국회, 피오리아 [Peoria, 일리노이주의 도시] 등지에서 그가 만나는 모든 사람에게 군

---

49) Truman, *Memoirs,* Ⅱ: 339.

사력의 호소가 제3차 세계대전을 불러일으키는 시작점도 아니며 또한 이것이 자신의 선택이 아님을 밝혔다. 그러나 시간이 지나자 그것은 명백해졌다. 만일 그에게 한 가지 원칙으로서 최종적이고 정교하게 고려된 두 번째 이유가 있었다면, 그것은 전쟁의 목적으로 *이전상태로의 복귀*라는 선택을 보다 강화하는 것일지 모른다. 아마 전쟁이 잘 진행되고 있을 때, 트루먼은 그 목적이 확장되지 않게 관철시키는 것이 보다 용이했을 것이다. 만일 트루먼이 한국의 통일을 주장했던 오스틴과 다른 이들을 억누르며 애초의 자신이 염두에 둔 목적을 고집했더라면, 트루먼은 38선을 넘어 과거 국제연맹이 실패했던 곳에서 유엔의 성공을 축하하며 승리를 환호하려는 맥아더의 북진을 보다 쉽게 막았을 것이다. 그러면 트루먼은 중국의 공격, 미국의 후퇴, 인플레이션의 압박, 동맹국의 두려움들 그리고 2년여 더 지속된 목적의 성취 없는 전투에 대한 책임을 면할 수도 있었을 것이다. 11월 선거 이전에라도 그는 5번가의 사열식 현장에서 흩날리는 색종이 조각들과 환호성 속에 서 있을 수도 있었다.

트루먼이 실제로 의회에 연설하기 2주 전인 7월 1일, 의회는 그를 불러 만주사태의 발발 이후 20년 동안 지속된 시간을 조목조목 이야기하며, 유엔과 함께 미국이 고수해야 하는 무력사용의 원칙에 대한 연설을 요구했어야 했다. 즉, 정치적 변화보다는 38선 회복을 위한 무력 사용의 원칙에 관해서 말이다. 우리는 역사적으로 발생했을 법한 일을 상상하는 것이 얼마나 비현실적인지를 알고 있다. 애당초 트루먼은 그러한 연설을 행할 어떠한 이유도 없었다. 즉, 그는 38선의 수호는 말할 것도 없고, 한국에서 근거지를 지속시키기 위해 무슨 조치를 취해야 할지에 대해서도 알지 못했다. 여름이 지나자, 부정적인 시각들이 등장했다. 많은 하원의원들과 언론의 사설 편집자들은 스탈린에게 일격을 가해 물러설 수 있는 기회를 만든 것에 찬사를 보냈기 때문에, 그러한 연설은 단기간 나타난 국가의 통일적 견해를 저해할 수 있는 위험을 안고 있었다. 한 전직 공화당 의장은 국무부 내 "유족협회의 볼멘소리"가 우리의 진군을 "38도 선에 멈추도록 할 것이고 그로 인해 우리의 군사적 승리를 실추시키고자"[50] 할 것이라고 주장했다. 게다가, 그러한 연설을 한다면, 소련과 북한에게 불필요한 확신을 심어줄 수도 있으며, 또는 이후 대통령이 취할 수 있는 선택을 차단시킬 수도 있었다.

우리의 전우들이 점점 남쪽까지 밀려내려 오는 동안, 최초에 강력한 목소리를 냈던 여론의 논조는 이전 상황으로의 복귀가 트루먼의 유일한 전쟁 목적임을 못 박았어야 했다. 여론의 진압은 보다 신속하고 강력하게 이뤄졌어야 했다. 즉, 유엔군이 한반도로 진군해 나가지 않을 것이라는 것을 트루먼이 알기 전에 이뤄졌어야 했다. 다가올 9월에 무기력해 보일 수 있었던 것이 7월에는 무모한 것으로 보일 수도 있었다.

그러한 연설은 불충분해 보였을지 모른다. 맥아더가 남한을 평정하고 군사를 진군시켜 한반도 전 지역을 눈앞에 두고 있었던 9월에 트루먼과 애치슨이 7월에 마음속에 두었던 이유들이 망각되기 쉬웠을 것이라는 점은 충분히 이해될 수 있다. 식욕은 먹을수록 증가한다. 초기의 강력한 언명과 실질적 결과 간에는 차이가 나면 안 되는데 차이가 날 수도 있다.

이를 경고 삼아, 전쟁 개시에 트루먼이 수행했어야 할 연설을 살펴보는 것은 좋은 연습이 된다고 생각된다. 즉, 그는 전쟁의 원칙을

50) Donovan, *Tumultuous Years*, p.277.

찬양하고 전쟁의 목적을 제한해야만 했다. 비록 그 때 그가 청중들의 소리에 또 언론의 소리에 마음을 빼겼다 하더라도, 또 연설 이후의 다양한 반응과 논쟁이 이뤄진다 하더라도 그는 그렇게 했어야 했다. 그렇게 함으로써, 상황의 분석뿐만 아니라 역사적 유추도 유용한 옹호의 근거가 된다는 명백한 진실을 떠올릴 수 있기 때문이다. 그리고 그것을 옹호하게 될 때, 특정한 *유사점*과 *차이점*에 주목한 것이 도움이 된다.

"30년대의 교훈"은 무엇보다 트루먼 이후시기부터 전 세계 공산주의 국가들에 대하여 완고하고 강경한 접근법을 지지하는 모든 주장의 근거로 작용했다. 형식적인 옹호론으로서, 어떠한 것도 이처럼 미국인들에게 더 알려졌던 것은 없었다. 엄격한 한계 내에서 단호함을 한정짓도록 주장하기 위해, 냉전의 최고점에서 이들 교훈들을 어떻게 사용할 수 있을 것인가는 독창성을 요구한다.

그러나 그것을 실현하기 위해서는 일상적으로 *추정되는 것*들로부터 *알려진 것*들을 구분해 내고, *차이점*으로부터 *유사점*을 구별해 내며, 분명한 차이를 알 수 있는 문구들을 직접 써내려 나가는 것이 필요하다. 옹호는 마음을 바꾸려는 사람들의 반응에 따라 판단되며, 실질적인 실수가 드러났을 때 이러한 옹호의 설득력은 힘을 잃게 된다. 특히 그 사안에 대해 청중이 독자적인 지식을 갖고 있다면 설득력을 상실하게 된다. "그것은 그러한 방식이 아니었다"는 말은 "모든 경우가 잘못되었음에 틀림없다"라는 말로 바꿔 쓸 수 있다. 역사 유추를 탁자 위에 올려놓기 전에 시험해 보는 것이 위험성을 방어할 수 있는 최선책이다. 그리고 이 과정은 옹호론을 보다 설득력 있게 하는 논조나 주장을 쉽게 포기할 수 있는 여과과정이기도 하다.

만일 트루먼의 참모진들이 우리가 제시하는 작업들을 이행했었다면 그리고 가상의 연설을 했더라면, 대통령은 비평가들이 반박하기를 주저하는 적어도 두 인물의 견해를 지지하는 문구를 사용했을 것이다. 사실상의 공화주의 외교정책의 수립의 발기인이라 할 수 있는 헨리 스팀슨(Henry L. Stimson)은 만주 위기 때 국무장관을 지냈었다. 그리고 그는 회고록에서, 일본에게는 어떠한 보상도 주지 않고 만주 상황을 이전상태로 복귀시키는 확고한 조치를 취해야 한다고 강력히 주장했다. 1930년대의 유화정책의 위험성에 대해 그 어느 누구보다도 실상을 정확히 파악하고 있던 윈스턴 처칠(Winston Churchill)은, 만일 국제연맹이나 세계 재판소가 독일에게 라인란트에서 군대를 철수하여 이전 상태로 복귀시키도록 했다면 평화는 유지될 수 있었다고 강력히 역설했다.[51] 역사적 유추의 주요 사례로부터 얻을 수 있는 사실은, 공격에 맞서기 위해서는 먼저 공격을 선언하는 것이 필요하다는 명제가 보다 더 큰 설득력을 갖게 될 것이다.

한국의 예가 역사적 유추의 문제를 무용하게 만든 것은 절대 아니다. 우리는 트루먼의 사례를 통해, 가능한 대안을 고려하기 전에 문제가 되는 상황을 낱낱이 분해하고 "현재"와 "그 당시"를 비교함으로써 당면 상황을 명확히 진단하는 간단한 방법을 설명하고자 했다. 우리는 광범위하게 적용될 수 있는 "소방법들"을 통해, *알려진 것*과, *불분명한 것* 그리고 *추정되는 것*들을 구분하고, 역사적으로 유사한 사례를 고려할 때 *유사점*과 *차이점*을 확인하는 것을 일상화시키길 바란다. 그렇게 함으로써 결정들의 유형을 보다 더 개선할 수 있고 사례의 다양한 측면을 보여줄 수 있게 된다. 자, 다른 경우를 보자.

---

51) 트루먼의 연설문은 Henry L. Stimson and McGeorge Bundy, *On Active Service in Peace and War* (New York: Harper & Brothers, 1948), Chapter 9, and Churchill, *The Gathering Storm*, Chapter 11에서 인용했다.

우리는 과거 사례의 매혹에 끌려 역사적 유추를 하는 사례들을 분류한다. 한국의 사례에서, 북한이 38선을 넘어 침공해 왔기 때문에, 역사 유추를 적용할 수밖에 없었다. 모든 사람들은 1930년대의 사건들이 되풀이되고 있다고 보았기 때문에, 그러한 사건들의 주요 교훈에 찬성했다. 즉, 침공에 저항해야 한다는 것이다. 다른 유사한 역사적 전례들도 불가항력적인 것이 아니라도 매력적인 것으로 분류되었다. 몇 가지 다른 사례들도 단순히 매력적으로 간주되었다. 여전히 다른 것들은 옆집 아이(Kid-next-door)와 같은 것이었다. 즉, 매우 잘 알고 친숙한 것이어서 첨부물을 보지 않고 지나쳐 버리는 것이다.

불가항력적인 것이 아니라도 매력적인 역사적 유사사례로, 1976년의 돼지독감의 공포(Swine flu scare of 1976)에서 나타난 현상은 1918년의 독감 대유행과 비교할 수 있는 하나의 좋은 예가 될 수 있다.[52] 기록에 따르면, 독감 유행은 심각한 수준에 이르렀다. 50만 미국인들을 사망하게 했고, 전 세계적으로 2,000만 명의 목숨을 앗아갔다. 그것은 제1차 세계대전으로 인한 사상자보다 더 많은 수였다. 그러나 다음의 일화는 단지 한 지역에서만 발생했던 새로운 종류의 독감의 출현으로 시작된다. 복잡한 군부대에서 발생한 것으로 13명이 감염된 것으로 확인되었고, 그 중 한 명이 의사의 지시를 어기고 철야 행군을 한 탓에 생명을 잃었다. 첫 번째 연관성은 전문가들의 문제로서 기술적인 것이다. 반면 두 번째의 경우는 대중의 기억에

---

52) 다른 곳에 인용된 것을 제외하고는 다음과 같은 문헌들을 참고했다. Richard E. Neustadt and Harvey V. Fineberg, *The Epidemic That Never Was* (New York: Vintage Books, 1983). Arthur M. Silverstein, *Pure Politics and Impure Science: The Swine Flu Affair* (Baltimore: Johns Hopkins Press, 1981).

관한 것이다. 후자의 경우에, 정치인들과 행정가들, 언론인들과 더불어 수많은 의사들이 투입되었다.

1976년의 새로운 독감은 "돼지독감"으로 불리며 돼지들 사이에서는 흔히 볼 수 있었던 독감 바이러스와 화학적으로 유사한 (항원에서 연관성을 찾아볼 수 있는) 형태였다. 단지 1918년에는 돼지뿐만 아니라 사람들도 사망에 이르게 했던 바이러스의 약화된 형태라고 여겨졌고, 1930년대 이후 이 독감은 인간에게서 발견되지 않았다. 13명이 감염된 사실에, 전문가들은 자연스럽게 인간이 이 바이러스에 노출될 가능성에 대해 여러 의문을 제기했다. 이것이 보다 전염성이 강한 형태의 바이러스라면, 그것은 얼마나 강력한 것일까? 대부분의 면역학자들과 바이러스학자들은 그렇지 않다고 부인했지만, 어느 누구도 확신할 수 없었다. 이 사실은 과학자들의 이해관계를 자극했고, 일반 전염성 독감에 대해 보다 개선된 방어책을 강구하게 했다. 돼지독감과는 관련이 없지만, 가장 최근의 두 사례들 즉 1957년과 1968년의 사례는 아무런 준비가 되어 있지 않은 미국을 엄습했다. 예방책들이 너무 부족했거나 시기적으로 너무 늦었던 것으로 판명되었다. 연방 보건기구들은 이런 사태에 향후 효과적으로 대응하기 위해 예행연습을 실시해 오고 있었다. 다음 번 사태는 이 수준이거나 더 *나쁠* 수도 있다.

돼지에서 인간으로 전염되었던 1918년 사례와의 연관성 때문에, 전문가들은 마음속으로 이미 "격퇴 1968"이라는 문구를 품고 있었다. 의료 전문가나 평범한 사람이나, 임명직에 있는 자나 선출직에 있는 자나, 정규직 종사자나 단기 종사자나 하위직에서부터 상급직에 이르기까지 그들은 상상 속에 빠지게 되었고 그 결과 감정이 앞섰다. 1918년의 독감은 역사적으로, 생물학적으로 그리고 기억

속에서도 단지 한 지역에서만 일어난 일이었지만, 1976년 연방정부의 고위직 관료 대부분은 1918년의 독감에 대해 개인적인 끔찍한 경험을 이야기해 주었던 부모나, 아저씨, 아주머니, 사촌 혹은 적어도 가족이나 친구가 있었던 것 같다. 그 당시 엄청난 사망자를 발생시킨 이 독감은 "스페인 독감(Spanish flu)"으로 알려졌다; "돼지독감"은 농장과 관련이 없는 일반인에게는 별로 의미가 없었다. 그러나 1918년, 보다 정확히 말하자면 1918년에서부터 1919년까지 발생한 독감이 60년이 지나 "돼지독감"과 연계되면서 워싱턴에는 명백한 이미지가 그려졌다. 그러한 이미지들은 구전에 뿌리를 두고 있었기 때문에 보다 더 강력한 힘을 발휘했다.

1918년의 전염병은 세 차례 미국을 강타했다. 첫 번째는 이곳에서 시작되어 해외로 확산됐던 봄철 독감전염으로 비교적 양호했다. 두 번째는 8월 말 갑작스럽게 나타났는데, 일반적으로 이 시기의 북부 지역의 기후로 볼 때 독감이 거의 없는데, 전 세계적으로 세 군데의 항구에서 동시에 발생했다. 그 중 한 곳이 보스턴이었다. 이 독감은 사망자를 수반했다. 독감이 급속하게 그리고 치명적으로 확산되었고 10월에 최절정에 달했다. 35만 명이 사망했다. (제1차 세계대전 당시 프랑스에 파병하기 위해 군대를 모집하고 이동시킨 시점에 독감은 최고 절정에 이르렀다.) 그 해 말, 두 번째 독감 유행이 진정 국면에 들어섰을 때, 세 번째 독감 유행이 뒤를 이었다. 이것은 봄까지 지속되었으며, 15만 명이 넘는 미국인이 사망했다.[53)]

두 번째와 세 번째 독감은 무시무시한 것이었다. 수천 명의 아이들이 병들었고, 65세 이상의 노인들도 병들었다. 젊은이들은 독감의

---

53) Alfred W. Crosby, Jr., *Epidemic and Peace*, 1918 (WestPort, Conn.: Greenwood Press, 1976), p.210.

주요 보균자로 독감을 전염시켰으나, 거의 대부분은 회복되었다. 반면 장년층은 쉽게 감염되지 않았지만 합병증으로 사망했던 경우가 많았으며 독감으로 인해 매우 쇠약해졌다. 세균성 폐렴이 독감과 함께 퍼졌으며, 65세 이상의 노인층이 이 독감에 가장 치명적이었다. 이러한 요인들은 1918년 8월에 이미 나타났으며, 당시에는 폐렴을 치료할 수 있는 페니실린도 존재하지 않았다. 그러나 당시에 알려지지 않았던 것들도 있었다. 혈기 왕성한 젊은 성인층, 30대 남녀, 심지어 20대도 이 독감의 희생자가 되었으며, 이는 비단 제2차 감염 때문만은 아니었다. 독감으로 인해 하루 만에 수천 명이 목숨을 잃었고, 수많은 사람들이 병들었다. 이 사건은 이후에 일반 가정의 저녁 식탁에서 회자되었고, 이 이야기를 듣고 자란 아이들은 이후 제럴드 포드의 참모진을 구성하게 되었다. 혈기 왕성한 젊은이가 어제는 분명 건강하였지만, 다음날 병들어 죽었다. 병원은 북새통을 이루었고, 시체는 쌓여만 갔다. 영안실은 밤낮으로 일을 했다.

1918년의 의학지식 수준이라고 가정하면, 할 수 있는 것이 없을 것이다. 백신은 말할 것도 없고 이후 15년 동안 그 바이러스는 사라지지 않았다. 치료약에 대한 확신도 없고, 적당한 예방책도 없었으며 백신도 없는 상황에서 지역 보건기구들은 환자 격리에만 열중해야 했다. 다른 지역에서는 공공장소에서 마스크를 쓰도록 했을 것이고, 1976년의 텔레비전 뉴스에는 그러한 장면들이 반영되었을 것이다. 공중위생총국(Public Health Service)의 연방 보건기구 어디서도 이 문제에 책임을 지지 않고, 그들은 할 수 있는 것만 했을 것이다. 즉 의료 지원자들을 다른 병원으로 보내거나, 환자들을 지속적으로 지켜보면서 통계치를 쌓아 가는 것 정도였을 것이다.

그러나 1976년, 공중위생총국은 반대로 자체의 전문가들을 대동하여 과거와는 다른 적극적인 자세를 취했다. 질병예방센터(The Center for Disease Control)를 비롯한 자매기관들 즉 국립 알레르기 및 전염병 연구원(the National Institute for Allergic and Infectious Disease), 식품의약품안전청(the Food and Drug Administration)의 생약제국(Bureau of Biologics)은 대규모의 감시체제를 정비했다. 군부대에서 사건이 발생한 지 한 달 후, 더 이상의 새로운 징후가 포착되지는 않았지만, 이 사건에 대한 유감 표명보다는 이 계기로 안전을 도모하기로 했다. 이 기관들은 예방 시약의 효과가 발휘되기를 희망했다. 질병예방센터의 감독관이었던 데이비드 센서(David Sencer)는 보건국 차관과 보건교육복지부 장관의 요청에 따라 전국적인 예방책을 위해 전례 없는 노력을 해 왔다고 밝혔다. 센서는 과거 대중 면역에 관한 실험에 투여했던 기간의 ½ 기간 만에 두 배에 달하는 실험을 했으며, 이후 초유의 성과를 거뒀다.[54] "격퇴 1968"은 센서의 마음을 꽉 채우고 있었다. 즉, 1968년의 경험이 거의 마음 속 밑바닥에 자리 잡고 있었다. 그는 비록 강조하지는 않았지만, 그의 그러한 활동의 기저에는 1918년의 이미지들이 효과적으로 작용하고 있었다.

1976년 1월 새로운 독감이 출현했다. 독감 시즌이 끝나갈 무렵인 3월에 센서는 안건을 만들었다. 그는 새로운 바이러스에 대한 새로운 백신이 개발되어야 한다고 주장했으며, 그것도 향후 3개월 내에 새로운 백신을 개발하고 생산하며 시험을 통해 보급해야 한다고 주장했다. 예방접종은 독립기념일 이후부터 시작되어야 하며, 다음

54) 가장 광범위한 대중 예방 접종은 1년 동안 이뤄졌는데, 그것은 1963년 소아마비에 대해 세이빈(Albert Sabin)의 "살아있는 바이러스"를 투여했던 것이었다. 대략적인 사항을 위해서, "Swine Flu (D)," Kennedy School of Government Case No. C14-81-410 부록 참조.

독감 시즌이 절정에 이르기 전인 추수감사절까지 원하는 이들에게 접종 돼야 한다는 것이다. 만일 새로운 바이러스가 재출현한다면, 예방의 효과는 과거 장기간의 노력에 빛을 발하게 될 것이고, '격퇴 1968'도 이루어낼 수 있다. 그러나 발생하지 않는다면, 비용의 소모 외에는 지불해야 할 대가가 없기 때문에 비교적 경미한 것이었다.

보건 차관이었던 시어도어 쿠퍼는 센서의 주장을 수용했다. 보건교육복지부 장관이었던 데이비드 매튜스(David Mathews)도 이를 수용했다. 그들은 이 사실을 포드 대통령에게 보고했다. 예산 담당은 이의를 달지 않고 동의했다. 그리고 포드 대통령도 긴급 소집된 전문 위원회의 승인 이후 곧바로 승낙했다. 의회도 그 뒤를 따랐다. 그래서 백신의 개발이 시작되었다.

그런데 문제가 발생했다. 예상과는 달리, 새로운 백신의 1회 투여량이 어린이에게 적절치 못하다는 사실이 밝혀지면서, 어린이에 대한 면역 조치는 연기되었다. 얼마 후, 똑 같은 일이 다른 사람에게도 발생했으며, 그 때 사망자 보험회사가 소송으로 비용 손실이 발생하자 보험을 철회하는 조치로 대응했고 이에 백신 사업가들은 생산을 거부했다. 그러자 대통령은 의회에 소송비용의 부담을 보험회사가 아닌 정부가 부담하도록 하는 법안을 상정했다. 그러나 민주당이 지배하는 의회에서 그다지 좋은 전망을 내놓지 못했다. 게다가, 돼지독감은 전 세계 어디에서도 출현하지 않았다. 극심한 추위의 남반구에서도 돼지독감은 보고 되지 않았다. 포드 대통령의 전문가 연구위원단들 간에는 알력이 일어났고, 그들 중 어떤 이들은 사재기를 주장했다. 이는 센서가 생각지도 못했던 일이었다. 뜻밖에도 재향군인병이 도움이 됐다. 포드는 마침내 늦춰진 법안을 흔들 수 있게 되었지만, 예방접종은 10월 1일까지 시행되지 않았다. 이 시점은 질병예방센터가 초기에 계획한 예방접종을 마감하기 7주 전이었다.

실질적인 예방 조치는 각 주정부와 지역 수준의 보건기구나 개인 의사들에게로 이관되었고, 예방접종의 범위와 신속성에 대해 다양한 결과가 나왔다. 그럼에도 불구하고, 대부분의 주정부는 10월 중순부터 시행했다. 당시, 피츠버그에서 예방접종 직후 같은 병실에서 동시에 심장마비가 발생하여 두 명이 사망했다. 이 사건으로 지방당국과 몇몇 주정부는 백신의 부작용이 없다고 판정될 때까지 접종을 중단했다. 그러나 텔레비전에서 이 문제가 공론화되기 전에, 예방접종은 다시 재개됐다. 대중적 확신은 특히 도시 빈민층들 사이에서 회복될 것 같지 않았다. 그러나 그것은 단지 짧은 기간 동안만 문제가 되었다. 8주 뒤, 백신 접종은 전국적으로 중단되었고 재개되지 않았다. 질병예방센터는 감시체제를 통해 이 백신의 투약으로 치명적인 신경 부작용이 나타날 수 있다는 통계학적 상관성을 밝혀냈기 때문이다. 법적으로, 백신을 투여했던 사람들에게 위험성이 경고되었다. 그들이 통계적으로 결정되기 전까지, 백신 투여는 중단되었다. 1977년 1월 결과가 나왔다. 부작용에 의한 사망은 200만 명 중 1명꼴로 위험성은 낮았다. 그러나 당시 어느 누구도 대량 접종을 시도하려고 하지 않았다. 왜냐하면 독감 사태가 있었던 이후, 미국뿐 아니라 전 세계적으로도 돼지와 직접적 접촉이 없이는 돼지독감이 발병됐다는 보고가 없었기 때문이다.

10주 만에 4천만 명 이상이 독감 백신을 맞았으며, 그 숫자는 예년 수치의 두 배에 달했다. 모든 것을 고려할 때, 이는 역사적으로 행정의 경이로움으로 간주될 수 있다. 그러나 독감이 없는 상황에서, 그것은 낭비였고 그 이상이었다. 전염병이 발생했다면, 미국인들에게 그것은 약속의 파기로 간주되었을 것이고 냉담한 반응을 가져왔을 것이다. 3월에 포드 대통령과, 4월의 쿠퍼 차관은 겨울이 오기 전에 모든 미국인들에게 예방접종을 시키는 것이 목적이라고 호언했다. 그러나 그것은 연기되었다. 공급량이 모든 미국인들을 대상으로 하기에 턱없이 부족했고, 다른 여타 국가를 원조하기 위해 비축해 둘 수 있는 물량도 없었다. 질병예방센터의 부장인 센서의 프로그램이 시작되자, 어느 곳이든 보건 당국들의 신뢰도는 진전되지 않고 추락하기만 했다.

실질적인 결과는 우연, 사고들과 연관되어 있고 그리고 행운의 여부에 달려 있었다 해도, 포드와 그의 참모들은 그 결과물의 희생양이 되는 위치에 있었다. 불운의 뒤에는 제대로 고찰되지 못한 가설들이 있는데, 그것은 1976년 3월 당초의 정책결정과정에서 찾을 수 있다. 그 과정은 본질적으로 두 단계의 문제였다. 첫 번째는 센서가 소집한 전문가들의 문제였다. 그는 그의 참모들과 국립 알레르기 및 전염병 연구원과 식품의약품안전청의 생약제국으로부터 자문을 구한 후 안건을 만들었다. 그의 안건은 예방접종 실행에 대한 면역문제자문위원회의 지지를 받았는데, 우연히도 이 위원회에는 공공보건 학교 출신의 동창들뿐만 아니라 바이러스학을 전공한 중년 정치인들이 포함돼 있었다. 비록 그들 중 하나가 곤란한 질문을 통해 상황진전을 누그러뜨리려고 했지만, 센서는 그에 대한 답변의 필요성을 느끼지 않았고 모두들 일이 잘 진행되도록 독려했다. 따라서 센서의 안건은 고위층의 결정이 이루어진 후 실무진에서 일이 진행되었다. 센서가 제안한 안건에 대해 그러한 결론이 나왔다는 것은 놀라운 사실이 아니다. 포드가 최종적으로 소집했던 전문가들 중 센서의 자문위원회로부터 온 지지자들이 포함되어 있었기 때문이다.

우리가 제시했던 소방법들이 이 단계에도 유용할까? 백악관이나 건강, 교육, 복지 관련 부서에 속한 어느 누구도 우리가 제시했던 방법에 근거해서 당면한 상황을 고찰하는 습성을 갖고 있지 않았다. 즉, *알려진 것*과 *불분명한 것*과 *가정되는 것*을 분리해 내고, 역사적 유사사례로부터 *유사점*과 *차이점*을 구별해 내지 않았던 것이다. 그러나 과학적인 문제의 경우, 일부는 자연적으로, 습성상 그러한 방법을 취하기 때문에, 센서가 속했던 연구소의 과학자들과 그의 자문위원회의 위원들은 일부 그러한 방법으로 접근했었다. 특히 전염병학에서 많은 *불분명한 사항*들은 이미 *알려진 사항*들과 구분되었고, 1918년의 사례와의 *유사점*과 *차이점*들도 위에서 언급한 이야기 가운데 명백히 검토되었다. 가설에 대한 명확성을 제외하고는 그다지 빠뜨린 것이 없었다. 그러나 불운에 대처하지 못한 것이 상황을 크게 확대시켰다.

센서가 상급자들에게 보낸 "실행 각서"(action memorandum)에서, 일부 추정들은 명확했다.[55] 예를 들면, 몇 가지는 과학적 가설에 해당됐다.

- 바이러스의 주요 변종은 11년을 주기로 발생한다.(1957, 1968)
- 1월의 사건은 단순히 3년 빨랐을 뿐이다.
- 과거의 변종은 전염병 이후에 나타났다.
- 새로운 변종 바이러스에 의한 발병 부재는 어떠한 것도 증명해 주지 못한다.
- "전국적인" 돼지독감 확산은 1976~77년 사이에 발발할 "가능성

55) Neustadt and Fineberg, *Epidemic* pp.198−206 참조.

이 높다."
- 이 독감은 (1918년처럼) 노인 뿐 아니라 젊은이들에게도 위험하다.

그리고 다른 것들은 보다 행정적인 성격을 갖고 있다.

- 최대한 노력을 해도, "모든 미국인"에게 백신을 투여할 만큼의 공급량을 생산해 낼 시간이 "결코 충분하지" 않다.
- 다음 겨울이 오기 전에 백신을 제공해야 한다.
- 방법상, 연방정부의 직접 관여만으로는 부족하다.
- 예산과 관련된 법안 제정이 필요하다.
- "폭발적으로 확산"시킴으로써 사재기를 예방할 수 있다. (백신이 효력을 나타내기까지는 2주가 걸리며 준비한다면 2주에서 4주는 더 걸릴 수 있다.)

한 가지 추정은 정치적이었다: 센서의 말을 그대로 인용하면,

- "만일 전염병이 발생했을 경우 정부는 불필요한 죽음과 질병보다는 불필요한 보건비를 지출하는 편이 나을 것이다."

센서와 그의 동료들은 몇 가지 명시적이지 않은 가정들을 또한 공유하고 있었다. 그들은 그 수준에서 깨닫고 있지 못했기 때문에, 그들은 다음단계에서 알아야 하는 것을 알지 못했다. 그것들 중에 아래와 같은 사항을 지적할 수 있다.

- 독감 백신은 안전하다. 어떠한 치명적인 부작용도 없다.

- 성인 투여량을 아이에게도 적용할 수 있다.
- 연방정부의 리더십으로 국가 보건 당국들은 일상적인 채널을 통해 대처할 수 있다.
- 백신 생산자들의 소송 문제는 제기되지 않을 것이다.
- 의료단체나 과학단체는 예방접종 실행을 위한 권위 있는 자문회의의 지지처럼 질병예방센터의 시책에 따를 것이다.
- 언론도 동조할 것이다.
- 그러면 대통령 지지자들은 여론의 지지를 촉진시킬 것이다.

이 모든 불명확하게 가정된 *알려진 것*들은 실제로는 잘못된 것으로 판명 났다. 포드에게는 보험금 지불 청구에 겁먹을 보험업자들 문제가 대두되었고, 화가 난 민주당원들과 포드의 경쟁자인 공화주의자 후보였던 로널드 레이건의 추종자들은 소송을 제기하기에 이르렀다. 명백하게 가정되었던 많은 것들이 잘못된 것으로 판명 났고, 특히 과학적인 가정들도 그러했다. 1976년 독감은 11년 주기설을 무색하게 했고, 당시 비전문가들이 알지 못했던 점들이 부각됐다. 즉, 전문가들이 이해하고 있는 것도 별 것 아니며, 독감에 대한 의문점들은 여전히 많이 남아 있다는 것이다. 전공이 다른 의사들을 포함해 보통 사람들은 이러한 사실을 잘 깨닫지 못했는데, 그것은 그들이 60년이나 된 사건을 기억하고 있었고, 약이 그 때 이후 만들어졌기 때문이다.

과학적인 추정들은 잘못되었고, 행정적인 것들도 과도하게 낙관적이었으며 몇 가지 중요한 것들도 검토되지 못하자, 전문가들은 결정 과정을 상급자들에게 넘겼다. 그러자 그들은 센서의 제안과 1918년의 이미지 사이에 놓이게 되었다. 포드 대통령과, 보건교육복지부 장관 매튜스 그리고 차관이었던 쿠퍼의 수준에서도, 센서와 마찬가지로 *알려진 것*과 *불분명한 것*을 구별해 내고 역사적 유추로부터 *유사점*과 *차이점*을 분간하는 노력이 거의 없었다. 사건에 대한 이해가 약할수록 동기도 약해진다. 몇몇 질병센터의 바이러스학자들과 자문위원회 위원들은 당시에는 서로 이야기하지 않았지만 이후 그들은 당시에 갖고 있었던 추측을 회상했다. 즉, 당시 그들은 오십 명 중 한 명꼴부터 다섯 명 중 한 명꼴까지 전염병 위험 가능성을 예측했으나, 보건당국의 자문위원과 백악관의 참모들은 이를 인용해서 다섯 명에 한 명 꼴부터 1:1 정도까지의 수준으로 인용했다. 수준이 높아짐에 따라 의심은 없어졌다. 아래에서는 당혹감에 의심이 나타났다. 어떠한 사건도 과거에 기록되지 않았다. 더 많은 사례가 없다는 것이 일련의 바이러스가 더 이상 인간에 해를 미치지 않는다는 것을 의미하는가? 또는 실제로 바이러스에 치명적이지 않고 단지 감염만 된 사람들에 의해 이것이 잠재적으로 확 퍼질 수 있는 것일까? 바이러스학자들은 양분되었다. 역설적으로, 잠재적 확산에 대한 주요 지지자들은 전염병이 극심하지는 않을 것이라고 기대했다. 그 구분은 실무자 수준에서는 사라졌다.

정치적으로 책임을 져야 하고 결과에 취약한 관료들은, 그들이 사실로 인식하려는 암묵적 추정에 대해 의심하기 마련이다. 만일 그것들이 명확하게 논의된 추정들이라면, 보통 사람들은 이와 관련된 전문가들이 대부분 매니저급이며, 언론과 연관되어 있으며, 정치적이지만, 의학적인 것과는 관련이 없다는 사실에 주목했을 것이다. 그들이 더 조사할 수 있는 동기 부여가 있어야 했는데, 그렇지 못했다. 그들이 그렇게 했더라면, 전문가들이 의심한 만큼 의심했을 것이고, 그렇게 손을 놓고 있지는 않았을 것이다. 그런 가운데 그들이 불확실에 직면하면 그들은 백신을 준비하는 결정과 백신 투여간의 결정을 분간해 냈을 것이고, 그에 따른 보다 더 온건한 목표를 공표했을지도 모른다.

보통사람들이 전문가들에게 방어할 수 있는 방법은 모든 추정들을 탁자 위에 늘어놓고 그것들을 시험해 보는 것이다. 돼지독감 사례를 통해 제시한 것처럼, 분석이 필요하다. 보통사람들과 전문가들 모두에게 설득도 또한 중요하다. 센서는 결정된 사항이 진행되는 동안 자신의 방식을 고집했다. 그러나 실행과정에서 문제점에 봉착했고, 불행한 막을 내렸다. 그가 보다 더 엄밀한 추정에서 출발했다면, 그는 보다 더 큰 신뢰성을 갖고 결론을 내릴 수 있었을 것이다. 이 사례를 통해 볼 때, 그는 청중을 상실했다. 그것은 변호사에게 비참한 종말과도 같은 것이었다.

추정을 조사하는 문제로 돌아가 보자. 이 문제를 논의하기에 앞서 그 이전의 역사적 유추에 대해서 좀 더 논한 후, 쟁점이 되는 역사에 대해 살펴보도록 하자. 이 장은 관료들이 피할 수 없는 두 종류의 역사 유추에 대해서 설명했다. 1950년에 어떠한 유능한 정책결정자도 1930년의 기억들을 떨쳐버리지 못했다. 이를 테면, "침공", "집단안보"와 같은 용어는 그들의 뇌리 속에 다시 떠올랐다. 그리고 그 교훈은 논의할 필요가 없는 것으로 보였다. 그러한 역사적 유추는 정책결정 과정에 별 저항 없이 과거 사례를 투영할 수밖에 없는 상황으로 만들었기 때문이다. 그러한 교훈들은 정책결정자들이 제기하려는 질문을 명확하게 보이도록 해 주었다. 즉, "무엇을 해야만 하는가?"의 질문이 그것이다.

1976년, 돼지독감의 경우에도, 전문가들은 1918년의 사례를 생각했을 뿐만 아니라 최근 그들에게 보다 더 친숙했던 1957년과 1968년의 전염병 사태를 떠올렸다. 그들은 항원의 성격에 대해 돼지독감과 관련된 "스페인 독감"을 떠올리려 했다. 그들이 스페인 독감을 비전문가들에게 이야기했을 때, 비전문가들은 윗세대로부터 들었던 기억에 사로잡혔다. 말 그대로, 역사적 유추는 "저항할 수 없는" 것이었다. 그러나 과거 유사사례와의 연관성은 제한적인 것이고, 그것의 적용은 논쟁의 여지가 많으며, 그에 따른 지침은 무엇을 해야 할지 의심스러운 것이었다. 그것은 등대라기보다는 경고등의 역할을 해야 보다 효과적일 수 있었다. 그러나 그것은 유추의 적용에 있어 준비 없이, 단지 개연성에 근거해 "최악의 경우"를 상정하고 그에 따른 분석에 기초해 행동하도록 했다. 정책 결정자들은 역사 유추에 사로잡혀 제대로 된 판단을 내리지 못하고 불확실성 속에서 실패를 경험했다. 그러나 1968년보다 더 잘 하려고 했던 전문가들은 이로 인한 어떠한 아픔도 없었다. 분석을 제외하면, 역사적 유추는 (단기적으로) 옹호론자들에게는 매우 훌륭한 설득의 근거가 된다.

한국전쟁 사례에서, 트루먼과 그의 참모들이 단 몇 분이라도 *알려진 것*과 *추정되는 것*들을 구분하고 불가항력적인 유추들을 분리해서 *유사점*과 *차이점*을 명백히 확인했더라면, 보다 더 좋은 결정을 내렸을 것이다. 이러한 방법을 취했더라면 무엇을 해야 할 것인가에 대해 왜 그토록 의심하려 하지 않았는지를 좀 더 정확히 이해했을 것이다. 그렇게만 했으면, 트루먼은 맥아더가 38선에 이르렀을 때 한반도 비공산화 통일이라는 부주의한 선택을 하지 않았어도 됐을 것이다. 돼지독감 사례의 경우, 실무자들은 *알려진 것*과 *불분명한 것* 그리고 *추정되는 것*들을 구별했으며 *유사점*과 *차이점*을 분석했다. 이 분석에는 단지 1918년 사례뿐만 아니라 보다 더 흥미로운 1957년과 1968년의 사례도 포함됐다. 그러나 고위 관료들은 이 대부분을 지나쳐버렸을 뿐만 아니라, 실무자 손에서 무슨 일이 행해지고 있는지도 조사하지 않았다. 그들은 *추정되는 것*을 *알려진 것*으로 간주했으며, *유사점*을 가능한 것으로 간주했다. 돼지독감 사례도 한국전쟁 사례와 마찬가지로, 앞서 제시했던 방식의 분석 과정을 조금이라도 적용했더라면 보다 많은 가능성을 갖고 결정을 내릴 수 있었을 것이고, 잠시 여유를 갖고 계획적으로 고찰했다면 상황이 예정한 방향으로 전개될 것인지의 여부도 결정했을 것이라고 판단된다. 비록 실무자들도 1918년의 역사 유추에 현혹되어 있다손 치더라도 1918년 사례분석을 좀 더 심도 있게 했더라면 단순히 요소들을 분리해 내는 것 이상을 해 냈을 것이다. 즉 *추정되는 것*을 시험해 볼 수도 있었다. 고위 수준과 실무 수준에서 *추정되는 것*들을 실험했어야 했다. “어떻게” 실험을 해야 할 것인가는 다음에 다루기로 한다. 우선 우리는 다른 유형의 역사 유추를 살펴본 다음, 문제는 역사 유추의 오용이 아니라 오히려 정책결정자들이 일단 받아들인 추정에 대해 의문을 제기하지 않은데 있었던 사례들을 언급할 것이다.

제 4 장

유혹자 유형과 옆집아이 유형

1975년 5월 중순, 대통령 임기가 9개월째 접어들고 돼지독감 발발로부터 모든 미국인들을 예방시킬 수 있다는 의지를 표명하기 10개월 전, 제럴드 포드는 *마야게스(Mayaguez)* 사건을 접했다.[56] 포드는

56) 이에 대한 기초 자료로는 Gerald R. Ford, *A Time To Heal* (New York: Harper & Row, 1979), Chapter 5; 94th Cong., House Committee on International Relations, "Hearings: Seizure of the Mayaguez," Richar G. Head *et al., Crisis Resolution: Presidential Decision-Making in the Mayaguez and Korean Confrontations* (Boulder, Colo.: Westview Press, 1978)은 미 국방대학에서 연구되었다. Central Intelligence Agency, "Post-Mortem Report: An Examination of the Intelligence Community's Performance Before and During the *Mayaguez* Incident of May 1975," *Declassified Documents, 1978* (microfiche), no. 5D:7은 워싱턴으로 전달된 정보가 어떻게 포드와 그의 보좌관들에게 들어갔는지를 설명하고 있다. Commander in Chief Pacific, Command History, 1975, Appendix VI: "The S.S. *Mayaguez* Incident," *Declassified Documents, 1981,* no. 33B는 초기 명령과 통제의 혼란상황에 대해 기술하고 있다. "'Mayday' for the *Mayaguez*", U.S. Naval Institute *Proceedings*, CII (November 1976): 93-111은 구제활동의 각 국면에 참여했던 다양한 미 관리들의 회고담이 담겨있다. Roy Rowan, *The Four Days of MAYAGUEZ* (New York: W. W. Norton, 1975)는 저널리스트 시각에서 다양한 색채로 잘 설명된 작품이다. Douglas King, "The Capture

이 사건을 그의 짧은 재임기간 동안 성공했던 일 중 하나로 회고했고, 포드 행정부 대부분 인사들도 그렇게 생각했지만, 우리는 그렇게 판단하지 않는다. 이 사건은 포드에게 돼지독감의 공포보다 더 당황스러운 사건으로 끝나 버릴 수도 있었기 때문이다. 웰링턴이 워털루 전투에 대해 말했던 것처럼 "간발의 차이로 이긴 것" 이었다. 유추의 매력적인 영향은 그것이 1968년 *푸에블로(Pueblo) 호 사건*과 마찬가지로, 결말이 나쁘게 끝날 위험성이 높았다. 이 사건은 영향을 줄 수 있는 역사적인 유추를 면밀히 조사해야 한다는 우리의 주장을 뒷받침해 줄 뿐만 아니라, 그것이 한 번만으로는 충분치 않다는 점도 또한 시사하고 있다. 목적과 선택 사항에 직면해 유추를 고려해야 한다면, 새롭게 *알려진 것*이 축적될 때마다 주기적으로 *유사점*과 *차이점*을 재검토해야 한다.

40년 된 녹슨 화물선, 마야게스호는 컨테이너 수송선으로 개조되어 홍콩에서 태국 사타힙을 경유하여 싱가포르를 정기적으로 운행하고 있었다. 마야게스호는 식품과 의류, 화학약품, 페인트, 병원물품, 우편물을 가득 싣고 동남아 본토로부터 60마일 떨어진, 과거 폴로와이(Poulo Wai) 섬을 통과하려는 차에, 캄보디아 함선이 소리를 지르며 정선 시켰고, 선원들이 배에 올라와 통제권을 장악했다. 마야게스호 선장은 이 상황을 벗어나기 위해 "구조신호(Mayday)"를 보내려고 애썼다.

마야게스호의 억류는 동남아 시간으로 5월 12일 오후 일찍 발생했다. 마야게스호 선장의 메시지가 미 국방부 군지휘센터(NNCC)에

---

of the *Mayaguez*,"는 1981년 하버드 대학의 학부 우수논문으로 참고할 만하다. 당시의 에피소드가 잘 정리된 것으로는, "The Mayaguez Incident," Kennedy School case no. C14-81-443 (Appendixes 참조).

알려졌을 때는 워싱턴이 11시간 빠르기 때문에 오전 5시였고, 무선 메시지는 즉각적으로 합참의장 직무대행 데이비드 존스(David Jones) 공군 장군에게 전달되었다. 포드 행정부의 국가안보 차관보 브렌트 스코크로프트(Brent Scowcroft, 당시 공군 중장)는 오전 7시 정기 브리핑을 통해 이 사실을 대통령에게 전했다. 국방장관 제임스 슐레신저(James Schlesinger)는 그로부터 30분 뒤 그리고 국무장관과 국가 안보 보좌관을 겸했던 헨리 키신저(Henry Kissinger)는 또 그로부터 30분 뒤에 사고 소식을 전달받았다.

1975년 5월, 마야게스호의 억류는 대단한 사건으로 보였다. 몇 주 전까지만 해도 베트남에서 미국은 전투를 했었고, 북베트남은 2년 전에 체결한 정전협정을 깨고 남베트남으로 다시 진군하고 있었다. 포드 행정부는 폭격을 재개할 것이라며 위협했다. 의회는 초기에 폭격을 금지시켜왔기 때문에, 의회 지도자들은 이 금지령의 중단을 반대했다. 남베트남군은 해산하기 시작했다. 북베트남군이 사이공으로 가까이 접근해 오자, 잔류해 있던 미군은 헬리콥터로 탈출했다. 모든 방송 뉴스 프로그램들은 미군이 헬리콥터 문에서 남베트남인을 밀어내는 장면을 방영했다. 이후 남베트남은 무너졌고, 공산주의자들은 캄보디아까지 삼켜 버렸다. 공산주의자들이 미국 국기를 단 마야게스호를 나포한 것은 상처 난 부위를 또 찌르는 것과 같았다.

포드와 그의 수석 보좌관들은 마야게스호 나포 사건을 다른 식으로 봤다. 미국에 대한 도전이기도 했지만, 기회였다. 포드는 워터게이트 사건과 리처드 닉슨의 퇴위 덕분에 대리 부통령이 대리 대통령이 된 케이스였다. 정치학을 공부한 사람이라면 누구나 린든 B. 존슨이 포드의 성격을 "껌을 씹으면서 걸을 수 없는 사람"으로 묘사했던 것을 알 것이다.(존슨은 실제 더 거친 표현을 사용했으며 그의 걸음걸이는 가족신문에 날만큼 느렸다) 마야게스호 사건은 포드에게 미국인들이 헬리콥터로 사이공을 탈출했다는 기억을 지워 버릴 수 있는 기회였다. 동시에 그는 대통령으로서의 결단성, 단호함 그리고 적합성을 보여 줄 수 있는 기회이기도 했다. 슐레신저와 존스 장군은 미국의 힘과 해상 자유의 원칙에 대한 도전으로 봤다. 동시에 그들은 자신들의 군사적 권능을 보여줌으로써 사기를 진작시킬 수 있는 기회도 봤다. 키신저는 다른 사람들보다 사이공 함락을 더 민감하게 받아들였다. 그의 북베트남에 대한 위협인식과 남베트남에 대한 그의 약속은 미 의회에서 받아들여지지 않았다. 북한이 남한을 진격할 것이라는 정보보고를 받아본 적이 있기 때문에, 키신저는 가까운 장래에 보다 심각한 사건이 발발할 것을 우려했다. 그에게 마야게스호 사건은 잃어버린 신뢰를 되찾을 수 있는 거의 마지막 기회였다. 국가안보회의가 긴급히 소집되었다. 포드는 다음과 같이 회고한다.

> 키신저는 감정적으로 테이블 쪽으로 몸을 기울여 이 사건이 가져올 광범위한 결과들을 강조했다. 그는 이 중요한 사건이 갖는 의미, 즉 미국의 결의와 의지에 대해 국제적인 인식이 확대될 것이며, 미국이 이러한 도전에 응전하는데 실패한다면, 미국의 국제적 위상에 심각한 타격을 받을 것이라고 말했다. 키신저는 "어떤 점에서는, 미국은 선을 그어야 한다. 이것은 이러한 상황에 최선의 생각도 아니고, 최적의 선택이 아니라 하더라도, 미국은 이에 따라 확고히 행동해야만 한다"고 주장했다.[57]

---

57) Ford, A *Time to Heal*, p.276.

참석자 중 어느 누구도 키신저의 기본적인 논지에 이의를 제기하지 않았으며, "그 곳에 비둘기파는 한 명도 없었다"고 참석자 중 한 사람이 후에 전했다.[58]

포드와 그의 보좌관들의 목적은 마야게스호와 선원들이 풀려나고 미국의 확고함을 보여주는 것이었다. 당장 무엇을 해야 할 것인가에 대해 모두가 동의했다. 첫째, 키신저는 중국을 통해 강력한 외교적 항의를 전달한다. 둘째, 정찰기는 마야게스호를 추적한다. 셋째, 가용가능한 항공기, 함선과 병력을 최대한 빨리 소집한다. 넷째, 백악관은 사건과 관련한 공표를 책임지며 모든 결정의 중심에 있어야 하지만, 또한 포드의 언론 비서관이 말했던 것처럼, "고요하고 신중한 분위기"를 보여줘야 한다. 이러한 분위기를 고취시키고자, 백악관은 키신저가 계획대로 미주리 연설의 참석을 위해 비행기에 오를 것이라고 전달했다.

백악관 내부의 속보 전달은 이러한 고요(포드의 잠자리)를 깨웠다. 초기의 보고는 마야게스호가 공식적으로는 전에는 시하누크빌(Sihanoukville)이라고 불렸던 콤퐁 솜(Kompong Som)이라는 캄보디아의 항구로 호송 중이라고 전했다. 오후 10시, 마야게스호가 최초로 정선한 위치에서 여전히 움직이지 않고 있다는 다른 보고가 있었고, 오전 1시 30분에 어쨌든 마야게스호는 콤퐁 솜으로 향하고 있다는 또 다른 보고가 있었으며 한 시간 후 또 다른 보고는 캄보디아로 향하는 중간에 위치한 코 탕(Koh Tang)이라는 섬에 있다고 했다. 이러한 혼선은 11시간의 시차 때문이었고, 사고 지역과 워싱턴의 지휘와 통신체계의 초기 혼란은 문제를 더욱더 어렵게 만들었다.

---

58) *Time*, May 26, 1975, p.21.

그 후, 포드는 서로 상반된 보고를 계속 받자, 정보 보고의 모든 것을 의심하게 되었다. 그들이 배 한 척을 찾지 못한다면, 무엇을 찾을 수 있단 말인가?[59)]

사건 초기, 포드는 지난 푸에블로호 사건을 염두에 두고 있었으며, 그 후에 다음과 같이 기술했다:

> 지난 1968년, 나는 북한이 USS 푸에블로호를 공해상에서 나포하여 선박과 선원들을 강제로 원산항으로 끌고 갔던 일을 기억하고 있다. 미국은 이러한 나포행동에 즉각적으로 신속하게 대처해서 정지시켰어야 했는데 그렇게 하지 못했다. 결국 푸에블로호 선원들은 북한의 수용소에서 거의 일 년 간 고초를 겪어야 했다. 나는 이러한 일이 또다시 반복되는 것을 좌시하지 않을 것이다.[60)]

이 구절을 쓰기 전에 (혹은 이것의 가치를 확증하기 전에, 이 말이 사실상 대필자에 의해 씌어졌다는 것을 인정한다 하더라도), 국방대학이 공식적인 "위기관리" 역사를 준비하는 인터뷰에서 포드 대통령은 이와 유사한 말을 했었다. 그들은 "대통령이 명백히 두 사건을 유사하게 보고 있었으며, 대통령은 관료들의 여러 단계 절차를 거치는 느릿느릿한 분석을 기다릴 시간이 없었다"고 그들은 기술했다. 또한 최초 국가안보회의에 참석했던 몇몇 참석자들은 얼마 지나지 않아 포드 대통령은 "푸에블로호 사건에 대해 언급했는데; '두 사건이 어떤 면에서 유사하고, 어떤 면에서 서로 다른가'라면서 '사건이 어떻게 진행될 수 있는가 하는 것이 하나의 기준이 되었다'고 그는

59) Head, *et.al.*, *Crisis Resolution*, p.113.
60) Ford, *A Time to Heal*, p.277.

믿었다"라고 기자들에게 말했다.[61)]

사건이 있은 다음날 아침 일찍이 슐레신저와 전화통화를 한 후, 포드는 다시 푸에블로호 사건을 여러 번 언급했다고 그의 회고록에 나와 있다.[62)] 그러나 슐레신저는 포드가 푸에블로호 사건에 대해 많이 얘기하지 않은 것으로 기억하고 있으며, 그도 푸에블로호 사건을 그렇게 염두에 두지 않았던 것으로 기억했다. 포드가 잘못 기억할 수도 있지만, 반면 푸에블로호에 대한 언급이 슐레신저에게 뚜렷이 기억되지 않았을 수도 있다. 푸에블로호 사건이 발발했을 당시 그는 랜드연구소의 연구원으로 핵전략에 집중하고 있었다. 그의 기억수준은 이 문제에 관심을 가졌던 신문 구독자들의 기억수준이었다. 포드는 당시 하원의 소수 대표자였기 때문에 민주당을 비난했다. 푸에블로호 사건은 그의 자서전에도 나타난다. 우리는 다음 장에서 이러한 차이를 주목해야 할 효용성에 관해 살펴볼 것이다. 여기서, 다만 중요한 한 가지는 푸에블로호 사건의 유추가 대통령의 마음에 깊이 새겨져 있었다는 것이며, 이것이 아마도 목표를 정의하

---

61) Head, *et. al.*, *Crisis Resolution*, p.108; Rowan, *Four Days*, p.68, 백악관 중진 스태프가 쓰기를 "우리 모두는 물론 푸에블로호 사건으로 고뇌에 빠졌다." "포드는 그가 무엇을 해야 할지 확신을 갖지는 못했으나, 그는 무언가를 확실히 해야만 했다" Robert T. Hartman, *Palace Politics: An Inside Account of the Ford Years* (New York: McGraw-Hill, 1980), p.326 참조.

62) Ford, *A Time to Heal*, pp.68-69. 키신저는 푸에블로호 사건을 자주 참조했던 것으로 보인다. 이는 그가 대통령과 더불어 이 사건이 가진 영향력을 알았고 부분적으로 그 자신의 경험 때문이다. 1968년 그는 넬슨 록펠러의 고문이었고, 그 후 공화당 후보 지명을 모색했으며 록펠러의 라이벌, 리처드 닉슨이 북한에 미국의 군사행동을 요구하면서 인기를 얻고 있었던 푸에블로호에 대해 거의 확실히 록펠러가 논평을 작성하도록 도왔을 것이다. 게다가 북한의 악행에 대한 보고서들 때문에 키신저는 푸에블로호 사건을 최근에 재검토해야 했다. Henry A. Kissinger, *White House Years* (Boston: Little, Brown, 1979), I: 247, 318.

고 행동하는데 최우선적으로 영향을 미쳤을 것이다. 백악관 출입기자들은 대통령이 "마야게스호가 캄보디아로 끌려가는 것을 막기 위해 공군력과 해군력 사용"을 고려하고 있다는 것을 바로 전달받았다.[63)]

슐레신저와 전화통화 후, 포드는 국가안전보장회의를 소집했고, 그날 밤 10시 40분에 포드는 또 다시 회의를 소집했다. 그때쯤 키신저는 캔자스시에서 돌아왔다.

짜증스럽게도 군사적 행동을 위한 대안은 여전히 오리무중이었다. 배의 위치는 아직 제대로 파악되지 않았고, 미군은 태평양 전역에 흩어져 있는 가운데 태국 정부는 이들이 우 타파오(U Tapao)의 미군기지를 통과해 들어오는 것을 반대하고 있었다. 이러한 상황은 존스 장군과 다른 군사 전략가들의 업무를 지체시키고 있었다. 또한, 이 지역의 일원화된 지휘체계 결여도 그들을 힘들게 했다. 태평양 지역 사령관인 노엘 게일러 제독이 전반적인 권한을 갖고 있었지만, 지역 통제는 우 타파오에 있는 공군 장교에게 있었다. 노엘 게일러 제독은 해군, 해군비행대, 해병대에게 요청할 수는 있으나 명령을 내릴 수는 없었다. 더욱이 밤에 소집된 국가안보회의에서 존스 장군은 정보를 수집하고 그 지역에서 군사력을 증강시킬 수 있을 시간을 더 달라고 요청했다.

존스와 군의 제1의 목표는 산뜻하고 깔끔한 승리였다. 슐레신저도 그러한 희망을 공유했지만, 미국이 끌려 다니지 않는다는 점을 보여주기 위해 일정 정도 위험을 감수하고자 했다. 키신저는 다른 공산국가에게 가해질 수 있는 효과를 고려해, 군사력을 최대한 과시

---

63) Philip Shabecoff in the *New York Times*, May 14, 1975.

하고자 했다. 대통령은 이 사건이 푸에블로호 사건처럼 끝나 버리기 전에 선박과 선원들을 데려오는 것이 중요하다는 확고한 신념이 있었다. 사건에 막중한 책임을 지고 있는 포드는 존스의 요구를 무시했다. 존스가 제시한 가능한 선택 대안 중, 포드는 목적을 성취하는데 가장 효과적인 안 (선박을 탈환하기 위한 헬리콥터 착륙과 더불어 해군의 승선 작전 그리고 선박이 정박 된 섬에 해병대 상륙)을 선택했고, 가장 빠른 시간 내에 실행할 것을 요구했다. 사실상, 포드는 다음날 오후에 실행될 것을 요구했지만, 존스가 그때까지 작전에 필요한 최소한의 병력이 도착할 수 없다고 말해 한 발짝 물러났다. 그러나 동시에 키신저가 B-29를 동원한 대규모의 캄보디아 본토 폭격을 권유한 것에 대해서는 거부했다. 그는 단지 캄보디아가 그 섬 수비대를 증강시키지 못하도록 본토의 몇몇 목표물만 해군이 공중폭격할 것을 허락했다. 포드의 눈은 선박과 선원들을 되찾는다는 목표에 고정돼 있었다.

푸에블로호 사건의 유추가 포드에게 목표를 정확히 인식하도록 했다면, 이는 확실히 만족됐다. 우리는 특별히 어떤 점이 포드가 푸에블로호를 "벤치마킹"했는지 확실히 알 수 없다. 그러나 *차이점*을 적어 보면 많이 드러날 것이다. 푸에블로호는 해군 함정이었지 상선이 아니었다. 그리고 민감함 정보 수집 장비들도 탑재하고 있었다. 선장과 선원들은 북한 심문관들이 밝혀내고자 하는 극비정보들도 알고 있었다. 또한 북한이 의도적으로 도발했다는 몇몇 의심들도 있었다. 한편, 마야게스호 사건의 경우는 프놈펜의 의도가 분명치 않다. 포드는 그의 회고록에 캄보디아를 한 번 다녀온 적이 있는 백악관 사진사 데이비드 케널리(David Kennerly)가 우연히 개입해서 제기한 의문들을 기술하고 있다. 케널리는 "이 사건을 단지 한 캄보디아 지역 사령관이 지나가는 선박을 정지시켜 자신의 권역으로 끌고 간 것으로 간주해 볼 수 있지는 않은가? 그는 이 사건의 지시를 프놈펜으로부터 안 받을 수도 있지 않은가?"[64]라는 날카로운 질문으로 한순간 모두를 놀라게 했다. 하지만, 두 사건의 *유사점*이 중요했다. 즉 미국 선원들이 인질로 이용될 수 있는 미국 선박이라는 점이다. 무엇을 해야 할 것인가에 대해 포드는 신념이 확고했다: 가능한 빨리 이들을 구출하는 것이 효과적이다.

하지만, 셋째 날 늦은 밤 국가안전보장회의에서 대통령은 그가 선택했던 행동 계획을 재고해야 하는 소식을 보고 받았다. 이전의 정찰보고에 따르면, 선원들이 선박에 없다고 전했다. 이번에는 정찰기 조종사가 섬에서 본토로 가는 도중에 "백인일 지도 모르는" 많은 사람들을 관측했다고 보고했다. 미군기는 선박을 되돌리려고 발포했고 폭동 진압용 화학물질을 투하하기도 했지만 효과는 없었다. 배는 콤퐁 솜 부두로 들어갔다.

포드는 5월 14일 오후(캄보디아에서는 이른 아침) 국가안전보장회의를 다시 열었을 때, 주요 질문은 전날 밤 명령내린 작전의 수행 여부였다. 태국의 반대를 무시하고, 항공기와 해병대가 우 타파오를 통해 이동했다. 두 대의 미군 구축함이 그 지역에 있었고, 항공모함 한 대도 인근에 정박해 있었다. 그런데 헬리콥터 한 대가 태국에서 추락하면서 탑승해 있던 23명 모두가 사망하는 사건이 발생했고, 구축함 두 대가 작전 지역에 도달하는 것이 지체되었으며, 마야게스호와 관련한 정보와 섬의 지형, 방어 시설 등에 관한 정보 부재로 그리고 섬에 일부 선원들이 있을 지도 모른다는 가능성에 대한 우려

64) Ford, *A Time to Heal*, pp.279–80.

로 예비 폭격을 할 수 없는 상황이었다. 이러한 이유들 때문에, 합참은 작전을 24시간 지연시키기를 원했다. 그러나 포드는 이를 받아들이지 않았고, 즉시 작전 실행을 명령했다.

워싱턴은 "개시"신호를 보냈고, 한 대의 미 구축함이 1826년 이후 첫 번째로 해군 승선 작전을 수행하기 위해 마야게스호 뱃전으로 나아갔다. 그 사이 500여 명의 해병대원이 코탕에 상륙했고, 항공모함에서 출격한 항공기들이 콤퐁 솜과 본토의 목표물들을 폭격했다.

마야게스호는 쉽게 되찾았고, 캄보디아 수비대만이 배에 승선해 있는 것으로 밝혀졌다. 코 탕에서는 대략 20명 이하의 캄보디아 비정규군들만이 있을 것으로 예상했으나, 자동 소총과 기관총으로 무장한 200여 명의 정규군 수비대와 맞닥뜨렸으며 섬을 점령할 때까지 미군 병사 18명이 사망하고, 50명이 부상당했다. 그러나 단 한명의 마야게스호 선원들도 발견하지 못했다.

"백인일지도 모르는 사람들"은 마야게스호의 선원들이었다. 포드는 발포와 폭탄투하, 폭동 진압용 가스 공격으로 온전한 선박을 되찾는 데는 실패했지만, 운 좋게도 선원들이 사망하는 불상사는 겪지 않았으며, 캄보디아가 마야게스호 선원들에 대해 몸값을 요구하지 않고 석방하기로 결정하는 행운을 얻었다. 캄보디아측은 미군 상륙이 시작될 즈음에 라디오 방송을 통해 이 사실을 발표했고, 미군 전투기 조종사가 한 척의 함선이 코탕에 보급품을 운송 중이라고 여기는 곳을 막 통과하려했다. 그 순간 그는 백기와 백인들을 보게 되었다. 조종사가 로켓을 발사하지 않은 것은 포드에게 행운이었다. 그 배는 마야게스호의 모든 승무원들을 운송 중이었다. 승무원들은 미 구축함에 안전하게 승선했다. 피랍된 지 3일이 채 안 돼 그들은 고국으로 향했다.

포드와 그의 보좌관들은 처음에는 환호했고, 백악관으로 걸려온 전화 9통 중 8통은 대통령의 대응을 칭찬하는 것이었다. 갤럽에서 조사한 바로는 대통령에 대한 호의적인 평가가 39퍼센트에서 51퍼센트로 높아졌다. 뉴욕 타임스는 그 당시 정부의 대응을 칭찬하거나 대통령의 무력사용에 대해 찬성하지는 않았지만, 마야게스호가 불법적인 임무를 띠고 있지 않은 것으로 판명됨으로써 포드가 행한 조치를 인정해야만 했다.[65]

그러나 이런 긍정적인 평가는 오래 지속되지 않았다. 곧 이어 언론과 의회는 헬리콥터 추락으로 23명이 사망한 점을 감안해 보면, 정부는 40명을 구하기 위해 42명의 생명을 희생했다고 지적했고, 혹평가들은 캄보디아측이 선원들을 석방하기로 발표한 후에도 계속된 해안 군사시설 폭격은 불필요한 것이었다고 비난했다. 게다가 사실상 선원들의 구출은 애치슨이 케네디가 쿠바 미사일 위기를 성공적으로 해결하는데 사용했던 말처럼 "단순한 행운"이라는 것이 취재기자의 분석과 의회 조사로 밝혀졌다. 포드나 슐레신저, 군과 키신저 어느 누구도 마야게스호 사건으로 그들이 원했던 바를 성취하지 못했다.

우리는 사건의 결과가 잘못된 판단이나 결정과정에서 나왔다고 보지 않는다. 1975년의 국제적인 상황과 미국 내의 전반적인 기류에서 포드와 그의 보좌관들은 합리적으로 행동했다. 쿠바 미사일 위기처럼, 우리는 행운이라는 것이 전적으로 무작위로 발생하는 것이 아니라는 것을 인정할 수 있다: 어떤 사람들은 스스로 다른 사람들보다 행운을 더 잘 만든다.

---

65) *New York Times*, May 15–16, 1975.

그러나 행정부의 결정과정이 조금 더 나을 수 있었는데 하는 아쉬움이 있다. 군과 정보기관, 의회의 사후 검토에서는 구출 작전이 너무 성급하게 계획되고 실행됐다는 결론을 내렸다. 합참이 제안했던 대로 작전을 연기했다면, 희생을 몇 명이라도 줄일 수 있었을 것이다. 어쨌든 작전이 군에서 어떤 것을 할 수 있는지를 보여 줄 수 있는 좋은 선례를 만들 수 있는 기회였다. 존스 장군은 마야게스호 사건은 구출 작전이 어떻게 계획되면 실패하는 지를 보여주는 사례라고 회고했다. 그가 1980년 그런 임무를 부여 받았을 때, 의장대리가 아닌 합참의장으로써 시간 계획표를 통제하고 계획과 합동참모부의 지휘 두 가지를 집중시킬 것을 역설했다. 그렇게 함으로써 그는 명확히 때때로 마야게스호 사건의 유추를 참고하고자 했다고 볼 수 있다. 그렇지만, 당시의 헬리콥터들은 테헤란에 억류된 포로들을 구출하는데 실패했다. 만일 1975년 작전이 24시간 연기되었다고 해도 그 결과는 단지 조금 덜 뒤죽박죽된 작전이었을 뿐이다. 5년이 지난 후에도 마야게스호 사건이 유익한 추론이라는 점에 대해 온 나라가 감사해야 할 이유가 여기 있다.

"백인일지도 모르는 사람들"에 대한 보고를 받은 후, 포드는 푸에블로호 사건을 다른 측면에서 정밀조사를 했다면, 합참의 작전 연기 요청의 가치를 좀 더 찾을 수 있었을 것이다. 그때까지 푸에블로호 사건의 추론은 그에게 명백한 결정 규칙이었다. 포드가 그가 알게 된 정보를 신뢰했더라면 그 규칙에 관해 본능적으로 재고했을 것이다. 마지막 날까지 CIA와 국방정보국은 선원들이 어디에 있는지 말하지 못했다. 만일 그들이 초기에 선박을 정확히 찾아내는데 어려움을 겪지 않았다면, 포드는 보다 심각히 경청했을 것이다. 그러나 그렇지 못했기 때문에 그는 이전에 끌렸던 추론 상태에 머물러 있었다.

일단 선원들과 선박이 분리되자, 논리적 일관성을 초기의 푸에블로호 사건의 유추를 갖고 그대로 적용할 이유가 없게 됐다. 푸에블로호는 그것을 손에 쥐는 것 자체가 전리품이었지만, 마야게스호는 그렇지 않았다: 선원들만이 문제였다. 만일 선원들이 본토로 이송되었다면 대통령의 대안 중 이전의 선택은 더 이상 이치에 맞지 않는 것이었다. 만일 42명이 사망하고 10대의 헬기가 망가지고, 태국 정부가 미국이 주권을 침해하는데 항의가 있었는데도 선원들을 구해내지 못하고 단지 낡은 운송선의 잔해만을 보여 줄 수 있었다면 포드는 공격이 있은 후 어디에 설 수 있었겠는가?

마야게스호 사건은 유추가 갑자기 생길 경우 언제든지 *유사점*과 *차이점*을 찾아내는 것을 일상화해야 한다는 우리의 논의를 뒷받침해 준다. 이 사건은 유추가 사실상 목표와 대안을 정의하는데 도움이 되었다면, 일치점과 불일치점을 주기적으로 재확인해 나갔어야 한다는 점을 시사하고 있다. 1975년 5월과 유사한 조건들은 많았다. 선택이 신속히 이루어져야 한다. 명확한 추론이 표면화된다. "부글부글 끓고 있어" 분석을 활발하게 진행시킬 시간이 없을 때, 유추는 결정 규칙을 제공하는데 유익하기 때문에 매력적으로 보인다. 바로 이 매력 때문에 정밀한 조사 분석을 얻을 수 없다. 따라서 초기의 *유사점*이 희미해지거나 사라졌는데도 초기의 결정규칙이 유지된다.

1930년대 상황이 1950년 6월 트루먼과 그의 보좌관들 마음속에 전해졌던 것처럼, 저항 할 수 없는 유추 때문에 관심사와 대안을 면밀히 관찰해야 할 필요성을 외면해서는 안 된다. 돼지독감의 경우처럼 특히 일반 관료들이 전문적 문제에 봉착했을 때, 사실로 둔갑한 미심쩍은 추정들을 발견하기 위해서는 매력적인 유추들을 같은 이유로 재검토해야 한다. 또한, 문제점이 실제로 이전과 달리 조건이 변했는데도 이전의 유추를 계속 적용할 경우 이에 대한 일정정도의 자기 보호를 위해서도 현재 적용되고 있는 매력적인 유추는 조사되고 다시 검토되어야 한다.

마지막 유형은 옆집 아이 유형으로 많은 사람들이 알게 모르게 유사사례에 빠지는 경우다.

카터 대통령의 임기 초기가 이 유형에 해당된다. 그는 이미 "대선공약을 바로 실행"하겠다고 약속을 했기 때문에, 1977년 1월 20일 취임하자마자 바로 베트남전 징병 기피자들을 사면했고, 의회에 납세자 개개인한테 50달러씩 환급해 주도록 투표를 요구했다. 그 후 몇 주 동안 카터는 여러 개를 제안했다. 그 중 연방의회 선거운동의 재정 지원을 포함한 선거법 개정안도 있었다. 행정부문을 재편하기 위해 원대한 계획을 발표하고, "제로베이스 예산편성"의 도입을 선언하면서 정부보조금 지원 사업을 사장시키려고 했다. 또한 의료수가 상한선을 정하겠다는 의지를 선언했다. 에너지 정책의 핵심으로는 에너지 보호를 주창했기 때문에, 카터는 국민들에게 온도 조절기를 화씨 65도로 낮출 것을 요구했다.

이전과 차별화하기 위해, 카터는 취임식장에 가는데 전통적으로 해온 리무진 탑승을 거부하고, 국회의사당에서 걸어왔다. 그 다음 주에는 스웨터와 평상복을 입은 채로 "노변 환담(fireside chat)"을 텔레비전으로 방송했는데, 옷 가방을 들고 비행기에 오르고 내리는 것이 때때로 촬영되었으며, 매사추세츠의 타운 미팅에 시민들을 초청했으며, 시민들 누구나 대통령에게 전화할 수 있도록 했다(거의 50여 만 명이 전화를 했다.)[66]

외교 문제에 있어서는, 카터는 즉시 8명의 국가수반과 정부 대표를 환대했고 "인권"에 대한 그의 헌신을 역설했으며, 핵무기 실험의 완전 금지를 요청했고, 서독의 브라질 핵연료 판매도 반대했다. 또한 쿠바와의 관계 정상화 의지를 피력하면서, 베트남의 유엔 가입을 허용했으며, "팔레스타인 자치구"를 옹호하는 발언을 했으며, 전략무기 제한에 대한 포괄적인(comprehensive) 계획을 논의하기 위해 국무부 장관 사이러스 밴스(Cyrus Vance)를 모스크바에 보냈다.

4월 20일, 임기가 시작된 지 90일째 되는 날, 카터는 의회에 "전쟁에 준하는 도덕"(the moral equivalent of war)이라 불리는 "포괄적인" 에너지 프로그램을 보냈고 국민에게 이를 소개했다. (이 문제는 그의 선거운동에 등장한 적도 없으며, 의회에서도 그 포괄성을 시험해 본 적이 없는 것으로, 그가 부여한 특징은 일반적으로 놀라운 것이었고, 실제로 연설 원고 작성자도 놀랍다고 덧붙였다) 카터는 또한 복지와 세제 개혁 그리고 사회보장 분야에 관해 포괄 안을 각 부처 장관에게 마감 시한을 정해 주고 분배했다. 그런데 이 안들은 몇 주 혹은 몇 달 이내에 열릴 의회 회기에 제출하도록 되어 있어, 같은 회기 내에 또 이 중 대부분이 같은 위원회에 제출되어야 하기에 끔찍한 혼란이 예상되었다.

카터가 제기한 대부분의 안들은 수포로 돌아갔다. 카터 스스로가 세금 환급안을 거부했고, 의회선거 재정 지원안은 의회에서 폐기됐다. 대부분의 에너지 프로그램은 원위치로 되돌아갔다. 백지 상태에서 예산안을 재편성하겠다는 것은 실망스러운 결과만을 낳았고, 의료수가제한안은 거센 저항에 부딪쳤다. 사회보장개혁안은 의회에서 다시 고쳐졌고, 세제와 복지 개편은 달성되기 직전에 폐기되었

66) *National Journal*, June 26, 1977, p.396.

다. 처음부터 백악관의 *어느 누구도* 걸려온 전화에 답해 주지 않았기 때문에 의원과 국민들은 지루해 했다. 전략핵무기 제한은 서독과 브라질 모두를 짜증스럽게 했다. 공산국가들과 팔레스타인에 대한 카터의 의사 표시는 의회와의 관계를 더욱 복잡하게 만들었다. 밴스가 모스크바에 도착했을 때, 러시아인들은 "인권 문제"로 감정이 상해 있었고, 그의 임무는 오히려 상황을 더 악화시켰다. 아마 전략무기제한회담을 되돌리려고 했을 것이다. 상원은 카터의 포괄적인 에너지 계획을 맹렬히 비난했고, 3년이 지나고 이후 두 번의 수정안이 제출될 때까지 결정을 내리지 않았다. 카터가 제출한 원본은 럿셀 베이커(Russell Baker)의 요약본에 "전쟁에 준하는 도덕"(MEOW: Moral Equivalent Of War)이라는 타이틀로 잘 기록되어 있다.[67]

그들의 관점에서 보면, 어쨌든, 카터의 취임 후 몇 달은 성공적이었다고 쉽사리 점수를 줄 수 있다. 자신의 예산국장인 버트 랜스(Bert Lance)가 이해관계의 충돌로 사임하도록 강요받던 여름까지 카터는 국내외에 특별히 곤란한 사건들을 접하지 않았다. 경제는 급격한 물가상승 없이 성장하고 있었고, 고용도 조금씩 증가하고 있었으며, 국내에 소요도 없었고, 해외에 전쟁도 없었다. 소련의 적대적인 조치도 없었고, 북대서양조약기구에 심각한 갈등도 없었으며, 일본과 관련된 충격도 없었다. 그리고 이듬해에 테헤란에서 발생한 대사관 탈취 사건 같은 것도 없었다. 루스벨트의 임기 첫 달이나 트루먼, 닉슨 또는 포드에 비해, 카터의 임기 초기는 비교적 조용했다. 심지어 아이젠하워도 임기를 시작한 지 몇 주 안 돼 스탈린이 사망하자 혼란스러워했고, 위스콘신 출신의 상원의원 조지프 매카시(Joseph

67) Russel Baker, "A Meow in Search of an Enemy," *New York Times*, April 23, 1977.

McCarthy)의 돌풍으로 동요되기도 했다. 카터는 그렇지 않았다. 카터에게는 미디어와 대중, 의회의 주목을 끌만한 경쟁력 있는 사건들이 거의 없었다.[68]

카터가 초기에 제출한 안건 중 일부는 의회를 통과했다. 천연가스 유통을 자유화하는 긴급 에너지 법안 통과는 전임자들이 텍사스 출신이 주류를 이루고 있는 하원의 이 위원회와 맞서 씨름해 왔던 영역을 넘어서는 것이었다. 그는 또한 실질적인 새로운 공공사업 고용 계획도 갖고 있었다. 그는 의회에 승리를 자신하며 안건처리를 요청했다.

그렇다면 왜 카터는 설익은 안건들에만 뛰어든다는 인상을 남겨 결국 그의 목표를 흩트렸을까? 그것도 사건이 종결되기 이전 조용한 몇 달조차도 승리자가 아닌 실패자로 보이는 인상을 만들었을까?

의심할 여지없이 많은 요소들이 복합적으로 작용한데 있다. 카터는 임기 4년의 대부분을 재선을 위해 소진했다. 특히, 그의 측근 보좌관 대부분은 경험이 거의 없었고, 선거운동 이외 다른 업무에는 별다른 흥미를 느끼지 못했기 때문에 카터는 선거운동을 그만 둘 수 없었다고 결론을 내리는 이들도 있다. 어떤 이들은 무경험 그 자체를 핵심적인 원인으로 파악했다. 한 고위직 관료는 워싱턴 포스트 칼럼니스트인 데이비드 브로더(David Broder)에게 말하기를 "그들은 아주 명석했지만, 지난 20년 동안 정부 내에서 어떤 일이 일어났는지 모른다고 과장해도 전혀 지나치지 않다"고 했다.[69] 하지만 다른 사람들은 카터의 생각과 태도를 비난했다. 즉 세부사항에 대해

68) Richard E. Neustadt, *Presidential Power*, Revised Edition (New York : John Wiley & Sons, 1980), pp.225-31.

69) *Washington Post*, March 20, 1977.

고도로 집중해야 하는데 호기심과 결합되면서 그는 여러 당면과제들 중 이쪽, 저쪽 과제로 왔다 갔다 하면서 하루는 확신하고 그 다음날은 반대하는 행태를 취했다. 브로더는 카터의 국가 운영을 빗대기어 배의 선장으로 행동하기보다는 "광폭한 급류에서 카누를 젓는 사람"이라고 1977년 2월에 비유해서 썼다.[70] 그를 가까이서 관찰한 사람들은 초기의 인기 이용의 한계를 완전히 잘못 이해하면서 "포괄적인 해결방안"을 선호하는 경향이 있다고 시사했다.

그러나 우리가 생각하기에 카터가 패배자로 인식되는 요인 중 하나는 거의 주목하지 않았던 유추의 영향 때문인 것 같다. 카터의 행동, 보좌관들이 사용했던 용어 그리고 이후의 카터의 말들은 대통령 임기 초기의 신념을 암시한다. 그들은 그것을 "밀월 기간(honeymoon period)" 내에 이루려고 했을 것이다. 또한 그 첫 번째 기간을 임기 개시 후 백일 이내로 계산했을 것이다. 카터는 그의 자서전 한 장을 "의회와 일주일간의 밀월기간"이라고 비판적인 (또는 불공평하게) 제목을 부쳤다. 백악관 핵심 보좌관이었던 해밀턴 조던(Hamilton Jordan)은 "전쟁에 준하는 도덕" 연설을 한지 얼마 후 카터가 이 일을 더 할 수 없다는데 실망했다고 묘사했다. 그는 또한 "카터는 임기 초 백일 이내에 모든 것을 해결하고 싶어 했다"고 기술했다.[71]

"밀월"이나 "100일"이라는 캐치프레이즈는 의회가 첫 번째 뉴딜안을 통과시켰던 1933년 3월에서 6월(취임식은 3월 4일)까지의 "100일"과 린든 존슨이 취임한 첫해에 그의 '위대한 사회(Great Society)'가 큰 반향을 일으켰던 특정한 역사적 사건들에 기원을 두고 있다. 카

70) *Ibid.*, Feb. 2, 1977.

71) "Carter's First 100 Days: The Test Is Yet to Come," *National Journal*, April 30, 1977, p.676.

터나 조던 그리고 다른 사람들도 아마 그 기원에 대해 전반적으로 알고 있었지만, 그들이 그 실체를 정확히 인식하고 있었다는 흔적은 거의 없다. 카터가 트루먼의 1930년대의 교훈 또는 포드의 푸에블로호 사건 교훈의 경우처럼 만이라도 유추를 명확히 조립해 갔다면, 다른 사례들에서 선발되어 달리 다루어지지 않았을 것이다. 그러나 이 경우는 유추의 적용이나 혹은 불명확한 유추들이 일반적으로 현실로 간주되는 말 속에 묻혀 있다. 그리고 유추 적용도 실제로는 하나 혹은 기껏해야 두개 정도의 사례로부터 나왔다.

다른 유추들을 처리하기 위한 우리의 절차들은 많은 심사숙고와 응용 없이는 적용할 수가 없다. 왜냐하면 이러한 사건들은 일반적으로 완전히 다른 맥락에서 발생하기 때문이다. 힘들고 모진 상황, 새로운 상황, 깜짝 깜짝 놀라게 하는 상황이 특별한 결정들을 요청한다기 보다는, 맥락(context)이 그것을 요청하는 일반적인 환경이 될 수 있다. 더 나을 것이 없는 상황 하에서 한때 익숙하지는 않았지만 예상되는 것들에 대해 카터의 경우처럼, 방랑자는 평범한 지혜를 신뢰한다. 공적 분야의 모든 영역에서 그와 같은 "옆집 아이" 유추 유형이 발견된다. 한 두 개의 사례에 근거한 일반화된 규칙은 모든 행정 기관, 모든 입법 기관 그리고 모든 논쟁 부문에서 발견할 수 있다. 선거정치에서 이런 경험의 법칙들은 수두룩하다. 예를 들어, 대통령 선거 캠페인에서는:

- 너무 일찍 정상에 도달하지 마라. (듀이(Dewey)가 되지 마라)
- TV 토론에서는 사실(fact)만 전달해라. (존 F 케네디가 되지, 닉슨이 되지 마라)
- 이념적으로 호전적이지 마라. (1964년 골드워터(Goldwater))

- 너무 세밀하지 마라. (맥거번(McGovern)은 모든 납세자에게 1,000달러를 약속했다)
- 감정적이지 마라. (머스키(Muskie)는 뉴햄프셔에서 울음을 터뜨렸다)

루스벨트가 언제나 조기에 정상에 도달했다고 생각하지 마라 (루스벨트의 매니저였던 제임스 팔레이(James Farley)는 유권자들이 노동절 이후에는 거의 결심을 바꾸지 않는다고 생각했다). 로널드 레이건이 두 번의 주지사 선거와 한 번의 대통령 선거에서 승리한 것이 사실에 대한 모호성 혹은 잘못으로 인해 그리고 대단히 이념적이고 공약이 매우 구체적이었기 때문이었다고 생각하지 마라. 존 글렌(John Glenn)이 상원이 되고 대통령이 될 뻔했던 이유가 상대가 존 글렌이 직업을 가져본 적이 없다고 말하고, 그가 목 메인 소리로 직업 군인이 무엇인지에 대해 자세히 대답했기 때문이라고 생각하지 마라. 그러나 "하지 말아야 할 것들"은 여전히 유효하다.

어떻게 이런 추론들을 적절한 때에 식별해 낼 수 있는가? 식별되면 무엇을 해야 하는가? 가장 좋은 방어 방법은 캐치프레이즈가 어디서부터 기인했는지를 질문하기 시작하는 것이다. 간단히 말해 그것의 유래로 되돌아가는 것이다. 종종 "100일"에서 보듯이 특별한 경험은 문구—현재의 모습으로 적당하게 끄집어내진 유추들—에 반영되어 즉시 떠오른다. 그때 이전의 진행경과를 떠올리며 잠시 동안 *유사점*과 *차이점*을 생각해 보라. 문제는 평범한 지혜가 "현재"에 진정 적합한가의 여부에 좌우된다.

카터나 조던 또는 그들 보좌관 중 누군가도 "100일"의 개념이 어디서 기인했는지를 주목한 후, 무엇을 메모했어야 하는 지 살펴보자.

카터와 프랭클린 D. 루스벨트

유사점

1977년 3월의 카터는 전직 주지사였고 민주당 소속이며 복잡하고 긴급한 많은 문제들과 맞닥뜨리고 있다는 점에서 1933년 6월의 루스벨트와 비슷하다.

차이점

루스벨트는 개인적으로 20년의 전국적인 정치 경력이 있었으며, 윌슨 정부 내에서 고위직 임명권이 있는 직책을 점하고 있었고, 1920년 부통령 후보였다. 루스벨트는 대통령으로써 초기 성공을 위한 모든 사람들에 대해 적당히 잘 알고 있었으며, 선거에서 압승했고 대부분이 이끌리기 쉬운 신출내기 출신이었던 상하 양원에서 다수의 지지를 받고 있었을 뿐만 아니라, 의회는 그가 요청할 때 소집되었다. 그러나 빨리 소집되지는 않았다. 카터의 경우는 이와 대조적으로 포드를 간신히 이겼으며 약한 동료 후보자를 함께 당선시키는 강한 후보자의 힘을 보여주지 못했고, 상하 양원에서 다수의 지지를 얻지 못했으며, 의회가 대통령과 관계없이 움직이는 것을 목도해야했다. 이미 회기 중에 있던 20번째 수정안 덕분에 취임식 이전부터 업무를 시작했다. 루스벨트가 취임했을 때 미국은 엄청난 위기에 처해 있었고 농민들이 엽총을 들고 도로를 점거하고 있었으며 은행은 문을 닫았고 공원에서는 굶어 죽은 시체들이 발견되었다. 전국은 사태의 해결을 위해 어떤 것이든 할 태세였고 다양한 치유책들이 지역과 전국적인 수준 또는 다른 나라에서 어느 정도 실시 중이었지만, 1977년에는 그런 상황이 존재하지 않았다.

카터와 존슨(LBJ)

유사점

카터와 존슨은 이전 남부 연맹 출신이고 민주당원이며, 어려움에 많이 처해 있다는 점에서 유사하다.

차이점

반면에 새로 취임한 대통령으로써 두 사람은 모든 면에서 달랐다. 존슨은 워싱턴에서 거의 40년을 살았으며, 이중 상당기간 동안 정치적인 영향력을 발휘했다. 루스벨트와 마찬가지로 선거에서 압승을 거두었으며 동시에 새로운 북부 민주당원들이 하원에 충분히 많은 의석을 차지해줌으로써 28년간 지속된 공화당 연합을 무너뜨릴 힘을 가졌다. 이미 15개월간 대통령직에 있었기 때문에 존슨은 준비할 충분한 시간을 가지고 있었다. 또한 그의 위대한 사회 프로그램은 루스벨트의 마지막 선거유세와 트루먼의 뒤이은 페어딜 사업을 중단시키지 않은 채 추진되어 왔기 때문에, 워싱턴의 변호사들은 수년 째 법률안 초안을 작성해오고 있었다. 반면, 카터가 제기한 이슈의 대부분은 세금환급, 선거자금 지원, 의료수가 상한 그리고 에너지 정책에 관한 것으로 비교적 새로웠으나 관련된 법적, 절차적, 관료적, 정치적인 문제들이 많다는 것을 인지하지 못했다.

그것을 인정하기 위해, 워싱턴사람들에게 하나의 징표로써, 루스벨트와 존슨 시절의 "100일"로 되돌아가서 비슷한 이 시기의 카터의 상황이 그들의 상황과 얼마나 다른지를 반영시킨다면 그 짧은 기간 동안 카터가 성취하려는 것들의 희망이나 기대는 흔들렸을 것이다.

이것은 다음의 질문들을 떠올렸을 것이다: "밀월 기간" 동안 무엇을 할 수 있는가? 이 질문은 또한 다음의 질문들을 유도한다: "밀월"이라는 것이 무엇인가? 그 개념은 어디에서 유래된 것인가? 등등

이제 다리를 건너왔다. "밀월"은 개념적인 것이 아니라 유추를 감추는 선전문구의 또 다른 경우에 불과하다. 실질적으로 역사를 모르거나 이것을 들여 다 볼 시간이 없다면 이러한 문제들을 생각하기 어렵기 때문이다. "밀월"이라는 단어 뒤에는 하나 혹은 둘의 유사사건이 있는 것이 아니라 열 개 혹은 스물 개의 유사사건이 있다. 그것들 모두를 즉석에서 아는 대통령이나 참모들은 거의 없다. 트루먼과 보좌관들의 마음속에 1930년대의 경험은 새로운 것이었다. 모든 전염병학자들은 1918년의 전국적인 전염병에 대해 알고 있었으며, 관련 있는 문외한들에게도 그것은 어느 정도 유행이었다. 포드와 그 주위 사람들은 푸에블로호 사건을 기억하고 있었다. 카터와 조던은 역사에 대해 많이 읽지는 않았지만, 아마도 루스벨트와 존슨의 대부분의 핵심 참모들은 그들의 머리에서 끄집어냈을 수는 있었을 것이다. 그러나 "밀월"과 관련해 누군가에게는 의문을 제기했어야 했다. 심사숙고는 출처를 규명하는 작업을 이끌어 낼 수 있었다.

언론이나 학계의 몇몇 사람들에게 몇 번의 전화통화나 약간의 조사를 통해서 카터와 그의 참모들이 의원들보다는 새로운 사람들로 인식되어 호의적으로 평가하는 시간을 갖게 된다는 것을 알았어야 했다. 루스벨트가 재임 중일 때 대중의 지지도를 평가하는 갤럽 조사가 최초로 등장했으며, 이후 새로운 대통령—1945년 트루먼, 1953년 아이젠하워, 1961년 케네디, 1963~64년 존슨, 1969년 닉슨, 1974년 포드—들은 임기 개시 후 첫 3개월에서 6개월 동안은 비교적 높은 점수를 받았으며, 그 후로는 점수가 낮아지고 초기 점수로 되

돌아가는 경우는 거의 없었다. 그러나 루스벨트와 존슨을 제외하면 우드로 윌슨만이 행정부 초기부터 의회의 협조를 받았다. 그리고 그는 30년 만에 처음으로 상하 양원이 정치 신인들로 가득 찬 민주당이 다수라는 이점을 가졌다. 또 다른 예외는 조지 워싱턴이었다.[72] 앤드류 잭슨, 맥킨리, 하딩과 같이 힘 있고 인기 있는 대통령이나, 그랜트나 아이젠하워 같은 국가적인 영웅조차도 임기 첫해에는 얻은 것도 별로 없이 비난을 받았으며, 그 후는 말할 것도 없다. 물론 아이젠하워를 제외하고 그들은 오랜 헌법 절차 하에서 3월 취임식 이후 그들이 의회를 소집하지 않는 한, 그해 12월까지 의회와 대면할 필요가 없다는 점에서 유리한 이점을 가졌다.

앞서 지적했듯이, 국민들과 의원들의 불일치는 필연적인 것으로 보인다. 대통령의 인기가 퇴색된다고 여겨지면 의회 지도자들은 그것이 발생하기를 기다리며 모든 유인책들을 발휘한다. 1933년 공황 시기의 윌슨, 혹은 1965년의 존슨 시기 때, 의원들이 사안을 지체시키고 판단을 흐리게 하며 방해했던 것은 자연스러운 습성이다. 카터와 조던이 "밀월"이라는 꼬리표를 떠받치고 있는 역사를 한번 들여다봤더라면, 의회와의 초기 관계가 밀월보다는 상금이 걸린 프로 권투 경기로 *예상했을* 것이고 상심도 하지 않았을 것이다.

도덕의 작동이란 즈비그뉴 브레진스키(Zbigniew Brzezinski)가 말했던 것 중에서 찾을 수 있다. 즉, 자신의 영역, 방어, 외교에 관해 "우리가 달성할 수 있는 것을 좀 더 강조하고 … 우리가 성공하지

72) 제퍼슨도 분류하기가 어렵기 때문에 예외적이라 볼 수 있다. 1800년 선거의 특성, 혹은 의회와 연관될 때 보이는 제퍼슨 개인의 지나친 겸손, 혹은 워싱턴 D. C.의 날씨와 늪에 대한 대통령과 의원들 모두의 생소함 때문에 그랬는지도 모른다.

못할 것 같은 것은 조금 덜 강조할 것을 촉구했다."[73] 국내 문제의 경우, 달성에 대한 기대는 의회와 국민 대중의 준비 상태나 의회에 국민의 압력이 미칠 수 있는지 그 여부를 측정할 수 있어야 한다. 이미 전개되고 익숙한 주제 몇몇에 집중하는 것은 국민들의 단기간의 선호를 의회 동의로 돌릴 수 있는 핵심이 될 수 있다. 1981년 카터의 후임자는 그것을 알고 행동했다. 그러나 4년 전 카터는 그렇게 하지 못했다. 카터와 그의 핵심 보좌관이 마구잡이식으로 진행했다고 하더라도, 그들이 붉게 표시된 유추 한 두 가지로 길을 잃지 않으려고 했다면 학자로써 그리고 대통령을 지켜보는 사람들로써 우리의 느낌은 조금 나았을지도 모른다. 그 기억은 우리 기분을 더 나쁘게 한다.[74] 당시 그의 시각을 고정시킨 참여자들의 사적 모임이 재결성됐다는 것은 우리를 더욱 힘 빠지게 한다.

우리가 생각하기에 카터의 실수는 주의를 하지 않고 대중과 저널리즘에 쉽게 영향을 받는 이런 특정한 "옆집 아이" 유추 방법에 그들 스스로가 빠져 과도한 언론의 기대에 반응하려고 노력했기 때문이다. 카터의 보좌관들이 그러한 기대들을 공유하거나 고무시키는 한, 그들은 보다 더 심각한 실수에 빠지게 된다. 그의 참모진들은 두 번째, 세 번째 단계에서 유망하고 젊은 전직 의회 보좌관이나 고문

---

73) Zbigniew Brzezinski, *Power and Principle: Memoirs of the National Security Advisor* (New York: Farrar, Straus & Giroux, 1983), p.57. 카터 행정부 내부 사람들은 브레진스키의 냉철한 판단을 바랬다. 대통령이 너무 많은 것을 너무 빨리 시도하려는 것에 그는 대통령을 적극적으로 고무시켰다.

74) 특히, 위에서 인용된 브레진스키의 기억과 지미 카터에 대해서는 더욱 그렇다. Jimmy Carter, *Keeping Faith: Memoirs of a President* (New York: Bantam Books, 1982); Hamilton Jordan, *Crisis: The Last Year of the Carter Presidency* (New York: G. P. Putnam's Sons, 1982); and Cyrus Vance, *Hard Choices* (New York: Simon & Schuster, 1983).

들로 채워졌으며, 법안을 쥔 채로 1965년이 다시 오기를 의회에서 기다렸으며, 그렇게 될 것이라고 생각했다. 물론 카터도 1975년 포드가 마야게스호 사건을 겪었듯이 행운을 얻을 수 있다. 그러나 카터에게는 행운이 오지 않았다! 버트 랜스 사건은 카터를 불행으로 몰고 갔으며, 이는 허버트 후버 대통령 시기 이후, 아마 제임스 부캐넌(James Buchanan) 대통령 이후 비교될 수 없을 정도의 불행이었다. 카터 정부 초기 몇 달 동안의 과도한 정부 주도권은, 정상적인 이행기의 위험요소와 비정상적이고 기형적인 의회 관계와 결합되면서, 카터가 그렇게 하지 않았을 경우보다 그를 더 취약하게 만들었다. 원인이 무엇이든 불행은 그를 끝없이 따라 다녔다. 우리는 카터 행정부의 누군가가 명확히 이룰 수 있는 것만 추구했어야 했다고 말하려는 것이 아니다. 성공적인 지도력은 아마도 최소한 방심하지 않는 분석만큼 맹목적인 신념도 요구한다. 그러나 그 신념은 약간의 분석도 가미되지 않은 역사적인 유추에 의해 강화되거나 인도되어서는 안 된다는 것이 우리의 주장이다.

유추들의 매혹과 불가항력은 사람들의 사고와 행동에 영향을 주기에 사람들은 유추의 유혹에서 벗어 날 수 없다. 1950년의 트루먼과 그의 보좌관들은 1930년대 사건과 그 사건들이 가르쳐준 교훈을 생각하지 않을 수 없었다. 이와 똑같이 1976년의 공중위생총국과 그 상위 기관들은 1918년 전염병과 그것이 반복될 수 있다는 가능성을 무시할 수 없었다. 금주법, 1929년의 주가 폭락, "법원 충원 계획", 진주만, 맨해튼 프로젝트, 마셜 플랜, 중국의 "상실", 매카시즘, 피그만 사건, 쿠바 미사일 위기, 베트남전쟁, 워터게이트, 이란, 오일 쇼크 그리고 테헤란 인질사건은 과거가 된 사례들이지만, 만일 상황이 그 사건들을 생각나게 한다면 비슷한 반응을 할 것이다.

이 장에서 우리는 저항할 수 있는 유추에 대해 논의했다. 마야게스호 사건은 필연적으로 푸에블로호 사건을 생각나게 했지만, *차이점*은 *유사점*만큼이나 명확했고 시간이 흐를수록 더욱 더 분명해졌다. 카터와 그의 참모들은 "밀월"에 대한 경솔한 기대나 임기 초 백일 간 성취했던 대단한 기억들로부터 자신들을 자유롭게 할 수 있어야 했다. 그들은 대중매체가 중요한 사건들을 무시하지 못하도록 하는 동안, 그것에 대한 주의력을 아마 최소화하도록 했어야 했다.

우리는 우리가 보여준 사례들이 명백한 실수—최소한 나중에 생각해 보니 명백한 실수였던 것—들에 대처하기 위해 여러분들이 어떻게 보험에 들어야 하는지를 충분히 보여줬다. 즉 유추나 이를 감추는 캐치프레이즈가 등장했을 때, 약간의 시간과 생각을 투자해서 어떤 상황이든 *불분명한 것*에서 *아는 것*을 그리고 *추정되는 것*을 분리시키고 현재와 과거간의 *유사점*과 *차이점*을 비교하기를 우리는 희망한다. 이러한 절차들이 쉽사리 친숙해져 일상적으로 적용된다면 공적인 일들의 운영이 개선될 수 있다고 우리는 믿는다. 아마 어떠한 것이든, 예를 든다면 여론조사에서 질문에 대한 편견을 체크할 때, 통계표에서의 신뢰 수준을 표기할 때, 혹은 도표의 칸을 두 번 삽입할 때 등과 같은 단순한 일에서도 이 방법들을 똑같이 적용할 수 있다. 우리는 성공을 약속하거나 예언하지 않는다. 우리는 포드가 했던 실수나 카터가 했던 착오가 적어지기를 희망한다.

제 5 장

의도적인 회피자 유형

"1930년대의 교훈", 스페인 독감, 푸에블로호 사건 그리고 "대통령 임기 초 100일"은 유추로 활용됐다. 트루먼, 포드, 카터 행정부 멤버들은 이 사례들을 그들 나름대로 새롭게 분석해서 그들 행정부가 원하는 의사결정이 이뤄지도록 했다. 그리고 이러한 유추들은 공감대를 형성했고 이를 유지하는데 일조했다. 이 장에서는 우리는 정책결정권자들이 무시할 수는 없지만 사용하고 싶지 않은 유추를 살펴보고자 한다. 이 유형의 유추로는 존슨과 그의 보좌관들이 1965년 베트남전쟁에 미국이 참전할 것인지에 대한 논쟁에서 나온다. 이 유사사례로는 10년 전 프랑스가 미국의 원조아래 10년 이상 수행한 베트남전이다. 그런데 프랑스의 베트남전 개입을 유추로 적용하기에는 아주 곤란한 점이 있다. 전쟁결과다. 프랑스는 치욕적인 패배를 했기 때문이다.

텍사스 오스틴의 존슨 도서관에는 최근에 비밀등록이 해제된 베트남전쟁에 관한 많은 자료 파일들이 있다. 이곳에는 베트남전쟁에 관한 백악관의 시각과 이를 뒷받침 해 주는 1970년 당시 불법적으로 출판된 유명한 『펜터곤 페이퍼』에서 알려진 미 국방부의 시각도 있었다. 베트남전쟁 관련 자료 중에는 1965년 6월 30일로 기록된 "1954년 베트남전쟁의 프랑스 그리고 1965년 베트남전쟁의 미국—유용한 유추인가?"[75]라는 제목의 대통령 비망록이 있었다. 이 문서는 아홉 페이지의 싱글-스페이스로 타이핑되어 있었고, 서명자는 존슨 행정부 (이전에는 케네디의)의 국가안보 보좌관인 맥조지 번디(McGeorge Bundy)로 되어 있다.

그 비망록에 기록된 것과 기록되지는 않았지만 그것이 함의하는 것을 평가하기 위해서는 1965년 존슨 행정부가 처한 곤경을 이해할 필요가 있다. 1960년대 상황을 제대로 알지 못하거나 전혀 모르는 독자를 위해, 60년대 상황 즉 맥락을 먼저 살펴본 후 번디가 베트남전의 프랑스개입 사례를 어떻게 다루었는지를 논하고자 한다.

존슨은 전쟁을 물려받았다. 케네디 암살로 존슨이 1963년 11월 22일 대통령직을 인수받았을 당시 베트남에는 16,000명의 미군이 있었다. 미군은 남베트남이 공산주의자들이 이끄는 베트콩 게릴라를 퇴패시키도록 보급품과 훈련 및 조언을 제공했다. 반면, 북베트남은 베트콩에게 보급품과 훈련 및 조언을 제공했다.

---

75) 번디의 비망록 내용에 관해서는 "The War in Vietnam: Classified Histories by National Security Council: Deployment of Major U. S. Forces to Vietnam: July 1965" (Universities Publications of America Microfilm), vol. IV, frames 0563–0572, 혹은 "Vietnam Documents," Kennedy School of Government Case No. C15–80–271S. 참조. Larry Berman, *Planning a Tragedy* (New York: Norton, 1982); Richard Betts and Leslie Gelb, *The Irony of Vietnam: The System Worked* (Washington, D. C.: Brookings Institution, 1979); George C. Herring, *America's Longest War: The United States and Vietnam*, 1950–1975 (New York: John Wiley & Sons, 1979); and Stanley Karnow, *Vietnam: A History* (New York: Penguin Books, 1984)에서 많은 도움을 받음.

베트남전쟁은 존슨이 취임하기 훨씬 이전부터 많은 논란이 되었다. 1954년 이후, 프랑스가 베트남에서 퇴각하면서 베트남은 남과 북으로 나뉘었다. 남베트남은 고 딘 디엠(Ngo Dinh Diem)이 이끌었다. 베트콩의 테러가 악화되고 미군 주둔이 증가하자, 디엠은 점차 독재적이고 부패해 갔다. 그와 그의 가족들은 남베트남에서 소수인 로마 가톨릭에 속해 있었다. 불교를 신봉하는 다수는 차별 대우로 고통 받고 있었다. 1963년 불교 승려들이 공공장소에서 분신자살을 기도하자, 미국 대중매체의 대표주자들은 베트남으로 모여들었다. 분신자살이 기사의 일면을 장식했고 시사 잡지의 표지 사진으로 게재되었으며, 강렬한 텔레비전 영상으로 전달됐다. 언론과 의회에서는 디엠에 대한 비난이 들끓었다.

아마 케네디도 1964년 이후에는 베트남 철수를 고려했을 것이다. 후에 케네디의 가까운 동료 두 명은 비록 증거는 없지만, 케네디가 그렇게 했을 것이라고 주장했다.[76] 그렇지만 케네디가 죽기 3주전쯤 베트남 군부는 디엠을 축출했다. 군부는 그들의 의지를 사이공에

76) Kenneth P. O'Donnell and David F. Powers, *Johnny, We Hardly Knew Ye* (Boston: Little, Brown, 1970), p.13. 하지만, 케네디의 초기 회의론을 보여주는 새로운 증거가 있다. "그는 그것에 관한 논거가 명백하지 않았기 때문에 베트남의 개입이 현명한가에 의문을 제기했다. 그는 한국전과 비교하며 한국전은 명백한 침략이었다고 언급했다. 대통령은 1만 마일이나 떨어진 곳에 개입해서 20만의 정규군과 1만 6천명의 게릴라와 대항해서 싸운 지난 몇 년은 성과 없이 수백만 명이 시간만 소비했기에 반대할 만한 충분한 근거가 된다고 말했다.", "모든 가능성을 고려해볼 때, 군 병력과 항공기와 자원 공급 증대는 연기해야 한다."라고 맥나마라는 언급했음에도 불구하고, 맥나마라와 러스크와 합참의장은 남베트남 원조를 주장했다. 기록에 따르면 "대통령은 다시 한 번 미국 국민과 의회에 의해서 제안된 행동 지지에 대한 이해를 표명했다." National Security Council Meeting, November 15, 1961 (declassified in 1982), Vice President's Security File, Box 4, Folder "NSC (II)," Lyndon Baines Johnson Library, Austin, Texas.

있는 미국 측 인사들과 워싱턴에게 알리고 동의를 얻어 행동에 옮겼다. 끔찍하게도 군부는 디엠을 살해했다. 이는 미국 관리들이 공유하고 있는 각본과는 다른 것이었다.[77] 따라서, 케네디의 계획이 무엇이었던 간에, 케네디는 존슨에게 남베트남의 원조정책 뿐만 아니라, 군부 지도자들이 자행한 것에 대한 책임까지도 유산으로 남겼다.

존슨은 즉시 남베트남의 사정이 악화되는 상황을 맞이했다. 그는 천천히 미국이 원조를 늘려야 한다는 충고와 미국이 전쟁에 직접 개입해서 베트콩과 맞서 싸워야 한다는 충고에 굴복했다. 그에게는 다른 사안들이 더 중요하고 시급했다. 존슨 대통령 체제로의 완전한 이행과 정착, 후보자 지명과 당선, '위대한 사회'에 도달하기 위한 뉴딜과 페어딜을 완성시킬 법안 준비 등 많은 주요 문제들이 산적해 있었다. 냉전의 긴장 완화도 그의 주요 정책 사안이었다. 그러나 동남아에서 뭔가를 해야 한다는 것은 아니었다.

그래서 그의 격려로 정부 관료들이 우발상황 대비 계획을 마련하고 있는 동안, 1963년 11월부터 1964년말까지 존슨은 속도 조절에 치우쳤다. 존슨은 1964년 3월, 북베트남 지도자들의 베트콩 지원을 중지시키기 위해 북베트남에 폭격을 승인할 것 같은 징후를 내비쳤다. 8월 미 군함이 북베트남 해안선에서 조금 떨어진 통킹만을 통과하고 있던 중 북베트남 포함이 적대적 태도를 보이자, 존슨은 이 사건을 의회결의안을 받아내는데 이용했다. 미국에 대한 공격을 격퇴시키기 위해 "필요한 모든 조치"를 취할 수 있고, 적의 "더 있을 공격에 대비하는" 권한을 부여하는 이 결의안은 하원에서는 만장일치로, 상원에서는 2명의 반대를 제외한 압도적 다수로 통과됐다.

---

77) Karnow, *Vietnam*, pp.277-311 는 장기간에 걸친 쿠데타와 암살에 대해 잘 분석되어 있다.

하지만 노골적인 매파 공화당의 배리 골드워터에 맞서 대선을 치루고 있었던 존슨은 국민들 앞에서는 군사력 사용을 반대하는 태도를 취했다. 9월 뉴햄프셔주 맨체스터에서 존슨은 "나는 베트남 사람들이 우리의 조언과 장비를 가지고 그들 스스로 전쟁을 치르게 하겠다"라고 말했으며, 10월 오하이오주 아크론에서는 "아시아인들 스스로가 치러야 하는 전쟁에 우리 젊은이들을 집에서 9,000 내지 10,000마일이나 떨어진 곳에 보내지 않을 것이다"라고 덧붙였다.[78] 선거 후 한참 동안, 존슨은 그가 어떤 것을 선호하는지 정확히 내비치지 않았다. 그는 정말로 모든 가능성을 열어 놓고 있는 듯했다.

1965년 첫 6개월 동안 존슨은 점차적으로 아마 마지 못해 하면서도 베트남전을 미국의 전쟁으로 만들었다. 그는 처음에는 북베트남 폭격을 결정했으나, 이후 미 지상군을 남베트남 교전지역으로 투입하기로 결정했다. 2월 번디의 첫 베트남 방문 때, 베트콩은 플레이쿠에 있는 미군 막사를 공격했다. 군사보고서에는 북베트남이 남베트남에 그들 공작원을 침투시킨 것으로 평가했다. 이에 번디는 존슨에게 이 사건을 폭격을 개시할 수 있는 계기로 활용할 것을 권고했다. 존슨은 이미 그렇게 하기로 결심하고 있었다. 존슨은 "지속적인 보복"을 명령했다: 폭격을 지속시키면서 점차 "고통을" 증가시키겠다는 전략이다. 이를 통해 남베트남은 사기가 오르기를, 북베트남은 평화를 원하기를 바랐다.

존슨은 북베트남 폭격 그 자체가 바람직스런 결과를 달성할 것이라고 낙관하지 않았다. 전 합참의장이며 현 사이공 대사인 맥스웰

78) *Public Papers of the Presidents of the United States: Lyndon B. Johnson, 1963~1964, 2 vols.* (Washington, D. C.: Government Printing Office, 1965), Ⅱ: 1164, 1391.

테일러 장군에게 존슨은 1965년 초기 그가 베트콩 지상전에 미군 투입을 고려 중이라고 편지를 썼다. 테일러는 이에 동의하지 않았다. 번디에 따르면, 딘 러스크도 이에 동의하지 않았다. "군사력의 증가와 철수라는 두 가지 대안 모두 그 결과가 좋지 않기 때문에 우리는 단순히 미국의 정책이 제대로 수행될 수 있는 길을 찾아야만 한다"고 했다.[79] 플레이쿠 사건 이후 테일러와 러스크는 폭격 작전을 제한하고자 했다. 두 사람을 비롯해 아마 존슨도 현 상황이 1962년 쿠바미사일 위기와 유사성이 거의 없다는 점에 영향을 받은 것 같다.[80] 그들은 62년 쿠바 미사일 위기에서 "위기의 점진적인 고조"가 성공의 핵심이었다고 믿었는데 이 상황은 그렇지 않았다. 테일러와 러스크는 베트남의 미군 지원 사령관 윌리엄 웨스트모어랜드(William Westmoreland)가 유사시 다낭의 공군기지를 방어할 상당규모의 수비대를 긴급히 요청한 것에 대해서는 더 이상 반대하지 않았다.

해병대의 3개 여단 증파로 베트남에서 미군의 수는 두 배로 증가되었고, 이들은 곧 베트콩과의 교전에 투입되었다. 당시 웨스트모어랜드는 지상군과 베트콩에 공세를 취할 수 있는 권한을 요구했지만,

---

79) 1965년 1월 27일 번디가 대통령에게 했던 말로, Lyndon B. Johnson, *The Vantage Point: Perspectives on the Presidency, 1963~1969* (New York: Holt, Rinehart & Winston, 1971), p.123.에서 인용.

80) 1983년 7월 27일에 노이스타트와의 인터뷰에서 맥스웰 테일러 장군은 쿠바 미사일 위기에 참여한 민간인들은 케네디 대통령이 해군 검역소 통제부터 시작한 낮은 수준에서 점진적 무력사용과 위협을 가한 점이 쿠바 미사일 위기를 성공적으로 종식시킬 수 있었다고 확신했기 때문에, 1965년과 66년 사이 하노이와 관련해 "느린 위협"의 유용성에 대해 낙관했다. 1970년대 중엽쯤, 엑스콤의 참여자였던 알렉시스 존슨는 호주 기자들에게 같은 의견을 피력했다. Denis Warner, *Not with Guns Alone* (n.p.: Hutchinson of Australia, 1977), p.132.

테일러는 해변 "고립지"에서 치고 빠지는 공격이 미군에게는 최선이라며 이를 거부했다.

이에 대해 존슨은 국방장관 맥나마라와 합참의장의 견해를 들은 후, 웨스트모어랜드에게 90,000명까지 추가 파병에 동의해줬다. 그러나 테일러가 권고했던 것처럼, "고립지"에 배치해야 한다는 명령을 덧붙였다. 그러나 5월까지 웨스트모어랜드는 베트남이 전쟁에서 패하기 직전이라고 워싱턴에 보고하면서 베트콩을 색출하고 격퇴하기 위해서는 44개 대대나 150,000명의 추가 파병이 필요하다고 요구했다. 참모장들은 전선의 사령관들을 지원했다. "당신은 전장에서 적과 싸워야 한다," "누구도 앉아서 전쟁에서 승리할 수 없다"면서 휠러(Earle Wheeler) 장군은 합참의장을 설득했다.[81)]

대부분의 경우, 논쟁은 꽉 닫혀 진 문 뒤에서 이뤄졌다. 플레이쿠와 폭격은 헤드라인을 장식했다. 베트남을 순회하던 기자들과 카메라맨들은 해병대가 단순히 기지만 수비하는 임무만 수행하고 있지 않다는 것을 포착했다. 몇몇 대학에서는 이에 반대하며 밤샘 "성토대회"를 열었다. 그럼에도 불구하고 백악관, 국무부 그리고 국방부는 베트남이 뉴스화 되지 않도록 하면서 국민들의 주의를 다른 곳으로 분산시키는데 어느 정도 성공했다. 4월 존스 홉킨스 대학에서 존슨은 "아무런 전제 조건 없이" 북베트남과 대화할 용의가 있다고 선언했다. 그는 또한 남 · 북베트남 양측 모두에게 이익이 되도록 미국의 테네시강 유역 개발공사와 비슷한 메콩강 개발 계획에 10억 달러를 투입하겠다고 언급했다. 존슨은 그가 간절히 원했듯이, 국민의 시선을 그의 국내 프로그램에 집중시켰다.

---

81) Herring, *America's Longest War*, p.139.

1965년 4월말에서 5월에는 해외뉴스의 초점이 베트남이 아니라 도미니카 공화국에 쏠려 있었다. 연속되는 쿠데타로 많은 사람들은 "제2의 쿠바" 사태가 진행되는 것을 지켜보고 있었다. 존슨은 도미니카에 22,000명의 미군을 투입했다. 그는 또한 사태 해결을 위해 협상가로 번디를 보냈다(따라서 그는 대학에서 일어나고 있는 문제들에서 멀어져 있었다). 신뢰할 수 있는 비공산권 정부가 들어섰고, 미군은 철수했다. 베트남 폭격에 대해 상원의원, 칼럼니스트, 선생과 학생들의 반대 목소리가 도미니카 개입에 비해 커지면서, 존슨 행정부의 대외정책에 대한 비판은 거세졌다. 이러한 결과는 존슨의 희망사항, 즉 웨스트모어랜드가 원했던 것을 해 주면서도 '위대한 사회' 건설을 차질 없이 진행시키겠다는 그의 바람은 의심의 여지없이 무너져 가고 있었다.

닫혀진 문 뒤로, 존슨은 여전히 어떠한 대안도 선택하지 않고 있었다. 1964년 10월 국무부 차관 볼(George Ball)은 베트남에 개입할 근거를 상실했다고 주장하는 긴 비망록을 작성했다. 1965년 초 이 글이 채널을 통해 마침내 존슨에게 도착했을 때, 존슨은 볼을 불러 러스크, 맥나마라와 함께 이에 대해 논쟁하게 했다. 15년 뒤 볼이 기억하기를, 맥나마라는 "어려움을 내가 과장하고 있다는 점을 보여주기 위해서 각 상황에 대한 자료와 통계를 화려하게 제시했다… 또한 그는 내가 이 문제에 대해 편견을 갖고 있으며 잘못된 정보를 접했다는 식의 뉘앙스를 주고자 했다."[82] 그럼에도 불구하고 존슨은 여러 번 볼에게 그의 주장을 펼치도록 했다. 이는 몇 달간 계속되

82) George W. Ball, *The Past Has Another Pattern: Memoirs* (New York: W. W. Norton, 1982), p.392. 볼의 비망록은 처음에 "Top Secret: The Prophecy the President Rejected," *Atlantic Monthly*, CCXXX (July 1972): 35-49에 실렸음.

었으며, 존슨은 볼을 포함해 같은 입장인 베트남전의 회의론자들과 그리고 보좌관들과 함께 3일을 보냈던 7월은 최고조에 달했다. 대통령은 볼에게 여전히 설득에 순응한다고 선언했다. 합참의장에게는 피그만 사건이 기술됐던 것처럼 이 상황도 기록된다는 것을 기억하라고 말했다. 그 기록은 "나와 내 옆에서 보좌하는 여러분의 이야기이다. 그러므로 나는 여러분에게 대안과 계획에 대해 신중의 신중을 기해 주길 바란다"고 그 이유를 말했다.[83)]

그때쯤, 존슨은 마음속으로 거의 확실히 결정을 내리고 있었다. 단지 언제 실행에 옮길지가 문제였다. 그의 전임 보좌관 한 명이 우리에게 말했듯이, 존슨은 그들이 모르면 자기에게 상처를 줄 수 없다고 믿었다. 존슨은 그의 아내 버드(Bird Johnson)를 제외하고 모든 사람에게 그의 생각을 알리지 않았다. 그 보좌관이 말했듯이, 그는 먼저 마음속으로 결정을 내린 다음, 그 결정이 협의와 논의를 거쳐 결론에 이르렀다는 점을 보여주기 위해 과정을 만드는 것이 그의 습관이었다.

존슨 도서관의 문서들을 보면 번디와 그의 가까운 보좌관들은 웨스트모어랜드의 추가파병 요구에 대한 대통령의 결정이 프랑스 유추에 관한 비망록이 작성된 6월말까지도 불명확한 것으로 평가했다는 점을 알 수 있다. 6월 30일과 7월 1일 번디는 베트남과 관련된 두개의 문서에 서명했다. 첫 번째 것은 맥나마라 국방부 장관이 대통령에게 보내려는 권고사항에 대한 그의 코멘트였고, 두 번째 것은 그 다음날, 웨스트모어랜드의 제안에 대한 워싱턴 내부의 토론을

---

83) Ball, *The Past Has Another Pattern*, *p.400*; *Jack Valenti*, *A Very Human President* (New York: W. W. Norton, 1975), pp.319–52에서 7월 논쟁이 자세히 인용되어 있고 여기 인용된 부분은 p.349에 있음.

요약한 것이었다.[84)]

비도덕적이고 이길 수 없는 전쟁에 대한 실책의 책임에 대해, "가장 현명한 자" 중 비난을 받아야 할 첫 번째 대상이 번디라고 한다면, 맥나마라에 대해 코멘트 한 그의 문서는 놀라운 것이었다. 그 문서에서 번디는 웨스트모어랜드의 제안에 대해 볼이 했던 것 보다 더 날카롭고 강력하게 이의를 제기했다. 번디는 그 제안을 "분별없는 어리석은 것"이라고 묘사하면서 다음과 같은 핵심적인 의문사항을 열거했다. (1) 미군이 반 게릴라전에서 싸울 수 있는가? (2) 웨스트모어랜드의 지상군 투입으로 베트콩이 순순히 항복해 오겠는가? (3) "가파른 비탈길 위에 놓인 미국의 책임과 이에 상응하는 베트남의 무책임"으로부터 이 행정부가 어떻게 벗어날 수 있는가? (4) 미국이 취할 수 있는 상한선은 무엇인가? 우리가 이렇게 제한된 임무에 지금 20만 명을 보낸다면 나중에는 40만 명이 필요하지 않겠는가? 이것이 합리적인 조치인가? (5) 아이젠하워는 1953년 북한이 휴전에 응하도록 이른바 핵무기위협을 사용했는데, 현재 우리는 하노이에게 평화를 추구하도록 할 위협수단을 갖고 있는가? (6) 왜 7월에 이런 단편적인 증거에 기초해서 결정을 내려야만 하는가?

그러나 번디는 그 비망록을 작성했다는 것을 기억하지 못한다. 비록 그것이 간결하고 뚜렷한 산문체로 베트남전 성격을 잘 반영했음에도 말이다. 그는 이 비망록을 통해, 존슨에게 맥나마라의 잘못된 인식을 지적하고자 한 것이 아니다. 오히려 번디는 펜타곤의 인사—아마도 그가 하버드 사회과학대학 원장이었던 시절 하버드 법

---

84) 텍스트에 대해서는 "The War in Vietnam: Classified Histories by the National Security Council-Deployment of Major U. S. Forces to Vietnam: July 1965" (University Press of America Microfilm), 0573-0578과 0629-0631 참조.

대 교수였던 그의 친구인 국방차관 존 맥노튼(John McNaughton)—에게 맥나마라가 웨스트모어랜드와 합참의장에게 왜 그러한 요청을 했는지에 대해 대답하기 곤란한 질문을 해 달라고 부탁한 것으로 생각된다.

그 비망록은 가시적인 효과가 없었다. 맥나마라는 웨스트모어랜드를 지지하는 권고안을 사실상 수정 없이 바로 존슨에게 보냈다.

7월 1일자, 번디의 다른 비망록에는 러스크, 볼 그리고 당시 동아시아담당 차관보인 번디의 동생 윌리엄의 권고안뿐만 아니라 맥나마라의 권고안이 요약돼 있었다. 윌리엄 번디는 미군의 능력을 테스트하고 사이공의 사기를 진작시킬 수 있는 방안을 모색하면서 대언론 및 의회 활동을 수행하되, 추가 배치는 당분간 유보할 것을 주장했다. 번디는 윌리엄 번디의 권고안을 "향후 두 달 동안의 중간과제"라는 제목을 달았다. 그리고 그는 존슨에게 "내 직감으로는 당신은 볼의 의견을 잘 경청한 후, 그의 제안을 거절할 것이다. 그리고 나서, 내 동생의 안건과 맥나마라의 안건으로 선택의 폭을 좁힌 다음 논의를 할 것이다"라고 썼다. 번디는 이전 맥나마라에게 전달했던 것보다 다소 완곡하게 쟁점사항이 될 수 있는 문제점을 몇 개 나열하면서 맥나마라에게 대통령은 빈틈없고 확실한 분석을 원할 것이라고 말했다.

1. 모든 황인종들이 우리에게 적대적이고 냉담한데 우리가 이 전쟁에 참전하는 계기는 무엇인가?
2. 아직 결정이 내려지지 않은 이 상황에서 8월이나 9월(거의 우기가 시작할 즈음)까지 맥나마라의 계획이 우발 상황대비 기초계획으로 어느 정도 활용될 수 있는가?

3. (윌리엄) 번디와 맥나마라의 안 중 어떤 것이 더 정치적이고 홍보 캠페인을 할 수 있는 것일까?
4. 44개 대대를 파병한다면 우리 책임의 상한선은 어디까지인가?
5. 이 전쟁을 제한전으로만 수행하겠다는 우리의 결정을 확실하게 유지하는 방법에서 이 계획을 이런 식으로 세워 갈 수 있는가?

번디는 존슨이 맥나마라의 계획에 동조할 것이라고 판단했다. 그의 상관, 존슨은 장군들이 그들의 임무를 수행하는데 필요한 것들을 해 주지 않았다는 소리가 나오지 않도록 이에 필요한 최소한의 군사적 요구를 결정하는데 맥나마라에게 의존할 것이 분명했다. 그는 맥나마라가 요청한 것들의 규모에 대해 줄이려고 하지 않았다. 맥나마라가 대통령과 대면해서 윌리엄 번디가 주장한 추가파병의 지연을 합참과 웨스트모어랜드가 받아들이도록 설득할 수 있다고 대통령에게 전달했는지의 여부는 잘 모르겠지만, 그런 일은 발생하지 않았다. 그 결과는 이 전쟁에서 미국이 남베트남을 대신해서 베트콩 그리고 북베트남과의 전쟁을 수행하게 되는 운명적인 결정이 되었다.

프랑스에 대한 번디의 페이퍼는—이 장은 이 유추로 시작되었다—맥나마라에게 보낸 그의 신랄한 비망록과 존슨에게 보고된 신랄하지 않은 비망록 사이에서 샌드위치가 되어 버렸다. 이것은 *불분명한 것*과 *추정되는 것*으로부터 이미 *알려진 것*을 구별하지 않았기 때문이다. 하지만, 그의 페이퍼는 두 개의 표제, 즉 "베트남, 1954년과 1965년"과 "미국과 프랑스, 1954년과 1965년"을 통해 유사점과 차이점을 나열했다. *유사점*은 거의 없지만, *차이점*은 무수히 많은 것으로 기록했다:

- 프랑스는 식민지 정권을 유지하기 위해 싸웠다. 미국은 베트남 국가의 독립을 지원했다.
- 프랑스는 민족주의와 개혁을 반대해왔다. 미국이 지원한 남베트남 정권은 "비공산주의자들의 사회정치혁명"을 대변한다.
- 1954년 프랑스는 총 350,000명의 공산주의 정규군과 싸웠다. 프랑스는 거의 50만 명의 프랑스군을 투입했으며, 매년 전쟁에 국가예산의 8퍼센트를 쏟아 부었으며, 매달 500여명의 사상자를 낳았다. 1965년의 전쟁은 200,000명의 게릴라를 상대하는 전쟁이었다. 처음에는 약 250,000명의 강력한 남베트남군이 수행했다. 그 결과 미국이 치러야 할 병력 개입, 비용 그리고 사상자는 상대적으로 낮았다.
- 1954년 식민지 모국인 프랑스 내에서는 전쟁은 심각할 정도로 인기가 없었다. 프랑스 정부는 불안했고 싸울 의지를 잃었다. 1965년의 미국은, 비망록을 통해서 알 수 있었듯이, "미군 사상자… 사이공의 정치 불안정… 공중폭격과 네이팜 등에 대한 상당한 우려와 함께, 행정부에 대한 전반적인 지지"도 있었다. 이에 대한 근거로 비망록에는 해리스(Harris)의 여론조사 결과, 즉 대통령의 베트남 정책에 대해 62퍼센트 지지를 인용하고 있다. 의회의 비판에 대해서는, 가슴으로는 전쟁에서 빠져 나오라고 말하지만, 머리로는 현재의 정책이 불가피함을 인정하는 '주저하는 현실주의자들'로 치부하면서 비망록은 이를 얼렁뚱땅 넘겨 버렸다.[85]

이 비망록은 내용의 장황함에도 불구하고, 번디가 이전에 썼던 다른 두 개의 비망록과 같지 않다. 비망록이 길고 장황하다는 것은

85) 주72) 참조.

그만큼 덜 중요하다는 것을 증명한다. 이 문서는 1급 비밀(top secret)로 날인된 대부분의 베트남 문서보다 두 단계나 낮은 "대외비(confidential)" 정도로 분류되었다. 이 비망록은 거의 확실히 존슨이 볼이나 혹은 상원의원, 또는 취재기자들의 비판, 즉 "프랑스처럼"에 대한 비판에 맞서기 위한 대응 논리를 번디에게 준비시킨 것으로 볼 수 있다. 다시 말해 이 문서는 베트남전에 대한 분석이 아니라 주창용이었고, 아마 설득용이라기보다는 보호용이었다. 맥조지 번디 그 자신도 실무자들이 급하게 작성해온 문서를 의심쩍어 하면서 서명하고 난 뒤 이를 일일이 기억하지 못했다. 그는 우리에게 사안에 너무 많은 주의를 기울이면 결국 "파리를 잡는데 망치를 사용"할 수 있다는 점을 시사해 주었다.

자, 존슨의 백악관사람들이 분석을 위해 우리가 제시한 절차에 따라 역사를 일상적으로 활용하고 있다고 가정해 보자. 번디의 스태프들은 정기적으로 *알려진 것, 불분명한 것, 추정되는 것*을 구별했을 것이다. 논쟁을 가열시키는 우려들은 이미 명백해져 있다.

(1) 남베트남은 지고 있었다. (2) 남베트남의 패배는 다른 곳에 영향을 미칠 수 있다. 소위 '도미노' 현상이 일어날 수 있다. (3) 패배를 막기 위해, 미국은 군사적으로 깊게 개입할 수 있다. 얼마나 깊게 개입될지 그리고 얼마나 오래 걸릴지는 아무도 말할 수 없다. (4) 어떠한 정책을 취하든 국내 문제로 환원될 위험이 뒤따른다.

번디가 작성한 이 문서가 옹호용이 아니라 분석용이었더라면, 그가 제시한 각 항목들은 1954년의 프랑스와 1965년의 미국과 같이 그렇게 협소하게 제한시킬 수 없었을 것이다. 이 문서는 다음과 같은 질문을 피할 수 없었을 것이다. 프랑스가 50만 명의 병력을 투입하고 많은 사상자로 고통 받기 이전인 1950년이나 1951년의 프랑스 상황과의 비교가 보다 더 적합하지 않은가? 1950년, 프랑스는 미국의 지원과 승리의 확신으로 전쟁 캠페인이 상승세를 타고 있었고 이는 실제로 1965년의 존슨시기 보다 더 강력하지 않았는가! 그리고 이것은 거의 일 년 동안 지지를 받는 것처럼 보였다. 1950년이나 1951년을 기준으로 삼았더라면 *유사점*이 훨씬 많았을 것이고, 번디는 맥나마라에게 보낸 비망록에 이의를 보다 많이 덧붙일 수 있었을 것이다.

유추의 검토에 대한 진지한 노력과 더불어 또한 앞날도 내다봐야 한다. 1965년까지 베트남과 관련된 비망록에는 그것이 번디가 썼는지 다른 누군가가 썼는지 몰라도, 심각한 내용들을 담고 있었다. 즉 우방국가나 적대국가들 모두 미국이 할 수 있고 해야 하는 것들을 모두 다 하지는 않을 것이라고 간주하는 가운데, 공산주의자들이 남베트남을 점령하고 사이공 정부를 붕괴시키는 최악의 결과도 발생할 수 있다고 봤다. 바람직한 결과는 사이공이 안정화되고 강해지는 것이며, 베트콩의 재원은 바닥이 나고, 북베트남은 베트콩이 승리할 수 없다고 결정하게 되어, 두 개의 베트남이 장기적으로 한반도처럼 나란히 지속되는 것이다. 비망록을 작성한 모든 사람들이 지적했듯이 바람직한 결과가 실현된다면, 미국은 베트콩을 격퇴시키는 것을 도우면서 남베트남을 지켰을 것이고, 북베트남은 미 CIA 메모에 나온 표현대로 "미국을 이곳에 오래 머물게 할 수 있는 희망의 토대"가 되어 무장해제 됐을 것이다. 맥조지 번디는 1965년 2월 "아무리 최선을 다해도, 베트남 전투는 오랫동안 지속될 것이다"라고 경고했다. 러스크는 7월에 "전쟁 장기화와 왜곡의 전망"을 썼다. 맥나마라도 "이 전쟁은 소모전이고 장기화될 것 같다"고 말했다. 참모총장은 대통령에게 전쟁에서 승리하려면 추가적으로 20만 명을 더

파병해야 하고 2, 3년이 더 소요될 것이라고 했다.[86] 1965년의 미국이 1954년의 프랑스와 같지 않다고 인정한다 해도, 아직 분석에 필요한 의문점이 남아 있다: 전쟁의 범위가 확산되고, 비용은 증가하고 있으며, 고국으로 돌아오는 시신들은 점점 증가하고 있었기 때문에, 1968년의 미국상황이 1954년의 프랑스 상황과 더 유사하다고 판단하는 것은 어떤가?

아직 생존해 있는 몇몇 존슨 행정부 시절 인사들은 북베트남을 과소평가했던 것이 그들의 가장 큰 실수였다고 말한다. 존슨 도서관에 있는 당시 관련 문서들의 관점에서 보면, 그들의 말은 놀라워 보일 수 있다. 우리는 이미 번디, 러스크 이외 여러 사람들이 전반적으로 이번 전쟁은 장기적이고 어려울 것이라고 예상했다는 것을 인용했다. 대통령에게 올린 계획서들은 보다 더 구체적이었고 굉장히 선견지명이 있는 것으로 보였다. 1965년 초가을, 웨스트모어랜드는 2~3년 뒤 약 50여만 명이 더 필요할 것이라고 예측했다. 그리고 그는 이 군사력이면 베트남의 전세를 바꿀 수 있다고 말했다. 그는 50만 명을 데리고 그가 짜놓은 시간표에 맞춰 전쟁을 수행했다. 1968년 초 북베트남의 "구정(舊正) 대공세"는 우리가 현재 알듯이, 북베트남이 남베트남에서 토대를 잃기 시작했다는 것을 인식하게 되면서 비롯된 거의 필사적인 행위였다. 당시 미국은 이 공격을 다른 식으로 해석했지만 이것은 또 다른 이야기다.[87] 이를 뒷받침해 줄 수

86) 번디에 대한 인용은 미 국방부에서 나온 자료에 기초했다. *The Pentagon Papers: The Defense Department History of United States Decision Making on Vietnam*, 4 vols., Senator Gravel edition (Boston: Beacon Press, 1971), III: 311; 러스크에 대한 인용은 "The War in Vietnam: Classified Histories–Deployment of Major U.S. Forces…" VI, 마이크로 피시 0605–0609에서, 맥나마라 인용은 마이크로 피시 0556–0562에서, 합참의장은 V, 마이크로 피시 0215–0219 와 VI, 마이크로 피시 0742–0755에서 인용.

있는 근거로는, 현재 생존하고 있는 존슨 행정부 인사들은 선견지명이 있는 문서들에 대해 질문했을 때, 그들은 그 문서들을 믿지 않았다고 쉽게 말했다. 그들은 군사 작전가들은 보통 최악의 상황을 그린다고 생각했다. 그 사람들 중 몇 사람은 1961년 합참이 케네디에게 어떠한 말을 했는지 기억했다. 그들은 케네디에게 라오스에서 군사 작전에 성공하기 위해서는 25만 명의 병사와 핵무기가 필요하다고 주장했다. 존슨의 보좌관들은 북베트남이 자기들이 예상했던 것과 정반대의 상황에 직면하고 고통이 지속되면, 협상에 응할 것이라고 생각했지만, 그 반대의 상황 다시 말해 고통을 겪으면서도 협상에 응하지 않을 수 있다는 것은 생각해 내지 못했다.

잘못된 인식을 어떻게 정정할 수 있을까? 베트남 공산주의자들이 9년간 프랑스와 전쟁을 지속하면서도 살아남았다는 것을 회상하는 벌보다 더 나은 것이 어디 있겠는가? 호치민(Ho Chi Minh) 이후의 지도자들도 모두 똑같았다. 미국이 프랑스보다 훨씬 강하다고 여기는 사람도 있을 것이다. 반면, 프랑스는 베트남에 많은 이해관계—일가친척, 재산, 부, 국가위신, 다른 식민 제국들에 대한 본보기—가 남아 있기 때문에 베트남을 잘 다뤄왔지만 미국은 그렇지 않을 것이라고 여기는 사람들도 있었다. 호치민은 프랑스를 남도록 했고 지치게 했다. 미국한테도 왜 똑같이 하지 않겠는가?

그러한 질문들은 그 사실이 있은 후에 보다 더 명확해졌고 답을 줬다. 그렇지만 과제의 일부로써 예를 들어 번디가 하급 참모에게 넘겨준 것과 같은 것들을 제외하면 그들이 어떻게 1965년에 알아차릴 수 있었겠는가? 아마도 대통령은 유추에 기초한 문서작성을 요

---

87) *Pentagon Papers*, IV: 622. Tet에 대해서는 Karnow, *Vietanm*, Chapter 14 참조.

구했을 것이다. 그는 백발백중 이 문서를 그의 주장을 뒷받침해 주는 용도로만 사용하는데 관심이 있었을 것이다. 우리가 생각하기에 그의 보좌관들은 업무를 신중하게 처리하지 않음으로써 대통령이나 그들 자신에게도 위해를 가했다고 판단된다. 결국, 대통령은 프랑스와 비교한 그 유추를 경고라고 생각했던 볼과 맨스필드 같은 사람들을 다루기 위해서 그 비망록이 필요했던 것이다. 실제로 그 비망록은 두 개의 서로 다른 상황을 협소하게 분석하고 있다(남베트남의 "비 공산주의 혁명"에 대한 화려한 수사도 포함하고 있다). 그렇게 하지 않았다면, 이 문서는 볼과 맨스필드가 주장하는 바를 인정하게 되는 사례가 되기 때문이다. 마셜 장군(이 사람의 심리적 태도에 대해서는 나중에 다룰 것이다)은 그의 참모들에게 "여러분, 문제와 싸우지 말고, 문제를 풀도록 하시오"라고 말하곤 했다. 번디는 유추문제에 대해 시간을 낭비하지 않으면서도 그러한 규칙을 따라야 한다고 말했을 것이다. 한편, 마셜(George C. Marshall) 장군의 훈시를 번디의 버전으로 해석해 보면, "문제와 싸우지 말고, 문제에 답하시오"였을 것이라고 생각된다.

1960년대 말 미국은 사실상, 1954년의 프랑스처럼 엄청난 것들을 목도해야 했다. 번디가 작성한 프랑스 유추 비망록의 몇몇 구절들은 예언과 같았다. 예를 들면, 비망록에는 파리는 "*조직화되고 일치된 국내의 반대세력*들과 맞서야 했다… 국내정치는 누설과 역누설의 전술을 사용했고, 그 결과 심지어는 전쟁과 관련된 기밀로 취급되는 보고서나 명령들이 약간 각색되어 정치 저널에 자주 실렸다"고 씌어 있다. 5년 뒤, 미국 도시들에서 주기적인 반전 운동이 진행되고, 뉴욕 타임스나 워싱턴 포스트가 『펜터곤 페이퍼』를 절도해서 출간하는 것이 애국적인 의무라고 인식됐던 이 때, 번디가 프랑스 유추에서 인용했던 동일한 단어들은 미국에 대해서도 씌어질 수 있었다.

우리는 실질적인 미래가 5년 뒤가 아닌, 그보다 앞선 3년 뒤를 확실히 내다봐야 한다고 하려는 것이 아니다. 오히려, 우리는 왜 1956년에는 그러한 미래가 펼쳐지지 않을 것이라고 생각했냐는 것이다. 미국의 정치체제는 프랑스와는 달랐다. 존슨은 의회와 국민들을 이끌 수 있는 능력을 과시했다. 미국은 프랑스와 같은 강력한 공산당도 없었고, 워싱턴에는 프랑스의 학생과 사무원들 같은 이들이 비교될 만큼 집중되어 있지 않았다. 이슈 또한 서로 달랐다: 미국은 식민지에 대한 권능을 갖고 있지 않았다(적어도 그들의 눈에는). 무엇보다도 미국의 힘은 프랑스 제4공화국과는 비교할 수 없이 강력했던 것으로 보인다. 일찍이 합참의장이 언급했듯이, "프랑스는 또한 파나마 운하도 건설하려고 노력했다."[88)]

더욱이, 미군의 점증적 증파에 대해 유추에 따르는 위험을 감내한 어떠한 철저한 분석이라 할지라도 1965년의 모든 선택 사항들을 둘러싸고 있는 함정들을 고려했어야 했다. 그런데, 그런 함정들의 범위는 프랑스 유추를 다룬 비망록에는 거의 암시되지 않았다. 비망록에는 의회, 특히 민주당의 중도좌파와 좌파들이 전쟁결과를 의심하고 있다고 기록되어 있었지만, 공화당과 민주당의 보수적인 인사들 대부분에 대해서는 언급이 거의 없었다. 미국은 단지 이 전쟁에서 싸워야 하며 "승리 이외의 다른 대안은 없다"라고 말할 기회를 찾고 있었기에, 당시로는 '위대한 사회' 건설을 위한 자금의 여유를 가질 수가 없었다. 만일 존슨이 볼의 자문을 따랐다면, 트루먼이 중국을 잃은 것에 책임을 떠안았던 것처럼, 베트남을 잃은 것에 대

88) *Pentagon Papers*, Ⅲ: p.625.

한 비판을 듣지 않을 수도 있었을 것이다. 공화당뿐만 아니라 케네디 대통령의 동생인 로버트 케네디도 당시 베트남에서 철수하는 것을 가리켜 "이전 3개의 행정부에 걸쳐 수행하고 확신한 공약의 파기"라고 경고했다.[89] 바비(로버트 케네디)의 반전 구호는 아직 나오지 않았다. 존슨은 케네디가가 미국 가톨릭 신자들을 동원해서 베트남 가톨릭 신자들을 포기한 대통령이라고 비난할 것이 쉽게 상상되었다.

뚜렷하게 추측된 사항들에 대해서는, 이 모든 것들이 빈틈없이 선별된 문구로 암시되어 있었다. 존슨은 이해했으며 후에 절친한 친구에게 다음과 같이 말했다.

> 나는 트루먼과 애치슨의 유효성은 공산주의자들이 중국을 접수한 날로부터 상실됐다는 것을 알고 있다. 나는 중국을 잃은 것이 매카시 선풍을 일으키는데 큰 역할을 했다고 믿는다. 나는 이 문제들은 베트남을 잃게 될 경우 발생하게 될 일들에 비한다면 하찮다는 것도 알고 있다.[90]

프랑스 사례를 잘 들여다봤더라면 번디가 존슨에게 권고했던 "빈틈없고 엄격한 분석"은 자극이 되었을 텐데, 우리가 아는 한 그런

89) Arthur M. Schlesinger, *Jr., Robert F. Kennedy and His Times* (Boston: Houghton Mifflin, 1978), p.730.

90) Doris Kearns, *Lyndon Johnson and the American Dream* (New York: Harper & Row, 1976), pp.252–53. 당시 "대통령은 베트남의 우리 임무가 증대된 만큼 제한되어야 한다고 느꼈다." Summary Notes of NSC Meeting, July 21, 1965 (1984년 비밀 해제), Presidential Papers, Meeting Notes File, Box 1, LBJ Library.

일은 발생하지 않았다. 미국의 권능을 프랑스의 그것과 동일선상에 놓을 수 있는가? 번디는 존슨보다는 맥나마라에게 이 문제를 일반적이고 넌지시 빗대는 식으로 제기했다. 기록에 따르면, 존슨에게 직접 다가가서 말할 수 있었던 사람은 유일하게 부통령 휴버트 험프리(Hubert Humphrey)였으며, 그는 1965년 존슨에게 다음과 같이 썼다.

미국의 전쟁은 미국인들에게 정치적으로 이해될 수 있는 것이어야만 한다. 국민들의 지속적인 지지를 받기 위해서는 설득할 수 있는 확실한 사건이 있어야 한다. 제1차, 제2차 세계대전에서는 이것이 있었다. 한국에서는 우리는 유엔의 이름 하에 극적이고, 국경을 가로지르는 전통적인 침략에 맞서 남한을 수호할 수 있었다. 그러나 그러한 이점에도 불구하고, 우리는 1952년 한국에서 중국과 싸우는 데는 국민의 정치적인 지지를 얻을 수 없었다.

만일… 우리가 이 혼란으로부터 벗어나지 못하고 점점 개입되어 전쟁이 확대되고 그 결과가 중국과의 전쟁에 못 미치는 것으로 끝나게 되면… 정치적 반발은 점차 증가될 것이다. 이는 우리가 이미 일반적으로 해외 개입에 대해 갖고 있는 소극적 태도와 환멸에 대해, 다시 말해 민주당이 존슨 행정부에 요구하고 있는 모든 국제프로그램들—AID, UN, 군비통제 그리고 일반적으로 사회적으로 인도주의적이고 건설적인 정책들—에 대해 진지하고 극단적인 효과를 고려하면서 서명해야 할 것이다.[91]

---

91) Hubert H. Humphrey, *Education of a Public Man: My Life and Politics* (Garden City, N. Y.: Doubleday, 1976), pp.322-24.

험프리가 지적했듯이, 역사를 신중히 활용하기 위해서는 프랑스 상황의 유추 외에 다른 것들도 들여다봐야 한다. 베트남과 관련해, 한반도의 분쟁은 매력적인 유추의 역할을 했다고 볼 수 있다. 모든 사람들은 이 생각을 했지만, 1918년 돼지독감의 공포에서처럼, 개인적인 전문 분야와 경험에 따라 각기 서로 다른 입장을 가지고 서로 다른 미묘한 차이를 만들어 낸다. 더욱이 한국의 경우는 12년밖에 되지 않은 사건이었기 때문에 그 경험은 직접적이었지 간접적이지 않았다. 한국전은 존슨과 그의 사람들에게는 확고해라, 노선을 지켜라, 선의를 위한 무력 사용을 주저하지 말라고 인식됐을 것이다. 반면에, 볼은 이 두 경우의 차이가 왜 우리가 베트남에 있어서는 안 되는지를 보여준다고 봤다. 즉, 국경도 침범하지 않았고, 정부가 견실하지도 않으며, 군대 사기도 없고, 유엔의 보호도 받지 않고 있으며, 유엔의 결의도 없다는 등 철수해야 하는 이유를 댔다. 한국의 사례는 많은 이들에게 "중국을 경계하라"는 시그널로 받아들여졌다. 그러나 어떤 사람들에게는 오랫동안 질질 끄는 제한전은 수행하지 마라. 전쟁수위를 높이거나 아예 낮추던지 둘 중 하나를 하라고 받아들여질 수 있다.

자신의 견해를 글에 반영시킨 사람 중, 험프리만이 1950년 결정의 장점이 무엇이었던 간에, 1950년에서 1953년까지의 긴 전쟁으로 트루먼과 민주당이 차기 선거에서 국민들의 지지하락이라는 대가를 지불했다고 강조했다. 베트남은 "수렁"일 수 있다고 경고한[92] 클리

92) Berman, *Planning a Tragedy*, p.371. 린든 버그가 그 전쟁을 미국화 하기로 결정한 후에 클리포드는 그의 주장을 강력하게 되풀이 했다. 잭 발렌티와 캠프 데이비드는 "베트남에 대한 클라크 클리포드의 관점"이라는 표제 하에 다음과 같이 언급했다. "나는 남베트남에서 우리가 이길 수 있으리라 믿지 않는다. 만약 우리가 십만의 군대를 보낸다면 북베트남

포드를 제외하고, 존슨에게 조언했던 여느 사람들과 달리 험프리는 몸소 그 대가를 체험했고 트루먼의 운명에 씁쓸해 했다. 대부분의 사람들은 자유주의적 공화주의자, 스티븐슨주의자, 존슨처럼 전쟁이 초래하는 정치적 결과에 관심이 없거나 트루먼의 비애에 초연한 사람들이었다. 우리는 제9장에서 그러한 차이점을 다룰 것이다.

정규교육을 받은 스태프들에게 모든 유추들을 세심하게 관찰하라고 요구했다면, 그들이 어느 지역 출신이었던 간에, 워싱턴이 1954년의 파리와 같은 상황인지 또, 존슨은 1952년 트루먼이 직면했던 상황, 즉 전쟁에서 선전하고 있었지만 여론의 지지도가 약 25퍼센트로 낮아져 유권자들이 평화를 약속하는 정당으로 모여들었던 상황을 1968년에 맞게 될지에 관해서도 생각해 봤어야 했다. 이러한 전망은 존슨이 회피하기 어려웠다. 트루먼은 강력한 공산당도 없고 1950년대의 프랑스처럼 반전세력도 없는 환경에서도 선거에 실패했기 때문이다. 1954년의 프랑스 상황에 대한 유추 및 한국전쟁에 대한 유추의 다양한 해석을 명백히 하기 위해서는, 어떻게 1, 2차 세계대전과 1898전쟁에서는 국민들의 합의를 유지할 수 있었던 반면에, 그 외에 남북전쟁을 포함한 다른 전쟁에서는 왜 여론의 지지를 잃었는가에 대한 문제를 깊이 생각해 봐야 한다.

인들은 그 수준에 맞출 것이다. 그리고 그들의 군대가 소멸된다 해도 중국이 "지원병"을 보낼 것이다. 러시아와 중국은 우리가 이 전쟁에서 이기기를 바라지 않는다… 만약 우리가 그곳에서 오만 명을 잃는다면 이 나라에 큰 재앙이 될 것이다. "5년, 몇 십억 달러, 몇 십만의 인명-이것은 우리가 희생해야 할 것이 아니다." 장마철의 막바지에 비록 우리가 우리의 위치를 위축시킨다 해도 여기서 빠져나갈 길을 다른 나라와 함께 조용히 찾아보도록 하자. 나는 이 지역에서 우리나라에 닥칠 대 재앙만이 보일 뿐이다", Office of Files of the President, Clark Clifford File, LBJ Library.

미국의 1965년 이후의 세대들 대부분은 존슨이 잘못된 선택을 했다고 느낄지 모른다.[93] 많은 사람들은 존슨이 볼의 조언에 귀를 기울였어야 했다고 생각했다. 다른 이들은 존슨이 전 CIA 국장인 존 맥콘(John McCone)에게서 최고의 조언, 즉 남베트남을 포기할 수 없다면 "최소한의 억제로 신속하게" 북베트남으로 진격해야 한다[94]는 것을 받았다고 생각했다. 여기서 우리는 존슨이 역사적인 유추를 잘 검토만 했어도, 볼이나 맥콘의 조언 중 어느 하나를 선택했을 것이라고 주장하려는 것이 아니다. 사실, 이 사건을 정밀하게 검토하면 할수록 존슨이 국민들에게 왜 케네디의 남베트남 동맹자를 떨쳐버리려고 하는지 혹은, 이와 정반대로 그는 왜 *사이공*의 절박성 때문에 *하노이*에 맞서 전면전을 시작해야 하는지에 대한 설명의 윤곽을 그려내기가 더욱더 어려워진다. 존슨이 텔레비전에 나와서 연설할 내용을 그려보려고 하는 학생들은 그들이 젊거나 나이가 들었거나, 그 윤곽이 잘 잡히지 않는다는 것을 알게 될 것이다. 그들도, 우리가 그랬던 것처럼 존슨의 진정한 대안은 심지어 볼에게서조차도 거의 암시되지 않았다는 결론에 도달하게 될 것이다. 다시 말해 1963년 처방약의 또 다른 한 숟가락은 사이공의 정권 교체를 획책하되, 이번에는 중립화를 요구하는 파벌을 키워주고 미군을 철수하는 것이다. 이는 상원 다수 지도자인 몬태나주의 맨스필드가 조언했던 것이라고 한다. 디엠이 오랫동안 정권을 쥐고 있었더라도

93) Chicago Council on Foreign Relations, *American Public Opinion and U.S. Foreign Policy* 1983 (Chicago: Chicago Council on Foreign Relations), p.29. 시카고 위원회에서 의뢰한 갤럽조사에 따르면, 1982년에 조사한 1,546명의 응답자 중 72%는 "베트남전 개입은 실책으로 치부하기에는 너무나 컸고, 근본적으로 잘못되었으며 비도덕적"이라고 믿었다.

94) Berman, *Planning a Tragedy* p.59; *Pentagon Papers,* Ⅲ: 352–53.

이는 케네디가 성취했었을 것과 별반 다르지 않을 것이다. 하지만 언론인들이 냄새를 맡았을 때는, 그때는 어떻게 해야 하는가?

비록 그렇다고 할지라도, 존슨이 모든 주장을 조심스레 다시 검토하거나, 스태프들이 일상적으로 해 왔던 것처럼 적절히 유추를 활용했더라면, 존슨은 비용과 사상자의 수가 증가될 때 어떻게 국민들의 합의를 유지시킬 수 있는가의 문제보다 더 큰 어려움이 닥쳐올 수 있다는 것을 알았을 것이다. 만일 대통령 보좌관들이 역사를 좀더 엄격히 해석했더라면, 그들은 "진정 완전한 정치적 대중홍보 캠페인"이 어떤 모습을 지녀야 하는지에 대한 "빈틈없는 확고한" 분석을 이미 해놨을 것이고, 존슨은 당면과제를 연기하기가 더욱 어려웠을 것이다. 대통령은 또한 "우리 책임의 상한선"을 언급하기 전날에 번디가 맥나마라에게 제기했던 질문에 좀더 오랜 시간동안 주저했을 것이다. 어떤 조건이 그때까지 충족되지 않았다면—그리고 그 조건들이 무엇인가에 대해, 존슨은 1965년에 자기가 1966년에 해야만 할 연설에 대해 고민하기 시작했을 것이다. 한마디로, 그는 그의 추측에 대해 테스트하려고 했을 것이다. 이는 우리가 나중에 제시하겠지만, 모든 정책 결정자들은 일상적으로 이렇게 해야 한다.

자, 이제 유추에 대한 마지막 언급이다. 1950년, 한국전쟁이 발발했던 시점에, 그 후로는 항상 그렇지는 않았지만, 트루먼과 애치슨이 사용한 유추 활용은 우리가 보기에 어떤 측면에서는 하나의 모델이 될 수 있다. 당시 그들의 노력 중 눈에 띄는 특성은 단 하나의 사건만 보지 않고 여러 사건들을 대조하면서 역사적 유추를 이끌어 내고자 했다는 점이다. 트루먼과 그의 동료들은 적어도 만주, 에티오피아, 오스트리아 그리고 뮌헨(비록 스페인은 명백히 아니었지만)을 고려했으며, 또한 그리스, 베를린과 다른 최근의 상황들에 대해서도 어느 정도 생각했었다. 간단히 말해, 그들은 잠재적으로 관련이 있는 경험들을 통해 일반화를 시도하고자 했다. 존슨과 그의 참모들이 1954년뿐만 아니라 1951년의 프랑스 그리고 그 외에 다른 많은 선례들을 폭넓게 봤더라면 그들도 이러한 일반화를 시도할 수 있었을 것이다. 카터와 그의 참모들도 "밀월"을 대통령의 긴 역사과정에서 숙고했더라면 과오를 줄였을 것이다.

우리는 이번 장과 이전의 두 개의 장을 통해 유추에 3개의 단어 즉, *멈춰! 봐! 들어!*를 전달하고자 노력했다. 유추가 떠오를 때, 종종 사안을 있는 그대로 생각하기가 어려워진다. 이를 저지하는 최우선의 방어는 *알려진 것, 불분명한 것, 추정되는 것*을 분리하는 것이다. 두 번째 방어는, *유사점*과 *차이점*을 자세히 구분하면서 가능한 관련 있는 유추들에 도달하는 것이다. 그리고 관련된 유추가 많으면 많을수록 좋다. 이는 착각에 빠지지 않도록 도와주기 때문이다. 우리는 유추들의 다양한 변장 즉, 저항할 수 없는 유추나 매력적이고 눈길을 끄는 유추, 혹은 잘 보이지 않는 유추나 캐치프레이즈 뒤에 숨겨져 있는 유추에 조심하기를 충고한다. 그것은 바로 우리 인간에게서 발생하기 때문이다. 이러한 유추의 함정에 대한 최선의 방어는 그것이 어디서 나왔는가에 물어보는 것이다.

우리는 이러한 "소방법론(mini-methods)"과 구분이 도움이 되기를 바라지만, 이러한 방법들은 단지 역사를 유용하게 활용할 수 있는 시발점을 제공할 뿐이다.

제 6 장

이슈의 역사 조사하기

우리는 앞의 3개 장들에서 역사의 가장 흔한 활용법으로서 유추하기(analogizing)를 중지하고, 속도를 늦추거나 또는 확장시키는 방법들을 제시하였다. 비슷한 사례라고 주장된 것들 중에서 (확실히) *알려진 것*을 *불분명한 것*과 *추정되는 것*으로부터 분리시키고 또 *유사점*과 *차이점*들을 구체화시키는 것은 *현재* 상황의 모습을 더 뚜렷이 하고 그 상황에 있어서 관심을 가져야 할 것이 무엇인지를 분명히 하기 위한 기법인 것이다—예를 들면 1918년 스페인 독감 대신에 1976년의 돼지독감을 살펴본다거나 1965년 존슨 대통령 대신에 1977년의 카터 대통령의 사례를 살펴보거나 하는 것이다.

이 장과 다음의 장들에서, 우리는 앞의 서론에서 든 예들, 즉 1962년 미사일 위기와 1983년의 사회보장개혁의 사례를 통해 예증한 것처럼 어떻게 역사의 활용을 *일상화* 할 것인가에 대한 건설적인 제안을 제공한다. 이 예들은 이슈들, 개인들 그리고 조직들의 역사를 강조한다.

우리의 첫 번째 제안은 이슈의 역사에 관한 것이다. 상황과 관심사가 뚜렷이 정의되어 있어도 행동을 위한 대안에 대해 논의하기 위해서는 다음과 같은 일군의 질문에 대답해야 한다: 목적은 무엇인가? 행동은 무엇을 달성해야 하는가? 우리는 현존하는 조건 대신에 어떤 조건들이 조성되기를 원하는가? 이슈의 관심사가 어떻게 등장했고 상황이 어떻게 전개되고 있는가를 알면 도움이 될 수 있다. 하지만 이러한 앎 그 자체가 질문들에 대한 해답을 줄 수는 없을 것이다. 미래는 절대 과거와 똑같이 보일 수 없는 것이다. 그렇게 되어서도 안 된다. 그러나 과거의 조건들은 미래의 가능성에 대한 단서들을 제공할 수 있다. 만약에 소망스런 상황이 전에 절대 존재하지 않았다면 그 이유는 무엇인가? 그와 같은 상황이 존재했다면 그 이유는 또한 무엇인가? 당장의 관심사 외에도 무엇이 장애가 될 수 있을 것인가? 이러한 보조적인 질문들에 대한 대답은 상상력을 지나치게 많이 또는 적게 발휘할 때 생기는 문제를 바로잡아 줄 것이다. 1976년에 이러한 질문들이 보건교육복지부 장관인 매튜스나 백악관 수준에서 던져졌다면 포드 대통령이 모든 성인남녀 그리고 어린들에게 예방주사를 맞도록 하겠다고 한 약속의 적절성에 대한 의구심이 일찍이 제기될 수 있었을 것이다. 1981년에 1930년대 이래의 사회보장 재정을 잠깐만 살펴보았더라도 스토크먼(Stockman)과 여타의 사람들이 1981년에 무엇이 가능하고 가능하지 않은지를 알 수 있었을 것이고 그리하여 레이건 행정부는 초기의 "새끼돼지"들 문제를 피할 수 있었을 것이다.

우리는 이 장의 나중에 이슈의 역사들을 신속히 다루기 위한 몇 가지 간단한 소방법들을 제안한다. 그러나 우선 두 가지 이야기부터 시작하겠다. 하나는 카터 행정부와 쿠바의 소련 여단(Soviet brigade in Cuba)에 관한 것이다. 이것은 과거 존재했던 것을 이해하는 것이야말로 장차 어떤 행동을 취해야 하는가에 대한 현실성 있는 정의를 위해 필수적이라는 주장을 예증해 주는 것이다. 두 번째는 루스벨트 대통령과 처음으로 제정된 노후생활보험에 관한 것이다. 이것은 미래를 내다보기 위해 과거를 돌아보는 사람이 어떤 것을 달성해 낼 수 있는지를 예증해 준다.

카터 행정부와 쿠바의 소련 여단 이야기는 1979년 7월에 시작되는데 당시 플로리다의 리처드 스톤(Richard Stone) 상원의원은 대통령에게 러시아인들이 쿠바에 전투부대를 가지고 있다는 소문에 대하여 편지를 썼다. 스톤 상원의원은 '이것이 사실이라면 1962년 미사일 위기 후에 체결된 협정의 위반'이라고 말했다. 즈비그뉴 브레진스키(Zbigniew Brzezinski) 국가안보 보좌관은 카터에게 스톤의 말이 타당할 것이라고 하였다. 브레진스키는 아프리카와 중앙아메리카의 여러 곳에 나타났던 쿠바 병사들에 대하여 분개하여 이미 쿠바의 군대에 대한 보다 많은 정보를 요구했었다. 통신감청과 위성촬영의 결과 쿠바에 실제 소련의 군부대가 있다는 사실을 보고 받았다. 그는 이러한 사실을 알고 나서 회고록에서 언급한 것처럼 대통령의 "주의를 환기시켰다."[95]

그리 행복스럽지 못한 사건들의 연속이었던 카터 행정부의 연대기에서 1979년의 여름은 가장 슬픈 시기의 하나였다. 여론조사에서

---

95) Zbigniew Brezezinski, *Power and Principle: Memoirs of the National Security Advisor* (New York: Farrar, Strauss & Giroux, 1983), p.346. 이 사건에 대한 가장 완전한 이차적인 설명은 Gloria Duffy, "Crisis Mangling and the Cuban Brigade," *International Security*, Ⅷ (Summer 1983). pp.67-87 참조.

그의 업무수행에 대한 긍정 평가가 28퍼센트로 떨어진 상태에서 대통령은 당시 국가상황 일반에 대한 진단에 도움을 받기 위해 수십 명의 의원들, 주지사들 그리고 사적으로 친분 있는 인사들을 캠프 데이비드에 불러들였다. 여러 가지 견해들을 종합하려는 이 모임을 마치고 그는 국가 전체가 "미국 정신의 위기(Crisis of the American Spirit)"를 앓고 있다고 선언했다. 대중매체는 이 연설을 "초조함의 표현(malaise)"으로 평하였다. 다소 세세한 문제에 대한 그 자신의 집착을 탓하면서 카터는 향후 향상된 지도력을 발휘하겠다고 약속했다. 그 후 카터는 보좌진을 일부 개편했는데, 각료 중 3명은 해임하고 다른 한 명은 사표를 수리했다. 상원의 다수당 지도자인 로버트 버드(Robert Byrd) 의원이 애써 카터의 연설에 귀 기울이지 않았던 것은 당시 카터에 대한 여론의 지지 정도를 시사해주고 있다; 그는 민주당의 다른 의회 지도자들을 위한 연회를 베풀고 있었다. 이들 중의 한 명인 헨리 잭슨(Henry M. Jackson) 상원의원은 대통령에 대한 지지를 표시하면서도 카터는 1980년의 예비선거에서 패배할 것이라고 냉정하게 말했다.96)

카터는 오랫동안 지연되어 온 조약인 제2차 전략무기제한회담(SALT Ⅱ)을 소련과 막 서명하여 전략핵무기에 대한 제한선을 정했었다. (왜 이것이 지연되었는가에 대해서는 나중에 더 자세히 설명) 이 조약으로 앞서 얘기한 국민들의 정신적 문제를 완화하는 데 도움받을 수 있을 것으로 기대하였다. 그럼에도 불구하고 정반대의 영향으로 인해 상원에서 거부될 지도 모른다는 우려 때문에 카터는 무엇보다도 러시아인들이 그들의 약속을 지킬 것인가에 대한 대중의

96) *Newsweek*, July 23, 1979, pp.20 ff., and July 30, 1979, pp.21-22.

논쟁을 원하지 않았다. 브레진스키의 보고에도 불구하고 카터는 사이러스 밴스(Cyrus Vance) 국무장관에게 지시하여 스톤에게 걱정을 누그러뜨리는 편지를 보내게 하였는데 "쿠바에 소련 군대의 실제적인 증가에 대한 어떤 증거도 없다"는 내용이었다.

8월 중에 브레진스키와 밴스는 모두 정보 부서에 좀 더 자세하게 얘기해줄 것을 요청하였다. 브레진스키는 그의 8월 14일자 일기에서 다음과 같이 인용하고 있다.

> 나는 아침에 대통령에게, 정보보고에 의하면 현재 소련의 여단이 쿠바에 실제 있어서 본부와 정규 조직체계를 가지고 있으며 사실상 일주일 이내에 발포훈련을 가질 예정이라는 사실을 브리핑하였다. 나는 대통령에게 이것은 전략무기제한회담에 가장 부정적인 영향을 미칠 지극히 심각한 사태발전이라고 말했다. 대통령은 매우 우려하는 표정을 보였다.[97)]

그럼에도 불구하고 한동안 평온이 지배하였다. 카터, 브레진스키, 해롤드 브라운(Harold Brown) 국방장관 모두 휴가를 떠났다. 한 잡지가 소련의 여단에 대한 이야기를 막 인쇄에 넘길 참이라는 말을 듣고 밴스와 그의 몇몇 보좌관들은 의회의 주요 인사들에게 이들이 놀라지 않도록 전화를 하였다. 한 사람을 제외한 모두가 이 소식을 무덤덤하게 받아들였다.

예외인 한 사람은 아이다호주의 프랭크 처치(Frank Church) 의원으로 상원 외교위원회의 위원장이었다. 몇 년 전에 정보 부서에 대한

97) Brezezinski, *Power and Principle*, p.347.

대규모 조사의 주역으로 활동했던 처치는 한때 대통령이 되기를 희망하기도 했었다. 하지만 이제 상원 의석을 지킬 수 있을 것인가가 의문스러웠다. 아이다호주의 유권자들은 분명히 처치의 국가안보에 대한 의지와 각오에 대해 의구심을 가지고 있었다. 그는 전략무기제한회담을 지지했고 카스트로를 만나기 위해 쿠바를 방문했다는 이유 때문에 비판을 받고 있었다. 여론조사에 의하면 그는 경쟁자보다 훨씬 뒤처져 있었다. 처치는 소련의 여단이란 말에 대하여 민감한 반응을 나타냈다. 즉 전략무기제한회담은 폐기되어야 하고, 국민에게 이 사실들에 대하여 설명해야 하며, 이 여단의 제거가 요구되어야 한다고 천명하였다. 그는 이러한 조언을 밴스에게도 하였다. 몇 시간 후에 처치는 이러한 조언이 그에게 좋은 조언이었다고 단정하였다. 처치는 기자들을 불러 이 소식을 전하고 선언하기를 "대통령은 이 지역에 대한 러시아의 침투에 대하여 우리는 단호히 거부한다는 의사를 분명히 표시해야한다."고 하였다. 다음날 거의 모든 일간신문들과 방송망은 이 이야기를 특종 보도하였다.

이제 정말 위기감이 감돌았다. 의원들과 시사평론가들 모두는 이를 1962년 10월의 일에 견주었다. 밴스는 나중에 유감을 표시하면서 "나는 현상유지에 만족하지 않을 것이다"라고 하였다. 언론은 그의 말을 철수 요구로 해석했고 또한 그가 행정부에서 온건파로 생각되어 왔기 때문에 그의 말 속에서 불길한 징조를 읽었다. 보통 강경파로 인정되는 브레진스키가 기자들에게 밴스의 언급은 너무 강한 것으로 생각되며, 자신은 이 상황을 1962년의 미사일 위기 보다는 1961년의 베를린 봉쇄의 경우와 비슷한 것으로 간주한다고 덧붙여 말했지만 문제를 조용히 가라앉히지는 못했다.[98)]

한편 대통령은 또 다른 골칫거리가 있었다. 유엔대사 앤드루 영

(Andrew Young)은 공개적으로 이스라엘-팔레스타인 관계에 대한 행정부의 정책노선을 이탈하였다. 영이 매우 가까운 친구였음에도 불구하고 카터는 영을 해임하지 않을 수 없을 것 같았다. 대통령은 휴가에 농촌의 저수지로 낚시를 갔다. 해가 어둑할 무렵 무엇인가가 그의 배 쪽으로 헤엄쳐 오는 것을 보았다. 그는 이를 공격해오는 해리로 생각하고 노로 때려 물리쳤다. 한 사진가가 이 장면을 포착했다. 필름이 현상되었을 때 사진은 그 생물체가 토끼였음을 분명히 보여주었다. 많은 시사평론가들과 만평가들은 토끼살해(killer rabbits)[99]와 관련하여 카터를 조소하였다.

이러한 동안 밴스는 막후에서 소련의 여단 문제를 축소하려고 했다. 그는 러시아인들이 그 군대는 "전투"부대가 아니라고 말하게 함으로써 전략무기제한회담이 다시 정상화될 수 있기를 희망했다. 다른 한편 브레진스키는 소련의 전 세계에 걸친 "모험주의"에 대하여 대결로 나가는 것이 최선의 전술이라고 믿었다. 쿠바의 여단에 대한 계획에 없던 공표가 그들로 하여금 거기에 그 부대의 유지를 고집하게 만들었다면, 이 위기는 소련이 어딘가 다른 곳에서 모종의 제스처를 함으로써 완화될 수 있을 것이라고 생각했다. 전략무기제한회담은 지연되었다.

이 조그만 위기는 9월 내내 지속되었다. 그랬던 만큼 대통령과 그의 보좌관들은 이와 관련된 역사에 대하여 좀 더 공부하기 시작했다. 스톤은 소련의 군대에 대해서는 옳았었지만 소련군의 주둔이 기존 협정의 위반이라고 말한 것은 잘못이었다. 연구에 따르면 케네

98) Cyrus Vance, *Hard Choices* (New York: Simon & Schuster, 1983), 362; *Newsweek*, October 9, 1979, p.24.

99) *Washington Post*, September 1, 1979.

디는 소련 군대의 철수를 요구했었지만 그런 약속을 얻어내지 못하고 그 문제를 더 이상 다루지 않았다는 사실을 확인되었기 때문이다. 1970년의 연이은 분쟁은 잠수함과 잠수함 기지에 대하여 설전을 주고받았을 뿐이다. 이때도 병사에 대해서는 일언반구도 없었다. 더구나 CIA 옛 문서철의 면밀한 조사, 이전까지 연구되지 않은 첩보사진들의 검토 그리고 최근에 숙청된 경험 많은 요원들과의 전화통화는 이 여단 자체에 대한 더욱 많은 자료들을 제공하였다. 밴스는 썼다:

> 정보부서가 이 여단 문제에 더 많은 정력과 자원을 쏟아 부으면 부을수록 이 문제에 대한 정보는 시간 요소에 있어서 더욱 과거로 거슬러 올라갔다—결국은 1962년에 도달했다. 경악스러운 것은 소련의 이 지상군 부대에 대한 인지가 정보부서의 기억이라는 면에서 볼 때 기구 차원에서는 점점 희미해져왔다는 것이다… 9월 하순경 문제의 부대가 1962년부터 계속 쿠바에 확실히 주둔해 왔었다는 것이 거의 분명해졌다.[100)]

10월 1일의 텔레비전 연설에서 카터는 이 어이없는 사건에 종지부를 찍었다. 이 부대는 "군사훈련소"로 사용되어 왔으며 소련 정부는 이러한 역할을 바꿀 의도가 없다는 소련의 국가원수 브레즈네프로부터 온 편지를 인용하며, 카터는 카리브해 지역에서 미국의 정치, 군사적 존재를 증강시키기 위한 제반 조치를 발표하였다. 그리고 나서 카터는 전략무기제한회담 조약을 적극적으로 비준해 줄 것을 요청하였다.

---

100) Vance, *Hard Choices*, p.362.

12월에 소련의 아프가니스탄 침공은 카터의 전략무기제한회담 조약을 무산시킬 참이었다. 이 조약이 상원에서 통과될 가능성이 있었다손 치더라도 이 가능성은 9월의 지연, 즉 쿠바의 "새로운 여단"에 의해 촉발된 경악의 희생물이 되어 물거품처럼 사라졌을 것이다. 밴스는 그의 회고록에 "그것은 기억에 있어서 매우 값비싼 착오였다"[101]라고 적었다.

1962년 미사일 위기와의 유사점 때문에 이 문제는 부득불 칼 맑스(Karl Marx)가 『루이 나폴레옹의 무월 18일(*Eighteenth Brumaire of Louis Napoleon*)』의 첫 부분을 열면서 한 언급을 떠올리지 않을 수 없다.—"역사는 반복한다. 그러나 처음은 비극으로, 두 번째는 희극으로서."

이러한 희극은 피할 수 있었는가? 브레진스키와 밴스는 모두 그렇다고 말한다—만약 정보부서들이 그들에게 이러한 사실을 좀 더 일찍 얘기해 주었더라면. 브레진스키는 덧붙이기를, 이 문제는 밴스와 그의 보좌관들이 이에 대해 처치에게 조심성 없이 말해 버리지만 않았더라도 아주 조용히 풀 수 있었을 것이라고 했다. 이들의 대답은 그럴 듯하지만 우리들에게는 불완전할 뿐이다. 왜 소련의 "모험주의"가 그 특정의 시기에 그와 같은 특정의 형태를 띠었는가라는 질문을 던져보면 더 많은 수수께끼가 제기될 수밖에 없기 때문이다. 정부 내에서 제시된 대답 중의 하나는 러시아인들이 쿠바 내의 몇몇 새로운 시설들을 보호하고자 했다는 것이다. 만약 그렇다면 그런 시설들에 대한 어떤 징후가 있었어야만 했다. 전혀 그렇지 않았던 것이다. 또 다른 추측은 러시아 군대들은 다른 지역에 파견된 쿠바의 군대를 대체하고 있었다는 것이다. 이러한 추측은 소련 정치국이

101) *Ibid.*

워싱턴에서 보일 반응에 대하여 미처 생각하지 못했다는 또 다른 추정 하에서만 논리적으로 타당하다고 할 수 있다. 이 문제를 취재했던 기자들에 의하면 백악관 주변에서 가장 선호되었던 가설은 러시아인들이 1976년에 단지 카터를 시험하기 위해 그 부대를 들여보냈다는 것이다.[102] 그러나 만약 새로 들어선 행정부를 시험하려는 의도였다면, 왜 이 행정부가 들어선지 오랜 시간이 지난 후까지 비밀로 했는가? 우리들에게는 소련의 의도에 대한 물음 하나만 가지고도 자연히 다음의 질문에 보다 일찍 도달했어야 한다고 생각된다: 정말 언제 이 문제는 시작되었는가?

우리는 소련의 여단 이야기가 어떤 이슈를 봄에 있어서 그 이슈의 자초지종을 아는 것의 유용성과 반대로 그것을 습관적으로 경시할 때 초래하는 결과를 강조해 주고 있다고 생각한다. 이 여단이 이슈가 되었던 것은 단지 카터와 그의 보좌관들이 그동안 이 여단이 줄곧 그곳에 주둔하고 있었다는 사실을 알지 못하고 있었고, 따라서 이를 러시아인들에 의한 새로운 움직임을 시사하는 것으로 추정하였고, 나아가 군주들의 불평같은 *그가 나에게 이런 식으로 할 수는 없지* 라는 식으로 반응했기 때문이었다. 어떤 문제나 관심사는 이전까지는 간과되었거나 또는 용인되었던 상황에서 어떤 실제적인 또는 실제와 유사한 변화로 등장하기 때문에 과거에 대한 간단한 검토는 표준적인 습관이 되어야 한다. 이 문제의 경우 행정부가 이 문제를 만들려고만 하지 않았더라면 이 문제에 있어서 변화가 없었고 따라서 문제가 없었다고 판명되었을 것이다.(후일에 소련 대사인 아나톨리 도브리닌은 밴스의 보좌관 한 명에게 “당신은 내가 크레믈

---

102) Don Oberdorfer et al., *Washington Post*, September 9, 1979; *Newweek*, September 10, 1979, pp.18-19.

린에 있는 사람들로 하여금 이 이야기를 *믿게* 하기를 기대하는가?" 라고 물었다. 분명히 모스크바에서는 누구도 믿고 있지 않았다. 카터의 동기가 무엇인가에 대하여 많은 억측이 있을 뿐이었다.)[103] 미국의 정보부서들은 당장 손안에 역사적인 자료를 가지고 있지 않았는데 그 이유는 이들이 역사에 관계되는 질문을 답하는 데 익숙하지 않았기 때문이다. 카터는 이런 성격의 질문들을 던지지 않았다. 따라서 그의 보좌관들도 이런 질문들을 던지지 않았다. 또한 이들은 이제는 정부 밖에 있는 반드시 이들 질문에 대한 분명한 답을 알고 있을 노련한 전임자들을 통하여 질문들을 천착해 들어가는 일에 익숙하지 않았다. 사실 대통령에 의하여 정해진 방식은 그의 보좌관들이 심지어 그들의 기억을 더듬는 것조차 말렸던 분위기였던 것 같다. 밴스는 미사일 위기 때 국방부에 있었기 때문에 *당시에* 케네디 대통령이 소련군대의 철수를 강하게 요구하지 않기로 한 결정을 알고 있었음에 틀림없다. 그러나 밴스는 "언제 그들은 *떠났는가?*" 하는 질문을 던질 생각이 나지 않았던 것 같다. 잠시 후에 우리는 어떻게 카터 행정부가 초기에 다른 습관을 채택하게 되었는가에 대하여 검토할 것이다. 그러나 우선 보다 즐거운 예를 들어보겠다.

어떤 이슈에 관련된 역사적 사실에 대한 효과적인 인지와 파악의 본보기를 들기 위하여 우리는 노후생활보험 문제로 다시 돌아가는데 이번에는 처음의 입법—1935년 사회보장법 제Ⅱ부와 제Ⅷ부로이다. 이것은 앞서 이야기한 1983년의 사회보장 재정에 관한 위원회

103) Duffy, "Crisis Mangling," pp.79-82.

보고(Commission Report)의 성공담보다 거의 50년이나 앞선다. 이 성공 사례는 그 배경에 1981년 레이건의 불운 즉, 축소된 형태의 피그만(Bay of Pigs) 사건이 있었는데 이는 최소한 카터가 소련의 여단과 관련하여 범한 실수와 맞먹는 것이다. 임기를 시작한 지 얼마 되지 않아 아직 인기가 있었던 (더욱 이렇게 만든 것은 살인 미수범에게 상해를 입었을 때 보여준 침착함 때문이기도 하다.) 레이건은 의회와 진정한 "밀월"관계를 유지했던 드문 대통령 중의 한 사람이 될 것 같았다. 그런데 독자도 기억할지 모르지만 레이건은 사회보장제도의 빈약한 신탁기금을 늘리기 위하여 여러 가지 조치 중에서도 65세 이전에 은퇴하는 수혜자들에 대한 지급금의 즉시 삭감을 제안하였고 이로 인해 세상을 떠들썩하게 했던 것이다: 공화당이 지배하는 상원은 이를 (사실상) 96 대 0으로 규탄하였다. 이 비난의 화살들은 나중에 위원회 보고서에 본보기로 제시된 교훈들을 행정부에 가르쳐 주었다. 그러나 이 비난의 화살들이 쏟아졌던 것은 러시아인들이 말했던 것과 같은 "우연"이 아니었다. 그것은 프랭클린 루스벨트가 반세기 전에 그런 식으로 계획을 세워 놓았기 때문이었다.

먼저 뉴욕의 주지사로써 그리고 이후에는 대통령으로써 루스벨트는 고령의 극빈자들에 대하여 관심을 가지고 있었다. 그의 이러한 관심은 대공황(Great Depression) 이전부터였다. 그는 1928년 주지사에 출마할 때 노령연금제를 요구했었다. 그는 아직 호황이 유지되었던 1928~29년의 겨울에 취임하면서 그의 공화당이 장악하고 있던 상원에 대하여 다음과 같이 말했다: "우리의 문명 발전을 위해 오랫동안 열심히 활동한 후에도 남이 보기에 흉하지 않은 삶을 영위하지 못하고 있는 궁지에 처해 있는 시민들이 있다는 사실만큼 큰 비극은 없습니다." 그는 주지사로 있는 동안 매년 이 주제로 돌아가 언급했으며 1931년 다른 주지사들과의 회의에서 연설하면서도 이를 강조했었다.[104] 그는 종종 그렇게 하는 것처럼, 이 문제를 그가 잘 아는 뉴욕의 더체스 카운티(Dutchess County)에 사는 실제 주민들의 입장에서 설명하였다. 예를 들면:

> 겨울동안 떠나 있다가 돌아왔을 때 나는 비극이 발생한 것을 보았습니다. 나에게는 아주 오래된 농장 이웃이 있었는데 그는 아주 멋진 노인이었습니다—그 타운의 감독자이자 그 타운의 도로관리자로서 정말 가장 모범적인 시민 중의 한 사람이었습니다. 크리스마스 무렵 내가 떠나기 전에 나는 89세의 이 노인, 87세 노령의 그 동생, 85세인 그의 또 다른 동생 그리고 83세의 여동생을 보았었습니다…
>
> 봄에 내가 되돌아왔을 때 나는 그 혹독한 겨울에 심한 폭설이 있었고 형제들 중 한 명이 우유를 짜기 위해 소 우리로 가는 길에 쓰러졌고 눈더미에서 죽었다는 것을 알았습니다. 타운의 공무원이 두 노인들을 데려다가 카운티에서 운영하는 극빈자 거주소에 넣었고 그 여자 노인은 적당한 곳이 없어 정신이상자들이 머무르는 쉼터에 보내 버렸습니다. 물론 이 여자 노인은 정신이상이 아니라 단지 늙었을 뿐인데도 말입니다.[105]

올바니(Albany)에서 루스벨트는 의회로부터 거의 아무 것도 이룰

---

104) Frank Freidel, *Franklin D. Roosevelt*, 3 vols., in progress (Boston: Little, Brown, 1952~), Ⅱ, *The Ordeal*: 263, and Ⅲ, *Triumph*: 41–42, 100, 139.

105) From a campaign speech in Detroit, October 2, 1932. Samuel I. Rosenman, ed., *The Public Papers and Addresses of Franklin D. Roosevelt*, (New York: Random House, 1938), I: 774–75.

수 없었다. 다른 주지사들도 거의 마찬가지였다. 50개 주 모두가 연금 같은 것은 전혀 있지도 않았다. 돈을 지급하는 주라 하더라도 한 달에 평균 약 16달러 정도였다. 빵 한 덩어리에 6센트, 감자 1파운드에 25센트라고 할 때 이것으로는 집세, 난방비 또는 치료비는 고사하고 하루에 제대로 된 식사 한 끼 값으로도 부족한 것이었다. 대통령이 되기 훨씬 전에 루스벨트는 노령 극빈자에 대한 경제안보(Economic Security)가 주정부를 포함한 모든 수준의 정부의 목표라고 정의하였다. 문제는 그 "방법론"이었다.

대공황을 고려할 때, 그는 대통령으로서 이 목표 또는 문제만 따로 떼어 다룰 수 없었다. 노령자들만 도움이 필요한 사람들이 아니었다. 무의탁 어린이들, 지체불구자들, 사고의 희생자들, 비자발적 실업자들도 궁색한 처지는 마찬가지였다. 따라서 백악관에서의 첫해에 루스벨트는 궁핍한 사람들에 대하여 긴급구호를 제공하는 데 노력을 집중하였고 다른 한편으로는 경제를 회복시키기 위한 여러 가지 시책을 내놓았다. 2년째가 되어서야 그는 장기적인 문제들에 주의를 기울일 수 있었다.

1934년 6월 그는 내각경제안보위원회(Cabinet Committee on Economic Security)를 설립하였다. 노동장관 프랜시스 퍼킨스(Frances Perkins)를 위원장으로 임명하고 농업장관, 재무장관, 법무장관 그리고 내각 밖에서 그의 구호담당 행정총수인 해리 홉킨스(Harry Hopkins)를 참여시켰다. 퍼킨스가 그녀의 자서전에서 언급한 것처럼 이러한 구성은 재정, 법에 관련 있는 사람들을 참여시킨 것이었으며, 홉킨스는 "당장 절박한 도움이 필요한 사람들"에 대하여 그들에게 상기시키는 역할을 할 수 있었다.[106)]

퍼킨스는 누군가 다른 사람이 위원장이 되어야 한다고 주장했다.

루스벨트는 이 주장을 막았다: “아니오, 아니오. 당신이 이 일을 맡으시오. 당신은 이 일에 대하여 믿음이 있소. 그러므로 나는 당신이 이 일에 그 누구보다 더 열심히 매진하여 추진할 것을 아오. 당신은 어떤 결과가 나오는 것을 볼 것이오. 그러니 우리는 지연시켜서는 절대 안 되오. 다음 겨울까지는 사업계획을 가져야만 하오.” 많은 경제학자들이 투자 자본과 경상소비로부터 돈을 빼가지 않을까 우려하고 있다는 그녀의 말에 루스벨트는 응답했다. “어쩔 수 없소. 우리는 시작하지 않으면 안 되오. 그렇지 않으면 영원히 시작될 수 없을 것이오.”[107]

대통령은 이 위원회에 충분한 지침을 내렸다. 퍼킨스는 쓰고 있다:

> 각료회의에서 그리고 그가 우리들 몇 사람과 사적으로 이야기할 때 그는 “여러분은 이것을 간단하게 하고 싶지요. 아주 간단하게. 매우 간단하여 모든 사람이 이것을 이해할 수 있을 만큼. 그렇지만 더 중요한 것은 미국의 모든 사람이 이 제도의 혜택을 받지 말아야 할 이유가 없다는 것입니다. 나는 왜 모든 어린이가 그가 출생한 때로부터 이 사회보장제도의 수혜자가 되지 말아야 하는지 이유를 모르겠습니다. 그가 성숙하기 시작할 때 그들은 평생 소속하게 될 보장제도로부터 직접 노령지원혜택을 받을 것이라는 것을 알아야 합니다…
>
> “나는 왜 안 된다는 것인지 이유를 모르겠소,” 회의탁자 건너편

106) Frances Perkins, *The Roosevelt I Knew* (New York: Viking Press, 1946), p.280.
107) Perkins, *The Roosevelt I Knew*, p.281. 우리가 특별히 밝히는 것 외에 우리의 설명은 퍼킨스의 자서전, pp.281−95에 있는 것을 따른다.

에서 내가 머리를 갸우뚱하기 시작했을 때 그는 말하곤 했다. "나는 왜 안되는지 이유를 모르겠소. 요람에서 무덤까지—요람으로부터 무덤까지 그들은 사회보장제도 하에 있어야 합니다."

루스벨트가 퍼킨스를 이 위원회의 위원장으로 임명한 또 다른 이유는 그녀의 전문성 때문이었다. 일찍이 대학교육을 받은 사회사업가의 한 사람으로서 그녀는 빈곤과 고통을 다루는 일에 종사했었다. 뉴욕 산업위원회의 위원으로서 그리고 나중에 올바니 루스벨트의 내각에서 노령 극빈자에 관한 자료를 수집했었고 이들을 돕기 위한 정책안을 구상했었다. 그녀는 루스벨트를 대신하여 다른 주지사들을 위해 이 주제에 대한 세미나의 조직에 적극적으로 활동했었다. 그녀는 이 분야의 전문 지식을 갖춘 사람들을 잘 파악하고 있어서 신속하게 전문가들을 모으고 또한 외국의 사회보장제도에 익숙한 유럽인들로부터 조언을 얻어낼 수 있었다. 루스벨트로부터 "너무 이론적이어서 간단한 보고서 작성에 몇 달씩 걸리는 사람들은 피하라"는 지시를 받았고, 필요로 하지 않는 조언이 어떤 것인지를 알았기 때문에 퍼킨스 또한 전문가들 중에서 어쩌다 한번 협의를 할 사람인가 아니면 전혀 할 필요가 없는 사람들인가를 잘 알고 있었다.

그녀의 위원회는 대통령을 위해 예닐곱 개의 문제들을 세밀하게 추려냈다. 하나는 행정적 관리와 관련이 있었다: 이 제도는 워싱턴의 기금을 가지고 주에 기초를 두고 운영될 수 있거나 또는 연방정부의 부서에 의하여 관리될 수 있었다. 두 번째 문제는 기금의 재원이었다: 돈이 장차 혜택을 받을 사람들로부터만 나와야 될 것인가? 일부는 그들의 고용주들로부터 나올 것인가? 일부는 일반 세원에서 나올 수 있을 것인가? 또 다른 문제는 예비금(reserves)에 관계되었다. 완전히 기본재산을 갖춘 연금기금을 둘 것인가 아니면 경상납입이 경상지출을 위해 사용되게 하고 예비금은 오직 비상시에 충분할 정도만 유지할 것인가? 퍼킨스위원회의 위원들은 이 여러 가지 문제들에 대하여 의견이 달랐다. 1934년 11월 워싱턴에 모였던 수백 명에 이르는 전문가들도 그랬다.

이러는 동안 대중의 압력은 더 거세졌다. 2년 전에 캘리포니아의 롱비치에서 프랜시스 에버레트 타운센드(Francis Everett Townsend)라는 이름을 가지고 있던 유순한 자태의 의사가 창밖을 내다보고 있었다. 그는 3명의 나이 지긋한 여자들이 음식을 찾기 위해 쓰레기통 뒤지는 것을 보았다. 그가 미친 듯이 소리를 지르자 그의 아내는 이웃이 들을 지 모른다고 항의조로 말했다. 그는 대답했다, "나는 모든 이웃들이 나의 소리를 듣기 원해! 나는 전능하신 신이 나의 소리를 듣기 원해! 나라 전체가 나의 소리를 들을 때까지 외칠 거야!"108) 캘리포니아 남부의 한 부동산업자의 도움으로 타운센드는 사회운동을 창설하였는데 수십만 명의 사람들이 이 타운센드계획 클럽(Townsend Plan clubs)에 참여하였고, 65세 이상의 가난한 모든 시민들은 그달의 돈을 그달에 다 쓴다는 조건 하에 연방정부가 출연한 연금을 월 200달러씩(다른 사람들은 매 목요일마다 30달러씩을 촉구했었다.) 받게 하자는 그의 요구를 지지하였다. 이 의사와 그의 추종자들은 이런 방법으로 경제를 소생시킬 수 있을 것이라고 주장하였다. 이 방법이 국가전체 소득의 절반을 인구 10퍼센트의 사람들에게 이전시킬 뿐이라는 불평에 대하여 타운센드는 조소조로 응답

---

108) Arthur M. Schlesinger, Jr., *The Age of Roosevelt* 3 vols., in progress (Boston: Houghton Mifflin, 1957–), Ⅲ, *The Politics of Upheaval*: 29 ff.

하였다. “나는 통계학자가 아니오.” 그는 말했다. “나는 경제학자도 아니오. 그런데 이 사실에 대하여 수백만의 사람들이 감사를 표시했소.”109)

“전진, 타운센드 병사들이여… ”라는 합창이 높아지고 새해가 다가오며 백악관의 연설문 작성자들이 이미 1935년의 연두교서를 기초하고 있을 때 퍼킨스는 위원회와 이 위원회의 주요 보좌진들을 소집하여 그녀의 집에서 회의를 가졌다. 이들은 저녁 8시에 도착하였다. 수화기를 내려놓고 서재의 문을 걸어 잠근 채 탁자 위에 위스키 한 병을 놓고 밤새 논쟁을 벌였다. 아침 쯤 되었을 때 마침내 합의라고 할 수 있는 어떤 것을 도출하였다.

이 위원회는 주에서 실업보험을 관리하도록 추천하였지만 (재원은 연방정부에서 대고) 위원들은 연방정부의 노후생활보험 관리를 선호하는 쪽으로 의견을 모았다. 많은 근로자들이 일생동안 여러 번 주에서 주로 이주한다는 개연성이 중요한 근거가 되었다. 다른 문제들에 대해서 위원회는 혼합된 방식을 도출하게 되었다. 당장의 고통은 홉킨스의 구호사업의 한 부분으로 다루어지도록 하였다. 보다 장기적으로 정부는 노령보험을 수립하는 것이었다. 근로자들은 수입의 일정한 비율을 기금에 납입하고 65세 이후에 평균 임금에 따라 등급이 매겨진 혜택금을 받도록 되어 있었다. 고용주들은 상응하는 기여를 하도록 되어 있었다. 국가의 돈을 너무 많이 묶어놓지 않도록 하기 위해 관리자들은 오직 긴급예비금만 유지하도록 하였다. 이들은 혜택금의 지급에 경상적 납입금을 사용하도록 하였다. 전문가들이 추산하기를 어느 시점에 이르면 이 예비금은 고갈될

---

109) *Ibid.*, Ⅲ: 36–37.

것이고 이 제도는 세수로부터 돈을 끌어와야 할 것으로 보았지만 그런 상황은 수십 년간 일어나지 않으리라 예상했다.

퍼킨스는 루스벨트의 반응을 적었다:

> "아하" 그는 말했다. "그러나 이것은 이름만 바꾼 기존의 실업수당과 똑같군. 누적되는 적자를 키우는 것은 1980년에 소집될 미국 의회에 대하여 거의 부정직한 일이오. 우리는 그래서는 안 되오. 우리는 1935년에 미국을 공매(空賣)해서는 안 되는 것처럼 1980년에도 그럴 수 없소."

다른 한편으로 루스벨트는 퍼킨스에게 더 이상 법안의 제안을 지연시킬 수 없다고도 말했다: "우리는 반드시 그것을 실현시켜야만 되오." "우리가 실제의 노후생활보험 제도를 내놓지 않으면 의회는 타운센드 플랜(Townsend Plans)의 압력을 배겨낼 수 없을 것이며 나 또한 노령의 사람들에게 은퇴 후의 체계적인 도움을 보장하는 확실한 계획이 없다면 나라를 대할 면목이 없소."[110)]

루스벨트의 염려를 만족시키기 위해 행정부의 최종 법안은 보다 큰 규모의 예비기금을 규정하고 더 적은 수의 근로자들에게 혜택이

---

110) Perkins, The Roosevelt I knew, p.294. 퍼킨스가 그녀의 부하직원들이 1935년에 신탁기금에 문제가 생길 것으로 상정한 연대로서 "1980"을 사용한 것은 십중팔구 기억의 부정확 때문이다. 당시 이 예상년도는 1965년이었다. 아닌 게 아니라 1939년 사회보장법이 개정되고 있을 때 직원들의 연구는 당시에 생각되었던 바와 같이 1980년에 신탁기금 중에서 예비금의 고갈을 시사하였다. 퍼킨스는 어쩌면 그녀 회고록의 이 부분을 쓸 때 1939년을 1935년으로 회상한 것 같다. Edwin E. Witte, *The Development of the Social Security Act* (Madison: University of Wisconsin Press, 1962), p.74.

갈 수 있도록 했다. 특히 이 법안은 농부들과 농장을 제외시켰다. 새로 당선된 캘리포니아의 한 의원은 (이 주의 계관시인이기도 함) 타운센드 플랜을 포함하는 법안을 제출했다. 그것은 구두표결에서 각하되었지만 200명의 의원들이 결석한 상태에서였다. 그리고 나서 타운센드 지지자들은 행정부의 제안을 너무 보잘것없는 것이라고 공격했다. 보수주의자들은 그것이 너무 많다고 공격했다. 예를 들면 미시시피주 잭슨시의 한 신문은 다음과 같이 썼다: "평균의 미시시피인들은 다 익은 목화와 옥수수가 잡초 속에서 자기들을 꺼내줄 노동자들을 애타게 부르는데도 멀쩡한 흑인들이 회랑에 한가하게 둘러앉아 연금에 의지해서 그 권속들을 부양하도록 기부금을 내는 자신들의 모습을 상상조차 할 수 없다."[111] 타운센드와 그에 동조하는 다른 사람들(미시시피의 이웃 주인 루이지애나의 신임 상원의원 후에이 롱(Huey Long)을 포함하여)에 의해 조성된 열띤 분위기 속에서 실제 이 안건에 반대표를 던질 수 있는 의원은 상하양원을 통하여 거의 없었다. 행정부의 법안은 하원에서 371 대 33으로 그리고 상원에서는 76 대 6으로 통과되었다.

4년 후 사회보장처(Social Security Board)는 정착된 기구가 되었고 갤럽 여론조사가 노령연금에 대하여 90퍼센트 대중의 지지를 말하고 있을 때, 이 법은 재원 확보 방안이 퍼킨스의 원안에 가깝도록 개정되었다. 의회의 보수파들은 엄청난 예비금의 정부 통제를 피하기 위해 이것을 찬성하였다. 이번에는 루스벨트도 반대하지 않았다. 그럼에도 불구하고 그는 이 제도가 안전하며 따라서 이후의 미래에도 그 자체를 감당할 수 있을 것이라고 판단했음이 분명하다.

---

111) William E. Leuchtenburg, *Franklin Roosevelt and the New Deal*, 1932~40 (New York: Harper & Row, 1963), p.131.

얼마 안 있어 대통령은 관리담당 고문인 루터 귤릭(Luther Gulick)의 방문을 받았다. 귤릭은 볼티모어에 있는 사회보장처의 노령보험국이 돈 낭비라고 말했다. 각 개인에게 평생 동안의 번호를 부여하는 사회보장카드를 발급하는 관할(district) 사무소의 직원들도 마찬가지였다. 볼티모어인들은 개인적 사항을 수자로 파일화하고 매년 카드보유자의 해당되는 수입이 얼마인지 써넣고 합산하면서 시간을 보냈다. 어떤 납입자도 그의 수입 총액과 최종 수혜액의 추계에 대하여 써 보낼 수 있었다. 수천 명의 사람들이 그렇게 했는데 정중한 회답을 받았다. 그러나 사실 이것은 수익이 이미 정해진 제도는 아니었다. 납입자들은 실제 은퇴와 함께 여러 납입액의 합으로부터 지급받는 것이지 개인의 사적인 벌이로부터 지급받는 것이 아니다. 공간과 사무집기 그리고 감독은 그만두고라도 단지 답장을 위한 구좌들의 유지를 위해 일하는 직원들의 급여에 소요되는 비용만 매년 최소한 100만 달러 이상이었다. 이 돈을 아끼는 것이 차라리 나았다. 구좌는 실제적인 필요가 없었다. 이렇게 귤릭은 주장하였다.

자상한 아버지처럼 루스벨트는 설명했다:

> 루터 군, 자네의 논리는 정확하고 자네의 사실들도 정확하네. 하지만 자네의 결론은 잘못이야. 이제 내가 왜 그런지 이유를 말하겠네. 그 구좌는 쓸모없는 것이 아니야. 그 구좌는 얼마나 많이 지급되어야 하는 지를 결정하는 게 아니고 무엇이 지급되어야 하는 지를 통제하는 것이네. 그 구좌가 거기에 있기에 의회에 있는 개새끼들이 내가 떠났을 때 이 제도를 포기할 수 없게 하네.[112]

112) 맥기어리(Michael McGeary)의 귤릭과의 인터뷰, 공공행정연구소, 뉴욕, 1980년 2월 28일. 귤릭의 허락에 의해 인용함.

노후생활보험을 신설함에 있어서 루스벨트는 집요하게 우리가 정의한 바 이슈의 역사를 이용하였다. 이는 그가 과거, *그의* 관심사에 관련이 있는 역사가 서로 무관한 선례들이 아니었다는 의미에서이다. 특정의 선례들은 퍼킨스의 주제였다. 루스벨트는 그녀가 독일의 경험, 한때 위스콘신에서 행해진 몇몇 실험 또는 경제학자들 간에 있었던 난해한 논쟁으로부터 얻을 수 있는 몇몇 중요한 지혜를 그녀가 잘 활용하리라고 믿었다. 그는 그러한 일들은 신경쓰지 않았다. 루스벨트에게 있어서 가장 중요한 것은 흐르고 있는 역사였다—이것은 나이든 극빈자를 과거가 아니라 *지금* 하나의 관심사로 만들며 진행되는 추세로서 미래에 있어서 이러한 관심이 지속될 것인지는 해가 가면서 결정될 것이었다.

루스벨트가 이러한 추세에 대하여 연구할 필요는 없었다. 그는 그의 전 삶을 통하여 이러한 추세들을 지켜보고 있었다. 인구 및 경제 통계에서 한 가지 분명한 것이 있었다. 부분적으로 의술의 발달과 영양상태의 향상으로 장수하는 미국인의 수가 증가하고 있다는 것이다. 19세기 중엽에 겨우 40명 중 1명꼴로 65세까지 생존했었다. 1930년대 중엽에 이 비율은 15명 중 1명꼴에 접근하고 있었다. 한편 국가사회 전체는 대체로 농촌과 농업사회에서 도시 및 산업사회로 전환하고 있었다. 이러한 사정은 보다 많은 노인들이 젊은 근력, 빠른 손놀림 그리고 날카로운 눈을 필요로 하는 일자리를 구해야 한다는 것을 의미했다. 이것은 이들 중 더 많은 사람들이 카운티의 극빈자 거주소 또는 안식을 제공하는 쉼터에 갈 수 없음을 의미했다. 미국경제가 "성숙"한 상태라 생산성이 더 늘어나지 않을 것이라는 잘못된 믿음 때문에 루스벨트의 염려는 더욱 컸다. 그러나 핵심적인 사실은 그가 노령극빈자의 문제가 수십 년 동안 커져 왔고 만약 외면한다면 더욱 악화될 것임을 확신했다는 것이다. 그는 이 점을 올바니의 의회에서 지적하였다. 그는 이때 뉴욕주에서 65세 이상의 인구가 증가함을 보여주는, 특히 뉴욕시에서 65세 이상이면서 자기들의 수입이나 저축에 의하여 생존해 갈 수 없는 사람들에 대한 통계를 인용하였다.113)

제2의 추세는 정치적인 것이었다. 그 자신의 생애에서 루스벨트는 국가사회가 그로버 클리블랜드(Grover Cleveland)와 윌리엄 맥킨리(William McKinley)의 보수주의에서 시오도어 루스벨트(Theodore Roosevelt)와 우드로 윌슨(Woodrow Wilson)의 진보주의로 전환했으며 1920년대에는 다시 보수주의로 회귀하는 것을 보았다. 그는 이와 유사한 변동을 뉴욕과 다른 주들 그리고 카운티와 도시들에서 보았었다. 어떤 개혁을 강하게 추진하려는 대중의 열정이 있은 후에 차분한 시기가 오면 개혁으로 불리한 영향을 받은 사람들이 그 개혁의 골자를 무력화시키려는 경향은 흔히 볼 수 있는 현상이었다. 그와 같은 추세를 확실히 감지하여 루스벨트의 전략이 형성되었고, 그가 귤릭에게 말한 것이 설명되었으며, 또한 수십 년 후 레이건 당시에 나타난 형태의 정책적 제안에 대한 모든 전망에 종지부를 찍었던 96 대 0이라는 표결이 설명되는 것이다. 루스벨트는 사회보장제를 안전한 그 어떤 장치로 묶어놓고자 하였다. 그는 이것을 "보험"에서 찾았는데 역사에 대한 또 하나의 뛰어난 통찰이었다. 그러나 실제로 1939년경이 되었을 때 이 일의 상징물들은 충분한 것으로 나타났다—용어, 장식물 그리고 구좌 번호들—이들은 정년 전에 연금수령권에 대해서 전혀 마음을 쓰지 않았다. 이러한 상황은 변화의 조짐이 있었음에도

113) *Public Papers of Governor Franklin D. Roosevelt, 1929* (Albany, N.Y.: L. B. Lyons, 1930), p.44.

불구하고 레이건 당시에도 마찬가지였다. 루스벨트의 보험 상징부호는 다음 세기까지 가기에는 불충분할지 모르지만 금세기까지만 지속된다 해도 이는 충분한 승리라고 할 수 있다.

우리가 노후생활보험을 역사의 효과적인 활용 예로서 인용할 때 우리는 다음과 같은 반문을 받게 된다: "그것은 그저 약삭 빠른(smart) 정치가 아니었는가?" 이에 대한 대답은 "아니다"이다. 그것은 *현명한(wise)* 정치였다; 이것은 다르다. 역사에 대해 가지는 민감성은 이 차이의 일면을 설명해 준다.

루스벨트와 존슨 사이의 대조적인 면을 고려해 보자. 어떤 법안을 중요한 수정 없이 의회에서 통과시키는 데 있어서 존슨은 루스벨트보다 더 뛰어났다. 문서상으로 위대한 사회(Great Society)는 "뉴딜"을 완성했을 뿐만 아니라 그것을 배경에 두겠다고 약속했다. 그러나 존슨은 역사 감각이 덜 했다. 베트남에 대한 그의 접근을 보자. 1965년에 그는 이 싸움의 과거나 미래를 보지 못하는 것 같았다. 그는 이것을 중국의 "상실"이라는 (그의) 저항할 수 없는 유추의 관점에 비추어 판단했다. (공상적 낙천주의자인) 미코버(Micawber)처럼 그는 무엇인가 나타나기를 바랬다. 마찬가지의 단견에 의하여 그는 확고한 지구력도 없으면서 국내의 사업들을 신설하였다. 분명히 그는 미국에서 자기가 원하는 방식으로 지속될 수 있는 그 무엇을 수립하는 것이 얼마나 어려운지에 대한 루스벨트의 지각력을 결여하고 있었다. 이 결과 그의 많은 사회정책사업들이 목적을 이루지 못하였다; 어떤 것들은 1980년대 중반을 넘기지 못했다. 다른 것들은 그의 후임자들에게는 물론이고 그 자신이 정한 우선순위와 균형이 안 맞아 비용이 너무 많이 들게 되었다.

현재 취약하게 보이지 않는 것들도 우리의 논지를 뒷받침하는 것 같다. 존슨의 가장 기념비적인 입법은 주로 남부를 목표로 한 민권(Civil Rights)과 투표권법(Voting Rights Laws)의 확립이었다. 이곳에서—인종관계에서—남부인 존슨은 링컨을 포함한 전임자들보다 더 예리한 역사 감각을 보여주었다. 1964년 선거유세 중 뉴올리언스주의 정 호텔(Jung Hotel)에서 주로 백인이었던 2,500명의 군중에게 행한 연설에서의 즉흥적인 첨언을 고려해 보자. 존슨은 그의 회고록에서 당시를 되돌아보았다.

> 나는 뉴올리언스 의회에서 미시시피에서 자라 교육받았고 텍사스주의 하원과 상원에 당선되었던 조 베일리(Joe Bailey) 상원의원에 대한 이야기를 하였다. 베일리는 샘 레이번(Sam Rayburn) 의원에게 남부의 경제문제에 대하여 얘기했었고 그 자원이 개발되는 경우 남부가 누릴 위대한 미래에 대하여 언급했었다.
>
> "새미. 나는 몸이 좀 더 나았으면 해." 베일리는 레이번에게 말했다. "나는 그 옛날의 미시시피주로 돌아가 그들에게 한 번 더 민주당의 연설을 하였으면 해. 나는 나에게 최소한 한 번의 기회가 더 남아 있다고 느끼네."
>
> 나는 청중들을 둘러보고 나서 이 옛 상원의원이 그 계제에 레이번 씨에게 한 마지막 말을 해주었다: "가엾은 옛 미시시피인들이여. 그들은 30년 동안 민주당의 연설을 한 번도 듣지 못했습니다. 선거 때마다 그들이 들었던 것은 '깜둥이, 깜둥이, 깜둥이'였을 뿐입니다."[114)]

114) Lyndon Baines Johnson, *The Vantage Point* (New York: Holt, Rinehart & Winston, 1979), p.110.

인종문제는 무시되고 있었고, 의회 동료들에게 실속없는 것으로 인식되고 있었고, 그것은 남부의 발전에 장애물이며, 정치인들의 목을 짓누르는 무거운 짐이었고, 이 문제의 극악한 표출로부터 벗어나는 것이야말로 이 지역사회의 많은 사람들에게 결정적인 혜택으로 다가올 것이라는 점을 존슨은 그의 개인적 경험으로부터 알고 있었다. 그는 쿠 · 클룩스 · 클란(KKK)이라는 단체가 언제 그 자신의 주 정치에서 강한 세력으로 행세했는지를 기억할 수 있었다. 그는 남부에서 백인과 흑인이 서로에 대한 두려움에 의해 지배되기보다는 그들의 공동선을 위하여 서로에 관심을 가지는 미래에 대하여 상상할 수 있었다. 루스벨트가 사회보장제도에 대하여 그랬던 것처럼 존슨도 어떻게 변화를 일으키고 그것이 지속될 수 있게 할 수 있는 지에 대하여 알고 있었다: 연방의 선거명부 작성자들을 들여보내 정직한 선거명부와 정직한 투표를 하게 하면 (최소한 백인에 대한 것만큼 흑인에 대해서도 정직한: "압승 린든"은 공상적이지 않았다) 미래는 저절로 굴러갈 것이다. 이 분야에서 존슨의 선견지명은 과거와 미래를 고려하고 있었다.

우리에게 있어서 어려운 질문은 역사적인 판단과 정치적인 판단을 어떻게 구별하는가가 아니다. 그것은 이 둘 중의 한 가지라도 배울 수 있는가이다. 존슨은 도리스 컨즈(Doris Kearns)의 말처럼 루스벨트를 "그의 후견인, 본보기 그리고 궁극적으로 그 자신의 성취 정도를 가늠할 수 있는 준거"[115)]로 삼았었다. 그러나 존슨은 루스벨트처럼 사고하지 못했다. 이것은 중대한 변수들은 선천적인 것이어서 학습되거나 모방될 수 없다는 것을 시사하는가?

---

115) Doris Kearns, *Lyndon Johnson and the American Dream* (New York: Harper & Row, 1976), p.110.

이 질문에 대한 답은 '그렇다'일 것이다. 어떤 교범이나 연구과정도 보통의 정치인을 존슨으로 만들거나 존슨을 루스벨트로 변화시킬 수 없을 것이다. 그러나 우리가 이 책의 서문에서 설명한 것처럼 우리는 조그만 변화를 염두에 두고 연구한다. 만약 우리의 학생들이 야구선수라면 우리는 그들이 테드 윌리엄스(Ted Williams)나 샌디 쿠팍스(Sandy Koufax) 같은 사람들로 변해 있기를 기대하지 않을 것이다; 우리는 타율평균이 2할 5푼에서 2할 6푼 5리로 올라가거나 출루허용율 평균이 6.0에서 5.0으로 내려가기만 해도 만족할 것이다. 우리는 역사를 반복적으로 활용하려는 어떤 지속적 노력도 공적인 분야에서 활동하는 사람들의 평균율을 향상시킬 것이라고 확신한다.

어떻게 그렇게 될 수 있느냐 하는 것은 처방하기 쉽지 않다. 루스벨트와 노후생활보험의 예를 드는 것과 다른 상황과 관심사를 다루는 다른 시대의 다른 사람들이 이를 어떻게 활용하느냐 말하는 것은 서로 별개이다. 더구나 사례 그 자체는 기껏해야 부분적으로만 유용할 뿐이다. 왜냐하면 루스벨트는 그가 이미 아는 역사를 활용했기 때문이다. 대외문제에 있어서 그는 추세에 관하여 마찬가지로 자신감을 가지지 못했다. 1933년에 미국을 국제연맹의 사실상의 동반자로 만들려는 루스벨트의 자신감 없고 그리하여 결국 헛되었던 노력을 보라.[116] 그러나 우리는 보통 그 과거에 대해 알고 있지 못한 어떤 문제를 다루는 정책실무자들을 위해 쓰고 있다. 사정이 이럴 수밖에 없는 것은 미국 정치체제와 그 안의 전문화된 평생직업 제도 때문인데 바로 이 제도는 고위급 수준에서 준평생 직업 또는 비평생

116) Freidel, *Roosevelt*, vol. IV, Launching the New Deal, chapters 7–8, 21–22, and 27 참조.

직업 공무원들에 의하여 운영되고 있다. 휴 헤클로(Hugh Heclo)의 표현대로 우리의 "이방인들 정부"는 형편없거나 성긴 제도적 기억을 유지하고 있는데 이것은 그가 얘기하는 회교성직자처럼 헌신적인 정치인 행정집행자들(political executives)의 한참 아래 수준에 위치하는 공무원들에 대해서도 진실이다.[117] 이 장을 시작하고 있는 소련의 여단은 폭넓게 응용될 수 있는 조심스런 이야기이다. 그렇다고 한다면 어떤 "소방법들(mini-methods)"이 들어맞을 가능성이 있는가?

이슈의 역사를 위해 *알려진 것(Known)*을 *불분명한 것(Unclear)*으로부터 그리고 *추정되는 것(Presumed)* 또는 *유사점들(Likenesses)*을 *차이점(Differences)*으로부터 분리하는 방식은 시간의 궤적(time-line)을 동시적으로 표시하여 "저널리스트의 질문들"을 명민하게 사용함으로써 둘의 반복적인 방법으로 부각시키는 "골드버그 법칙(Goldberg rule)"을 응용하는 것이다. 이것이 복잡하게 보이는가? 그렇지 않다. 이것들은 단순한 소도구들이다. 이들은 서로 잘 부합된다. 지금부터 우리는 설명해 보겠다.

"골드버그 법칙"에서 이 골드버그는 전 대법관도 아니고 바흐의 "골드버그 변주곡"에서 영감을 준 사람도 아니다. 만화가 루베(Rube)는 더욱 아니다. 그는 뉴잉글랜드의 잡화연쇄점 및 할인백화점인 스톱 앤 숍(Stop and Shop)의 최고 경영자인 에이브럼 골드버그(Avram Goldberg)이다. 그는 어떤 사람으로부터 이슈의 역사들의 유용성에 대한 짧은 선교를 듣고선 외쳤다. "바로 그것이야! 어떤 지배인이 나에게 올 때 나는 '무엇이 문제이지?'라고 묻지 않아. 나는 '그 이야

---

117) Hugh Heclo, *A Government of Strangers* (Washington, D.C.: Brookings Institution, 1977).

기 좀 해 봐'라고 말해. 그런 식으로 나는 문제가 *정말* 무엇인지 알아내거든."

우리는 이 "골드버그 법칙"을 누구에게나 추천한다. 관심사를 확인한 후에 또는 확인하면서 "무슨 이야기이지?"라고 묻는다. 그런 식의 질문은 카터로부터 소련 여단 건에 있어서 당혹감을 덜게 해주었을 지도 모른다. 그것은 포드가 돼지독감과 마야게스호 사건을 다루는 데 있어서 도움이 되었을 지도 모른다. 그것은 심지어 1965년에 베트남에 투입해야 할 병력의 규모에 대한 논쟁을 변화시켰을 지도 모른다. 이 "골드버그 법칙"의 적용이 항상 도움이 된다고는 할 수 없지만 절대 손해를 주는 일은 없다.

이 "시간의 궤적"은 단순히 일련의 순차적인 날짜들이다. 이슈의 자초지종을 알아보기 위해 한 장의 종이에 어떤 사람이 그 이슈의 역사와 처음으로 관련되는 날짜를 표시하는 것만으로도 도움이 될 수 있다. 바쁜 사람들은 종종 멀리 과거를 깊이 들여다보는 것을 주저하기 때문에 우리는 그저 중요하다고 생각되는 가장 이른 날짜부터 시작하는 것이 좋다고 강조한다. 만약 연속되는 통계에 있어서 이것이 되지 않는다면 어떻게 될지 고려해 보라. 물가상승에 대한 논쟁에서 정상의 물가상승률이 10~12퍼센트라는 것을 증명하기 위하여 소비자물가지수로부터 1973년 이후 10년간의 수치들이 인용될 수 있을 것이다. 1982년 이후 4퍼센트나 그 부근은 비정상적인 것으로 보인다. 1953년에 시작되는 연속간행물은 정반대를 보여 줄 것이다—즉 높은 수치들은 일탈인 것이다. 만약 이 연속간행물이 200년 이상의 물가를 다루었다면 그것은 예외적인 그 어떤 물가상승도 보여 줄 것이다. 그 이유는 미국에서의 물가는 1780년대부터 1930년대까지 거의 일정하기 때문이다. 오직 그 더 긴 연속간행물을 가지고서만이 이 자료가 허용하는 모든 해석을 볼 수 있을 것이다. 어떤 이슈들에 있어서도 마찬가지이다.

"골드버그 법칙"에 따라 "이야기는 무엇인가?"라고 물은 후 다음 단계는 그 이야기의 실제 시작 날짜를 확인하는 것이다: 그것은 언제 시작되었는가? 만약 답이 확실하지 않다면 찾아낼 수 있도록 노력하라! "언제"는 전통적으로 저널리스트가 제기하는 첫 번째 질문이다. 만약 CIA 분석가들이 그런 질문이 제기될 수 있기를 *기대했었고* 그에 따라 대비했었더라면 카터, 브레진스키, 밴스에게 얼마나 유용했을 지 생각해 보라. 그들은 그렇게 하지 않았고 따라서 도움이 되지 못했다. 경험은, 슬프게도, 그들 편에 있었는데 말이다.

그 다음에 저널리스트적인 질문들이 물어져야 하는데 누구나 그 전통적인 목록을 안다: "언제?" "어디서?" "무엇을?" "누가?" "어떻게?" "왜?" "언제라는 질문들"이 시간의 궤적(time-line)을 구성한다. 우리는 다른 질문들도 포함하는데 그 이유는 모든 문제에 대하여 이들 질문이 충분히 답해져야 되기 때문이 아니라—하나의 점검목록으로 고려되어—이들 질문들도 시간의 궤적을 구성하는 데 도움이 될 수 있기 때문이다. 이 질문들은 또한 이야기의 중심 내용을 구성하는 데도 도움을 준다. 이 질문들과 이 질문들로부터 도출된 날짜들은 모두 이야기의 화자들이 그들의 선입견이나 정책 선호와 일치하지 않는 그 이야기의 구체 사항을 빠뜨리지 않게 하거나 또한 청취자에게도 그들의 선입견이나 정책 선호와 일치하지 않는 그 이야기의 세부사항을 모르고 지나치지 않도록 해 준다. 마찬가지로 이 점검목록은 앞으로 또는 뒤로 그리고 배경뿐만 아니라 기획 속안으로 그 시간의 궤적을 구성하는 데 도움을 준다.

물론 이야기의 청취자들이 이야기의 세부사항에 대하여 들을 수 있는 시간이나 화자들이 이야기의 세부사항에 대하여 말하는 데는 한계가 있는데, 그것도 빈번히 심각하게 그렇다. 이 점검목록 모두를 모든 측면에 적용하다보면 또한 역효과가 날 수 있다. 선택성과 정선이 요청되며 지름길도 요청되는 것이다. 그러나 우리가 때때로 “어떤 기준에 의해서?”라고 추궁 당하듯 질문 받는 것처럼 우리는 상식과 결합된 경험 외에 더 좋은 답은 없는 것이다—루스벨트의 사회보장 정책 사례에서 잘 예증된 두 경험칙에 의하여 지지된 바 있다.

정보선택에 관한 우리의 경험칙들은 이런 것들이다. 우선 추세를 파악해야 하는데 나무를 보기 전에 숲을 보아야 한다. 또한 과거나 미래에 정치가 결과에 미치는 영향력이 결정적일 때에도 나무, 즉 요점에 초점을 맞추려 노력하라. 왜 정보나 기술 또는 물질적 자원 등이 아니라 정치인가? 왜냐하면 정치는 그 안에 책임성이 싸여 숨겨져 있어서 실체뿐만 아니라 의무와 재직기간을 띠는 직위에 영향을 주기 때문으로 이 둘은 정말 중요한 것이다! 루스벨트는 1935년에 타운센드주의를 위해 의회에서의 승리보다 더 큰 위험을 각오했다: 그는 쿨린(Coughlin) 신부에 기우는 우파성향과 후에이 롱(Huey Long)에 기우는 “좌파성향” 사이에서 표류하며 그의 새 유권자 연합의 중요부분을 상실할 위험이 있었다. 간단히 말해 그는 그의 직무를 수행하지 않는 위험, 즉 그것을 수행하지 않는 것으로 보일 위험, 그리하여 결국은 (그가 보기에) 나쁜 사람들이 권좌에 들여지는 상황에서 그의 직무를 상실한 모험을 하고 있었다. 우리 중의 한 사람이 전에 다른 맥락에서 하기도 했는데, 자신의 우두머리가 누구인가와 공공선을 동일시하는 사람에게 그의 우두머리보다 더 중요한 것이 무엇이 있겠는가? 따라서 우리는 제안한다: 초점을 맞출 세부사항을 찾을 때 그와 같이 강한 동기의 특징을 갖는 사항들을 선택하라. 정치는 그러한 단서를 제공한다.

조그만 세부사항들이 때때로 커다란 왜곡에 영향을 미치는데 이 때문에 선택은 필요하면서도 골칫거리가 될 수 있다. 예를 들면, 1962년 말의 유명한 사례(이에 대해서는 더 나중에)에 있어서 미영 관계는 저점에 이르렀는데 그 이유는 케네디 행정부의 국방장관이었던 로버트 맥나마라(Robert McNamara)가 2년 전 아이젠하워가 영국에게 영국 공군의 핵능력 증강을 위해 아직 개발 중인 투박한 공대지 미사일(스카이볼트)를 제공하는 협정시에 영국의 폭격기들이 북대서양조약기구 하에 있도록 대통령이 요구하지 않았다는 것을 미처 몰랐기 때문이다.[118] 그러나 맥나마라는 장관으로 일을 시작하면서 여기에서 영국인들이 그렇게 선택했다는 것을 알았다. 나중에 그가 성능을 이유로 하여 스카이볼트를 취소하여 런던에 어떤 미사일도 남겨주지 않고 또 영국은 대신에 북대서양조약기구에 배치된 잠수함에서 사용될 해상 발사 미사일을 증강시킬 수 있다고 시사했을 때 그는 맞교환을 제안하고 있다고 생각했다. 따라서 그는 런던에서 영국의 핵 억지력을 무너뜨리려 한다는 이유로 공격받았을 때 놀라지 않을 수 없었다. 당시 영국 정부로서는 선택이라는 사실 바로 그것이 정치적으로 주권독립의 핵심적 상징이었다. 신형 무기에 북대서양조약기구 배치라는 조건을 붙이는 것은 상징적으로 맞교환이 아니라 차라리 종속이었다. 목표물이 공동의 것이고, 공동의 것이었으며 그리고 공동의 것일 것이라는 점은 중요하지 않았다; 영국인들에게 그것은 단지 작전문제에 지나지 않았다. 이론적으로

118) Richard E. Neustadt, *Alliance Politics* (New York: Columbia University Press, 1970), chapter 3.

그들은 자발적으로 북대서양조약기구에 투입했던 것을 빼 내올 수 있었다. 똑같은 얘기를 공동의 목표물에 대해서도 할 수 있었다. 자발주의가 바로 중심 논지였다. 맥나마라는 이에 이의를 제기하는 것 같았다. 이 결과 공공연한 분쟁이 나타나게 되었다. 늦게나마 그는 아이젠하워의 동의가 담긴 서류를 요청, 검토하고 나서야 맞교환이 그 런던사람들에게 왜 강한 항의를 촉발시켰는지 헤아릴 수 있었다. 그가 약간의 차이를 보았을 때조차도 이를 그토록 심한 문제의 원인으로 거의 인정할 수 없었다: 단지 상징적 의미로만 생각했다. 그러나 이 예는 우리의 경험칙의 하나에 대하여 일종의 세련성을 시사해 준다: 최소한 당신의 관심이 그를 조용히 있게 하려는 것이면 너는 너 자신의 정치뿐만 아니라 네 이웃의 것도 세부사항이 연구되고, "나무들"이 면밀히 조사되어야 할 분야이다. 안타까운 것은 이것이 선택을 복잡하게 하는 나무들을 더 많게 한다는 점이다. 결국 이러한 상황은 더욱 경험과 상식의 중요성을 강조하게 된다.

이러한 경우의 가장 중요한 정치적인 세부사항들은 그 이슈의 프로그램적인 내용에 있어서 중요성의 변화, 다시 말해 그 법률적인, 구조적인, 절차적인, 또는 예산상 형태의 변화를 중심으로 군집이 형성될 것이다. 그들은 시간의 궤적에 따라 비교적 고정되고 제한된 기간에 발생할 것이다. 그러한 변화들이 발생하는 시점들은 정보사항들이 넘쳐날 것인데 그 이슈의 정치에 대한 신호들을 찾아 샅샅이 뒤질 가치가 있다. 사회보장제도를 다루는 역사가들은 종종 1939년의 "봉급원천공제지불(pay-as-you-go)"로의 정책전환에 대한 루스벨트의 묵인—그는 3년 전에 이를 특별히 거부했었다—을 임박한 유럽전쟁에 처하여 주의를 기울이지 못한 문제로 취급하였다. 이와 대조적으로 귤릭(Luther Gulick)의 회고록은 루스벨트가 주의를 기울이지 못하기는커녕 두 해에 있어서 사회보장 재정의 프로그램적 조건들을 잘 알고 있었음을 강하게 시사한다. 그는 변화를 허용하였는데 정확히 이제 그는 그가 이전에 거부했던 것, 즉 보험의 상징들로서 그 구좌번호들이 달러 신탁기금이 축적되어 그가 떠난 다음에도 의회 의원들이 "그"의 정책 사업을 폐지하지 못할 만큼 잘 운용되어나갈 수 있으리라는 것을 수용했기 때문이다. 그의 생각을 바꾸게 했던 것은 분명히 사회보장제도의 첫 4년에 있어서 국민들의 압도적인 수용이었다. 이것이 사회보장제도에 대한 이야기를 조명하는데 도움이 되는 것처럼 상위정치(high politics)의 문제로서 루스벨트 의도의 변하지 않는 성격을 설명하는데도 도움이 된다.

그렇게 볼 때 프로그램 내용에 있어서 변화 시점, 즉 이런 종류의 실질적인 변화를 의미하는 순간들은 추세가 그런 이야기를 말하면서 나타나는 문제—또는 우리가 선호하는 대로라면 관심사들(concerns)—들을 정의하는데 도움을 주는 것처럼 마찬가지로 중요하다. 스카이볼트의 예를 볼 때 1945년 이후 영국의 핵 억지력을 표시하는 시간의 궤적에서 이 무기를 제공하기로 한 아이젠하워의 합의는 중요한 변화 시점이었다. 정확히 이러한 이유 때문에 다음의 커다란 변화를 이룩하려는 의도를 가진 장본인으로서 그 합의를 중단시키려 했던 맥나마라는, 런던이 처음부터 스카이볼트를 요청하고 이를 제공하도록 워싱턴을 설득하려고 했던 정치적인 세부사항을 포함하는 구체적인 사실들을 연구했었더라면 갈등없이 좀 더 잘 할 수 있었을 것이다. 그 제안은 원칙적으로 영국인 그들이 선택하는 대로 사용을 자유롭게 했을 뿐만 아니라 맥나마라의 전임자로 스카이볼트의 지지자가 아니었던 토마스 게이츠(Thomas Gates) 국방장관은 1960년에 영국의 잠수함 전환을 선호하였으며 보다 높은 수준의 국가이익을 위해서 이 원래의 합의를 실행에 옮겼을 뿐이었던 것이다. 국가이익이란 첫째 암묵적인 보답으로서 스코틀랜드의 미국 잠수함 기지이고, 둘째 미영간의 예양, 즉 우의의 과시인데 이것이 아이젠하워에게 정치적으로는 물론 개인적으로도 중요하였고 런던에서는 더욱 중요하였던 것이다. 두 가지 점의 자세한 사항에 대하여 맥나마라는 나중까지 거의 알지 못하고 있었다. 대신에 그가 보았던 것은 점점 획득이 용이하고 신뢰할 만하며 저렴할 뿐만 아니라 예정보다 일찍 선보인 지상 및 해상용 미사일과—설득력 있는 추세들—비교하여 점점 비용이 많이 들고 부정확한 공대공 무기였던 것이다. 영국이 근본적으로 정치적인 문제로 보았던 문제를 그는 기술적이고 예산적인 미국의 관심사 문제로 성격 규정하였던 것이다. 그리하여 1962년 12월 미영관계에 있어서 위기가 도래했던 것이다.

효과적인 이야기를 하기에 필요한 모든 수단들을 모으기 위해 우리는 때때로 시간의 궤적을 적어보고 두 단계에 걸쳐서 저널리스트적 질문들을 던져볼 것을 제안한다: 첫 단계는 경제, 인구, 입법, 경영관리, 생산, 대중심리, 문화, 또는 관련되는 것으로 보이는 그 어떤 것의 추세에 있어서 "언제"와 "어디서"라는 질문에 집중한다. 둘째 단계에서는 실제적인 프로그램의 변화들, 특히 상위 정치에 대한 "어떻게"와 "왜"라는 질문에 주안점별로 주의를 집중한다. "저널리스트적인 질문들은 두 번"이 우리의 조언이다—아니면 어쨌든 이러한 조언의 배경에 있는 사고방식에 유념하라(이것을 받아들이기에 시간이 너무 짧을지 모른다는 점을 인정하여). 이러한 구분들은 다소 거친(rough) 우선순위들을 도입해 줄 것이다. 우리는 '거친'이라는 말이 '무작위(random)'라는 말보다 더 적당하다고 생각한다.

이러한 소방법들(mini-methods)—골드버그 법칙 ("자초지종이 어떻게 된 것인가?"라고 묻는) 이 이야기의 시작으로부터 시간의 궤적을 추적하는 것, 그 이슈의 역사에 있어서 추세와 변화시점에 대하여 저널리스트적인 질문들을 던지는 것—은 현재의 문제를 조명하는 데 있어서 서로에게 유익한 역할을 할 수 있다. 어떻게 그렇게 하느냐는 암시적인 논의 이상의 것을 필요로 한다. 우리는 독자들이 그들의 상식을 적용할 수 있는 보다 자세한 예증을 필요로 한다! 이것이 바로 다음에 우리가 제시하는 바다. 우리는 예증을 위해 다시 카터 행정부로 되돌아가는 데 후반부의 음울한 시기가 아니라 희망적인 출발 시기로 이다. 왜냐하면 우리는 카터의 첫 석 달 동안에 있었던 한 일화가 그 행정부에 역사가 어떻게 제대로 살아 움직이는지를 확인해 주고 있다고 보기 때문이다—잠재적으로 케네디가 피그만을 회상하며 찾아냈던 것으로 얘기되는 것만큼 유용한 학습경험이라고 할 수 있다: 반추에 가해지는 박차 같은, 카터와 그의 보좌관들이 1977년은 고사하고 1980년에도 던지지 못했던 종류의 질문들을 시작하는 계제가 되었다. 초기의 일화는 그 행정부의 군축에 관한 미소협상에 대한 첫 번째 접근이다. 무엇이 행해졌는지 다음 장에서 검토하고 또한 그들이 골드버그 법칙을 적용했더라면—이야기가 어떤 것인지 물었더라면—무엇을 얻을 수 있었을 것인지 살펴본 다음 그 이야기를 선명하게 부각시킬 것이다.

제 7 장

적절한 역사 찾기

1977년 3월 하순, 취임 후 100일 중 약 2/3가 지났을 때 카터는 사이러스 밴스(Cyrus Vance) 국무장관을 모스크바에 보냈다. 밴스는 소련의 지도자 레오니드 브레즈네프(Leonid Brezhnev)에게 두 나라의 전략핵 전력, 즉 대륙간, 핵무장 미사일 병기와 폭격기를 대폭 감축하기 위한 계획을 제시하였다. 만약 러시아인들이 아직 그렇게까지 멀리 갈 준비가 되어 있지 않다면, 1974년 포드 대통령과의 블라디보스토크 회담에서 브레즈네프에 의하여 잠정적으로 합의된 조건에 서명할 것이라고 그는 말했다. 유일한 조건이 있다면 그것은 보다 종합적인 조약을 위한 협상을 지속한다는 약속이었다.[119)]

브레즈네프는 머물러 들으려 조차 하지 않았다. 짧고 냉랭한 말투로 소련의 외무장관 안드레이 그로미코(Andrei Gromyko)는 미국의

119) 특별히 다르게 밝히지 않은 경우 우리는 이곳에서 Strobe Talbott의 권위 있는 저서 *Endgame: The Inside Story of SALT Ⅱ* (New York: Harper & Row, 1979)에 의존함.

제안을 전혀 받아들일 수 없는 것이라고 하였다. 모스크바로 가는 비행기 안에서 밴스의 보좌관 중 한 명인 레슬리 겔브(Leslie Gelb)는 이 같은 결과를 예언했었다. 그는 러시아인들이 그의 제안을 거절할 것이며 반대제안조차도 하지 않을 것이라며 상관에게 1달러 내기를 제안했었다. 겔브가 이겼다. 밴스가 실망하며 귀국 비행기에 있을 때 그로미코는 외신기자들을 불러들였다. 외무장관으로 20년 재직하는 동안 가지는 첫 번째 이 기자회견에서 그는 미국 정부에 대하여 값싸고 수상쩍은 책략이라고 몰아세웠다. 백악관에서 카터의 국가안보 보좌관인 즈비그뉴 브레진스키(Zbigniew Brzezinski)는 기자회견을 요청하여 그로미코의 언사에 항의하고 미국 제안의 타당성을 옹호하였다.

미국의 신문들과 텔레비전 방송망들은 처음에 이러한 상호공방을 새로운 냉전의 서막이라고 특징지었다. 취임 100일에 대한 성적표를 나누어주고 있을 즈음 그들은 이것을 군축을 향한 진전에 있어서는 단지 하나의 후퇴로 해석하였다. 뉴스위크는 익명의 고위 관리가 "우리는 '전진'하기 위해 후퇴한 것이 아니라 우리는 아마도 버몬트 애비뉴에 되돌아왔다"[120]라고 한 말을 인용하였다.

회고록에서 당사자들과 역사가들 모두는 밴스의 모스크바 임무수행을 최소한 불운, 아니 어쩌면 재앙이었다고 판단한다. 카터, 밴스 그리고 브레진스키는 모두 다소의 유감을 표시한다. 카터의 군비통제 노력에 관한 사가인 스트로브 탤보트(Strobe Talbott)는 카터의 전략무기제한회담이 결코 달성될 수 없었던 책임의 많은 부분을 밴스의 잘못 구상된 임무수행 탓으로 돌렸다. 탤보트의 견해에 따르

120) *Newsweek*, May 2, 1977, p.48.

면 이 임무수행은 실제적인 협상을 지연시켰을 뿐만 아니라 설상가상으로 기존의 협상들을 판단하는 비현실적인 기준을 수립해 놓았다는 것이다.

다른 운영방식이었다면 보다 만족스런 결과를 낳을 수 있었을까? 우리는 그렇다고 생각한다. 우리는 관리들이 골드버그 방식 같은 것을 원용하여 "이야기는 무엇인가?" 묻고 나서 그 이야기를 처음부터 추적하는 시간의 궤적을 그려보아야 하며 그리고 나서 그 이야기의 중요한 순간에 대하여 "누구?"와 "어떻게?" 그리고 "왜?"를 포함하는 저널리스트적인 질문을 던지는 것이 일상화되어야 한다고 주장했다. 우리는 그러한 일상적 습관이 카터의 백악관에서 실천되었더라면 대통령으로 하여금 실패가 예정되어있는 임무에 밴스를 파견하지 않았을 것이라고 믿는다.

우리는 이 주장을 좀 자세히 제시해야만 하는데 그 이유는 많은 당시의 행위자들이 밀접하게 관련된 이야기들의 많은 부분을 *정말 잘 알고 있었기* 때문이다. 1960년대 국방부 고위직에 있을 때부터 밴스는 존슨과 러시아인들 사이에 있었던 초기의 협상을 잘 관찰했는데 이 협상은 닉슨 행정부 하에서 제1차 전략무기제한회담(SALT I)으로 알려진 합의에 도달했었다. 카터의 군비통제 및 군축처(Arms Control and Disarmament Agency)의 우두머리였던 폴 원키(Paul Warnke)도 그 당시 수 년 동안 국방부에 있었다. 겔브도 마찬가지였다.[121)]

121) 밴스(Cyrus Vance)는 1961년 국방부의 일반법률고문, 1962년부터 1964년까지 육군부장관, 1964년부터 1967년까지 국방부 부장관으로 있었다. 원키(Paul Warnke)는 1966년부터 1967년까지 국방부의 일반법률고문, 1967년부터 1969년까지 국제안보문제담당 국방차관으로 일했다. 겔브(Leslie Gelb)는 1967년 국방부의 정책기획국 부국장, 1968년 국장, 1968년부터 1969년까지 정책기획 및 군비통제국 담당 국방부 차관보 서리였다.

신임 국방장관 해롤드 브라운(Harold Brown)도 그러하였는데 그는 이에 더하여 저명하면서도 그렇게 당파적이지 않은 물리학자 겸 행정가로서 닉슨 및 포드 행정부에서 전략무기제한회담 협상에 관련되어 일했었다. 전략무기제한회담 문제에 관련하여 브라운의 핵심 보좌관으로서 명민하고도 젊었던 워싱턴의 세무변호사 월터 슬로콤브(Walter Slocombe)는 일찍이 국가안보회의(NSC)의 직원이어서 헨리 키신저(Henry Kissinger)를 위해 같은 문제를 분석했었다. 브레진스키는 맞먹는 경험은 가지지 못했지만 1960년대 국무부 정책기획국에서 기간제로 일한 적이 있었고 25년여 동안 소련에 대하여 저술하고 가르쳐 왔었다. 또한 브레진스키는 자신의 국에 직업적 정보장교로서 키신저의 소련 전문가 집단의 일원이었던 윌리엄 하일랜드(William Hyland)와 국방부에서 전략무기제한회담을 따라다녔던 핵기술자 로저 몰랜더(Roger Molander)를 두고 있었다. 기십 명의 다른 전문가들도 여러 정부 부서와 정보 분야 여기저기에 흩어져 있었다.

밴스의 임무 파견에 업무책임이 있는 일군의 사람들에 있어서 두뇌나 지식 면에서 부족함이 없었고 최소한 부하 직원들 수준에서도 신참자들은 고참자들로서의 질문을 던질 수 있는 뛰어난 감각을 보유하고 있었다. 한 신참자가 탤보트에게 말하기를 "우리들 중 많은 사람들은 풋내기였는데 하일랜드와 몰랜더는 많은 시간 우리와 산책하며 우리를 현실로 인도하였다"라고 하였다. 게다가 브레진스키의 지시에 따라 몰랜더는 카터의 보좌관들을 위해 과거 전략무기제한회담 협상의 역사를 준비했었다. 그 문서는 아직 비밀로 분류되어 있지만 우리는 그것이—그 협상들에 관한—좋은 기록이라고 믿을만한 충분한 이유가 있고, 종합적이고 의미있는 정보를 담고 있으며 공평한 것이라고 믿고 있다. 카터 행정부는 이처럼 잠재적으로 관련 있는 과거의 그 부분에 대한 정보가 없지 않았던 것이다. 또한 그 정보를 분석할 수 있는 능력이 결여되어 있었던 것도 아니다. 우리가 보기에 결여되어 있었던 것은 문제를 보다 장기적이면서도 보다 적실성 있는 역사적 관점에서 보려는 성향 또는 그렇게 할 수 있도록 스태프들을 자극하는 절차였다. 결여된 관점은 협상이 지향되어있는 무기경쟁이었다. 곧 우리는 이 문제로 넘어갈 것이다. 그러나 우선 이 새 정권이 어떻게 그 비효과적인 협상자세를 취하게 되었는지에 대하여 한마디 하겠다.

대부분의 다른 정책분야처럼 여기에서 카터의 역사 인식은 한계가 있었다. 해군 직업장교 시절 그는 하이먼 릭코버(Hyman Rickover) 제독에 의하여 새로운 핵잠수함 근무를 위해 선발된 명석한 젊은이 중의 한 명이었다. 그래서 그는 브라운을 제외하고선 대부분의 보좌관들보다 핵기술에 대하여 더 잘 알고 있었다. 그러나 외교, 정치의 중심적 문제들에 대해서는 거의 알지 못했다. 그 문제들은 잠수함을 다루는 일과 많은 관계가 없었고 1953년 해군을 떠난 후 줄곧 종사해왔던 땅콩 보관과는 더더욱 관련이 없었으며 또는 주지사로서 한 번의 임기를 마친 후 일편단심으로 백악관을 향해 달리기 시작한 1974년까지 집중했던 조지아주의 정치와도 많은 관련이 없었던 것이다. 이들 연간에 핵무기에 관심을 갖는 유권자들은 극소수였다. 로버트 맥나마라는 "미사일 갭"을 시정했던 것으로 생각되었으며 닉슨과 키신저는 제1차 전략무기제한회담과 "긴장완화(Detente)"를 통해 냉전을 종식시킨 것으로 생각되었다. 그랬으니 걱정할 것이 무엇이었겠는가?

카터가 전당대회를 위해 미개척지를 순회하고 있는 동안 핵문제에 대한 불안감이 고개를 들고 있었다. 1972년 제1차 전략무기제한회담 합의의 한 가지는 5년 동안 소련과 미국의 지상배치 및 잠수함 배치 장거리 미사일을 동결하는 것이었다. 닉슨과 키신저는 소련이 2,400 대 1,700, 즉 40퍼센트 이상 수적인 우위에 있었음에도 불구하고 이에 동의했었다. 그들은 이러한 제1차 전략무기제한회담에서 다루어지지 않은 대륙간 폭격기에서의 미국의 우세에 의하여 상쇄될 수 있다고 믿었다. 또한 회담에서 다루어지지 않은 유럽과 해외의 다른 지역에 배치된 단거리 미사일들에 의해서도 상쇄되고, 보다 우월한 기술에 의해서도 상쇄된다고 믿었다. 미국의 미사일들은 곧 다탄두 미사일(MIRVs)로 장착될 것이었다. 그리하여 이렇게 장착된 각 미사일은 여러 개의 핵탄두를 운반할 수 있고 다음에 적국의 상공에서 이들을 널리 산재해 있는 목표물에 대하여 발사할 수 있을 것이었다.(카터는 다탄두 미사일들 때문에 제1차 전략무기제한회담에도 불구하고 1972년의 두 배나 되는 많은 탄두로 채워져 있는 전략미사일 전력을 물려받았다.)

점증하는 대중의 불안은 부분적으로 대륙간 무기뿐만 아니라 단거리 및 "전술" 무기 수의 증가 때문이었다. 어떤 미국인도 약 50,000개의 원자 및 수소폭탄이 전 세계에 걸쳐 흩어져 있고 이 중 반은 러시아인들의 것이라는 사실을 생각하면서 잠을 이룰 수는 없었다. 이 불안감은 또한 소련이 다탄두 미사일을 개발하였고 더구나 구형 미사일을 신형 미사일로 교체하고 있는데 이들 중 일부는 거대하다는 뉴스에 의해서 증폭되었다. 거의 예외 없이 미국의 지상배치 미사일들은 길이가 약 60피트 직경이 6피트인 "미니트맨(Minuteman)"형이었다. 소련의 신형 미사일들은 길이가 100피트 이상이고 직경은 10피트 이상이었다. 그런 문제들을 우려하는 사람들은 그 거대한 미사일들이 있기에 공중에 올려 적에 투하할 수 있는 핵무기의 "투척총량," 즉 총중량에서 소련이 크게 우세하다는 점을 지적한다. 1962년 쿠바의 미사일에 대한 폴 니츠(Paul Nitze)의 염려를 되풀이하듯 그들은 러시아인들이 진주만식 선제공격의 위협을 확실히 가할 수 있다고 믿음으로써 위기 시에 소련이 미국을 뒤로 물러서도록 협박하지 않을까 우려했다.

하나의 대응책으로 국방부는 잠정적으로 MX(Missile-Experimental)라고 명명된 보다 크고 정확한 신형 미사일을 건의하였다. 소련의 기습공격을 받아 무력화되지 않도록 MX 미사일들은 10마일이나 되는 지하 터널에 배치되고 주기적으로 장소를 옮기게 되어있었다. 초과조정비용을 감안하지 않은 액수로 미사일들은 100억 달러이고 터널들을 위해서는 200억 달러가 추가되었다. 또한 새로운 B-1 폭격기 한 대에 약 9,000만 달러를 들여 제작하고, 해군을 위해서는 보다 장거리이며 보다 정확한 신형 해상발사 미사일들을 탑재할 수 있는 트라이던트(Trident) 잠수함들을 한 대에 10억 달러 가까이 들여 건조하는 것을 고려 중에 있었다.[122)]

새로운 무기에 대한 이와 같은 엄청난 비용을 피하기 위해 닉슨과 포드는 제1차 전략무기제한회담에 뒤이어 추가적인 군비통제(Arms Control) 협정을 추구했었다. 그러나 그들은 법에 의하여 제한을 받았다. 닉슨의 소련에 대한 2,400 대 1,700의 양보에 대해 불안하게 생각한 헨리 잭슨(Henry M. Jackson) 워싱턴주 민주당 의원을 비롯한 상원의원들은 하나의 결의안을 통과시켰었는데, 이에 의하면 미국은 어떤 새로운 협정에 있어서도 최소한 수적인 평등을 유지해야 한다고 규정하였다. 블라디보스토크에서 포드는 각 측이 2,400기의 "전략운

122) Joseph A. Pechman, ed., *Setting National Priorities: The 1978 Budget* (Washington, D.C.: Brookings Institution, 1977), pp.95-99.

반체"까지 제한하며 단지 그 중의 절반만 다탄두를 장착할 수 있도록 잠정적으로 동의했었다. 이번에는 미국의 장거리 폭격기들은 계산에 넣어야 하지만 단거리 폭격기와 미사일들은 아직 논외로 하였다. 아직도 남아 있는 문제는 소련의 새 백파이어 폭격기와 미국의 새 장거리 무인비행기 (순항미사일이 그렇게 불렸음)에 관한 것이었다. 어떤 미국인들은 소련의 백파이어 폭격기의 비행거리는 충분히 길기 때문에 소련의 총량 계산에 넣어야 한다고 주장했는데 러시아인들은 그럴 수 없다는 입장이었다. 다른 한편 러시아인들은 미국의 순항미사일이 어떤 범위가 넘는 경우 계산에 넣어야 한다고 했다. 1976년 1월, 모스크바에서 키신저는 크루즈미사일에 대한 소련의 견해에 다소의 양보를 했었다. 잭슨과 다른 상원의원들은 키신저가 균등의 원칙을 훼손하고 있다고 항의하였다. 포드는 민주당원뿐만 아니라 레이건과 공화당 우파로부터의 도전에 직면하여 어떤 조약서명도 1977년으로, 즉 그렇게 실제 나타난 것처럼, 카터에게 미루었다.

1976년에 무산된 키신저의 협상 당시 한 명의 저널리스트는 잭슨 상원의원의 우려와 유사한 내용을 카터에게서 들었다.[123] 잭슨이 지명전에서 포기한 다음 나중에 대통령 선거유세에서 카터는 다른 자세를 가지게 되었다. 그는 핵무기를 통제하기 위한 보다 야심적인 노력을 요구했고 당선되면 국방예산을 50억 내지 80억 달러까지 삭감하여 인도적인 필요에 돌리겠다고 약속하였다. 당선된 후 카터는 그런 입장을 유지했다. 그는 선거 직후 정부전환 동안 참모총장을 만난 자리에서 미국이 정말 2,400기의 미사일과 폭격기가 필요한

123) Joseph Kraft, *Washington Post*, February 1, 1977.

지 물었을 뿐만 아니라 200기만으로도 충분치 않은가 하고 큰 소리로 의문을 표시하여 그들을 소스라치게 했었다. 취임연설에서 그는 "핵무기가 지구상에서 제거되어야 한다"는 희망을 피력했다. 탤보트에 의하면 얼마 후 카터는 단호한 결의를 보이며 보좌관들에게 이 목표의 성취가 자신이 가장 소중히 여기는 희망임을 피력했다고 한다. 카터 행정부의 구성원들은 이것이 정말 카터의 확신이 되었다는 데에 추호의 의심도 없었다.

카터는 전략핵 전력의 대폭 감축을 제안하기 위한 준비를 지시하였다. 아마도 100일의 기간을 마음에 둔 듯 그는 이미 촉박한 기한을 정했다. 아직 실제 대통령에 취임하기 7주 전인 12월 초에 그는 기자들에게 봄에 밴스를 모스크바에 보낼 것이라고 말했다. 그는 밴스가 어쩌면 그때까지는 갈 수 없을 것이라고 말했는데 "복잡한 전략무기 제한회담 협상들을 검토하는 데 최소한 몇 주는 걸릴 것이고 이 회담을 교착상태에 빠뜨렸던 행정부 내 관료들 간의 견해차를 해소해야 하기 때문"[124]이라고 하였다. 취임 직후, 카터는 소련대사 아나톨리 도브리닌을 만나 소련과 미국 병기들의 대폭 감축에 대한 희망을 피력하였다. 그러면서도 그 또한 하나의 우선적인 조치로서 포드의 2,400/2,400 블라디보스토크 합의 선에서 무엇인가 수용할 것이라고 하였다. 그는 즉시 그가 도브리닌에게 한 말을 정확히 그대로 언론에 얘기하였다. 얼마 후 장시간의 조찬회의에서 카터는 잭슨 상원의원이 블라디보스토크 조건에 반대하는 설명을 들었다. 즉, 제한 수위가 너무 높으며 소련의 백파이어 폭격기는 반드시 포함되어야 하고 대형 미사일에 대한 분명한 (그리고 낮은) 한계선이 있어

124) Murray Marder, *Washington Post*, January 21, 1977.

야 한다는 것이다. 뒤에 잭슨의 보좌관인 리처드 펄(Richard Perle)은 이러한 입장을 자세히 담은 단선으로 타자 친 23쪽짜리 비망록을 카터에게 보냈다.

2월에서 3월까지 국가안전보장회의, 국무부, 국방부와 몇몇 부서의 관리들은 가능한 협상안의 개요를 담은 문서작업을 하였다. 국방부의 월터 슬로콤브(Walter Slocombe)는 세 가지 선택안의 파생효과를 보여주는 자세한 도표를 만들었다. "블라디보스토크-플러스"라고 명명된 첫 번째 안은 소련의 백파이어 폭격기와 미국의 어떤 순항미사일들을 각각 제한할 것이었다. 두 번째 안은 "베이직 블라디보스토크"라고 하는 것으로 백파이어 폭격기들은 논외로 하면서도 키신저가 모스크바에서 순항미사일에 대해 했던 양보는 포함하는 것이었다.(슬로콤브는 이것을 "만약 포드가 선거 제안을 성취했을 경우"라고 명명하였다.) 세 번째 안은 "블라디보스토크-마이너스"로 단순히 유도미사일과 장거리 폭격기에 대한 갯수의 상한선을 정하고 백파이어기와 순항미사일들은 미래의 협상에 넘기는 것이었다.

카터는 얘기할 때마다 과감한 감축에 대한 그의 개인적 의지를 강조하였다. 브레진스키의 제안에 따라 그는 브레즈네프에게 사신(私信)을 보냈다. 첫 번째 편지 내용은 애매모호하게 표현되었다. 두 번째는 그렇지 않았다. 카터는 그의 일기장에, 그것은 "훨씬 더 실제적이다. 그가 핵무장을 감축하려는 나의 바램이 진실하다는 것을 이해하는 것은 중요하다. 만약 그가 협력하고자 한다면 우리는 4년이 지나가기 전에 무엇인가 중요한 것을 이룰 수 있을 것이다."라고 썼다. 그러나 그 편지는 그렇게 고무적인 반응을 끌어내지 못했다. 카터는 "냉담한" 반응이라고 묘사했다. 브레즈네프는 원래의 블라디보스토크 안에 키신저의 양보를 추가할 것을 고집했다—그

것 밖에 없었다.[125)]

한편 의사당에서는 잭슨이 새 행정부에 대한 그의 염려를 널리 퍼뜨리고 있었다. 그는 원키가 소련의 위협을 과소평가했다는 이유로 군축국장 임명승인에 반대하였다. 다른 민주당 의원들도 이 공격에 합세했다. 비록 그 임명은 성사되었지만 50 대 48이라는 표결 결과는 잭슨이 이의를 제기하고자 하는 조약에 대한 비준의 전망을 불투명하게 하는 수치였다.

블라디보스토크 조건에 대한 잭슨의 비판, 카터의 핵전력 감축에 대한 욕구 그리고 새롭고 다른 무엇인가에 대한 그 자신의 바람을 고려하여 브레진스키는 카터를 위해 슬로콤브의 것보다 상당히 더 광범위한 일련의 선택안들을 발전시켰다. 세 개가 아니라 네 개였다. 한 가지는 아무 것도 하지 않는 것이었다: 러시아인들이 제안하는 것을 관망하는 것이다. 두 번째는 블라디보스토크 선에서 제1단계 합의를 추구하는 것인데 되도록 백파이어 폭격기와 순항미사일은 뒤로 미루는 것이다. 세 번째는 조심성 있는 감축을 제안하는 것인데 아마도 2,400/2,400보다는 2,000/2,000 수준으로 하는 것이다. 네 번째는 보다 대폭적인 감축과 관련되었는데 양 측이 전략적 전력의 4분의 1을 제거하는 것이다. 해롤드 브라운의 제안으로 조심성 있는 감축안과 대폭 감축안들은 양측이 미국의 미니트맨보다 더 큰 어떤 새로운 미사일의 개발 포기와 양측이 *어떤* 새 장거리 미사일의 개발도 더 어렵게 하기 위해 비행실험의 제한에 동의하는 것을 포함하였다.[126)]

---

125) Jimmy Carter, *Keeping Faith: Memoirs of a President* (New York: Bantam Books, 1982), p.218.

126) Zbigniew Brzezinski, *Power and Principle: Memoirs of the National Security*

3월 둘째 주말 토요일의 비공식 회의에서 청바지와 플란넬 셔츠 차림의 대통령은 수석 보좌관들과 협상안들에 대하여 논의하였다. 브레진스키는 러시아인들이 블라디보스토크 조건의 비준을 바란다고 말하면서 그 이유로 이것이 미국정책의 지속성을 보여줄 것이기 때문이라고 하였다. 그 자신의 회고에 의하면 브레진스키는 그러한 방향에 대하여 호감을 표시했다. 다른 사람들은 브레진스키가 전력 감축의 방향으로 나아가는 것이 훨씬 좋을 것이라고 말하는 것으로 생각했다. 어쨌든 카터는 말하기를 그가 단지 "블라디보스토크 합의 내에" 머물러 있는 것을 원하지 않는다고 하였다. 처음부터 지나치게 야심찬 제안을 하고 최종 결과가 그에 훨씬 미치지 못하면 행정부는 비판에 부딪히게 될 수 있다고 한 원키의 발언 외에는 누구도 성공 가능성이든 실패의 결과 등에 대하여 의문을 제기하지 않은 것 같다.

밴스와 원키는 카터에게 비망록을 보냈는데 이는 그에게 처음부터 블라디보스토크 형 합의를 확정하기 위해 노력하는 방안을 다시 고려하도록 그에게 권유하고, 또한 그들이 카터의 지시를 충실히 이행할 것임을 확약하려는 의도에서였다. 밴스는 그의 회고록에서 쓰기를 "나는 대통령의 시도가 오래 걸리리라는 것을 알았다. 나는 이 결정에 동의하지 않았지만 이의 실행에 나의 최선을 다할 각오가 되어 있었다… 우리는 시도해보지 않으면 알 수 없었다." 그러나 이 두 사람은 아주 재치가 있어서 브레진스키는 그들의 비망록에 대해 대폭 감축을 찬성하는 것으로 읽었다—그것을 아직 읽고 있다.[127)]

Advisor (New York: Farrar, Strauss & Giroux, 1983), p.159.

127) Cyrus Vance, *Hard Choices: Critical Years in American Foreign Policy* (New

브레진스키에 의하면, 대통령은 사실 밴스-원키의 비망록을 받고 나서야 최종 결정을 하였다. 카터는 협상방안들이 공식적으로 글로 표현되어 있는 것을 좋아했는데, 이를 연구하고 아마도 그 서류에 의견을 첨부할 수 있으며 나아가 이는 행동지시로 사용될 수 있기 때문이었다. 브레진스키는 그 토요일 회의가 지나서야 이 문서에 대해 진지하게 주의를 기울였고 카터는 일주일 후 또 한 번의 토요 회의를 한 후에야 여러 방안들 중에서 선택을 하였다. 이러한 동안 브레즈네프로부터 한 통의 편지가 도착했다; 카터는 그것을 고무적일 만큼 "실무적(businesslike)"이라고 여겼다. 따라서 그는 대폭 감축에 대한 그의 생각을 재확인했을 뿐 아니라 그가 이전에 말한 것보다 훨씬 더 낮은 제한선을 정했다. 밴스는 카터가 이미 확고한 결정을 했다고 생각했다. 그의 회고에 의하면 그는 대통령의 마음을 바꾸려 노력하는 것은 무의미하다고 생각했다. 그러나 그는 카터에게 만약 러시아인들이 잘 받아들이지 않을 경우 그가 뒤로 물러설 수 있는 협상권 부여를 요청했고 카터는 이에 동의하였다.

이 마지막 토요일 회의에서 밴스가 불운하게도 모스크바에 지니고 갔던 지시가 나왔다. 그는 대폭 감축을 강하게 주장해야만 했다. 만약 이것이 받아들여지지 않는다면 밴스는 미국이 일시적인 조치로서 키신저의 추가사항 없이 원래의 블라디보스토크 조건을 받아들일 것임을 암시하게 했다. 즉, 백파이어기와 순항미사일들은 나중의 문제가 될 것이었다. 그의 뒷주머니 깊숙이 밴스는 조심스런 감축, 아마도 단지 2,200/2,200 수준의 감축 제안을 지닐 수 있었다. 그러나 카터는 밴스가 이것을 오직 극한상황에서만 꺼낼 것을 원했

York: Simon & Schuster, 1983), p.49; Brzezinski, *Power and Principle*, p.159; Brzezinski, letter to the authors, August 3, 1984.

다. 그와 브레진스키는 원키, 겔브 또는 슬로콤브까지도 그러한 제안이 승인되었다는 것을 알아서는 안 된다고 고집하였다.[128]

비록 증거와 증언이 많이 있지만 카터의 결정에 대해서 많은 것이 불가해한 상태로 남아 있다. 예를 들면, 카터는 밴스의 성공에 대하여 얼마만큼의 희망을 가지고 있었는지 분명하지 않다. 브레진스키의 일기 한 부분은 대통령이 브레즈네프와 그로미코의 반응을 미리 예상했던 것으로 시사한다. 바로 그 마지막 토요일 회의 후에 브레진스키는 썼다:

> 우리는 … 밴스가 그 두 가지 제안들[대폭 감축과 블라디보스토크-마이너스]을 제시하고 붙들고 늘어지도록 지시했는데 나는 이것이 매우 중요하다고 생각한다. 우리가 또한 그에게 강조한 것은 소련인들이 우리의 제안을 거부하고 비아냥거릴 수 있지만 그는 단호히 버텨야 한다는 것이었다.[129]

다른 한편 대통령은 합참과 잭슨으로부터 대폭 감축에 대한 동의를 얻어내기 위해 진지한 노력을 시작했다. 아직 정부가 전환된 지 얼마 되지 않은 때일지라도 그는 합참이나 잭슨이 국방예산의 다른 분야에서 보상함이 없이 미국의 미사일 전력을 대폭 삭감하는 것에 대해 동의하는 것을 상상할 수 없었다. 만약 밴스가 빈손으로 또는 적당한 감축 또는 블라디보스토크안과 같은 것을 가지고 돌아올 것으로 예상되었다면 "기다려!"가 상식에 부합되는 조치였을 것이다.

---

128) Brzezinski, *Power and Principle*, p.160; Vance, *Hard Choices*, p.52.
129) Brzezinski, *Power and Principle*, p.160.

훨씬 더 분명하지 않은 것은 카터와 그의 보좌관들이 밴스가 수행하도록 되어있던 협상을 어떻게 예측하였는가 하는 것이다. 대통령은 밴스가 원래 입장으로부터 후퇴할 경우 러시아인들과 세계가 놀랄 것이라는 것을 예상하고 불필요한 위험을 피할 수 있는 (close-to-the-vest) 흥정을 하도록 지시했던 것 같다. 관례와 달리 누구도 마지막 순간까지 도브리닌에게 미국 대표단이 무엇을 제안했는지 말해 주지 않았다. 겔브는 북대서양조약기구 동맹국들에게 사정 설명을 위해 유럽으로 갔는데 미국은 단지 블라디보스토크 협정이 약간 수정된 안을 추구할 것이라고 권위 있게 얘기했다. 동맹국들—그리고 겔브—은 밴스가 모스크바 가는 길에 브뤼셀에 들른 후에야 사실을 알게 되었다. 그러나 동시에 대통령은 그가 밴스에게 어떤 지시를 했는지 공공연히 말하고 있었다. 유엔에서 연설하면서 카터는 미국이 양측 전략무기의 대폭감축을 추구할 것이라고 말하였는데, 이것이 즉시 달성될 수 없다면 우리가 완전한 합의에 이를 수 있는 블라디보스토크협정의 여러 가지 요소들에 바탕을 둔 제한된 협정을 추구할 것이라고 하였다. 나중에 그는 기자들에게 "우리는 블라디보스토크협정에서 이루어진 합의들을 포기하는 것이 아니지만 그 수치가 너무 높아서 밴스가 소련에 새로운 제안을 가지고 갈 것"이라고 말했다. 그가 밴스에게 넌지시 비치는 것조차 금지한 것을 얘기하면서 그는 덧붙이기를 "만약 우리는 실망스러우면—이는 가능한데—그때는 우리가 우리의 입장을 수정하도록 노력할 것이다"라고 하였다.

우리에게 밴스의 협상 이야기는 처음부터 끝까지 뒤죽박죽된 기획이었고 뒤죽박죽된 실행이었던 것으로 보인다. 그것은 1961년 피그만 사건의 반열에 들지는 않았는데 그 이유는 피그만에서 다소의 사람들이 죽었고 또 다른 많은 사람들이 포로가 되었기 때문이다. 밴스의 협상노력은 단지 희망만을 죽였을 뿐이다. 그러나 순수하게 병리학적인 연구의 시각에서 이 두 이야기는 동등하다.

앞에서 그 개요가 설명된 소방법론(mini-methods)의 어떤 하나는 어떤 순간에도 긴요한 효과를 위해 적용될 수 있을 것이다. 이슈의 역사(issue history)를 선별해 내기 위해 고안된 것들은 우리에게 특별하게 적용될 수 있을 것 같다. 그렇지만 우리는 *알려진* 것, *불분명한* 것 그리고 *추정되는* 것을 먼저 구분해 내는 일이 필요한 첫 번째 작업이라는 것에 유의해야만 한다. 그렇지 않으면 적실성 있는 역사를 찾는다는 것이 계획 없이 물건을 사기 위해 기웃거리는 것과 같이 될 수 있다. 이렇게 되면 잘해야 시간 낭비이고 최악의 경우에는 선입견만을 강화시키게 된다. 예를 들어 카터와 그 보좌관들에게 있어서 적실성 있는 역사는 넓게 보아 무기통제나 군축 같은 것들이었을 것이다. 그렇다면 그들은 찰스 에번스 휴즈(Charles Evans Hughes) 국무장관의 1921년 폭탄선언—다른 나라들이 똑같이 한다면 미국이 그 전함의 3분의 2를 폐기하겠다는 제안—의 선례에서 극적인 대폭 감축을 위한 격려의 힘을 얻을 수 있었을 것이다. 이것은 '워싱턴 해군조약'에 도달하게 했었으며 엄청난 비용의 전함 건조경쟁을 중단시켰었다. 다른 한편으로 카터와 그의 보좌관들이 이 문제를 일반적으로 미소관계의 하나로 추정했었더라면 그들은 하나의 선례로서 1961년 케네디와 흐루시초프의 비엔나 조우를 떠올릴 수 있었을 것이다. 이 선례는 경험이 적은 대통령 측의 지나친 의욕이 러시아인들의 강경 입장뿐만 아니라 보다 큰 위험을 초래할 수 있다는 경고 메시지를 주는 것이다.[130] 사실 대통령과 그 보좌관들이 노력을 기울였었더라면 이 선례 중 어느 것도 찾아냈을 관심사라고 우리는 생각한다.

우리가 알고 있는 보좌관들의 기록문서들과 토론들에서 실제로 나타나는 *알려진* 것, *불분명한* 것 그리고 *추정되는* 것들을 누구든 잠시라도 구분해 볼 때 제기되는 관심사들을 보자. 알려진 것들 중 주요한 것은 제1차 전략무기제한회담, 블라디보스토크, 카터의 선거공약, 국방부의 MX 미사일과 다른 고가의 신무기를 위한 지출 제안서 그리고 두 병기들—미사일, 탄두의 "투사 중량"에 대한 수치 등등이 있다. (이러한 통계 수치들은 소련의 그 수치들이 미국이 계산하고 소련이 이것을 부인하지 않은 것일지라도 *알려진* 것으로 간주한다; 소련은 그들의 통계를 제공한 적이 없다.) *불분명한 것* 중 주요한 사항은 전략무기제한조약에 대하여 찬성하거나 반대한 상원의 의원 구성과 러시아인들의 미래 전략무기 전력에 대한 계획을 포함한다.

추정되는 것들이라는 이름 하에 카터의 보좌관들은 분명히 다음의 사항들을 목록으로 만들었을 것이다:

- 만약 새로운 전략무기제한회담의 합의가 나오지 않는다면 미국은 제안된 신무기들의 일부 또는 전부를 개발해 나가야 한다: MX 등.
- 그렇다면 대통령은 미국의 국방예산을 삭감하겠다는 선거유세 공약을 지킬 수 없을 것이다.
- 전략무기제한회담이 없는 상태에서 소련은 그들의 전략적 전력을 증강시킬 것이며 그 결과 핵무기 경쟁을 점점 더 높은 단계로 상승시킬 것이다.

130) 그의 일지의 한 표제에서 브레진스키는 실제 비엔나 정상회담을 경고적인 선례라고 언급하였다. 같은 책, pp.155-56 참조.

- 러시아인들은 전략무기제한회담 및 긴장완화를 원한다. (카터의 전략무기제한회담에 대한 첫 언급 후에 뉴스위크지는 "즈비그뉴 브레진스키를 포함한 백악관 보좌관들이 이제 크레믈린 지도자들이 진지하게 새 정부를 화해무드로 끌어들이려 하는 것으로 믿기 때문에 빠른 진전이 기대된다"고 했다. 또한 밴스가 모스크바로 떠났을 때 카터 대통령은 기자들에게 그가 듣는 모든 것으로 미루어볼 때 브레즈네프가 무기제한에 대한 실질적인 성과를 이루는데 열성을 보여준다고 말할 참이었다.)[131]

알려진 것, *불분명한* 것 그리고 *추정되는* 것들의 구분은 여러 가지 중에서 두 가지 관심사를 뚜렷하게 부각시킨다. 첫 번째는 소련의 핵전력에 있어서 실제적이고 미래에 예상되는 증가에 관련 된다; 두 번째는 미국의 핵전력에 있어서 원치 않는 증가에 대한 전망과 관계가 있다. 이러한 관심사들은 일단 말해지면 뻔한 것처럼 보일지 몰라도 우리가 알 수 있는 한 카터의 백악관 보좌관들에 의하여 준비되거나 회람된 어떤 문서들에서도 이렇게 구체화되지 못했다. 카터의 의무와 선거공약 두 가지 모두를 고려해 볼 때 이것들은 공상적인 접근 이상으로 다루어져야 할 대통령의 진정한 관심사였던 것이다. 만약 이러한 관심사들이 이만큼 정도만이라도 분명하게 정의되었더라면 아마 그들은 그것을 달성했을 것이다.

카터의 최고위 측근들에게 핵심적 관심사들은 미소한 차이가 있었을지도 모른다. 밴스의 경우에 있어서 잠시 마찬가지 방법으로 *알려진* 것, *불분명한* 것 그리고 *추정되는* 것에 대하여 검토했다고

131) *Newsweek*, April 4, 1977, p.21.

하더라도 똑같은 분석결과를 얻지 못했을 것이다. 왜냐하면 국무장관들의 일이라는 것은 협상하는 것이기 때문이다. 밴스의 최고 관심은 당연히 소련인들에게 블라디보스토크 양해에 대하여 어떻게 얘기하는가였을 것이다. 우리는 추단컨대 몰랜더가 브레진스키를 위해 준비한 역사는 기본적으로 이 문제—요컨대 카터의 문제보다는 이 밴스의 문제를 다루었던 것이다. 마찬가지로 해롤드 브라운의 관심사는 MX에 대하여 어떻게 말하느냐 하는 것인데 참모총장들, 다음에는 카터의 예산국장에게 그리고 나서는 의회의 관련 위원회들에 대해서이다. 카터의 관심사는 그의 국무부 및 국방부 장관의 것을 아우르는 것이었지만 범위에 있어서는 더 넓었다. 만약 그가 이 문제들을 혼자의 힘으로 정의해야 한다면 그는 이 문제들이 협상해야 하는가의 여부, 협상해야 하는 경우 협상을 국방예산에 관한 결정과 어떻게 관련시켜야 하는지의 물음을 제기한다는 것을 인식하게 되었을 것이다. 얼마간은 책임의 정도와 수준에 따라 또 어느 정도는 각 개인 머리속의 역사에 따라 현격히 다른 관심사에 대해서는 나중에 다시 논할 것이다.

관심사가 확인되고 나서 휴즈의 "폭탄선언"과 비엔나 정상회담 같은 어림짐작의 유사사례들은 시야에서 사라졌을 것이다. 제1차 전략무기제한회담과 *유사점* 및 *차이점*을 간단히 나열해보는 것도 도움이 되었을 것이다. 그렇게 하면 다음의 질문이 나오게 된다: 그와 같이 비교적 간단한 협상조건들을 달성하는데 5년이 걸렸다면 어떻게 우리는 수 주 동안에 훨씬 더 혁명적인 문제들을 성취할 수 있다고 생각하는 근거는? 그러나 다음과 같은 기본적인 질문으로부터 시작하여 곧바로 이슈의 역사로 들어가는 것이 가능했을 것이다: 양측에 있어서 과거의 전력 증강 이야기는 무엇인가? 시간의 궤적에서 과거로 얼마나 멀리 거슬러 올라가며 거기에서 중요한 순간들은 언제였는가? 그러한 순간들에 있어서 저널리스트적인 표준 질문에 대한 응답은 무엇인가? 그러나 이러한 질문들은 단지 밴스에 관계되는 사안에 대해서만이 아니라 카터에게 관계되는 사안에 대해서도 던져질 필요가 있었다.

우리는 카터에게 이슈의 역사에서 가장 도움이 될 수 있었던 것이 바로 지나간 *그의* 관심의 이야기라는 점을 아무리 강조해도 지나치지 않겠는데, 그 이슈는 바로 그의 관심에 *의하여* 정의되었기 때문이다. 우리는 과거의 협상들에 대한 검토가 대통령에게 아무런 이익도 되지 않는다고 암시하는 것이 아니고, 비교하여 말하면 그것들을 주변적인 것으로 간주한다는 것이다. 그러나 보좌관들이나 정부 부처로부터 도움을 받았던 것은 몰랜더의 것과 같은 이야기들이었지 예산에 관한 이야기는 아니었는데 모두 주변적인 것이고 중심적인 이야기들이 아니었다. 따라서 우리는 이러한 것들의 결합은 정도를 벗어난 것으로 차라리 아무런 이야기도 없는 것보다 더 나쁜 경우로 생각한다. 그럼에도 불구하고 그가 관심이 있었더라면 전략적 전력에 관해 시사된 질문들은 그에게 섬광처럼 밝은 해답들을 제시해 주었을 것이다.

전략핵 전력에 초점을 둘 때 시간의 궤적 출발점은 핵시대가 시작된 1945년보다 더 거슬러 올라갈 수 없지만 더 나중이어서도 안되는데 바로 밴스, 브라운 그리고 브레진스키가 처음 워싱턴 정가의 고위급으로 등장한 때로부터 거의 한 세대 전이다. 시간의 궤적의 많은 부분은 폭격기와 미사일 또는 탄두 또는 "투사중량" 또는 어쩌면 양측이 얼마나 국방비를 지출했느냐에 대한 추산 등에 의해 계산된 미국과 소련의 전략적 전력에 있어서 실제적 증가를 보여주는 단순한 그래프에 의하여 구성될 수 있다. (하일랜드, 몰랜더, 아니 정보계통의 어떤 전문가들도 이들 중 마지막 것, 즉 국방 비용의 신뢰성에 대해서 믿지 말도록 경고했을 것이다. 비록 비용 비교는 양측이 어떤 주어진 순간에 어떻게 대비되는가 보여주는 데 아주 유용하지만 그렇다고 해서 경향을 보여주는 데는 유용하지 않다. 왜냐하면 러시아인들은 그들의 예산을 비밀로 하기 때문이다; 우리의 CIA는 그들이 무엇을 보유하고 있느냐를 선택한 후 그러한 전력들이 우리에게 얼마나 많은 비용을 소요하게 하는지를 계산하여 그들이 얼마나 지출하는지를 추측하는 것이다. 따라서 이런 식으로 만들어진 소련의 국방비 지출에서 가장 큰 상승은 우리가 우리의 군대에 급여를 인상할 때 발생한다. 왜냐하면 그들은 더 많은 인력을 사용하는 까닭에 그들의 어림잡은 비용도 엄청나게 상승하기 때문이다.)[132]

실용 목적상 도표 7-1에서 7-4까지에 있는 어떤 그래프들도 추세를 나타내는 선을 보여줄 것이다. 무기를 만들겠다는 하나의 결정이 야전에서의 실제 무기로 배치되기까지 수년이 걸린다는 것을 감안할 때 이 모든 그래프상의 선들은 미국의 전략핵 전력이 극적으로 증가한 두 순간을 가리키는데 소련에 있어서는 이러한 순간이 세

132) 이 문제는 제96차 의회, 제2회의의 하원 정보상임특별위원회(House Permanent Select Committee on Intelligence)의 "청문회: 중앙정보국의 국방지출 추산"에 다소 평범한 말로 요약되어 있다. CIA: National Foreign Assessment Center SR 80-10005, "Soviet and US Defense Activities, 1970~1979: A Dollar Cost Comparison—A Research Paper" (Washington, D.C.: Central Intelligence Agency, 1980)는 기준선을 제시한다. 이 주제에 깊은 관심이 있는 사람들은 Steven Rosenfielde, *False Science: Underestimating the Soviet Arms Buildup: An Appraisal of the CIA's Direct Costing Effort, 1960~1980* (New Brunswick, N. J.: Transaction Books, 1982)을 참조할 수 있는데 이는 그 제목이 암시하는 것보다 그리고 그 안에 인용된 문헌들보다 훨씬 더 전문가적인 분석 자료이다.

번이다. 미국 정부는 1950년대 초와 1950년대로부터 1960년대로 전환하는 시기에 미 군사력의 대규모 증강을 결정했었다. 소련 정부는 이와 같은 결정을 제2차 세계대전 직후에 내렸었고 이어서 다시 1950년대 중반 그리고 또다시 1960년대 중반에 내렸었던 것 같다. 미국의 결정은 지출의 급상승에서 나타났는데 이는 배치의 급상승으로 이어진다. 소련의 첫 결정은 1949년과 1953년 사이의 원자 및 수소폭탄 실험과 공중에 엄청난 중거리 폭격기 전력이 등장했을 때 내려졌음을 보여준다. 두 번째 소련의 결정은 초기의 미사일 사업에서 내려졌음을 보여주며, 세 번째 결정은 제1차 전략무기제한회담이래 신형미사일 배치 때 있었다.

〈도표 7-1〉 폭탄과 미사일 탄두수

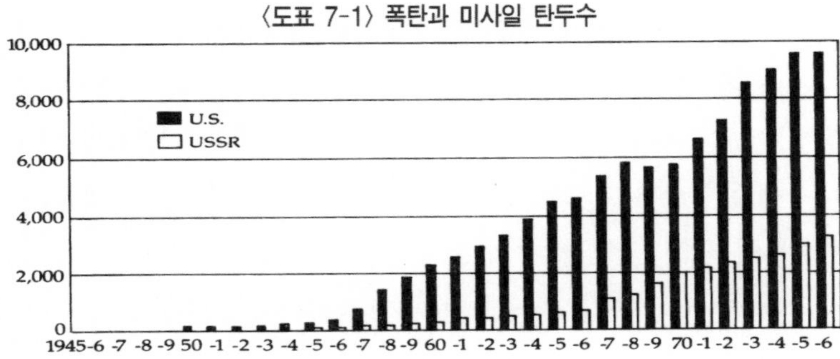

〈도표 7-2〉 전략 전력을 위한 지출(Bill. FY76 $)

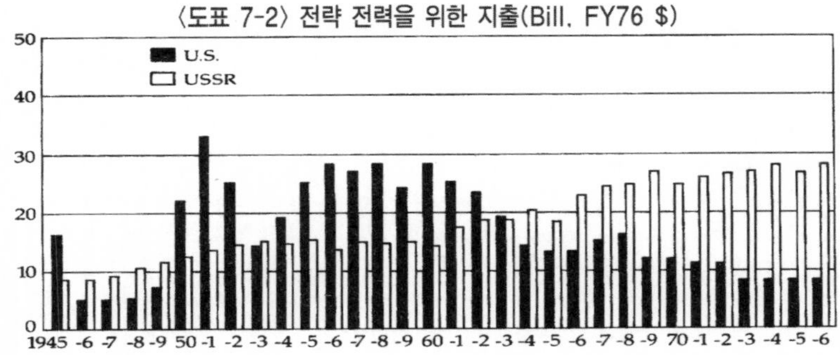

물론 이러한 작업에서 어려운 부분이 있다면 그것은 변화시점들을 설명하는 노력일 것이다—여기에서 "왜"라는 질문에 답하기 위하여 역사는 옹호를 위해 쉽사리 이용될 수 있다. 누구나 지금 무엇을 할 것인가에 대한 설명 중 그 개인의 성향에 가장 잘 맞는 것의 유혹을 받을 것이다. 보호받을 수 있는 어떤 방법이 존재한다면 그것은 십중팔구 단지 "왜"라는 질문 대신에 "무엇이 종합적인 그럴듯한 설명들인가"라는 질문을 던지는 것이다.

미국의 두 번의 급상승에 대하여 카터에게 그 이야기를 하는 어느 누구도 두 계제에 서로 각각 달리 영향을 미쳤을 네 가지 설명요소들을 확인하였을 것이다: 기술, 여론, 엘리트층의 의견 그리고 소련

〈도표 7-3〉 대륙간 폭격기와 미사일수

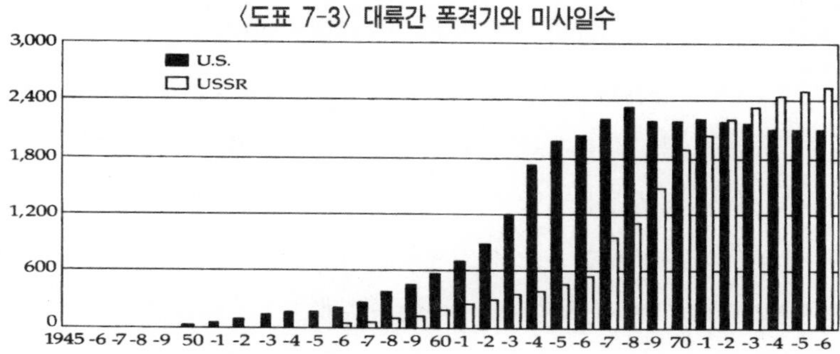

〈도표 7-4〉 대륙간 무기의 메가톤 수

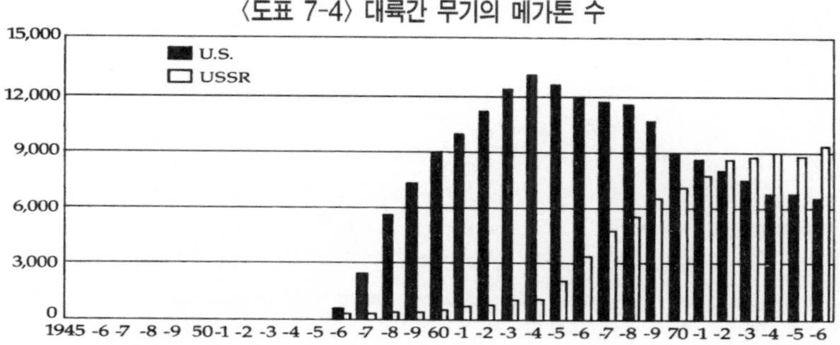

의 어떤 촉발적 행위.[133] 1950년대 초에 미국인들은 핵무기가 대량으로 생산될 수 있으며 어느 정도 정확하게 발사될 수 있다고 믿기 시작했었다. 이전에는 이들의 어느 추정도 타당한 것으로 보이지 않았었는데 당시 한 개의 폭탄을 생산하기 위하여 엄청난 노력을 기울이지 않으면 안 되었으며 히로시마와 나가사키에 대한 직격에도 불구하고 조종사들은 원자탄을 단지 지정된 목표물의 수마일 내 어딘가에 투하한다고 약속할 수 있었을 뿐이다. 대중에게 있어서 당시는 "매카시즘"의 시대였는데 그렇지 않았으면 현명하게 처신할 미국인들이 러시아공산주의자보다 *미국의* 공산주의자들을 더 두려워하며 살았다. 내부자들 간에는 군사적 준비태세의 결여에 대하여 경각심을 가져야 하는 시대였고 러시아인들이 서부유럽을 가로질러 진군할지도 모른다는 우려로 "최대 위기의 해"이기도 하였다. 그리고 나서 북한의 남한에 대한 공격은 소련의 직접적인 도전으로 간주되었던 바, 미국의 전반적 방위예산에 3배의 증가를 촉진시켰는데, 이 중의 일부는 다음 10년 동안 전략핵 전력에 있어서 거의 15배 증가로 나타났다.

1960년대 초에 이르면 유도미사일에 대한 시험발사가 행해졌다. 소련의 우주선 스푸트니크호는 미국의 대중을 공포로 몰아넣었다. 그것은 소련이 기술적으로 앞서 있을 가능성이 있으며 러시아인들

133) 많은 문헌 중에서 Michael Mandelbaum, *The Nuclear Question: The United States and Nuclear Weapons, 1946~1976* (Cambridge: Cambridge University Press, 1979)이 가장 좋은 정보를 담고 있고 가장 일목요연하게 개관하였다. 보다 더 깊이 천착하고자 하는 사람은 먼저 David A. Rosenberg, "The Origins of Overkill: Nuclear Weapons and American Strategy, 1945~1960," *International Security*, VIII (Spring 1983); 3-71과 Harland B. Moulton, *From Superiority to Parity: The United States and the Strategic Arms Race 1961~1971* (Westport, Conn.: Greenwood Press, 1973)을 봐야 한다.

이 이제 대륙간 로켓트 보유가 확실하다는 증거였다. 정부 내에서 놀란 준비태세 옹호자들은 인색한 것으로 소문이 난 대통령에 대항하여 다시 단결하기 시작했다. 아이젠하워는 미사일 갭이 벌어지도록 한 데 대하여 비난을 받았다.[134] 그런데 러시아인들은 헝가리를 침략하고 베를린에 위기를 조성하며 라오스의 반란군에게 원조물자를 공수하고 또 쿠바를 그들의 진영으로 끌어들임으로써 그들의 몫을 챙기고 있었다. 그래서 다시 그 요소들이다: 성숙한 기술, 대중의 경악, 내부자의 합의형성 그리고 도발적으로 보이는 소련.

소련 측의 추세에 대하여 이야기의 화자는 네 가지 경쟁적인 설명을 제공할 수 있었다.[135] 한 가지 설명은 소련의 외교정책목표를 강조하는 것이었다. 이러한 목표들이란 제2차 세계대전 후 스탈린이 소련을 부르주아 자본주의로부터 보호하려는 것으로부터 시작하는데 이는 어쩌면 소련을 유라시아의 지배적인 국가로 하려는 것이었다; 다음은 흐루시초프가 1950년대 중반에 견지했던 것으로 추정되는 목표로서—미국의 본토를 위협하고 제3세계에 깊은 인상을 주며 중국에게 겁을 줄 수 있는 것이었다; 다음은 브레즈네프가 1960년대에 가졌던 것으로 생각되는 목표로 소련이 이제 확실히 쿠바의 미사일 위기 당시처럼 물러서지 않도록 하려는 것이었다.

---

134) Lawrence Freedman, *U.S. Intelligence and the Soviet Strategic Threat* (Boulder, Colo.: Westview Press, 1973) 참조.

135) David Holloway, *The Soviet Union and the Arms Race* (New Haven: Yale University Press, 1983); Robert P. Berman and John Baker, *Soviet Strategic Forces* (Washington, D.C.: Brookings Institution, 1982); 그리고 Mark E. Miller, *Soviet Strategic Power and Doctrine* (Miami: Advanced International Studies Institute, 1982) 등이 이 주제를 역사적으로 접근하는 최근의 저술들이다. 가장 최근의 개관은 (1977년에는 알려지지 않았던 것을 많이 보고하고 있는데) U.S. Department of Defense, *Soviet Military Power*, 3rd ed. (Washington, D.C.: Government Printing Office, 1984)이다.

소련의 추세에 대한 두 번째 설명은 소련의 내부 사태발전을 강조했을 것이다. 제2차 세계대전 후에 전략적 전력에 대한 스탈린의 투자이유가 무엇이었든 간에 결과는 그 관리자들을 러시아 군대조직의 중심세력으로 만들었다는 것이다. 1950년대 초기의 승계위기 후에 흐루시초프는 군대의 지지가 필요했다. 그는 이러한 군대의 지지를 포병부대의 후신인 새 전략로켓트부대(Strategic Rocket Forces)에 자원을 쏟아 부음으로써 확보하였는데 이 부대는 전통적으로 군 조직상 지배적인 요소로 군림해 왔었다. 흐루시초프를 실각시킨 승계위기 후에 브레즈네프도 비슷한 입장에 있었다. 미국인들이 전략핵무기를 강국의 진정한 상징물로 간주하고 있는데 병사들에게 더 좋은 무엇을 제공할 수 있겠는가? 소비자들의 욕구를 만족시키지 못함을 정당화시키기 위해 보여줄 수 있는 더 좋은 것은 무엇인가?

세 번째 설명은 소련 지도자들의 목적을 대외적이든 대내적이든 상대적으로 고려치 않는데, 육중하면서도 덜거덕거리며 가는 소련이라는 국가의 타성과 추진력을 강조한 것이다. 소련의 이러한 특성은 비스마르크의 프러시아 또는 루스벨트의 미국 또는 심지어 엑슨 또는 시티뱅크의 닮은꼴로서가 아니라 차라리 오스트리아-헝가리 군주제, 프랑스 우편제도, 영국의 국유화된 산업 또는 1980년대 이전 미국철강회사(U. S. Steel)의 닮은꼴로서 이해될 수 있다. 이러한 종류의 설명은 소련 군부가 미국의 노후생활보험 경우처럼 범접할 수 없는 곳이어서 자동적으로 인상되는 정해진 자원할당을 받는다는 증거를 강조할 것이다. 수뇌부에 있는 사람들은 그들이 1950년대에 폭격기보다는 미사일을 선호했던 것처럼 나아갈 방향에 대해 결정을 내릴 수 있을지 모른다. 그러나 미사일이 없었다면 계속적으로 폭격기가 유통되고 그리하여 결국에 가서는 폭격기들로 넘쳐났을 것이다. 나중에 미사일전력이 급상승했던 것을 꼭 의도적인 결정의 산물이라고 볼 필요는 없다. 그것은 단지 기술의 형세변화 결과이었고 그러한 상태가 꾸준히 유지되기 위해서는 시간이 필요하였다.

네 번째 설명은 이것이 주로 소련에 대하여 조금 알거나 전혀 알지 못하는 사람들에게 인기가 있을 것이라는 경고와 함께 제시될 수 있을 것이다. 그것은 소련의 방위증강사업을 미국의 사업들에 대한 대응으로 묘사하고 있을 것이다—즉, 스탈린의 히로시마와 나가사키에 대한 대응; 흐루시초프의 1950년대 초 미국의 증강에 대한 대응, 브레즈네프의 케네디와 맥나마라의 사업에 대한 대응 등.

카터에게 제출되었을 때 그 모든 역사는 무엇을 말했을 것인가? 우선, 시간의 궤적 그 자체는 무엇이 말해지지 *않았는지*에 대하여 웅변해줄 것이다. 협상에 의한 군비통제의 척도라고 할 1963년의 제한핵실험금지조약(Limited Test Ban Treaty)과 제1차 전략무기제한회담은 추세에 대한 양측의 설명 어디에서도 두드러지지 않았다. 이들은 미국 전력의 평준화에 부수적으로 일어났을 뿐 그것의 원인이 되지 못했다. 이것들은 소련의 전력팽창 추진동력에 거의 효과를 미치지 않았던 것으로 보인다.

러시아인은 그들의 전략적 전력을 증가시킨 것 외에는 그 어떤 것도 한 일이 없었다는 사실을 이해하면서 카터는 이제 그들이 그렇게 하겠다고 동의하리라는 것에 대하여 의구심을 가지게 되었을 것이다. 전문가들은 이미 카터에게 말하기를 러시아인들이 그들의 미사일 전력에 있어서 2,400기의 한도를 수용한다는 것은 아마 힘든 일이라는 것이었다. 원키는 한 소련관리가 그에게 다음과 같이 말했다고 하였다. "브레즈네프는 블라디보스토크 협정을 성사시키기 위하여 정치적 출혈을 하지 않으면 안 되었다."[136] 브레진스키의 일기에 의하면 카터는 모스크바가 그의 협상조건을 수용하지 않을 지 모르는 것으로 의심쩍어했다고 증언하지만, 대통령 그 자신은 그가 비현실적 기대를 가지고 있었다고 말한다. 5년 후에 그는 쓰기를 "이제 내가 소련 지도자들에 대하여 아는 것에 비추어 볼 때 왜 이 첫 제안들의 과감성이 그들에게 염려를 갖게 했는지 이해하기가 보다 용이해졌다"[137]고 하였다. 만약 그가 소련의 전략무기사업의 역사에 대하여 다소의 고려만 했더라도 이를 더 일찍 이해할 수 있었을 것이다.

이 이야기의 미국 측에 대하여 유의할 때, 카터는 곧 전면적인 무기통제협정을 달성할 수 없을 경우 행정부가 MX와 다른 신형 무기들에 대하여 실제 돈을 쏟아 부어야 하는 것이 옳은 것인지 여부에 대하여 생각하게 되었을 것이다. 과거에 미국의 전략적 전력에 있어서 중요한 증강은 성숙한 기술 그리고 대중의 경각심 그리고 행정부 내부자들 간의 합의형성 그리고 도발적으로 보이는 소련의 행동 등이 필수적인 요소로 조성되었을 때 이루어졌다. 이러한 조건들이 함께 조합이 되어야만 전략적 전력에 있어서의 증강을 국방예산으로 제안하여 전술적 전력, 인상된 군대급여 등과 같은 주장들을 대체할 수 있는 것이다; 그리고 나서 다른 경쟁 사업들과 반대를 위해 있는 예산위원들에 대항하여 행정부의 예산 절차를 통해 이러한 증강을 계속 제안해 나가게 된다; 그리고 나서 이들을 마지막으로 예산승인 및 계상위원회를 경유하여 의회의 양원에 의해 입법되는 법안으로 성립하는 것이다.

---

136) Talbott, *Endgame*, p.73.
137) Carter, *Keeping Faith*, p.217.

1977년 현재 이러한 조건들 중 어느 것도 존재하지 않았다. 순항미사일 기술이 곧 1950년대 초의 신형 핵무기와 1950년대 말의 유도미사일에 의하여 제기되었던 "개발실행과 개발중지(go/no go)와 같은 종류의 질문을 제기하리라 약속했지만 그러한 상황이 아직 존재하지 않았다. 대중들 중 어떤 사람들은 소련의 그 모든 대형 미사일들에 대하여 불안해하였지만 다른 사람들은 *미국의* 미사일들에 대하여 불안해하였다. 여론조사는 1950년대 초나 스푸트니크 발사 후의 경악심 같은 것을 보여주지 않았다. 1976년에 갤럽의 조사는 이 문제에 관심을 갖는 사람들의 4분의 1 정도가 군사지출이 너무 낮다고 느끼고 있으며, 3분의 1 이상이 너무 높다고 말하는 것을 보여주었다.[138] 내부자들은 서로 싸우고 있었다. 원키는 최소한 지지자들이 많았던 것만큼 비판자들도 많이 가지고 있었다. 그런데 소련은 당장은 좋은 태도를 보이는 듯 했다: 거의 10년 동안 다른 나라를 침략하지 않았던 것이다. 과거 미국의 핵전력 증강의 역사에 대해 카터에게 사정설명을 하면서 브레진스키나 보좌진 중의 그 밖의 다른 사람들이 당연히 다음과 같이 말할 수 있었을 것이다, "대통령 각하, 역사기록에 의하면 신 전략적 전력을 위해 돈을 지출하지 않으면 안 되는 상황에 대해 걱정할 필요가 없을 것 같습니다. 어쨌든 최소한 한동안 말입니다. 사실 각하가 원한다고 해도 돈을 지출할 수 없을 것입니다. 과거의 필요조건들이 지금 단순히 존재하지 않기 때문입니다."

---

138) George H. Gallup, *The Gallup Poll: Public Opinion, 1972~1977* (Wilmington, Del.: Scholarly Resources, 1978), pp.664-66. 이러한 수치들은 1976년 봄에서 인용한 것이다. 1977년 여름이 되면 갤럽은 대중의 약 4분지 1이 이 질문의 양편에 있다는 것을 보게 되었는데 나머지는 의견을 정하지 못하고 있었지만 이것은 밴스가 시도한 협상의 실패 이후이다. pp.1164-66.

소련 핵전력에 있어서 상승세 그리고 미국의 핵전력에 있어서는 부침을 나타내는 오랜 역사를 살펴봄으로써 카터와 그의 보좌관들은 또한 대폭삭감안이 비용 없는 제안이 아닐 것이라는 점을 보다 잘 알게 되었을 것이다. 일반적인 추세의 검토 그 자체만 가지고는 이것이 뚜렷하게 나타나지 않았을 것이다. 카터의 보좌관들은 저널리스트적인 질문들을 두 번째로 던져야만 했을 것이고 그리고 나서 그 수장에게 왜 군비통제협상과 실제 군비제한이 미국에 있어서도 상호 관련되어 나타나지 않는지에 대해서 설명하여야만 했을 것이다. 1963년의 케네디와 1972년의 닉슨은 각각 비준을 얻을 수 있다는 희망을 가지고 상원에 협정을 상정하기 위해 합참의 지지를 얻어야만 했다. 상원 그 자체에 있어서도 그들은 러시아인들과 어떤 거래에 대해서도 냉소적인 사람들—그 중에서도 잭슨 같은—의 표를 확보해야만 했다. 합참으로부터의 친절한 말과 상원의원들의 찬성표는 쉽게 오지는 않았다. 케네디와 닉슨은 그들의 국방예산 항목에 원래는 제외시키고자 했던 것들을 포함시키지 않으면 안 되었다. 잘 천착해 보면 이슈의 역사는 카터에게 어떤 기적에 의하여 대폭삭감 협정에 진척을 이루었다 할지라도 그는 국방지출의 감축에 대한 그의 약속 지키기가 쉽다기보다는 더 어려울 것이라는 위험을 드러내주었을 것이다.(이러한 위험은 대통령이 "스쿠프(Scoop)" 잭슨의 개인적인 역사를 조금만 생각해 보았더라면 더 분명해 졌을 것이다. 이에 대해서는 나중에 더 자세히 얘기하겠다.)

물론 누구도 카터가 한 번 더 생각하여 그저 블라디보스토크에서 시작된 협상을 종결하기로 결정했다면 어떤 결과가 도래했을지 알 수 없는 일이다. 그러나 되돌아보건대 카터 행정부에 있었던 거의 누구나가 그것이 보다 현명하고 알찬 결정이었을 것이라고 믿는다.

단지 가능성의 문제로—단지 가능성의 문제로—이슈의 역사에 대해 약간의 주의만 기울였었더라면 제 때에 그러한 재고를 할 수 있었을 것이다. 그러나 물론 그것은 적절한 이슈에 대한 적실성 있는 역사였어야 한다.

이슈의 역사를 논의하기 시작하면서 우리는 카터 행정부가 나중에 아무도 쿠바에 있는 소련 여단의 구체적인 역사에 대해 알지 못하고 있는 데 대하여 얼마나 당황해 하는지를 유념하였다. 하나의 반대 사례로 우리는 과거와 미래의 노후생활보험을 형성했던 루스벨트의 사회, 경제 그리고 정치적 경향에 대한 선견지명을 묘사하였다. 여기 1977년에 전략무기제한회담이 어떻게 다루어졌는지에 대한 가설적인 재구성에서 우리는 이슈의 역사가 경향 노선과 세부사항들을 모두 구성한다는 것을 분명히 하고자 노력하였다. 그것은 한 꾸러미의 유사한 예들이나 선례들이 아니다. 차라리 그것은 일련의 연결된 사건들이어서 오랜 시간 속에서 경향의 형태를 취하는 것이다. 그러나 경향을 익히 안다는 것이 곧 세부사항을 익히 안다는 것과 같은 것은 아니다. 그 누구도 아마 정책결정자에게 주어진 시간 속에서 모든 세부사항들을 알 수는 없을 것이다. 중요한 요령은 잘 정의된 관심사에 견주어 선택된 주요 경향과 주요 세부사항들의 유용한 조합을 도출해 내는 것이다.

관심사는 이슈의 역사를 검토하면서 강조되어야 할 추세와 세부사항에 대한 선택방향을 규정한다. 그렇다고 하면 누가 무엇을 해야 하는가의 문제는 그가 누구이고 무엇이 이슈인가에 크게 의존하게 된다. 루스벨트가 사회보장계획의 역사에 관한 세부사항들의 대부분을 얻기 위해 퍼킨스와 그 위원회에 의존할 수 있었던 것처럼, 카터도 러시아인들과의 과거협상과 최소한 가장 최근의 무기 기술

추세에 대한 벼락공부를 국가안보회의 보좌관들, 국무부 그리고 국방부에 의존할 수도 있었을 것이다. 사회보장에 관해서 그에 관련되는 정치사의 세부사항들을 기억하는 것은 루스벨트의 일이었다; 타운센드 플랜과 운동—이것은 그의 눈앞에서 전개되고 있었다—그리고 다가오는 의회에 대한 이의 중요성을 고려하는 것이 바로 그의 몫이었다. 카터에게 부여된 짐은 더 클 수 있었다. 그는 그가 비교적 문외한인 이슈 분야에 대한 일반적 추세 감각을 혼자의 힘으로 얻어야만 했을 수 있다. 그는 또한 정치적인 세부사항을 보충해 줄 수 있고 신뢰할 수 있는 사람을 찾아야만 했을 것인데 잭슨과 그의 친구들이 군비통제에 관해 이전에 어느 분야에서 투쟁한 적이 있는가에 유의해야 했다. 이 모든 것을 고루 갖춘다는 것은 쉬운 일이 아니다. 누군가 다른 사람은 카터보다 이 일을 더 잘 감당해 냈을 것인가?

우리는 분명한 확신을 가지고 전략무기제한회담을 하나의 예로 제공하지는 않는다. 왜냐하면 우리는 한 신임 대통령, 어쩌면 독특한 경우는 아니지만 특별한 경우로서 카터의 무지가 얼마나 엄청났는지 인정하기 때문이다. 그리고 그의 새 행정부는 우리가 추천한 그와 같은 일상적 절차를 잘 물려받았다고 하더라도 그는 그들이 그의 앞에 놓은 것을 활용하고 분석하는 것에 저항하고도 남았다.—이렇게 된 것은, 제임스 팰로우즈(James Fallows)가 썼듯이, 바로 그의 무역사적 기질, "전에 그 이야기가 어땠었는지에 대한 호기심의 결여"139) 때문이다. 그러나 경험이 있는 대통령은 말할 필요도 없고 심지어 신임 대통령에게 있어서도 어떤 분야들에 대한 무지가 덜하

---

139) James Fallows, "The Passionless Presidency," *Atlantic Monthly*, May 1979, p.44.

다거나 다른 운영방법이 있을 수 있다는 것은 상상해 볼 수 있는 일이다. 그러한 점들에 대한 어느 정도의 변화가 주어졌다고 할지라도 1977년의 전략무기제한회담에 관련되는 이슈의 역사를 찾아내고 적용하는 것이 지나치게 어렵거나 색다르다는 생각이 들지 않는다. 그래서 우리는 감히 이 사례를 제시한 것이다. 우리는 이 예가 그렇지 않았다면 어떠했을 것이며 또는 어떠했을 수 있었는가를 시사하기를 바란다.

이 장과 그 앞의 장들에서 우리는 일련의 요점들을 지적하였다. 지금까지 우리의 주장을 요약한다면 어려운 결정에 직면해 있는 사람들은 잠시 멈춰서 그들의 관심사를 정의해야 한다는 것이다. 그들은 이런 저런 종류의 유사한 사례들에 의하여 오도될 수 있음을 주의해야 하는 것이다. 그리고 나서 가능한 정도까지 그들은 역사적인 맥락에서 그들의 관심사를 보도록 노력해야 하는데 지금 해야 할 일에 대하여 그 이슈의 과거에 있어서 어떤 주요 추세가 관련이 있으며 어떤 구체적 사실들이—우리가 생각하기는 특히 그의 과거 정치에서—관계가 있는지 질문을 던져야 하는 것이다. 여기서 우리는 "골드버그 법칙"을 제시하는데 "무슨 이야기인가?"라고 항상 물어야 한다는 원칙이다; 또 "시간의 궤적"을 제시하는데 이는 관련된 원칙으로서 그 이야기는 항상 그 시작으로 거슬러 올라가야만 한다는 것이다 (이렇게 하면 옹호하는 방식으로 설명하는 여지를 낮출 수 있다); 그리고 "저널리스트적인 질문들"이 있는데 과거의 사건들에 대하여 "언제"와 "무엇" 뿐만 아니라 "어디에서," "누가," "어떻게," 그리고 "왜"라고 묻도록 상기시켜주는 것이다. 이러한 접근들은 현재의 조건과 미래의 전망을 조명해줄 수 있다. 이 세 가지 단계들은 서로를 강화시킨다. 전략무기제한회담의 사례를 통해 이점을 쉽게 확인했다.

너무 많은 것을 바라는 것인가? 우리는 그렇지 않기를 바란다. 이것으로 충분하겠는가? 그럴 리는 없을 것이다. 왜냐하면 우리가 보기에 최소한 세 가지 다른 가닥의 역사가 끌어들여진 다음에야 최종적으로 목적이 선택되고 방안들이 마련되며 행동들이 결정되기 때문이다. 첫 번째는 주요한 추정들을 밑받침하는 역사이다. 비록 명백하게 유사하고 반드시 당장의 관심사에 연결된 것은 아닐지라도 이것은 갑이 발생하면 을이 뒤따라 일어날 것이라는 식의 믿음을 유도하는 그런 역사이다. 두 번째는 다른 사람들의 머릿속에 있는 역사이다—이는 나이와 경험 그리고 문화적 차이와 함께하는 과거와 그 과거의 교훈에 대하여 가지는 다른 생각들이다. 그러한 차이에 대하여 아는 것은 설득을 위해서 뿐만 아니라 무엇을 해야 할 것인가 결정하는 데 있어서도 유용할 수 있다. 세 번째는 조직체의 역사인데 왜냐하면 방안들은 추상적이지 않고 행동들은 아무 개인들에게나 좀처럼 맡겨지지 않기 때문이다. 결정은 특별한 절차와 운영방식을 갖추고 있는 조직체에 의하여 집행될 것이다—어떤 조직체에게 어떤 일을 수행하도록 말하기 전에 어떻게 이들 조직체들이 일하는 법을 알게 되었는지를 고려하는 것은 당연하다. 이러한 세 가지 명제에 대하여 우리는 다음 장들을 할애한다.

제 8 장

추정되는 것 검증하기

1976년 3월, 포드 대통령은 질병예방센터(Center for Disease Control)의 돼지독감에 대한 방역사업의 최종 승인을 앞두고, 국무회의실에서 한 시간 반 동안 면역과학자들이 참여한 임시로 구성된 그룹에 자문을 구하였다. 이들은 서로가 초면인데다가 대부분 백악관에 처음 방문한, 조직된 전문위원회가 아니었다. 그들은 처음으로 한 그룹으로서 모였는데 이는 한 백악관 보좌관의 급한 초대에 의한 것이었다. 왜냐하면 대통령이 미국의 "최고 과학자들"에게서 직접 의견 듣기를 바란다고 말했기 때문이었다.

포드는 이 낯선 사람들에게 그들의 동료이며 그의 공식 보좌관들이 내놓은 의견에 대하여 이견을 말해 보도록 강하게 권유하였다. 그러나 지지의견만 듣게 되자 그는 그들에게 자신의 집무실에서 몇 분간 기다릴 것이라고 말했다. 그에게 비공개적으로 무언가 말하기를 원하는 사람은 훤히 보이는 현관으로 들어올 수 있었다. 그는 회합을 떠나면서 "그저 일어나 건너와서 노크하고 들어오세요."라고 말했지만 누구도 그렇게 하지 않았다. 그리고 나서 그는 지난 몇 개월 동안 그 방역사업에 대하여 "과학 공동체"로부터 유보 없는 동의를 얻었다고 생각하고선 그날 오후 이를 발표하였다. 그는 나중에 "만장일치를 얻었을 때 그대로 실행하는 것이 최선이오."라고 말했다.[140)]

이 문제에 있어서 물론 포드의 합의도출이라는 것은 모두 겉핥기에 불과한 것이어서 지속력이 없고 그 깊이를 결여하고 있었으며 또한 제3장에서 제시된 조사되지 않은—더 심한 경우 인정되지 않은—추정에 왜 되돌아가야 하는 지에 대한 이유를 보여주는 것이었다. 국무회의실의 탁자에 둘러앉아 했던 논의는 이러한 추정들을 다루지 않고 지나쳤던 것이다. 그리하여 다달이, 경험 속에서 이들 추정의 하나하나에 대하여 의구심이 제기되거나 부정하게 되었다. 상황이 그렇게 되니 국무회의실 회의에 참석했던 몇몇을 포함한 전국의 의사들은 떨어져 나갔다. 이는 놀랄 일이 아니다. 그러나 포드 자신의 관리들은 그렇지 않았다. 그들은 끝까지 처음 시작했던 결론에 충실하여 사실에 의하여 엄격히 증명되지 않은 어떤 것도 바꾸거나 인정하지 않았다. 그들과 그들의 더 큰 공동체 사이에는 점점 넓어져 가는 틈이 있었는데 이는 신뢰의 틈이었다. 대중매체는 이를 호기로 잡았고 포드는 이에 휩싸여 그의 평판에 타격을 입었는데 질병예방센터도 마찬가지였고 이 방역사업의 평판도 크게 손상되었다.

한국전에서 트루먼의 운명, 베트남에서 존슨의 운명, 또는 "100일" 동안에 있어서 카터의 운명, 전략무기제한회담 실패 그리고 쿠바의

---

140) Richard E. Neustadt and Harvey V. Fineberg, *The Epidemic That Never Was* (New York: Vintage Books, 1983), p.46.

여단 사건 등은 분명한 유사점이 있다. 면밀히 검토되지 않았거나 불완전하게 인식된 추정 때문에 관심사는 특정한 식으로는 정의되는 반면에 그 밖의 다른 식으로는 정의되지 않았다 (예를 들면 심각한 전염병의 위험성이 심각한 부작용의 위험성보다 더 많은 주의를 끌었다). 선택에 대해서도 똑같은 말을 할 수 있다. 추정 때문에 어떤 방안들은 더 매력적으로 되고 다른 방안들은 사실상 제외되었다. 그런 연후에 사건들 속에서 드러나게 되는 것이다—그 똑같은 추정들 속의 모든 결점 또는 실패는 신뢰라는 화폐로 대가를 치렀다. 물론 신뢰의 추락 이면에는 실제 인물들의 실제적인 고통이 있었다. 백신 부작용의 피해자들, 전쟁의 사상자들로부터 쿠바 전투부대에 대한 열광이 확실히 어떤 깊은 의도를 반영하고 있다고 생각하는 카터의 측근들과 러시아인들로부터 전화를 받을 수 없는 의회의원들까지.

추정의 힘은 분명하여 그 결점을 최소화하기 위한 검증이 필요하다. 우리는 몇몇 사람들은 오류없이 미래를 예측할 수 있다는—이것이 추정의 역할인데—환상 속에 있지 않다. 그러나 우리는 포드나 다른 사람들이 범했던 것과 같은 오류들을 용인하지 않는다. 최소한 어떤 것들은 조금만 생각했더라면 피할 수 있었던 것들이라고 보는 것이다. 따라서 이 장은 다음의 질문을 다룬다. 바쁜 사람들이 어떻게 하면 그들 자신의 추정들(또는 그들의 보좌관들이 내놓는)의 가장 불확실한 부분을 잘 가려낼 수 있도록 이를 확인하고 검증할 수 있을까? 논의의 중간에 제시되는 예증과 보다 넓어진 실제사례의 이점을 위해 우리는 이제 제3장 말미에서 돼지독감에 대하여 쓰다 중단했던 곳으로 되돌아간다.

우리는 기억을 되살리기 위해 몇 가지를 정리하는 것에서부터 시작한다. 추정은 중요하다; 추정은 서로 미묘하게 연결되어 있는 세 가지 이유들 때문에 정책결정자들에게 중요한데 모두에 대하여 이미 주의를 환기시킨 바 있지만 반복해 말할 가치가 있다. 첫째, 추정들—즉 추정된 사항들—은 상황의 정의에 중요한 역할을 한다. 둘째, 같은 이유로 추정들은 관심사를 정립하는 역할을 하는데 관심사가 어떻게 변천하는가에 대한 감각과 더불어 목표와 구체적인 목적의 개념정의를 형성한다. 셋째, 무엇보다도 추정들은 여러 대안(options)들 중의 선택에 영향을 미친다. 추정들로 인하여 어떤 대안은 중요해지고 다른 대안들은 배제된다. 질병예방센터의 센서 소장이 돼지독감에 관하여 그의 상사들에게 제시한 정치적 추정에 대하여 고려해 보자. 목숨보다 돈을 낭비하는 것처럼 보이는 것이 더 낫다. 또는 북베트남은 일단 폭격에 의해 고통이 가해지면 타협할 것이라는 존슨과 그 보좌관들의 명백히 고집스런 견해를 고려해 보자. 또는 다른 한편으로 "베트남을 잃고서도" 동맹국을 유지하거나 선거에서 승리할 수 없다는 존슨의 인상을 예로 보자. 또는 카터의 밀월을 레이건의 밀월과 대조해 보아야 하는데 보도에 의하면 후자에 있어서 한 가지의 지배적인 추정은 "지미는 잘못된 일만 했다"는 것이었다. 아니면 왜 루스벨트가 1935년에 사회보장을 정말 보험처럼 취급하는 것에 대해 의무로 느꼈으면서도 1939년이 되어서는 단지 상징적으로만 그런 것처럼 취급할 수 있었는지 반추해 보자.

상황, 관심사 그리고 목적에 관하여 우리는 역사가 뚜렷이 해 줄 수 있다는 것을 이미 보여 주었기를 희망한다. 대안들에 대해서도 똑같이 말할 수 있다. 우리는 결정에 직면한 사람들이 행동으로 들어가기 전에 관심사—즉 어떤 것을 하기 원하는 이유들—를 확인하도록 촉구했다. 우리는 또한 그들이 어디로 향할 것인가에 대해 그들의 마음을 정하기 전에 한 번 뒤돌아보기를 촉구했다. 그러나 우리는 그들이 오래 기다리기를 기대하지는 않는다. 정황을 살펴보는 것은 대안을 짜고 그 중 선택을 하며 끝까지 수행해 내는 것—대부분의 정책결정자들이 (그리고 이들을 취재하는 저널리스트들과 이들을 지켜보는 시민들) 급여를 받는 대가로 수행해야 할 의무로 여기는 것—을 위한 준비운동 정도 이상이 되지 못할 것이다.

일단 대안들 중에서 선택하는 것이 초점이 된다 해도 역사의 유용성은 멈추지 않는다. 오히려 더욱 유용해진다. 대안들은 찬성과 반대에 의하여 순위가 정해진다. 찬성과 반대는 추정들에 의존하는데 추정들 중 많은 것은 특별히 당장의 상황에 관련되는 것은 아니기 때문에 당연히 눈에 보이지 않게 선택결정자의 마음 속 깊숙이 있을 수 있다. 그러한 추정들은 인과관계와 관련이 있다: 만약 갑이라면, 을이다. 많은 그와 같은 추정들은 과거의 인지들로 가득 차 있기 마련인데 종종 뒤죽박죽이고 때때로 오해이다. 또 다른 추정들은 국민들이나 정부가 행동하는 방식에 대한 일반적인 믿음에서 파생한다. 둘 중 어떤 경우이든 추정들은 최소한 드러내어 조명될 수 있다. 어떤 경우들에 있어서는 검증될 수도 있다: 우리가 알고 있는 역사상 사례에 있어서 을은 실제 갑에 따라 일어났는가? 우리는 모든 역사에 대한 어떤 복잡한 검토를 주장하고 있는 것이 아니라 단지 이미 기억에 존재하는 자료들을 통해 찾아보자는 것이다. 잠시 멈춰 다음의 두 가지 질문을 던져보자: (1) 찬성 측과 반대 측이 어떤 방안을 선호할 때 그 배후에 있는 추정은 무엇인가? (2) 도대체 어떠한 경험이 그러한 추정들을 타당한 것으로 만드는가?

여러 가지 대안들이 과거의 인지 위에 형성된 추정에 의해 어떻게 채색되는지 예증하는 데 1965년 존슨의 베트남 정책은 아주 좋은 예가 된다. 그의 대안들은 단 하나의 선례로부터 도출된 "할 것들"과 "하지 말아야 할 것들"이 아니었다. 대신에 각각은 그 배경에 일단의 경험적 증거들이 존재하고 있는 것으로 생각되었다. 만약 존슨이 북베트남을 폭격하면 북베트남 정부는 그의 폭격중단을 원할 것이고 결과적으로 베트콩의 지원을 중단할 수 있다. 그는 사람이 그런 것처럼 한 정부도 고통에 반응을 나타낼 것이라는 추정에 의존하고 있었다. 그는 또 전략적 폭격에 대한 역사적인 경험에 의해 이러한 추정은 확인된다고 생각하였다. 그래서 그는 점진주의의 개념을 수용하였는데, 즉 천천히 고통의 정도를 높이는 것, 소위 천천히 압박하는 것으로서 이는 최소한 쿠바 미사일 위기에 대한 케네디의 대응 절차에 추론, 견주어질 수 있다. 사다리의 맨 밑에서 시작하지만 한 번에 한 계단씩 오를 준비가 되어 있는 것이다.[141)]

비슷한 경우로 존슨과 그의 측근들이 지상군의 투입을 고려했을 때 그들은 기억 속에 있는 승리에 의해 지탱된 신념 때문에 그렇게 했다. 미국은 언제나 이겼다. 프랑스나 이탈리아 정부였다면 좀 더 의구심을 가졌을 것이다. 존슨의 사람들이 평화조약을 생각했을 때 그들은 북한과 중국이 결국 전쟁종결을 위한 협상에 임했었다는 것을 상기했다. 그들은 다른 제한전들도 다른 곳에서 그리고 이전에 또한 타협으로 끝난 적이 있었다는 것을 상기했다.

기억되는 과거에 있어서 유사점이 있는 것들은 어떤 대안에 대해서는 한층 더 무게를 실어주는 동시에 다른 대안은 배제시키는 경향이 있었다. 조지 볼(George Ball)의 맞서기 정책보다는 치고 달아나기

141) 제5장의 주 6을 참조.

정책의 선호는 그 배경에 1930년대의 유화정책 뿐만 아니라 국가의 상무전통이 자리하고 있었다. 이로 인해 그것은 "베고 달아나기"라는 별명이 주어지게 되었다. 이와 유사한 일이 맥스웰 테일러(Maxwell Taylor)의 전략요지 중점방어전략(enclave strategy)에도 있었는데 그것은 "웅크리고 앉아있기"가 되었다. 그리고 북베트남을 침략하자는 방안들은 말할 것도 없고 "신속하고 전면적인 압박"에 대한 합참의 제안은 흔히 이전에 극단적인 것으로 판단된 추천방안의 범주에 들어 있었는데, 특히 커티스 르메이(Curtis LeMay) 장군의 "석기시대로 될 만큼 폭격하기"가 그러하였다.

"느린 압박" 또는 "단계적 상승"으로 특징지어진 선택방안들에 주어진 무게와 "황급히 도망치기" 또는 "웅크리고 앉아있기" 또는 "석기시대로 만들만큼 폭격하기"에 대한 사실상 제외는 토론자들이 언어를 가지고 유희하는 것 이상의 의미를 포함하고 있었다. 그러한 명칭들이 받아들여질 수 있다는 사실이 인간사에 있어서 원인과 결과에 대해—어쩌면 경험에 의해서 확실해 졌다고 추정되는—깊이 자리하고 있는 규칙에 대한 공유된 믿음의 증거였다.

왜 검증이 필요한가는 자명하다. 그러한 믿음들은 의식의 표면으로 강제로 떠올려졌을 때 그들의 존재에 대하여 명시적 판단을 받게 되는데, 이는 전적으로 주관적이라고만 할 수 없는 기록에 의해 그 현실성의 존재 내지 결여를 측정 받게 된다. 널리 알려진 사실이지만, 고통이 개인에게 있어서처럼 정부들에게도 똑같은 효과를 지닌다는 "상식"적 추정이 우리들 경험 속에서 완전히 증명되지는 않았다. 전략적 폭격이 언제나 희망했던 결과를 가져오지는 않았다. 제2차 세계대전 중 이탈리아와 일본에서 그렇긴 했지만 그것은 단지 정부가 바뀌고 난 다음에 있었던 일이다. 영국과 독일에 있어서는 그것이 오히려 정부들의 의지를 더 완강하게 만들었던 것이다.[142)]존슨은 그것을 알고 있었다. 그의 주변 사람들 모두도 그랬다. 그들의 토론은 다음과 같은 질문만 있었더라도 그렇게 뒤죽박죽되지 않았을 것이다: 호치민이 폭격에 대하여 처칠과 히틀러처럼 반응하지 않는다면 그 이유는? 또 하나의 예로 미국 군대의 승리로 가득 찬 전적은 그들이 국가전체의 자원을 마음대로 풍족히 사용할 수 있었던 시대로부터 비롯되는 것이다. 보급품이 제한되어 있을 때—인디안 전쟁들, 필리핀 점령, 카리브 해에서의 여러 가지 전단 그리고 심지어 한국전쟁에서 조차—그들의 전적은 그렇게 영광스럽지 못했던 것이다. 이것 또한 최소한 존슨의 군사 보좌관들 사이에서 공통적으로 인식되고 있었다.

베트남 대안들에 대한 생각에 영향을 미쳤던 믿음들이 반드시 틀렸다는 것은 아니지만, 이들은 존슨이나 그의 보좌관들 대부분이 인정했던 것보다 더 많은 유보사항들을 포함하고 있었던 것이다. 그러한 믿음들은 구체적으로 표현될 필요가 없을 만큼 너무도 분명하고 정확한 것으로 보였던 것이다. 그러나 정밀하게 구체적으로 표현되었더라면 그들의 실효성의 한계 또한 뚜렷이 보였을 것이다. 이러한 검증의 의미는 선택결정자들에게 두 인식이 가지는 결함을 보여주는 것이다.

여기까지의 논의를 통해 우리는 어떻게 검증해야 하는가의 방법에 다다르게 된다. 하지만 꼭 그렇지만은 않다. 우리가 최종적으로 그 문제를 다루기 전에 다시 추정의 본질에 대하여 여유를 갖고

142) "Bombing for Peace," in Ernest R. May, *"Lessons" of the Past: The Use and Misuse of History in American Foreign Policy* (New York: Oxford University Press, 1973), pp.125-42 참조.

생각해 보자. 그것들은 모두 한 종류가 아니다.

어떤 추정들은 시간이 지나면 무엇이 일어날 것인가에 대한 단순한 추단들이다. 그들은 얻을 수 있는 증거에 기초한 계산, 교육에 의한 짐작들 그리고 추측(Surmise)들로부터 단순한 예감까지 분포한다. 그러나 어떤 경우든 이 추정은 많은 지연이나 노력 없이 시간이 흘러 새로운 증거가 쌓이면서 변경될 수 있고 변경될 것이라는 점이 핵심적인 특징이다. 남베트남의 후속 정부들이 오래갈 것이라는 미국의 예측은 이러한 범주에 속한다. 또한 대중 면역사업의 개시일들에 대한 질병예방센터의 추정들도 마찬가지이다. 오늘은 당연하게 여겨졌지만 내일은 형세가 달라지는 것이다. 간결하게 표현해야 하는 데 더 좋은 용어가 없어 우리는 그러한 것들을 "아마도들(Maybes)"이라고 부른다.

두 번째 유형의 추정은 다른 극단에 있다. 그것은 너무 가치가 개입(Value-laden)되어 있어서 그 자체의 조건 외에 반대의 가치로는 의심될 수 없는 것이다: 공산주의자들은 나쁘고 시장체제는 좋다, 생명이 돈보다 더 중요하다 등등. 모든 믿음들은 가치들로 채색되어 있는데 그 이상으로는 아무 것도 아니다. 우리는 여기서 매우 단단하게 포장되어 있고 그 가치내용이 너무 견고한 믿음들을 다루겠는데 변화가 일어날 여지가 없고, 변화가 일어나는 경우는 대재앙 같은 것이 개입될 때이다. 단지 반공주의뿐만 아니라 또한 "백인의 책무"라는 순진한 관념이 베트남에 대한 결정과 심지어 마야게스호에 대한 결정 그리고 한국전에 대한 결정에서도 역할을 하였다. 현대의학에 대한 믿음 또한 아마도 앞에 것들 못지않게 순진한 것으로 돼지독감에 대한 결정과 일맥상통하는 것이다. 1983년에 근로윤리의 진정성으로서 보험의 상징들이—아마도 이제 그 힘이 좀 약해진

상태이기 하지만—50년 동안 죽 그랬던 것처럼 남아 있었고 사회보장 논의에 있어서 결정적이었다. 소련에 대한 기본적 추정이 쿠바의 "여단"에 대한 자료 평가에 반영되었다. 그래서 이보다 전에 카터는 인간 모두는 핵무기가 제거된 세계를 원할 수밖에 없다는 확신에 기대어 전략무기를 대폭 감축하게 되었다. 그는 많은 러시아인들과 영향력 있는 꽤 많은 미국인들이 그렇지 않을 수 있다는 가능성을 결코 이해하지 못한 채 대통령직을 떠났다. 간단히 표현하기 위해 우리는 가치(value)를 "진리(truths)"라고 부르겠는데 그 이유는 가치를 품고 있는 사람들이 가치를 진리로 여기기 때문이다.

"아마도"와 "진리" 사이에는 믿음의 어떤 요소들을 담고 있지만 증거에 의한 검증이 불가능하지만은 않은 추정들이 놓여있다. 이들은 다른 어떤 것들이 먼저 발생했을 때 연이어 무엇이 발생할 것인가에 대한 추정들이다. 이것이 일어나면 저것이 일어난다는 각각 믿음과 사실들의 혼합으로서의 두 가지 기대인데, 인과론(보통 암묵적으로)으로 연결되어있다. 이러한 "조건과 결과(if/then)"의 추정 범주에 존슨의 북베트남 폭격의 효과에 대한 추정, 포드의 모든 사람을 면역시킬 수 있다는 추정 그리고 대폭삭감 제안으로 시작하는 것은 해롭지 않다는 카터의 추정 등이 속한다. 그러나 훨씬 더 많은 믿음들이 그러한 추정들에 포장되어 있다. 우리가 북베트남을 폭격하면 남베트남의 사기는 오를 것이다. 만약 우리가 노령혜택을 삭감하면 유권자들은 보복할 것이다. 만약 우리가 마야게스호를 구출하면 미국인들은 더 기분 좋아할 것이다. 만약 돼지독감이 다시 발생하면 온 나라가 예방주사의 고통을 용서할 것이다. 그리고 이를 역으로 돌린 경우: 만약 중국인들이 북한을 구원할 작정이었다면 그들은 우리가 38선을 넘기 *전*에 개입했을 것이다. 이 주제에 대해서는 많은 변형들이 있다. 지나고 나서 보니 그들 중 몇몇은 계속 유효하다. 하지만 다른 것들은 그렇지 못하다. 통찰로써 이 두 가지를 서로 구분하는 것이 이 장의 주요 관심사이다.

"조건과 결과(if/then)" 형태는 때때로 추단(또는 짐작추산)의 의미를 나타내기 위해 사용된다. 예를 들면, 만약 우리가 6월까지 백신을 만들 수 있다면 추수감사절까지 예방주사를 완료할 수 있을 것이다. 맥아더가 그것이 실제 일어나기 6주 전에 말한 것처럼 만약 중국이 정말 한국에 개입한다면 "최대의 살인극이 발생할 것이다."(그는 다만 누가 누구를 죽이는가에 관해서는 틀린 것으로 나타났다.) 그러나 이러한 예에서처럼 "조건과 결과(if/then)"에 의한 추단은 '중국인들은 서양인들에게 과거에 잘 반항하지 않았고 미래에도 그렇지 않을 것이다'라는 예처럼, 보다 단순히 표현된 "아마도들(maybes)"보다 더 암묵적인 믿음을 포함하기 쉽다. 그래서 "조건과 결과"는 하나의 경고표지이고 조건부의 형태로 표현된 모든 추정들은 검증받아야 할 주요 대상이 된다.

추정을 검증하는 첫 단계는 그들을 분류하고 "진리"로부터 최소한의 영향을 받은 "아마도들" 그리고 또한 잘 검증될 수 없을 만큼 독불장군식인 "진리"를 제외시킨다. 남아 있는 것들은 대부분 다소의 진리를 숨기고 있는 "아마도들"과 함께 "조건과 결과"들일 것이다. 우리는 이 나머지 부분에 대하여 집중해야 한다.

이제 우리가 본격적으로 검증에 들어가기 전에 해야 할 일이 한 가지 더 있다. 즉, 검증하지 않을 때의 결과들을 말하자면 살아있는 천연색 영화처럼 가능하면 생생하게 예증하는 것이다— 비록 지금까지의 모든 예들이 그 결과들을 암시하지만 어느 것도 우리가 바라는 만큼 충분하게 그 주장을 통감시키지 못한다. 그러나 그러한 목적에 적합한 한 가지 사례를 알고 있다. 두 번이나 검증에 대한 논의를 연기했지만, 우리는 논의를 위해 다시 한 번 피그만이야기를 하려 한다.

1961년의 피그만 사건은 어쩌면 추정이 면밀히 검토되지 않은 *최고의* 고전적 사례이다. 이 사건은 처음부터 끝까지 "조건과 결과"나 "진리"는 고사하고 심지어 "아마도들"에 대해서도 명확성이 없다는 것이 특징이다. 참석자들은 최소한 "아마도들"과와 "조건과 결과"에 대하여 크게 의견이 달랐지만 그들은 기대했던 것과 실제 나타난 것 사이의 차이점이나 편차에 대하여 따져보지 않았다. 그들은 특이한 방법으로 그런 노력을 회피하였다. 회의 준비자들은 그들의 추정에 이의를 제기할지도 모를 사람들에 대해 담을 쌓아 그들 자신으로부터 차단하였다. 대통령도 마찬가지였는데 종종 무심코 그렇게 되었다. 왜냐하면 그가 의견이나 조언을 구했던 사람들 대부분이 그가 전제했던 추정에 대해 따지거나 그들 자신의 의견을 피력하는 데 대해 너무도 억제되어 있었기 때문이다. 그들은 대통령이 너무 낯설었고 대통령도 그들이 그러했다. 그러한 현상은 새 행정부의 초기에 발생했는데 이 행정부 또한 모든 면에서 세대변화였기 때문이다. 이 이야기의 자세한 것은 피터 와이든(Peter Wyden)의 권위 있는 저서 『피그만(*Bay of Pigs*)』에서 찾을 수 있다.[143] 여기서 우리는 그 이야기의 윤곽만 소개한다.

1959년에 카스트로에 의해 주도된 반란자들은 인기 없는 바티스타 정부를 축출함으로써 게릴라전을 성공리에 끝냈는데 그들은 정부의 경찰과 군대를 패배시키고 나서 그 자리에 혁명정권을 수립하

143) Peter Wyden, *Bay of Pigs: The Untold Story* (New York: Simon & Schuster, 1979).

였다. 이러한 결과는 초기에 미국의 자유주의자들에게서 환호를 받았고 잠정적이지만 아이젠하워 대통령에 의해서 수용되었다. 카스트로는 정말 이 나라에 와서 할렘가와 동부의 대학들을 둘러보았으며 워싱턴으로부터 증여와 차관의 형태로 개발 원조를 얻고자 하였다. 의구심에 찬 워싱턴 정부는 카스트로의 혁명이 너무 급진화 되지 않고 재산이나 그 밖의 권리가 중지되는 지경까지 가서는 안되며, 특히 국유화와 관련 사적부문—미국투자자들을 포함하여—의 보상 등에 대한 사전 보장을 확약 받고자 하였다. 십중팔구 카스트로는 처음부터 공산정권을 수립할 작정이었다. 그의 최측근들 중 몇몇은 확실히 그러했다. 어쨌든 1960년 봄 무렵, 그는 "제국주의적" 미국에 반대하여 소련 측에 선다고 선언하였었다.

이에 미국정부는 격분하였다. 이 지역에 대한 함의는 심히 경악스러운 것이었고 쿠바 난민들의 플로리다 쇄도는 국내적 측면에서 이 문제의 어려움을 배가시켰다. 급속히 그 수가 증가하는 쿠바의 기업 및 전문 직업의 중산계급 집단과 더불어 바티스타 지지자들을 떠안게 됨으로써 마이애미는 파리의 백러시아인들 보다 더 많은 쿠바인이 존재하게 되었다. 다른 쿠바인들은 뉴욕에 모여들었다. 대다수는 정착하였고 그들의 재능을 활용하였으며 시민권 취득을 고려하는 등 어느 모로 보나 미국 정치에서 곧 하나의 세력이 될 것으로 전망되었다.

1960년 봄에 이르러 이전의 바티스타 폭력단원으로부터 한때 카스트로의 충성당원이었지만 모스크바식의 사회주의에 전혀 마음이 없는 사람들에 이르는 망명 쿠바인들은 반혁명의 음모를 꾸미고 있었다. 이 패거리들은 CIA와 접촉하고 있었다. CIA는 비밀침투 계획에 대하여 아이젠하워의 승인을 얻었는데 이는 착착 진행되어 심각한 방해공작으로 작용하여 카스트로에게 낭패를 안겨주고 결국에는 그를 끌어내릴 수도 있었다. 이 계획에 관한 임무는 첩보와 비밀침투 작전을 관리하는 CIA 관리직(Directorate)의 수석으로 있는 리처드 빗셀(Richard Bissell)에게 떨어졌다. 그의 과단성과 계획추진 능력은 미국의 새로운 공중정찰능력, U-2기와 조종사들, "리처드 빗셀의 공군"이 결실을 거두었을 때 눈부시게 증명된 것으로 생각되었다. 고인이 된 국무장관의 형제인 CIA 국장 앨런 덜레스(Allen Dulles)가 빗셀을 쿠바계획 임무에 지명한 것은 그가 심각하게 생각하고 있음을 의미하는 것이었다. 아이젠하워가 심각하게 생각했는지 여부는 의문이다. 그는 회의적이었던 것으로 전해진다. 조만간 대통령에 출마해 케네디 상원의원과 겨룰 리처드 닉슨 부통령은 그렇지 않았다. 닉슨은 정말 심각하게 생각해 왔던 것 같다.

가을의 유세 동안 닉슨은 빗셀이 무엇을 하고 있는지 알고 있었기 때문에 침묵을 지켰다. 케네디는 이를 알고 있지 못했기 때문에 행정부가 무기력하다고 맹비난하였다. 당선된 후에 케네디는 그가 재임명한 앨런 덜레스와 전부터 알고 있었던 빗셀에게서 이야기를 들었다. 그는 반대하지 않았고 그들은 계속 추진하였다. 이미 마이애미 출신 쿠바인들은 중미에서 비밀 훈련을 받고 있었다.

1960년 11월, 빗셀은 명백히 그 자신의 발의에 의하여 소규모 침투에서 실제상 침공으로 계획을 확대시켰다. CIA의 쿠바인들은 국가 전체가 카스트로 정권에 대하여 궐기할 수 있도록 하기 위해 망명단체가 정부를 수립하기에 적당한 해안 교두보를 장악하도록 되어 있었다(원래의 계획에 의하면 카스트로는 이때쯤 암살에 의해 이미 죽었을 것이다). 이 궐기는 그 반도들의 정부 수립에 뒤따라 일어나야 했다. 미국의 승인은 다음 순서로 내란이 지속되는 것을 돕게 되는데 이 내란에서 카스트로 추종자들은 패배할 것이었다. 마이애미에서의 신병 모집, 과테말라에서의 훈련 그리고 워싱턴에서의 계획은 이에 따라 박차가 가해졌고 연립혁명위원회가 함께 추진되었다—모두 CIA로부터의 비밀침투작전 수행자들이었다.

1961년 1월, 그의 취임 직후 케네디 대통령은 처음으로 덜레스의 전폭적인 지지를 받고 있는 빗셀로부터 이 계획에 대한 완전한 상황보고를 받았다. 국방장관은 그 당시 그의 국제안보문제담당 차관보였던 윌리엄 번디(William Bundy)(예일 시절부터 빗셀과 친했던 중앙정보국 전 보좌관)로부터 상황보고를 들었는데 추가적인 지지를 제공하였다. 이에 대해 석연치 않았던 케네디는—그의 불안함은 유임된 국무부 중남미문제(Inter-American Affairs) 담당 차관의 강한 반대에 의해 부추겨졌다—합참으로부터도 조언을 구하였다. 비밀을 유지하기 위하여 그는 이 문제에 관한 더 이상의 조언자를 두지 않도록 했다. 그들은 오직 빗셀이 그들 앞에 제출한 것만 검토하였다. 합참은 그들이 수행하지 않을 이 작전에 대하여 "괜찮은 가능성(fair chance)"이라고 응답하였다. 이 표현을 썼던 그 장본인은 나중에 말하기를 그것은 3대 1의 반대(against)를 의미했다고 하였다.[144] 합참은 당시에 그러한 분석을 제시하지 않았다. 민간인들은 오해하였다. 이후로 소수이지만 바뀌는 일련의 최고 보좌관들의 임시 회합에서 모두는 이 문제를 조용히 해 줄 것을 간청했고 케네디는 이 계획을 가지고 골똘히 생각하고 있었다. 국제적으로 이 계획의 "소음수

---

144) *Ibid.*, p.89. 초기의 국방부 지지와 국무부 내의 반대의 증거는 맥조지가 케네디 대통령에게 보낸 1961년 2월 18일자 문서와 토마스 만이 딘 러스크에게 보낸 1961년 2월 15일자 문서에 있다. University Press of America, *Declassified Documents* (1984), nos. 555 and 943 참조.

준"을 줄이기 위해 그는 침공지점을 트리니다드 시 서쪽으로 70마일에 위치한 외진 피그만으로 이동하도록 하였다. 이러한 이동은 그때까지 회의론자였던 국가안보 차관보 맥조지 번디(McGeorge Bundy)를 개심시켰다. 그는 분명히 반대가능성을 주요 문제로 생각하고 있었는데 이제 그 계획이 완수된 것으로 여겼고 따라서 케네디가 자신감을 가지고 추진해나갈 수 있다는 견해를 피력하였다.[145] 번디와 대통령은 분명히 그 지점의 이동이 침공이 잘못 진행될 경우 습지 때문에 트리니다드의 배후에 있는 에스캄브레이(Escambray) 산맥 뒤에 숨어서 "차선책"으로 게릴라전을 펼칠 수 있는 기회가 차단되리라는 사실을 일이 벌어지기 전에는 알아차리지 못했다. 또한 케네디는 합참이 그의 계획 수정에 대하여 공식적인 재고를 하지 않았다는—왜냐하면 그가 요청하지 않았기 때문에—것을 모르고 있었다: "괜찮은 가능성(fair chance)"이라는 말만이 시종일관 "높은 가능성(good chance)"의 의미로 그의 귓전을 울리고 있었던 것이다.

또한 케네디는 "괜찮은 가능성"이라는 것도 일단 망명단체 정부가 쿠바에 실제로 선언될 수 있을 만큼 충분히 긴 해안을 장악하고 나면 쿠바 전역에서 카스트로에 반대하는 즉각적인 궐기가 일어난다는 추정에 의존하고 있었다는 것을 이해하지 못하고 있었다. 군부는 그 궐기를 빗셀계획의 중심적인 것으로 추정하고 있었다. 빗셀 그 자신도 리처드 헬름스(Richard Helms)에게 그러한 전망에 대해 전혀 의견을 구하지 않았는데 헬름스는 명목상 그의 부하이긴 했지만 비밀정보를 수집하기 위한 대체로 별도의 기구를 관리하고 있었다. 빗셀은 또한 공개정보와 평가(open intelligence and estimates) 담당 부서

---

145) 맥조지 번디가 케네디 대통령에게 보낸 1961년 3월 15일자 문서, *ibid.*, no. 556.

장으로서 그의 동료라고 할 수 있는 로버트 에이머리(Robert Amory)에게도 확인하지 않았었다. 두 사람 모두 "건너뛰어 생략되었고(cut out)," 벽으로 가로막혀 있었던 것이다. 대통령은 분명히 이러한 사실을 알지 못하고 있었다. 두 사람은 모두 궐기가능성에 대하여 비웃었을 것이다. 케네디는 이것을 이해하지 못하고 있었다. 우리가 나중에 보여주기 위해 노력하겠지만, CIA의 조직 역사는 많은 단서를 제공할 수 있었지만 케네디는 이에 대하여 어떤 것도 소개받지 못했었다. 그와 그의 보좌관들 모두는 조직에 대하여 무지하였던 것이다.

2월과 3월이 지나면서 대통령이 갑작스레 빗셀의 준비상황들을 검토하는 동안, CIA는 그 자료들과 그렇게 비밀스럽다고만 할 수 없는 과테말라 캠프에서 훈련된 반카스트로 쿠바인들을 불러 모았다. 이제 이들은 1,200명이나 되었다. 케네디가 생각했던 것처럼—그가 그렇지 않을까 하여 덜레스가 그에게 말하였다—그들이 쿠바에 가지 못하면 아이젠하워의 사업의 운명에 대하여 많은 말을 하며 화가 나서 다시 마이애미에 돌아오게 될 것이었다. (이들의 설명에 의하면 아이젠하워의 사업은 아직 시도되지는 않았지만 확실히 성공할 수 있었다). 다른 세 가지 요소들에 의해 대통령은 서둘러 결론을 내리지 않으면 안 되었다. 그는 CIA로부터 과테말라가 쿠바인들의 철수를 고집스럽게 요구하고 있고 카스트로의 공군력이 5월쯤이 되면 많이 향상될 것이라고 들었다. 또한 그는 많은 소식통으로부터 이 문제에 대한 보안이 단지 워싱턴에서만 엄격하다는 것을 알게 되었다. 과테말라와 마이애미에서는 많은 말들이 오갔다.

따라서 케네디는 빗셀에게 두 가지 조건을 붙여서 실행 명령을 주었다: (1) 그는 마지막 순간까지 취소할 수도 있다는 것과 (2)

실패를 포함하여 어떤 경우에도 미국의 군사력이 참가하는 것을 허용하지 않는다는 조건이었다. 4월 중순, 예정 시간이 되었을 때 케네디는 이 작전을 취소하지 않았다. 대신에 그는 이 작전이 예정대로 착수되도록 하였지만 보호조치, 즉 카스트로의 군용 비행기에 대한 2차 공습을 없앴다. 첫 번째 공격은 케네디에 의해 축소되었는데 부분적 실패로 돌아갔다. 설상가상으로 그 "정체"가 노출되고 말았는데 케네디의 유엔대사이며 두 번이나 민주당 대통령 후보였던 애들레이 스티븐슨(Adlai Stevenson)은 워싱턴이 배후에 있음이 틀림없다며 2차 공격을 심하게 항의하였다. 국무장관 러스크도 똑같은 주장을 하였는데 케네디는 동의하였다. 빗셀은 묵종해야만 했다. 그리하여 침공자들은 공중엄호 없이 상륙하게 되었는데, 예상했던 것보다 더 능숙한 조종사들이 조종하는 카스트로의 몇 안 되는 비행기들에 의하여 공격받았다. 카스트로의 비행기들은 통신장비와 폭약들을 실은 배를 폭파함으로써 상륙부대를 무력화시켰다. 또한 부대를 맹폭하여 카스트로의 충성스런 부대가 신속히 도착할 때까지 그들을 움직이지 못하게 하였다. 침공자들의 대부분이 포로가 되었다. 카스트로는 그의 시민들 수천 명이 어떤 반기의 사주나 참가 유혹을 받지 않도록 하기 위해 용의주도하게 투옥하였다. 결국 아무도 남지 않았다.

다른 한편 케네디는 그대로 그의 두 번째 조건에 확고한 입장을 취했다. 케네디는 아주 약간의 예외 말고는 그의 군대가 전투 목적으로 사용되는 것을 허용하지 않았다. 현장의 해군 수송선과 구축함은 대기상태에서 이 침공이 실패하는 것을 바라보고만 있어야 했는데 뒤에 있는 본 부대의 장교들에게도 마찬가지의 충격이었으며 빗셀의 사람들에게 참담함을 안겨주었다. 그들은 극단적인 상황에서는 어느 대통령이라도 미국 병력을 파견할 것이며, 전쟁 영웅, "정력"의 주창자 그리고 무기력의 비판자인 케네디를 생각할 때 그가 한 말이 진심이 아니었을 것이라고 분명히 추정하고 있었다. 현실은 그렇지 않았다. 이 점에 있어서 그는 확고부동했다. 우리는 그것을 케네디의 장점이라고 생각한다.

뒤돌아 볼 때 문제 전체의 한 가지 뚜렷한 양상은 케네디가 기획자들, 합참 또는 이 문제와 관련하여 그 어떤 사람이에게든 의문을 제기하여 강하게 따지지 않았다는 것이다. 모든 설명이 실제상 이 부분에서 일치한다. 그의 3인방 측근인 러스크, 맥나마라 그리고 맥조지 번디도 마찬가지였다. 보다 정확히 말해서 번디의 문제제기는 일단 이 계획이 트리니다드로부터의 이동에 의해 "잠잠"해짐에 따라 다른 사람들의 수준으로 내려앉았다. 부분적으로, 문제제기가 적었던 것은 정부 전환기의 현상으로 보이는데 이는 모두 그들의 업무를 익히고 또 동시에 서로에 대해 아는 데 몰두해 있는 신참들의 문제로서 그들 대부분은 서로와 그들의 의무에 대해서 뿐만 아니라 연방정부의 행정부에 대해서도 낯설었던 것이다. 부분적으로, 어느 모로 보나, 이처럼 문제제기가 결여되어 있었던 것은 리처드 빗셀의 독특한 성격에서 유래한다—그는 두뇌가 명석하고 직관력이 있으며 때때로 매력적이고, 분석적이며 자신감이 있었고 경험이 많으며 냉정했다. 뿐만 아니라 번디는 맥나마라의 보좌관인 그의 형과 함께 대학시절부터 빗셀을 흠모해 왔었다. 러스크는 마샬 플랜 시기부터 빗셀을 알며 지내고 있다. 그리고 케네디는 당선 직후에, 빗셀을 그가 신뢰할 수 있을 만큼 잘 아는 유일한 중앙정보국 사람이라고 말했다.146)

다른 사람들의 성격에 있어서 특이한 점들도 또한 관련이 있다.

러스크의 과묵함은 소문 나 있다. 여기에 처음부터 중요한 그 무엇이 있었다. 그는 빗셀의 계획을 달성될 수 없는 것으로 생각하였지만 내부 집단의 어느 누구도 일이 있은 지 20년이 지나도록 이것을 알지 못했다는 신빙성 있는 증언이 있다.[147] 이와 대조적으로 상원 외교위원회 윌리엄 풀브라이트 위원장은 의견 요청 같은 것이 있었을 때 전체 구상에 대하여 자발적으로 전면 반대하였다. 풀브라이트는 국무장관에 거의 다 지명되다시피 했었다. 그가 러스크의 자리에 있었더라면 그의 입장은 반대였을 것이며, 아무리 못해도, 주저 없이 표명되었을 것이다. 신 행정부의 초기에 국무장관의 공개적인 반대는 케네디의 마음을 사기에 충분했을 것이다. 뿐만 아니라 그것은 아마도 열혈의 젊은 대통령에 직면하여 침묵하게 된 합참이 그들의 염려사항을 피력할 수 있도록 엄호가 되었을 것이다.

이러한 부분적 설명들 외에, 우리가 여기에서 초점을 맞추고자 하는 것처럼 또 다른 것이 있는데 즉, 대통령과 그의 측근들이 가지고 있었던 특별한 추정이 어떤 기대와 선택방안은 강화시켰던 반면에 다른 것들은 제외시켰기 때문에 누구도 잠시 멈춰 인과관계에 대한 암묵적 논리는 고사하고 이러한 추정들이 검증될 수 있는 것인지 조차 면밀히 검토하지 않았다는 것이다. 이러한 분위기는 자연히 그 많은 의문투성이들을 머릿속에만 두고 억누르게 하였던 것이다.

만약 대통령과 그의 보좌관들이 조그만 수고를 아끼지 않았더라면 그들은 그들의 관심사를 정의함에 있어서 쿠바를 (a) 공산주의 국가이며 (b) 소련의 위성국가로 규정하였을 것이다. (b)가 (a)보다

146) Richard E. Neustadt, *Presidential Power*, revised edition (New York: John Wiley & Sons, 1980), p.278.

147) 딘 러스크가 필자들에게 보낸 1984년 8월 22일자 문서.

더 중대한 관심사인가 아니면 그 반대인가는 이론가의 문제이다. 그들의 목적은 뚜렷했다. 그들은 쿠바가 공산국가뿐만 아니라 소련의 맹방이 되는 것을 원치 않았다. (그러나 새로운 바티스타 하의 쿠바도 원하지 않았다. 여기에서 "진리"가 등장한다. 또 하나의 바티스타이면 또 다른 카스트로가 등장할 것이고 그리고 나서는 중남미에서의 비난, 스티븐슨 같은 민주당 의원들의 불만이 나오게 될 것이었다…) 그러한 관심사들에 대한 역사의 검토는 선택방안의 고려에 도움을 주었을 것이다. 이와 같은 검토는 왜 CIA가 1960년 11월에 수륙양면의 상륙 계획으로 전환하여 하나의 대안으로서 "침투"를 제외시켰는지에 대한 문제를 제기했을 것이다. 그러면서도 십중팔구 그 목적에 대한 의견합의를 조금도 변경시키지 않았을 것이다.

그 목적을—카스트로나 바티스타가 없는 쿠바 같은—감안할 때 수수방관이라는 방안은 있을 수 없는 것으로 보였다. 케네디 그 자신도—이 침공이 실패하기 전과 후의 보도에서 나온 그의 언급으로 볼 때—쿠바의 카스트로는 미국의 이익과 자존심 그리고 중남미의 이웃들에게 더 위험스럽다는 것을 당연시 하였다. 그와 닉슨은 어느 정도 그러한 전망에 대해 견해가 비슷했다. 눈에 보이는 무엇인가 실제로 할 만한 것이 있다면 아무 것도 하지 않는다는 방안은 배제되었다. 무엇인가 할 수 있는 가능성에 포함될 수 있는 것으로는 (1) 단지 외교적 및 경제적 압력, (2) 비밀 행동 그리고 (3) 공공연한 군사개입 등이 있었다. 단지 외교적 및 경제적 압력에만 의존하는 방안은 세 가지 "반대론"에 의하여 배제되었다. 첫째, 그러한 노선에서 사용될 수 있는 것이 많이 남아 있지 않았다. 둘째, 조기에 결과를 얻을 수 있다는 약속을 제시하지 못했다. 셋째, 이미 준비가 잘 진행되고 있는 작전을 취소해야 하는 문제가 걸려 있었는데 덜레스는 그 파장에 대해 경고하고 있었다. 공공연한 군사개입 또한 논외에 있는 것 같았다. 베를린과 다른 곳들이 소련의 보복에 너무 취약했던 것이다. 뿐만 아니라 케네디는 유럽과 중남미에서 그 자신의 대중적 이미지를 다져가고 있었다. 그는 그 결과를 좋아했고 망치기를 원치 않았다. 이 문제 전체를 통하여 그는 한 가지 점에 있어서 변함이 없었다. 그는 공공연한 개입을 봉쇄하였다.

비밀 행동은 불가능한 일을 피하는 것이었다. 아니 그렇게 보였다. 덜레스와 빗셀은 그러한 방안이 단기적으로는 안 되더라도 장기적으로는 카스트로를 제거할 수 있을 것이라고 말하였다. 쿠바의 난민들은 아무 불평도 없을 것이었다. CIA나 공화당 의원들도 그럴 것인데 그 이유는 이 계획이 덜레스의 평판이나 CIA의 경험처럼 아이젠하워 때로부터 유래한 것이기 때문이다. 공공연하지 않고 비밀스럽기 때문에 적군(Red Army)에 의한 대응 움직임도 야기하지 않을 것이었다. 이에 대해 중남미의 수도들과 국내에서 "부인가능성"이 있을 것이었다. 이 모든 "찬성론"을 상쇄하는 단 하나의 "반대론"—실패의 위험—에 대해서는 항상 "에스캄브레이 산맥 속으로 흩어져 후퇴할 수 있다"는 것이었다. 뿐만 아니라 빗셀은 마지막 순간까지 취소될 수 있었으며 또한 무엇보다도 그 해 안에 후보지명과 당선을 가져왔었던 "케네디의 행운"이 항상 있을 것이었다.

비밀침투는 확실히 목표에 가장 잘 부합되는 대안으로 보였다. 케네디와 보좌관들이 다른 대안들에 대하여 오랫동안 검토하지 않았다는 것은 전혀 놀랄 일이 아니다. 그러나 그들은 이 선택이 그토록 명백히 옳은 것으로 보이게 하는 지배적인 추정에 대하여 시간을 가지고 살펴보았더라면 더 좋았을 것이다. 그렇게 했더라면 덜레스와 빗셀에 의해 마련된 특별한 비밀침투 계획에 대하여 좀 더 많은 문제제기를 하게 되었을 것이다.

약간의 면밀한 검토만으로도 케네디를 지배하고 있던 "조건과 결과"의 중대한 여섯 가지 추정들을 확인하여 보여주었을 것이다. 두 가지는 조직에 관계되었다. 중앙정보국은 충분한 능력을 지니고 있었던 반면에 카스트로는 아직 제한적이었는데 특히 공군력에 있어서 그러하였다. 또 다른 두 가지는 실질적인 것이었다: 빗셀이 거느리는 쿠바인들은 거기에서든 여기에서든 처리되어야만 하였고 그 섬에 있는 쿠바인들은 카스트로가 제거되는 것을 행복하게 여길 것이다. 마지막으로 정당화 시켜 주는 두 가지가 있었다. 카스트로는 모스크바의 도구인데 겨우 90마일 밖에 떨어져 있지 않으며 그는 쿠바를 우리로부터 탈취해 가고 있었다.

대안에 대해 심사숙고 하는 것의 효과는 너무도 분명하다.

그 추정들의 어떤 것들은 믿음이 얹혀진 "아마도들"이었다. 조금만 생각하고 질문을 제기하는 것으로 이러한 추정들은 "*알려진 것*"으로 변화시키거나 또는 최소한 "*불분명한 것*"의 범주에 넣었을 것인데 예를 들면 "처치"문제—덜레스가 그렇게 표현했던 것처럼—가 있는데 이것은 케네디에게 그의 가장 강한 동기를 부여했을 것이다. 이것을 보다 간단히 말하자면 과테말라인들은 훈련병들이 나가기를 원했고 따라서 그들은 떠나지 않으면 안되었는데 만약 이들이 미국으로 가면 그들은 자유롭게 되어야 했을 것이고 그들은 이를 언론에서 미국 행정부를 비난하는 데 이용할 것이었다. 이 마지막 추정이 거의 확실히 케네디의 마음에 경종을 울렸다. 나머지는 분명히 검토되지 않고 지나쳐졌다. 과테말라인들은 설득이 불가능하였는가? 훈련은 연장할 수 없었는가? 다른 장소들은 얻을 수 없었는가? 니카라과는? 베네수엘라는? 시간이 흐르면 아마도 이 훈련병들은 원래의 목적대로 소그룹으로 산악지역에 침투하도록 재훈련될 수 있었거나 다른 용도를 위해 전향시키고 점점 흩어지게 할 수 있었을 것이다. 최악의 경우일지라도 언론의 반응이 얼마나 나쁠 수 있었겠는가? 그것을 완화시키거나 흡수하도록 아이젠하워를 설득할 수 있었는가? 침공사건이 있기 전에 전 대통령의 도움을 받기 위한 어떤 시도도 없었는데 협의는 더더욱 없었다. 이것은 케네디에게 조심성 있는 사고력이 결여되어 있음을 말해 준다.

다른 추정들은 "조건과 결과"이었다. 어떤 것들은 인과의 추정에 의존하고 있었는데 이들은 명시적 진술에 의해 그 진리성이 그리 오래 유지되지 못했다. 예로써 카스트로는 이미 그 국민들에게 하나의 짐으로 느껴지고 있어서 그 국민들은 구조를 기다리고 있다는 추정을 고려해 보자(물론, 바티스타에게로 다시 돌아가는 것은 아니고 입헌주의로의 진보이다). 케네디 그 자신은 즉각적인 궐기에 대하여 그리 중요하게 생각지 않았을지 모르지만 그는 분명히 그가 마이애미로부터 막 이식하려는 그 정부는 짐으로 추정되는 카스트로보다 더 대중적 호소력을 가질 수 있다는 것을 당연하게 생각하고 있었다. 새로운 사실들로 미루어 볼 때 그러한 추정은 정말 이상하게 보인다. 쿠바 *내*에서 카스트로의 대중적 지지가 결여되어 있다는 억측은 지난 2년 동안의 산물인데 그 동안 카리스마적 지도자 밑에서 그리고 광희의 드라마 속에서 대중들은 평등에 대한 모든 표식과 상징을 얻었던 반면에 상류계급들은 이 나라를 떠났던 것이다. 긴축이 있기는 하였지만 또한 교육사업과 함께 건강보험이 있었으며 엄청난 긍지도 있었다. 서구의 자본은 철수되었지만 미국인들도 떠나 버렸으며 관광객들과 마피아들도 그랬는데 이들과 함께 관광업의 저질적인 모습도 떠나 버렸다. 모든 사람들은 감시되었고 시민의 자유도 축소되었지만 이들을 가장 많이 향유했고 이에 대해 가장 관심을 가졌던 사람들은 마이애미에서 살고 있거나 그곳에 가기 위해 노력하고 있었다. 왜 이 모든 것이 카스트로를 *그 자신의 섬에서* 짐으로 느끼게 하는지는 어려운 문제인 것이다. 당시 마이애미(워터게이트는 여기서 시작한다)에서 빗셀의 사람이었던 하워드 헌트(Howard Hunt) 같은 사람을 제외한 정보 분야 사람들은 카스트로가 당시에 이 섬을 장악하고 있다는 것을 인정하고 있었다. 케네디와 러스크 그리고 최고위에 있었던 다른 사람들은 분명히 그렇지 않았다. 그들은 헌트처럼 이념주의자는 아니었다. 차라리 그들은 쿠바인들이 말하자면 동부 유럽인들과 같은 운명에 처해 있어서 똑같이 또는 비슷하게 행동할 것이라고 추정했던 것으로 보인다.

이러한 추정들을 단순히 명시화하는 것만으로는 의구심이 일어나지 않았다면 그들을 뒷받침하는 경험에 대한 몇 가지 질문에 의하여 확실히 가능했을 것이다. 과거에 쿠바인들은 입헌주의를 위해 봉기한 적이 있었는가? 쿠바의 역사에 대해 아는 사람에게 이러한 질문이 던져졌다면 그 질문은 분명한 긍정이나 부정의 답을 얻지 못했을 것이다. 그러나 그것 자체만으로도 충분했을 것이다. 한 때 스페인의 "언제나 충실한 섬"이었던 쿠바는 스페인에서 독립한 서반구의 마지막 식민지였는데 이러한 독립도 수년간의 끔찍한 고통 그리고 미국의 군사적 개입 (이는 스페인 사람들이 품위 있게 빠져나갈 수 있도록 하였다)에 의해서 마무리될 수 있었다. 이후 가끔씩 있었던 혁명은 입헌주의를 위한 많은 지지를 동원하지 못했었다. 옛 정부가 무너지면 새 정부가 들어서곤 했다—1933년의 마차도(Machado) 정권, 1959년의 바티스타 정권이 그 예이다.[148] 쿠바 역사를 5분간 들어보는 것으로도 질문을 반대로 제기하는 것이 가능했을 것이다. "카스트로에게 반대자들이 있는가?"가 아니라 "카스트로에게 지지자들이 있는가?" 쿠바의 과거는 두 번째 질문에 대한 답이 "거의 없다"가 아니라면 그가 전복되지 않을 가능성이 매우 높다는 것을 시사한 것이다.

기본적 추정은 엄격한 관찰에서 벗어났는데 부분적으로 그 이유는 아무도 이를 힘을 실어주는 "진리들"과 구별하지 않았기 때문이다. 그러한 한 가지 "진리"는 사람들이 공산주의에 의해 억눌렸고 또 억눌림을 느낀다는 것이다. 다른 하나는 쿠바가 우리의 것이 되어야 한다는 것이었다(테디 루스벨트는 산 후안 힐(San Juan Hill)에서 그것을 확보했다). 1960년 이후 한 세대를 되돌아보면, 미국의 젊은 이들은 어떻게 케네디, 닉슨 그리고 그들의 많은 측근들이 공산주의자로서 카스트로에 대해 그토록 몹시 당황했었는지 그리고 특히 케네디의 정보원들은 왜 그의 재임기간에 카스트로의 살해를 시도하는 데 시간과 금전을 소모했는지 이해하기 어렵다. 그 강한 집착은 1960년대까지 대부분의 미국인들이 쿠바를 영구적이고 자연적인 워싱턴의 속령, 아니 차라리 파나마 운하지대처럼 현재의 코스타리카와 라스베가스 사이의 교차점으로서 아바나의 여송연(당시에 미국인에게 애플파이 격으로 생각되었다)을 덤으로 가지고 있는 미국의 한 부분으로 보았다는 것을 돌이켜 생각해 보지 않으면 이해하기 힘든 것이다. 분명히 모든 것을 모스크바에 넘겨준 한 공산주의자에 의해 이 모든 것을 빼앗겼던 것이 케네디와 그의 측근들이 보여준 것 같은 혼란 상태를 야기했던 것이었다. 이는 놀랄만한 일이 아니다. 가치뿐만 아니라 긍지와 이해관계가 걸려 있었다.

---

148) Jorge L. Dominguez, *Cuba: Order and Revolution* (Cambridge, Mass.: Harvard University Press, 1978).

이 사건의 교훈은 두 가지이다. (반드시 그럴 수밖에 없는 것처럼) 추정에 기초하여 대안들을 승인하거나 제외할 때 먼저 반드시 "아마도들"을 포착해야 하는데 이들은 쉽게 답이 나오는 질문들에 의해 "*알려진 것*" 또는 최소한 "*불분명한 것*"(좀 더 살펴보기 위해 이렇게 표시해 놓는다)으로 변할 수 있는 것이다. 만약 어떤 질의응답도 해 볼 시간이 없다면 꼭 그럴 필요는 없다. 그러나 케네디와 번디에게 이러한 질문을 던지는 데 수 분이 걸리지 않았을 것이다: 그들은 아직 에스캄브레이 산맥으로 숨을 수 있을 것인가? 어떻게 하면 과테말라인들에게 그 훈련병들을 좀 더 오래 머물게 할 수 있을까? 아이젠하워는 뭐라고 말할까? "괜찮은 가능성"은 무엇을 의미하는가? 등. 두 번째, 확인을 위해 아직 내려지지 않은 결정의 결과에 의존하는 중요한 "조건과 결과"—명시적이며 *그리고* 암묵적인—에 있어서는 충분히 오랜 시간을 가지고 그 "결과"가 사실에 있어서 존재하는가를 물어야 한다: 만약 우리가 진입하면 그들은 궐기할 준비가 되어 있는가? 누가? 어디에서? 언제? 무엇에 반대하여? 문제를 명확히 하는 질문들이 분석가들에게 가장 필요하다. 정책결정자들도 또한 그러한 질문들이 필요하다: 별로 질문을 던지지 않던 사람인 케네디를 생각해 보라. (또한 그의 중앙정보국과 합참의 측근들을 생각해 보아야 하는데 이들은 분명히 다른 모든 것들이 실패하면 대통령은 미군의 투입을 승인할 것이라고 한 *그들의* 추정을 전혀 의문시하지 않았던 것이다.)

그러한 질문들의 가치는 모든 사람들이 응답하게 하고 그 응답들을 비교함으로써 극대화될 수 있다. 비교는 차이점들을 드러내주는 것이다. 만약 차이점들이 존재하면 이들은 모든 질문을 정교하게 할 것이다. 즉 이들은 질문하는 것에 대해 우선순위를 정하는 데 도움을 주고 답변에 대해 기한을 제시하는 데 도움을 준다. 풀브라이트는 대통령에게 얘기하기를 "카스트로 정권은 신경이 쓰이긴 하지만 치명적이지는 않다"고 하였다. 케네디는 그때 동의하지 않았을 수 있다. 다른 사람들은 확실히 동의하지 않았다. 그러나 그들의 견해 속에 함축되어 있던 인과관계적 연결은 비교되지 않았다. 그렇게만 되었더라면 거의 확실히 그 차이점들은 예상되는 소련의 지원 수준과 함께 쿠바의 경제 및 군사적 능력에 대해 잘 알 수 있게 해주었을 것이다. 그러한 방향의 의식적인 움직임은 빗셀을 측면에서 포위함으로써 다른 사람들이 들어와 역할을 수행할 수 있도록 하였을 것이다. 그 이유는 그들의 전문성이 뚜렷하게 요구되었기 때문인데 예를 들면 에이머리 같은 사람 또는 헬름스 같은 사람, 어쩌면 국무부의 소련 전문가들이라고 할 수 있는 사람들, 심지어 쿠바 전문가들 또는 아마도 우연히 대성공을 거두고 있던 재무장관 더글러스 딜런(Douglas Dillon) 같은 사람들이다. 케네디가 취임하기 전에 딜런은 아이젠하워의 국무부 차관이었는데, 그는 빗셀의 계획을 알고 있었고 이에 대하여 회의적이었다. 그는 또한 아이젠하워의 방식에 대하여 알고 있었다. 케네디는 딜런을 재무부에 앉혔지만 쿠바에 관하여 그를 활용하지는 않았다. 쿠바에 대하여 질문을 받지 않았기 때문에 딜런은 그의 의견을 제공하지 않았던 것이다; 그의 새 부서는 빗셀의 추가적 계획과 아무런 관련이 없었다. 만약 딜런이 어떤 이유로든 불러들여졌더라면 그는 케네디에게 많은 도움이 되었을 것이다. 카스트로의 위협 성격에 대한 다른 사람들의 추정에 반대되는 것으로서 풀브라이트의 추정에 대한 면밀한 검토는 케네디가 알고 있지는 못했지만 그러한 덤을 얻을 수 있는 재무부가 있다는 것을 시사해 주었을 것이다.

아니면 또 다른 예로 쿠바에서의 궐기를 보자. 합참은 이것이 즉시 발생할 것이며 빗셀 침공계획의 필수적인 요소로 추정했던 것 같다. 그와 그의 측근들은 이와 대조적으로 분명히 그러한 궐기가 이 섬에 반 카스트로 정부가 *수립되고 나서* 1주일 또는 그 이후에 오리라고 생각했다. 빗셀의 부서 외에 국무부와 CIA의 다른 부서들에서는 어떤 종류(즉시 또는 1주일 남짓 후)의 궐기도 터무니없는 것으로 여겼다. 만약 케네디와 그의 측근들 몇 명이 합참의 추정을 면밀히 검토하고 나서 CIA 전체의 총괄적인 의견을 고집하기만 했더라면 불일치가 분명해 졌을 것이다. 일단 합참이 의존했던 인과관계의 연결고리가—심지어 "괜찮은 가능성"의 평가에 대해서도—드러내지면 빗셀의 계획은 하나의 질문에 대한 답에 의하여 수포로 돌아갔을 것인데 특히 케네디가 직접 대면하여 이 질문을 따지고 들었더라면 그러했을 것이다: "에이머리와 헬름스는 어떻게 생각하는가?"

만약 두 부서에서의 추정에 대해 면밀하게 검토한다는 것이 새 대통령에게 너무 지나친 기대라면 대체방안으로서 합참에 대한 단 하나의 질문만으로도 이 상황에 있어서는 도움을 받을 수 있었을 것이다. "만약 *당신이* CIA 대신에 이 일을 하고 있다면 무엇이 필요하겠는가?" 제2차 세계대전, 한국전 또는 베트남전에서 병참저장고들을 돌이켜 생각할 수 있는 사람들 누구에게나 그 답을 마음속에 떠올리기는 쉬운 일이다. 플로리다는 공중엄호는 고사하고 군수품의 무게에 눌려 가라앉았을지도 모른다. 그렇다면 CIA는 어떻게 비교적 적은 돈으로 일을 계속 추진할 수 있었겠는가? 이러한 비교는 통찰력으로 가득 차게 되고 보다 깊이 있는 질문들을 던지게 하는 것이다. 간단하지만 제대로 된 질문은—마땅히 쉽게 응답될 수 있는—암묵적 인과관계의 개념을 노출시키지 않고는 방어되거나 심지어 설명될 수 없는, 다양한 차이점들을 드러내 보여 줄 것이다. 일단 노출되면 이들은 주장을 제시하도록 유도하여 사실의 추적에 박차를 가함으로써 "*알려진 것*"을 확대시키게 되는 것이다.

그리고 다시 또 하나의 대체방안은 그저 이렇게 묻는 것이다. 과거에 "결과(then)"는 실제 "조건(if)"에 따라 발생했는가? 덜레스와 빗셀은 그렇다고 말했다. 그들은 1954년 러시아인들과 내통했던 과테말라 정부의 손쉬운 전복을 인용했다. 케네디가 듣는 자리에서 덜레스는 그가 과테말라에 대해 계획된 작전에 있어서보다 쿠바에 있어서 더 많은 자신감을 느낀다고 말한 적이 있다.[149] 그러나 대조되는 점을 어느 정도만 따져보았다면 상황을 뚜렷하게 조명해 주었을 것인데 그 이유는 단지 잠깐의 점검만으로도 중요한 차이점들을 드러내 보여주었을 것이기 때문이다. 하나는 150명의 과테말라인 대 2,000명의 쿠바인 그리고 침투하기 용이한 육상 국경선 대 해상 국경선이라는 척도였다. 둘째, 과테말라는 부분적으로 미국의 작전이었는데 여기에서 미국의 조종사들이 위장복을 입고 비행기를 몰고 있었다. 셋째, 미국의 대통령(당시는 아이젠하워)은 공공연한 미국 개입의 모습에 대한 회피에 신경을 덜 썼다. 그는 중앙정보국에 대하여 어떤 미국의 병력도 들어가지 않을 것이며 반란군이 실패하는 경우에도 이들을 구조하지 않을 것임을 분명히 했다. 그러나 반도들의 폭격기들이 격추되었을 때, 국무부가 "개입의 부인 가능성"을 상실할 수 있다는 경고를 했음에도 불구하고 그는 이들의 교체를 승인했다.[150] 덜레스와 빗셀에 의해 인용된 역사상의 경험에 대해

149) Arthur M. Schlesinger, Jr., *A Thousand Days: John F. Kennedy in the White House* (Boston: Houghton Mifflin, 1965), p.249.

단지 약간 면밀히 눈여겨보는 것만으로 보통 사람들도 전문가들에게 제기할 수 있는 질문들로 무장할 수 있었을 것이다. "조건(if)"과 "결과(then)" 사이에는 숲을 통해 중대를 이동시키는 것보다 해변에 연대를 상륙시키는 것이 더 어렵지 않다는 추정이 숨어 있었는가? 또는 미국인들은 미국의 비행기에서 반드시 성공에 유리할 수밖에 없다는 추정이 숨어 있었는가? 또는 최악의 경우에, 케네디의 융통성도 아이젠하워의 융통성과 유사했을 것이라는 추정이 숨어 있었는가? 그러한 질문들은 제기될 가치가 있었다.

그러나 어떤 사람은 무엇으로부터 첫 번째의 바른 질문을 선택하고 제기하는 데 도움을 얻을 수 있을 것인가? 이 세상의 모든 질문들 중에서 어떤 사람은 어떻게 하나의 "옳은" 질문을 알고 선택할 수 있는가? 우리는 "아마도들"을 공고히 하거나 또는 "조건과 결과"를 검토해내는 것은 목표로서 타당하나 그렇게 말하는 것은 수단을 거의 제공하지 못한다고 생각한다. 확신이 "결과"를 어떤 "조건" 후에 그토록 확실한 것으로 보이게 하고, 믿음은 "아마도"를 거의 명백히 "확실성"에 가까운 것으로 보이게 만드는 것처럼, 뒤늦게야 형성되는 예증을 넘어선 무언가가 분주한 남녀들이 이를 기억하고 적용할 수 있도록 해줘야만 한다. 그들의 시간은 종종 *짧고* 그들의 주의를 분산시키는 것들은 많다.

이렇게 해서 마침내 우리의 검증에 도달하게 된다. 필요한 것은 질문을 촉발시키는 것으로서 정책결정자들과 그들의 보좌관들이 그들 자신과 서로의 추정을 파고들기 위해 쉽사리 돌이켜 생각해내고 사용할 수 있는 날카롭고 단도직입적인 기제이다. 그리고 그들

---

150) Richard H. Immermann, *The CIA in Guatemala* (Austin: University of Texas Press, 1982), pp.162-68.

은 기본에 들어가기 위해 정면적인 것이 아니라 다소 간접적인 검증이 필요하다: "장군, 당신의 추론에 있어서 인과관계는 무엇입니까?"가 아니다. "장관, 당신의 가치관(values)은 무엇입니까?"는 전혀 아니다. 전문가로 훈련된 미국인들은 일에 대해서 그의 우두머리에게는 말할 필요도 없고—또는 그들 자신에게—그런 식으로 서로를 다그치는 것을 조심하여 꺼린다. 대신에 그들은 케네디가 당연히 물었어야 하지만 묻지 않았던 질문들과 같이 상호 관련된 검증이 필요한데 이들은 원인과 가치를 표면으로 떠오르게 할 수밖에 없는 주장과 의견제시로 유도하는 것이다.

그러한 검증을 추구하는 데에는 두 가지 방법이 있다. 두 가지 모두 가설적이다. 첫째는 승률을 제시하는 것과 같다. 두 번째는 "알렉산더의 질문"을 각색하는 것이다.

만약 어떤 사람이 전의 피그만처럼 "괜찮은 가능성" (또는 돼지독감처럼 강한 가능성) 또는 보다 일반적으로 "과테말라인들은 우리의 훈련캠프를 거기에 계속 유지하지 못하게 할 것이오."라고 말하면 물어야 할 것은 "만약 당신이 내기를 하는 사람이라면 거기에 어떤 승률을 두겠는가?"하는 것이다. 만약 다른 사람들이 같은 자리에 있으면 똑같은 질문을 각자에게 하고 당신 자신에게도 한다. 그리고 나서 *차이점*들을 면밀히 살펴본다. 왜? 이것은 주관적인 확률평가에 부여된 서로 다른 수치들의 저변에 있는 추정들을 추적하고 또 주장하는 작업에 버금가는 것이다. 우리가 알고 있는 의미를 뚜렷하게 하면서도 숨겨진 차이점들을 노출시키는 강력한 방법으로서 이것이 최선책이다. 우리의 학생들을 기준으로 판단해 보건대, 수백만의 미국인들은 확률의 수치적인 표시에 익숙하지 않거나 또는 주관적인 판단을 그런 식으로 표시한다는 생각을 불편해 한다.

예를 들면, 돼지독감 의사들은 그로부터 뒷걸음질 쳤는데 정확히 말하자면 그들의 분야 외에서 그렇게 한 것이다. 한 전염병의 확산 가능성에 대해서 그들은 포드에게 "1에서 99퍼센트까지"를 넘어 어떤 수치도 주기를 거부했던 것이다.[151] 그러나 우리는 아직 경주와 시합에 대해 걸기와 따기(bets and giving odds)를 하는 데 익숙하지 않은 일단의 시민들을 찾아내야만 한다. 그리하여 그것을 하나의 게임처럼 하여 각각의 추정에 대해 승률을 구한다. 만약 그 의사들이나 또는 그 동료 전문가들이 주저하면 우리는 정부경험이 폭넓은 한 학문적 동료의 제안을 제공한다. 대신에 물어야 할 요령은 "내가 당신을 전문가로서 옆에 두고서 언론에 상황보고를 하면서 그들에게 말하기를 확률은 값이라고 할 때 나는 옳을까요? 아닙니까? 그렇다면 을은 어떨까요?" 등이다.

일단 서로 다른 승률들이 언급되면 "왜"라는 질문이 여러 많은 경로를 따를 수 있다. 주장은 상식을 상식에 경합시키거나 유추는 유추에 경합시킬 수 있다. 중요한 점은 "조건"에 "결과"를 연결시키는 전문가의 근거가 직원들이 그렇다 또는 아니다고 말하기 전에 다른 전문가들이 들을 수 있도록 공개하는 것이다.

승률 제시에 대한 하나의 변형은 도전의 의미에서 돈을 거는 것이다. "그 추정된 일이 실제로 발생한다는 데에 당신은 얼마나 많은 돈을 걸겠습니까?" 숨겨진 차이점들이 돈의 액수차이에 의하여 표시된다.

우리의 두 번째 검증은 "알렉산더의 질문"이다. 우리 중 한 명이 다른 책에서 그에 대한 이 용어를 만들었는데 이 용어를 계속 사용

---

151) Neustadt and Fineberg, *Epidemic*, p.43.

하는 것은 당연하다.[152] 명명된 바의 알렉산더는 위대한 정복자로서 아리스토텔레스의 문하생이 아니라, 돼지독감을 막기 위해 전국에 걸쳐 방역을 실시하기로 한 결정 이전에 가졌던 1976년 3월의 자문위원회(Advisory Committee) 회의에서 질문을 던졌던 바로 그 사람이다. 워싱턴대학교의 공중보건 교수인 럿셀 알렉산더(Russell Alexander) 박사는 남반구를 포함하여 어디서든 어떤 새로운 자료가 있어서 이것이 그의 동료들로 하여금 다음 여름부터 시작되는 집단 방역에 준비해야 된다는 그들의 판단을 수정하거나 되돌릴 수 있게 하지 않을까 알기를 원했다. 단지 경미한 발생? 아무 것도 아닌가? 시간? 장소? 그는 질문을 던져보았지만 답을 전혀 얻지 못했다. 이 상황에서 그것은 옳은 질문이었다고 우리는 믿는다. 이것을 집요하게 따지고 들어가다 보면 아직 제기되지 않은 일단의 보다 깊은 질문들을 쏟아냈을 것이다. 독감과 부작용 사이의 교환비용에 대한 질문들, 기획과 예정된 검토에 대한 질문들, 심각성과 확산을 구분하는 것에 대한 질문들, 비축에 대한 질문들 등등. 돌이켜 보건대, 이런 질문들 모두는 철저한 공표가 필요했던 것이다. 하지만 그렇지 못했다. 그럼에도 불구하고 올바른 첫 질문은 제기*되었던* 것이다. 우리는 이로부터 우리의 용어를 도출했다.

단지 약간만 각색하여 우리는 결론보다는 추정에 강조점을 두어 이에 상응하는 질문을 제안한다. 새로이 *알려진 어떤 것*이 당신으로 하여금 *추정되는 것*의 항목들을 바꾸게 할 것인가? 언제? 그리고 왜? 원을 돌면서 그러한 질문들은 원인에 대한 것이든 아니면 가치에 대한 것이든 차이점을 뚜렷하게 해 주고 논쟁을 촉진시키며 강제

152) *Ibid.*, pp.12–14 et seq.

로라도 추론을 도출시킨다. 이 대응 질문들이 알렉산더를 위해 그러한 역할을 하지 못했다. 바로 이 때문에 질병예방센터의 소장이 알렉산더가 참석하여 질문을 던졌던 회합을 주재하면서 그것을 집요하게 따지지 않았던 것이다. 우리는 이에 대해 집요하게 따지는 것을 권장한다.

두 번째 검증의 사용은 현재의 행동에 대한 것만큼이나 미래에도 해당된다. "알렉산더의 질문"이 밝혀내는 것은 과거의 경험에 의하여 실행가능성 있다고 생각되는 인과관계적 관련성이다. 이것은 어떤 사람이 1960년 케네디가 당선되고 나서 "빗셀의 계획과 관련하여 우려되는 모든 것을 목록으로 만드시오. 그리고 그와 같은 일들이 이 세상에서 또는 기획에서 발생할 경우 당신의 우려수준을 높일 수 있는 모든 것들을 목록으로 만드시오. 그리고 나서 그들이 일어나는지 계속하여 잘 살펴보시오. 어떤 일이든지 일어난다면 검토하시오."라고 말한 것과 같다.

번디와 함께 케네디—그리고 러스크—는 "소음수준"에 대하여 줄곧 우려하고 있었던 것이 분명하다. 만약 그들이 처음 상황정세 보고를 받았을 때 "알렉산더의 질문"을 던져보았더라면 그들은 낮은 "소음수준"이 (1) 미미한 언론의 주의 그리고 (2) 미국 시민들, 특히 제복을 입은 사람들이 직접적으로 개입되면서 노출될 미미한 위험과 관련이 있다는 데 의견의 일치를 볼 수 있었을 것이다. 그러한 질문을 제기해 보았다면 그들은 CIA의 과거 작전의 특징으로서 그 두 가지를 십중팔구 확인할 수 있었을 것이다. 그들은 과테말라에 있었던 조종사들과 비행기들이 미국인이었다는 것을 알고 있었거나 아니면 그렇지 못했을 수도 있다. 그들이 정말 알고 있었던 것은 공공연한 미국의 개입에 대한 대중적 공표가 없었다는 것이다. 더구나 그들은 세상의 대부분이 알고 있지 못했음에도 불구하고 중앙정보국이 1958년 인도네시아에서 실패한 적이 있었지만 이를 그럭저럭 철저하고 효과적으로 은폐했다는 것을 알고 있었다. 그들의 우려를 완화시키는 그 경험에 대해 잠시 생각해 본 후 케네디, 러스크 그리고 다른 사람들은 (1) 신문들이 이 이야기를 보도할 때 또는 (2) 미국의 부대들이 빗셀의 전투명령에 투입되기 시작할 때 적신호를 보내기로 의견에 일치를 보았을지 모른다.

결국 이 두 사건은 발생했다. 1961년 1월 네이션(The Nation), 뉴욕타임스, 뉴욕 데일리 뉴스, 마이애미 헤럴드 그리고 타임지가 미국의 지원 하에 과테말라에서 훈련 중인 쿠바인들에 대한 이야기를 실었다. 그들은 심지어 레탈후레우 비행장이라는 그 장소의 이름까지 밝혔다. 헤럴드 신문은 CIA가 마이애미에 있는 쿠바인들 중에서 사람들을 모집하고 있다고 설명하였고 타임지는 1월 27일자에서 모든 작전이 B씨라고 알려진 중앙정보국 사람의 관할 하에 있다고 보도하였다. 1월, 헤럴드 신문의 데이비드 크라슬로우(David Kraslow)는 이에 대하여 신 행정부의 어느 누구보다도 더 잘 알고 있었다(아마도 덜런은 제외하고). 실제 침공 1주일 전에 뉴욕 타임스의 타트 슐츠(Tad Szulc)는 오늘 우리가 알고 있는 만큼은 알고 있었을 것이다. 크라슬로우의 완전한 이야기는 인쇄될 수 없었는데 그 이유는 빗셀이 그의 편집자와 접촉했기 때문이다. 슐츠의 것도 인쇄되지 못했는데 케네디가 타임스의 편집자들에게 은폐를 요청했고 그들이 그렇게 했기 때문이다. 다른 한편으로 빗셀은 최소한 3월 초 이후에 전술적 공중지원을 요청했는데 이것은 어떻게 위장되든 미국의 비행기들을 의미했다.

빗셀은 최근에 조소하는 투로 썼다.

책임의 부인 문제에 있어서, 돌이켜 보건대 기획과 정책결정에 관계된 사람들 중 아무도 "왕이 옷을 걸치지 않고 있다"고 말하거나 또는 워싱턴에 의한 공식적 책임부인이 이 침공의 성격과 규모를 감안할 때, 미국 언론은 제외하더라도 누구에게나 용납될 만한 것이라는 추정이 순전히 안이한 생각이라는 것을 인정하지 않았다는 것은 놀랄만하다.… 이것이 중대한 실수였다는 것은 분명하지만 작전수행자들이 정책결정자들에게 뒤집어씌운 실수는 아니었다. 뉴욕 타임스를 읽는 사람이라면 누구나 더 잘 알 수 있을 것이다."153)

우리의 주장은 정책결정자들—러스크, 번디 또는 케네디 그 자신—중 어느 누구라도 알렉산더의 질문에 익숙해 있었더라면 그들은 과다한 언론 설명 같은 우발적인 일들에 대비하여 그들을 위한 인계철선으로 인도될 수 있었을 것이다. 인계철선이 미리 설정되어 있었더라면—그렇지 않았다—새롭지만 원치 않는 "*알려진 것들*"은 날카로운 질문들을 촉발시켰을 것이다. 만약 타임지가 안다면 카스트로는 모르겠는가? 만약 공중지원이 필요하다면 공군참모본부의 누군가가 얼마나 많이, 어디에서 그리고 언제 필요한 지에 대해서 고려

153) Richard M. Bissell, "Reply to Lucien S. Vandenbroucke, 'The Confessions of Allen Dulles: New Evidence on the Bay of Pigs,'" *Diplomatic History*, Ⅷ (Fall 1984): 378 참조. 이 논문의 다른 곳에서 빗셀은 그가 그의 계획에 대하여 열정가였다는 것을 추호도 부인하지 않으면서 이것이 계획을 세우고 작전을 수행하는 임무가 맡겨진 사람들이 보여주어야 할 모습이며 그렇게 해야만 한다고 통렬하게 말한다. 미국의 정부체제에서 이들을 마찬가지의 열정(그리고 보다 나은 설득력)으로 반박하는 것은 그들의 비평가들과 경쟁자들(그리고 상관들)에게 달려 있다. 피그만과 관련하여 우리는 이것을 기획자-작전수행자 측의 타당한 변호라고 생각한다.

해 보았는가? 1950년 10월 한국전쟁 중 잠재적으로 우려스럽다고 *알려진 것*들에 대한 사전의 유사한 주의는, 중국의 소극성에 대한 추정이 사건들에 의해 뒷받침 되지 않기 시작했을 때와 마찬가지로 날카로운 질문들을 제시하였을 것이다. 똑같은 점이 어느 시점에서든 베트남에서도 적용된다. 우리는 지금 남베트남인들의 생활이 베트콩과 북베트남인들에 비해 좀 더 윤택하도록 하기 위해 이러이러한 것들을 하고 있다. 만약 그들의 생활이 더 윤택하지 않다면—특히 그들이 더 못살고 있다면—확실히 그 추정들은 검토가 필요한 것이다.

우리가 알 수 있는 한, 추정에 대한 승률 제시 또는 새로운 자료가 그러한 추정들을 어떻게 바꿀 수 있는지에 대한 알렉산더의 질문방식은 연구 중인 방안들에 대한 즉각적인 질문을 촉발시키는 데 있어서 뿐만 아니라 또한 얻어진 응답을 검증하는 데 있어서도 유용하다. 만약 빗셀이 "소음수준"에 대한 우려를 인정하고 작전 장소를 바꿔 이를 낮추겠다고 제안하면 중앙정보국만큼이나 합참 등 관련된 모두에게 새로운 장소에 있어서 성공 확률을 물을 가치가 있게 되는데, 그 결과는 다른 모든 사람들의 새로운 추정들을 다량으로 얻기 위해 비교되어야 한다. 이들은 "무엇이 당신의 마음을 바꿀 것인가?"라는 알렉산더의 질문방식으로 검증될 가치가 있다. 피그만 작전의 계획에 참여한 한 사람은 우리들에게 장소 전환의 결과에 대한 문제들은 최소한 터무니없는 방식으로라도 내각 수준에서 제기되었다고 강조한다. 그는 궐기에 대한 전망에 대해서도 동일하게 회고한다. 그러나 그는 피상적인 대답—확신을 주기 위한 기획자들의 대답들—외에 그 어떤 것도 제시되었다고 주장할 수 없는데, 기록도 어떤 증거의 실마리를 남기지 못하고 있다. 그렇다면 이들은 추가 점검 또는 논쟁 없이 받아들여진 것이다. 응답들을 검증하기는 커녕 전혀 물을 필요가 없는 것으로 취급했던 것 같다.

질문과 응답에 관하여 마찬가지로 정책실무가들이 우리가 여기서 제안한 검증방식을—알렉산더의 검증방식 또는 승률 제시—절대 무시하지 않고 둘 다 함께 쓰면 더 좋겠지만 둘 중의 하나를 아주 간단하게라도 사용하기를 권한다. 그렇게 하면 여러 방안들 중에 엉성한 추정이 끼어들지 못하게 할 수 있다.

"진리들"에 대한 검증은 어떠한가? 그들은 그 자체로 확인되어야만 하는데 이는 단지 대안들이 묘사된 언어에 영향을 미친다는 이유 때문이다. 일단 확인되면 왜 그들의 근원, 수단, 적실성에 대하여 질문을 제기하지 않겠는가? 그러나 미국의 정책결정자들에게 이데올로기에 대해 내관적으로 행동하라고 요구하는 것은 그들을 한꺼번에 쫓아내고 대신 철인왕으로 교체하라고 요구하는 것과 같을 것이다. 우리는 그런 의도가 없다. 결코 그렇지 않다. 따라서 우리는 그러한 주제를 일상 습관에 대한 제안을 뛰어 넘는 내용을 담고 있는 한 장이 있는 이 책의 후반부로 미루어 놓겠다. 우리는 정책결정자들과 그들의 분석 보좌관들이 근무 외 시간이 있기라도 하다면 또는 원하는 것보다 더 길어지게 된 안식년에 역사를 가지고 그 시간에 무엇을 할 것인가에 대해 고려할 것이다. 이데올로기에 대한 자기의식적이고 자기비판적인 검토는 잘 맞아 떨어진다.

한편 단순한 일과로 돌아가 우리는 다시 한 번 일상의 절차가 되어야 한다고 추천하는 단계들을 검토하겠다. 부분적으로 우리가 그렇게 하는 이유는 이렇게 하는 것이 얼마나 간단하고 얼마나 적은 시간을 필요로 하는가를 재차 강조하기 위해서이다. 첫째, 사실들을 분류하라: *알려진 것, 불분명한 것* 그리고 *추정되는 것*. 둘째, 유추들

(analogies)을 털어내라. 이들은 현재상황이 정확히 어떻게 되어 있는지 그리고 그것이 어떤 관심사를 형성하고 있는지에 대한 시야를 흐릴 수 있기 때문이다. "현재"와의 *유사점(Likenesses)*과 *차이점(Differences)*에 유의하면서 재빨리 그렇게 하라. 셋째, 그 이슈의 역사를 되돌아 보아라. 어디에서 관심사가 유래했는지 알게 되면 어디로 가야할 지를 정하는 데 도움이 되고 또한 대안들을 조명해 볼 수도 있다. 넷째, 당신이 먼저 하기 원했던 것을 하라. 행동방안들과 이에 대한 찬성과 반대를 확인하라. 다섯째, 아무리 잠깐의 시간이라도 멈춰서 질문을 던져보아라. 주요 찬성과 반대의 배후에 있는 추정들은 무엇인가? 그들은 전에 어떻게 옹호되었는가? 서로 다른 사람들이 어떤 승률을 제시할 것인가, 또 그 이유는? 알렉산더의 질문에 어떤 사람이 어떤 응답을 가질 것인가?

지금까지는 좋다. 이제 두 가지 단계가 더 있다. 여섯째, 사람들에 관련된 모든 고정관념들을 간단히 분석하라. 일곱째, 조직들에 대해서도 똑같이 해보아라. 당신이 어떻게 마지막의 두 단계 조치를 취해야 하는지에 대해서—그리고 그 이유에 대해서도—우리는 다음의 네 개의 장을 할애하겠다.

제 9 장

개인의 위치 짓기

관심사들을 확인하고 그것의 역사를 추적하며 그리고 모호한 추정들을 검증하는 방법을 제안할 때마다 우리는 관심사들이 종종 사람마다 각기 다르다는 데에 주목해 왔다. 때때로 그러한 차이점들은 제도적인 것으로 보인다. 미사일 위기라는 급박하고 일체감을 필요로 하는 경우에 있어서도 엑스콤, 딘 러스크, 조지 볼 그리고 로버트 맥나마라 모두는 그 쓸모없는 미국의 미사일을 터키로부터 철거에 대해 반대하였다. 그들은 터키인들과 북대서양조약기구 회원국들의 반응을 염려하고 있었던 것이다. 시어도어 소렌슨, 로버트 케네디, 린든 존슨은 미사일 철거에 찬성하였는데 이들은 그 문제를 좀 더 국내적인 맥락에서 보았던 것이다. 러퍼스 마일즈(Rufus Miles)의 유명한 법칙이 여기에서 작용한다. “당신이 서 있는 곳은 당신이 어디에 앉는가에 달려 있다.”[154] 그러나 때때로 차이점들은 보다

154) 러퍼스 마일즈는 1940년대 연방 예산국의 고위 공무원이었다. 그의 법칙은 여러 다른 사람들의 것으로 얘기되는데 이는 오류이다.

개인적이다. 러스크와 볼은 그들의 사무실들이 같은 부서의 같은 층에 이웃해 있었지만 베트남에 대해서 다른 견해를 가지고 있었던 것이다.

효과적인 분석 또는 관리에 있어 이론적으로만 옳은 것이 아니라 어떤 일이 되게끔 하는 것이 진짜 중요하고, 서로 다른 사람들이 이 세상에 존재하고 그 안에서 일어나는 그들의 역할에 대해서 서로 다르게 바라보는 방식을 예견하고 고려에 넣는 것이 중요하다—이는 단지 조직의 측면에서 뿐만 아니라 개인들로서 인간적인 면에서도 그렇다. 우리는 그러한 예견이 본래적으로 주로 경험에 의한 민감한 직감의 영역이라는 것을 안다. 우리는 또한 그러한 것들을 좀 더 많이 이용하려는 노력이 점성가들이나 샤먼들의 영역은 아닐지라도 심리학자들과 심리분석학자들의 영역을 침범하는 것으로 보인다는 것을 안다. 우리는 이러한 것을 조금도 마음에 두고 있지 않다. 그러나 그러한 차이점들을 예상하는 것은 분석과 관리에 너무도 중요한 부분이어서 완전히 제쳐놓을 수 없으며, 개인들에 대한 다소의 추적과 *그들의* 역사들에 대한 어떤 묘사가—이슈들에 있어서 시간의 궤적에 유사한—한계를 의식하여 조심스럽게 사용된다면 정책결정과 실행에 유용한 결과를 낳을 수 있다고 생각한다.

어떤 이슈의 내력에 대해 그 처음으로 거슬러 올라가는 것이 가치 있는 것과 마찬가지로 어떤 사람에 대하여 모든 질문 중에서 가장 간단한 것을 묻게 되면 좋은 결과가 있을 수 있다: 그 또는 그녀는 언제, 어디에서? 태어났는가? 그 후에 무엇이 일어났는가?

로널드 레이건이 젊은 시절인 대공황 당시 대통령이었던 프랭클린 루스벨트에 대해 가졌던 경모는 레이건의 대통령 재직 시에 세상에 알려져 놀라움을 일으켰다. 많은 논평가들은 그의 속임수에 대해 의심했지만, 시간이 흐르면서 레이건이 진실이었다는 것을 수긍하게 되었다. 아무튼 그는 자신이 루스벨트의 족적을 따르고 있다고 믿었다—정책의 자구에 있어서가 아니라 혁신의 정신에 있어서 그러했다는 것이다. 그러한 믿음은 레이건의 행동에 대한 중요한 단서가 되었다. 만약 이러한 점이 1981년 이전에 널리 이해되었었더라면 백악관에서 그가 어떻게 직무를 수행해낼 지에 대한 몇몇 고정관념(Stereotype)을 변화시킬 수 있었을 것이다. 그는 백악관에서 단순한 반동주의자도 아니요 또한 단순한 무대 출연자가 아닌 것으로 판명되었던 것이다.

그러나 레이건이 대통령직에 오르기 전에 대부분의 예측이 당연히 나왔는데, 레이건이 너무 어려서 루스벨트를 분명하게 볼 수 없었다고 생각하는 사람들로부터 또는 전쟁영화나 제2차 뉴딜로부터의 지속적인 변화를 보여주는 영화를 통해 시간을 거슬러 올라가 본 루스벨트와 즉, 1932년의 위기와 그 마술적인 "100일," 그리고 구체적인 것들은 아니라 하더라도 태도 등에 장기적인 잔영을 남긴 제1차 뉴딜이라는 엄청나면서도 순간적으로 지나갔던 노력들을 눈으로 직접 보았던 것 사이의 차이점을 파악할 수 없었던 사람들에게서 나왔다. 1980년 경 가장 활동이 왕성했던 언론인들과 정치인들은 1930년대 중반에는 아무리 나이가 많이 먹었다 할지라도 어린이들이었다. 예를 들어 1980년에 40세 이하의 사람들은 루스벨트를 안다고 해도 그것은 오직 책들, 부모들, 선생님들을 통해서 알았다. 따라서 반세기 전에 22살의 청년이 어떻게 *느꼈는지*에 대해 이해는 거의 할 수 없었던 것이다. 그들 대부분에게 그 "100일"은 사회보장제도를 실시하고 실업을 치유하였다. 그리고 이어서 진주만 공격이 있었는데 이에 대하여 루스벨트는 원자탄 제조에 재정적인 지원을 했고 얄타에서 타협하였다—등등; 우리는 단지 조금 압축하여 말하고 있다.

그러나 1980년에 우리의 관찰 범위 내에 있는 대부분의 예측자들은, 레이건이 1933년에 22세였고 루스벨트가 출마할 때마다 그에게 투표했다는 것이 세상에 대한 레이건의 안목과 목적의식에 무엇을 의미했는지에 대해 잠시 멈춰 물으려 하지 않았다. 일단 던져진 질문이라고 하면 그것은—레이건의 실질적인 목적들, 추정된 기호성향, 무지한 분야 또는 운영방식 등 그 무엇이든—그가 십중팔구 대통령직의 변화를 위한 강력하고 개인화된 힘으로 생각했으며, 정부를 심지어 그 방향에 있어서까지 (심지어 정부의 예산까지!) 변화를 일으킬 수 있는 곳으로 보았다는 것을 시사하는 것이다. 그 시사점들은 피상적이긴 하지만 어떤 분명한 가능성들을 담고 있다.

그러한 예견되는 가능성들은 1980년 선거 해가 시작되면서 레이건에 대해 널리 가졌던 고정관념들을 현저하게 세련시킬 수 있었을 것이다. 그 분명한 시사점들은 공교롭게도 옳은 것으로 판명되었다; 물론 그것들은 잘못된 것으로 판명될 수도 있었다. 1980년에, 루스벨트에도 불구하고 또는 그 *때문에* 대통령직과 정부에 대한 루스벨트와 정반대의 견해를 가진 70대의 사람들이 있었다. 레이건은 그러한 사람들 중 한 사람일 수 있었으며 그리하여 그러한 가능성은 틀릴 수 있었다. 그러나 이런 식으로 세련화된 하나의 고정관념은 레이건이 대통령 근무시간에 무엇을 해야 하는지에 대해(있다고 해도) 아무런 생각 없이 부임했다는, 널리 퍼진 견해보다는 관찰과 예측에 더 나은 길잡이가 되었을 것이다.[155]

---

155) "그는 대통령직에 대하여 안정되고 뚜렷한 개념을 가지고 있었는데 이는 프랭클린 루스벨트에 대한 신비스런 기억으로부터 영감을 받은

나이를 더 많이 먹었거나 덜 먹은 어떤 사람이 역사에 대해서 당신과 다르게 경험할 수 있다는 것에 유념하는 것이 우리가 "위치 짓기(placement)"라고 부르는 것의 시작이다. 단순한 개념에 대한 중립적 용어로서 "위치 짓기"는 다른 사람의 견해에 대한 원래의 고정관념을 보다 풍부하게 하기 위해 역사상 정보를 활용하는 것을 의미한다—그렇지 않은 경우 매우 조잡하거나 억측일 수 있는 것에 제 면모들, 시각들 또는 최소한 미묘한 차이들을 더해 준다는 의미에서 고정관념들에 대한 "세련화"이다. 상대하지 않으면 안 되는 낯선 사람의 세계관에 대하여 억측하게 되는 것은 정부에서 흔한 일이다. 우리의 주장은 단순히 어떤 사람이 현재의 견해를 틀지울 수 있는 것으로서 공공 역사의 재료라 할 수 있는 커다란 역사적 사건들 또는 마찬가지의 역할을 할 *수 있었던* 제3자 개인사의 비교적 작은 세부사항들 속에 그 또는 그녀를 *위치 짓게 되면* 그들에 대해 보다 향상된 추측을 할 수 있다는 것이다. 추측을 해야 할 때 우리는 이런 식으로 세련화 되어야 한다고 생각한다—이는 공적이며 사적인 두 가지 종류의 역사에 대한 또 다른 활용이다.

이 나라의 정부 관리들은, 오랜 경험이 결여되어 있는 들쑥날쑥한 사람들도 마찬가지지만, 낯선 사람들에 대하여 거만하고 천편일률적인 추리로 그 자신들의 머릿속에 있는 사물의 의미들을 투사하려는 경향이 있다. 아니면 정반대의 극단에 위치하는 경우로서 낯선

것이었다… 레이건의 대통령에 대한 개념은 그 목소리의 힘으로 국가 전체를 하나의 대의를 위해 일으킬 수 있고 변화를 위한 하나의 촉매제로서 여론을 활용할 줄 아는 지도자에 관계된 것이었다." Lou Cannon, *Reagan* (New York: G. P. Putnam's Sons, 1982), p.417. 캐논은 새크러멘토(Sacramento)의 지방장관으로 일했던 연간에 레이건을 가까이서 관찰할 수 있었다.

사람들을 그저 그들이 대표하는 이미지만으로 표현한다. "전통을 고수하는" 외교관 또는 "군대적 사고방식" 또는 "편협한 전문가" 또는 "단순한 정치인 등." 미국의 정부체제는—이해관계와 제도에 있어서 다원주의, 고위직 임기의 불확실성 그리고 민간분야에 집중된 유인책 때문에—보통 낯선 사람들이 넘쳐난다. 그들은 서로를 고정관념을 가지고 보는 경향이 있다 (그리고 이렇게 선부른 억측에 기초한 기대가 잘못되어 나타날 때 서로에게 신랄하게 된다). 서로를 효과적으로 확신시키거나 반대하기 위해서 다원주의가 사람들에게 반복적으로 시도하게 하는 것으로 그들의 고정관념에 대한 보다 높은 세련화를 위해 그들이 얻을 수 있는 무엇이든 필요로 한다. 역사상 위치 짓기는 이러한 필요의 일부분을 채우는 데 도움을 준다. 이상하게도 유추들과는 달리 잘 활용되고 있지 않는 듯하다.

세부사항들의 맥락에서 사건들과 개인적인 사항의 맥락에서 대중을 함께 고려하는 것—레이건의 연령 맥락에서 루스벨트의 대통령직 초기—은 피할 수 없는 억측들의 세련화 작업을 돕는 유용한 추론들을 제공한다. 그것이 위치 짓기의 전망이다. 그 한계는 두 가지인데 모두 심각하다. 한 가지는 추론이 확실한 것이 아니라는 것이며 어떠한 보장도 제공하지 않는다는 점이다. 또 다른 한 가지는 *역사상* 위치 짓기로서 심리적 평가와 비교할 때 단지 표면만 드러내는 것이지만, 우리는 그들을 혼동하거나 후자를 자격없이 시도하지 말 것을 강력하게 주장하고자 한다. 우리가 보기에 자격을 가지고 있는 사람들조차도 엄청난 주의를 기울일 때 최상의 결과를 얻었다.

그러한 한계점을 인정하면서도 역사상 위치 짓기는 탐구해볼 만한 가치가 있는데 그 출발 장소는 바로 우리가 위치해 있는 곳으로 그 사람의 나이는 중요한 요소로 있어야한다. 레이건의 예가 가리키는 것처럼 연령은 기록으로 남는 개인의 세부사항이며, 다른 사람이 세상을 생각하는 방식에 영향을 미치는 역사적인 사건들에 대한 가장 직접적인 (반드시 정확하다고는 할 수 없지만) 단서이다—이는 그 관찰자가 그 사건 자체의 무엇에 대하여 알고 있거나 또는 1933년의 "100일간"처럼 사건 자체의 무엇인가를 찾아낼 수 있다는 것을 전제조건으로 한다. 그러나 연령의 효과는 거의 일정하지 않으며 때때로 레이건의 예가 시사하는 것보다 훨씬 덜 중요하기도 하다. 1950년 6월, 트루먼 대통령은 그의 마음이 "30년대의 교훈들"로 가득 찬 상태에서 워싱턴으로 비행하였을 때, 제3장에서 기록하는 것처럼, 그와 같은 교훈들은 모든 측근들과 그리고 또한 연령에 관계없이 대부분의 성인 대중에게 익숙했던 것이다. 이것은 그가 미국의 정책을 변경하여 남한에 군대를 투입했을 때 그가 거의 반대에 부딪히지 않았던 이유를 설명하는 데 도움을 준다. 1950년에 21세 이상 또는 그 또래의 사람들 모두에게 있어서, 9년 전 진주만에서의 충격과 놀란 경험은 북한의 도발에 중요성을 부여했다. 1941년 트루먼 그 자신은 22세가 아니라 57세였는데 상원의 고립주의적인 투표는 그를 당혹스럽게 하였고, 이때 그가 배웠던 것은 최소한 루스벨트에 대한 관찰이 레이건의 사고를 형성했던 것 만큼이니—어쩌면 그 이상—이후 그와 그리고 트루먼의 국민들 대부분의 사고를 형성하였다. 이 교훈은 문자 그대로의 의미를 갖지 못할 수도 있지만 그 감정적인 힘은 엄청났다: 영국의 독일에 대한 유화정책은 일본의 폭탄을 *우리에게* 가져다주었다.

그와 같은 감정의 획일성이 하나의 공적인 사건과 관련되는 경우는 아주 드물다. 심지어 전쟁이나 경기불황에서조차도 대개 다양한 교훈을 도출한다. 진주만은 예외적이었다. 베트남전쟁 또는 20년 전의 한국전, 그 이후 가장 최근 갈등에서처럼 서로 다르고 때때로 상호배타적인 감정들이 더 흔한 경우이다.156) 우리는 앞에서 존슨의 보좌관들이 베트남에서 무엇을 해야 할 지 논의할 때 한국전이라는 유사사례를 활용했다는 점을 언급한 적이 있다. 이 선례를 인용한 정책결정자들과 관측자들은 대부분 한 가지 점에 의견이 일치했는데 (린든 존슨에게는 불행하게도), 즉 1950년 6월 트루먼은 경탄할 만한 용기를 발휘했다는 것이었다. 그러나 그것이 1965년에 무엇을 의미했는지에 대해서는—미국이 취해야 할 행동의 종류가 무엇이고, 얼마나 오랫동안 지속되어야 하며 어떤 조건하에서, 어떤 이유 때문인가 등—한국전 유사사례에 관하여 검토가 사방팔방으로 진척되면서 논란이 분분했다.

한국전의 "교훈"이 제시된 것은 부분적으로 연령 요소에 의한 것이었는데 특히 12년 후에 한국의 사례가 대립하는 것으로서 나타났을 때의 연령이 그러하다. "당시"의 나이와 "현재"의 일은 이 논쟁과 우리가 알고 있는 대부분의 다른 예들에 강하게 관련되어 있는 것 같다. 한 젊은이로서 레이건의 루스벨트 추앙은 펜실베이니아가 1600번지에서 그의 재직에 의해 유효한 것으로 인정받게 되고 더욱 뚜렷—또한 아마도 더욱 개선되어—해 지는 것 같았다. 생각건대 그러했다. 마일즈의 법칙이 여기에서도 작용하고 있었지만, 이에는

156) "베트남의 교훈"에 관한 미국인들의 견해가 확산된 데 대한 분석을 위해서는 Ole R. Holsti and James N. Rosenau, "Vietnam, Consensus, and the Belief Systems of American Leaders," *World Politics*, XXXII (October 1979): 1–56.

1965년 존슨의 보좌관들이 서 있던 곳은 부분적으로 그들이 전에 어디에 앉았었는가에 달려 있다는 당연한 추론이 개재한다. 그리고 한국전을 원용했던 몇몇 베트남 논쟁자들은 또 다른 추론을 시사할 수 있었다: 그들이 앉았던 곳은 그들이 전에 *서 있던* 곳에 달려 있다.

1964년과 1965년 동안에 한국사례에 대한 다양한 활용을 고려해 보자. 합참의장과 나중에 사이공 대사를 지냈던 맥스웰 테일러(Maxwell Taylor) 장군은 거의 마지막 순간까지 "네버 어게인 클럽(Never Again Club)"(이는 아시아 본토에서 미국의 지상전을 의미한다)의 충실한 회원이었다. 40대 후반에 그는 한국전에서 지상군의 부사령관으로 근무했었다. 베트남에서 미군 사령관이었던 윌리엄 웨스트모어랜드 장군은 대조적으로 대체로 테일러의 나이보다 15살 아래로 한국전쟁에서 하급장교로 싸웠었는데, 베트남을 그의 진로에 있어서 또 하나의 기회로 보고 그는 기꺼이 그곳에서 고급장교로서 자신의 재기를 검증할 태세였다. 1965년에 국무장관인 딘 러스크는 1950년에 극동담당 차관보로서 대부분의 동료들처럼 중국인들을 과소평가했었다. 그러한 실수를 그는 다시 범하지 않았다. 1960년대 내내 그는 그들을 과대평가하였다: 베트남에 대한 조언에서 그는 팽창주의자가 되어 과거에 있었던 것처럼 그들의 공격의 위험에 대해 강조하였다.

러스크의 차관인 조지 볼(George Ball)은 그 점에 이의를 제기하지 않았다—그로 인해 그 자신의 주장은 약화되었다—그러나 오히려 한국과 *비교하여* 남베트남의 정치, 군대, 기후, 영토, 전술, 국제적 지원 그리고 프랑스 식민주의의 재앙적인 유산을 포함하는 생존능력 결여에 초점을 맞췄다. 볼은 그에 대한 감각을 지니고 있었다:

장 모네(Jean Monnet)와의 오랜 관계 때문에 그는 유럽경제공동체의 선구자인 그를 고객으로서 그의 워싱턴 법률회사에 오게 하였고 이에 관한 그의 일은 그를 "유럽인"으로 만들었고 프랑스 정치 현장의 관찰자로 만들었다. 한국전쟁 중에 볼은 그러한 관심들을 애들레이 스티븐슨(Adlai Stevenson)의 첫 대통령직 지명에서의 역할과 결합시켰었다. 그의 후보자를 트루먼으로부터 차별화시키는 것이 1951년과 1952년에 볼의 관심사 중 커다란 부분을 차지했던 것이 분명하다. 국방장관 로버트 맥나마라의 당시의 관심은 포드 자동차회사에서 기업 내 승진의 사다리를 오르는 데 있었다. 1965년 그는 중국에 대하여—그에 대해 직접 아무 것도 모르면서—러스크의 길을 따랐는데, 그 자신이 존슨의 남베트남 "상실"을 만회할 수 있는 군사적 수단을 찾는 임무를 떠맡았는데 그가 이 곳에서 케네디의 개입을 고무했었고 존슨의 궁지에 대해 책임을 느꼈기 때문에 더욱 그러하였다.

그 주요 보좌관들 중 어느 누구도 12년 전 트루먼의 궁지에 대해서 많은 관심을 보이지 않았는데, 이 궁지는 트루먼이 오래 끈 제한전의 시험대에 국내 사업과 그의 정당의 정권유지 문제를 올려놓았을 때 이 두 가지에서 정치적인 비용으로 나타났었던 것이다. 그 비용 중 어떤 것도 그 보좌관들의 개인 호주머니에서 지불되지 않았었다. 페어 딜(Fair Deal) 정책은 그들에게 개인적으로 아주 작거나 아무런 의미도 되지 못했다. 그리하여 존슨의 내부그룹 사람들은 당파와 사업적인 면에서 보인 한국전의 어두운 면을 거의 인용하지 않거나, 아마도 거의 고려조차 하지 않았다. 그들은 질질 끌었던 한국전에서 목표의 변경이—침략의 격퇴로부터 한반도 통일로 목적의 확대 (이것은 곧 축소되어야만 했다)—베트남을 위해서 시사점을 주지 못하는 것으로 간주했던 것 같다. 이 문제를 다룬 것에 관한 상호간의 문서기록으로부터 판단해 볼 때 17도선을 넘어 군대를 보내면 중국군을 불러들이지 않을까 염려했지만 공군이 그 선을 넘는 것은 염려하지 않았다. 한편, 남베트남에서 조언과 전투 사이의 구분을 깨는 것이긴 하였지만, 15년 전에 보병이 38도선을 넘음으로 인해 일어났던 것과 유사한 국내에서의 심리적 영향이 있지 않을까 하는 데 대해서는 비교적 염려하지 않았다. 아니면 그들이 그 특별한 유사점을 보았다 하더라도 그들은 그것을 문서상으로 따지고 들지 않았다.

1965년 토론의 참가자들이, 그들이 그렇게 한 경우에, 어떻게 한국전을 인용하여 얘기했는지는 이에 대한 그들의 경험에 따라 달랐다. 맥나마라에게는 외관상 그것이 머릿속에 떠오르지 않았음은 당연한 것인지 모른다. 맥나마라의 최측근 개인 보좌관으로 하버드 법대 출신의 존 맥노튼(John McNaughton)에게 그것은 단지 관련 없는 일일 뿐이었다; 그는 존슨의 선택방안들에 대해 냉담하고 빈정대는 듯한 견해를 지니고 있었는데 이는 파리의 경제협력청(Economic Cooperation Administration)에서 한동안 일한 후 중서부 지역(공화당의) 신문의 편집장으로 일한 젊은이만큼이나 트루먼에게 그렇게 가깝지 않은 사람에게 매우 걸맞는 현상이었다. 존슨의 국가안보 보좌관인 맥조지 번디는 때때로 덜 냉담했던 반면에 사이공 함락의 위험에 대해서는 깊은 염려를 가지고 있었지만, 질질 끌며 제한적이었던 이 전쟁으로 인한 국내 정책사업과 정당의 위험에 대해서는 별로 관심을 갖고 있지 않았던 것 같다. 그러나 트루먼의 실각은 번디에게 영향을 주지 않았었다. 하버드만큼 떨어진 거리에서 그는 아이젠하워를 지지했었다.

몇몇 다른 사람들과 함께 번디의 형제인 윌리엄(William)은 다소 다른 이야기를 가지고 있었다. 한때 그 자신이 조지프 매카시(Joseph McCarthy) 상원의원의 공격 대상이었던 윌리엄 번디는 1960년대 중반 극동담당 차관보로서—옛날 러스크가 하던 일—한국전쟁을 오래 끌음으로써 발생한 국내에서의 최소한 한 가지 결과에 대해 지속적이고 고통스런 인식을 보여주었다: "전면전"에 대한 그리고 "승리"에 대한 요구였는데 그 이유는 이것이 사상자가—그리고 징병—나오는 "전쟁"이었기 때문이다. 기록들은 윌리엄 번디가 베트남전쟁을 이렇게 전변시킬 수 있는 조치들에 반대하였음을 시사한다.

트루먼의 모험적 국내 사업들의 운명을 직접 경험하고 그것을 흥미와 후회로 회고한 두 사람은 또한 우연히 존슨에게 베트남이 수렁이 될 수 있다고 가장 강하게 경고한 두 사람이었다. 한 명은 신임 부통령 휴버트 험프리(Hubert Humphrey)로서 1950년대 초 상원의 신참나기였는데 그는 펼쳐지고 있던 "위대한 사회(Great Society)" 뿐만 아니라 페어 딜(Fair Deal) 정책의 든든한 지지자였다. 다른 한 명은 클라크 클리포드(Clark Clifford)로서 트루먼의 특별고문으로 선거를 포함하여 그의 첫 임기 중에 그의 전략가였다. 클리포드는 1950년 2월 사직한 후 엄청나게 성공적인 변호사 사업을 시작하여 아이젠하워, 케네디, 존슨을 연이어서 상담해 주었다. 그의 상담은 그의 법률업처럼 초당적이었다. 그에게 정치와 정책은 분리될 수 없는 반면에 그는 민주당에 동조적이었다. 트루먼의 골칫거리들을 안타깝게 생각하면서 그는 존슨에게 "전쟁" 규모로 끌려들어가지 말 것을 경고했다. 이에 실패하자 그는 그 전쟁에서 승리할 것을 조언했다. (1967년에 그는 맥나마라를 교체하고 직접 경험으로부터 실행가능성을 목도할 때까지; 그 이후로 그는 다시 탈출구를 찾아야 한다

고 주장하는 사람이 되었다)

존슨이 험프리나 클리포드의 마음에 떠올랐던 경우처럼 회상의 원천—또는 분명하지 않게—이 되지 못했다는 것은 설명을 필요로 한다. 험프리처럼 그는 트루먼의 두 번째 임기에 신참나기 민주당 상원의원이었다. 그때조차도 존슨은 당에서 거물이었다. 그러나 그는 그렇게 열렬한 페어 딜 정책의 주창자는 아니었다. "압승의 린든"은 1948년에 87표차로 상원에 당선되었는데 당시에 그는 "위대한 사회"의 구상자는 아니었다. 그의 당장 관심은 텍사스 민주당원들 사이에 어느 정도의 지지를 유지하는 것이었고, 그 주는 1952년과 1956년에 공화당의 아이젠하워에게 넘어갈 것 같았다. 이러한 목적을 위해 존슨은 고의적으로 트루먼에게서 거리를 유지했다. 그의 다른 주요 정치적 관심은 상원 내에서 권력을 잡는 것이었다.(그것이 그의 당선가능성을 증가시킬 것이었고 당선 가능성이 높아지면 그의 권력 장악도 가능할 것이었다.) 여기에서 트루먼의 불운은 존슨에게 유리하게 작용했는데 그 이유는 의석을 잃은 페어 딜 정책 지지자들이 고위직에 이르는 계단의 각 디딤단을 공석으로 남겨놓았기 때문이다. 한국전과 이의 트루먼에 대한 불운의 영향이 아니었더라면 존슨은 1953년에 소수당의 원내총무 그리고 1950년대 후반의 막강한 다수당 지도자가 될 수 없었을 것이다. 그러한 경험을 고려해 볼 때 존슨은 하버드의 번디처럼 냉정하게 한국전의 선례를 돌아볼 수 있었던 것이다.[157)]

---

157) 존슨의 상원 연간에 대한 훌륭한 설명은 도리스 컨스(Doris Kearns)의 *Lyndon Johnson and the American Dream* (New York: Harper & Row, 1976), 4장, 5장 참조. 위에 언급된 다른 사람들에 대한 더 많은 정보와 그들에 대한 추가적인 전기적 자료는 "Vietnam Advisers," Kennedy School of Government Case No. C14-80-272 참조.

회고해 볼 때 이 모든 것은 명백한 것 같다. 1964년 또는 1965년 당시에 누가 이런 것들을 짐작할 수 있었을까? 우리는 그렇다고 생각한다. 자명했던 것은 최소한 옹호하기 위해 어떤 사람들은 한국을 적실성이 있는 것으로 생각했다는 점과 그들이 여기에서 서로 다른 교훈을 보았다는 것이다. 그러한 차이점들이 그 전쟁에 대한 그들의 경험의 차이와 관련이 있을 것이라고 생각하는 것은 너무 앞서 나간 것은 아닐 것이다. 모든 경우에 있어서 교훈들이 있기라도 했다면, 그것들은 그러한 경험에 의해 예상될 수는 없었다 할지라도 그 경험에 비추어 이해될 수는 있었던 것이다. 그러나 존슨에 대해 바로 보기 위해서는 『의회 인명록(Congressional Directory)』이나 『인명대사전(Who's Who)』에 그에 대해 나온 내용 이상의 지식을 필요로 할 것이다. 어떤 사람이 텍사스의 배경이나 그의 상원에서의 경력이 험프리와 다르다는 것을 알지 못하면 그의 교훈과 험프리 그리고 클리포드의 교훈이 똑같았을 것이라고 쉽게 짐작했을 것이다. 이 사례는 예측하는 데 있어서 "위치 짓기"를 과신하지 말 것을 경고한다. 그것은 또한 자세한 사항들을 그 맥락 속에 놓고 보는 것이 얼마나 유용한 지 뚜렷이 알려준다.

1965년의 논쟁에 관련됐던 누군가는 연령과 이전의 경력과 관련하여 다른 사람들을 역사 위에 위치 지음으로써 도움을 받을 수 있었을까? 우리는 그랬을 것이라고 생각하지만 또한 서둘러 강조하고 싶은 것은 그 한계점들이다. 그 참석자들에 대해 많이 아는 사람일지라도 과거의 경험에 기초하여 현재의 정황을 예측하려고 하면 잘못될 수 있을 것이다. 베트남에 대하여 몇몇 아이젠하워 공화당원들은 초기에 "온건파"였다; 몇몇 페어 딜 민주당원들은 완고한 "강경파"였다. 마가렛 체이스 스미스(Margaret Chase Smith), 헨리 잭슨

(Henry M. Jackson) 상원의원이 각각 그 예들이다. 어떤 경우든지 경험에 대한 지식은 예측에 도움을 줄 수 있다—그러나 단지 도움을 줄 수 있을 뿐이다; 그것은 확률을 6대 5에서 7대 5로 바꿀 수 있을지 모른다. 대개 위치 짓기는 다른 사람들이 일련의 새로운 문제들을 어떻게 *볼 지*, 그들이 무엇을 중요한 것 또는 중요하지 않은 것으로 *볼 지*, 그리하여 어떤 노선의 분석이나 주장이 그들에게 호소력이 있거나 아니면 거부감을 *줄 지*에 대한 가설들을 제공할 수도 있을 것이다. 우리가 이 책에서 추천한 다른 모든 절차들처럼 위치 짓기의 유용성은 진단적인 것이다. 그 자체로 치료가 되는 것은 아니다.

우리가 판단하는 한에 있어서 미국의 공무원들은 좀처럼 의식적으로 위치 짓기를 실천하지 않는다. 미국정부는 상당한 정도에 있어서 변호사들의, 변호사들에 의한, 변호사들의 정부이기 때문에 그것은 다소 놀라운 일이다. 왜냐하면 법정 변호사들은 배심원들을 고를 때 "위치 짓기" 같은 일에 정기적으로 종사하기 때문이다. 그들은 고정관념들로부터 시작된 다음 질문들을 제기함으로써 고정관념들을 세련화 시킨다.(농부들은 보험회사들에게 그런 경우가 있을 수 있다; 이 농부는 예외인가? 등등) 법정 변호사들은 그리고 나서 배심원들의 배경을 염두에 두고 주장의 틀을 짠다. 아마도 흔히들 생각하는 우리의 "무계급" 사회에서 그런 식의 물음이 어쩐지 "비미국적"으로 보이지 않는다면, 왜 그러한 관습이 좀처럼 정부로 흘러들어가지 않는지 우리는 이해하지 못한다. 어떤 경우든 배심원 선정과의 비교는 위치 짓기의 한계와 약속을 조명하는 데 도움을 줄 수 있다. 어떤 한 가지를 보장함이 없이 보다 폭넓은 주장들이 보다 충분하고 공평한 청문의 기회를 얻는 데 기여한다.

연령, 일과 같이, 아마도 잘 기록되고 접근될 수 있는 그 밖의 개인사의 다른 세부사항들은 다양한 개인들이 커다란 역사적 사건들을—모든 사람이 아는 "공적인"의 역사—파악하고 활용하는 방식에 영향을 준다. 자명한 예들로는 부모들, 친족들, 학력, 지역 그리고 소속 민족 등이 있다. 잘 기록되어 있지 않기 때문에 덜 뚜렷한 것으로는 성인의 삶에 영향을 주는 정신적 스승들, 모델들 그리고 영웅들이 있다. 물론 보다 더 개인적이고 사적인 종류의 다른 것들로서 심리적인 영역에 스며있는 것들도 있는데 기록되어 있다 해도 이들은 일반적으로 대중에게 접근될 수 없거나 접근될 수 있다고 해도 우리들이 활용할 수 있는 역사의 범위 밖에 있다. 누군가가 당시에 루스벨트의 루시 머서(Lucy Mercer)와의 정사와 결혼의 결과에 대해 알고 있었다고 해서 루스벨트를 다루는데 도움을 받을 수 있었을까? 우리는 그것이 의문스럽다. 우리가 생각하고 있는 "개인의 역사"는 『참회록(*True Confessions*)』에서 보다 동창회 편람에서 더 발견되는 것이지만 그것은 그래도 활용할 수 있는 많은 것들을 제공한다.

예를 들면 그 베트남 결정들을 이해하는 데 있어 이미 언급한 개인사의 부분을 아는 것은 도움이 된다: 윌리엄 번디의 매카시와의 작은 충돌, 맥조지 번디의 당초 공화주의, 클리포드의 정치적 행동주의, 존슨의 87표. 윌리엄의 장인이 딘 애치슨(Dean Acheson)이었으며 그리고 아버지의 (그리고 그 형의) 영웅은 헨리 스팀슨(Henry L. Stimson)이었었다는 것을 알면 조금 더 도움이 된다—즉, 이 스팀슨은 번디 형제가 공부했던 그로톤(Groton)에서 공무와 그 것에 있어서 명예라는 이상을 구현했었다. 비슷한 맥락에서 볼이 스티븐슨과 연결되어 있다는 것, 이보다 더 중요한 것으로 그의 프랑스 연결과 일반적 유럽 정향을 이해하면 도움이 된다. 전자는 그를 존슨에게 쓸모없는 존재로 만들어버렸고 후자는 그로 하여금 *케네디*의 정책

진로가 거꾸로 바꾸어지기를 바라게 했었다; 다른 것들은 그로 하여금 아시아에 대한 논쟁에 있어서 의심하게 했는데 바로 그가 프랑스의 선례들을 인용했을 때이다 (프랑스인들은 파나마 운하를 건설하지도 않았었고 히틀러를 막지도 못했다). 맥나마라에게 있어서는 그가 포드회사에서 승진가도를 달렸으며 통계의 통제에서 밑으로부터 평판을 쌓았다는 것을 알만한 가치가 있는 것 같다. 러스크에게 있어서는 조지 마셜 장군이 그를 국무부의 문관으로 불렀을 때 그는 제2차 세계대전에서 탄탄한 육군복무 후 막 정규군에 들어갈 참이었다는 것과 마셜이 그의 이상과 모델이었다는 것을 아는 것은 도움이 된다. 이와 같은 예들은 계속된다. 개인사로부터 나오는 각 정보들은 연령과 일의 연결로부터 도출된 추측들을 더욱 풍부하고 생동감 있게 한다.

따라서 어떤 주장을 신봉하든 고정관념들을 세련화 하기를 바란다면 자신에게 득이 되거나 해가 될 다른 사람에 대하여 두 종류의 자료를 찾는 것은 의미가 있다. 첫째는, 즉 큰 사건들로서 각각의 사람들은 막연한 정치의식을 얻은 이래 이들을 통해 살고 있는 것이다. 우리는 시간의 궤적을 그려보도록 제안하는데 안전을 위해 일찍 시작하는 것이 좋다. 이는 부모의 삶을 포함하게 되며, 들었던 것뿐만 아니라 신문에서 읽었던 것들 또는 텔레비전에서 보았거나 또는 실제 직접 목격한 사건들로 줄거리가 구성된다. 만약 그 주제를 이런 저런 시기에 푹 빠져 있는 진지한 역사학도로서 알았다면 그 시간의 궤적을 거기까지 내려가게 하라. 경험은 상상에 의해 느껴질 수 있다. 둘째는 개인의 역사, 즉 지역, 가족, 교육, 경력 등에 해당하는 기록의 개인적인 사항들이다. 가 꼭 개인사의 맥락에 있음을 확신하고 비교를 촉진시키기 위해서는, 이 사항들을 같은 시간의 궤적 위에 나열해야 한다. 단순화를 위해 첫째 종류의 자료는 "사건들"로, 둘째는 "세부사항"으로 명명될 수 있다; 이러한 이름들은 중립적인 지정으로 주어지는데 기억하기 쉽기 때문이며 별다른 의미는 없다.

다음 단계는 다른 사람들에 대한 관련성의 추론(Inference)을 위해 그 사건들과 세부사항들을 캐내는 것인데 다시 말해 다른 사람이 세계, 일, 사안 등에 대해 가지는 관점에 대한 추론이다: 그 또는 그녀의 전제들, 편견들, 맹점들, 헌신성을 보이는 언질 등으로서 공적이고 개인적인 역사를 함께 고려했을 때 강하게 시사된 것들이다. 우리는 정책실무자들이 이 세 가지를 절대 무시하지 말 것을 촉구한다: 사건들, 세부사항들 그리고 추론들. 우리는 또한 참가자들 모두가 그들의 추론들을 서로 인과관계로 연결시키는 데 주의할 것을 주장한다. 그것은 거의 십중팔구 보다 세련화된 정형보다는 다른 정형을 만들어내기 쉽다. 또한 그것은 잘못된 방향으로 유도하게 되어 질문 대신에 결론에 이르게 하는데, 검증되지 않으면 버려야 할 연구가설로서 "알라모(Alamo)"와 "산 야신토(San Jacinto)가 번디 형제들이나 볼보다 린든 존슨에게 더 의미 있는 말들이라는 것에 이르는 대신에 존슨이 남성다운 텍사스인으로서 이런저런 식으로 행동하지 않으면 안 된다고 추정하게 하는 것이다.

그렇게 하는 것이 위치 짓기라는 것인데—이토록 단순한 것이다. 최근에 우리는 대부분 정부 경험이 있는 학생그룹에게 하루 밤 동안에 그들이 쉽게 찾을 수 있는 『인명사전』을 포함하는 참고서적들을 뒤져서 저명한 존슨의 세 고문들 클리포드, 러스크 그리고 맥조지 번디에 관계되는 세부사항들을 찾아 우리에게 제출하도록 부탁하였다. 다음 날 수업에서 우리는 이들 세 사람에 대한 역사적 사건들을 담고 있는 간단한 시간의 궤적을 제시하였고 학생들은 이들의 세부사항들을 만들어냈다. 중복된 부분을 제외한 결과는 〈표 9-1〉에서 보는 바와 같다.

〈표 9-1〉 백인 직업가 3명

"사건들" (일반 지식)		"세부사항" 개인사 (기록상)		
연도	사건	C	R	B
1908	태프트 당선	*클리포드* 출생 세인트 루이스	*러스크* 출생 조지아의 농촌	
1917 ~18	1차세계대전 (US)	유복한 생활	고된 생활	*맥조지 번디* 출생 보스턴, 명문가
1917 ~18	빅 레드 공포			
1929	대공황	LLB 워싱턴 대학, 세인트 루이스		
1931	만주사변		로드 스칼러 옥스퍼드	
1933	뉴 딜			그로튼
1935	옥스퍼드 맹서 중립법			
1936 ~39	스페인	법률업 개업 세인트 루이스 (소송대리인)	밀스 칼리지 교수	예일
1938	뮌헨협정			
1939	나치 전쟁			(부친이 스팀슨과 함께 일함, 1940)
1940	프랑스의 함락	해군	육군 스틸웰 미얀마 국방부	하버드 2학년생 연구원 육군(해군과 연락병)
1941 ~45	2차세계대전 (US)	해군 부관		
1947	트루먼 독트린	트루먼의 고문 (1946~50)	국무성 (마셜을 추종)	

1948	마셜 플랜 베를린 공수 트루먼 당선	페어 딜 제안 트루먼 연설들	차관보 UN 차관보 FE	마셜 플랜 스팀슨 회고록 듀이 연설들
1949	NATO 결성			
1950 ~53	한국전쟁 매카시	법률업 개업 워싱턴		하버드 교수 학장
1953	아이젠하워		록펠러 재단 이사장	
1960	JF 케네디	시밍턴 1960년 케네디를 도움	스카스데일 "모두의 제2선택"	케네디를 도움
1963	LB 존슨	존슨을 도움	국무부 장관 1961~69	존슨을 도움 포드재단 이사장
1965 ~73	베트남전쟁 (US)	국방부 장관 (1967~69) Almost State (HHH)		
1969	닉슨		조지아 대학 교수	
1977	카터	워싱턴 "노장"		뉴욕대 교수
1981	레이건			

그리고 나서 우리는 서술된 사건들과 세부사항들의 결합에서 합리적으로 도출될 수 있는 추론들을 제시하도록 하였다. 제시된 것들은 몇 가지 편벽된 것들을 제외하면 다음과 같았다.

추론들(합리적 범위 안에서)		
클리포드	러스크	번디
확신에 찬 영리한 꾀바른 무난한 과감한 정치적으로 적극적인 민주당원 전략적 잘못된 길은 가지 않음	구태의연한 의무에 충실한 충성적인 머리가 좋은 명목상의 민주당원 초당적인 전형적 외교관	명석한 확신에 찬 행동이 민첩함 유복한 삶 그로튼 상 스팀슨 상 근본적으로 비정치적

초보자들이 단지 흔한 참고서적들 만을 가지고 하루 밤 작업을 한 것이지만 이것은 우리에게 의미있는 결과라는 생각이 든다. 그 이유는 누구든 이 세 사람에게 동시에 영향을 미치고자 하는 사람들에게, 이 목록은 어떻게 1964년 또는 1965년에 도움을 얻을 것인가(그리고 얻지 않을 것인가)에 대한 어떤 실질적인 지침을 제공하였을 것이기 때문이다. 물론 그러한 대답들 중의 어떤 것들은 인명사전 이상의 참고서류를 읽었을 것이며 또는 전화로 보다 많은 자료에 접근하였을지도 모른다. 그러나 실제의 생활에서 전자나 후자, 또는 두 가지 모두의 조건들이 강의실에서보다 더 많이 적용될 수 있을 것이다. 대학에 파견된 사람들과 비교하여 현장의 공무원들은 짧은 시간에도 인명사전에서 제공된 단편조각들보다 서로에 대해 보다 많은 정보를 얻을 수 있는 더 좋은 환경에 있다. 그들은 서로에게, 기자들에게 또는 친구들에게 물을 수 있으며 또는 그 거물급의 비서와 친분을 유지하기 위해 노력할 수도 있다. 그리하여 우리는 이러한 결과물들이 위치 짓기가 얼마나 유용한지 그리고 어떻게 쉽게 적용될 수 있는지를 시사하는 것으로 본다.

하나의 사고 실험으로서 조지 볼이 러스크, 번디 그리고 맥나마라—클리포드에게는 아니고—에게 1964년 10월에 편지를 써 그때까지 미국이 남베트남에 관계하고 있는 상황으로부터 물러나는 방법에 대해 생각하도록 촉구했을 때 그가 처해 있었던 주창의 문제를 고려해 보자.[158] 볼은 비밀스럽게 그의 동료들에게 이야기를 건넸는데

158) 볼의 1964년 10월 5일자 비망록은 원래 그의 논문 "Top Secret: The Prophecy the President Rejected," *Atlantic Monthly*, July 1972, pp.35-49. 또한 George W. Ball, *The Past Has Another Pattern: Memoirs* (New York: W. W. Norton, 1982), pp.380-85에 있는 그의 회고적인 언급을 참조.

그것은 그들의 공식적 임무에 맞는 조건에서였지 그들의 기억이나 또는 그들의 방식에는 맞지 않은 것으로서 세계관보다는 논리에 더 호소함으로써 한 법률가의 소송사건 적요서를 내 놓고 그들에게 그것을 기입해 넣는데 도움 줄 것을 부탁하는 듯 했다. 논리는 강했던 반면에 그 결론은 개략적이어서 불완전하였고 실행전망이 제시되기는 고사하고 가늠되지도 않았다. 볼은 대화를 시작하고자 했지 계획을 제공하려던 것이 아니었음이 명백했다. 그의 이야기를 듣는 사람들을 고려하면 그것은 그의 입장을 약화시킬 수도 있었다. 어쨌든 그들은 문서에 의한 응답을 하지 않았는데 번디는 존슨이 선거 이후까지 그런 것에 대해서는 생각하지 않을 것이라고 그에게 말한 것을 회상할 수 있을 뿐이다.[159] 3개월 후 또 다른 정보원을 통해 존슨은 10월의 그 노력을 파악했지만 이때쯤 되면 존슨의 입장에서 보아 그 모호성은 그 기획자의 개인적인 약점임과 동시에 결정적인 흠이 될 수 있었을 것이다. 그 후 대통령은 볼을 그의 공식적 "악마의 변호인"으로 취급하였는데 이로써 볼은 말할 기회는 주어졌지만 그의 비중은 줄어들었던 것이다.

수년 후에 볼의 10월 비망록은 출판되어 선견지명으로 받아들여지고 경고로써 유명해 질 것이었다. 그것은 확실히 그랬다. 그러나 하나의 주창으로서 그것은 거의 실패할 운명에 처해 있었다. 우리의 학생들이 도출한 추론은 왜 그러한지에 대하여 다음의 몇 가지들을 제시한다.

볼에게는 최소한 네 가지의 어려운 문제들이 있었다. 첫째, 군사적으로 성공 여부에 대해서 미국의 능력에 의문을 제기하는 것은

159) 1984년 10월 24일자 저자들에게 해준 말

단번에 맥나마라의 능력, 러스크의 자신감, 번디의 명예 그리고 존슨의 자존심에 도전하는 것이었다. 또 하나는 러스크의 입장에서 본 중국의 위협을 받아들이는 것은 국방부에서 도미노이론들을 출현시킬 수 있었다. 세 번째로 볼이 그리했던 것처럼 "외교정책"의 범위 내에 유지하는 것은 그의 하급 직책에는 잘 어울렸지만 1964년 당선 경쟁 선거유세에서 나온 대통령의 공약사항들(아시아 청년들끼리 싸우게 하자 등)을 무시하게 됨으로써 동시에 그러한 공약의 중요성을 폄하하고—외교정책부서의 흔한 일임—클리포드 같은 사람들—자연히 이들의 영역에 그런 일들이 떨어졌는데—에게 압력을 넣는 것을 삼가는 것이 되었다. 마지막으로 볼은 이 문제에 대한 그의 입장과 그가 그의 동료들이나 대통령과 다른 일들을 하면서 그 자신이 야기할지도 모르는 일상적인 적대감을 구분하고 또 그에 의해 손상되지 않도록 해야만 하였다.

이것이 바로 네 가지 어려운 조건들인데 마지막의 것이 그 중에서 가장 어려웠을 것이다. 1964년 10월부터 12월까지 볼은 영국 그리고 독일과 함께 소위 다국적군(Multilateral Force, MLF), 즉 해군 핵 기구에 대한 협상을 준비하느라 맥나마라, 러스크 그리고 번디와 바쁘게 접촉하였는데 결국 존슨은 그 겨울에 이 시도를 "침몰"시켰다. 이를 가장 옹호했던 볼은 유럽인들의 견해에 대한 아주 선택적인 보고를 가지고 너무 강하게 추진하였기 때문에 번디는 기분이 나빴고 대통령도 감정이 상했다. 뿐만 아니라 그들은 볼이 유럽에 대한 집착과 프랑스에 대한 동정이 있음을 생각하게 되었던 것이다. 이와 거의 바로 같은 순간에 존슨은 베트남 문제에 대하여 당선 후 연구를 시작하였다.[160)]

그것은 위치 짓기의 추가적인 측면을 제기한다. 그것은 다른 사람들의 견해에 대한 단서들뿐만 아니라 그들이 당신을 어떻게 볼 지에 대한 단서도 제공할 수 있다. 이것은 정말 가장 가치 있는 기여라고 할 수 있는 것이다. 옹호 또는 주창에 있어서 옹호자 자신에 대한 청중의 반응과 시각에 비추어 그 옹호자의 안목에 대해 어느 정도 아는 것은 이익이 된다. 그것이 없는 경우 재앙이 일어날 수 있다.

익숙함이 오래되다 보면 두 가지 방향에서 많은 단서들을 낳을 수 있다. 볼과 그의 공직 동료들은 함께 4년을 보냈다. 그는 그들의 개인적 역사를 샅샅이 뒤지거나 그들로부터 통찰력을 도출함이 없이 같은 회의석상에서 의견 교환을 통해 다른 사람들의 머리에 정확히 어떤 연상 작용을 불러일으켰는지 행동으로 배울 수 있는 기회가 있었다. 그리하여 그는 위치 짓기에 의해 그랬을 것처럼 이 점에 있어서 잘 준비되어 있었을 것이다. 단편적인 징후들은 그가 그렇지 않았다는 것을 시사하지만 그것에 대해 전혀 신경 쓸 필요가 없다. 우리는 알지 못한다. 여하튼, 그 같은 세대의 차관급 공무원들에 있어서 평균 재임기간은 겨우 20개월이었다.[161] 그처럼 상대적으로 낯선 사람들 사이에서는 다른 동료들과 관련하여 그 자신이 처해있는 상황에 대한 통찰력의 결여라는 재앙적인 상황이 나타날 가능성이 더욱 높은 것이다. 행동상의 친숙히 위치 짓기를 대체할 만큼 신빙성이 있는 것은 아니다. 볼의 경우에 있어서 그러했는가 하는

---

160) *The Cybernetic Theory of Decision* (Princeton: N.J.: Princeton University Press, 1974)에 있는 존 스타인브루너(John Steinbruner)의 권위있는 설명을 참조했는데 특히 제9장임. 또한 Philip Geyelin, *Lyndon B. Johnson and the World* (New York: Frederick A. Praeger, 1966), 제7장 참조.

161) Hugh Heclo, *A Government of Strangers* (Washington, D.C.: Brookings Institution, 1977), 특히 pp.103-4 참조. 평균은 변화가 있다손 치더라도 헤클로(Heclo)가 쓴 이래 그렇게 많이 변한 것 같지는 않다.

문제는 기회라는 점에서 예외적이었던 것으로 보인다.

낯선 사람들 간에 흔히 나타날 수 있는 오해의 가능성들을 보여주기 위해 우리는 또 다른 사례를 활용하겠다. 다양한 활용을 위해 우리는 대외적인 분야에서 국내적인 분야로 그리고 또한 남성들로부터 여성들로 시선을 돌린다—즉 1933년 루스벨트의 노동부 장관으로 와서 (그것도 국가의 첫 여성 각료로서) 노동부(Secretary of Labor)의 여성국(Women's Bureau) 국장으로서 유임 임용된 메어리 앤더슨(Mary Anderson)에 맞섰던 프랜시스 퍼킨스에게로 관심을 돌린다. 앤더슨은 13년 전에 하나의 국(bureau)을 이끈 첫 여성이었다. 그들은 유명인사들이었고 두 사람 모두 강한 의지의 소유자로서 그들의 대결은 하나의 고전이라고 할 수 있다.[162)]

루스벨트의 선임자인 앨프리드 스미스(Alfred E. Smith)의 부하였던 퍼킨스는 일찍이 올바니에서 우리가 오늘날 "공익 로비스트"라고 부르는 사람으로서 산업체 노동자의 근로조건 향상을 위해 의회에서 운동을 전개했었다. 직업상 건강과 안전, 최대근로시간, 최저임금 등이 입법을 통해 성취되었는데 이것들은 남녀 모두의 직장생활을 개선하려는 그녀의 수단이었다. 그녀는 어린이 노동 철폐를 위해서도 노력했다. 사회사업 분야에서 그녀의 이른 활동은 그녀 세대의 많은 사람들처럼 종교적인 가르침에 기초한 노블리스 오블

---

162) 그들의 전기에 대한 요약본을 위해서는 "Frances Perkins, Secretary of Labor," Kennedy School of Government Case No. C14-81-369 그리고 "Mary Anderson and the Women's Bureau," Case No. C14-81-368 참조. (부록을 참조.) 이들이 우리가 강의시간에 활용하는 요약들이다. 이 두 사례들은 래드클리프 대학(Radcliffe College)에 있는 슐레신저 도서관(Schlesinger Library)에 소장되어 있는 자료들을 대량으로 이용하고 있다. 퍼킨스에 대한 보다 자세한 사항들을 위해서는, George Martin, *Madame Secretary: Frances Perkins* (Boston: Houghton Mifflin, 1976)을 참조.

리주(noblesse oblige)에서 비롯되었었다. 그 점에 있어서 그녀는 진보의 시대(Progressive Era)를 체현하고 있었다: 태생적으로, 실질적 중산층으로—매사추세츠의 워체스터 사람으로 미국의 지배적인 특권층(WASP)—플로렌스 켈리와 제인 애덤스로부터 영감을 얻었고, 그녀의 감독제주의파 교회에 진지해서 행운을 덜 타고난 사람들을 돕는 데 열심이었으며, 시오도어 루스벨트에게 감동받았을 뿐만 아니라 콜럼비아대 석사로 전문 직업교육을 받았고, 최근의 산업화가 초래한 인간적 희생에 대하여 분노하였으며, 규제를 통해 그 과도함을 완화 내지 역전시키기 위해 정부를 활용해야 한다는데 결의가 서있었다. 그녀는 알 스미스와 일하며 정당정치를 하나의 사용가능한 디딤돌로 보는 것에 대한 진보주의적 편견(Progressive Prejudice)에서 해방될 수 있었다. 이러한 것은 그녀의 시절로서는 엄청난 경험의 결합이었다. 일을 수행할 때 그녀는—최소한 그녀가 잘 알지 못하는 사람들과 더불어—남자들이 의례히 기대하는 것처럼 조용하면서도 단아했던 반면에 의도적으로 남자들에게 강인한 어머니상을 상기시킬 수 있는 의상을 입고선 강인함을 심고자 했다.[163] 퍼킨스는 때때로 노동쟁의의 중재에 불리어졌고 한때 노동운동을 자신의 대의의 협력자로서 알고 있었다. 그러나 그녀는 그 분야의 미미한 존재여서 전미노동조합(AFL, 기술자들의 연합체임; 당시에는 산업조직회의(Congress of Industrial Organizations)가 존재하지 않았음)의 회장인 윌리엄 그린(William Green)이 그녀의 노동부 장관 지명을 반대했었다.

---

163) Martin, *Madame Secretary*, pp.145-47. 이것은 남성들 중 비교적 낯선 사람들을 지칭한다. 양성의 친한 사람들에게 그녀는 비교적 개방적이었고 심지어 수다스럽기까지 했다고 우리는 들었다(결코 언급되지 않았던 주제로서 그녀의 사적인 생활에 대해서만은 제외였다).

앤더슨의 경력은 뚜렷하게 대조적이었다. 가족의 도움이나 교육도 없이 스웨덴에서 미 중서부로 이민한 앤더슨은 다양한 경험(그리고 영어)을 익혀 시카고 양화업계의 공장 노동자로 일하기 전에는 가정부로서 일했었다. 중서부는 초기 전미노동조합(AFL) 중심부로서 그녀는 헌신적인 노동조합원이 되어 이 연맹에 충성을 다했다. 그녀는 너무도 충성스러워 매사추세츠 지부가 쇠퇴 중이었지만 오래된 경쟁자 노조 조직인 노동기사들(Knights of Labor)에 속하는 노동자들을 지지하여 본부의 지시 없이 계약을 위반하여 파업을 하였을 때, 심지어 이 파업을 분쇄하기까지도 하였다. 상승세에 있던 전미노동조합에게 있어서 계약을 유지하는 것은 신조였다. 그녀는 동부로 옮겨가서 그 파업들을 깨뜨리는데 일조하였다. 그녀는 그것을 의무로 여겼다. 시카고로 돌아와 그녀는 그녀의 노조 조직을 위해 그리고 여성노동조합연맹(Women's Trade Union League)의 조직자로서 수년간 열심히 일했다.

여성 노동자들에게도 어떤 대표권을 부여하라는 압력 하에서 전미노동조합의 새뮤얼 곰퍼스(Samuel Gompers) 회장은 앤더슨에게 여러 가지 임무를 맡겼다. 그는 제1차 세계대전 중 그녀를 우드로 윌슨(Woodrow Wilson)의 경제관리처 여성대표자로 만드는 데 도움을 주었다. 어느 때처럼 열심히 일하여 그녀는 결국 노동부의 전시 산업체여성봉사단(Women-in-Industry Service)의 보스가 되었다. 그녀는 또한 파리평화회의와 제네바 국제노동기구에 파견되는 미국대표단의 고문역할을 맡았다. 여성투표권 부여—그녀는 이를 항상 지지했었으며 그 운동의 지도자들은 그녀의 친구들이었다—직후에 법정기구로서 여성국이 설립되어 여성 봉사단 업무를 계속했다; 앤더슨은 이 국의 첫 국장으로 지명되었다. 윌슨 이후 세 번의 공화당 집권기를 통하여 그녀는 그녀의 국을 설치하고 안정화시켰으며 의회와 이익단체들과의 관계를 가꾸고 연이은 감량운동(economy drives)에서도 살아남았다. 그녀는 로비보다는 연구에 초점을 두었으며, 당시의 노동력에서 여성과 그들의 일에 관한 객관적 문제들에 그의 연구를 제한하였다. 그가 밑에서 일했던 노동부 장관들은 무관심했거나 무능하였으며 아니면 두 가지 다였다. 그러나 그 국은 살아남았는데 이것이 그녀에게 중요했고 이윽고 전시로부터 루스벨트와 함께 민주당원들이 되돌아왔다. 앤더슨은 감격하였는데 특히 여성을 장관으로 임명한 사실에 감격했다. 그녀는 "우리는 모두 그저 신이 났다. 왜냐하면 우리는 마침내 우리의 문제를 진정으로 이해하고 우리를 위해 싸울 수 있는 사람을 가지게 되었다고 생각했기 때문이었다. … 나는 이제 확신을 가지고 자유롭게 찾아갈 수 있는 친구를 얻은 것처럼 느꼈다"[164]라고 하였다. 그녀는 뭔가 크게 잘못 이해하고 있었다.

워싱턴에 대해 낯설었던 퍼킨스는 노동부를 단지 소문과—그녀의 주변에서는 그렇게 좋지만은 않은—실업수치에 대해서 후버 노동장관과 가진 공적인 논쟁을 통해서만 알고 있었다.(그녀의 견해가 노동장관의 것보다 더 나은 것으로 나타났다). 이 부서는 지금도 그렇지만 당시에도 정부 내에서 가장 작은 부서들 중의 하나였다. 그것은 당시에 법무관실(Solicitor's Office)과 6개의 주요 국(division)들을 포함하였다: 이민 및 귀화업무(나중에 법무부로 이관됨), 고용업무(곧 확대됨), 화해조정업무, 노동통계국, 소년국 그리고 여성국.

---

164) Mary Anderson and Mary N. Winslow, *Women at Work: The Autobiography of Mary Anderson as Told to Mary N. Winslow* (Minneapolis: University of Minnesota Press, 1951), p.183.

마지막의 세 부서는 모두 주로 연구에 종사했다; 이것이 처음부터 퍼킨스에게 비정상으로 보였다. 노동통계국은 커다란 잠재력을 가지고 있었다; 소년국은 주들이 소년의 노동을 불법화하는 헌법개정을 통과시키지 못함으로써 더욱 시급하게 남겨진 대의로 인하여 연방적인 성격을 띠고 있는 유일한 부서였다. 또한 소년국의 어머니들 노동조건에 대한 몇몇 연구들은 이미 여성국의 연구들과 중복되고 있었다. 뿐만 아니라 퍼킨스 장관은 분명히 앤더슨에 대하여 동업자 또는 동료로서 개인적인 의구심을 가지고 있었다. 영원한 "여성의 대변자," 공화당에서 유임된 사람, 전미노동조합의 경력자, 자격미달의 연구자라는 부정적인 이미지들에 더하여, 퍼킨스는 그녀의 시대에 계급냄새가 난다고 하였다. 그녀의 당시 보좌관들 중의 한 명이 우리에게 추억담으로 말해 주기를 "메어리 앤더슨이 당신의 하녀였더라면 좋았을 텐데"라고 하였다.

어쨌든 취임 몇 주 만에 퍼킨스는 앤더슨에게 여성국을 없애고 그 기금을 장관이 다른 데 배분할 수 있도록 돌려주도록 제안했다. 그것은 퍼킨스의 보좌관들이 그녀에게 얘기한 것처럼 법전에 있는 법 규정을 무시한 것으로서 사실 행정적으로 있을 수 없는 일이었다; 그렇다하더라도, 이 제안은 앤더슨에게 충격을 주었고 이에 그녀는 격노하였다.

앤더슨은 비망록으로 응답하였다. 50년이나 지난 후에도 다소의 화가 배어난다:

노동부장관에게 드리는 비망록

나는 오늘 아침 대화 후에 당신이 윤곽을 제시한 그 계획들에 대해 매우 진지하게 생각해 보았고, 제네바에 가야 할 여행 때문에 너무 바빠서 다른 일들에 대해 당신과 이야기할 시간이 없을까 염려되어 이 비망록을 당신에게 보냅니다.

여성국 위상의 변화를 위해 당신이 지금 취하려는 조치가 노동부를 전국의 여성들로부터 오는 엄청난 비난에 처하게 하지 않을까 염려됩니다—시기가 매우 중대하기 때문에 비판들과 그에 따른 노동부에 대한 불신을 막기 위해 가능한 한 모든 조치를 취해야 한다고 느끼는 바, 여성국의 존재를 유지하면서 다른 방법에 의해 당신이 원하는 것을 이룰 수 있지 않을까 생각하고 있습니다.

여성국을 노동부의 다른 활동들과 통합하자는 제안에 대한 나의 반대 논리는 다음과 같습니다. 그렇게 함으로써 여성국을 설립한 법이 폐지될 것이고, 그러면서도 당신이 노동행정을 담당하고 있는 동안에 이런 사실이 여성의 고용문제에 대해 관심이 없는 미래의 장관들 하에서 상황을 구체적으로 변경시킬 수 있는 일에 있어서만큼 영향을 미치지 않을지 모릅니다. 만약 그렇다면 미래에는 여성들을 필요로 하는 일이 무시될 것이고, 이에 대한 시정은 또 하나의 법을 통과시켜 여성국을 다시 만드는 것인데 이를 위해서는 많은 시간과 노력이 필요합니다.

내가 보기에 우리는 어떤 일이 있더라도 여성국의 존재와 위상을 보존해야 하지만, 당신의 개선작업을 실행하기 위해서 우리는 의무들을 변경하고 직원들을 부내의 다른 부서로 파견하며 그들의 급여를 이 일에 할당할 수 있으며 이런 식으로 당신의 개선작업의 필요성도 충족하고 동시에 본 부의 미래 정책들도 보호할 수 있을 것입니다.

다른 조치 방안도 여성국을 만드는 법의 제정에 역할을 했고,

이 국이 지난 15년 존재해오는 동안 열성적인 지지를 보낸 단체들로부터의 빗발치는 항의를 받게 되지 않을까 염려되는데 물론 우리는 가능하면 이것을 피할 수 있기를 바랍니다.

메어리 앤더슨 국장

하나의 사건이 이것을 효과적인 비망록으로 만들어지게 하였다. 1933년에 여성단체들에 의해 퍼킨스가 공격받는 경우 이것은 큰 상처가 될 수 있었다. 모험을 감행하지 않기로 한 그녀는 여성국을 그대로 두었다. 그것은 아직도 존재하고 있으며 또한 앤더슨은 그가 퇴직하기 전까지 그 국장으로 있었다. 미래의 협력을 설득하고 다른 한편으로 그 기초를 놓기 위한 옹호의 목적으로서 앤더슨의 접근은 형편없었던 것으로 보인다. 그녀의 퍼킨스에 대한 고정관념은 극히 실망스러웠고 그녀도 그에 따라 반응하였다. 그녀가 노동장관의 과거 경험에 대한 면면들을 파악하고 이를 활용하려 노력했더라면 그녀의 입장을 강화시키는 데 도움을 줄 수 있었을 텐데도 그러한 노력이 전혀 드러나지 않았다. 그런 관점에서 보면 여성단체들의 로비를 활용하겠다는 위협은 정말 그들의 미래 관계를 악화시키는 확실한 방법이었다. 더구나, 앤더슨은 퍼킨스의 시각에서 볼 때, 그녀가 경력 상 어떻게 보였을 지에 대해 헤아려 보려고—그리하여 퍼킨스 자신의 설명에 주의를 돌리려는—노력은 전혀 보이지 않는다. 만약 그녀가 그렇게 했더라면 그녀는 퍼킨스가 그녀에 대해 가지고 있을 것으로 생각되는 견해를 좀 풍부하게 만들기 위해 몇 명 안 되는 두 사람 모두의 친구들과 서로의 이익을 간원했을 것은 당연하다.[165)]

우리가 확인할 수 있는 한 앤더슨은 그러한 것들 중 어떤 것도 시도하지 않았다. 대신에 그녀는 퍼킨스의 여성국에 대한 뜻밖의 위협이 있을 때까지 퍼킨스가 여성이라는—그리고 그 위에 덤으로 노동조건에 관심 있는 사람이라는—고정관념에 매달리고 있었다. 그리고 나서 그녀는 그녀의 역위협으로 충격에 대응하였다. 비록 그녀의 국은 살아남았지만 그녀는 퍼킨스가 거리를 두었을 뿐만 아니라 비동조적임을 느꼈는데—예를 들면 청소년국장인 캐서린 렌루트(Katherine Lenroot) 같은—다른 사람들은 이런 경험을 갖지 않았다. 그리고 여성국은 퍼킨스의 장관 재직 시절 초기에 부내에서 예산 증액을 받지 못한 유일한 곳이었다.

어쩌면 그것은 불가피했다. 그것은 저명한 두 여성들이 그토록 중첩된 관심을 가졌음에도 불구하고 상당부분 계급적 입장으로 인해 서로 다른 인생진로와 근본적으로 그토록 다른 태도를 지닐 수 있는 진보주의 시대의 모습을 확실하게 보여주는 것이다. 그 시대에 메어리 앤더슨 같은 사람은 학력에 힘입어 노동계급으로부터 전문직업적 중산계급으로 전환됨이 없이 연방 관료제의 최상층부에까지 도달할 수 있었다. 오늘날 개인들의 출신계급은 무엇이든 간에 그만큼 현격한 관점의 차이가 나타나지는 않을 것이다. 고등교육이

165) 그들의 경력은 동시는 아니지만 헐 하우스(Hull House)에서 닿아있다. 그들 두 사람 서로의 친구들 중에는 시카고의 마가릿 드라이어 로빈스(Margaret Dreier Robins)가 있는데 여성의 대의와 조합화에 변함없는 친구였으면서도 사교적으로도 완벽하여 그녀 자신 계급의 동부인들에게 편한 관계에 있었다. 앤더슨과 퍼킨스 두 사람이 공통적으로 가지고 있던 것으로 보인 이해관계는 대량생산산업에 있어서 조직화되지 않은 노동자들에 대한 관심이었다. 앤더슨이 그린의 지도부를 포함하여 보수적인 전미노동조합의 지도부에 대하여 가진 견해는 많은 정도에 있어서 퍼킨스의 것과 유사했던 것 같다. 이해할 수 있듯이 앤더슨은 단체들로부터 더 많은 것을 원했던 반면에 퍼킨스는 규제에 그녀의 믿음을 두고 있었다.

공통적인 운명이기 때문이다. 퍼킨스와 앤더슨 사이의 차이점을 감안할 때 그들이 함께 일하는 데 어려움이 있을 것이라는 점은 예측될 수 있었다(만약 어떤 특이한 사적인 유대관계가 발전되지 않는다는 조건하에서 이렇게 말할 수 있는데 그러한 관계는 나타나지 않았다). 퍼킨스는 어쩌면 그것을 내다보았을지 모른다; 최소한 그녀는 곧바로 이것을 보게 되었다. 앤더슨은 그렇지 못했다. 우리의 주장은 그녀가 "위치 짓기"를 조금이라도 실행했더라면 이러한 일이 발생할 것이라는 사전경고를 받을 수 있었다는 것이다. 만약 수완 있게 활용되었다면 이것은 그녀의 관점에서 보다 행복스런 결과를 가져다주었을 지도 모른다.

우리는 때때로 노련한 현직자들에게 만약 앤더슨이 우리가 여기서 설명한 "위치 짓기"를 알고 적용했더라면, 그녀가 퍼킨스에 대해 그리고 퍼킨스가 그녀에 대해 가질 견해와 관련하여 어떤 것을 발견해냈을 것으로 생각하는지 묻는다. 퍼킨스의 부모 시기까지 거슬러 올라가는 시간의 궤적에 이 실무가들은 앤더슨의 입장에서 서서 퍼킨스에게 관심이 될만한 사건들을 기입해 넣는다. 두 사람 서로의 친구들에게서 앤더슨이 쉽사리 알아낼 수 있는 것에 기초하여 퍼킨스에 대한 사적인 구체기록들이 추가되게 된다. 이 앤더슨 역을 하는 사람들은 앤더슨에 대해서도 상응하는 시간의 궤적, 즉 퍼킨스 역시 서로의 친구들로부터 들은 것을 바탕으로 앤더슨 자신의 삶에 관련되는 사건들과 세부사항들을 추적하여 이것을 만듦으로써 이 노력을 마무리 짓게 된다. (우리는 실제의 친구들 대신에 앤더슨과 퍼킨스의 간단한 전기를 제공한다). 전형적인 응답은 〈표 9-2〉에서 보여주는 것과 같다.

〈표 9-2〉 공직에 있는 두 여성

시간의 궤 적	사건들	세 부 사 항	
연도		앤더슨	퍼킨스
1861~65	남북전쟁		
1865~77	재건		
1873~77	불황 노동 소요	스웨덴에서 출생(가난)	
1873~93	노동기사단		보스턴, 워체스터에 출생 (중상위 계급)
1881	가필드, 아서 불황 건초시장 대학살 AFL 설립	학교를 그만둠 이민감	
1890	반트러스트법 홈스테드 대학살		
1893~97	불황 풀먼 파업 민중주의자들 헐 하우스	실업 쉬밥의 공장 취직(시카고)	
1898	스페인 전쟁	BWSU에 가입 헐 하우스	마운트 홀요크 칼리지
1901~09	T. 루스벨트, 개혁주의	린에서 파업분쇄	
1905~14	이민 절정	WTUC에 가입	시카고 헐 하우스 커먼스 감독파 교회
1906	식품과 약품법	Union Label 시카고 노동조합 연합	필라델피아 연구원 사회당 (잠시)
1907	금융 공황	AFL Label 연맹	펜실베이니아 대학교 콜럼비아대학교, 석사
1910~12	태프트-T.루스벨트 분립	하트, 샤프 파업	뉴욕주 소비자연맹 사무국장 로비스트, 알 스미스를 만남
1911	트라이앵글 화재 제1차 AWDC 법	중재, WTUC	화재를 목격함!!
1912	진보주의자들 W. 윌슨		트라이앵글화재위원회 사무장, 로버트 와그너를 만남

1913~14	소득세 FTC, 연방	WTUC의 조직자 미국 시민 투표권운동	P. Wilson과 결혼 1명의 딸
1914	멕시코에 미국개입 제1차 세계대전		
1915	활황 루시타니아		
1916	소년노동법 (1918년 위헌판결)		
1917	미국 전쟁 참전 여성들 전쟁 노동 러시아혁명	국가방위위원회(산업체 종사 여성)	여성의 시 클럽 감독
1918~19	선동금지법 휴전 연맹은 빅 레드소동과 싸움	육군 여성사단 노동부에 여성과 설치 베르사이유의 노동위원회 국제여성회의 여성과 과장	산모센터 설립 남편의 건강쇠약(영구) 스미스, 뉴욕주지사 주산업위원회 위원 민주당 입당
1920	여성 투표권	과가 국이 됨	
1921	불황 오픈 샵 운동 하딩에서 쿨리지로 티팟 돔		
1924~28	활황(농업 제외)		
1929	주가 대 폭락		F.D. 루스벨트, 뉴욕지사 산업위원회 위원장 주 노동부를 운영

그리고 나서 우리는 이 현직자들에게 앤더슨의 입장에서 이러한 자료들로부터 퍼킨스에 대하여 어떤 추론들을 도출할 수 있는지 묻는다. 통상적인 응답으로 다음과 같은 것들이 있다:

- 백인이며 앵글로색슨계이고 신교도임/중상위 계층/지위, 재산을 중시하는 사람?
- 사적으로 종교적이며, 상류층 교회
- 정치 로비스트: 세속적

- 전문직업적인 교육을 중시
- 남자처럼 일을 추진함
- 불운한 사람들을 도움(남녀 모두, 모든 연령)
- 친노조보다는 친조절이론(Regulation) 경향
- 특히 안전을 중시

앤더슨이 되어 퍼킨스의 머릿속에 있을 자신에 대한 고정관념에 대해 상상해 보라고 부탁했을 때 다음과 같은 용어들을 제시하였다:

- 노동계급
- 이민자/무교육
- 노동연맹 충성자
- "흔한 여성"
- "관료"
- "늙어 못쓸 말"

이런 것들로 무장하고 나서 우리는 그들이 앤더슨으로서 신중하게 그녀의 새 보스에게 무엇을 기대해야 하며 어떻게 퍼킨스의 눈에 만에 하나라도 그녀의 이미지를 개선할 수 있는가 묻는다. 압도적으로 우리의 현직자-학생들은 위치 짓기의 실습은 문제발생을 예상케 하고 앤더슨은 지독히 순진할 정도로 퍼킨스를 여성이라는 고정관념으로만 바라본다고 주장한다. 좀더 명민한 앤더슨이라면 (그녀가 과거에 했던 것 외에) 어떻게 했을 것 같으냐는 문제에 대해서 학생들은 크게 의견이 갈린다. 어떤 사람들은 그녀가 취임 한참 전에 친구들을 통하거나 브리핑을 통해 노동조건, 특히 안전문제에 관하여 여성국의 전문주의를—여성을 낮추고 연구를 중시하는—강조하기 위한 움직임을 취했을 것이라고 주장한다. 다른 사람들은 그녀가 자신에 대한 새로 취임하는 장관의 견해의 변화를 현실적으로 바랄 수 없었을 것이고, 따라서 냉정하게 그가 궁극적으로 취했던 그런 자세를 취할 계획을 함으로써 그녀에게 충격을 덜고 퍼킨스가 여성국의 폐지를 가지고 놀 수 있는 시간이나 범위의 여지를 주지 않도록 했을 것이라고 주장한다. 어떤 경우이든 위치 짓기가 이를 활용하는 사람들에게 제공하는 가치는 다른 사람들이 그녀를 어떻게 보는지에 대한 유용한 추론의 면에서 앤더슨의 궁지를 곰곰이 따져보는 과정에서 분명해진다.

보다 최근의 전문직업적인 사람들에게, 특히 외교정책기구 내에서—예를 들면 볼이나 러스크 같은 사람—서로를 위치 짓는 것은 앤더슨이나 퍼킨스 시절에 그들에 대한 것보다 더 간단한 일이 될 것이다. 심지어 오늘날의 폭넓은 전문 직업교육으로도 한 여자가 다른 사람에 의해서 위치 지어지는 것은 자기정체성에 있어서 성의 역할에 대한 문제에 의해 복잡해질 수 있다.

추가적인 문제가 발생하는 것은 성적구분선(sex lines)을 가로지르는 경우의 위치 짓기인데, 남성적인 여성인가 아니면 그 반대인가일 때이다. 어떤 식의 넘나듦이 더 어려운가에 대해서는 우리가 알고 있지 못함을 밝힌다. 현대의 전문 직업여성을 위치 짓는 데 있어서 "공적" 역사의 사건들 중에 합법적 임신중절에 대한 대법원의 1973년 판결과 실패했던 평등권 헌법개정운동을 위한 투쟁을 넣어야 한다. 맥나마라가 페어 딜의 운명에 별로 주의를 기울이지 않았던 것처럼 위치 지어지는 사람은 이들 중 어느 것에도 주의를 기울이지 않았을 수 있다. 그렇다손 치더라도 주의의 결여는 당연히 중요한 의미를 가졌다. 한편 전문직업의 남성에게 있어서는 로 대 웨이드(Roe v. Wade) 판례나 평등권 헌법개정과 관련한 고용의 예와 같이 "개인" 역사의 구체적인 기록 중에 나타나지 않으면 두드러지게 보이지 않는다. 대부분의 사람들이 이런 사건들을 기입하지 않는 것은 단지 관심이 없다는 것을 분명히 나타낼 뿐이다. 우리의 남성, 여성 현직자-학생들은 그들 간에 성의 차이가 위치 짓기에 얼마나 많은—심지어 그런 차이가 그러한 지 어떤지—방해물이 될 것인가에 대해 논쟁했다. 우리의 다만 확실한 결론은 그것이 안전하게 무시될 수 있는 요소가 아니라는 것이다. 우리는 훨씬 더 복잡한 다른 요소들에 대해서도 똑같은 말을 하겠는데 예를 들면 인종, 또는 인종과 계급의 결합—성과 계급의 결합과 비교하면 악몽과 같은—또는 민족 또는 이념 구분선, 또는 때때로 또 다른 악몽인 이들의 결합을 포괄하는 위치 짓기를 해야 하는 것과 같은 경우이다.

제 10 장

경계를 넘어 위치 짓기

누군가를 역사적인 사건들과 개인의 경험에 비춰 '위치 짓기'를 함으로써 한 사람의 고정관념을 보다 세련화 한다는 것은 조심스럽고 애매한 작업이다. 사건들은 모두 너무나도 흔히 잘못 읽혀진다. 사적인 기록은 공백들, 실수들 그리고 오해들 투성이다. 추론은 증명되기는커녕 심지어 쉽게 구체화되지도 않은 가설일 뿐이다. 보다 복잡한 상황은 위치 짓기가 인종, 계급 그리고 국가라는 경계를 넘나들며 시도될 때 일어난다. 그러나 위치 짓기가 어려우면 어려울수록 그것은 더욱 더 필요할 수 있다. 어떤 고정관념이 조잡할수록 그것을 세련화 시키는 가치는 더 높아진다. 따라서 이 장은 복잡하게 얽힌 예들을 다룬다. 유비무환의 자세를 가다듬기 바란다. 인종을 먼저 고찰해 보자.

현세의 가장 저명한 흑인계 미국인은 마틴 루터 킹이었다. 그는 볼과 러스크와 같은 시기에 사회의 주목을 받고 있었고, 대충 말하면 이들과 맞먹는 계급, 즉 전문직업을 가진 중간층이었는데 그는 태어날 때부터 여기에 속해 있었다(러스크보다 더 그렇다). 얼핏 보기에 단지 피부색과 특정의 직업이—학력과 출신지와 같은 흔한 차이와 함께—킹을 그 같은 사람들과 구분 짓는다. 위치 짓기는 아주 수월한 일이어야 했었다. 그러나 정부의 국내 분야에 있던 백인 동시대인들에게 그것은 분명히 쉽지 않았던 모양이다. 킹의 삶 마지막 수년 동안 그는 러스크보다 『인명사전』에 더 길게 소개되고 있었고, 그가 북부 주들이 문제를 거론하고 베트남전쟁에 반대할 때에는 심지어 린든 존슨까지도 당황했었다. 존슨이 아마도 그 자신의 위치 짓기의 유연한 적용을 숱하게 연습하고, 민권에 관심을 가지며, 킹을 알고 있었다고 하더라도 그는 자신이 적절하다고 생각하는 민권의 범위를 킹이 넘었을 때 충격을 받았다. 격노한 존슨은 킹의 변화를 인간적 나약성, 이기적인 정치화 또는 결함있는 애국주의 탓으로 비난하였다. 킹의 동기들이 복잡할 수 있지만, 확실히 존슨이 생각하는 것보다는 더 복잡다단했다. 남부의 일들과 사람들에 대해서 그가 민감했다고 하더라도 대통령은 킹을 본질에 있어서는 흑인이 아닌 백인으로 또는 "흑인"이라고 해도 인종에 대한 소속감과 사명감을 분리해서 사고하는 고정관념으로 본 흑인이었다.

킹의 전기를 잠시만 들여다봐도 왜 존슨이 잘못 판단했는지 알 수 있다. 겉보기에 킹의 배경은 전통적으로 백인들이 접근할 수 있는 것이었다. 1929년에 태어난 킹은 애틀랜타의 흑인 중산계층의 정점에서 성장했는데, 회중을 우울함에 빠지지 않게 하고 최소한 생계 때문에 백인에게 직접 의존하는 일이 없었던 저명한 목사의 아들이요 손자였다. 킹은 대학에 갔고 박사 학위를 위해 보스턴 대학교에 갔었다. 그리고 나서 그도 목회직에 종사하였다. 남부 앨라배마주의 몽고메리에 있는 교회로 돌아갔는데 그는 곧바로 몽고메리의 버스승차거부운동의—흑인전용자리에만 탑승하기를 강요받을 경우, 아예 집단으로 승차를 거부하던 일—지도부에 뛰어들게 되었다. 이 승차거부운동이 성공하였을 때, 킹은 더욱 그 길에 매진하였고 그가 활용한 것은 자신이 설립한 남부크리스천지도자회의(Southern Christian Leadership Conference)로서, 그의 투쟁전략은 그가 인도에서 공부했던 간디의 비폭력이었다. 이후에 일어났던 것으로는 여러 가지 중에서도 버밍엄의 반흑인차별 시위, 백인의 폭력, 킹의 투옥 그리고 케네디가에 의해 투입된 3,000명의 연방군 등이 있었다. 그리고 나서 셀마(Selma) 행진이 있었다: 킹이 25,000명이나 되는 행진자들을 이끌었는데, 더 많은 백인노동자들의 폭력 그리고 존슨의 공약이 있었고, 민권시위자들의 주제가가 대통령 연설문의 결어가 되었다, "우리는 극복할 것이다." 이 모든 것은 1964년의 민권법과 1965년의 투표권법으로 절정에 이르렀다. 1963년에 킹은 워싱턴에 모인 행진자들에게 잊을 수 없는 연설을 했다. 1964년에 그는 노벨평화상을 수상했다. 그리고 나서 온 것이 1965년과 1966년의 북부 흑인빈민가 폭동이었는데 이는 기대감이 높아지면서 오는 부산물이었다. 다른 지도자들은 다른 전술을 요구했다. 베트남에서 미국인의 사상자 수가 증가했는데 그들 중 많은 사람들은 흑인들이었다. 킹은 이에 대한 관여하기 시작했고 이는 존슨을 화나게 했다. 그리고 나서 킹은 1968년 암살로 세상을 떠났다.[166)]

짧은 요약 속에 킹의 개인사가 들어 있는데 이는 기록된 구체사항

---

166) David L. Lewis, *King: A Critical Biography* (New York: Praeger, 1970) 그리고 Lerone Bennett, *What Manner of Man* (Chicago: Johnson, 1965) 참조. 이들과 다른 자료들은 "Martin Luther King," Kennedy School of Government Case No. C14-81-365에 요약되어 있다 (부록 참조).

의 요약으로 그에게 영향을 미쳤던 일반적인 공적인 역사에—위치 짓기를 위한 우리의 공식에 따르면 커다란 사건들—대한 맥락을 제공한다. 중산층의 전문직업인에 걸 맞는 조건에서 볼 때 그는 대공황을 이해하기에는 너무 어렸고, 제2차 세계대전에 나가 싸우기에는 충분한 나이가 되지 않았으며—비록 나이가 애국심이 용솟음침을 느낄 때였고 완전고용이라는 열매를 보기는 했을 지라도—그리고 나서 10대에 냉전의 도래를 목도했고, 20대 초반에는 한국전과 매카시즘을 목격하였고 그리고 그 이후에는 남부의 "제2의 부흥"으로 알려진 운동에 점점 더 적극적인 참여자가 되었다. 아이젠하워, 케네디 그리고 존슨은 차례로 바뀌었고 국내외 사건들은 이제 그들의 백악관 시절과 관련되었다.

좀 더 충실하게 만들어지면 킹의 개인사와 결합된 그 커다란 사건들은 추론을 위한 방법들을 제공한다. 그것들은 나아가서 안목, 관점에 대한 단서들, 즉, 존슨이 찾아내는 데 뛰어났던 종류의 단서들을 제공하는 것이다. 그러나 여기 사건들에 대한 우리의 요약은 많은 것들을 그냥 지나치는데 특히 킹의 초년에 관한 것으로 반드시 그와 그의 부모의 시야에 아주 "크게" 들어왔을 것이며 최근 역사의 필수적인 부분이었을 것이다—*우연히 흑인이었던* 이들 중산층의 전문직업인들에게. 그리고 만약 이것들이 관련 사건들의 목록에 넣어지지 않는다면 개인 경험의 성격과 우리가 그렇게 부르듯이 "구체사항들"의 질에 대한 그 결과는 모두 너무 쉽사리 놓치게 된다. 오도된 추론들이 뒤따르게 된다. 그것 또는 다른 신비한 무엇이 존슨의 문제를 야기했는지에 대해서 우리는 알고 있다고 분명히 말할 수 없다. 그러나 우리는 그것을 인종이라는 요소를 포함하는 어떤 사람의 위치 짓기에서 하나의 위험으로 본다.

우리의 목록에서 무엇이 빠졌는지 검토해 보자. 킹이 태어나기 직전에 절정에 달했었던 KKK단의 재흥; 1930년대를 통하여 끔찍한 횟수로 계속되었던 폭력의 사적 제재, *합법적* 흑백분리 등 인데 이들은 킹이 성장하고 있었을 때 그대로 남아 있었다; 경작지의 기계화에 의해 조장되거나 강요된 북부로의 연이은 대규모 이주; 최소한 평등고용기회의 출발을 위한 흑인노동조합에서의 필립 랜돌프(A. Philip Randolph)와 그 밖의 사람들이 전개한 전시의 투쟁; 인종 분리된 육군과 단지 트루먼 정권 하에서야 추진된 이의 느릿한 분리폐지; 민권위원회와 이의 유명한 1948년 보고서, 그리고 뒤따라 이의 의회 통과를 위해 전개한 수년 간의 실패한 투쟁. 킹이 아직 30대였던 1950년대 중반 이전에 이러한 것들은 특별한 사항들로 남아 있었을 뿐 백인들에 의해 일반적으로 되돌아보아지거나 또는 학교에서 널리 가르쳐지는 "역사"가 아니었다. 그러한 것들은 우리가 이제 흑인의 역사라고 부르는 것인데 당시에는 주로 옛날처럼 구전으로 가르쳐졌었다.

1950년대부터 흑인들에게 큰 관심사였던 많은 것들이 일반적인 역사에 편입되기 시작했는데 그러한 것들 중에는 대법원 판결들, 민권신장 노력들, 입법 상의 승리들 그리고 도시의 폭동들이 있다. 최소한 얼마 동안 백인의 역사와 흑인들은 한 데로 모아졌다. 그러나 사람의 연령에 따라 그 사람이 얼마나 비중 있게 인정받고 얼마나 확고하게 중상류층에 뿌리를 박고 있든지 간에 그 사람이 흑인이면 그의 마음에 백인들에게는 똑같이 공유되지 않는, 어쨌든 대부분 백인들에 의해 그렇지 않은, 어떤 큰 사건들이 잠재해 있을 가능성이 있다. 우리는 일반적 역사를 편의상 "사건들(events)"이란 용어로 표현한다. 그러한 수렴이 불균형적인 백인 사회에서 완전하지 않은 한—그런데 슬프게도 그것마저 정지되어 있을지 모른다—흑인의 역사는 "특별한 사건들"이 되어 버린다. 마찬가지의 얘기가 물론 다른 인종들, 자기 자신의 성(sex) 외의 다른 성들, 온갖 이주민들 그리고 또한 외국의 이방인들에게도 적용된다. 당신은 이 "다른" 역사를 어떻게 배우는가? 누군가 물어볼 만한 사람을 찾아보라!

그러나 어떤 사람이 위치 짓기를 할 사람이 흑인이며 또한 출신상 하층계급의 한 구성원이라고 가정해보자. 여기에 더 어려운 문제가 있다. 우리는 퍼킨스 대 앤더슨의 사례에서 계급 차의 일면을 엿볼 수 있었다. 그러나 그들은 같은 피부색의 인종이었고 앤더슨은 스웨덴의 노동계급에서 시작했으며 신교 윤리로 충만해 있었는데 후자에 있어서는 퍼킨스도 마찬가지였다. 우리가 이제 다루려고 하는 복잡한 문제는 보다 깊은 데 있다.

흑인 회교도(Black Muslim) 민족주의자로서 킹과 북부의 빈민가 흑인들에 대한 지도력을 두고 서로 막 옥신각신하기 시작할 때 킹보다 3년 전에 암살된 맬컴 X(Malcolm X)의 사례를 보자. 맬컴 X 엑스는 알렉스 헤일리(Alex Haley)와 공동 집필하여 막 출판될 그의 특별한 자서전을 뒤에 남겨 놓았다. 그것과 다른 자료들로부터 우리는 우리의 현직자—학생들을 위해 하나의 사례연구를 도출하였다.[167] 그들의 나이, 경험 그리고 인종에 거의 관계없이 그것은 그들을 놀라게 한다. 그럴 수밖에 없다. 그것을 읽고 나서 더 많은 구체사항들을 위해 헤일리의 책으로 가는 사람들은 또 다시 놀란다. 그들은 그럴

167) Malcolm X and Alex Haley, *The Autobiography of Malcolm X* (New York: Grove Press, 1964). 이것과 다른 자료들은 "Malcolm X," Kennedy School of Government Case No. C14-81-365에 요약되어 있다 (부록 참조).

수밖에 없다. 왜냐하면 그 순수 효과는 맬컴 X와 같은 역사를 가진 사람을 위치지우는 데 있어서 개인적 기록물의 확보불가능성과 함께 공적인 역사의 한계를 확연히 보여주기 때문이다. 중산 계층에게 알려진 큰 사건들은 그들의 원래 모습의 저변까지는 이르지 못해서 그 자체가 아니며 직접적이지 못하고 그리고 개인의 역사들은 정체불명의 공무원들에 의해 기록되거나 그렇게 되는 경우 국부적으로 정리, 보관된다.『맬컴 X의 자서전』이 그 모든 구체사항들에 있어서 정확한지 여부는 논외로 두어야 할 것 같다.

킹보다 4년 위인 맬컴 X는 1925년생이다. 그는 어린 시절을 오하이오와 미시건에서 점점 심해지는 가난을 경험하며 보냈다. 흑인 민족주의자였던 그의 아버지는 백인들에 의해 살해되었다; 그의 어머니는 복지담당 공무원들에게 집요한 학대를 당했다; 한 교사는 그에게 열등감을 불어넣으려 했었다. 이에 반발하면서 그는 동부에 있는 보스턴과 뉴욕으로 달아났고 그곳에서 그는 처음에 소매치기패의 일원, 나중에는 무장 강도가 되었다. 24세에 그는 붙잡혀 기소되었으며 투옥되었다. 감옥이 그를 주류 사회에 보다 가까이 다가가게 하였다. 그는 왕성하게 독서로 그 자신의 교육을 완성하였고 흑인 회교도(Black Muslim)의 한 회원, 엘리야 무하메드(Elijah Muhammed)의 기율 있는 제자가 되었다. 맬컴 X가 출옥하였을 때 그는 엘리야에게로 가서 그의 최고 조직가가 되고 심복이 되었는데 종국에 가서는 그 지도자의 사생활과 관련된 추문에 말려들면서 떨어져 나와 그 자신의 운동조직을 할렘(Harlem)가에 조직하였다. 그는 백인들을 두려움에 떨게 하는 말들을 하였으며 킹처럼 흑인들을 조소하였다. 이 두 가지 전략들에 의해 그는 국가 언론의 관심을 끌게 되었다. 그는 중동으로 여행하여 공부함으로써 자신의 종교를 발원지에 보다 가까이서 접하였고 그 자신의 입장을 발전시켰으며 귀국하여 엘리야의 명령에 의한 것은 아니지만 그를 대신하여 살해되게 된다.

이들 중 마지막 것을 제외하고 거의 모두 그의 자서전에 웅변적으로 표현되어 있다. 그렇지 않았다면 어떻게 그것이, 특히 초기 부분인 보스턴의 소매치기 노릇과 미시건의 비참한 생활이 알려질 수 있었겠는가? 경찰 기록, 사회복지 서류철, 학교 생활기록부 등은 무엇인가를 얘기해준다. 그러나 누가 그것들을 찾아내고 종합할 수 있겠는가? 분명코 인명사전은 아니다. 더욱이 맬컴 X가 감옥에서 정치적으로 의식이 깨이기 전까지 그는 그 때의 큰 사건들을 의식하고 있었는데 흑이냐 백이냐의 문제도 직접적이기 보다는 좀 떨어져 대리적 경험을 통해 그렇게 했다는 것은 명백하다. 대공황은 미시건의 복지제도를 통해 그에게 표출되었다. 제2차 세계대전은 고용의 기회로, 만원의 기차에서 그리고 할렘가에서 복무하거나 강탈하는 씀씀이 헤픈 사병들을 통해서 다가왔다. 우리는 강의에 들어오는 현직자들에게 그 대리적 사건들에 대하여 생각하고 어떤 사람의 견해와 행동방식이 충돌하는 세계를 그런 식으로 받아들여 이해한다는 것은 무엇을 의미하는지 곰곰이 따져 보도록 독려한다. 그렇게 함으로써 우리는 어떤 감정이입이 될 수 있기를 상상해 본다. 우리는 어떤 사람이 읽기 시작하기 한참 후까지는 그런 사람들의 머리에 역사에 다가갈 수 있는 더 좋은 수단을 주지 않는다—우리는 줄 수가 없기 때문이다. 그러면 어떤 사람은 무슨 책을 읽어야 하는가 하고 묻는다. 책들은 다른 종류의 대리물로서 관찰자에게 보다 접근이 용이하다.

공적인 역사와 개인의 기록을 사용하여 고정관념들을 세련화하다보면 인종 또는 계급의 극단적 차이들과, 특히 이 두 가지를 함께 놓고 볼 때, 충돌하게 된다. 맬컴 X의 예가 보여주는 것처럼 계급은 보다 더 심각한 장애물인 것 같다. 그러나 우리는 이러한 주의사항을 말하면서도 낙담하지는 않는다. 이러한 극단적 차이점들에는 못 미치지만 우리는 시간 궤적상의 사건들과 구체사항들이 사용에 비교적 용이하다고 생각한다. 물론 그들이 제공하는 단서들은 조합될 때—우리가 추론이라고 부르는 것들—십사리 잘못 읽혀질 수 있다. 정말 그들이 전적으로 옳게 읽힌다는 것은 드문 일인데 그 이유는 그들이 주체와 관찰자의 개인적 심리상태를 제외시키기 때문이다. 여기 또 하나의 주의 사항이 있는데 그럼에도 불구하고 우리는 마찬가지로 낙담하지 않는다.

왜냐하면 무엇이라도 있는 것이 전혀 없는 것보다 더 낫다는 것이 우리 주장의 근본에 있기 때문이다. 세련화된 고정관념보다 더 나쁜 한 가지는 전혀 세련화 되지 않은 고정관념이다. 정부의 안팎에서 동료들 사이에 눈에 띄고자 하는 주창자나 그 일에 대해 앞서 생각하고자 하는 분석가들은 모든 고정관념들에 대해 경계해야 하면서도 어쩔 수 없이 그것들을 사용하게 된다. 그런데 역사적인 사건들과 사적인 경험의 상호작용에 대한 고려에 의해 정제된 것들은 그렇게 정제되지 않은 것보다 훨씬 덜 위험하다고 우리는 믿는다.

이러한 경우는 국가의 범위를 가로질러 위치 짓기를 할 때도 마찬가지지만, 이때는 다소 특별한 문제가 등장한다. 어떤 이들은 각각의 정부를 넘나들며 직업 공무원이나 경험 많은 정치인들과 교제하고 있다. 계급차이는 희미해진다. 반면에 외국인들은 미국 역사에 대한 지식은 거의 없고 있다 하더라도 *자신의* 관점에서 의미있는 지식만 가지고 있을 것이다. 미국인들 중에서 1970년대의 주요 사건 가운데 금태환제를 포기하기로 한 닉슨의 결정을 포함하는 사람은 거의 없을 것이다. 그러나 일본인 중에서 그것을 빠뜨리는 사람은 거의 없을 것이다. 그것은 최초의 중요한 쇼크였기 때문이다. 더구나 외국인의 머리에는 자신의 관심사로 가득할 것이다. 대부분의 미국인들이 약한 인상(또는 전혀 아무 것도 없는)을 가지고 있을 뿐인 그들의 공적인 사건들에 대해 이들은 거의 어떤 미국인도 들어보지 못한 그들 개인적 경험의 반향까지 더하여져 있는 것이다. 예를 들어 한 서독인에게 물가등락(price fluctuations)은—심지어 1970년대 후반 이후에 있어서도—미국의 시민들이 생각하는 것보다 훨씬 더 큰 공적인 사건이 될 것이다. 그 이유는 차용된 용어인 *인플레이션(Inflation)*이 독일인의 마음에 1920년대 초의 집단기억을 가져다주기 때문인데 당시 마르크-달러 환율은 몇 달 만에 5 대 100에서 1,000,000 대 1로 폭락하였었다.

외국인들과 관계하는 미국인들은 그들을 그들의 역사 속에 위치지어야 한다는 것은 자명하다. 그렇게 생각하면 응당 실천하는 것이 상식이다. 그러나 우리가 보기에 현실은 그렇지 않다. 막 협상에 임하거나 여행하려는 공무원들은 미리 준비된 전기들을 얻을 수 있는데 이들 중 어떤 것들은 진료기록카드에 있는 것과 같은 정도의 구체사항들이 담긴 것도 있고, 그리고 그 사람의 캐릭터에 대한 구두 브리핑 자료도 있을 수 있다. 그러나 다른 사람들이 세상을 어떻게 보고, 왜 그렇게 보는가에 대한 가설을 도출하면서 사적인 기록을 이와 관련되는 공적인 사건들과 연관시키려는 노력은 보기 드문 것 같다. 우리는 만약 그러한 노력들이 직원들의 표준적인 관행이 된다면 국제관계에 대한 관리는 조금씩 나아질 것이라고 생각한다. 그러나 심지어—또는 특히—서로 내밀하게 공감하고 있다고 자부하는 우리의 가까운 동맹국들을 다루는 데 있어서도 그러한 노력은 일상의 관행에서 먼 것 같다.

카터 행정부는 이것을 예증하는 데 다시 안성맞춤의 사례를 제공한다. 처음부터 끝까지 카터는 그의 가까운 동맹국인 서독과 많은 문제를 가지고 있었다. 그것은 독일이 브라질에게 핵연료를 판매한 작은 문제로 시작되었다. 그리고 나서 중성자탄 문제가 등장했다. 처음에 카터는 북대서양조약기구가 새롭고 보다 치명적인 "전술" 핵무기들로 무장할 것을 고집했다. 헬무트 슈미트(Helmut Schmidt) 독일 수상이 본(Bonn)에서 협정을 얻어내기 위해 많은 정치적 출혈을 감수한 *다음에* 카터는 뜬금없이 그의 마음을 바꿨다고 발표하였다. 이에 슈미트 수상은 유럽인들은 스스로 감당해야 할지도 모를 소련의 핵위협에 직면해 있다라는 것을 시사하는 연설을 연이어 내놨다. 워싱턴은 서둘러 북대서양조약기구를 원래대로 봉합하기 위하여 유럽에 새로이 배치할 미사일 제안을 마련하였다. 그것은 미-유럽관계, 미국의 방위정책, 전략무기제한회담 (또는 레이건이 개명한 것처럼 전략무기감축회담)에 있어서 온통 새로운 문제들을 만들어냈다. 그 문제들 중 대부분은 카터나 슈미트가 애써 상대를 위치지어 보려는 노력을 기울이고 그렇게 행동했더라면 완전히 피할 수—그리고 모두가 호전될 수—있었을 것이다.

슈미트는 카터보다 겨우 여섯 살 위였지만(그러면서도 더 젊게 보였지만) 그의 정치적 경험은 비교할 수 없을 만큼 폭넓었다. 슈미트는 독일사회-민주주의(German Social-Democracy)를 실용적이고 비교조적이며 그리고 나중에 노동계급 밖에서까지 지지를 받을 수 있게 만든 한 사람으로서 1950년대 초반부터 줄곧 독일의 저명 인사였다. 그의 경력에 있어서 부침은 거의 리처드 닉슨의 경우처럼 기복이 심하다. 1950년 후반 그는 뜻을 이루지 못하면서도 독일 땅의 북대서양조약기구 핵무기 반대라는 대의를 위해 지나친 열정을 쏟았던 결과 사람들로부터 잊혀지게 되었다. 그는 생각을 달리 먹었고, 그 분야에 있어서도 실용주의자가 되었으며 "방위 전문가들" 사이에 높은 평판을 얻게 한 책을 집필하였으며, 수상이 되기 전에 국방부와 재무부를 담당했었다. 카터와 그의 보좌진들은 이 모든 것들과 포드 행정부 시절에 슈미트는 워싱턴에서 큰 영향력을 갖고 있었다는 사실을 상기했었어야만 했다(또는 그가 그랬었다고 생각했다: 헨리 키신저는 슈미트와 같은 독일인들을 위치지우는 데 능수능란했는데 미국의 상원의원들을 위치 짓기 하는 것보다 더 쉬었다). 슈미트는 서독에서 그 국민들에게 말하기를, 예를 들면 그의 조언이 포드로 하여금 뉴욕시를 1975년의 파산으로부터 벗어날 수 있게 하였다고 하였다.[168)]

그러한 구체사항들을 둘러싼 사건들이 서독의 역사에 있어서 주요한 변화시점들이었다. 처음에 정권의 창출이 있었고 그리고 나서 1950년대의 회복이 있었다. 1960년대의 "경제기적"에 의해 박차가 가해져서 기독교민주당원들은 모든 사회주의자 정부에 의해 추종된 "대연정(grand coalition)"에 자리를 내주었다. 그러한 전환은 재통일에 대한 고집으로부터의 후퇴, 소련 진영과의 관계정상화 그리고 (드골로부터의 도움을 얻어) 최소한 독일인이 보기에 북대서양조약기구의 미국-서독 축으로의 변형과 함께 일어났다. 1974년 슈미트는 빌리 브란트(Willy Brandt)를 제치고 수상이 되었다. 우연의 일치로

168) Marion Donhoff, ed., *Hart am Wind: Helmut Schmidt's politische Laufbahn* (Hamburg: Albrecht Kraus, 1979), p.18.

석유수출국기구(OPEC)와 치솟았던 유가로 야기된 세계적인 경제 혼란은 독일인들에게 정치적인 영향을 미쳤다. 그러한 정치적 영향은 *인플레이션*에 대한 우려로 더욱 강해졌고 젊은 좌파들로부터의 폭력은 나치돌격대를 생각나게 하였다. 1977년이 되자 혼란 투성이였다. 시간의 궤적에 마지막 기입해야 할 사항은—사건과 세부사항 모두로서—1976년 후반에 관한 것일진대 그때 연방의회는 슈미트에게 수상으로서 또 한 번의 임기를 부여했지만 그것은 단지 7표 차에 의한 것이었다.

이미 언급된 세부사항들과 함께 그러한 사건들로부터 슈미트가 워싱턴에서 그의 영향력에 대한 평판을 중시하고 있었으며, 카터 정권에서도 그것이 계속된다는 증거를 원했음을 추론하는 것은 그리 어렵지 않을 것이다. 아마도 미국의 경제정책에 영향을 미칠 수 있는 것으로 "보이는 것"이 국내에서 그에게 가장 효용가치가 높은 것이었지만 과거 경력과 전문성 때문에 그는 핵문제와 북대서양조약기구에 특별히 민감한 관심을 기울였다. 바로 "보이는 것"이 그에게는 핵심이었던 것이다. 노련한 정치인으로서 슈미트는 미국 대통령이 그 자신 말고 다른 사람의 조언도 따를 수 있다는 것을 인정해야 함을 예상할 수 있었을 것이다. 그러한 불가피함은 본에서 이해될 수 있었을 것이다. 그런 상황에서 문제는 다른 독일인이라면 카터와 더 잘 해낼 수 있었을 것인가? 슈미트는 "절대 그렇지 않다!"라는 대답을 바랐을 것이다. 그는 그저 "아니다"도 불만스럽지만 받아들일 수 있었다.

만약 언젠가 슈미트가 카터를 위해 무엇인가 해 주기를 원하는 것으로 느꼈다면—또는 그*에게* 아무 것도 하지 말기를—우리들이 보기에 카터가 슈미트의 우월한 경험을 인정했으며 존경심을 가지고 그에게 귀를 기울였고, 슈미트에게 비탄을 안겨줄 어떤 일을 하기 전에 동료에게 말하는 동등한 음조로 이유를 설명하여 슈미트가 본에서 준비할 수 있는 시간을 주었을 것이라고 생각한다. 보좌진이 일을 잘 했더라면 그러한 조언쯤은 할 수 있었을 것이라고 우리는 생각한다.

카터의 실제 전략은 (그의 보좌진에 의해 고무된 것으로 우리는 추측하는데) 정반대였다. 그들의 첫 만남에서 카터는 슈미트에게 그 자신의 희망과 계획을 얘기했다. 슈미트가 조언을 주기 시작했을 때 카터는 그를 막으려 하였다. 카터는 나중에 브레진스키에게 말하기를 슈미트가 "싫었다"고 하였다. 비록 브레진스키는 그의 일기장에 슈미트가 국내에서 미묘한 입장에 있다는 것을 기억하라고 카터에게 조언했음을 보여주는 한 단락을 인용하지만, 이 국가안보 보좌관은 대통령이 관련 사건들과 구체사항들에 대하여 유의했으며 슈미트의 자부심에 대하여 어떤 것을 추론했다는 근거들은 제시하고 있지 못한다. 브레진스키가 이 수상을 "헬무트"로 불렀고, 후자가 항의했을 때 결국은 슈미트가 그를 "즈빅"이라고 불렀다며 재미있다는 듯이 대꾸하였다.169)

그러나 위치 짓기를 하지 못한 것은 양자 모두의 문제이다. 슈미트 또한 카터에 대한 유용한 추론들을 제시할 사건들과 구체정황들에 대해 관심을 갖지 못했던 것 같다. 조금만 생각했더라도, 이 새 대통령이 십중팔구 자신은 허약한 다수당인 사회당 출신 국가 수뇌라는 것과 이제는 아니지만 독일이 나치국가였으며 미국에 자동차를 너무 많이 팔고 있는 나라라는 것 외에는 아는 것이 없다는 불쾌

169) Zbigniew Brzezinski, *Power and Principle* (New York: Farrar, Straus & Giroux, 1983), p.293.

한 진실에 슈미트는 마음을 열었을 것이다. 슈미트는 그가 실제로 경험한 것처럼 카터의 무례함이 어떤 근거가 있어 그러는 것이 아닌 그저 순진한 무례를 당하리라 예상할 수 있었다. 브레진스키가 카터에게 다른 방향으로 유도하지 않았다는 것을 슈미트는 구체정황들에 대하여 얼핏 보기만 했더라도 추론할 수 있었을 것이다. 가톨릭교도 폴란드인으로 전쟁 전 외교관의 아들이었던 사람이—뮌헨 정권에 의해 희생된 체코 대통령 베네스(Benes)의 조카와 결혼했음—중하계급 출신이며 한때 히틀러 청년단의 회원이었던 한 독일 사회주의자에 대하여 어떤 생각을 했을 것이며 무슨 말을 했을 것인가?

단순한 질문을 조금만 던져보았더라도 슈미트는 카터가 남부, 심지어 조지아 역사의 특별한 사건들에—옛 남부의 전설, 대중영합주의, 근본주의, 신남부상업주의, 인종차별주의의 기억들이 기묘하게 혼합된—반대했던 구체정황들을 알 수 있었을 것인데, 이러한 것들은 카터가 마틴 루터 킹에 필적되지는 못했지만 아마도 제럴드 포드나 헨리 키신저보다 킹과 비교하여 더 쉽게 이해될 수 있었다. 슈미트는 당시에 그가 환대를 받으며 실무협의에 들어가기 전에 많은 의례적인 행사가 있을 것이라고 *가정(assumed)*했을지 모른다. 오랫동안 슈미트와 안면이 있었던 카터 행정부의 한 베테랑은 회고하기를 조금만 상상력을 발휘했더라면 슈미트는 카터를 지속적인 친구요 동맹으로 만들 수 있었을 것이라고 확신한다. 우리는 동의하는 편이다. 슈미트보다 두뇌력은 떨어지지만, 부분적으로 이런 이유 때문에, 개인적인 친화력을 보다 잘 발휘하여 영국 수상 제임스 캘러헌(James Callaghan)은 카터를 때때로 덤으로 있는 노동당 원내총무처럼 그럭저럭 활용하였다.

카터-슈미트의 사례는 적절한 예가 될 수 없을 지도 모른다. 그들 자신이 그들 중 어느 한 사람처럼 행동하리라는 것을 믿을 사람은 거의 없을 것이다. 더구나 두 사람의 어떤 측근들은 그들이 서로에 대하여 애써 시도하지 않았던 위치 짓기는 사실상 더 낮은 수준에서 행해졌었는데, 다만 아래로부터의 그러한 조언에 대한 그들의 둔감함 때문에 그들이 서로에 대하여 민감할 수 없었다고 주장한다. 다른 사람들은 말하기를 정확히 이러한 둔감이 카터의 특징적 요소이기 때문에 밴스의 부하직원들처럼 우리의 조언에 귀를 기울이지 않았을 것이며, 슈미트의 경우는 고사하고 그 자신에 대한 위치 짓기도 실천하지 않았을 것이라고 하였다. 따라서 이 사례는 매일 매일 그리고 대부분의 행정부에 적용할 만한 것은 아니다. 따라서 우리는 또 하나의 사례를 제시하고자 하는데, 이것은 우리가 제시한 성공 사례의 하나인 쿠바 미사일 위기로부터 특징들을 부각시키는 것으로 이 성공에 *따라서* 행동하는 것이다. 1962년 말 스카이볼트(Sky Bolt)를 둘러싼 그들과 영국간의 갈등이다.[170] 우리는 이 문제에 대하여 제6장에서 언급하면서 이슈의 역사에 대하여 좀 더 의식적이었더라면 이를 막는데 도움이 되었을 것이라고 주장했다. 개인의 역사에 대하여 좀 더 주의를 기울였더라도 똑같이 예방될 수 있었을 것이라고 우리는 생각한다. 관련된 역사는 영국 수상에 관한 것이다. 우리는 배경을 다소 고찰한 다음 그 효용성으로 돌아가 보자.

"스카이볼트"는 항공기에서 발사될 수 있도록 고안된 1세대 미사일 사업의 명칭이었다. 미국인들은 "방어 압박(defense suppression)"을 위해 이 무기를 개발하기 시작했는데 이것은 고도의 정확성이 요구

170) Richard E. Neustadt, *Alliance Politics* (New York: Columbia University Press, 1970), 특히 제3장 참조.

되는 비행임무로서 이에 의한 제1세대 항공기들은 소련의 방공무기들에 사격을 가해 공격함으로써 대형 폭격기들은 소련의 산업 목표물에 도달할 수 있었다. 영국인들은 이 미사일들의 일정량을 구입하여 그들의 오래된 V-폭격기에 탑재시켜 소련 도시들이나 그 인근을 공격할 수 있도록 그들의 전략적 핵 억지력과 결합해서 선언하기로 결정했다. 정확성은 영국인들에게 그다지 중요한 고려사항이 아니었다; 경제성이었다. 그들은 비용을 이유로 그들 자신의 지대지 미사일 사업을 포기한 후 이러한 해결책에 도달했다. 스카이볼트는 비용이 저렴할 것으로 예상되었는데 그 이유는 미국 미사일의 후부를 통째로 구매할 수 있었기 때문이었다.

1960년에 해롤드 맥밀런(Harold Macmillan) 수상은 아이젠하워로부터 영국이 필요로 하는 스카이볼트 미사일을 구매할 수 있도록 하는 확약을 받으려 하였다(미국인들이 생산을 기술적으로 타당성이 있는 것으로 본다고 가정하면서). 동시에—그리고 어느 정도 국제적인 정치적 손해를 안고서—비록 명시적으로 대상물은 *아니었지만* 맥밀런은 아이젠하워가 필요로 하고 있던 미국 핵잠수함을 위해 스코틀랜드의 해군기지를 보장하였는데 이 기지는 건설 중에 있었다. 2년도 채 되기 전에 아이젠하워의 후임인 케네디는 스카이볼트 사업을 취소하기로 한 맥나마라 국방장관의 제안을 승인하였는데 이 사업은 비용이 많이 들고 부정확한 것으로 판명되었기 때문이었다. 그들은 그 결정과 관련하여 예산책정 절차를 공식적으로 끝마치기 전일지라도 런던에 적시의 해약통고를 보내야만 한다는 데 동의하였다. 맥나마라는 그러한 해약통고를 보냈는데(이것은 아직 완전히 결정적이라고는 할 수 없었다) 그는 자신의 협상파트너였던 피터 쏘니크로프트(Peter Thorneycroft) 영국 국방장관이 런던 정부가 이후 워싱턴으로부터 무엇을 원하는지를 잘 파악하여 자신에게 말해 주기를 기대하고 있었다. 쏘니크로프트는 그 경고를 이해했지만 워싱턴이 최종적인 행동을 취하기 전에 이 문제에 대한 보상과 스코틀랜드의 기지에 대한 "거래"의 취지에 따라 선의와 사려있는 조치로서 런던에 관대한 제안을 할 것으로 예상하였다.

한편 맥밀런은 현상유지가 꽤 잘 맞았고 정말 그 자신의 궁리였기 때문에 그는 수수방관했다. 쏘니크로프트도 신중하게 같은 행동을 취했다: 그의 군부도 맥밀런만큼이나 현상유지를 고집하고 있었다.

거기에 오해가 있었다: 5주 동안이나 미국인들은 문의가 있기를 기다리고 있는 동안에 영국인들은 그들대로 제안을 기다리고 있었다. 이 사이에 맥나마라는 국무부의 일각에서 방책을 제안 받았는데, 쏘니크로프트가 원했던 것, 즉 잠수함발사 미사일들(당시 폴라리스 polaris)과 스카이볼트를 맞교환 하는 것이었다. 맥나마라는 개인적으로 폴라리스가 옳은 해결책이라고 생각했지만 영국이 그의 행동을 강요하기 전까지 (그리고 강요하지 않으면) 국무부의 관료들과 그 자신이 입씨름하지 않는 것이 낫겠다고 느꼈다. 곧 그는 쏘니크로프트와 협상하기 위하여 런던에 갔다. 그가 도착하기 일주일 전에 의회의 예산심의절차를 통과한 스카이볼트사업의 취소가 언론에 누출되었다. 쏘니크로프트는 폴라리스를 기대하며 태연자약했다; 그러한 제안이 있지 않자 그는 격앙되었고 배신감을 느껴 비난으로 나갔다. 그 후 맥나마라는 폴라리스의 약속을 내비쳤지만 영국이 아니라 북대서양조약기구에 주겠다는 것이었다. 우리가 전에 언급한 것처럼 그는 이것을 맞교환으로 잘못 생각하고 있었던 것이다. 쏘니크로프트에게 북대서양조약기구라는 조건은 수용할 수 없는 것이었다. 스카이볼트에는 아무런 조건도 붙어 있지 않았다. 그러한 조건들을 붙인다는 것은 정말 배신이었다. 그는 비난 수위를 가일층 높였다. 위기가 뒤따랐다.

2주 후에, 관계를 회복하기 위해 케네디는 당시에 프랑스가 영국의 유럽공동시장 가입을 거부하기 위해 구실로 사용했던 형식과 방법으로 맥밀런에게 폴라리스를 양여하였는데, 정책 목표보다는 서로의 마음의 문제로 풀었고, 반 세대 동안 있다가 이제는 철수되었다. 그런데 폴라리스는—더 비싼 미사일들로서 뒤따라 등장하는 포세이돈(poseidon)이나 트라이던트(trident)는 말할 것도 없고—영국에게 해군이나 재무부 또는 사회복지장관들 또는 수상 그 자신이 그 억지력을 위해 지출하기를 바랐던 어떤 것보다도 훨씬 더 많은 돈을 들게 하였다. 케네디도 그에게 그러한 부담이 떠넘겨지기를 바라지 않았다.

만약 맥나마라가 런던은 요청하지 *않을 것*이며 대신 *그가* 관대함의 표시로 *제안해야만 했다*는 것을 이해했었더라면 그는 아마도 그렇게 했었을 것이다. 케네디를 포함하여 그와 그의 동료들은 줄곧 관대성을 보이는 쪽으로 기울어져 있었다. 정말 그들은 생각건대 논란의 여지없이 관대했을 반면에 런던이 그 핵 억지력을 포기케 하거나 또는 최소한 그 결정을 지연시키는 방향으로 그렇게 했을 것인데, 이것이 바로 국무부 사람들이 갈망하는 것이었다. 케네디가 위기감에 자극되어 그의 마음을 이 문제에 돌렸을 때 그는 한 정치인의 제안을 만들어냈다: 영국의 배타적 사용을 위한 스카이볼트의 나머지 개발비용의 반을 지불하겠다는 제안으로 런던에게 보상해 주라. 그가 이 문제를 맥밀런에게 제시했을 때 후자는 그것에 대해 아무 것도 수용하려 하지 않았다. 그 전날, 대통령은 언론에 대하여 그 무기의 단점에 대하여 얘기했었다. 맥밀런은 말하기를 "숙녀는 대중 앞에서 능욕 당했다"[171]라고 하였다. 그러나 분명히 "공평"하였고 또한 관대하다고 할 그 50 대 50의 제안은 그것이 공표되거나 대통령의 조소 이전, 즉 몇 주 전에 조용히 그에게 제시되었더라면 수상의 입장에서 그의 현상유지를 안겨주는 셈이었을 것이다. 그러면 그것은 영국의 비용을 실질적으로 증가시키는 국무부의 관점에서 보면 감탄할 만한 추가적인 측면을 가지게 될 것이었다. 당시 이슈가 그러한 상황에 처해있었던 것처럼 맥밀런의 내각 동료들은 사회복지를 선호하여 그것의 추진에 주저하였을 것이다. 그렇게 되면 그는 현상유지와 억지력 모두를 잃게 될 것이었지만 워싱턴을 탓하거나 파리에 수교해야 할 변명도 할 필요가 없었을 것이다.

몇 가지 접근법들만 시도해 보았더라도 케네디와 그의 측근들이 수월하지만 잘못된 가정 즉, 통고 한 번으로 런던을 분발시키고 거기서 원하는 그 밖의 무엇을 결정하여 이를 요청하게 할 수 있으리라는 추정으로부터 벗어나게 할 수 있었을 것이다. 지금까지 우리가 사용한 용어들에서 보면 그들은 *알려진 것*, *불분명한 것* 그리고 *추정되는 것* 등에 대하여 생각해 볼 수 있었거나, 영국의 묵인에 관한 그들의 관심에 비추어 이 이슈의 역사를 검토하거나 또는 그들의 몇 가지 가정에 대하여 시험해 볼 수 있었을 것이다. 우리가 나중에 제안하는 것처럼 그들은 그 영국제도들, 특히 내각의 역사에 대해 생각해 보고 나서 그들은 무한정의 경고로 그들을 움직일 수 있을

171) 대통령의 발언은 네 명의 기자와 가지는 그의 유명한 연말 텔레비전 회견에서 나왔다. 스카이볼트는 단지 우연히 등장하였다. 수상은 이에 대하여 그 다음 날에서야 알았는데 낫소 공항에서 비행기를 내리면서 영국의 언론인들에 의하여 질문을 받으면서였다. 그는 당시에 대통령의 발언 녹취록을 입수하여 읽었다. 이것이 그로 하여금 "숙녀는" "대중 앞에서 능욕"당했다는 논평을 나오게 한 것이다.

것으로 가정하였을 것이다. 그러나 이 모든 것이 실패로 돌아갔을 때 케네디와 그의 측근들은 그저 잠시만이라도 상대방, 즉 맥밀런 수상을 위치 짓기해 보았더라면 런던이 취할 것으로 보이는 입장에 대한 보다 많은 것을 감지할 수 있었을 것이다.

맥밀런의 삶에 있어서 사건들과 세부사항들에 대하여 조금만 생각해 보았어도 맥나마라의 경고가 의도했던 효과를 성취할 수 없음을 알 수 있었을 것이다.[172] 상류층이 가진 인맥을 가지고 있었고, 맥밀런 출판사로부터의 소득으로 생활의 안락함을 누렸던 해롤드 맥밀런은 그런 환경의 여유있는 사람들의 전형적인 길을 걸어 왔다. 이튼(Eton), 발리올(Balliol) 그리고 1914년이 되었을 때는 근위연대(Guards) 장교 복무 등. 제1차 세계대전 중에 그는 서부전선에서 4년간 복무했는데 그의 급우, 친구, 전우들이 많이 죽는 가운데 살아남았으며, 나이 상으로는 그렇지 않다 하더라도 번영기의 옛 자취를 풍기며 민간인의 생활로 복귀하였다. (맥밀런의 년간들(years)과 쉽사리 희화될 수 있는 생활방식을 고려해 볼 때—예를 들면 골프용 반바지를 입고서 총사냥을 하는—케네디는 어떻게 그들 둘이 그토록 빨리 잘 어울릴 수 있는가에 대하여 놀랐을 것이다. 그러나 그 전쟁의 참화는 이 나이 많은 사람에게 인간과 정치적 야망에 대한 회의를 심어 주었고, 군사기획자들의 주장 그리고 하급 장교로 참여했던 제2차 세계대전의 경험에서 나오는 무력 사용에 대한 심한 거부감을 갖게 하였다.)

전쟁 후에 맥밀런은 의회로 진출하였는데 하원의 보수당 측에

---

172) 맥밀런의 개인사에 대한 이 요약은 주로 그의 눈부신 *Memoirs*, 6 vols. (London: Macmillan, 1966–73)와 Anthony Sampson, *Macmillan: A Study in Ambiguity* (New York: Simon & Schuster, 1967)에서 인용하였다.

거의 공백 없이 40년 이상을 머물렀다. 1930년대의 대공황은 그에게 전통적인 두 가닥의 토리(Tony)적 사고방식을 강화시켜 주었다: 귀족의 의무(noblesse oblige)와 사회 공동체 의식이었다. 그는 때때로 토리민주주의로 불리는 이러한 사상의 지도자, 실제적인 사회개량주의의 지적인 주창자가 되었다.(케네디 자신의 것과 다르지 않은 것으로 또 하나의 접합점이었다) 1930년대 후반 유화정책에 대한 맥밀런의 비판은 그를 그의 당 지도부와 불편한 관계에 놓이게 했다. 독일이 일으킨 두 번째 전쟁은 그의 방식과 위상을 변화시켰다. 1940년 5월 전환점이 있었는데, 나치스가 서부로 진군하면서 뮌헨과 관계를 가지고 있던 네빌 체임벌린 수상은 하원의 신임투표에서 *이겼지만* 그 자신이 속한 당에서 40표의 *기권*이 있었다. 이것은 당, 언론 그리고 나라 전체에 있어서 체임벌린의 위상을 크게 손상시키는 일이어서 그는 수상의 자리에서 물러나야 한다고 느끼게 되었다. 맥밀런은 이 사건도 그리고 그 교훈도 절대 잊지 않았다: 지도자들은 집단적이며 공공연한 평의원들의 반발에 살아남을 수 없다는 것이다. 명목적 다수에 신경 쓰지 말고 기권표를 세라는 것이다!

1940년 이후 그는 당에서 부상하였는데 그 이유는 동료들과 선거구민들이 그에 대해서 네 가지 인식을 가지고 있었기 때문으로 그는 이 모두를 배양시켜 오고 있었다. 첫째, 그는 만약 어떤 사회복지사업이 제대로 운영될 수 있다는 설득력을 가지기만 하면 이를 주도할 디즈레일리 같은 준비태세를 보여주었다. 둘째, 맥밀런은 대외문제에 있어서 확실한 입장표명과 현실주의를 겸비하는 태도를 취하고 있었다. 1956년 그는 처음에 수에즈 문제와 관련하여 앤서니 이든(Anthony Eden)을 지지하였고 이윽고 그를 승계하였지만, 후에 맥밀런은 영국이 전쟁 전과 다른 세계적인 역할을 수용해야 함을 강조하였다. 그는 이전 식민지 세계에 있어서 "변화의 바람"에 대해 이야기 했고 1960년 이후 아프리카로부터 영국의 철수를 서둘렀다. 1961년 그는 당시로서는 혁명적인 조치로 보였던 공동시장에 가입하면서 영국을 유럽 안으로 끌고 들어가기로 결정하였다.

셋째, 맥밀런은 미국과의 "특별관계"를 복원하고 주도함으로써 "상호의존"을 십분 활용하였다; 그는 핵무기를 상징화 하여 "독립"과 연결시켰다. (그는 집요하게 배타적인 핵 강국 "클럽"의 회원이 될 것을 고집하였다.) 그의 대미관계 회복 그리고 동시에 독자 행동의 주장은 1959년의 총선에서 보수당의 실질적인 승리에 기여하였다. 보수당의 예산안도 이에 기여하였는데 국방지출을 억제하고 사회복지는 크게 늘리는 것이었다—그래서 스카이볼트였다.

마지막으로 넷째, 맥밀런은 당시로서는 주목할 만한 정도로 업무에 관한 권한을 행사하는 수상으로 보였다—마가렛 대처(Margaret Thatcher)는 상상도 되지 않던 때이다. 텔레비전에서 맥밀런의 분위기는 에드워드시대의 친절한 아저씨였고 내각의 회의주재에서는 조심성 있었지만 (그는 가입 건을 2년 동안 끌었다) 그는 보수당 지도부의 업무 성과와 외관을 단속하는 데 있어서는 그의 임명 권한을 단호히 활용했다. 쏘니크로프트는 한 희생자였는데 그는 3년 동안 축출되어 잊혀졌다가 1962년 7월이 되어서야 내각에 복귀할 수 있었다.

케네디와 그의 측근들에게—이들은 다양한 많은 경로를 통해 영국과 접촉하고 있던 그룹으로서—맥밀런의 시간의 궤적에 나타나는 사건들과 세부사항들로부터 그가 개인적으로 무기에 집착할 것이며, 그가 절대적인 경우가 아니면 그것을 교체하는 것에 대하여 런던에서 가장 흔들리지 않을 사람이라는 것을 시사하는 수많은 추론이 떠올랐을 것이다(케네디가 아니고서는 그 누구도 그가 그렇게 하지 않으면 안 된다는 것을 느끼게 할 수 없었다). 뿐만 아니라 똑같은 논리에 의해 그는 당시에 미국인들로부터—아직 그들의 스코틀랜드 기지를 맘껏 사용하고 있었는데—*그들이* 착안할 수 있는 가장 가까운 대상물과 그가 나서는 것이 아니라 그들이 스스로 나서서 하는 제안과 (여분의 자원)을 받을 자격이 있음을 느끼고 있었을 것이다. 최고 권력수준이 아닌 곳에서 발해진 애매한 경고는 실제 그렇게 나타난 것처럼 그를 방어적인 자세로 굽실거리게 할 수 없었음이 분명하다. 왜냐하면 스카이볼트는 토리민주주의에 핵 지위를 부여하고 "유럽"의 결실을 기다리고 있는 동안 대서양을 가로지르는 영미 유대관계를 강화하는 그의 수단(문자 그대로 그의 것이었는데 1960년 선택되었음)이었기 때문이다—모두 시야에 들어오는 것 중 가장 낮은 비용으로 그리고 내각에 의해 승인된 이후 오랫동안 맥밀런의 관점에서 보면 스카이볼트는 폴라리스를 포함해서 가장 높은 비용이 드는 모든 종류의 대체물들보다 불가능한 일들을 당연히 더 잘할 수 있었다. (그는 2년 전에 요청했었더라면 후자를 보유할 수 있었을 것이었는데 그는 그렇게 하지 않았었다). 폴라리스가 더 나은 *무기*라는 것이 중요하다고 생각했던 맥나마라—또는 쏘니 크로프트—와 같이 그 밖의 사람들은 물론 다르게 추론할 수밖에 없었다. 그러나 그는 제1차 세계대전의 생존자로서 소련의 끊임없는 위협 하에서 조그만 섬나라를 통치하면서 상징적인 측면 외에 핵무기의 자세한 사양들에 대해서는 별로 진지하게 생각하지 않았는데 이런 상황에서 어떤 핵무기든 다 좋았으며 가장 값이 싼 것이 가장 좋은 것이었다.

물론 이 사건에서 맥밀런은 스카이볼트를 지지하는 것으로부터 폴라리스를 고집하는 것으로 입장을 전환하였는데, 그는 낫소에서 실제상 맞교환이어야 함을 두고 논쟁하였다.[173] 그러나 유의할 만한 것은 그가 대통령 자신의 스카이볼트에 대한 공공연한 폄하에 의해 행동을 취하지 않을 수 없을 때까지 이 문제를 그의 내각에 전혀 제기하지 않았다는 것이며, 거기에서 이 비싼 대체물에 대해 재무부나 사회복지부서의 어떤 지지도 구하지 않았다는 것이다—그리고 그때서야 그렇게 하였는데 그것도 멀리서 전보에 의해 하였으며 이때 그는 케네디가 기다리고 있기 때문에 시간이 가장 중요한 요소라고 덧붙일 수 있었다. 내각은 이때서야 그 문제를 다루게 되었는데 그것도 24시간의 기한 안에 응답하라는 것이었다. 그것은 맥밀런이 그 자신을 포함해서 누구도 원하지 않는 비용이 들어갈 소지가 있는 이 문제에 대해 단지 경고만 받고서 장황한 논의를 불러일으킬 영국의 핵 억지력에 대한 내각의 지지획득의 실패를 얼마나 싫어했는지 시사하는 것이다. 만약 이것이 대통령처럼 강력하지 못한 모습이었다고 한다면 맥밀런이 대통령이 *아니었*으며 내각이 "정부"였다는 것에 유의하는 것이 좋겠다.[174]

---

173) Neustadt, *Alliance Politics*, pp.50–55 참조. 당시 프랑스 공화국의 대통령이었던 샤를 드골은 영국을 충분히 유럽적이지 않고 지나치게 미국인들에 매여 있다고 비난하였다. 그는 그 낫소 협정을 당시의 증거로 활용하였다. 그것에 의해 맥밀런은 스카이볼트를 포기하였는데 드골은 이를 많은 영국인들과 더불어 패배로 해석하면서 대신에 "최고의 비상시"를 제외하고는 북대서양조약기구에 대한 폴라리스의 제공을 약속받았다. 맥밀런은 그 예외를 "독자적 행동"을 위한 승리로 보았다; 드골은 그러한 약속을 속박이라고 얘기하였다. 드골이 영국을 우선 동안은(그들이 더 약해지고 세계 입장에서 더 멀어지며 프랑스를 더 필요로 할 때까지) 유럽 밖에 두려하는 것은 이미 사적으로 맥밀런에게 신호로 전달되었다. 나쏘는 드골에게 이를 공표하는 데 좋은 변명거리를 제공하였다.

174) 자세한 것을 위해서는 Neustadt, *Alliance Politics*, pp.89–96을 참조. 또한 Anthony King, ed., *The British Prime Minister* (London: Macmillan, 1969),

시간상에 적용된 우리의 어떤 소방법들도 그 스카이볼트 위기를 회피하는 데 도움을 주었을 것이라고 말하면서도 우리는 똑같은 결과가 정치인으로서 맥밀런에 대한 어느 정도의 감정이입과 함께 그의 상황에 대해 좀 더 더듬어 보았을 때도 또한 나왔을 것이라는 점을 인정하지 않을 수 없다. 일단 위기가 시작되자 케네디는 낫소로 가는 길에 기한이 촉박한 상태에서 맥밀런의 정치적 궁지에 대해서 알게 되고 이 모든 것과 그 밖에 더 많은 것들을 보게 되었다. 루스벨트와 사회보장제도에 있어서처럼 우리는 일부 독자들은 역사의 활용보다는 훌륭한 정치적 판단이 더 요구된다고 우리를 비난할 것으로 예상한다. 우리는 우리의 이전 호소를 되풀이한다. 훌륭한 정치적 판단은 역사적 이해에 달려있다고 우리는 생각하는데, 이것은 그러한 이해가 대체로 직관적이거나 무의식적일지라도 그렇다. 루스벨트가 아니어도 설사 레이건에도 못 미친다 해도 역사에 대한 의식적이고 정기적인 의존은 정치적 판단을 왕성하게 해줄 수 있다. 그렇지 않다면 아마도 어떤 것도 그렇게 할 수 없을 것이다. 아니 그럴 것이라고 우리는 믿는다. 더 자세한 것은 우리의 마지막 장을 참고하기 바란다.

특히 pp.44-69, 119-50 참조.

제 11 장

패턴을 파악하기

사람들에 대한 위치 짓기는 우리가 지금까지 강조하지 않았던 다른 용도도 지니고 있다. 즉 목표를 통해서 사고하는 데 도움이 된다. 우리가 제시한 대부분의 위치 짓기의 실례들은 특정 입장을 옹호하는 데 필요한 잠재적 유용성을 강조해 왔다. 즉 조지 볼의 경우는 베트남 문제에 있어서 다른 사람들을 설득하기 위해서, 메어리 앤더슨의 경우는 여성국의 입장을 더욱 효과적으로 옹호하기 위해서, 또 슈미트의 경우는 카터를 달래거나 또는 그 반대의 경우를 위해서 유용했다. 마틴 루터 킹과 맬컴 X에 있어서는 주로 통찰력과 효과적인 역할교체를 위한 이해의 증진 즉 역시 설득의 문제를 우리는 주로 논의했다. 그러나 스카이볼트와 관련해서는 맥밀런에 관한 사건과 세부사항에 대한 초기의 성찰이 케네디를 비롯한 사람들에게 자신들이 희망하는 결과에 관해서 토론할 때 어느 정도 가치를 지닐 수도 있었다는 점을 언급했다. 요점을 강조하자면 다음과 같다.

정책결정자가 어떠한 사건을 그와 관련된 개개인들의 삶의 상세한 맥락 즉 흔히 요구되는 성, 인종, 국적 그리고 정말 중요한 이데올로기 등에 민감하게 인식하면 그 사건을 어떻게 처리할 것인가는 물론 무엇을 해야 하는지에 관해 판단하는 데 도움을 얻을 수 있다. 무엇을 할 것인가 그리고 그 무엇을 어떻게 할 것인가 하는 두 가지 문제를 분리하여 별개의 것으로 취급하는 것은 우리가 보기에는 거의 확실하게 잘못된 방향으로 가는 길이다. 분석과 수행 그리고 '정책'과 '관리'는 서로 분리될 수 없도록 얽혀져 있다. 다른 사람들로 하여금 자신들의 이해관계가 있는 것처럼 느끼도록 할 수 있는 그 무엇에 관해서 생각하는 것은 무엇을 할 수 있으며 또 무엇을 해야 하는지를 숙고하는 과정의 본질적인 부분인 것이다.

되도록 명백한 설명을 위해서 카터 행정부의 경우인 그리고 이슈의 역사(issue history)를 활용할 수도 있었음을 예시하기 위해서 인용했던 아쉬웠던 사례—1977년 3월 사이러스 밴스 국무장관에 의해서 모스크바에 제안되었던 포괄적인 SALT안—로 다시 돌아가 보자. 시의 적절한 위치 짓기가 행해졌더라면 그러한 제안을 어떻게 할 것인지는 물론 구체적으로는 어떠한 제안을 언제, 어디서 그리고 누구에게 해야 할 것인지에 관한 카터 행정부의 판단이 더 개선된 것이 될 수도 있었다.

위치 짓기를 했더라면 결함이 보완되었을 수도 있었다는 것인가? 우리는 그렇게 생각한다. 우리가 생각하기에는 카터와 그의 보좌관들이 만일 자신들의 써클밖에 있던 세 명의 핵심 인사들 즉 소련 지도자 브레즈네프, 대사 아나톨리 도브리닌 그리고 "스쿠프" 잭슨(Henry M. "Scoop" Jackson)[175] 상원의원 등에 관한 사건과 세부사항에 관해서 오랜 시간은 아닐지라도 주의 깊게 살펴보았더라면 자신들이 무엇을 해야 할지에 관해서 더욱 나은 판단을 했을 수도 있다.

브레진스키였더라면 쉽게 그리고 카터와 다른 사람들에게는 약간의 조언과 노력이 있었더라면 브레즈네프나 도브리닌의 머릿속에 들어가서 이들이 전략 핵무기와 군비통제에 관해서 생각하고 있는 입장에 서서 커다란 사건 전체—공적인 역사—를 그려볼 수도 있었을 것이다. 이미 오래 전에 사망하기는 했지만 스탈린이 바로 그 역사를 지배하고 있었음이 분명하다. 브레즈네프와 그의 동료들은 스탈린의 숙청에 협력하고 그 희생자들의 시체를 딛고 그 자리에 올라서면서 모르면 몰라도 다음에는 자기들이 숙청의 대상이 될 수도 있다는 사실을 잘 기억하고 있었을 것이다.[176] 그럼에도 그들은 여전히 스탈린 시대를 러시아가 결국 근대적인 산업국가로 성장하여 (그들의 생각으로는 거의 단독으로) 독일을 궤멸시켰고, 동유럽에 러시아인 자신들의 완충지대(*cordon sanitaire*)를 구축했으며, 핵 초강대국으로 인정받았던 황금시대였다고 회고하고 그리워했음에

---

175) (역자주) 헨리 잭슨의 누나 거트루드(Gertrude)가 어린 시절 만화의 주인공의 이름을 따서 헨리에게 붙여준 별명. 만화의 스쿠프는 기자로서 자기의 일을 남에게 미루는 캐릭터를 가지고 있었는데, 어린 시절 귀찮은 일을 교묘하게 피하는 재능을 지닌 헨리를 거트루드는 이 별명으로 불렀다.

176) 1953년 3월 스탈린이 사망했을 때 브레즈네프의 나이는 46세였고 소련 외상 안드레이 그로미코의 나이는 43세였다. 그리고 도브리닌은 34세였다. 브레즈네프는 대숙청의 시기에 가장 빨리 승진했다. 스탈린의 사망 후에 잠깐 동안 정체되기는 했지만 브레즈네프는 1950년대 중반 흐루시초프가 권력을 공고히 하던 시기에 다시 승진을 계속했다. 그로미코의 경력도 비슷한 패턴을 보였다. 그 역시 적어도 1939년부터는 일급의 미국 전문가였고, 미-소 관계의 격변기에는 의견 개진을 요청받았다. 도브리닌은 제2차 세계대전 종전 직후 외교업무에 발을 들여 놓았고, 냉전시대 결빙과 해빙의 전 기간을 통해서 미국 전문가로 활동했다.

틀림없다. 그 이래로 이에 필적할 만한 성취의 시대는 없었던 것이다. 즉 서투른 국내적 개혁체제와 그보다 더 서투른 대외적 모험주의로 점철되었던 흐루시초프의 시대는 말할 것도 없고, 관료들의 비협조적 태도에 대한 신음 섞인 불만으로 가득 찼던 브레즈네프 자신의 시대 역시 스탈린 시대와 같은 업적을 달성할 수는 없었다. 브레즈네프의 업적이라면 소련 제국을 하나로 결속하고 군사적인 초강대국으로서의 러시아의 지위를 수호한 것이었다. 러시아의 역사적 과정에서 그리고 자신의 개인적인 성장의 역사적 조건 속에서 브레즈네프가 서기장으로서의 마지막 나날 혹은 몇 해를 소련이 군사력의 최정점으로부터 쇠퇴하기 시작했던 순간으로 기억되기를 원했겠는가? 블라디보스토크 협정은 미국의 항복 선언의 증거로 읽혀질 수 있었다. 그런데 감축하자고? 그것도 *대폭* 감축하자고?

두 번째로 핵심적인 행위자였던 도브리닌은 워싱턴 주재 소련대사였다. 거의 15년 동안 그는 모스크바와의 주요 대화통로였고, 시오도어 루즈벨트의 당시 생존하고 있던 딸 앨리스 루즈벨트 롱워스(Alice Roosevelt Longworth)와 사실상 어깨를 나란히 하는 사교계의 주요 인물이기도 했다. 따라서 도브리닌의 시간적 성장의 궤적(time-line) 상의 커다란 사건들은 러시아의 역사뿐만 아니라 미국의 역사로부터 기인하는 것도 많았을 터였다. SALT를 둘러싼 초기의 일련의 협상 과정에서 그는 워싱턴 쪽에 서 있었고, 밴스보다 더 밀접하게 협상에 관여하고 있었다. 도브리닌은 닉슨과 포드 행정부 시절에 키신저와 서로 교화하고 교감을 지니는 위치에 있기도 했다. 결국 SALT Ⅰ을 비롯한 데탕트의 성과는 그 어느 누구보다도 그의 몫이었다. 물론 그는 모스크바의 지시에 따라 행동했으며, 또 그가 특정 정책노선의 후원자로 인식되는 것을 피함으로써 모스크바의 급격한 기상변화로부터 스스로를 보호하고 있다고 생각하는 것이 이치에 맞았다. 그러나 도브리닌의 삶에 있어서의 사건과 세부사항들을 일별하기만 했더라도, 그의 커리어가 미국 정부에 관한 정확한 지식 그리고 그 지식에 입각하여 미국 정부가 이따금씩 보이는 기묘한 행동양식을 설명할 수 있는 능력 심지어는 때때로 예측할 수 있는 능력을 토대로 성립되었다는 점을 분명하게 알 수 있었을 것이다.

브레즈네프에 관해서도 면밀하게 숙고해 보았더라면 러시아인들이 대폭감축이든 아니면 설사 적당한 감축이라고 할지라도 아무튼 군비축소와 관련된 미국의 제안을 아마도 쉽게 받아들이지 않을 것이라는 결론이 강화되었거나 아니면 그러한 결론에 도달하는 다른 과정이 제시되었을 것이다. 도브리닌의 입장에 서서 보려는 감정이입의 노력을 조금만 했더라면, 1976년 키신저에 의해서 수정된 바로 그 상태의 블라디보스토크 협정을 승인하는 안이 아닌 다른 형태의 그 *어떤* 미국안에 대해서도 소련이 어찌 환영하겠는가 하는 의문이 제기되었을지도 모른다. 도브리닌에게는 알리지 않은 상황에서(아니면 적어도 뉴욕 타임스지에 알려진 것보다 더 많이 알지 못하는 상황에서), 아무리 사소한 문구의 변경에 불과하다고 할지라도 모스크바가 그 중요성을 어떻게 판단할 수 있었겠는가?

밴스와 그의 보좌관들이 이 두 러시아인들에 대해서 그러한 숙고를 했더라면 대통령의 대폭 감축안에 대해서 좀 더 저항할 수 있었을 것이고 또 도브리닌을 통해서 일찍부터 솔직한 대화를 해 보자고 주장할 수도 있었을 것이다. 대폭 감축안은 브레즈네프의 커리어를 고려해 볼 때, 당시의 단계에서 언제 어떠한 방식으로 제안되든 패배자가 되는 것이 분명해 보였고, 설사 본질적으로 타협의 가능성을 내포하고 있는 제안이라고 하더라도, 러시아인들에게 익숙한 채널을 통해서 전달되는 충분한 사전경고가 없다면 문제에 봉착할 가능성이 있었다.

카터와 백악관의 보좌관들이 모름지기 국무성의 항의에 자극을 받아서라도 브레즈네프와 도브리닌에 관해 독립적인 사고를 했더라면 한 걸음 더 진전된 질문이 떠올랐을 것이라고 우리는 생각한다. 즉 왜 하필 3월이라는 빠른 시기에 동의를 얻으려고 해야 하는가? 왜 모스크바에서 일이 진행되어야 하는가? 도대체 왜 *우리의* 주도로 일이 진행되어야 하는가?

다소 비슷한 질문들은 잭슨 상원의원을 위치 짓기 하려는 진지한 노력으로부터도 떠오를 수 있었을 것이다. 카터 그리고 필시 다른 사람들의 실제 머릿속에서 잭슨은 커다란 위치를 차지하고 있었다. 대통령 자신이 밴스에게 내리고 있던 지시의 내용을 털어 놓은 최초의 인물이 바로 잭슨이었다. 카터나 브레진스키는 자신들의 회고록에서 대통령 자신의 결정과 관련하여 잭슨을 언급조차 하고 있지 않지만, 잭슨의 지지를 얻고자 하는 희망—SALT협상팀 대표로서 폴 원키(Paul Warnke)의 인준에 반대하는 표를 잭슨이 40표나 끌어모았다는 사실로부터 야기된 우려와 함께—이 대통령의 마음속에서는 모르면 몰라도 핵무기에 대한 대통령 자신의 개인적인 감정에 버금가는 중요한 요인이었다고 밴스는 쓰고 있다(우리가 보기에 이것은 정확한 지적이다).[177]

카터와 브레진스키가 침묵을 지키는 이유는 아마도 자신들의 희망이 빗나 간 것으로 판명되었기 때문일 것이다. 스쿠프에 관한 사

177) Cyrus Vance, *Hard Choices* (New Work: Simon & Schuster, 1983), p.51.

건과 세부사항들에 대한 검토를 했더라면 그러한 점에 대한 사전 경고가 발해졌을 것이라고 우리는 생각한다. 그것은 깊이 있는 연구가 요구되는 것도 아니었을 것이다. 카터 주변의 꽤 많은 사람들이 "스쿠프의 이력(history)에 관해서 좀 말해 보게"하는 요청을 받을 수도 있었을 법한데 말이다.[178)]

카터보다 열두 살이 많은 잭슨은 대공황이 워싱턴 정부를 강타할 무렵 대학을 다녔다. 1930년대에 그 "교훈"을 체득하면서 성장한 그는 1941년 초선 하원의원으로 워싱턴에 진출했다. 그 전 해 봄에는 히틀러가 잭슨 부모의 조국 노르웨이를 침공했다. 1970년대까지도 그러한 기억들이 그에게는 남아 있었다. "언론과의 만남"이라는 프로그램에 출연하여 국가안보 문제에 "전념"하지 않았다면 무엇을 했을 것인가 하는 질문에 잭슨은 다음과 같이 대답했다.

> 그렇습니다. 나는 내 조국의 안보에 관심을 가지고 있습니다. 그것이 우선순위 1번입니다. 아시다시피 나의 부모는 노르웨이 출

178) 당시에 출간되어 있던 잭슨에 관한 참고문헌으로는 William W. Prochnau and Richard W. Larsen, *A Certain Democrat: Senator Henry M. Jackson, a Political Biography* (Englewood Cliffs, N.J.: Prentice-Hall, 1972)와 Peter J. Ognibene, "Scoop": *The Life and Politics of Henry M Jackson* (New York: Stein & Day, 1975) 등이 있었다. 출판되지 않은 원고상태였던 또 다른 유용한 참고자료로 Paula Stern, *Water's Edge: Domestic Politics and the Making of American Foreign Policy* (Westport, Conn.: Greenwood Press, 1979)도 활용할 수 있었을 것이다. 이 연구는 소련과의 교역 삭감을 위한 잭슨의 성공적인 노력에 관한 것인데, 저자는 바로 지근거리에 있었다. 그녀는 카터의 사람들이 행정부의 기관에 발탁하고자 했던 우수한 전직 의원 보좌관의 명단에도 이름이 올라 있었다. 이보다 더 가까이서 획득할 수 있었던 정보의 원천은 백악관의 에너지문제 보좌관 제임스 슐레신저(James Schlesinger)였는데, 그는 수년 동안 잭슨과 밀접한 관계를 맺고 있었다.

신입니다. 이민자들이지요. 자신들이 중립적일 수 있다고 생각하는 나라가 있었습니다. 그들은 천년 동안 자유를 누려왔습니다. 맑은 공기와 깨끗한 물 그리고 깨끗한 땅을 가지고 있었습니다. 사회정의를 실현하는 훌륭한 시스템도 있었습니다. 그런데 나치의 군화에 짓밟혔을 때 그런 것들이 무슨 쓸모가 있었습니까?[179]

고립주의의 전통이 강한 지역구 출신이라는 조건 때문에 주저하기는 했지만 그는 연합국에 대한 무기대여(Lend-Lease) 정책과 다른 개입주의적 조치들을 지지했다. 그는 진주만 기습으로 자신이 옳았음이 판명되었다고 생각했다.

제2차 세계대전 후 잭슨은 노르웨이를 처음으로 여행했다. 그는 거기서 붉은 군대가 석방된 전쟁포로들을 자발적이지도 않고 또 원하지도 않는 소련으로의 송환을 위해 끌고 가는 것을 목격했다. 이러한 광경이 그로 하여금 일찍부터 맹렬한 냉전의 전사가 되는 데 일조했다. 원자력 에너지에 관한 합동위원회에 배속된 후에 그는 수소폭탄과 더욱 강력하고 개선된 "전술적" 핵무기 개발의 강력한 후원자로 활약했다. 그는 러시아인들이 대부분의 사람들이 예상하는 것보다 빨리 전략군비를 건설할 것이라고 거듭 거듭 경고했다. 그의 이러한 입장은 분명히 인기 있는 것은 아니었다. 그는 민주당 내에서 조차 바람을 거스르는 입장에 서 있었다. 한국전쟁이 시작되고 나서야 마침내 트루먼은 군사비 지출의 증가를 지지하는 노선으로 선회했다. 잭슨은 최종적으로는 옳았다고 판명될 용기 있는 소수에 자신이 속해 있었다고 생각했다.

179) Ognibene, "*Scoop*", p.200.

1950년대 상원으로 자리를 옮긴 뒤 잭슨은 조 매카시(Joe McCarthy)를 끌어 내리는 데 일조했다. 또 다시 옳았던 것이다! 당시 그는 군사비 지출을 삭감하려는 아이젠하워의 방침과 싸우고 있었다. 스쿠프는 일찍이 장거리 미사일 개발을 위한 돌관 생산계획(crash program)을 주창했다. 공화당 행정부는 물론 해군의 기득권층에 대항해서 그는 릭코버 제독을 밀었고, 핵잠수함 계획을 지지했다. 역시 패턴은 동일했다. 즉 소수파이지만 결국에는—스푸트니크와 '미사일 갭'의 위협에 의해서 그리고 폴라리스 미사일에 의해서— 옳았음이 입증될 입장에 섰던 것이다.

1960년 케네디가 대통령 후보로 나섰을 때 상원의 동료였던 잭슨은 부통령 후보가 될 수도 있었다. 그러나 그는 그 대신 민주당 전국위원회의 의장으로 활동했고, 새로운 행정부의 측근 보좌관이 될 준비를 했다. 그러나 존 F. 케네디가 그를 무시하고, 맥나마라가 그를 제치고 자리를 차지하면서 잭슨은 명예롭게 상원으로 복귀했다.

모든 형적으로 보아 잭슨은 1960년 이후의 자신의 커리어를 그 이전과 똑 같은 관점에서 보고 있었다. 케네디가 이리로 꺾든 또는 존슨이 저리로 꺾든, 또는 공화당이 반대하든 간에 국내적인 문제에 있어서 그는 여전히 당시에 규정된 자유주의적 프로그램을 지지했고 또 일관성 있게 지지하여 온 순수한 페어 딜러(Fair Dealer)[180)]였다. 대외정책의 문제에 있어서는 일관성 있게 반소련적인 입장을 견지했고, 닉슨의 데탕트 정책에 대한 견제 비판자로서 데탕트 정책의 핵심인 상호무역협정을 저지하려고 했다. 방위문제에 관해서도 역시 일관성 있게 잭슨은 한국전쟁 발발 이후에 채택된 트루먼-애치

180) (역자주) 1949년 트루먼 행정부가 발표한 불황예방을 위한 공정정책의 지지자.

슨의 철학에 동조했다. "힘의 우위"가 평화의 열쇠라는 것이었다. 잭슨은 애들레이 스티븐슨(Adlai Stevenson)이 핵무기 실험의 중단을 옹호하는 것은 잘못된 것이라고 생각했다. 스쿠프가 이미 경고했던 대로 소련은 갑작스럽게 대규모 핵실험을 재개했다. 1963년 당시 케네디가 제한핵실험금지조약(Limited Test Ban Treaty)의 교섭을 하고 있을 때 잭슨은 그에 찬성하는 표를 던졌지만 자신의 회의적 견해를 감추지는 않았다.

1969년 잭슨은 ABM 즉 요격미사일 무기체계 구축에 필요한 재원 마련을 위한 싸움을 성공적으로 수행했지만 결국 3년 뒤에 키신저와 닉슨은 SALT I의 일환으로 ABM 개발을 포기했다. 잭슨은 이들이 커다란 실수를 하고 있다는 점 그리고 앞으로 발생할 사태에서 잭슨 자신이 옳았다는 것이 또 다시 입증될 것이라는 점 그 어느 것에 대해서도 조금도 의심하지 않았다. 뿐만 아니라 공화당 정권이든 민주당 정권이든 새로운 장거리 폭격기, 크루즈 미사일 또는 어떤 형태이든 전략군비를 위한 재원을 마련하지 못하게 될 때가 바로 현명하지 못한 짓을 하는 것이라고 믿어 의심치 않았다. 1960년대 말 스쿠프는 "내가 보기에 국제평화와 안보는 힘의 균형(parity)에 의해 지탱되는 것이 아니라 평화의 교란자에 대한 평화유지자의 압도적인 힘의 우위에 의해 지탱되는 것"이라고 말했다.[181)]

스쿠프의 이력을 되짚어 보았다면 누구라도 역사가 결국 자신이 옳다는 것을 입증해 줄 것이라고 생각하는 잭슨이 1977년 당시 어떤 SALT 제안에 대해서도 비판적인 노선을 취할 것이라는 점을 쉽게 알 수 있었을 것이다. 그러한 문제에 관한 잭슨의 주요 보좌관이었

181) Ognibene, "*Scoop*", p.166.

던 리처드 펄(Richard Perle)은, 러시아인들이 절대로 받아들이지 않을 것이라는 근거가 확실한 가정 하에서였는지, 대폭감축안에 대해서 제한적인 지지를 표명했다. 그러한 가정이 잘못된 것으로 판명되었더라도 아마 펄은 왜 대폭감축안 역시 받아들여질 수 없었는가에 관해 이전에는 간과되었던 몇 가지 이유들을 찾아냈을 것이다. 러시아인들이 좋아하는 것은 *무엇이든지* 미국의 이익에 반하는 것이라는 게 펄의 일관된 견해였다.[182] 잭슨을 잘 아는 사람들은 그에 대해 신속하고 능란하게 끼어들면 때로는 펄을 제칠 수가 있지만 한번 그의 설득을 당하면 상원의원은 요지부동이었다고 말했다. 이와 같은 (잭슨에 관한) 추론의 세부사항과 추론 그 자체를 카터와 브레진스키는 쉽게 접할 수가 있었다. 잭슨의 위치 짓기를 했더라면 그와의 협상에는 적어도 브레즈네프와의 협상에 필요한 것과 같은 만큼의 준비가 필요하다는 점을 알 수 있었을 것이다.

스쿠프의 시간적 성장의 궤적 상의 사건과 세부사항들에 대해 좀 더 면밀하게 검토했더라면 그 추론에 실리는 힘이 배가되었을 것이다. 다른 조직의 인물에 대한 위치 짓기는 다른 국가의 인물에 대한 위치 짓기와 어느 정도 닮은 데가 있다는 점을 인식할 필요가 있었다. 스카이볼트 사건에 있어서 미국인들은 그 무엇보다도 우선적으로 (영국의) 총리는 (미국의) 대통령이 아니라는 점을 기억했어야 했다. 1977년 당시 카터와 그의 사람들이 기억했어야 할 것은 잭슨의 조국이 워싱턴의 의사당이며 그는 상원의원이지 장관이나 백악관의 보좌관이 아니라는 점이었다.

카터 스스로가 기만당했을지도 모른다고 이해할 수도 있겠다. 아

182) Strobe Talbott, *Deadly Gambit* (New York: Alfred A. Knopf, 1984), pp.15-18 이하 참조.

마 조지아주 상원에 견주어 보는 잘못된 유추를 했을 것이다. 더욱이 그는 1972년 잭슨을 위해서 지명연설을 했었고, 따라서 그러한 호의가 여전히 남아 있을 것이라고 생각했을지도 모른다. 1976년 카터는 펜실베이니아주 예비선거에서 잭슨을 물리쳤고, 그 결과 잭슨은 대통령 경선에서 탈락했다. 상원의원들에 대해서 걱정해야 하는 것이 업무인 백악관의 스태프들은 스쿠프에 대해서는 우려하지 않았고 카터는 1년 전의 사실을 "깨끗이 잊고" 있었다. 그리고 스쿠프는 개인적으로는 온화한 말투에 합리적인 듯 보이며, 따뜻하고 상냥했기 때문에 그의 참모습에 관해서는 쉽게 잊혀졌다. 제임스 케인(James M. Cain)의 소설 『밀드리드 피어스(*Mildred Pierce*)』에 이러한 상황에 관한 *적절한* 구절이 있다. 즉 주인공 밀드리드가 그녀의 딸 베다의 성악 선생인 트레비소에게 베다를 뱀으로 묘사하는 것이냐고 깜짝 놀라 묻자 트레비소가 "아니라고 하면 콜로라투라 소프라노인데, 그건 더 나쁩니다."라고 대답하는 장면이다. 잭슨은 한 사람의 인간일 뿐만 아니라 미국의 상원의원이었다. 카터와 그의 보좌관들이 실용적인 목적을 위해서라도 잭슨을 작지만 강력한 국가 즉 독립적인 이해관계와 독자적인 정부의 각 부처에 필적하는 것(펄과 다른 보좌관들)을 지닌 외국이라고 생각했더라면 더 좋았을 것이다. 미네소타 출신의 상원의원이었던 부통령 먼데일과 그의 보좌관이었다가 브레진스키의 보좌관을 지내던 데이비드 아론(David Aaron)을 제외하고는 백악관의 고위 인물 가운데 머릿속에 떠오를 만큼 의사당 경험을 갖고 있는 자가 없었다. 당시 새로이 들어선 행정부는 "피그만 시기(Bay of Pigs time)"[183]였기 때문에, 사람들이 서로서로

---

183) (역자주) 미국-쿠바와의 관계가 악화되는 것은 물론 이로 인하여 미-소 관계가 악화되던 시기를 1961년 피그만 침공 실패의 시기에 빗대어

를 파악하기에 바빴던 출범 초기의 몇 주 동안은 먼데일이나 아론 모두 마음 편히 자문할 수 있는 상황이 아니었다. 적어도 우리가 알기로는 아무도 그렇게 하지 않았다.

카터와 그의 보좌관들이 상원과 스쿠프 둘 다에 관해 잘 알고 있었다면 당연히 SALT에 관한 다음과 같은 가정을 추가할 수 있었을 것이다. 즉 잭슨에게 어떤 보장을 하기 위해서 그에게 하는 모든 말은 기록되어, 나중에는 그 가운데 가능한 것은 모두 피할 수 없는 약속으로 변해 버린다는 점이었다.[184] 이와 같은 가정을 통해서 그 다음에는 이런 명제가 제기되었을 법도 하다. 즉 만일 행정부가 SALT 조약의 비준을 원한다면 모스크바와 협상하면서 *동시에* 잭슨과도 협상해야 할 것이라는 점이었다. 모스크바와 잭슨 그 어느 한 쪽에 미리 양보를 하면 조약은 무산될 것이기 때문이었다.

그러한 추정들이 소리 높여 제기되고 또 우리가 앞서 제시한 실험 방법에 따라 입증되었더라면 잭슨을 아는 행정부의 관리들이 카터 행정부 관여 *이후의* 수정사항에 대한 잭슨의 동의에 역행하는 50 대 1의 비율보다 낮은 비율을 제시하지는 않았을 것이라고 우리는 감히 말할 수 있다. 조건이 무엇이든 그가 지지하는 어떠한 SALT 조약에도 역행하면서 10 대 1보다 낮은 비율을 제시하는 사람은 거의 없었을 것이다. 그 다음 단계로 일을 추진하기 위한—"알렉산더의 질문"을 밝혀내기 위한—방법은 바로 펄에 주목하는 일이었을 것이다.

표현한 말.

184) 스쿠프가 이러한 전술을 제한 핵실험 금지조약과 관련하여 구사하는 모습은 Harold Karan Jacobson and Eric Stein, *Diplomats, Scientists and Politicians: The United States and the Nuclear Test Ban Negotiations* (Ann Arbor: University of Michigan Press, 1966)에 그려져 있다.

조약을 원하는 사람들(카터와 밴스는 분명 여기 포함된다)에게는 불행하게도 잭슨에 대한 이해는 이르기보다는 오히려 늦게 진척되었다. 카터가 포기하지 않아서 2년이 지난 후 설사 SALT Ⅱ조약 같은 것이 마침내 성사되었더라도 분명 잭슨은 비준에 반대투표를—그리고 반대운동을—했을 것으로 보인다. 물론 그 때에는 이미 스쿠프는 카터를 포기하고 에드워드 케네디(Edward Kennedy)를 지지하고 있었다. 카터 대통령에 대한 잭슨 상원의원의 환멸이 점차 커져 갔다는 것은 반대 방향의 위치 짓기 즉 잭슨의 카터에 대한 위치 짓기 역시 실패했다는 사실을 반영하고 있다. 대부분의 직업 정치인들과 마찬가지로 잭슨은 카터 역시 직업 정치인이라는 고정관념에서 시작했던 것이다.

우리는 이 책의 독자들이 목표를 설정하거나 목표를 설득력 있게 추진해 나아가는 과정에 위치 짓기를 기억하고, 또 자신들이 해야 할 작업에 중요하다고 생각되는 사람에 대해서는 직무상의 정상적인 과정의 한 부분으로서 그 사람의 시간적 성장의 궤적, 사건과 세부사항 등에 주의하기를 바란다. 논리상으로 위치 짓기라는 것은 때로는 각 개인에게 집중된 가정—대개의 경우 함축적인 추정들—검증의 한 형식에 지나지 않는다. 1977년 초의 카터에게는 (1) 브레즈네프가 데탕트 유지를 너무나 원하기 때문에, SALT 문제에 있어 어떤 양보를 하게 될 것 그리고 (2) *스쿠프*의 안을 가지고 시작하되 그것이 잘 통하지 않으면 좀 더 현실적인 무엇인가를 보강한다면 *그의* 마음이 돌아설 수 있을 것 등의 두 가지의 추정이 있었다. 우리의 생각으로는 당시 *모든* 주요 행위자들을 파악하고 그들의 시간적 성장의 궤적 상의 사건과 세부사항들로 신속하게 파고드는 것이 일상적인 관행이었더라면 결국 이 두 추정 모두 잘못된 것이라는 점을 인식할 수 있었을 것이다.

그런데 만일 우리가 위치 짓기에 관한 논의를 여기서 그친다면 잘못된 인상을 남기게 될 것이다. 왜냐하면 우리는 지금까지 골치 아픈 이데올로기의 힘에 관해서 부수적으로만 건드려 왔기 때문이다. 존슨의 보좌관들에게 있어서 서로에 대한 위치 짓기는 주로 "만일 내가 *그가* 경험한 것과 같은 경험을 했다면 과연 *나의* 사고의 틀은 어떤 것이 되었을까?"하는 물음의 문제였을 것이다. 메어리 앤더슨이 프랜시스 퍼킨스에 관해서 생각하는 경우나 그 반대의 경우에는 "… 그런데 만일 내가 그녀의 사회계급이었다면…" 하는 식으로 좀 더 어려운 문제였을 것이다. 슈미트와 카터 또는 맥밀런과 케네디의 상호간의 경우에도 "… 그런데 만일 내가 그의 나라의 지도자였다면…"하는 식으로 마찬가지로 어려운 일이었다. 마틴 루터 킹과 맬컴 X의 경우에는 더욱더 어려운 일이었을 것이다, 즉 물음에 인종*과 함께* 계급이 들어감으로써 아마도 너무 어려워서 할 수는 없지만 그러나 시도해 볼 만한 가치는 있는 것이 되었을 것이다. 브레즈네프나 도브리닌 같은 사람들에 대해서도 그랬어야 했지만 아무튼 만일 잭슨 같은 사람을 바라보는 카터 같은 사람이 "… 그리고 그 또는 그녀가 역사의 패턴을 바라보는 방식대로 내가 역사의 패턴을 바라본다면…" 하는 물음을 추가하는 것 역시 너무 어렵기는 하겠지만 시도할 가치가 있는 것이다.

어떤 상황에서 누군가가 주의를 기울여 주거나 도와주거나 아니면 영향력을 미치거나 또는 피하려고 하는 사람들은 모두 머릿속에 자신들 고유의 직접 또는 대리경험의 기억들은 물론 지속적인 또는 주기적으로 되풀이되는 패턴에 관한 신념을 가지고 있다. 이는 인과

관계에 관한 모델에 해당된다. 각 모델은 과거에 얻었던 너무나 강렬하여 입증할 필요도 없는 것처럼 보이는 인상에 의해 지탱된다. 모델과 그러한 강렬한 인상들은 함께 결합되어 그 보유자로 하여금 (앞으로 일어날 동일 종류의 다음 사건들까지 포함하여) 역사적 사건들을 설명하고 예측하며 그에 대응할 수 있도록 해 준다.

그러한 패턴들이 반드시 보유자의 마음 속 최전선에 위치하고 (또는 충분하게 공식화되어 있거나 더욱이 정교하게 만들어져) 있지도 않을 것이며, 또 사람들마다 마음이 다르듯이 패턴 역시 언제나 동일하지도 않을 것이다. 역사에 있어서 반복적으로 발생하는 인과관계의 개념은 사람마다 현저하게 다를 수 있다. 어떤 사람은 일정한 방식이나 목적 없이 진행된다고 볼 것이고 또 어떤 사람들은 신성한 것이든 아니면 인간(자본주의적 제국주의자들, 공산주의자들, "세속적인 휴머니스트들" 등등)에 의한 것이든 목적지향적인 힘이 있다고 볼 것이다. 이들 양 극단의 스펙트럼 사이에는 사회과학을 통해 알려지거나 전문적인 철학에 의해서 체득된 사색과 과다한 즉흥성이 존재한다. 이들 모두가 공유하는 것은 역사적 사건들이며, 그럼에도 불구하고 발생하는 차이는 이들이 주장하는 인과관계와 관련이 있다.[185)]

이들의 차이를 더욱 분명하게 하는 것은 그러한 주장들에 둘러싸여 내재되어 있는 가치관이다. 역사적 인상들에 의해서 뒷받침되는 모델들은 과시할 수 있는 확실성이 아니라 신념을 바탕으로 형성되기 때문이다. 많은 모델들은 동료 인간들이 어떻게 행동하는지 또는 어떻게 행동해야 하는 지에 관한 신념들이다. 우리가 앞에서

---

185) Robert Jervis, *Perception and Misperception in International Politics* (Princeton, N.J.: Princeton University Press, 1976).

사용한 바 있는 용어로 표현하자면 이 모두는 "진리"가 깃든 추정들(presumptions) 이다.

특별한 사안에 관해서 상대해야 할 사람들을 효과적으로 고정관념화하는 과정에는 그들의 신념에 관한 효과적인 추측작업이 포함된다. 그것은 스쿠프 잭슨과 관련하여 카터가 필요로 했던 작업의 한 부분이었음에 틀림없다. 사건과 같은 것들에 대한 사전지식은 물론 위치 짓고자 하는 사람들의 수년 동안에 걸친 지성적 흐름과 배경에 익숙하면 추측작업은 분명 쉬워진다. 그러한 흐름은 가치관이 포함된 패턴을 전달하기 마련이다. 냉전의 전사였을 뿐만 아니라 그에 못지않은 철두철미한 페어 딜러(Fair Dealer)였던 잭슨은 어느 한 가지 흐름이 아니라 자기의 시대와 상황에서 강력한 흐름들 즉 더 젊었던 남부출신의 카터를 구속하고 있던 흐름들과는 다소 다른 흐름들의 맥락 속에서 사건에 대응했다.

미국인들 특히 적어도 스스로를 행동가라고 생각하는 사람들의 내면에 깔려 있는 신념은 표면적으로 거의 드러나지 않는다. 이러한 면에서도 스쿠프는 일종의 본보기라고 할 수 있었고, 카터의 혼란도 부분적으로는 여기서 연유한다. 그리고 마치 아마도 가치관으로 가득 찬 추정들의 차이 때문에 의견의 차이가 발생한다고 해석되는 일은 거의 없다. 우리 미국처럼 실용주의적이고 법에 기초한 사회에서는 사람들 사이에 차이가 발생할 경우 그것은 서로 다른 사실에 근거하거나 서로 다른 이해관계를 지니고 있기 때문일 것이라고 생각한다. 근거하고 있는 사실이 다를 경우의 해결방법은 조사이며, 이해관계가 다를 경우의 해결방법은 중재나 타협이다. 대부분의 미국인들은 증거를 가지고 입증하거나 "합의에 도달하는" 조정을 *넘어선* 차원의 인과관계 개념의 상위(相違) 때문에도 차이가 발생할

수 있다는 또 다른 가능성을 쉽게 받아들이지 못한다.[186)]

실용주의적이고 법률적인 사람들(그 가운데 일부는 실제로 현업 변호사들)이 대부분인 우리의 실무자-학생들에게 우리는 많은 사람들이 혼란스럽게 생각하는 한 가지 연습사례와 함께 이러한 또 하나의 차원의 문제를 소개했다. 우리는 그들에게 자신들이 소련의 경제 계획자라고 상정하도록 주문했다. 연습의 목적을 위해서 그들에게 맑스-레닌이즘의 입문서와 약간의 통계수치 그리고 소련의 경제 저널에서 실린 것으로서 중앙계획경제의 옹호자들과 더 많은 분권화를 요구하는 자들 사이의 의견교환이 담긴 몇 가지의 샘플자료를 제공했다.[187)] 그리고 그들에게 소련의 양심적인 관료라면 정치국에 어떠한 주장을 할 것인지에 관해서 틀을 만들어 보라고 요구했다.

자료들을 읽음으로써 얻을 수 있는 것은 실제의 러시아인들이 정통적인 교조주의의 틀 안에 자신들의 주장을 가두어 두고 있다는 장황한 증거들이다. 소련 과학아카데미의 멤버 샤탈린(S. Shatalin)의 역할을 맡은 사람은, 분권화를 주장하면서, 소련 경제를 "하나의 단일 국가경제 복합체—계획에 맞추어 끊임없이 그리고 신중하게 개선되며 항상 발전하고 생기 있으며, 변증법적으로 대치되는 체제"로

186) Roger Fisher and William Ury, *Getting to Yes: Negotiating Agreement Without Giving In* (Boston: Houghton Mifflin, 1981)라는 일반적으로 가치 있는 매뉴얼이 이러한 언급을 하고 있다.

187) "Marxism-Leninism," Dennedy School of Government Case No. C94-80-284 그리고 "U.S. Analyses of the Soviet Economy," Kennedy School Case No. C94-81-373(부록 참조). 후자의 사례연구에는 CIA 자료와 조지타운 대학의 *Journal of International Affairs*, Fall/Winter 1978, pp.201-9에서 발췌된 고무적인 논문 Alec Nove, "The Economic Problems of Brezhnev's Successors"이 포함되어 있다.

전환시키는 것이 목적이라고 말해야 했다. 다시 말해서 자신이 원하는 것은 단지 중앙계획체제를 좀 더 효율적으로 만드는 것이라고 주장해야 했다.[188] 우리 연습의 참가자들에게 이와 같은 언어적인 기교가 강요된 것은 아니었다. 그럼에도 그들은 자본주의를 재도입하고, 노동자들의 소외를 조장하며, "물신숭배"를 장려하고, 당의 지도적 역할을 약화하거나 아니면 볼셰비키 혁명의 약속을 배신하도록 위협하는 것이냐는 비판으로부터 자신들의 제안을 보호하기 위한 언어를 구사하지 않으면 안 되었다.

게임에 참여하는 대부분의 미국인들은 스스로가 상대적으로 자유경제의 지지자이면서 소련 경제의 조건을 규정하는 흐름을 인식하면서 소련 경제의 분권화를 주장했다. 실제로 그들은 이념적 순수성이 타협되어야 한다는 주장, 즉 체제 내에서 어떤 노동자들은 착취를 당하게 될 뿐만 아니라 노동자들도 이 사실을 인정해야 한다는 것, 사회질서가 부분적으로는 이윤 개념에 입각해서 결정을 내리는 관리자들과 투자자들에 의해서 형성되도록 당이 허용해야 한다는 것 등등의 주장을 견지하지 않고서는 분권화를 옹호하기가 어렵다

188) S. Shatalin, "The Economy of the USSR—A Single National Economic Complex," translation in *Problems of Economics*, XXI (August 1978): 24-43. 논쟁의 반대편 주장은 중앙계획경제의 주요한 옹호자이자 과학아카데미의 경제 분과 서기인 N. Fedorenko의 논문 "Long-Range and Current Problems of Economic Science," *Problems of Economics*, XXIII (December 1979): 3-20의 다음과 같은 인용문으로 예시되었다. 표도렌코는 "가속화된 과학기술적인 진보 및 이에 상응하는 사회경제정책을 통한 사회생산의 종합적인 강화"가 목표가 되어야 한다고 주장했다. 우리는 학생들에게 샤탈린과 표도렌코로부터 인용한 이러한 내용들을 때때로 읽어주고, 계획의 대안에 관한 논쟁에 있어서 어느 쪽이 어떠한 입장을 취하고 있는지를 추측해 보라고 요구했다. 이러한 주제에 관한 훌륭한 개설서로는 Alex Nove, *The Soviet Economic System* (London: Allen & Unwin, 1980)을 참조.

는 사실을 발견했다. 그들은 자신들이 사용해야 하는 언어—따라서 결과적으로 자신들이 보호하는 체 해야 하는 가치들—가 추천할 수 있는 대안선택의 폭을 제한하며 어떤 경우에는 제안의 성격 자체를 변질시킨다는 사실을 발견했다.

결국 다음과 같은 의문을 갖게 되는 것이 당연했다. 즉 가치가 개재된 언어는 *우리* 즉 미국에 있는 미국인들에게 어떠한 영향을 미치는가? 그 대답은 역시 마찬가지라는 것이다. 우리의 경제 문제를 해결하기 위해 상상할 수 있는 많은 선택지들 역시 역사의 인상들 속에 간직되어 있는 가치가 반영된 수사학적 규범에 의해서 배제된다. 만일 러시아인들이 미국인의 입장에 서게 된다고 해도 중앙통제계획경제를 진지한 고려를 위한 선택지의 메뉴에 집어넣기는 어려울 것이다. 국가 경제를 종합적인 중앙통제계획 하에 두면 기껏해야 국가 경제를 질식시키게 될 뿐일 것이다. 소련의 경험은 이에 대한 헤아릴 수 없이 많은 경고를 제공해 준다. 그러나 아무튼 중요한 점은 그러한 용어들이 미국에서는 거의 터부시되어 논의조차 되기 어려운 바로 그러한 개념이라는 점이다. 그러한 선택지는 다른 말로 표현되어 결국 본질적으로 바뀌었을 경우에만 테이블에 오를 수 있다. 미국인의 역할을 맡는 러시아인들도 대규모 공공사업을 통한 실업해소 정책에 대해 진지한 주의를 기울이기는 쉽지 않을 것이다. 그러한 사고에 대한 장애물 가운데 가장 중요한 것으로 화폐보다도 더 심각한 것은, 소련에서 당의 지위에 비견될 수 있는 고용주와 노조의 지위에 관한 기본원리들이다. 미국인들에게 있어서 그러한 기본원리는 자유라든지 권리 그리고 "계약의 신성함" 따위의 용어들에 함축되어 있다.

영리한 사람들이라면 때때로 열심히 머리를 짜내서 가치가 개재된 언어의 제약을 용케 피해갈 수도 있겠다. 헝가리인들의 경우를 보자! 헝가리인들이 말하는 "시장 사회주의"는 상류 지주계급, 재산가 그리고 은행가들을 내포하고 있는 개념이며, 이는 사실 스위스인들이 말하는 개념들과 별 차이가 없다. 그러나 이와 같이 언어의 재주를 부리기 위해서는 우선 제약이 존재한다는 사실을 인정하고 그것을 어떻게 피해 갈 것인가에 관한 치열한 사고가 필요하다. 제약을 인정함으로써 상상력을 연이어 발동하게 되는 것이다. 제약을 무시하거나 그 제약에 달려들어 어떻게 해 보려고 하면 좌절감만 맛보게 된다. 종합적인 건강관리를 위한 국민보험제를 추구했지만 "사회주의적인 처방"이라는 레테르를 피할 수 없었던 뉴 딜러와 페어 딜러들의 운명을 한 번 보라![189] 그들은 지금까지 50년 동안이나 계속해서 그 실현을 추구했지만 현재까지도 자신들의 목표 근처에도 가지 못했다.

이러한 연습사례는 SALT나 START 협상의 맥락이 소련의 지도자들의 입장에서 생각할 때에는 특별하고도 독특한 것일 수 있다는 사실을 상기시켜 주는 역할을 한다. 분석철학의 한 분파는 "사이(between)"의 다양한 의미에 관해서 방대한 양의 저작들을 산출했던 학문답게 지난 수십 년 동안 핵무기에 대해 초점을 맞추어 왔다. 러시아인들과 미국인들은 서로 다른 접근방법을 추구했지만, 공통의 지적 기원을 지닌 개념과 정의에 의존함으로써 자신들의 논쟁을 어떤 면에서는 요한계시록에 대한 로마와 비잔틴 신학자들의 논쟁

189) Daniel S. Hirshfield, *The Lost Reform: The Campaign for Compulsory Health Insurance in the United States from 1932 to 1943* (Cambridge, Mass.: Harvard University Press, 1970)과 Monte M. Poen, *Harry S. Truman Versus the Medical Lobby* (Columbia: University of Missouri Press, 1979) 참조.

에 비견될 만한 것으로 만들었다. 미국인들이 유럽의 안보조약이나 파이프라인 거래 또는 인권 등과 같은 다른 문제들에 관해서 러시아인들과 논의할 때 자신들과 소련 측 상대자들이 인과관계를 다른 관점에서 바라볼 수도 있다는 점을 수시로 떠올리는 것이 좋다는 사실을 우리의 연습사례는 암시해 준다.

그러나 연습사례의 교훈이 러시아인들이나 다른 맑스-레닌주의자들과 어떻게 협상할 것인가에 관한 것뿐이라면 그 효용에는 한계가 있다. 그보다 더 큰 효용은 *미국의* 이데올로기에 대한 주의를 환기하는 데 있다. 따라서 논지의 보강을 위해서 이번에는 미국인들만이 가담하여 경제성장이라는 주제를 논의하는 두 번째 연습사례를 이용하기로 했다.

시작에 임해서 우리는 참여자들에게 1932년 프랭클린 루스벨트가 처음으로 대통령 후보로 나서기 전에 샌프란시스코의 커먼웰스 클럽(Commonwealth Club)에서 행한 유명한 연설의 전문을 배포했다.[190] 이 연설에서 루스벨트가 주장하고 있는 것을 즉각적으로 이해한 참여자는 놀라울 정도로 거의 없었다. 참여자들은 루스벨트가 국가의 "불황 무드"가 정당화되고 있다는 점을 부인하고, 나아가 "미국은 새롭다. 우리는 지금 변화와 발전의 과정에 있다. 미국은 젊음의 거대한 잠재력을 지니고 있다"는 선언을 하고 있다고 보았다. 따라서 참여자들은 루스벨트의 연설이 뉴딜정책을 연상시키는 낙관주의를 구체화하고 있으며, 대공황 뒤에 올 경제적 붐을 열망하

---

190) Samuel I. Rosenman, ed., *The Public Papers and Addresses of Franklin D. Roosevelt, I: The Genesis of the New Deal, 1928-1932* (New York, Random House, 1938), pp.742-56. 또는 "Economic Growth (B) Four Statements," Kennedy School of Government Case No. C94-83-515 (부록 참조).

고 있는 것이 분명하다고 간주했다. 대개의 경우 참여자들은 연설문을 두 번이고 세 번이고 읽고 나서야 연설의 중심적인 메시지를 파악할 수 있었다. "우리의 당면 임무는 자연자원을 발견하거나 발굴하는 데 있는 것도 아니고 반드시 더 많은 상품을 생산하는 데 있는 것도 아니"라고 루스벨트는 주장했다. "이미 가지고 있는 자원과 설비를 관리하고, 우리의 잉여생산물을 수출할 해외시장을 재구축하고, 과소소비의 문제에 대처하며, 생산을 소비에 맞추고, 부와 생산품을 더욱 공정하게 분배하는 그리고 현재의 경제조직들로 하여금 국민을 위한 봉사에 힘쓰도록 하는 것과 같은 좀 더 침착하고 덜 극적인 일들을 우리는 해야 한다." 국가는 그 성장을 완료했다고 그는 주장하고 있었다. 미래의 중요한 문제는 제한된 자원이 공정하게 배분되는지를 살피는 일이었다. 우리의 연습에 참여한 사람들 가운데 많은 수는 프랭클린 루스벨트의 메시지를 명확히 파악하고 나서는 충격을 받았다. 연설문의 메시지가 루스벨트에 대한 통상적인 이미지에서 현격하게 벗어나 있었기 때문이기도 했지만, 그가 마치 경제학자들이 최근에 와서야 발견한 것으로 보이는 사실 즉 성장의 한계(upper limits)에 대해서 말하고 있는 것처럼 보였기 때문이기도 했다.

우리의 연습에 있어서 커먼웰스 클럽 연설문 분석의 다음 단계는 월트 로스토(Walt W. Rostow)의 『성장의 제단계(*Stages of Growth*)』와 로마클럽의 『성장의 한계(*Limits to Growth*)』 그리고 그 사이에 출간된 저작들의 발췌문을 읽는 것이었다.[191] 1960년에 출판된 로스토의

---

191) 이 내용은 "Economic Growth (A) Three Theories," Kennedy School of Government Case No. C94-77-186에 매우 간략하게 요약되어 있다(부록 참조).

저작은 18~19세기 영국이 경험했고 또 부분적으로는 미국에 의해서 답습된 모델을 인류의 역사와 미래 전반에 대해서 일반화한 것이다. 1960년대 초에 그의 모델은 많은 유럽인들과 미국인들의 상상력을 사로잡았다. 절제되고 풍자적인 것으로 정평이 나있는 런던의 이코노미스트지는 로스토의 작품을 "전후의 경제 및 정치 사상계에 가장 고무적인 공헌을 한 저서의 하나"로 추켜세웠다. 로스토의 "강력하고도 새로운 사고의 틀"에 관해 평가하면서 뉴욕 타임스의 경제평론가 해리 슈워츠(Harry Schwartz)는 그를 맑스에 비견하기도 했다.[192] 로스토의 논리는 케네디 행정부의 대외원조 프로그램 가운데서도 특히 라틴 아메리카에 대한 야심찬 정책 "발전을 위한 동맹(Alliance for Progress)"의 전제가 되었다. 로스토가 선언한 이 패턴은 다른 분야의 정책에도 영향을 미쳤다.

『성장의 한계』가 출판된 1972년에는 이미 '발전을 위한 동맹'이 결성되어 있었고, 사람들은 "인구폭발"이라는 말을 상투적으로 입에 올리게 되었으며, 환경오염 문제가 캘리포니아로부터 서독 너머에 이르기까지 정치인들과 시민단체들의 머릿속을 지배하게 되었다. 한편 베트남전쟁으로 인한 미 달러화의 인플레 현상 때문에 가난한 나라의 국민들은 자본재 상품은 말할 것도 없고 산업생산품을 더욱 더 구하기 어렵게 되었다. 로스토는 인류가 매년 전체적으로 3퍼센트 내지 5퍼센트씩 성장할 것이라고 전망했었다. 이제 그러한 예측은 터무니없는 것처럼 보였을 뿐만 아니라 많은 사람들에게 그러한 전망은 오염문제를 야기하는 것으로 따라서 도덕적으로 그릇된 것으로 비쳐졌다. 자원을 고갈시키고 "인구와 산업능력 모두에

192) *Economist*, Aug. 22, 1959, p.511(출판 전 로스토의 저서 내용 요약 소개)과 *New York Times Book Review*, May 8, 1960, p.6.

서 다소 갑작스럽고 통제할 수 없는 쇠퇴"를 야기하는 맬더스(Malthus)류의 인구증가 전망에 관한 로마클럽(Club of Rome)의 주장이 즉각적이고 보편적인 지지를 얻지 못하기는 했지만, 『성장의 한계』는 15년 전 로스토의 저작이 출간되었을 때처럼 논쟁의 단초를 제공했다. 결국 성장이 지속된다고 하더라도 그것은 사회적, 환경적 결과에 더 많은 주의를 기울이면서 더 느린 속도로 진행되는 것이어야 한다는 생각을 중심으로 새로운 통념이 자리를 잡게 되었다.

새로운 교조와 이미 1932년에 루스벨트가 언급했던 것 사이의 유사점은 거시경제학적 설명이란 결국 뒤죽박죽으로 섞여 있는 과거의 데이터들을 가지고 패턴—상대적으로 형식적이고 다듬어진 그리고 우회적이기는 하지만 그럼에도 불구하고 적용되면 질서의 모습이 창조되는—을 만들려고 한다는 점을 환기시켜주는 것으로서 사람들의 기억 속에 각인될 수 있었다. 새로운 교조와 루스벨트의 주장의 밑바탕에는 역사의 단편들을 토대로 하고 미래의 경향에 관한 가정들에 의해 통제되며, 주창자의 가치를 반영하는 모델이 자리 잡고 있다. 이렇게 하여 몇 년 동안 유행하는 가설들은 예측된 경향과 함축된 가치에 따라서 서로 다를 수 있다. 그러한 미래의 결과적 시점에는 현재 "옳은 것"처럼 보이는 것들도 "그릇된 것"이 될 수 있으며, 그 반대의 경우도 성립한다.

우리의 연습사례들을 종합해 보면 다른 교수들이 다른 타입의 학생들에 대해서 또는 현직에서 떠나 있든 아니면 현직(하루 코스의 여행을 위해서나 다른 형태의 휴식을 취하기 위한 것이라면)에 머물러 있는 관리들이 자신들에 대해서 다른 사람들의 머릿속에 있는 패턴에 대한 예민성을 기르기 위해서—그리고 자기 자신들의 인식을 예리하게 하기 위한 방법으로—할 수 있는 것이 무엇인지를 시사해 준다. 즉 개념(ideas)의 역사에 관한 전반적 배경 부족을 보충(필요하다면 모름지기 있는 그대로)하는 과정에, 관측하고 패턴을 찾아내는 것이 빠르면 빠를수록 위치 짓기를 최대한 활용하게 될 가능성이 커진다는 것이다. 우리는 스스로의 감성 고양을 목표로 하는 단순한 제안의 차원을 넘어서 위치 짓기를 위한 우리의 소방법(mini-method)에 명확한 절차를 가미하고 싶지만 그렇게 할 수 없다. 사람들에 대한 실제적인 파악과정에 있어서 패턴이란 것은 너무나 주관적이며, 그 실제적 결과에 있어서도 지성적 흐름들은 너무나 가변적이다. 따라서 비록 완전한 것은 아니라고 할지라도 우리는 민감성(sensitivity)을 위한 변명의 선까지 후퇴할 수밖에 없다.

위치 짓기는 누구를 위해서 해야 하며 또 왜 해야 하는가? 그것을 진지하게 시도하려는 모든 사람을 위한 것이라고 우리는 생각한다. 공식은 변화할 수 있고 또 소요되는 시간은 별 것 아닐 수도 있다. 중요한 것은 목적의 진지함이다. 어떤 사람들은 본능에 따라 그것을 하기도 한다. 그런 사람들은 우리가 밟아야 한다고 생각했던 과정을 뛰어 넘어 심리학으로 바로 들어가 역사가 주는 교훈에다 그 사람이 갖고 있는 특성(personality)을 찾아내어 대해 찾아낸 것을 혼합한다. 린든 존슨은 자신의 주변 사람들에게서 약점이나 인간적인 취약성을 찾아낼 만한 가치가 있다고 생각하면 그렇게 해서 그들을 자기에게 얽매어 놓는 데 이용했다. 존슨은 "내 손으로 코를 꿰어 놓지 않은 녀석은 영 불안해서 말이야."라고 말한 적도 있다고 한다. 그러나 그러한 과정에는 우리가 사건과 세부사항이라고 이름 붙인 것들을 통해서 다른 사람의 마음속에 무엇이 들어 있는지를 알기 위한 그리고 아마도 패턴을 발견하기 위한 세밀한 관심을 갖는 일이 거의 틀림없이 필요하다. 종합적으로 보면 존슨은 자기가 마스터해야 할 사람이라고 생각되거나 또는 언젠가는 마스터하고 싶어질 것이라고 생각되는—아니면 단순히 자신이 원하면 언제든지 마스터할 수 있다는 느낌을 즐기기 위해서라도—주변 사람들의 개인적 역사를 습득하는 데 그리고 그렇게 해서 습득한 것을 그 사람들이 경험한 공적인 역사에 관한 자기의 지식에 조견해 보는 데 자기 시간의 상당 부분을 들였음에 틀림없다. 존슨 같은 사람에게는 그 방법과 이유를 가르쳐 주는 책이 필요하지 않았다.

1957년에 1960년의 민주당 대통령후보 지명전을 위한 자신의 선거운동을 계획하면서 존슨은 애들레이 스티븐슨파 자유주의자들에게 구애하기 시작했다. 스티븐슨의 스피치라이터를 지냈던 역사가 아서 슐레신저는 자기에게 접근했던 존슨의 모습을 다음과 같이 묘사하고 있다.

> 존슨은 자신의 일련의 의식흐름을 상원에서의 리더십 문제에 쏟았다. 그는 자신이 남부연방 사람들(the Confederates)이라고 불렀던 보수적인 남부인들과 자유주의적인 북부인들을 같은 틀 속에 묶어 두는 것이 어렵다고 설파했고, 자신의 무한한 인내심과 기교를 통해서 마스터한 해결하기 어려운 것처럼 보이는 수많은 의회 상황들을 분석했다. 그리고 법안을 통과시키기 위해 필요한 타이밍, 설득 그리고 의회 전술의 역할에 관해서 대가(大家)의 입장에서 설명했다. "내가 씨름해야 할 자료들에 관해서 당신도 알아두기 바란다"면서 그는 마흔 여덟 명의 민주당 상원의원의 명단을 펼쳐 보였는데, 거기에는 각 사람에 대해서 그들의 장점과 단점, 설득에 넘어갈 수 있는 정도, 팀워크 능력, 선입견, 비행 등에 관한 날카로

운 촌평들이 적혀 있었다. 몇몇 사람에 대해서는 놀라울 정도로 흉내를 내면서 자신의 촌평에 대해 부연설명을 했다…

그는 한 시간 반 동안 그치지 않고 이야기했다. 나는 그의 리더십에 대해서 내가 어떤 의심을 갖고 있는지 말해 보라고 요구받았을 경우에 펼칠 주장에 관해 미리 주의 깊게 생각해 두고 있었지만, 존슨은 이 생동감 있고 풍부한 설파를 통해서 내가 생각해 두었던 거의 모든 요점들을 미리 언급해 버렸다. 마침내 그가 말을 멈추었을 때 나는 할 말이 거의 없었다. 그것이 존슨식의 논법에 대한 나의 첫 무장해제였고, 나는 그가 내가 기대했던 것보다 훨씬 더 매력적이고, 난해하며 만만찮은 인물이라는 사실을 알게 되었다. 나는 거의 두 시간 동안이나 최면상태에 있다가 탈진상태로 비틀거리며 나왔다.[193]

존슨의 전기 작가 가운데 한 사람은 원내총무(존슨)와 면담을 막 끝내고 나온 한 초선의원과 만났던 상황을 이렇게 기술하고 있다. "그 (초선)의원은 멍한 표정으로 '꼭 내 선거참모와 이야기하는 것 같았소. 그렇게 (나에 대해) 많이 알고 있는 것은 선거참모뿐이라고 생각했는데…'라고 말했다."[194]

그 목적에 있어서 좀 더 절제되고 좀 더 온건한 그리고 진지함이 부족해서는 안 되지만 그렇다고 해서 예술적 기교를 필요로 하지도 않는 것 그것이 바로 우리가 위치 짓기는 정부활동에 있어서의 일상

193) Arthur M. Schlesinger, *A Thousand Days: John F. Kennedy in the White House* (Boston: Houghton Mifflin, 1965), pp.10-11.

194) Eric Goldman, *The Tragedy of Lyndon Johnson* (New York: Alfred A. Knopf, 1969), p.62,

적인 관행이 되어야 한다고 제안할 때 우리가 가지고 있는 생각이다. 우리들이 여태껏 주장하고자 한 것처럼, 사람들이 서로 교섭할 때 특히 그 교섭이 공식이거나 빈번하지 않은 경우 또는 그 모두의 경우일 때, 위치 짓기는 사람들이 활용해야 하는 고정관념을 세련되게 만들 수 있다. 메어리 앤더슨으로 하여금 프랜시스 퍼킨스를 "여자"로 규정하지 않도록 했거나, 1970년대(그리고 그 이후)에 중도적인 공화당원들과 민주당원들로 하여금 로널드 레이건을 "영화배우"로 폄하하지 않도록 경고했더라면 일이 좀 더 잘 풀렸을지도 모른다. 그렇지만 우리가 제안하는 다른 모든 것들처럼 위치 짓기 역시 어떤 완벽한 보장을 해 주지는 않는다는 점을 거듭거듭 강조하지 않을 수 없다. 그러한 기교의 달인이었던 린든 존슨도 마틴 루터 킹에 관해서는 틀렸던 것이다. 우리는 그 이유를 제시하기는 하지만, "굵직한" 사건들을 넘어서 "특수한" 것들까지 들여다보면 항상 잘못이 바로잡혀 질 것이라는 보장은 하지 못 한다.

무엇보다도, 세부사항은 물론 사건 특히 특수한 사건들까지 모두 엮여지게 되면 아무리 후일의 시점에서 되돌아보아도 변화—개인적인 변화이든 아니면 신념의 패턴에 영향을 미치는 조건의 변화이든—의 잠재력을 파악할 수 없기 때문에 헛짚을 수 있다. 1945년 4월 현재 시점의 해리 트루먼의 일대기를 연구한다고 해도 그가 대통령으로서는 어떻게 행동할 것인가에 관해 얻을 수 있는 올바른 추론은 아주 미미할 것이다. 1960년 현재의 로버트 케네디에 대한 연구를 갖고 1968년의 로버트 케네디를 투영해 볼 수 없었을 것이라는 점은 거의 틀림없다. 어떻게 그럴 수 있겠는가? 로버트 케네디의 전체적인 인생관은 자신의 형의 운명이라는 비극에 의해서 깊이가 더해질 것이었다. 1960년에 누가 그것을 예견할 수 있었단 말인가?

커먼웰스 클럽의 연설문에 나타난 프랭클린 루스벨트의 가설들을 아무리 정확하게 읽었다고 해도 후일 백악관에서의 그의 업무수행을 예견하는 데에는 빈약한 지침 밖에 되지 못했을 것이다. 그러므로 위치 짓기를 표준적인 관행으로 삼자고 촉구하는 한편 우리는 다음과 같은 주의 사항을 덧붙이고자 한다. 즉 위치 짓기의 유일한 목적은 좀 더 훌륭하고 실용적인 추측, 좀 더 세련되게 다듬어진 추론을 산출하는 데 있으며, 그 결과는 여전히 하나의 추측—하나의 가설—이며 따라서 틀린 것일 수도 있다는 점을 기억하라는 것이다.

제 12 장

조직의 위치 짓기

정부의 기관은 어떤 면에서 사람과 비슷하다. 조직들은 보통 자신들에게 권력과 돈을 할당해 주는 법령들, 최고위직의 변동 그리고 추진 프로그램을 둘러싼 논쟁 등과 같은 "굵직한 사건들"로 구성되는 공적인 역사를 가지고 있다. 뿐만 아니라 내부자가 아닌 다른 사람들로부터는 별반 흥미를 끌지 못하지만, 기록되거나 지난 뉴스 기사, 활자화된 조례, 의회의 청문회 기록 등등의 자료로 추적될 수 있는 세부사항들로 구성되는 개인적 역사에 상당하는 것들도 가지고 있다. 조직의 역사의 세부사항에는 조직 내부의 변화, 자원 분배의 변화 또는 (인센티브와 교육을 포함한) 조직의 인사 시스템을 구성하는 절차들을 비롯한 작동 절차의 변화가 포함된다.[195] 이와 같은 두 종류의 역사를 결합하면 그로부터 즉 간단히 말해서

195) 여기서 "인사 시스템"이란 성문화되어 있거나 그렇지 않건 간에 충원, 교육, 사회화, 보상 그리고 다른 인센티브들 즉 승진과 해임 또는 은퇴에 관한 관례적인 절차와 표준을 의미한다.

동일한 시간적 발전의 궤적(time-line) 위에 이렇게 정의되고 배열된 "사건"과 "세부사항"들로부터 유용한 추론들을 자주 얻을 수가 있다. 그다지 여러 해 전의 일도 아니지만, 국무장관 사이러스 밴스는 이란에서 인질로 잡혀 있는 미국인들을 구출하는 군사계획에 반대하면서 사임 직전까지 간 일이 있었다. 그가 아주 함축성 있게 표현했다고 하는 반대의 논리는 "움직이는 부서들이 너무 많다"는 것이었다. 그는 일찍이 전시에 3년 동안 국방부 부장관(Deputy Secretary)을 지낸 경험이 있었고, 자신이 이야기하고 있는 부분에 관해서 분명히 알고 있었다. 그의 의견은 묵살되었고 결국 그가 우려했던 사태가 벌어지고 말았다.

이슈의 역사가 정부의 결정에 유용한 문제들을 정리하는 데 도움이 되는 것처럼 조직의 역사도 도움이 될 수 있기 때문에 사람은 물론 조직도 위치가 지어질 수 있다는 것은 다행스런 일이다. 1980년 4월 인질구출의 임무가 실패로 끝났을 때 제기되었거나 묵살되었거나 또는 고려되지도 않은 채 넘어갔던 문제들을 우리는 아직 다 알고 있지 못하지만, 그보다 한 세대 앞서 완전하게 기록되어 있는 사건 즉 제8장에서 설명된 피그만 사건이 요점은 설명해 줄 수 있을 것이다. 당시의 조직은 CIA 즉 중앙정보국이다. CIA의 발전과정이 아주 간략한 형태로라도 이해되어 있었더라면 그리고 CIA에 대한 자신의 고정관념이 약간이라도 (살아 있는 전설 앨런 덜레스(Allen Dulles)와 믿을 만한 인물 리처드 빗셀(Richard Bissell)을 넘어) 조직의 생리라는 관점에서 세련되어 있었더라면 케네디 대통령은 다음과 같은 매우 중요한 질문을 하게 되었을 것이다. 즉 로버트 에이머리(Robert Amory)는 어디 있지? 리처드 헬름스(Richard Helms)는 어디에 있는 거지?

우리는 함께 연구하는 실무자들에게 1961년 2월 즉 케네디가 허둥지둥 회의를 갖기 시작한 시점까지의 이 사건의 역사를 수시로 제공했으며 그리고 나중에는 상원 정보위원회에 제출된 보고서 간행물과 토머스 파워즈(Thomas Powers)가 쓴 헬름스 전기에서 발췌한 1960년 1년 동안의 CIA의 발전과정에 관한 20쪽 분량의 설명서를 제공했다.[196] 우리는 학생들에게 이렇게 물었다. 만일 당신들이 이에 관해서 잘 알고 있고 또 케네디에게 조언을 했다면, 그로 하여금 앨런 덜레스에게 무슨 질문을 하라고 촉구했을 것 같은가? 거의 언제나 답변 리스트의 윗자리를 차지한 것은 당시에는 현직을 떠나 있던 이 두 사람에게 조언을 구하라는 것이었다. 숨기는 사실이 없는 역사 간행물에서 조차 CIA 안의 제도적 성장에 관해서 세 가지 점이 강조되어 있었기 때문이었다. 첫째, CIA는 가지각색의 평판을 지니고 서로 다른 각각의 독립적인 인사 시스템을 지닌 서로 다른 각각의 조직들로부터 진화되어 왔으며, 각 조직의 사람들 가운데 많은 수는 아직도 현직에 있다. 둘째, 각 조직의 개별성은 지속되어 왔으며, 사실상 제도화되어 왔다. 셋째, 부처의 독자적인 구획(compartmentation)을 필요로 하고 장려하는 조직들 사이에 그리고 각 조직 내부에서, 심지어는 빗셀이나 에이머리 같은 차장들 사이에도 "알고자 하는 욕구"를 엄격하게 봉쇄하는 CIA의 업무 특성에 의해서 그러한 개별성은 더 강화되었고 결국 이러한 구획은 작동절차로 확립되었다. 공간된 역사기록에는 이해관계와 의미 같은 다른 특징들이 언급되

196) 94th Cong., 2nd sess., Senate Select Committee to Study··· Intelligence Activities, *Final Report*, Book 4: "History of the Central Intelligence Agency" (by Anne Karalekas) 그리고 Thomas Powers, *The Man Who Kept the Secrets: Richard Helms and the CIA* (New York: Alfred A. Knopf, 1979) 참조.

어 있지 않았지만 강의실에서는 이 세 가지 점만으로도 위와 같은 중요한 질문들을 유발하는 데에는 충분한 것으로 보였다.

당시의 현장에서 이러한 점들이 충분히 고려되지 못했던 이유는 케네디나 그의 측근 보좌관들에게 CIA에 관한 이 정도의 정보조차 알려지지 않았기 때문일 가능성이 매우 높다. 1980년의 밴스와 달리, 아니 오히려 밴스의 비판자였던 즈비그뉴 브레진스키처럼 그들은 "움직이는 부서들"에 접근해 본 적이 없었다. 그들의 경험은 상원, 하버드 대학, 록펠러 재단, 포드 자동차 회사, 제2차 세계대전 시의 작전무대 또는 국무부에서 형성된 것이었으며, 이들은 모두 비밀이 거래되는 곳이었지 간직되는 곳은 아니었으며 또 간직된다고 해도 오래 지속되는 것이 거의 없는 곳들이었다.

당시에 유용한 의문들을 가지고 있었더라면, 즉 우리의 현직자-학생들이 후세대로서 얻을 수 있었던 지식을 활용하여 할 수 있었던 것처럼 사전에 그렇게 했더라면 케네디와 그의 동료들은 적어도 우리가 학생들에게 나누어 준 20쪽 짜리 유인물에 나온 것과 같은 CIA의 발전과정에 관한 정보를 얻을 수 있었을 것이다. 이것이 지나친 요구일까? 강의실 바깥의 현실 세계에서 현직에 있는 바쁜 사람들에게 지나치게 많은 것을 요구하는 것일까? 우리는 그렇게 생각하지 않는다. 요점을 명확히 하기 위해서 배포된 유인물에 나타난 세 가지 강조점 뒤에 숨어 있는 사실을 간추려 보자.

현대의 정부에 있어서 "정보(intelligence)"에는 네 가지의 의미가 있다: (1) 공개된 출처에서 시작하여 조사와 함께 평가와 예측을 포함하는 분석; (2) 주로 은밀하게 진행되는 수집; (3) 더러운 술수(요즈음에는 "특별 활동"이라고 불리는 비밀활동); 그리고 (4) 방첩활동 또는 적의 스파이 색출작업 등이다.

각국 정부가 이러한 활동을 조직하는 양태는 다양하다. 제2차 세계대전 당시의 독일, 영국 그리고 프랑스의 대조적인 모델을 살펴보자. 히틀러의 제국에서는 정보를 활용하는 모든 기관들—당, 외무성, 육군, 공군, 해군—이 각각 독자적인 분석가, 수집가 그리고 역(逆)스파이들을 가지고 있었다. 카나리스 제독(Admiral Canaris)의 방첩대의 활동영역이었던 비밀활동만이 중앙의 통제를 받았다. 제2차 세계대전 당시의 영국은 그 반대였다. 합동정보위원회(Joint Intelligence Committee)가 내각을 위한 분석활동을 했고, 범정부적인 기관이 암호해독을 담당했다. 그리고 공군(RAF)은 항공촬영을 담당했고, MI6는 스파이 활동을 전담했으며, 특수작전처(Special Operation Executive)는 비밀활동을 담당했다. 그리고 MI5가 방첩활동을 주 임무로 하고 있었다. 독일에서는 정보 활용기관들이 서로 싸웠고, 영국에서는 정보의 공급자들이 서로 싸웠다. 이와는 대조적으로 1940년 이전의 프랑스에는 오직 하나의 조직만이 있었다. 육군의 제2국(Deuxiéme Bureau)이 모든 것을 관장했다. 그래서 그랬는지 프랑스는 6주 만에 전쟁에서 패배했다.[197)]

미국은 제2차 세계대전을 수행하게 되면서 비로소 정보기관을 조직하기 시작했다. 그 이전에는 국무부, 육군 그리고 해군이 각각 고유의 분석 및 수집활동을 하고 있었다. "매직(MAGIC)"에서 보는 바와 같이 암호분석에서의 업무도 훌륭한 것이었다.[198)] 그 어느 기관도 이렇다 할 요원을 가지고 있지 않았다. 비밀활동도 하지 않았

197) Ernest R. May, ed., *Knowing One's Enemies: Intelligence Assessment Before the Two World Wars* (Princeton, N.J.: Princeton University Press, 1984) 참조.

198) Ronald Lewin, *The American Magic: Codes, Ciphers and the Defect of Japan* (New York: Farrar Straus Giroux, 1982) 참조.

다. 에드거 후버(J. Edgar Hoover)가 스파이들을 잡아냈다. 전쟁이 임박하자 FBI(Federal Bureau of Investigation)는 그 활동범위를 넓혔다. 후버는 라틴 아메리카의 나치와 파시스트들을 색출하기 위해서 스페인어를 구사하는 법률가와 전직 경찰들을 충원했다. 그리고 나서야 루스벨트는 월스트리트의 법률가이자 제1차 세계대전의 영웅이었던 "터프가이 빌" 즉 윌리엄 도노번(William J. "Wild Bill" Donovan)에게 별도의 정보조직 창설을 요청했다. 이렇게 해서 그가 구성한 것이 나중에 전략사무국(OSS, Office of Strategic Services)이라고 불리게 된 기관 즉 CIA의 전신이었다. OSS는 실제로 도노번이 총괄하는 네 개의 별개 조직들로 구성되었다. 그 가운데 하나는 조사와 분석을 담당하면서, 도노번을 거쳐 합동정보위원회에 보고서를 보냈다. 그러면 합동정보위원회는 이에 기초해 평가서를 준비해 합참에 제출했다. 비밀정보업무를 담당하는 부서는 FBI의 영역으로 남아 있는 라틴 아메리카를 제외한 모든 지역에서 요원들의 네트워크를 구축했다. 이 부서의 정보는 대체적으로 전장의 사령관들에게 보내졌다. 그리고 세 번째 팀은 비밀작전을 수행하면서 레지스탕스 그룹을 지원하고 태업을 조장하며, 또 "흑색" 선전을 방송하는 등의 업무를 담당했다. 이 팀은 어느 정도 독자적으로 활동했다. 마지막으로 OSS에는 방첩부서가 있었다.

제2차 세계대전이 끝난 후 트루먼은 OSS를 해체했다. 육군은 요원들의 네트워크를 인수하여 주로 동유럽 지역에서 새로운 네트워크를 추가했고, 국무부는 조사와 분석 부서의 잔여인원들을 인수했다. 이렇게 하지 않았다면 상황은 1941년 이전 상태로 되돌아갔을 것이다. 그 후 냉전이 시작되면서 트루먼은 OSS를 다시 만들기로 결정했다. 1947년 그는 관련 법률을 정비하여 CIA라는 이름으로 재창설했다. 새로운 기관에 주어진 임무는 조사와 분석, 비밀정보업무 그리고 소규모의 방첩활동 뿐이었기 때문에 더 정확하게 말하자면 트루먼은 일부분을 재창설한 것이었다. CIA에는 비밀작전의 권한이 없었던 것이다.

CIA의 조사 및 분석팀과 비밀정보팀 사이에는 정보업무를 함께 한다는 것 말고는 공통점이 거의 없었다. 조사요원들은 주로 기관 외부의 사람들에게 보내는 보고서를 쓰려고 했다. 조사요원들 가운데는 정보출처를 기술하고 평가하는 장문의 보고서를 작성하기 좋아하는 학자 타입의 요원들도 있었고, 또 일일 정보보고서를 읽고자 하는 대통령이나 그 하위의 관리들을 위해서 기자처럼 흥미로운 이야기를 작성하는 타입의 요원들도 있었다. 한편 비밀정보 수집요원들은 정보제공자들을 발굴해 내고 그들을 보호하는 데 중점을 두었다. 이 수집요원들은 믿을 만한 에이전트들을 양성하는 데 때로는 몇 년씩이나 시간과 노력을 들여야 했기 때문에 조사팀의 누군가가 입증을 요구하거나 "극비정보"를 원한다고 해도 정보제공자들의 노출은 극도로 꺼렸다. 아마도 사살되어 정보제공자가 상실될 수 있기 때문이다. 초기에는 수집요원들이 획득하는 정보의 많은 부분이 실제로 다른 정보기관으로부터 입수된 것이었기 때문에 그들 자신도 어떤 첩보에 의해 그 출처가 노출될 지 언제나 확신할 수 있는 것이 아니었다. 따라서 CIA의 비밀정보팀 요원들은 조사요원들을 거의 적의 스파이처럼 간주하는 경향이 있었다. 일반적으로 말해서 이들은 정보를 아끼고 있었고, 이들이 정보출처에 관해서 흘리는 것은 기껏해야 과거의 신뢰도에 기초한 등급(예를 들어 술꾼이자 테헤란에서 이중간첩이었을 수도 있는 자에 대해서는 "D") 정도였다. 반면 조사요원들은 자신들이 입수한 정보, 예를 들어 공개적인 방송을 통해서 또는 군에 의해서 해독된 통신기록이나 공군에 의해 촬영된 사진의 검토를 통해서 알게 된 정보를 감추는 경향이 있었다. 마치 한 국방부 내에 공군과 해군이 유리되어 있는 것처럼 CIA 안에서도 비밀정보 수집요원들과 분석-조사요원들은 한 가족 내의 유리된 부분들이었던 것이다.

이 두 집단이 CIA 내에서 서로의 소원한 관계를 일상화하는 동안에 또 다른 새로운 비밀활동조직이 별개로 형성되어 갔다. 냉전은 격화되어 갔다. 러시아인들이 도처에서 더러운 술수를 쓰는 것으로 생각되었다. 트루먼의 모든 보좌관들은 미국이 이에 대처할 필요가 있다고 생각했다. 보좌관들 가운데 단 한 사람을 제외한 모든 사람들은 국무부가 이 임무를 맡아야 한다고 생각했다. "반대"했던 사람은 당시 국무장관이었던 조지 마셜(George C. Marshall) 장군이었고, 그 "반대"는 관철되었다. 따라서 그 대신에 대통령은 국무장관과 국방장관에 대해 책임을 지지만 이 두 부처 어디에도 속하지 않는 독립적인 정책조정국(Office of Policy Coordination)을 설치했다. 이 조정국의 임무는 "태업을 포함한 선전, 경제전쟁, 직접적인 예방행동… 적성국의 전복활동… 위협받는 자유세계 국가들의 토착 반공주의자들에 대한 지원활동"을 수행하는 것이었다. 이 기관의 유일한 형식적 한계는 "이러한 활동에 대한 미국 정부의 어떤 책임도 국외자들에게 누설되지 않도록 그리고 만일 발각되더라도 미국 정부가 그 책임을 설득력 있게 부인할 수 있도록 작전을 기획하고 수행"해야 한다는 것이었다.[199]

활동력과 기민한 판단 그리고 인간적인 친화력으로 유명한 OSS

199) Powers, *The Man Who Kept the Secrets*, p.31.

의 전설적인 베테랑 프랭크 위즈너(Frank Wisner)가 이끄는 정책조정국은 번성했다. 조정국은 비밀리에 전 세계의 반공단체에 자금을 지원했다. 뿐만 아니라 선전전을 조직하고, 또 대단한 성공을 거둔 것은 아니었지만 동유럽에서의 저항운동을 조장하기도 했다. 소련군의 서유럽 침공을 상정한 "제2선(stay-behind)" 병력을 준비하기 위해 위즈너의 조정국은 준군사적 부대의 훈련과 무장에 대한 조직적 능력과 관심도 개발했다.

한국전쟁의 발발과 함께 CIA와 위즈너의 조직은 새로운 자원과 새로운 임무를 부여 받았다. 제2차 세계대전 중에 아이젠하워의 참모장이었고 타고난 강골인 월터 베델 스미스(Walter Bedell Smith) 장군이 CIA 국장이 되었고, 그 자격으로 장군은 CIA의 책임자인 동시에 정부 전반에 걸친 모든 정보활동의 공식적인 조정자가 되었다. 그는 CIA 내에 조사팀을 강화했다. CIA의 정보처(Directorate for Intelligence)는 군사적인 문제를 둘러싸고 다른 정보기관들과 격렬한 논쟁을 하는 데 충분할 정도의 능력과 전문성을 곧바로 갖추었다. 뿐만 아니라 CIA는 "정보공동체"가 모든 가용 증거에 입각하여 집단적 판단을 내리는 국가정보평가원(National Intelligence Estimates)과의 협력사무소—그리고 이 사무소는 국가안보회의(National Security Council)에 보고한다—를 설치했다. (이 사무소는 CIA 소속 비밀정보요원들로부터 가장 적은 양의 증거를 얻었다.)

애국심이 있는 젊은 대학졸업자들, 박사학위 소지자들 그리고 법률가들이 냉전의 투사가 되겠다고 입사하면서 CIA의 비밀정보수집부서는 참신한 재능을 지닌 지원군도 획득했다. 위즈너의 팀은 이렇게 무장해 나갔다. 오래지 않아 그들은 전국 각지에서 그리고 해외의 주요 수도에서 유능한 인재를 충원하기 위해 서로 경쟁했다. 1952

년에 이르면 각 부서는 약 6,000명의 요원을 고용하고 있었고, 위즈너는 자신의 독립적인 현지 지부를 7개에서 47개로 확대하고 있었다.

마침내 "풍뎅이(Beetle)" 스미스가 개입하고 나섰다. 그는 자신이 CIA는 물론 위즈너의 조정국도 감독할 권리가 있다고 주장했다. 스미스의 비밀정보조직의 핵심 인물인 리처드 헬름스와 라이먼 커크패트릭(Lyman Kirkpatrick)은 스미스에게 조정국 전체를 자신들의 휘하에 두게 해 달라고 설득했다. 위즈너, 그의 추종자들 그리고 비밀활동의 지지자들은 이에 대해 항의했고 그 항의를 관철시켰다. 따라서 그 대신에 스미스가 선택한 것은 솔로몬의 지혜의 안경 버전이었다. 즉 그는 두 기관을 하나로 연결하라고 지시했다. CIA 내에 창설될 기획처(Directorate of Plans)가 양 기관을 포괄하게 될 것이지만, 위즈너의 조정국 출신의 누군가가 처장이 되고, 비밀정보부서의 누군가가 작전과장(Chief of Operations)으로서 명목적으로 제2인자가 되는 동시에 실제로는 자율성을 가진다는 양해가 이루어졌다. 위즈너는 전자를 맡았고, 헬름스가 후자를 맡았다.

CIA 내부에서 두 가지의 서로 다른 접근방법 사이의 경쟁은 계속되었다. CIA 비밀업무의 신참자들은 마치 혼합교파의 신학교에서처럼 훈련과정에서 서로 다른 오리엔테이션을 받다가 부서로 배치되었다. 본부에서는 두 개의 독립적인 부처가 현장의 요원들에게 지시를 보냈다. 위즈너 자신은 정치적 전쟁, 심리전, 준군사 작전 그리고 경제 전쟁을 담당하는 스태프들과 함께 "사업"을 개발하거나 장려했다. 한편 헬름스와 다양한 지역의 분국들은 각 지부로 하여금 정보출처를 개발하는 조용하고도 더딘 작업을 하도록 하는 일을 수행했다.

현장의 요원들은 갈라졌다. “사업”은 돈이 들어오고 또 결과를 볼 수 있다는 욕구를 충족시켜 주었다. 그러나 정보처(Intelligence Directorate)에 관한 한 적어도 분명한 것은 정보원(출처)을 죽이거나 또는 노출시키거나 그렇지 않으면 정보임무를 망칠 수도 있는 위험을 감수해야 한다는 것이었다.

1953년 앨런 덜레스가 스미스의 후임으로 취임했다. 제2차 세계대전 중에 베른의 OSS 지부장이었던 그는 독일 및 독일에 의해 점령된 유럽지역에서 비밀활동을 조직한 것으로 유명한 인물이었다. 덜레스는 뛰어난 판단력으로 존경받고 날카로운 감각을 지닌 법률가였으며, 또 국무장관인 형을 두었기 때문에 정책에 영향을 미칠 수도 있는 입장에 있었지만, 비밀 “사업” 분야를 제외하고는 분석이나 비밀정보의 분야에는 그다지 흥미를 보이지 않았다. 호사가들은 덜레스가 국장 재임 기간의 4분의 3을 비밀 “사업”들에 쏟아 부었고, 나머지는 버지니아의 CIA 본부를 설계하는 데 보냈다고 비아냥거렸다.

위즈너가 정신적인 질병 때문에 물러나자 덜레스는 빗셀을 그 자리에 앉혔다. 이는 스미스의 양수겸장식 해법을 유지한 것이기도 하지만, 덜레스가 공작업무를 선호한다는 사실을 입증하는 것이기도 했다. 그러나 CIA 내 어느 누구도 전문적인 정보업무에 관한 견해를 공유하고 있는 헬름스와 커크패트릭을 비롯한 사람들이 정보수집임무가 오염되거나 실패하지 않도록 하기 위한 노력을 지속하고 있다는 점을 의심하지 않았다. 그리고 방첩팀의 팀장인 제임스 지저스 앵글턴(James Jesus Angleton)은 빗셀이나 헬름스와는 독립적으로 임무를 수행하면서 모든 사람들로부터 기밀을 유지했다.

따라서 CIA는 어떤 면에서는 펜터곤과 비슷한 하나의 연합체였다(그리고 지금도 그렇지 않을까 생각된다). 비밀활동업무와 비밀정보업무 모두 기획처로부터 하달되었고, 현장의 요원들은 함께 임무를 수행하기는 했지만, 그들은 적어도 예를 들어 마치 같은 해군 소속의 잠수함 승무원과 항공조종사처럼 또는 같은 공군 소속의 미사일요원과 비행기조종사처럼 유리되어 있었다. 분명 기획처와 정보처도 육군과 해군 사이의 관계만큼이나 멀리 떨어져 제각각 움직였다. 거기에는 국방장관의 역할을 하는 사람도 또 합참의장의 역할을 하는 사람도 없었다. 이러한 구조는 마치 어느 한 군종의 참모총장 말고는 조정자로서의 역할을 할 우두머리가 없는 경우의 펜터곤의 모습과 흡사했다. 더욱이 CIA 내부의 이러한 분리상태는 기존의 "알아야 할 필요"가 있는 상황이 아니고서는 그 누구에게도 그 어떤 것도 이야기해서는 안 된다는 원칙(doctrine)에 의해서 정당화되었다. 작동절차가 원칙을 보강했던 것이다.

존 F. 케네디처럼 어떤 행동을 하기 위해서 스스로를 조직에 의존하고자 하는 사람이 조직에 관한 이와 같은 사실들을 파악할 수 있는 방법은 매우 많았다. 우선 조직의 고참들과 만나서 물어볼 수도 있었을 것이다. 더 간단한 방법으로 자신에게 직접 브리핑해 주거나 또는 읽기 좋게 작성해 줄 수 있는 아서 슐레신저 같은 사람에게 브리핑해 줄 식자를 찾아볼 수도 있었을 것이다. 더욱 더 간단한 방법으로 CIA의 기본적인 구성에 관한 법률적인 특징에 관해서나 그리고 행정적인 발전과정에 관해서도 (구성원의 "사건들"과 "세부사항" 같은) 시간적 변화와 관련하여 맥조지 번디 같은 사람에게 자문을 구하고, 그 후에 함께 의문점들을 작성하면서 몇 분 동안이라도 참고사항을 찾아볼 수도 있었을 것이다.

그렇지만 덜레스와 빗셀의 업무 같은 비밀스런 영역을 누가 침범하려 하겠는가? 케네디는 분명 그런 스타일이 아니었지만 원래 일하는 스타일이 그래서 언제 어디서든지 그렇게 행동하는 사람이나 또는 케네디는 아직 그러한 상태도 아니었지만 낯선 조직에 의존한다는 것의 충분한 의미를 잘 알고 있는 사람만이 그렇게 할 것이다. 짧은 재임 기간 동안 케네디는 한 번도 구성원 개인들과 동떨어진 조직이라는 것을 생각해 본 적이 없었다. 많은 정치인들처럼 그리고 본질적으로 모든 상원의원들처럼 케네디는 어떤 기관에 대해서는 그 기관을 구성하는 인격체들과 동일한 것—이것은 물론 어느 정도 사실이지만—으로 보는 경향이 있었고, 이러한 시각은 훈련, 전통, 일상적 절차 그리고 인센티브 등에 의해 결과가 좌우된다는 사실을 경시하게 마련이었다. 케네디의 시야는 경험 특히 쿠바 사건에서의 경험과 더불어 확대되고 있었을지도 모른다. 만일 그가 죽지 않고 임기 4년차까지 생존했었더라면 그 때 쯤에는 밴스가 제기한 조직의 문제를 제쳐 둔 카터처럼 되기보다는 "움직이는 부서"가 너무 많다는 밴스의 우려를 공유하게 되었을 것이 분명하다. 그러나 논점은 아직 해결되지 않았으며, 이것이 케네디 사례가 지니고 있는 유용성의 한계이기도 하다. 즉 이 사례는 해서는 안 되는 것을 보여주고 있으며, 강의실에서 조직의 역사가 쓸모가 있다는 점을 보여주기 위해서만 필요한 것이다. 우리의 개념들인 시간의 궤적(time-line), 사건 그리고 세부사항 같은 것들의 간편한 활용에 관해 보여주기 위해 논의될 수 있는 것은 아니다.

조직의 역사가 정책결정을 조명해 주는 분야에 국방과 외교만 있는 것은 아니다. 국내 분야 역시 비견할 만한 효과를 보여준다. 공중위생총국(PHS, Public Health Service)은 훌륭한 사례의 원천이다.

사회보장국(SSA, Social Security Administration)도 마찬가지이다. 이 기관들에 관해서는 이미 앞의 장들에서 본질 파악을 위한 틀로서 소개한 바 있다. 정책결정자들에게 잠재적으로 또는 실제로도 유용한 조직 역사의 여러 측면들을 살펴보기 위해 다시 이 조직들에 관해서 살펴보기로 한다.[200)]

1976년 공중위생총국과 그 산하기관인 질병예방센터(CDC, Center for Disease Control, 당시에도 센터였다)를 중심으로 돼지독감의 공포가 만연했을 때 당시에 발생한 거의 모든 불행한 사태에는 조직 자체가 문제를 만들지는 않았다고 하더라도 문제의 발생에 공헌한 조직상의 원인이 있었다. 발생할 수 있는 문제의 많은 부분들은 사전에 정책결정자들에게 알려져 있었기 때문에 구체적인 물음들을 제기하거나 적절한 경고를 도출하는 데 활용될 수도 있었지만 결국 그러지 못했다. 가정될 수도 있는 비상상황이 장애물로 작용했던 것이다. 가정될 수 있는 전문가들의 전문성 역시 마찬가지였다. (전문가들이 즐겨 쓰는 표현으로) "의사처럼 진단, 처방해 나가면서" 조직상의 것이든 다른 것에서 연유하는 것이든 장애물을 극복할 수 있다는 그들의 신념도 마찬가지였다. 결국 공중위생당국과 그 상위기관들이 조직의 역사를 고려의 대상으로 삼지 못함으로써 돼

200) 특별히 지적하지 않는 한 여기에서의 논의는 Richard E. Neustadt and Harvey V. Fineberg, *The Epidemic That Never Was* (New York: Vintage Books, 1983)에서 참고한 것이다. General Accounting Office, *The Swine Flu Program: An Unprecedented Venture in Preventive Medicine*, June 27, 1977도 참조할 것. 당시의 보건교육복지부 산하 "보건과(Health Division)"를 1977년까지는 공식적으로 채택되지 않았던 현재의 명칭 "공중위생총국"으로 우리가 부르고 있음에 유의할 것. 동 명칭은 전통적으로도 그래 왔고 또 현재에도 공중위생총국의 직책 전부는 아니지만 많은 자리를 차지하고 있는 공직 의사단에 의해서 사용되고 있다.

지독감 사건은 부정적인 사례들로 가득 차게 되었다. 그러나 조직의 역사라는 실마리는 도처에 널려 있었고, 쉽게 접할 수도 있었다.

이미 제3장에서 소개한 몇 가지의 사례로 되돌아가 보면 돼지독감 프로그램은 과학적이고 의학적인 합의의 기반이 가정하고 있던 것을 빠르게 앞질러 나아갔다. 독감이 발생하지 않았을 때에는 허술한 홍보 때문에 프로그램 자체가 지지부진했다. 병이 창궐했더라면 상황은 더 악화되었을지도 모른다. 즉 지방단위의 대처 능력에 따라 다르겠지만 백신도 제한되어 있었기 때문에 어린이들에 대한 예방접종으로 큰 혼란이 야기되었을 것이다. 누군가가 구조적인 특징들을 주의 깊게 살펴보았더라면 그러한 결과를 예견할 수 있었을 것이다.

돼지독감은 전국적으로 방역체계가 갖추어져야 하는 활동성이 강한 위험한 것이라는 전문가와 의사들 사이의 합의는 프로그램을 승인할 당시의 제럴드 포드에게 필수적인 조건이었다. 포드가 그렇게 판단한 것은 이 문제를 처리하기 위해 소집된 *특별*자문그룹이 만장일치의 견해로 제시했기 때문이었다. 여기서 자문그룹은 그룹의 멤버이면서 서로 경쟁적인 소아마비 백신의 발명자로 유명한 조너스 소크(Jonas Salk) 박사와 앨버트 세이빈(Albert Sabin) 박사 두 사람의 제안에 따랐다. 두 사람은 과학적인 입장에서는 물론 개인적으로도 경쟁관계에 있었음에도 불구하고 돼지독감 백신주사의 필요성에 관해서는 의견을 같이 했다. 따라서 이들은 프로그램을 후원하는 정부기관의 두 의사 즉 질병예방센터 소장 데이비드 센서(David Sencer)와 보건교육복지부의 보건담당 차관보(Assistant Secretary) 시오도어 쿠퍼(Theodore Cooper)를 지지했다. 포드가 자문을 구했을 때 누구도 이들의 의견에 반대하지 않았다. *따라서* 합의가 형성된 셈이었다. 그러나 포드의 *특별* 패널 가운데 전문가로 추정된 다른 사람들은 센서 자신의 제안으로 가담한 사람들이었고, 대부분 그가 이미 협의했던 면역문제자문위원회(Advisory Committee on Immunization Practices) 위원들 가운데서 발탁된 사람들이었다. 그룹 내에서 이러한 방향에 가장 강하게 의문을 가지고 있었던 전문가 알렉산더(Alexander) 박사(그러나 거의 발언하지 않았다)에게는 포드에 대한 의견제시의 기회가 주어지지 않았다. 다른 사람들이 이미 센서의 계획에 가담했던 것이다. 따라서 이들의 만장일치는 포드가 가정했던 것만큼은 아니었다. 만장일치라는 합의가 세이빈과 소크를 하나로 묶어 둔 것도 아니었고(3개월 후 세이빈은 프로그램에 반대하는 쪽으로 돌아섰다), 돼지독감이 발생하지 않고 수 개월이 지나자 내부에서 반대(그리고 무관심)가 고조되었던 것으로 보아 의학 전문가 공동체의 확고한 의견들을 반영한 것이라고 할 수도 없었다.

포드의 조언자들은 두 가지 점에서 대통령을 제대로 보필하지 못한 셈이었다. 하나는 소크와 세이빈을 합의의 상징으로 삼았다는 점인데, 이 두 사람은 자기들이 관리할 수 있게만 되면 그 즉시 모든 점에서 의견의 불일치를 노정할 사람들이기 때문이었고, 다른 하나는 소집된 그룹을 면역문제자문위원회의 묵시적 동조 멤버들과 함께 묶지 못했다는 점인데, 소집된 그룹이 대표성을 띠기에는 이미 자기들 사이의 의견일치가 확실시 되어 있었기 때문이었다. 첫 번째 실책은 심리학적인 것이었다고 인정하더라도 두 번째 실책은 분명 조직상의 문제에 그 뿌리를 두고 있었다.

1976년 면역문제자문위원회는 명목상 CDC의 모기관인 공중위생총국에 부설되어 있었지만 이미 오래 전부터 센서가 이끄는 센터의 부속기구처럼 활동하고 있었다. 센서가 소장으로 재직하던 10년 동안 이 위원회는 센터와 밀착해 있었다. 센서는 위원회의 위원장으로서 회의를 주재하면서 의제를 조정, 제시하거나 의사록을 배포했고, 또 신임 위원의 선발에 관한 결정권을 행사했다. 그는 신임 위원들을 위촉하면서 일부는 두 개의 작은 그룹 즉 인플루엔자를 전문으로 하는 바이러스학자들과 면역학자들로부터 선발했고, 일부는 공중위생 전공의 교수들을 포함한 다른 전문가 집단에서 발탁했다. 센서는 세밀하게 정의된 본질적인 문제에 관한 자문을 구하는 데 빈틈이 없었고, 자신이 무엇보다도 중요하다고 생각한 정책수행에 있어서의 지지를 이들에게 기대했다. 그는 10년 동안이나 그 자리를 유지하면서 스스로를 위원회의 주인이라고 생각했다. 위원들도 그렇게 생각했다. 면역문제자문위원회는 일종의 사교적인 모임이었고 위원들은 센서에게 경의를 표했는데, 많은 사람들이 은근히 바라고 있던 공중위생총국 주관의 엄선된 패널 회합에도 초대받을 수 있다는 생각에서 더욱 그러했다.

1976년 이후에 센서의 후임자는 자신과 자문위원회 사이에 별도의 위원장을 두었다. 따라서 그는 돼지독감 프로그램의 교훈 즉 조언을 얻기 위해서는 기관과는 물론 그룹 내에서도 존경이 아닌 논쟁이 필요하다는 교훈을 활용했다. 이것은 1년 전 위원회의 성과가 빈약했다는 사실을 사후에 어느 정도 인정하는 것이었다. 위원회의 작동절차에 익숙한 사람이었다면 사전에 이를 예견할 수 있었을 것이며, 특히 위원회의 결론이 당시의 위원장을 거치면서 삐걱거렸을 때에는 이를 과학-의학적 합의의 지침으로 삼지도 않았을 것이다. 센서가 대통령 주재회의에 자신에게 동조하는 자문위원들만 추천했던 것은 이해할 만하다. 불행하게도 6개월 후 예방접종이 시작되었을 때에는 이미 인플루엔자가 사라진 상태에서 센서가 선호하는 위원들의 견해보다는 알렉산더의 견해가 아마도 더 변화해 온 의학적 의견을 대표하는 것이었을 것이다. 그러나 포드 주재의 모임을 즉흥적으로 결정한 백악관의 보좌관들은 네 단계나 하위에 있는 불분명한 그룹 내의 절차적인 세부사항에 관해서 아무런 주의도 받지 못하고 있었다. 그것에 관해서 몰랐던 것이다. 대통령의 과학담당 보좌관도 도움이 되지 않았다. 과학담당 보좌관 자리는 폐지되었다가 당시에 다시 설치된 지 얼마 되지 않은 상태였다.

돼지독감 프로그램의 홍보에 문제가 발생한 것은 부분적으로는 합의가 줄어들었기 때문이었지만, 초기의 주장들과 실제적인 성과 사이의 갭 때문에도 커졌다. 1976년 3월에 프로그램은 동절기 인플루엔자의 계절이 도래하기 전에 대부분의 미국인들에 대한 예방접종을 달성할 것을 전제하고 있었다. 4월에 쿠퍼는 경솔하게도 대략 2억 명에 달하는 거의 모든 국민들에게 예방접종을 하는 것이 목표라고 발표했다. 포드는 "모든 남녀와 어린이들"을 위한 백신에 관해서 공공연하게 말했다. 그리고는 가망도 없어 보이는 보험입법을 기다리는 상황이었다. 10월에 시작되는 어떤 프로그램도 겨울이 되기 전에 그렇게 멀리 있는 목표를 달성할 수는 없었을 것이다. 때가 되자 결과는 명백하고도 당혹스런 것이었다. 그러나 이 문제는 제3장에서 언급한 다른 당혹스런 사건들, 즉 어린이들에 대한 투약의 양 문제, 피츠버그에서 공표된 사망사건, 수용의 지연, 심각한 부작용 등 모두 돼지독감이 발생하지 않은 상황에서 일어난 사건들에 의해서 묻혀 버리고 말았다. 의사들 사이에서의 지지율 감소와 맞물려 누적된 문제들은 결국 일종의 홍보의 파국으로 이어졌다.

문제들 가운데 어떤 것은 피할 수 없는 것이었고 또 어떤 것은 피할 수도 있는 것이었지만, 그런 문제들은 실제적인 집행이 주정부

등의 지방당국에 의해서 이루어짐에도 센서의 질병예방센터가 연방정부의 계획을 좌지우지하고 있었다는 사실로부터 충분히 예견될 수 있는 것이었다. 질병예방센터의 전문가들은 대부분 전통적이고 전문적인 것 이외의 조건에서 미디어와 대중을 파악하는 데에는 익숙하지 못한 사람들이었다. 즉 일반 국민들에게는 더 이상 좋은 것이 없으니 특별히 의심할 것 없다고 말하기만 하면 된다고 생각했다. 동료 의사들과의 의사소통은 저널과 논문 그리고 공중보건 자문 등과 같은 전통적인 그리고 본질적으로 연구조사와 관련된 상황에서 하는 것이었다. 그리고 질병예방센터는 그에 적합하게 조직되었다. 센터의 정보담당 팀은 실제로 인쇄를 담당하는 그룹 즉 출판국이었지 미디어와의 관계를 전문으로 하는 사람들의 집단은 아니었다. 센서 자신도 제럴드 포드의 이름으로 전국을 확실하게 장악할 수 있는 향도로서 보다는 원래는 실험실을 운영하고 전문적인 판단을 내리는 연구 책임자로서 매스 미디어를 상대하고 있었다.

전국적인 추진 프로그램(crash program)의 기획기관—나중에는 조정기관—으로서 질병예방센터는 믿기 어려운 역사를 가지고 있었다. 1970년대까지 이 기관의 명칭은 "전염병예방센터(Communicable Disease Center)"였다. 이 과거의 명칭은 이 기관이 원래 전통적인 공중보건 기능과 관련되어 있다는 점을 반영한 것이었다. 그 기능 가운데 첫째는 선원들의 고질적인 질병에 대한 역학조사였는데, 다른 무엇보다도 성병, 천연두, 콜레라, 말라리아, 티푸스, 결핵 그리고 페스트 등과 관련한 선원들의 보호가 초기에 연방보건사업이 시작된 이유이기도 했다. 둘째는 이와 관련된 것으로서 지금에 와서는 숙련되고 또 잘 알려진 작업 즉 전염성을 지닌 신종 유행병의 정체를 밝히는 실험 작업이었다. 질병예방센터의 실험실은 주정부나 지방 보건당국의 입장에서는 최후의 보루인 동시에 조사 기관을 겸한 곳이 되었다. 셋째는 1930년대부터 특히 센서의 체제 하에서 발전한 것으로서 주와 지방의 관계당국에 특별 프로그램과 그것을 수행할 인적 자원에 대한 기금을 융자의 조건으로 기술적 지원을 하는 것이었다. 후자의 인적 자원에는 특정과제를 수행하는 전염병연구자들(의사들)과 공중보건 자문관들(비의학적이고 행정적인 스태프들)이 포함되었다. 센터가 발전해 가면서 이 두 그룹의 스태프들을 구축하기 위한 기금조성은 제2차 세계대전 당시 성병과 같은 국가적 위협을 통제하기 위해 의회가 각 주에 제공한 개별보조금 프로그램의 수준에 육박했다.

1940년대와 1950년대에 의학 지식과 의약품들이 변화하면서 오래된 질병들은 점차 통제되거나 멸종되었는데, 말라리아는 일찌감치 그리고 천연두는 그보다 늦게 미국에서 자취를 감추었다. 따라서 질병예방센터를 통해서 각 주의 노력을 지원하는 데 두어졌던 의회의 관심은 통제에서 예방으로 바뀌었고, 스태프들을 위한 기금조성의 방향도 바뀌었다. 아동의 면역강화를 위한 연방 공여 프로그램들은 모두 천연두, 풍진, 홍역 그리고 소아마비와 같은 질병들에 집중되었다. 스태프들의 비용도 부분적으로 이러한 자금에서 충당했다. 자신의 기관을 안정시키기 위해서 센서는 자연히 비슷한 질병들을 더 찾으려 했고, 돼지독감이 문제되기 이전은 물론 이후에도 인플루엔자는 그 유력한 대상이었다. 그리고 그는 머리글자는 그대로 유지하면서 기관의 명칭을 바꾸는데 성공했고, 이 역시 작지 않은 공적이었다. 새로운 명칭은 새로운 추진방향을 의미했다.[201)]

201) 1980년 센서의 후임자는 한 발 더 나아가 명칭을 질병예방센터(Centers for Disease Control)로 바꾸었다. 이렇게 함으로써 PHS의 거대한 연구기

(조지아 출신 상원의원 리처드 럿셀(Richard Russell)의 후원 하에 있음을 상징하는)애틀랜타의 에머리 대학 캠퍼스 가까이 위치한 본부에서 센서는 상급자들을 대신해서 주의 보건관계자들에게 그리고 실제로 주민들을 상대로 통제와 예방을 담당하는 지역 기관들에게는 이들을 통해서 재정적이고 인적인 지원을 제공하는 과정에 공중위생총국이나 보건교육복지부(HEW)에 있는 자신의 상급자들로부터 떨어져 있다는 점으로부터 어느 정도 덕을 보았다. 돼지독감 프로그램에 대해서 센서의 스태프 가운데 한 사람이 주장한 것처럼 "그들은 반드시 우리를 통해야만 했다. 우리는 주와 커넥션을 가지고 있는 유일한 기관"이었던 것이다.

그러한 커넥션은 (언제나 그런 것은 아니었지만) 때로는 사실 어느 정도 긴밀한 것이기도 했다. 그러나 그러한 커넥션이 지휘통제의 관계는 아니었고, 주의 활동 전반에 걸친 포괄적인 것도 아니었으며, 모든 주들에 동일한 것도 아니었다. (마찬가지로 지방당국들과의 관계에 있어서 모든 주들이 동일한 것도 아니었다.) 오히려 질병예방센터의 커넥션이란 것은 어떤 곳에서는 자금형성의 네트워크였고, 다른 곳에서는 인적 자원 형성의 통로였으며, 또 다른 곳에서는 우호적인 연계를 갖는 그러한 것이었다. 이러한 네트워크를 이용한다면 누구든지 그럴 수 있었겠지만, 센서 역시 하절기의 돼지독감 예방접종을 위한 하나의 연방을 구축했다. 동절기의 전염병에 있어

관인 국립보건연구원(National Institutes for Health)과 동격을 이루게 되었는데, "원(institute)"이라는 명칭의 경우처럼 모든 질병(그리고 그 법률적인 후원기관)을 "센터(center)"의 재량 하에 둘 수 있는 가능성을 부여한 것이었다. 이러한 명칭의 변화가 당시에는 CDC의 활동에 인식할 수 있을 정도의 영향을 주지는 않았다. 그보다 앞서 있었던 센서의 명칭변경작업도 마찬가지였다.

서는 그것이 얼마나 잘 유지될 수 있었을 지에 관해서는 아무도 알지 못했다.

질병으로부터 예방으로 무게의 중심을 옮기는 대신에 질병예방센터는 두 가지 다른 방향 가운데 하나로 진로를 선택함으로써 적응할 수도 있었겠지만 그러한 진로들은 비록 적에 의한 방해는 아니었지만 어쨌든 차단되었다. 그 한 가지 방향은 연구조사였는데, 이것은 공중위생총국의 기관으로 성장하기 시작한 국립보건연구원이 선점하고 있었다. 예를 들어 인플루엔자의 경우에는 알레르기 및 전염병 연구원(Institute for Allergic and Infectious Disease)이 전국적인 작업을 위한 기금을 지원했다(현재까지도 그렇게 하고 있다). 다른 한 가지 방향은 예방의약품을 실험하는 것이었는데, 이 역시 식품의약품안전청(FDA, Food and Drug Administration)과 그 산하의 생약제국(Bureau of Biologics)이 주관하고 있었다(역시 현재도 마찬가지이다). 다시 인플루엔자의 경우를 예로 든다면 백신은 생약제국(Bureau of Biologics)이 검증하고 승인한 후에야 출하되었다—현재도 역시 그러하다.

직접 경쟁하려 하지 않는다고 해도 질병예방센터는 알레르기 및 전염병 연구원 및 생약제국과의 업무 중복이 불가피한 상황이었다. 고맙게도 이 세 기관은 자신들의 이해관계가 교차하는 영역에서 협조하는 방법을 구축했는데, 인플루엔자처럼 그 행태가 완전하게 밝혀지지 않은 위험한 질병에 대해서는 그렇게 하지 않으면 안 되었다. 돼지독감이 인체에서 발견되었을 때 이 세 기관은 톱 레벨과 중간 레벨에서 끊임없이 서로 상의했다. 이 작업에는 의사들이 참여했는데, 이들 대부분은 공중위생총국의 연구단에서 경력을 쌓은 사람들이었다. 질병예방센터는 주의 계획을 점검하고 행정적인 비용을 할당했으며, 다른 사람들보다도 알레르기 및 전염병 연구원의 연구자들을 활용하는 감독 시스템을 개발했다. 알레르기 및 전염병 연구원은 현장 실험을 계획했다. 생약제국은 돼지 백신의 실험을 준비하고 시행했다. 이 모든 기관들은 자기들의 실험실을 통해서 백신의 생산자들과 접촉을 유지했으며, 이것이 협력을 더욱 촉진하는 요소가 되었다. 그것은 비공식적이고 지속적인 그리고 우호적이며 응집력이 있는, 또 방법과 성격에 있어서 상호간에 타협할 수 있고 효과적인 것이었다. 센서와 그의 동료들은 이를 만족스럽게 생각했다.

이들의 상급자로서 보건담당 차관보(Assistant Secretary)인 쿠퍼는 이들을 개인적으로 지휘하려 했지만, 사실상 그는 이들이 부르는 합창의 곡조에 맞추어 춤을 추었을 뿐이었다. 예를 들면 쿠퍼는 개별적으로 개업하고 있는 의사들이나 자원자 그룹을 역할의 중심에 두고자 했지만 대부분의 주의 공중보건계획이 이들을 주변적인 위치에 두고 있었다는 점은 예견할 수 있었다. 결국 쿠퍼는 센서의 커넥션에 의존하여 그들의 산출결과에 의지했다.

불가피하게 실수도 있었지만, 이는 (상호 수용을 반영한) 같은 종류의 실수들이었다. 어떤 사람들은 임상의들을 위한 주간 정보지의 발간을 제안하기도 했는데, 그것을 지속적으로 간행할 담당자는 없었다. 또 어떤 사람들은 어린이들에게 절반 정도의 강도를 지닌 백신을 2회 접종하는 현장 실험을 제의했지만, 미디어에 대한 고려의 부족과도 관련이 있었겠지만 아무튼 아무런 문제가 없을 것이라는 믿음 속에서 그러한 제안은 곧 잊혀졌다(결국 다른 백신의 경우에도 문제가 발생한 적이 없다는 것이었다). 또 어떤 사람들은 각 주와 시에—피츠버그시가 공표한 것과 같은—"접종사고에 의한 사망"의 통계적 예상치를 통보하자고 제안했지만 예방접종에 대한 공공의 신뢰를 훼손한다는 이유로 무시되었다. 만일 지방 보건 당국이 사전 경고를 받지 않은 채 그러한 상황에 직면하게 되면 어떻게 신뢰가 유지될 수 있을 것인가 하는 문제는 고려되지도 않았다. 통계학자들은 전례 없이 많은 수의 접종이 아직 알려져 있지 않은 부작용 같은 것에 노출될 수도 있다는 점을 예상하면서 실제로 나타난 것 같은 신경계통의 부작용을 예견했지만, 통계학적으로 중요한 의미를 지니는 정도는 아니라고 치부해 버렸다. 아무도 숫자가 일반인들에게 중요한 것처럼 보이는지 어떤지에 관해서 의문을 제기하지 않았고, 더 핵심적인 것으로 동의를 얻기 위해 위험을 수량화하는 것이 어떤 것이며, 또 그 무엇보다도 부작용이 계속 나타나면 어떻게 접종을 지속할 것인지에 관해서 의문을 제기하지 않았다. 그렇다면 결국 프로그램 자체를 중지하지 않고서야 어떻게 접종이 중단될 수 있었겠는가? 특히 질병예방센터는 사전에 그러한 불가피한 질문들에 직면하지 않았었고, 그렇게 하도록 조직되거나 그렇게 할 사람들로 구성되지도 않았다. 따라서 그렇게 하지도 않았다.

만일 돼지독감이 1976년말까지 미국이나 외국에서 발생했더라면 그와 같은 많은 의문들이 논의되었을 것이지만, 그러나 다른 문제들이 발생했었을 것이다. 이 다른 문제들은 프로그램 자체를 실제보다 더 신뢰할 수 없는 것으로 만든 것처럼 보인다. 이러한 문제들의 발생 가능성은 사업의 목표를 위해서 조직들이 연합의 형태를 띠는 데서부터 나온 것이며, 공중위생총국에 동일한 수준과 성격의 그룹들이 수용된 것 그리고 10월 이전의 백신 공급량이 제한되어 있었다는 점과도 관련이 있었다. 접종이 실제로 시행되는 하위 레벨로 내려오면서 모든 것이 공적이든 사적이든 의사들, 진료소, 지원 단체 그리고 고용자들 사이의 사업시행상의 협력관계에 의존했을 뿐만 아니라 주의 계획들이 마련되고 지방의 기관들이 편입되는 과정의 재능과 기술에 의존했기 때문이었다. 이 모든 집단은 수요가 증가하게 되면 성인에게 1회 그리고 어린이에게는 2회의 접종을 하기에는 불충분한 백신의 공급에 대한 경쟁을 하게 되었을 것이다. 이전의 인플루엔자 만연 시에는 성인이 주요한 희생자였다. 어린이들은 인플루엔자의 중요한 전파자였다. 그러한 관계가 이번에도 지속된다면, 질병이 빠른 속도로 퍼진다면 그리고 무엇보다도 그것이 심각한 것으로 판명된다면 신뢰를 상실한 채 10월로 접어드는 국가적 프로그램은 인플루엔자의 계절이 지난 다음 해 봄에도 다시 등장할 수 있는 것이었고, 그 파국은 명약관화한 것이었다.

어떤 부분에 있어서는 그러한 우려가 있었기 때문에 조직들의 결정은 간단하게 논쟁의 대상이 되었다. 미국의 부통령이라는 자리가 보통 그러하듯이 귀를 기울여 주는 사람이 거의 없는 부통령은 군과 논의해 볼 것을 제안했다. HEW의 장관은 한시적 성격의 비상조직을 모색했다. 항구적인 조직들만 존재했던 것이다. 물론 그들은 이 조직들의 역사를 알고 있었다. 예를 들어 센서는 질병예방센터의 산 역사였지만 관리상의(또는 의학적인) 과도한 자신감의 소유자였다. 이에 대해서는 거의 알지 못하는 그의 상급자들은 질병예방센터를 지휘센터로 잘못 생각하고 센서에게 능력 범위 밖의 역할을 위임했다. 이들이 좀 더 잘 알고 있었다면 군에 요청—있을 법하지 않지만—하거나 아니면 워싱턴에 직접 "돌관 계획"의 추진—작동될 수 없을 테지만(?)—을 요청하거나 아니면 기대감을 줄이기 시작이라도 했었을 것이다.

실패는 드라마틱하고 그래서 우리는 계몽적일 것이라고 기대하지만, 그러나 성공 역시 이해를 증진시켜 준다. 같은 기간 동안 즉 불과 1년 후에 그리고 바로 똑같은 연방정부의 부서인 보건교육복지부와 관련하여, 새로 들어선 카터 행정부는 거의 40년 동안 사회보장 문제에 관하여 입안된 모든 법률의 얼개가 된 팽창주의적 접근과 단절했다. 처음에는 그것이 절대로 성공적이지 못했다. 1977년에 보건교육복지부의 변화된 접근방법의 핵심적인 요소들이 의회에 의해서 완전히 거부되었던 것이다(이른바 카터 행정부의 "밀월"에 관한 또 다른 평가). 그러나 당시의 법안은 그 이후의 모든 논쟁의 범위를 규정짓는 토대를 설립하는 것이었는데 즉 "사회보장 프로그램이 충분할 만큼 진행되어서… 이제 그것을 안정시켜야 할 때가 되었다"는 것이었다.[202] 1979년에는 같은 전제를 더욱 심화시킨 보건교육복지부의 두 번째 법안도 의회에서 거부되었다. 그러나 4년 후에 모든 세부적인 사항은 아니더라도 법안의 방향은 양당 합동위원회에 의해서 승인되었고, 제2장에서 언급한 바와 같이 법안으로 성립되었다. 사회보장국(SSA) 및 이에 대한 전통적인 지지 이익단체들과 같은 항구적인 조직들로부터 초기에 격렬한 반대가 있었음에도 불구하고 성립되었던 것이다. 그러나 새로운 방향이 정치인들에 의해서 난폭하다 싶을 정도로 밀어 붙여진 것은 아니었다. 오히려 사회보장국의 전문 관료들이 적정한 절차라고 간주하는 기초 위에서 그들과의 세부적인 논의 속에서 완성되었다. 그렇게 함으로써 장수할 수 있었고 또 궁극적인 성공을 거둘 수 있었다.

이러한 공헌에 대한 칭찬(아니면 본질적인 선호도에 따라서는

202) "Social Security (B)," Kennedy School of Government Case No. C14-77-198 (부록 참조)의 19쪽에 인용된 헤일 챔피언(Hale Champion)의 말.

비판이 될 수도 있겠지만)은 부분적으로는 당시의 보건교육복지부 차관(Under Secretary) 헤일 챔피언(Hale Champion)이 받아야 할 것이다. 카터는 여러 가지 정책의 면에서 신선한 이니셔티브를 쥐겠다는 결의를 가지고 취임했고, 이 가운데 몇 가지는 보건교육복지부와 관련이 있었으며, 신임 장관인 조지프 칼리파노(Joseph Califano)는 자신의 차관과 업무를 분담했다. 비용 증가와 수입 감소로 인해서 사회보장신용기금은 고갈되고 있었다. 챔피언은 주정부의 재무장관을 역임한 바 있었기 때문에 처음에 이 문제는 그에게 떨어졌다. 그러자 그는 워싱턴과 캘리포니아에서의 이전 활동을 통해서 알고 있던 두 제도의 역사를 종합했다. 자신이 알고 있는 사실에 바탕을 두고 행동하면서 그는 새로운 방향으로 나아가기 위한 준비를 시작했다.

두 가지 가운데 한 가지 역사는 사회보장국에 관한 것 즉 보장국의 프로그램에 대해 널리 퍼져있는 이데올로기를 포함한 자랑스러운 전통을 지닌 고급 전문 관료집단에 관한 것이었다. 기관 내에서의 훈련과 인센티브는 이 전통으로부터 매우 깊은 영향을 받고 있었던 것이다. 이 전통은 결단력 있는 창설자로서 초대 국장이었던 아서 앨트마이어(Arthur Altmeyer)와 그가 직접 선발한 후임자 로버트 볼(Robert Ball)이 남긴 유산이었다. 한 때 앨트마이어의 보좌관이었고 후일 보건교육복지부의 장관이 되어서도 의회의 위원회에 적극적으로 자문을 했던 윌버 코언(Wilbur Cohen)과 함께 이 두 사람은 1935년부터 1973년까지 이 기관을 지배했다. 코언은 최초의 사회보장법(Social Security Act) 이래 거의 모든 입법에 있어서 적극적이었는데, 같은 것에도 더 많은 무엇인가가 있는 법이라는 명제에 대한 신념을 변치 않으면서 더 많은 명칭의 부여, 더 많은 수혜자, 더 많은 이익, 이러한 방식으로 다루어지는 더 많은 복지 업무를 추구했다. 결점이 없고, 수혜자의 가계수입조사도 없었지만 그 대신 보장제도의 상징성을 추구하는 것이었다. 그러는 동안 미국의 연금은 유럽에서 가장 훌륭한 것에 필적할 만큼 상승했다. 1977년이 될 때까지 이러한 아이디어가 사회보장국 사람들의 마음을 따뜻하게 한 것은 우연이라고 할 수 없었다. 이에 대한 예외가 있었다면 보험계리사들이었지, 정책입안자들은 아니었다.

나머지 다른 하나의 역사는 현재까지는 더 짤막한 것인데, 보건교육복지부 내에서 장관급에 해당되는 기획평가실(P-and-E, Office of Planning and Evaluation)에 관한 것이었다. 이 기관은 1966년 존 가드너(John Gardner)가 장관으로 재직할 때 설립된 것으로서, 당시까지만 해도 상대적으로 높은 평가를 받고 있던 로버트 맥나마라의 국방성 "신동들(whiz kids)"을 대체적인 모델로 한 것이었다. 가드너의 분석 스태프들은 활동하고 있는 어떤 기관들과도 연계를 지니고 않았기 때문에 가드너에게는 자원이 부족했는데, 이로 인해 가드너는 경탄의 대상이 되기도 했지만 동시에 그로 인해 좌절하기도 했다. 가드너의 후임자인 코언은 이에 대한 개혁조치를 취하지 않았고 그럴 필요도 느끼지 않았다. 그러나 닉슨의 재임 기간 동안 재직한 세 명의 장관들 가운데 두 명인 엘리어트 리처드슨(Elliot Richardson)과 캐스퍼 와인버거(Caspar Weinberger)는 각각 자신들의 방식대로 기획평가실을 강화하면서 스태프를 충원하고 그들을 부처의 다른 곳에 참여할 수 있도록 밀어 주는 강력한 실장들을 자리에 앉혔다. 와인버거는 포드 대통령의 1년 임기 동안에도 자리를 유지했고, 그의 후임자인 매튜스는 같은 실장을 유임시키면서 더욱 강력하게 만들었다. 칼리파노는 훌륭한 분석능력을 가지고 있다는 평가를 받는 스태프들을 새로 충원하면서 실장들을 갈아 치웠다. 이로 인해 커리어 관료들은 고무되었고, 기획평가실로 몹시 가고 싶어 했다.

챔피언은 이러한 상황에서 결국 자신에게 주어진 것이 사회보장국의 커리어 스태프들에 필적하는 인적 자원이 아니며—정책입안자들을 자체적으로 보유한 활동기관들은 기획평가실이 가질 수 없는 지구력을 지니고 있었다—적정한 상황에 그들을 서로 대립시킴으로써 유용한 통합을 달성할 수 있을 것이라는 점을 간파했다. 그는 칼리파노와 자신이 중재자로 포함될 수 있는 상황을 조성했다. 카터의 제안은 바로 그 최종산물이었다. 챔피언의 말에 의하면,

> 나는 곧 바로 예상했던 대로라는 사실을 깨달았다. 즉 SSA 입안담당자들과 분석가들은 그 곳의 다른 사람들과 같은 철학의 소유자들이었다. 자신들의 방식대로 하도록 맡겨두면 그들은 이익에는 본질적으로 손대지 않고 카터가 제시하려고 하는 것 이상으로 세금을 증가시키는 재정적 여건을 조장하는 구시대의 보장제도에 대한 해결책을 들고 나올 것이 뻔했다… 의회가 나중에 카터에게 무리하게 강요하기는 했지만 그것은 또 다른 이야기였다.
>
> 그래서 나는 몇 차례의 회의를 하기로 결심했다. 내가 직접 참여했고 조[Joe, 칼리파노]는 가능한 한 자주 참석했다. 테이블의 한 쪽에는 사회보장국 사람들이 그리고 다른 한 쪽에는 헨리 아론(Henry Aaron, 기획평가실의 신임 실장)과 그의 스태프들이 앉았다. 각 요목마다 다른 쪽에서 하나하나 비판하도록 했고, 일반화를 하지 않도록 했으며, 건너뛰는 일도 없도록 했다. 우선 사실의 기반에 대한 동의를 형성—이것은 매우 빨리 이루어졌다—하고 그 다음에 양측이 카터에게 보내기를 원하는 모든 프로그램의 제안서를 발의

하도록 했다… SSA 사람들은 자신들과 마찬가지의 지식을 가지고 있거나 때로는 더 현명한 다른 일군의 사람들과 대면하게 되었고, 이렇게 해서 이 두 무리의 사람들은 조나 내가 설명하는 모든 대목을 듣게 되었다.[203)]

칼리파노는 자신의 회고록에 이 시기에 관해 다음과 같이 기록하고 있다.

> 우리는 몇 시간이고 초록색 의자에 앉아 [양측] 스태프들이 서로 다른 접근방법을 가지고 전개하는 논쟁을 들었다. 처음에는 양쪽의 의견 불일치가 뚜렷했고 한 쪽이 내미는 메모나 도표는 다른 쪽에 의해서 혹독한 비판을 받았다.
>
> 그러나 이야기가 진행되면서 그리고 챔피언과 내가 듣고 있는 동안에 공통분모들이 부각되기 시작했다.[204)]

그리하여 정치적으로 임명된 양쪽 사람들은 결국 기존의 프로그램을 확대하지 않고 개혁할 필요성이 있다는 전제가 깔린 제안서들을 준비하게 되었다. 경기 침체기에는 그때그때 일반조세로부터의 재정확보에 의존하려는 계획이 도출되면서 이익에 관한 많은 어려운 선택지들은 버려지게 되었다. 의회는 이를 간단히 거부했고(프랭클린 루스벨트의 그림자가 아직 남아 있었던 것이다!), 그 대신에

---

203) 저자 리처드 노이TM타트(Richard E. Neustadt)의 헤일 챔피언과의 인터뷰. 1982년 5월 3일.

204) Joseph A. Califano, Jr., *Governing America* (New York: Simon & Schuster, 1981), pp.372-3. 맥락의 이해를 위해서는 pp.368-401 참조.

전통적 재원확보원인 급여세를 예상보다 훨씬 더 높게 인상했다. 그러한 세원들조차 신용기금을 안전하게 유지하는 데 충분하지 않은 것으로 밝혀지자, 지급금에 관해서는 보건교육복지부에서 챔피언의 초기 구상과 같은 종류의 검토를 거치면서 다시 면밀하게 검토되었다. 1978년 말에 이르면 챔피언과 칼리파노는 카터를 설득하여 연금의 일정부분에 과세하도록 하였고, 퇴직연령을 점진적으로 상향조정하였으며, 본급 이외의 부가급부는 하향조정했다. 그렇게 되자 카터는 이 문제에서 발을 뺐고, 관련 이해관계들이 다시 다투어졌으며, 의회는 원래의 입장에서 후퇴했다. 이미 제2장에서 살펴본 바와 같이 3년 후에는 레이건 행정부가 위험하게도 이 제안들 가운데 몇 가지를 편취하여 점진적인 방법을 배제하고 논쟁 속에 떨어뜨림으로서 의회에서 양당의 재검토에 회부하는 길을 선택했다. 대부분은 같은 문제들이 논의되었다. 기획평가실을 상대로 한 사회보장국의 대화를 통해서 모든 이슈들이 드러났고 대안들이 부각되었다. 1983년의 정확한 결과는 1979년의 세부사항들과 다소 달랐지만, 챔피언은 발의 중인 개정내용을 전적으로 무시하고 "개혁"이라는 용어의 의미를 40년 전으로 되돌려 놓았다.

그러한 점에서 그는 칭찬을(입장에 따라서는 또 다시 비난을) 받을 만 했지만 그렇다고 전적으로 그렇지는 않았다. 그는 차관으로서 주어진 과제에 대하여 사회보장국과 같은 활동기관(operating agency)이 선호하는 것을 개혁적이고 또 새로이 프로그램을 만드는 방식으로 견제하는 데 자기 부처의 분석가들을 활용할 수 있었던 첫 번째 인물은 아니었다. 첫 번째는 아니었고 세 번째나 네 번째에 지나지 않았다. 아무리 빨리 잡아도 1972년 이전에는 기획평가실의 스태프들이 훌륭히 일을 해 나아갈 만한 힘이나 입장 그리고 신임을 갖고 있지 못했다. 그리고 1974년 이전에는 경기후퇴를 수반하는 급격한 인플레이션의 과정에 사회보장신용기금의 머지않은 장래의 지급능력에 대한 진지한 우려도 없었다. 따라서 이와 같은 두 가지의 조직 역사에 관한 지식을 머릿속에 가지고 있는 사람이 나타날 때에야 비로소 그 가능성과 필요성이 제기되었던 것이다. 그러한 사람 즉 챔피언의 지식은 연구를 통해서가 아니라 경험에 의한 것이었다. 챔피언은 두 가지의 지식을 묶어서 그 결과를 활용했던 것이다. 이것이 바로 공공정책에 있어서 성공의 요체이다.

다시 말해서 이 사안에 있어서 챔피언은 보건교육복지부에 취임하면서 이 조직들에 관해 상대적으로 잘 다듬어진 고정관념을 가지고 있었다. 그는 두 기관을 다루어야 했다. 그 과정에서 그는 제로상태에서 새로이 배울 필요도 없었고 또 잘못된 인식을 바꿀 필요성도 느끼지 못했으며, 극복해야 할 선입견을 가지고 있지도 않았다. 오히려 사안들을 다루면서 그는 비교적 올바른 (모든 것은 상대적이라는 점을 기억하면서) 방향에서 출발했다. 당시 보건교육복지부의 매튜스 장관의 법률 스태프들의 고정관념은 그들의 효율성에 대한 과산으로 문제가 됐다. 매튜스의 자문법률가들은 그에게 입법화의 필요가 없다고 조언했고 그는 그 충고를 그대로 받아들였지만 그의 자문 법률가들은 틀렸었다. 그들이 틀렸던 것은 재해보험기관들 사이의 절차와 인센티브에 대해서 제대로 이해하지 못하고 있었다는데 그 이유가 있었다.

챔피언의 상대적인 정교함에 기여한 것은 무엇이었을까? 그것은 시간이 경과함에 따라 나타난 일련의 노출된 모습과 순간적인 상황들이었다. 매튜스의 법률가들과는 달리 챔피언은 현재 자신의 추진명분에 아주 중요한 조직들에 관해서 보아 왔거나 아니면 적어도 듣고 있었다. 1940년대 말 사회보장의 적용범위가 결정적으로 확대되고 종합건강보험이 심각하게 압박을 받고 있을 때 그는 한 페어딜러 의원의 입법 보좌관이었다. 행정부를 상대로 로비를 하면서 앨트마이어 및 코언과도 접촉하고 있었다. 케네디와 존슨 행정부 시절 챔피언은 1967년까지 캘리포니아주의 재무장관—사실상의 부지사—이었다. 그 이후에는 연방정부의 조직을 비판적으로 검토하는 존슨 행정부의 태스크포스 팀(실현되지는 않았지만 이 팀은 존슨 대통령의 제3기 연임을 목표로 하고 있었다)에서 일했다. 이 팀에서 챔피언은 경우에 따라서는 주의 입장에 서서 정기적으로 사회보장국을 상대하는 일을 맡았고, 또 다른 경우에는 정부 내 기관들 특히 결정적으로 보건교육복지부를 포함하는 기관들의 분석 자료를 파악, 보고받는 업무를 맡았다.

그러한 순간적인 상황들이 없었더라도 챔피언은 (이것은 다른 사람들에게도 해당할 수 있었지만) 우리가 조직의 역사라고 파악해 온 다른 종류의 근거들, 즉 한편으로는 계승되어 온 법률과 지도자들 같은 것 그리고 다른 한편으로는 관리자와 훈련, 인센티브 그리고 표준수행절차(SOPs)에 매우 중요한 내부 구조들을 가지고 적어도 상대적인 정교화 작업을 할 수 있었을 것이다. 이러한 것들은 결국 우리를 다시금 시간의 궤적, 사건 그리고 세부사항들로 그리고 그 모든 것들의 요점이 되는 추론으로 되돌려 놓는다. 학생들 심지어 다년간의 경험을 가지고 있는 학생들이라도 그러한 것들로부터 통찰력을 얻어야 하는 상황에 직면하면 자주 당황하게 된다. 필독 리스트를 가지고 있는 것은 누구인가? 관련 서적들은 어디 있을까? 그러나 현직에 있는 경우에는 보통 문제가 다르다. 즉 관련서적은 중요하지 않거나 손에 넣을 수 없기도 하다. 그 경우에는 주위에 두루 물어보아야 한다.

왜 역사에 관해서 물어야 할까? 자리가 어떻게 돌아가는지를 묻는 대신에 어째서 시간의 궤적 위에 발생해 온 "굵직한" 사건과 "작은" 세부사항들에 관해서 신경을 써야 할까? 우리는 적어도 세 가지 이유를 알고 있다. 첫 번째는 편견(bias)이다. 케네디는 덜레스나 빗셀에게 CIA가 어떻게 작동했는지를 물어 보는 것으로 만족하고 CIA에 관한 유용한 내력을 입수하지 않았을 가능성이 있다. 만일 그가 에이머리나 헬름스에게 물어 보았다고 하더라도 아마도 그들의 이야기를 믿지 않았을지도 모른다. 좀 더 집단적 성격이 강한 조직에서 조차도 어느 한 사람의 조직에 대한 설명은 그 사람 자신이 가장 잘 알고 있는 부분만을 과장할 수 있다. 여러 사람에게 물어보는 것은 시간을 낭비하는 짓이다. 따라서 우리에게는 두 번째 이유가 제시된다. 즉 속도이다. 초심자가 어떤 조직에 관한 객관적인 그림을 얻기 위해서 취할 수 있는 가장 빠른 방법은 현재의 권력, 자원 그리고 인사시스템이 과거의 그것들과 어떻게 비교되는지를 살펴보는 것이다. 물론 그 초심자가 정기적으로 "왜?"라고 묻게 될 것을 전제로 했을 때 말이다. 세 번째 이유는 조직에 익숙해지고 있는 사람은 조직이 현재 무엇을 하고 있는지 뿐만 아니라 무엇을 하게 될지 또는 무엇을 하지 않게 될지에 관해서도 알 필요가 있기 때문이다. 1976년 당시 질병예방센터의 내력에 관한 편견 없는 지식을 가지고 있었다고 하더라도 쿠퍼와 매튜스 또는 포드에게 주 및 지방 당국과 질병예방센터의 관계의 성격에 관해서 주의를 기울이도록 하지 못했을 것이다. 그 조직의 역사—수시로 "왜?"라는 질문이 수반되는—에 관해 간단한 보고만 했더라도 그렇지는 않았을 것이다. 사회보장국과 기획평가실이 어떻게 변천해 왔는지에 관한 어떤 센스가 없었더라면 챔피언은 자신이 채택한 절차를 생각해 내지 못했을 것으로 보인다. 이슈에 있어서와 같이 조직에 있어서도 뒤돌아보는 일은 앞을 내다보는 데 도움을 줄 수 있다.

챔피언과 같은 사람의 입장에 서 보았을 때, 문제는 너무나 많은 사람들이 조사를 위해 필요한 인내심을 결여하고 있다는 점이다. 또는 자부심이 방해가 되기도 한다. 또는 결과가 불완전하고 부정확하거나 또는 모순투성이어서 그 모호함이 좌절감을 안겨 주기도 한다. 조직의 역사는 특히 구전에 의해서 이렇게 저렇게 마구잡이로 얻어진 것일 경우에는 기만적인 것일 수도 있다. 대개의 경우 주의가 필요하다. 그러나 우리가 생각하기에 사람들이 가장 주의를 기울이지 않는 대목은 바로 찾아낼 수 없을 것이라고 지레 짐작하고 찾으려고 노력하지도 않는 식의 접근방법이다.

미국 정부 내에 조직의 기억이 좀 더 체계화되어 있고 또 잘 보관되어 있었다면—또는 헌정사와 제도발전이 학교에서 미국인들에 의해서 진지하게 교육되었더라면—우리가 지금 여기서 어떤 직종의 신참자들에게 제안하는 것과 같은, 특히 자신이 속한 조직의 역사나 미국의 관료들 얘기로 "화장실 가는 길을 알아 두는 것"처럼 자신들이 직면하게 될지도 모를 상황을 보완하기 위한, 또 성가시거나 실행할 수도 없는 부적절한 제안을 하지 않기 위해서 과거에는 그 구조가 어떠했으며 그것이 왜 바뀌거나 바뀌지 않았는지까지 알기 위한 질문을 제기해 보라거나 또는 자신들의 과거의 순간적인 상황들을 활용하라거나 하는 식의 그러한 제안까지 할 필요가 없을지도 모른다. 그러나 현재 우리 정부의 관행과 고등교육의 상황에서는 그러한 배움의 부담은 특이하게도 개인들 즉 조직에 관한 사고훈련이 잘 되어 있지 않아서 자신들이 부담을 지고 있다는 사실을 잘 알지 못하고 따라서 그 부담을 않는 개인들에게 돌아간다. 시간의 궤적 위에 사건과 세부사항들의 위치 짓기는 쓸모 있고 간단한 환기자의 역할을 할 수 있을 것이다.

제 13 장

무엇을 어떻게 할 것인가?: 요약

망명 아테네인인 투키디데스는 자신이 쓴 『펠로폰네소스 전쟁사』가 미래의 정책결정자들이 시간의 끊임없는 트랙(track) (그는 이 트랙이 원처럼 돌고 돈다고 보았다) 위에서 다시금 비슷한 선택의 상황에 직면하게 되었을 때 더 훌륭하게 행동할 수 있도록 무장시켜 줄 수 있을 것이라고 주장했다. 투키디데스는

> … 과거에 발생했고 또 (인간의 본성이 변하지 않는다면) 미래의 언젠가 과거와 똑 같은 방식으로 반복하여 발생할 사건들을 명확하게 이해하기를 원하는 사람들[205)]

을 위해서 전쟁사를 집필했다고 밝혔다. 이러한 주장이 암묵적으로 내포하고 있는 것은 이런 것이다. 즉 아무리 먼 과거라고 할지라도

205) Thucydides, *History of the Peloponnesian Wars*, Trans. Rex Warner (London: Penguin Books, 1954), p.24.

과거로부터 얻어진 대리경험(vicarious experience)이 현재에 하나의 지침을 제시해 줌으로써 역사는 단순히 그 자체로서의 보상 이상의 그 무엇이 된다는 것이다. 지식은 지혜를 수반하지만 무지는 문제를 야기한다. 훌륭한 센스를 가지고 있는 사람은 순전히 개인적인 이익을 위해서 역사를 연구하면서도 미래에 중요하게 될 수도 있는 준거점들을 찾아내려고 하며, 각각의 준거점들로부터 대리경험을 채워 넣기 마련이다.

이것이 전통적으로 역사에 대해 운위되는 주장이며, 역사의 순환성을 부인하는 많은 사람들조차도 전통적으로 역사가 가지고 있다고 제시하는 용도이다. 인간사의 과정은 "지금"과 "다음"에 빛을 비추어 주며, 신중한 선택자는 그 빛을 모색한다. 투키디데스 이후 2천 4백년이 흐른 지금 그리고 그리스로부터 5천 마일이나 떨어진 곳에서 미국의 정책결정자들에 주목하면서 우리는 이와 같은 주장이 설득력을 지니고 있다고 생각한다. 그러나 우리의 관찰에서 보면 그렇지도 않다. 이러한 주장에 유의해야 할 사람들이 이 주장을 믿지 않는다. 업무는 물론 교육과정도 이들에게 그것을 믿어야 할 인센티브를 그다지 제공하지 않는다.

우리의 현직자-학생들 가운데 시라쿠사 원정에 관한 투키디데스의 서술에 매료되는 사람들이 있는 것은 확실하다. 자기들 시대의 경험을 가지고 있는 미국인들이 시칠리인들의 역사, 심리 그리고 능력에 대한 아테네인들의 무지함을 바라보면, 이 경우를 자신은 물론 자신의 보좌관들도 거의 아는 바가 없는 베트남인들과 그것도 멀리 떨어진 곳에서 그들과의 전쟁을 고려할 때의 린든 존슨 같은 사람들에 대한 강력한 경고가 된다고 생각할 것이다. 그런데 우리는 1980년대에 와서야, 어째서 로즈(Rhodes) 장학생 출신인 러스크의 메모랜덤은 1960년대 중반 당시 투키디데스를 환기시키지 못하고 있었을까 하는 의문을 갖게 된다. 번디 형제의 메모랜덤은 왜 그러지 못했을까? 틀림없이 그들은 언젠가 어디선가는 적어도 단편적으로라도 『펠로폰네소스 전쟁사』를 읽었을 것이다. 그러나 그들이 기원 전 5세기 경의 아테네인들의 경험을 린든 존슨에게 환기시킬 것이라는 바로 그 생각 자체가 놀랄 만한 일이기는 하다. 존슨이 사우스웨스트 텍사스주립대 사범대학을 나왔대서가 아니다. 그는 활용할 수 있는 것이라면 무엇이든지 움켜쥔다는 생각을 가지고 있었다. 아서 슐레신저가 루스벨트에 대해서 촌평할 때 표현했던 문장을 이용하자면 "마치 꿀 속에 들러붙은 모래처럼 그의 머릿속에는 세부사항들이 들러붙어 있었다."[206] 그러나 존슨의 보좌관들은 존슨이 자신의 습관대로 "그래서?"라고 물었을 경우에 뭐라고 말해야 할지를 모르고 있었다. 미국의 예외주의는 말할 것도 없지만 진보의 개념과 기술의 발현이 대통령 못지않게 이들 보좌관들에게도 고전적 과거와의 차단막으로 작용했다. 풀브라이트 상원의원이 이러한 과거의 예를 들어 주의를 환기시켰다고 전해지지만 그 시점에 그는 존슨으로부터 떨어져 나가서 주로 대학의 캠퍼스들을 돌아다니며 연설하기에 바빴다. 창으로 무장하고 노 저어 전진하며 노예들에 의해서 지탱되는, 또 전자기기도 없고 공군력에 관해서는 아무것도 모르는 그러한 고대인들의 이야기가 현대전을 수행하는 사람들에게 무슨 의미가 있을 수 있었겠는가?

한 가지 답은 할 수가 있겠다. 그 무엇보다도, 스스로 부여한 우월감이라는 눈가리개, 장군들의 조급증 또는 지나친 신중함, 정보의

206) Arthur M. Schlesinger, Jr., *The Crisis of the Old Order* (Boston: Houghton Mifflin, 1957), p.408.

취약함, 변덕스런 국민들, 동맹국의 신뢰부족(아니면 자국의 이익이라고 할 수도 있겠다) 그리고 행운의 불확실성 등 이 모든 것들을 아테네인들과 미국인들의 두 원정은 어느 정도 공유하고 있었고, 구체적인 사항에 있어서는 비교할 수 없다고 해도 아테네인들의 원정은 분명 미국인들의 원정에 참고할 만한 점들을 제공해 준다. 그러나 린든 존슨에게는 그와 같은 것들을 자신에게 가르쳐 줄 그리스인이 필요하지 않았다. 익숙하지도 않은 추론들이 사안을 더 명확하게 해 줄 수는 없었던 것이다.

그리고 익숙한 것이었다고 해도 존슨으로 하여금 앞으로 전개될 상황에 대한 전망 없이는 전쟁에 뛰어들지 말라고 붙들어 두지 못했을 것이다. 그보다 50년 전 대서양 건너편에서 1914년 7월의 정책결정자들은 그리스인들의 경험을 잘 알고 있었다. 그럼에도 불구하고 그들의 아들들은 참호 속에서 죽어갔다. 르네상스 시대 이래—이른바 미국인들을 포함하여—서양에서 교육받은 사람들이 의존해 왔던 대리경험의 주요한 원천들도 결국 유럽대륙으로 하여금 세계적 우월성의 상실을 초래한 결정적인 내전을 피하도록 만들지는 못했던 것이다. 사실 존슨과 그의 보좌관들이 2천 4백 년 전에 다른 곳에서 있었던 작은 전쟁에서의 한 가지 에피소드와 자신들의 조국을 동일시하지 못했던 점은 용서해 주어야 한다. 동맹국 측이든 연합국 측이든 1914년의 사람들도 거의 대부분 *자신들이* 시작하려고 했던 것과 교육받은 모든 유럽인들이 알고 있던 고통스런 투쟁 즉 그리스인들을 쇠약하게 만들어 결과적으로는 그들 모두 독립을 상실할 수밖에 없었던 그 투쟁 사이의 유사성을 간파하지 못했거나 주의를 기울이지 못했던 것이다. 후일의 존슨과 마찬가지로 당시의 근대 유럽인들은 대리경험보다는 자신들의 경험에 의존했고, 자기들에게 가장 위안이 되는 측면(지난 한 세기 동안 대륙 차원의 전쟁이 없었다는 사실)에 집착하여 (전쟁이 장기화되거나 확대되기에는 너무나 비용이 많이 드는 시대가 되었다는) "진리"의 증거로 삼으려고 했다. 1914년의 유럽인들의 사례는 1965년의 미국인들의 사례보다 역사에 대한 전통적인 주장에 훨씬 더 근접해 있다.

우리는 이 책에서 그러한 전통적인 주장에 대해 조심스런 방법으로 뒷받침된 약간의 조심스런 대안들을 제시하고 있는데, 이 대안 제시에 있어서 지금까지 거의 언급하지 않았던 바람이 있다. 즉 우리가 제시하는 소방법(mini-methods)이 일상화되어 더 방대한 주장을 새로이 하거나 정당화하는 데 필요한 대리경험의 갈증을 자극하게 되었으면 좋겠다는 것이다. 이에 대해서는 다듬어 나아가겠지만 두 가지의 문제가 개재된다. 우선 첫째로 우리의 독자들에게 그러한 방법들을 상기시킬 필요가 있고, 두 번째로는 확실한 실용성을 고려할 필요가 있다. 첫 번째 문제는 요컨대 우리가 실무자들에게 무엇을 하라고 강력히 권고했는가 하는 것이다. 그리고 두 번째는 그 실무자들이 그것을 수행하는 데 필요한 충분한 것들을 어떻게 찾아낼 것인가 하는 문제이다. 이 문제들에 대한 해답은 다시 그러한 희망을 실현할 수단을 제공해 줄 것이다. 이에 관한 논의는 잠시나마 뒤로 밀어두기로 하자.

첫 번째로 해야 할 일은 우리가 무엇을 촉구했는지를 요약하는 일이다. 정부의 일상적인 업무절차에 관해서 우리가 권고한 내용은 간단한 것인데 이를 입증하는 것은 쉽다. 우리의 제안의 배경에 깔려있는 논리는 이미 읽거나 관찰한 바와 같이 스태프 업무나 적어도 훌륭한 스태프 업무의 핵심적인 논리이기 때문이다. 그리고 거기에는 난해한 것도 없다.

행동이 요구되는 상황에 직면했을 때 훌륭한 스태프 업무에 있어서의 첫 번째 단계는 그 표출된 상황을 파악하는 일이다. 도대체 무슨 일이 진행되고 있는 것인가? 두 번째 단계는 보스의 관심사와 자신의 관심사가 무엇인지를 밝히는 일이다. 풀어야 할 (또는 안고 가야 할) 문제가 있다면 그것은 무엇인가? 그리고 누구의 문제인가?

이러한 단계들이 확실해지면 그 다음에는 과거의 인상에 박혀 있는 장애들을 제거하는 것이 필수적이다. 국가정부로부터 지역의 행정단위에 이르기까지 행동의 장이 어디이든 그리고 행정기관에서든 아니면 입법위원회에서든 일단의 참여자들은 거의 틀림없이 자신들이 선호하고 오랫동안 개발해 온 구도에서 시작할 것이다. 이들은 문제에 대해서 자신들의 성향에 따라서 맞지 않는 것처럼 보이는 것들은 모두 무시할 것이고, 자신들이 쉽게 동원할 수 있는 해결책이 요구되는 것이라고 규정할 것이다. 이들의 주장은 유추에 의해서 뒷받침될 가능성이 아주 크다. (즉 신종 독감이 스페인 독감만큼이나 심각할 수도 있지만, 어쨌든 이전의 유행병들처럼 확산될 것이라든지 또는 "천천히 압박하는 작전(slow squeeze)"은 미사일 위기에서 성공을 거두었고, 베트남에서도 주효할 것이다 하는 식의 유추.)

우리는 임박한 상황의 핵심적인 요소들 즉 *알려진 것*(*Known*), *불분명한 것*(*Unclear*) 그리고 *추정되는 것*(*Presumed*)들을 세 개의 독립된 난으로 정리하면서 시작하는 것이 표준적인 스태프 업무관행이 되어야 할 것이라고 강력히 권고한다. 이 간단한 절차는 "무엇을 해야 할 것인가"의 문제보다는 그 대신에 상황 그 자체에 대해 주의를 기울일 것을 요구한다. (따라서 "무엇을 해야 할 것인가" 하는 문제는 잠시 제쳐두게 된다.) 이러한 절차는 처음부터 일반적인 의견 일치를 도출하는 데 도움이 된다. 뿐만 아니라 가정 또는 불확실성 속에 개재되어 있는 문제들 가운데 해답제시가 가능한 것들이 적시됨으로써 약간의 정보 수집과정을 거치면 알려진 것으로 전환될 수도 있다.

이에 부수적인 절차는 유사한 것처럼 보이는 과거의 어떤 상황이나 그 상황을 인용할 것 같은 중요 인물을 분명하게 파악하는 일이다. *유사점*(*Likenesses*)과 *차이점*(*Differences*)을 재빠르게 적어둠으로써 오도의 가능성이 있는 유추의 사용을 막을 수 있는 것이다. 뿐만 아니라 *유사점*과 *차이점*을 정리함으로써 관심사항이 무엇인지를 정의하는 데 도움이 된다. *알려진 것, 불분명한 것* 그리고 *추정되는 것*들로 사안을 분해하는 것 자체는 관심사가 무엇인지를 분명히 해 주지는 않지만, 유사점과 차이점의 분석을 통해서는 이것이 가능해진다. 1950년 6월의 트루먼 행정부에게 북한의 (남한)침공은 우려(관심)를 불러일으킨 *알려진 것*이었다. 1930년대에서 유추를 점검해 보았더라면 이러한 우려의 근거는 아시아에 있어서의 영토적, 정치적 상황과 관련이 있다기보다는 집단안보에 의해서 강화된 평화적 변경의 원칙과 관련이 있는 것이라는 인식이 뚜렷해졌을 것이다.

일단 상황과 관심사가 상당히 명확해지면 논리적으로 스태프들이 그 다음에 해야 할 단계는 목표—즉 눈앞의 현실을 대신할 바람직한 상황, 곤란한 "지금"을 대체할 더 행복한 "그 때"—를 정의하는 일이다. 이 단계에서 이슈의 역사가 도움이 될 수 있다. 우리는 세 가지의 지혜에 의존하는 업무절차를 추천하는 바이다.

- 첫 번째는 *골드버그 법칙*(*Goldberg Rule*)이다. 자신의 관심사에 대한 몇 가지 정의를 마련하게 되면 "자초지종(story)이 어떻게 된 것인지?"를 질문하라. 이러한 관심사들은 어떻게 발전해 왔을까? 잘못된 자초지종을 좇지 않도록 주의하라. 미국과 소련 양국의 군비가 어떻게 팽창해 왔는지에 관한 이야기를 주로 들어야 할 필요가 있었던 카터에게 어째서 스태프들은 SALT 협상의 역사를 설명해 주었는지를 상기하라. "이슈"란 보스 자신이 직접 알려진 것들과 불확실한 것들에 직면했을 때 보스의 가정(아니면 보스를 대신한 당신 자신의 가정)으로부터 도출되는 것 즉 전적으로 보스 특유의 관심사들로 구성되어 있다는 사실을 기억하라.
- 두 번째 지혜는 *시간의 궤적*(*time-lines*)이다. 본질적으로 거슬러 올라갈 수 있는 데까지 거슬러 올라가서 자초지종을 시작하고, 핵심적인 사건들 특히 커다란 변화에 주목하면서 핵심적인 흐름(trends)을 구성해 보라. 본질이 왜곡될 정도로 자초지종을 축소 요약하는 일이 없도록 하라. 고도의 정치적인 내용을 담고 있는 변화를 간과하지 않도록 하라.
- 세 번째 지혜는 *저널리스트적인 질문*(*journalists' questions*)을 하는 것이다. 시간의 궤적은 "언제"와 "무엇"에 대해서 답해 주지만, "어디서", "누가", "어떻게" 그리고 "왜"라고 묻는 것도 빼먹지 않도록 하라. 이에 대한 답들은 선호된 행동의 과정에 발생할 수도 있는 잠재적 부조화까지도 조명해 줄 수 있다. 이것은 이슈의 역사를 환기하는 중요한 포인트의 일부분이다. 즉 출발하기 전에 어디로 갈 것인지 그리고 거기에 어떻게 도달할 것인지에 관해 더 많은 생각을 해야 한다.

이슈의 역사—만일 이것이 고유의 관심사에 관한 적절한 올바른 사건시말(history)이기만 하다면—는 일련의 목표들을 부각시켜 준다. 대부분의 경우에 있어서 우려(관심)를 촉발하는 것은 현재의 조건들을 과거의 그것과는 다르게 만드는 것으로 인식되는 변화이다. 초기의 조건들이 만족스럽지 못할 수도 있지만 그것들에 주의가 요구되는 것은 아니다. 최근의 몇 가지 사건들—북한의 남침에 상당하는 것들—이 현재의 상황을 그 전의 상태와는 다른 것으로 만드는 것이다. 한 가지 가능한 목표는 상황들을 과거에 존재했던 방식으로 단지 되돌려 놓는 것이다. 그리고 또 다른 목표는 장래를 위해서 새롭고 좀 더 만족스런 상태를 조성하는 것이다.

이슈의 역사는 바람직한 미래를 정의하는 데 도움을 줄 수 있다. 그 하나로서 과거의 현실을 되돌아봄으로써 무엇보다도 미래의 어떤 가능성들을 제약하는 한계를 살펴볼 수가 있다. 러시아인들이 자신들의 전략무기를 감축한 적이 없었다는 사실을 알고 있었더라면 카터의 대폭적인 감축안이 모스크바의 급격한 행태 변화를 요구하는 것이었다는 사실이 더욱 더 분명해졌을 것이다. 사회보장제도가 1939년 이래 한 번도 자체적인 재정확보를 한 적이 없었다—또는 1935년에도 후원자들이 그러한 문제점을 지적한 적이 있다—는 사실을 알고 있었다면 1972년에 야기된 주요한 위기가 단순히 수혜증가를 넘어서는 삶의 비용 조정의 문제 즉 그 당시에는 출산율, 고용 그리고 물가 등에 더욱 영향을 받게 된 보험수입이 지속될 것이라는 신화에 대한 신뢰의 문제임을 알아채는 데 도움이 되었을 것이다. 이슈의 역사는 무엇을 달성하기가 어려운지, 덜 어려운지 그리고 이를 위해 치러야할 대가는 무엇인지에 관한 인식의 지평을 넓혀 주며, 따라서 목표의 *선택*(*selection*)에 도움을 준다.

더욱이 이슈의 역사는 그 다음의 논리적 단계 즉 일단 목표들이 설정된 후의 실천을 위한 대안의 선택과정을 조명해 준다. 과거에 성공했던 것은 미래에도 성공할 것이다. 과거에 실패한 것은 현재에도 실패할 가능성이 있다는 등등. (그렇다고 *유사점/차이점*의 검증을 무시해서는 안 된다. 논리적으로 보면 이 모두는 우연성이 개재된 상당한 위험을 수반한다.)

이제 마지막으로 우리는 많은 사람들이 시작하기를 갈망하고 때로는 직접 뛰어 들고자 하는 단계 즉 대안(options)의 나열 단계에 도달했다. 미래에 관해서 시사하는 바가 있는 경우를 제외하고는 역사는 이 단계에서 제한적인 역할만을 할 뿐이다. 대부분의 경우 대안은 현재의 조건과 능력에 의해 제약을 받는다. 1950년에 트루먼이 지상군을 한국에 파견하는 대안을 가질 수 있었던 것은 미 점령군이 가까운 일본에 주둔하고 있었기 때문이었다. 그가 즉각적으로 결정할 수 있었던 것에 대해 미군이 언제 또는 왜 일본에 주둔하고 있었는지 하는 것은 상대적으로 별반 중요한 것이 아니었다. 대개의 경우가 이러한 이유는 사건의 초기에 대안이 나열될 때에는 우리가 *지금(now)* 할 수 있는 것은 무엇인가 하는 질문에 대한 답으로서 대안들이 제시되기 때문이다. 상황이 행동을 필요로 하는지 어떤지 그리고 만약 그렇다면 어떻게 추진해야 하는지 등과 같은 논리적으로 선행되어야 할 질문들에 대해서 습관적으로 무시하는 현상은 부분적으로는 바로 이러한 질문으로 직접 돌진해 들어가기 때문에 발생한다고 할 수 있다.

"우리는 지금 무엇을 할 수 있는가?"하는 질문은 실행가능성(feasibility)의 문제를 제기한다. 트루먼은 러시아의 아시아 쪽 주변지대 그 어디에도 침략에 저항하기 위해 동원할 수 있는 군대를 가지고 있지 않았다. 실행가능성을 판단하는 데 있어서 물리적인 한계가 있다면 역사는 무의미한 것이 될 수도 있다. 적어도 가까운 장래에는 기술적인 한계 역시 같은 작용을 할 것이다. 반면 행정적이고 정치적인 한계는 보다 더 주관적인 것이기 때문에 우리가 존슨의 베트남 정책결정의 작업과정에서 본 것과 같은 유(類)의 역사적 고려들을 환기시켜 준다. 예를 들면, 프랑스인들이 하지 못했던 것을 미국인들이 해낼 수 있을까? 또 다른 예를 들면, 남베트남을 "상실"함으로써 민주당은 트루먼의 운명을 답습할 것인가 하는 고려들이다. 간단히 말하자면 이러한 생각들은 현재에 관한 추정에 영향을 받은 과거의 산물로서의 미래에 대한 판단들이다. 이처럼 미래와 과거 그리고 현재를 서로 견주어 보는 것은 중요한 작업이다. 정책결정자들이 이들 사이의 관계를 능숙하게 요리하는 데 믿고 사용할 수 있는 소방법(mini-method)을 제시하고 싶지만, 우리는 그렇게 할 수 없다. 그렇게 하기 위해서는 지금까지 우리가 했던 고려와 실험의 절대 경계선까지 도달하지 않으면 안 된다. 일반적인 태도, 투영된 심리, 시야(outlook) 이상으로 우리가 제공할 수 있는 것은 없으며, 그 방법—추정에 대한 우리의 검증들을 동반한—은 더더욱 제공할 수 없다. 시야(outlook)에 대해서는 시간이 마치 하나의 흐름(stream)으로 파악될 수 있다는 예들을 들면서 나중에 다시 언급할 것이다.

일단 실행가능성을 기준으로 해서 어떻게든 대안들이 걸러지고, 나열된 판 위에 남은 대안들 사이에서 선택해야 하는 상황이 되면, 그 때 다시 추정에 대한 검증의 과정에 역사가 유용하게 될 것이다. 이전에 이런 과정이 없었다면 지금이 바로 그 때인 것이다. 질문은 다음과 같이 된다. 즉 인과관계에 관한 어떤 기대를 가지고 있어서 다른 대안들보다 특정의 대안을 선호하게 되었는가? 분명한 답을 얻기 위해서는 잠재적으로 결정력을 지닌 추정들을 검토해야 한다. 케네디와 그의 보좌관들의 경우라면 노란 메모용지철 위에 다음과 같은 문장을 완성해 넣으려는 시도만 하면 되었을 것이다. 즉 "카스트로를 무너뜨리기 위해서는 피그만 상륙작전이 가장 훌륭한 대안이다. 왜냐하면…" (… 쿠바인들이 동조하여 들고 일어설 것이기 때문이다;… 만일 상륙여단이 실패하더라도 에스캄브레이의 반란군 지역(the Escambray)으로 숨어 들어갈 수 있기 때문이다;… 여하튼 미국은 공개적으로 관여하지 않았다 등등.) 그들이 기본적인 신념("진리")에서 한 걸음 비켜서 있었다고 하더라도 "만일… 그렇다면"이라는 핵심적인 추정에는 직면했었을 것이다. 그들은 그러한 추정들을 눈에 띄는 대로 검증—또는 포기—할 수 있었을 것이다.

간단한 검증으로서 우리는 *걸기와 따기*(bets and odds) 그리고 *알렉산더의 질문*(Alexander's question)을 제시하고자 한다. 앞의 것은 예상된 결과에 있어서 따는 것(아니 어쩌면 어떤 이득에 대해서 잃을 것을 무릅쓰고 걸 만한 자신의 돈이 얼마 만큼인가를 말하는 것)을 말해 보는 것에 지나지 않는다. 이런 식으로 하면 평범한 정책결정자는 "공정한 기회" 또는 "유력한 가능성" 등과 같은 용어로 치장한 전문가들 사이의 차이점을 발견할 수 있다. 뒤의 것—돼지독감 사건의 알렉산더 박사를 모방한 것—은 어떠한 새로운 증거가 현재의 추정을 변화시킬 수 있을 것인지를 묻는 것이다. 그러고 나서 시간을 재면서 증거가 나타나는지를 보는 것이다. 나타나지 않으면 그런대로 되었고, 만일 나타나면 다시 한 번 대안(options) 리스트를 검토한다.

끝으로 한 대안에 관해서 결정하기 전에는 물론 결정한 후에도,

지속적으로 수행해 나아가는 과정에 우리가 *위치 짓기*(*placement*)라고 이름붙인 단계가 오게 된다. 이 단계는 정책의 성공을 좌우할 적극적인 지원을 담당하는 관련자 및 관련 조직에 관한 추정들을 탐침(probing)해 보는 단계에 해당한다. 여기서는 고정관념화를 할 수밖에 없는 시간적인 압박을 염두에 두면서도 사람이나 조직들로부터 어느 정도 떨어져서 이들을 유형화함으로써 고정관념을 형성하기 시작하는 그 과정을 개선할 필요가 있다. 이 목적을 위해서 우리는 개인이나 조직에 대해 *사건*(*events*)과 *세부사항*(*details*)이 배열된 *시간의 궤적*(*time-lines*)을 제안하는데, 아마도 그것은 사건으로 나타나는 관련 "(public history)" 그리고 세부사항으로 표현되는 개인의 또는 조직 내부의 역사가 될 것이다. "여성"이라든지 "행위자" 또는 "관료집단"이라든지 "이익집단" 등과 같은 최초의 고정관념에 그쳐서는 안 된다. 개인이나 조직이 노출된 거대한 사건들에 주목하라. 유용하다고 생각되는 곳에서는 *특별한 사건*(*special events*) 즉 어떤 정황에 특수한 (마틴 루터 킹의 경우에는 흑인의 역사)도 가미하라. 그리고 나서 세부사항들 즉 개인적인 경험이나 조직 내부의 발전과정 같은 인지 가능한 아이템들을 기록하라. 이 두 가지를 검토하고 또 사람들은 인과관계를 서로 다른 *패턴*으로 볼 수도 있다는 점을 기억하면서, 그 다음에는 추론(inferences)—사람들이 생각하는 현실의 가정들은 초기의 고정관념으로부터 도출된 가정들보다 더 정교하다—을 도출하여 이를 위치 짓기를 다듬는 데 활용하라. 예를 들면 남자들의 세계 속에서의 프로페셔널로서의 프랜시스 퍼킨스, 조정자, 로비스트, 민주당원 앨프리드 스미스, 프랭클린 루스벨트 추종자, 전형적인 "여자" 등등이다.

우리는 위치 짓기를 정책결정의 이행과정으로 파악하지만, 그 필요성은 훨씬 더 빨리 생겨날 수가 있다. 만일 조직의 보스가 그 분야의 문외한이거나 그 직무에 익숙하지 않다면 사람과 조직 이 두 가지에 대한 위치 짓기는 관심사를 정의하는 데 도움을 준다.

조직을 위치 짓는 일과 개인을 위치 짓는 일에는 모두 같은 성격의 추리(reasoning)가 필요하다. 바로 이러한 이유 때문에 우리는 "사건"과 "세부사항"이라는 용어를 두 경우에 공통적으로 사용한다. 그러나 우리는 대부분의 사람들이 개인에 관해서 생각하는 것보다는 제도에 관해서 생각하는 것에 더 어려움을 느낀다는 점을 알고 있다. 조국의 역사에 대한 상식이 있는 거의 모든(아! 불행히도 모든 미국인은 아니지만) 미국인이라면 로널드 레이건이 FDR에게 네 번이나 투표를 했다는 점을 기억해 낼 수 있을 것이며, 그러한 사실이 레이건의 대통령직 개념에 어떤 의미를 갖게 될까하는 점을 인식할 수 있을 것이다. 물론 그러한 상식을 가지고 있는 모든 미국인들이 에너지부(Department of Energy)가 원래는 주로 무기생산에 종사하는 원자력위원회(Atomic Energy Commission)였다는 사실이나, 주택도시개발부(Department of Housing and Urban Development)가 뉴딜 시대의 말기에 일반 가정에 대한 저당권 담보업무를 주로 했던 연방주택청(Federal Housing Administration)으로부터 성장했다는 사실, 또는 미 해군이 1798년부터 1947년까지는 전적으로 독자적인 부처로서의 업무를 하면서 스스로 설정한 임무들에 거의 배타적으로 종사했었다는 사실 등에 담겨 있을 법한 함축적 의미에 대해서도 마찬가지로 즉각적인 인식을 하지는 않을 것이다. 그러한 인식의 부족은 부분적으로는 이러한 조직들의 역사가 일반적으로 학교에서 가르치는 역사에서 아주 작은 공간만을 차지하고 있기 때문이다. 또 부분적으로는 제도보다는 사람이 더 강조되기 쉽기 때문이기도 하다.

우리의 강좌에 참여하는 학생들에게 직업 현장에서 우리의 소방법을 적용하는 데 있어서의 경험을 묻고 조사했을 때 정기적으로 조직의 역사를 들여다본다고 대답한 학생들은 소수에 불과했다. 그렇지만 그렇게 했다는 사람들은 거의 예외 없이 조직의 위치 짓기가 자신들의 수업을 통해서 얻은 가장 유용한 개념이었다고 말했다. 그리고 그들의 활용사례 가운데 어떤 것은 원래의 우리의 상상을 뛰어 넘는 것도 있었다. 그 한 가지 예는 개인적으로 개업한 어떤 변호사의 경우인데, 그는 법률회사에 대한 자신의 고정관념을 다듬고 그에 따라서—자신의 생각대로—우선 처음에 어떻게 협력관계를 구축하고 그리고 그 다음에 어떻게 자신의 협력자의 몇 가지 관례들을 점차적으로 변화시켜 나아가야 할지를 체득했다. 또 다른 경우는 고위 공직자였는데, 그는 자신이 속한 기관의 과거를 연구함으로써 기관을 이끌도록 정치적으로 임명된 자들을 조종할 수 있는 자신의 능력이 확대되었다고 보고하면서 기뻐했다(우리는 불안해졌지만). 그러나 우리는 조사를 통해서 일반적으로 발견된 것[207]만을 인정한다. 조직의 위치 짓기는, 우리가 제안하는 다양한 단계들 가운데 논리적으로는 가장 덜 자연스런 것이라는 이유도 있기 때문에, 제기되지 않았던 의문들 또는 검토되지 않았던 답변들의 형태로 의외의 좋은 결과를 산출할 수도 있다.

우리는 우리 스스로가 추천한 단계들을 스태프 업무라는 조건으로 제시하지만, 우리의 관심은 선택에 있다. 만일 정책결정자들 스스로가 자신의 스태프일 경우라거나 또는 스태프들이 선택을 하게 될 경우라면 그대로 좋다. 각 단계들은 별 다른 주의를 기울이지

---

207) 부록 참조.

않고 적용될 수 있다. 우리가 제안하는 절차적인 장치들도 마찬가지이다. 우리의 소방법은 보스를 포함해서 그것을 필요로 하는 사람이라면 누구나 활용할 수 있다.

중요한 것은 누군가가 "우리가 해야 할 일은 이것이요"라든지 아니면 "이렇게 해야 하는 거요"라고 말하기 전에, 해야 할 질문들을 가능한 한 빨리 모색하는 데 있다.

우리의 질문 리스트는 모든 것이 포함된 종합적인 것이 절대로 아니다. 다른 많은 질문들이 제기되어야 하고 또 답변이 제시되어져야 한다. 몇 가지 예를 들어보자. 측정할 수 있는 비용은 얼마나 되는가? 그 비용은 측정할 수 있는 수익과 어떻게 관련되어 있는가? 비용과 이익은 어떻게 산출되는가? 다양한 목표들의 비교우위는 무엇인가? 서로 어떻게 비교 교체될 수 있는가 등등이다. 종합적인 리스트라면 기술적인 질문들도 포함될 것이다. 돼지독감 위기의 경우에는 전염병 학자들과 또 다른 분야의 의사들의 판단이 요구되었다. 사회보장을 위한 재정확충의 문제에는 경제학자, 인구통계학자, 계량통계학자, 회계사 그리고 법률가들에 의해서 훌륭하게 제기된 이슈들이 포함되었다. SALT–II를 위한 첫 번째 조치를 취하는 데 있어서도 카터는 물리학자, 엔지니어, 체계이론가 그리고 군비통제 검증기술의 전문가는 물론 예산편성기술의 전문가들의 자문을 필요로 했다. 다양한 분야의 이론가들이 수십 년 동안 공공정책결정의 구성요소를 다루는 (대문자로 시작되는) 방법론(Methodologies)—역시 전적으로 전문적인 코드—을 개발하기 위해 노력해 왔다. 우리가 이 책에서 시도하려는 것은 대개 "경험"이나 "상식" 또는 "판단"으로서 함께 뭉뚱그려져 있는 각 구성요소들에 대해 약간 더 체계적인 형태를 부여하고자 하는 것이다. 우리의 이 소방법들이 공식적인 방법론(Methodologies) 그리고 전문적 지식과 결합—이것들을 대체하는 것이 아니라—된다면, "오케이, 우리가 할 일은 *이것*이야"라고 말할 때 자신이 도대체 어디쯤 가고 있는지에 관한 정책결정자 자신의 지각을 조금이라도 더 확장시켜 줄 수 있을 것이라고 생각한다.

소방법들을 일별할 때 항상 우리 앞에 던져지는 의문은 "만일 내게 역사에 대한 단편적 지식이 없다면, 그래서 급히 필요하게 된다면 그것을 어떻게 얻을 수 있을까?" 하는 것이다. 이 난제는 즉각적으로 다루어져야 한다. 장래에 바로 쓰이게 될지도 모를 어떤 역사에 대해 배우기 위해서 여가—또는 수업 중의 시간이라도—를 이용하는 것에 대해서는 나중에 논의하게 될 것이다. 그러나 특별한 문제는 누구에게나 일어날 수 있다. 아무리 교육을 받았다고 하더라도 과연 얼마나 많은 1960년대의 미국인들이 베트남의 역사를 알 것이라고 기대할 수 있었겠으며, 또는 1970년대에는 석유산업의 역사를 또는 1980년대에는 레바논이나 엘살바도르 혹은 연방정부의 수입세의 역사에 관해서 알 것이라고 기대할 수 있었겠는가?

이러한 종류의 난제는 입 밖에 내어 말함으로써 거의 해결한 것이나 마찬가지이다. 역사적 지식이란 것은 다른 모든 종류의 지식과 절대로 다르지 않다. 필요하다는 사실을 인식하기만 하면 된다. 그럴 수 있는 위치에 있기만 하다면, 다른 누군가에게 "가서 찾아 봐…"라고 하면서 그에게 어떻게, 어디서 그리고 어쩌면 무엇인가에 관해서까지도 생각해 보도록 맡겨 두면 된다. 그렇지 않으면—즉 자신이 그 다른 누군가의 위치에 있다면—수화기를 집어 들어라.

다이얼링은 롤로덱스(Rolodex)[208]에 기재되어 있는 누군가의 것부터 시작하게 된다. *마야게스(Mayaguez)* 사건 당시에 캄보디아 정부가 점령을 지시했을 것으로 모두들 확신하고 있는지 묻기 위해서 전화기를 집어 든 사람은 백악관의 카메라맨인 데이비드 케널리(David Kennerly)였다. 케널리가 *푸에블로(Pueblo)*호 사건이라는 선례에 관해서도 묻고 싶었다면 존슨 시절의 백악관 카메라맨이었던 Y.R. 오카모토(Okamoto)에게 전화를 할 수도 있었을 것이다. 오카모토라면 그에게 적어도 전화를 해 보아야 할 다른 노련한 전임 경험자들의 이름을 알려줄 수도 있었을 것이다. 마찬가지로 쿠바의 소련 여단 진주라는 사건에 직면했을 때 밴스나 브레진스키는 딘 러스크에게 전화를 걸 수도 있었을 것이다. "5분 안에⋯ 명쾌하게 설명해 줄 수 있었을 텐데—그런데 아무도 전화해 오는 사람이 없었어"라고 러스크는 우리에게 말했다. 조지아 대학 로스쿨의 교수였던 그는 쉽게 찾아낼 수 있는 인물이었을 텐데 말이다.

어떻게 찾아내든지 간에, 노련한 전임 경험자들은 최근의 유추, 이슈의 역사, 개인의 이력 그리고 조직의 역사 등에 관해서 묻고 체크할 수 있는 첫 번째 아니 아마도 유일한 정보소스일 것이다. 그들에게는 분명 무언가 있을 것이다. 아무도 사건의 자초지종의 일부분 이상을 알 수는 없다. 바로 이러한 이유 때문에 조사의 주제가 무엇이든지 간에 "골드버그 법칙", 시간의 궤적 그리고 저널리스트적인 질문을 항상 염두에 두어야 한다. "이야기 좀 해 달라"는 부탁을 받게 되면 노련한 전임 경험자들은 오늘날의 편견으로 투영된 이슈, 인물 또는 기관의 한 단면에 관해서만 풀어 놓는 것은 더 어려운 일이라고 여기게 될 것이다. "출발점으로 되돌아가라"는 계명은 사건의 자초지종에 질서를 부여하는 데 도움을 준다. "언제"

208) (역자주) 거래 또는 접촉 상대의 전화번호를 접촉기록 및 신상정보와 함께 기재해 두는 카드식 기록철.

그리고 "무엇을"에다 "어디서", "누가", "어떻게" 그리고 "왜"를 보충하면 더 완벽해진다.

기자나 방송인들은 노련한 관료출신 전임 경험자들의 대리인 또는 보완자 역할을 할 수 있다. 한 가지의 이슈가 장기간 제기될 경우 실제로 정부 내에는 갖고 있는 정보를 흘리고 싶어 하는 사람들이 있게 된다. 이것은 저널리스트들도 마찬가지이지만 그러나 그렇지 않을 수도 물론 있다. 저널리즘이란 것은 가십거리를 수집하는 일이기 때문에 베테랑 저널리스트들은 시의적절하고 유용한 정보를 많이 가지고 있다. 여기서 분명히 주의할 사항은 취재자들은 대가 없이는 정보를 거의 제공하지 않는다는 점이다. 카터의 스태프 멤버들이 적어도 그 이유를 말하지 않고서는, 또 SALT 협상제의에 관해 무엇인가 좀 더 새나가는 위험을 무릅쓰지 않거나 또는 적어도 자신의 주변에 냄새 맡으려는 코들이 킁킁거리고 있다는 것을 스쿠프(잭슨)가 눈치 챌 수도 있는 그러한 위험을 감수하지 않고서는, 잭슨 상원의원에 관해서 조사해 온 기자들에게 물어보지도 못했을 것이다. 그럼에도 불구하고 훌륭한 저널리스트는 관료들이 무시해서는 안 되는 정보의 원천이다.

다이얼링 해야 할 전화번호 가운데 맨 마지막은 역사에 관한 생생한 지식으로 먹고 사는 사람들의 것이다. 어떤 경우에는 이들을 마지막 순위에 두는 것이 잘못일 수 있다. 연방정부와 주정부 그리고 지방정부에서는 다양한 기관들이 조직 내에 전속역사가(in-house historians)를 두고 있다. 상원은 10년 전부터 전속역사가를 두고 있다. 하원은 최근에야 한 명을 두었다. 때로는 이 공식 사가들의 자격은 특별히 객관적인 전임 경험자들로 제한되기도 한다. 이들이 높은 지위를 갖는 일은 거의 없다. (1950년대 초 국무성의 중국전문가 가운데 한 사람이었던 올리버 클럽(Oliver Clubb)은 역사연구과(Division of Historical Research)에서 근무하게 되자 외교업무에서 아예 사퇴해 버렸다. 그는 내부적인 추방을 당했다고 생각했던 것이다.)[209] 다른 한편으로 전속 역사가들에게는 조직 내 모든 레벨의 기록을 볼 수 있는 자격이 부여되어 왔으며, 또 이들은 조직 내에서 살아 왔다. 맥조지 번디의 스태프들이 1954년 이전까지의 프랑스와 인도차이나에 관해서 무언인가를 이야기하기 위해 "프랑스 유추"에 관한 번디의 메모를 원했다면, 바로 당시에 『미국의 대외관계(*Foreign Relations of the United States*)』 시리즈를 편찬하기 위해서 1950년대 초 동남아시아 관련 문서들을 모으고 있던 국무성 역사자료실(Historical Office)의 중간 레벨 공무원들이 하나의 훌륭한 정보소스가 될 수 있었을 것이다.

전문적인 역사가들이라고 해도 어떤 의미에서 조직 내의 전속이 아니라면, 관료들은 이들을 우선순위의 제일 뒤에 둘 가능성이 많다. (다른 곳에서와 마찬가지로 여기서 우리는 "역사가"라는 용어를, 스스로를 경제학자, 정치학자 또는 사회학자라고 부르는 사람들 그리고 저널리스트의 자격을 지닌 사람 등 많은 사람들을 포함하는 의미로 사용한다.) 그 이유는 정부관료는 자신이 알고자 하는 것만을 특정하여 구체화하는 데 곤란을 느낄 가능성이 있기 때문이다. 학자는 너무 많이 알고 있어서 특정한 조건 없이는 무엇인가 이야기하는 것을 곤혹스러워 할 것이다. 따라서 이런 경우의 대화는 오로지 필담만이 유용한 의사소통의 매개가 될 수 있는 서로 다른 중국어 방언을 구사하는 자들 사이의 그것과 비슷할 수 있다. (우리는

---

209) E. J. Kahn, Jr., *The China Hands: America's Foreign Service Officers and What Befell Them* (New York: Viking Press, 1975), pp.242-43.

관료들과 역사가들이 더 쉽게 대화를 나눌 수 있는 날이 오기를 꿈꾸지만, 이러한 희망을 지탱시켜 줄 현실적인 증거를 발견하지 못했다. 역사가들과 많은 이야기를 나누는 관료들은 자신들이 역사가들이라고 생각하게 된다. 관료들과 조금이라도 대화를 나누는 역사가들은 스스로를 "자문역"이라고 생각하게 된다. 거의 예외가 없다.)

만일 전화통화가 충분하지 못하고 문서나 책을 들여다보아야 할 상황이 되면 어디로 가야 할까? 그(경우에 따라서는 그녀)는 무엇을 찾아야 할까?

이에 대한 대답은 방대한 책 한 권 분량도 될 수 있을 것이다. 사실은 여러 권이나 된다. 아마도 가장 재미있게 씌어진 것으로 자크 바전(Jacques Barzun)과 헨리 그래프(Henry Graff)의 『현대적 탐구자(*The Modern Researcher*)』라는 책이 있다.210) 우리는 여기서 가장 개략적인 조언만을 제시하고 있는데, 이는 임박한 마감시간과 과중한 업무에 시달리는 스태프 보좌관들의 형편에 맞추기 위해서이다.

참고문헌목록(bibliographies)도 시간을 절약해 줄 수 있다. 권위 있는 『독자들을 위한 정기간행물 가이드(*Reader's Guide to Periodical Literature*)』는 최근까지의 잡지 논문의 주제별 색인을 망라하고 있다. 의회문서, 사회과학 간행물, 통계학, 법학 등등의 특별 색인들도 있다. 뿐만 아니라 전기 인명부도 매우 많다. 도서관의 사서에게 도움을 요청하라. 그것이 그들의 업무이다.

색인에 정기간행물의 논문이 표시되어 있고 또 내셔널 저널(*National Journal*)이나 런던에서 발행되는 이코노미스트(*Economist*) 또

---

210) Jacques Barzun and Henry F. Graff, *The Modern Researcher*, 4th ed. (New York: Harcourt Brace Jovanovich, 1985).

는 사이언스(*Science*)지가 인용되어 있으면 우선 그것들을 보라. 이 저널들은 시사적인 뉴스와 그 배경을 설명해 줄 것이다. 이보다 덜 빈번하게 간행되는 저널들 가운데 같은 이유로 주목해야 할 것들로는 『계간 의회(*Congressional Quarterly*)』, 『포린 어페어즈(*Foreign Affairs*)』, 『외교정책(*Foreign Policy*)』 그리고 『윌슨 쿼털리(*The Wilson Quarterly*)』 등이 있다.

시간적으로 훨씬 과거로 거슬러 올라가는 사건들에 관한 정보가 필요하다면 단행본들을 찾아볼 필요가 있다. 프랭크 프레이들(Frank Freidel)이 편집한 『하버드 미국역사 가이드(*The Harvard Guide to American History*)』는 약간 오래되긴 했지만 여전히 유용하다.[211] 의회도서관은 최근에 출판된 단행본의 주제별 목록색인을 마이크로피시의 형태로 출간하고 있다. 사서들에게 문의하면 다른 도서검색 수단들을 가르쳐 줄 것이다. 록히드 DIALOG(Lockheed's DIALOG) 같은 데이터베이스에 로그인할 수 있으면 컴퓨터를 통해서 도서목록과 뉴스 그리고 잡지의 내용요약으로부터는 물론 역사가와 다양한 분야의 사회과학자들을 위한 전문 지침으로부터도 제목과 초록을 검색할 수 있다.

논문이나 단행본을 손에 넣게 되면 서로 다른 주장들을 담고 있음을 알게 될 것이다. 시간이 촉박할 경우에 어느 것을 신뢰할지 어떻게 결정할 것인가? 초보자라면 가장 최근에 출판된 것이 가장 좋은 것이라고 생각하면 된다. 최신판은 아무래도 이전에 씌어진 모든

---

211) Frank Freidel, ed., *The Harvard Guide to American History*, 2 vols. (Cambridge, Mass.: Harvard University Press, 1974). 좀 더 최근의 것이기는 하지만 더욱 전문적인 참고문헌목록은 Richard Dean Burns, ed., *Guide to American Foreign Relations Since 1700* (Santa Barbara, Calif.: ABC Clio, 1983)을 참조.

것들을 고려하고 그것들보다는 나은 것으로 만들려고 노력한 것이기 때문이다. 그렇지만 그 경우에도 저작의 참고문헌목록이나 각주 그리고 정보출처의 색인 등을 살펴보고 이러한 생각이 맞는지를 검토해야 한다. 자신이 알고 있는 이전의 저작들에 대해 언급하지 않고 있거나 빈약한 연구를 토대로 한 것으로 보이면 그보다 더 오래된 것을 찾아야 한다.

특히 논문이나 책에 각주가 없으면 저자의 신뢰도에 주의를 기울여야 한다. 저자가 명성 있는 대학에 몸담고 있다면 저자가 대학원에서 연구하는 훈련을 받았을 것이라는 점과 그 연구결과가 어떠한 형태로든지 동료들의 검토를 받았을 것이라는 점을 알 수 있다. 저자가 저널리스트라면 특별히 머리글에서 언급하고 있지 않는 한 연구훈련의 정도를 알 수가 없다. 다른 한편으로 저자가 훌륭한 신문이나 잡지에 소속되어 있다면 사실관계를 명료하게 정리할 수 있는 능력에 관해서는 이미 검증을 받은 것이라고 확신할 수 있을 것이다. 가능하다면 저자가 출판한 다른 저작물에도 주의를 기울여야 할 것이다. 저자가 자신이 저술한 연구주제에 관해서 제대로 파악하고 있는지 아닌지를 알 수 있는 척도가 될 것이다.

때로는 저술의 머리말과 맺음말 부분을 일별함으로써 저자의 해석에 관해서 알아야 할 모든 것을 알 수도 있다. 만일 저자가 그 이전에는 의문시되지 않았던 어떤 진실 특히 어두운 음모 같은 것을 발견했다고 주장하고 있다면 다른 책을 보도록 하라. 그러나 만일 저자가 양식 있는 사람 같으면 대충 읽어 보도록 하라. *읽게 될* 논문이나 책에 관해서 우리는 뒤에 가서 논의할 것이다. 여기서는 여러분이 해야 할 일이 있어서 급히 읽어 보아야 할 것들에 관해서 이야기하고 있는 것이다. 기억해야 할 것은 여러분이 상황을 파악하고 이에 대처하기 위해서 무엇을 할 것인가를 정의하는 과정에 발생하는 질문들에 대한 대답 또는 대답들을 찾고 있다는 사실이다. 머릿속에 그러한 질문들이 명확하면 명확할수록 제 아무리 방대하고 작은 활자로 인쇄된 책이라도 빨리 넘어갈 수 있다. 이러한 작업은 어려운 일이 아니며 숙달되면 점점 쉬워진다.

요컨대 머릿속에 지난 세기들이나 나라들—또는 제도, 이슈, 개인 등등 무엇이든—의 역사에 관한 지식이 많으면 많을수록 그 필요성이 발생할 때 이러한 방법들을 통하면 우왕좌왕하면서 자료를 수집할 필요가 줄어든다. 미사일 위기 당시에 막 바바라 터크먼(Barbara Tuchman)의 『8월의 총성(*Guns of August*)』을 독파했던 케네디는 자신의 스태프들에게 의존하지 않고도 냉철한 시각으로 바라본 1914년이라는 준거점을 떠올렸다. 기억을 더듬는 일(이상적으로는 기억에 *대한* 검토를 수반하는)이—기억 속에 저장된 유용한 무엇인가가 있다면—시간을 절약하고 의존도를 줄이는 상대적으로 빠르고 효율적인 방법이다.

이러한 사실은 우리로 하여금 다시 역사학의 전통적인 주장 즉 일반적인 과거에 대한 연구는 특별한 상황의 정책결정자에게 도움을 준다는 명제를 떠올리게 한다. 우리는 이러한 주장을 강화할 수 있기를 바란다. 우리는 그렇게 할 수 있다고 생각하며, 사실상 우리는 그러한 작업을 해 왔다고 생각한다. 왜냐하면 우리가 제시한 소방법들은 특별한 상황에 처한 경우에 맞춰 고안되어 있어서 적어도 두 가지의 가시적인 면에서 이미 가지고 있거나 어딘가에 저장되어 있는 일반적인 지식의 가치를 높여주기 때문이다.

즉 지식목록(inventory)의 가치를 증진하고 맥락(context)의 가치를 높여준다. 이를 설명하는 데에는 잠깐이면 된다.

"지식목록"이란 단순히 저장되어 있는 역사적 지식 즉 상황에 적절한 유추 혹은 시간의 궤적을 끌어내거나 또는 다른 사람들이 끌어낸 것을 검증할 수 있는 준거점들의 축적으로서 현재의 머릿속에서 언제든지 활용할 수 있는 지식을 의미한다. "맥락" 역시 그 의미는 간단하다. 역사에 관해서 많이 알면 알수록 대안에 관해서 더 잘 이해할 수 있다는 것이다. 예를 들어 스쿠프 잭슨에 관한 사건과 세부사항들을 축적하고 있는 사람이라면 (민주당원인) 잭슨이 냉전의 시작단계에서부터 지속적으로 방위비 증가를 옹호해 왔다는 사실을 어떻게 해석해야 할 지 애를 먹었을 것이다. 그러나 직접 살면서 경험해 왔든 아니면 독서를 통한 대리경험이든 아무튼 경험을 통해서 제2차 세계대전 직후의 시기를 회상하는 사람들만은, 한국전쟁까지 가지 않더라도 적어도 1948년까지만 해도 당시로서는 그렇게 철저한 북부의 민주당원이란 남부의 공화당원이라고 하는 존재만큼이나 드물었다는 사실을 이해할 수 있었을 것이다. *유사점*과 *차이점*의 실제적 *활용* 또는 시간의 궤적 위에서의 사건과 세부사항의 *활용*이나 "골드버그 법칙"(사건의 자초지종이 무엇인지를 묻는 것) 또는 심지어 "알렉산더의 질문"(어떤 새로이 *알려진 것*이 *추정되는 것*을 변화시킬 것인가?) 등의 *활용*을 잘 생각해 보면 일반적인 역사지식의 유용성을 깨닫지 않을 수 없을 것이다.

우리의 공동 작업의 유래에 관해서 설명할 때 언급했던 것처럼, 불행하게도 미국의 정책결정자들과 그 보좌관들이 특징적으로 가장 가지고 있지 않은 것이 바로 일반적인 역사지식이다. 법정 논리라는 제한된 프리즘을 통해서 배운 역사만을 알고 있을 법률가, 경제사는 말할 것도 없이 자신들의 사상 말고는 경제사상에 대해 그다지 배우지도 않았을 경제학자, 과학사에 관해서 거의 아무 것도 모를 과학자, 역사 전반 심지어는 자신들의 직업의 역사에 관해서도 전적으로 무지할 엔지니어, 경영학의 역사에 관해서는 수박 겉핥기식의 지식 밖에는 없는 경영대학원 졸업생 그리고 모든 종류의 역사 과목을 교묘하게 이수하지 않았을 일반학사들, 우리의 교육제도는 이런 사람들을 양산하고 있다. 우리 정부와 정계는 이런 사람들로 가득 차 있다. 이들에게 역사에 관한 투키디데스의 주장을 바로 그 투키디데스의 관점에서 진지하게 생각해 보라고 요구하는 것은 무리일지도 모른다. 그렇지만 인간의 희극에 흥미를 가지고 있는 사람에게는 투키디데스의 역사를 포함하여 역사를 읽는다는 것이 즐거움으로 받아들여질 수도 있다는 사실에 위안을 받을 수도 있겠다. 이 점에 관해서는 다시 논의하기로 한다.

이 책을 통해서 우리는 우리의 바램이 어느 정도의 한계와 관계가 있다는 점을 강조해 왔다. 즉 여기서는 좀 더 날카로운 목적의식이 그리고 저기서는 더 명확한 위험인식이 하는 식이다. 비공식적이거나 공식적인 교육에 관해서도 우리의 바람은 마찬가지로 그보다 덜하지 않은 강한 제약을 받는다. 자신이 정책결정자나 그 보좌관 아니면 심지어 정책결정자를 선택하는 자가 될 잠재적인 가능성이 있다고 생각하는 미국인들이 우리가 정의한 바대로의 지식목록과 맥락을 축적하는 일이 유용하다고 생각하게 된다면, 그들 가운데 더 많은 수가 학교의 안팎에서 과거사의 연구에 자신들의 시간의 일부를 할애하여 쏟아 붓게 될 것이다.

그렇게만 된다면 지식목록과 맥락에 있어서 빈 곳을 메우는 것보다 그것이 오히려 정책결정자들에게 더 유용한 부수효과를 산출할 것이라고 우리는 생각한다. 그 부수효과란 시간의 흐름(time-streams) 속에서 이슈를 형상화하는 일이다. 현재의 통상적인 지혜를 과거의 그것 그리고 미래의 가능성과 연결하는 일, 과거에 대한 해석을 해석자의 경험과 결부시키거나 이 양자를 그들의 처방과 연결해 보는 일, 미래에 대한 제안을 과거로부터 내려오는 유산으로서의 현재의 금칙(inhibitions)들과 연결 지어 보는 일—이 모든 것들은, 이야기의 시작까지 거슬러 올라갈 가능성과 중요하다고 판단(물론 현재를 기준으로 판단하는 것이므로 나중에 다시 수정될 수 있다)되는 만큼 먼 미래까지 나아갈 잠재적 가능성에 마음을 열고, 상대적인 관점에서 그리고 시간의 조건 속에서 사고하는 것을 의미한다. 이렇게 하면 시간을 하나의 흐름으로 보게 된다. 시간을 하나의 흐름으로 파악하기 위해서는 미래를 과거로부터 출현하는 것으로 생각하고, 현재는 흐름을 연결해 주거나 바꿀 수도 있지만 그 흐름을 멈출 수는 없는 통로로 생각할 필요가 있다. (연결한다고? 바꾼다고? 얼마만큼이나? 아주 중요한 문제들이다!) 항상 흐르고 있는 시간(time-in-flow)에 대한 인식은, 무엇의 역사인지 또는 초점이 어디에 있는지와 상관없이 역사의 전개에 관한 목적성 있는 연구에 의해서 촉진될 수밖에 없다. 또는 우리는 그렇게 생각한다—그리고 그러기를 바란다.

이로써 우리는 마지막 지점 즉 역사의 마지막 용도에 도달하게 된다. 우리는 하나의 흐름으로 시간을 보는 것이 정부의 정책결정자들에게 지대한 가치가 있다고 생각한다. 정책결정자들은 자신들의 과거 말고는—어쩌면 그것조차도—그 어떤 과거에 대해서도 교육받은 일이 없을 것이기 때문에 어떤 종류의 실습이라도 환영할 것이다. 역사가 그것을 제공해 줄 수 있다. 앞에서 예시된 모든 것들은 본래의 다른 목적들 이외에 추가적으로 이러한 점에 공헌할 무엇인가가 있는데, 바로 이 점이 역사가 지니고 있는 풍요로움의 징표라고 할 것이다. 이러한 주장들 그리고 이러한 사고의 활용에 관한 논의야말로 마지막 장에 딱 맞는 주제가 될 것이다.

제 14 장

시간을 하나의 흐름으로 파악하기

1943년 봄 조지 마셜은 자신의 집무실로 존 힐드링(John Hilldring)을 호출했다. 제2차 세계대전이 한창일 때였다. 독일군은 여전히 러시아의 깊숙한 곳까지 점령하고 있었고, 영국군과 미군은 북아프리카 지역을 확보했지만 아직 시실리나 이탈리아로 진공해 들어가지 못하고 있었다. 일본군은 서태평양 지역의 대부분을 장악하고 있었다. 마셜은 미 육군의 참모총장이었다. 소장인 힐드링 장군에게는 해방되거나 점령될 국가들에 수립할 군정을 조직하는 임무가 막 주어진 상태였다. 수 년 후에 힐드링은 당시 마셜이 자기에게 했던 이야기를 다음과 같이 기억했다.

> 나는 귀관에게 신성한 신뢰를 갖고 있으며, 따라서 매일 매시간 이 점을 항상 기억하면서 이 군정 및 소관 민정업무를 관장해 주기 바라오. 때때로 우리 국민들은 군인은 멍청하다고 말하곤 하오. 어떤 때는 나도 우리가 멍청하다고 인정해야만 할 때가 있소. 또

때때로 우리 국민들은 우리가 공금을 마구 뿌리고 낭비하고 있으며 무분별하게 사용하고 있다고 생각하고 있소. 나는 그 점에는 동의하지 않소. 우리의 업무라는 것은 사업가가 회사에서 자신의 업무를 관장할 수 있는 것과는 달리 항상 관장하기는 어려울 뿐만 아니라, 훌륭한 판단이라는 것도 때로는 전혀 우리가 원하지 않았던 탱크를 만들었다가 다시 폐기하게 하고 또 다른 것을 만들게 하는 것일 수 있소…. 그러나 국민들이 우리가 낭비가 심하다고 말한다고 해서 그 자체가 그렇게 불길한 것도 아니오….

그렇지만 우리에게는 위대한 자산이 있는데, 그것은 미국인 즉 우리 국민들이 우리를 불신하는 것도 아니고 또 우리를 겁내지도 않는다는 사실이오. 우리 국민 즉 우리 동료 시민들은 우리를 두려워하지 않소. 그들은 우리가 어떠한 식으로 (해방)국가의 정부 또는 이 정부의 성격을 바꾸려 한다고 조금도 생각하지 않소. 이것이 오늘 내가 귀관에게 부여하는 신성한 신뢰요…. 나는 귀관이 국민이 주는 경의를 손상하는 것을 원하지 않을 뿐만 아니라, 귀관이 직접 그 훈련과정에 참여하여 양성한 그리고 이제 전 세계에 파견하려고 하는 거대한 군정관 그룹이 우리 국민에 의해서 육군의 직업군인들에게 부여된 이 높은 경의를 손상하도록 놔두고 싶지도 않소. 물론 힐드링 소장, 만일 귀관이 이제 막 시작하는 일에 대해서 귀관이 제대로 이해하지 못한다면 그러한 상황은 발생할 수 있소. 발생할 수 있단 말이오.212)

---

212) Forrest C. Pogue, *George C. Marshall*, vol. III: *Organizer of Victory, 1943~1945* (New York: Viking Press, 1973), pp.458-59. 포그의 이 책은 마셜의 전기이다. Leonard Mosley, *Marshall: Hero for Our Times* (New York: Hearst Books, 1982)는 제2차 세계대전까지 광범위하게 다루고 있는 포그의 3부작을 요약하고, 마셜의 만년을 기술하고 있다. 우리는

마셜이 힐드링에게 내린 지시는 우리가 "시간의 흐름(time-streams)"으로 파악하고 사고하기라고 부르는 바로 그것을 잘 보여준다. 전쟁을 수행하느라고 바쁜 가운데서도 마셜은 잠시 숨을 돌려 가능한 미래에 관해서 숙고했던 것이다. 그는 다가오는 시간들에 관해서뿐만 아니라 그 이상까지도 바로 그 미래가 유래하는 먼 과거에 대한 명확한 인식을 가지고 바라보고 있었다. 적어도 다소 일반적인 방식으로나마 마셜은 다른 나라 즉 반역법(Mutiny Act)213) 이전의 영국, 드레퓌스 사건 당시의 프랑스 그리고 제국 및 바이마르 공화국 시절의 독일 등에서 민군관계가 어떻게 진전되어 왔는지에 관한 이해에 주목하고 있었다. 그는 다른 나라와는 달리 미국이 진정으로 예외적인 것이 무엇인지를 인식하고 있었다. 마셜은 만일 힐드링이 예상할 수 있는 장기적인 결과를 고려하지 않은 채 그날그날의 결정을 내리게 될 경우에 자신(또는 자신의 후임자)에게 어떤 고민이 생길 것인가에 관해서 생각했던 것이다. 과거로부터 보존해야 하고 또 미래에도 계승해 나아가야 할 가치가 있는 것을 분명히 파악함으로써 마셜은 과거를 통해서 미래를 바라보고 있었다. 현재의 상황에서 주위를 돌아보면서 무엇이 장애로 작용할 지, 원하지 않았던 쪽으로의 방향전환을 야기할 잠재요인을 지니고 있는 것은 무엇인지를 파악했다. 자신의 힘으로 제거하지는 못하더라도 줄여 나갈 수 있는 것이 무엇인지를 보려고 그는 노력했다.

우리의 제자이자 주정부에서 근무했던 메건 존스(Megan Jones)가 작성한 마셜 및 조지 워싱턴의 생애에 관한 "사례들"의 원고를 참조하여 도움을 받았다. 이것은 이 책 권말의 부록에 사례연구들과 함께 수록되어 있다.

213) (역자주) 1689년 영국 의회가 통과시킨 법으로 왕의 군대를 의회의 직접 통제 하에 둘 것을 규정한 것.

마셜이 이와 같은 사고를 한다는 사실의 다른 일례는 5년 뒤인 1948년에 나타난다. 이미 그 때 마셜은 군복을 벗고 트루먼 행정부의 국무장관으로 재직하고 있었다. 그의 주요 관심사 중의 하나는 중국이었다. 중국에서는 내전 기간 동안 공산당이 승리하고 있는 것처럼 보였다. 워싱턴의 다른 모든 사람들과 마찬가지로 마셜은 공산당이 패배하기를 바랐다. 그는 한때 자신의 참모장이었으며 전쟁 말기에는 중국 지역 전장의 사령관이었던 앨버트 웨드마이어(Albert Wedemeyer) 장군에게 어떤 조치가 취해질 수 있는지의 여부를 검토하도록 요청했다. 웨드마이어는 지역을 시찰한 뒤에 마셜에게 몇 천 명 단위의 군사고문단을 파견할 것을 권고했다. 웨드마이어는 이 고문단이 중국 국민당 군과 함께 편성되면 내전의 흐름을 바꿀 수 있고 또 경우에 따라서는 국민당의 승리를 가능하게 할 수도 있을 것이라고 예측했다. 마셜은 웨드마이어의 전문적인 판단을 존중했지만 미국이 국민당에게 자금과 보급품을 제공하는 것 이상을 해서는 안 된다는 결론을 내렸다. 상원 외교위원회의 행정문제 검토를 위한 회의에서 설명한 것처럼 마셜은 미국이 그 이상을 하게 될 경우 "미 국민이 절대로 용납하지 않을 것이라고 믿어 의심치 않는… 의무와 책임"을 짊어지게 될 것이라고 생각했다. 결국에는 중국인들도 외국의 간섭에 대해 분개할 것이라고 그는 덧붙였다. 뿐만 아니라 과연 이 작업을 수행할 능력을 지닌 미국인이 충분히 있는지에 대해서도 마셜은 회의적이었다. 아무튼 "최종적인 비용을 계산하는 것은 불가능하다… 틀림없이 앞으로 다가 올 긴 시간 동안 지속되는 작전이 될 것이다. 발을 빼기가 실질적으로 불가능한 지속적인 개입상태로 우리 정부를 몰아넣고 말 것"이라는 것이었다.214)

여기서 다시 마셜은 현재의 이슈를 과거와 미래 모두를 의식하면서 바라보고 있었다. 그는 독서와 경험을 통해서 전쟁에 대한 미국 대중의 인내심이 짧다는 것을 알고 있었다. 그의 첫 번째 임무는 미국-스페인 전쟁 후의 필리핀에서였는데, 당시의 여론은 새로운 제국에 대한 환희가 가시고 난 뒤 점령에 저항하는 필리핀인들에 대한 동정심으로 바뀌어 있었다. 마셜은 제1차 세계대전의 후유증 속에서 생겨난 무서운 (전쟁의 환상으로부터의) 각성현상을 목격했고, 1920년대 중반 니카라과에서와 같은 소규모의 군사작전이라고 하더라도 일단 약간의 시간을 끌게 되면 미 국민이 곧바로 혐오하게 된다는 사실을 목도했다. 그리고 최근에는 "아이들을 돌려보내라"는 미 국민의 시위에 대처하면서 참모총장으로서의 마지막 몇 주간을 지내왔다. 더욱이 그는 제2차 세계대전 전에 수차례 중국에서 근무한 경험이 있었고, 나중에는 그 곳에서 공산당과 국민당을 중재하기 위해 노력하면서 1년을 보냈다. 따라서 마셜에게는 자신의 조국은 물론 중국의 역사와 특징에 관한 어떤 감각이라는 것이 있었다. 비록 중국이 공산화되지 않기를 바라는 일반적인 열망을 그도 가지고 있었지만, 무엇을 할 것인가에 관한 그의 판단은 앞서 지나

214) United States Department of State, *United States Relations with China, with Special Reference to the Period 1944~1949* (Washington, D.C.: Government Printing Office, 1949), pp.380-84. 이 문서는 트루먼과 애치슨을 더할 나위 없는 비탄에 빠지게 한 그 유명한 "백서"이다. 이 문서는 1967년 스탠퍼드 대학출판부에 의해서 다시 출판되었고, 아직도 서점에 가면 찾아볼 수 있다. Ernest R. May, *The Truman Administration and China, 1945~1949* (Philadelphia: J.B. Lippincott, 1975)에는 베트남과의 구체적인 비교분석과 함께 이 문서의 전체적인 내용이 아주 상세하게 요약되어 있으며, William Whitney Stuek, Jr., *The Road to Confrontation: American Policy Toward China and Korea, 1947~1950* (Chapel Hill: University of North Carolina Press, 1981)에는 그 이후의 문서들과 함께 훨씬 더 상세하게 정리되어 있다.

갔고 또 다시 도래할 수도 있는 것 그리고 현재의 잠재적 가능성에 대한 의식으로 단련되어 있었다. 장제스는 사양길에 접어들었지만 마오쩌둥은 그렇지 않다는 것을 그는 즉각적으로 알아차렸다. 수용하기 어려운 대가를 치르지 않고서는 이러한 변화를 저지할 수 없다고 판단한 마셜은, 만일 그렇다면 현실을 인정할 수밖에 없지 않느냐고 충고했던 것이다.

시간의 흐름 속에서 사고하는 습관 때문에 그가 언제나 부정적인 자세만을 취했던 것은 아니었다. 그의 전 경력을 통해서 가장 과감했던 행위는 아마도 역사가 마셜 플랜이라고 기억하는 정책의 채택이었을 것이다. 국무장관에 취임한 지 채 6개월이 되지 않은 상태에서 국제경제적인 문제나 이 문제를 전문적으로 다룬다고 하는 사람들에 익숙해지기도 전에 마셜은 유럽의 경제상황에 급격하고 전례없는 조치가 취해져야 한다는 결론을 내렸다. 물론 다른 사람들도 진단을 내놓았고 가능한 요법을 제시했다. 그러나 바로 이 처방은 그 자신이 내린 것이었다. 플랜의 개략을 설명한 1947년 6월의 하버드 대학 졸업식 연설문은 그가 직접 쓴 것이었다. 국무부는 연설문 사본을 미리 받지도 못했다. 연설문의 골자는 당당하리만큼이나 간단했다. 첫째로 마셜이 겨냥한 것은 "어떤 국가 혹은 어떤 교리가 아니라… 기아, 빈곤, 절망 그리고 혼돈"이었다. 둘째로 그는 "다양한 위기들이 계속 발생하는 데 대해서 단편적인 방법으로 접근해서는 안 된다"고 주장했다. "단순한 진통완화제가 아니라 치료제를 제공하는" 행동을 해야 한다는 것이었다. 셋째로 소련과 그 위성국들이 진정으로 협조하고 또 "정치적으로 혹은 다른 의도에서 플랜으로부터 이득을 얻기 위해 사람들의 궁핍 상태를 영속화하려고 추구"하지만 않는다면 플랜에 참가하는 것을 환영한다는 것이었다. 마지막으로 이니셔티브는 유럽인들 스스로가 쥐는 것이어야 했다. 자신들에게 무엇이 필요한지를 유럽인들이 공동으로 규정하고 미국에 원조를 요청해야 한다는 것이었다.[215]

자신의 입장을 설명하는 데 치중하지 않았을 뿐만 아니라 마셜은 당시나 후일에도 자신이 만든 것과 같은 그러한 플랜을 고안하게 된 이유에 관해서 밝히지 않았다. 그러나 그의 선택은 긴 시각으로 과거를 바라보면서 미래를 조망함으로써 비롯된 것임에 거의 틀림이 없다. 반소 또는 반공적인 용어보다는 인도주의적인 용어로 플랜의 제안을 장식했다는 사실은 전통적으로 미국인들이 가난한 자들을 돕기를 열망하며 또 그에 못지않게 "정치적인 동기가 있는" 것에 대해서는 의심하는 전통을 가지고 있다는 점을 인식한 것이었다. 이것을 일회적인 한 편의 플랜으로 만든 것은 전통적으로 미국인들에게는 어떤 사안에 대한 관심 지속 기간이 짧다는 사실을 인정한 것이었다. 그래야만 효과가 나타나기에 충분한 기간 동안 대중과 의회의 지지를 얻을 수 있었다. 그리고 유럽인들에게 의무를 지게 한 것은 도와달라는 호소에 미국인들이 호응하는 성향이 있다는 사실은 물론 대서양 건너편의 벼락부자(미국)의 지시에 대해서 유럽인들이 삐치는 성향이 있다는 사실을 인식했기 때문이었다. 마셜의 제안은 그 성격과 규모에 있어서 전례가 없는 것이었다. 그것은 기가 막힐 정도로 상상력에 가득 찬 것이었다. 그러나 그 저변에는 잘못 될지도 모르는 데 대한 세심한 우려가 깔려 있었고, (아마 입증

---

215) Joseph M. Jones, *The Fifteen Weeks (February 21~June 5, 1947)* (New York: Viking, 1955)은 국무부 내부 인사에 의해서 씌어진 기본적인 설명서이다. 마셜이 연설문의 내용을 국무부에도 미리 알리지 않았다는 사실에 관한 상세한 설명은 Dean G. Acheson, *Present at the Creation: My Years at the State Department* (New York: W. W. Norton, 1969)의 제26장에 나와 있다.

할 수는 없겠지만) 미국인들은 물론 유럽인들의 경험에 있어서의 장구한 흐름에 대한 깊은 인식이 깔려 있었다.

마셜이 실수를 저지른 때도 있었다. 1941년에 그는 워싱턴에 있는 다른 사람들과 마찬가지로 일본인들이 자신들의 딜레마에 대해서 가지고 있는 인식을 간파하지 못했었다. 일본이 진주만을 기습하자 그는 경악했다. 1948년에는 중국에 대한 군사개입에 반대하면서도 그와 동시에 팔레스타인 문제에 대해서는 트루먼에게 난민에 대한 동정심은 물론 영국의 유태인들에 대한 한 때의 공약 그리고 선거의 해를 맞이하는 상황에서 심지어(아니 특히) 유태인들의 표가 미국의 정책에 영향을 주어서는 안 될 것이라고 주장하면서 고집스런 외교관의 자세를 견지했다. (클라크 클리포드는 국무장관이 "그 잘난, 빌어먹을 침례교도적인 목소리"로 대통령에게 설교하는 것을 들었다.) 마셜은 무엇보다도 그러한 영향을 받는 것처럼 보이는 정책에 대한 국민들의 지지가 오래 가지 않을 것이라고 우려했던 것이다.[216] 이스라엘에 대한 승인과 지원은 계속해서 인기 있는 정책으로 판명되었기 때문에 당시에 그의 우려는 근거가 없는(아니면 당시까지는 그렇게 보였던) 것이었다. 마셜은 한국전쟁이 발발한 뒤에는 당시 국방장관으로서 야전 사령관에 대한 불간섭이라는 전통적인 원칙을 고수했는데, 야전 사령관이 마셜을 오랫동안 의혹의 눈으로 바라보아 왔기 때문에 더욱 그러했다. 따라서 맥아더의 중국 접경선으로의 쓸데없는 진군을 저지하려고 하지도 않았다.

그럼에도 불구하고 전반적으로 보면 마셜은 프랭클린 루스벨트

---

216) 이에 관해 가장 생생한 또 최근의 설명으로는 Peter Grose, *Israel in the Mind of America* (New York: Alfred A. Knopf, 1983)을 참조. 클리포드의 증언은 pp.292-93에 나와 있다.

와 트루먼 그리고 대부분의 다른 사람들에게 대체적으로 했던 것처럼 정부의 업무영역에 있어서 “훌륭한 판단력”을 지닌 사람의 두드러진 사례가 되는 것으로 보인다. 적어도 마셜의 경우에 있어서—다른 사람의 경우에도 그럴 것으로 믿지만—그의 판단은 시간을 하나의 흐름으로 사고하는 습관에 관한 더 훌륭한 본보기였다고 우리는 생각한다.

우리의 사례들에서 살펴보면 이러한 방식으로 시간을 생각하는 데에는 세 가지의 구성요소가 포함되어 있는 것으로 보인다. 그 하나는 미래란 과거가 아닌 다른 데서는 유래할 데가 없으며 따라서 과거는 예언적인 가치를 지니고 있다는 인식이다. 또 다른 요소는 다음과 같은 점에 대한 인식이다. 즉 현재의 상황에서 보아 미래에 중요한 것은 과거로부터 출발하여 변경, 변화된 것인데, 이 흐름의 변화는 친숙한 물길을 익숙한 통로를 통해서 잠재적 혹은 현실적으로 전환함으로써 그러한 예언적인 가치는 물론 그 밖의 다른 많은 것들에 영향을 미친다는 점에 대한 인식이다. 세 번째 요소는 지속적인 비교인데, 이는 현재로부터 미래로, 과거로 그리고 다시 현재로 하는 식의 거의 항상적인 요동(搖動)이다. 물론 여기에는 앞으로의 가능성 즉 변화를 촉진하거나, 제한하거나, 주도하거나 또는 변화에 저항하거나 아니면 받아들이는 것과 관련된 가능성에 대한 주의가 수반되며, 이는 지속적인 비교의 결과가 보여주는 바이기도 하다. 여기서 제시되는 사례들과 다른 많은 사례들을 가지고 판단하건대 이러한 구성요소들은 어떤 형태로든—즉 아마 마셜은 스스로에게는 또 다르게 설명했겠지만—그의 사고 습관에 내재되어 있었으며, 우리가 보기에 바로 이것이 남다른 그의 특징이었다.

마셜의 사례들은 또 다른 사실 즉 시간을 하나의 흐름으로 사고한다고 해서 반드시 대단한 역사적 지식이 요구되지는 않는다는 사실을 암시해 준다. 마셜과 함께 한 차례 여행을 한 적이 있는 국무부 관료 존 멜비(John Melby)는 장군에게는 "역사의식이 거의 없었다"면서 "대화 내용도 자신의 경험 영역을 넘지 않았다. 장군은 집에 있는 날에는 매일 밤 영화나 보았고, 끊임없이 싸구려 소설들을 읽고 있었다"고 실망한 느낌을 기록하고 있다. 멜비는 마셜의 전체 모습을 그릴 수 있을 만큼 충분히 그를 관찰한 것이 아니었다. 마셜은 보병학교에서 군사(軍史)를 강의했었다. 제2차 세계대전 중에는 휴식 시간에 역사서를 탐독하곤 했다. 1943년 카사블랑카 회담을 마치고 귀국하는 비행기 안에서 그는 나폴레옹 전쟁 당시의 영국에 관한 아서 브라이언트(Arthur Bryant)의 3부작과 J. H. 헤이스컬(J. H. Haskell)의 『키케로 평전(*This Was Cicero*)』을 독파했다. 마셜이 영국인 지인에게 보낸 서신에 나와 있는 대로 그는 소 피트(Pitt the Younger)와 줄리어스 시저(Julius Caesar)에 관한 독서를 통해서 "리더십이라는 중대한 문제는 새로운 것도 아니며 해결 불가능한 것도 아니라"는 사실을 다시금 확신하기도 했다. 그러나 마셜은 학자가 아니었고, 절대로 지식을 과시하지도 않았다. 그는 "사소한 문제는 피하라"고 자신의 참모들에게 말했고, 자기 자신도 그러한 규칙을 따랐다.217)

---

217) John F. Melby, *The Mandate of Heaven: Record of a Civil War, China 1945~1949* (Toronto: University of Toronto Press, 1968), p.69. 마셜의 귀국 비행 중의 독서에 관한 것은 Pogue, *Organizer of Victory,* p.36 참조; "사소한 문제는 피하라"는 것은 George F. Kennan, *Memoirs, 1925~1950* (Boston: Little, Brown, 1967), p.326 참조. 마셜 플랜이라는 명칭은 마셜 자신이 선택한 것이 아니었다. Robert J. Donovan, *The Presidency of Harry S. Truman,* vol. I: *Conflict and Crisis* (New York: W. W. Norton, 1977), p.287은 선거의 해에 트루먼 플랜보다는 마셜 플랜이라는 이름이 의회에서 더 많은 표를 얻을 수 있었을 것이라는 클라크 클리포드의 말을 인용하고 있다.

마셜이 과거로부터 특별한 이정표를 추출해 내지 않았더라면 더 좋았을지도 모른다. 예를 들어 마셜 플랜의 작업 시에 그는 틀림없이 선례로서 전시 연합국에 대한 무기대여(Lend-Lease)를 생각했을 테지만 그것에 대해 언급하지 않았던 것 역시 옳은 일이었을 것이다. 그것은 기껏해야 유혹적인 비유에 불과할 수 있었고, 최악의 경우에는 자기 자신은 아니더라도 듣는 사람을 혼란스럽게 만들었을 수도 있었다.

그러한 점에서 트루먼은 마셜과는 대조적이다. 트루먼은 세계사에 관한 많은 책을 읽었고, 자기 조국의 정치사와 군사(軍史)에 관한 거의 백과사전적인 지식을 가지고 있었다. (실제로 그러한 지식들의 일부는 어린 시절에 백과사전을 열심히 읽어서 얻은 것이었다.) 그는 자신의 지식을 즐겼고, 그것을 자랑하기를 좋아했다. 자신의 회고록에서 트루먼은 자기의 지식이 도움이 되었으며 다른 사람들에게도 똑같이 유용했을 것이라고 주장하고 있다. 그는 상원의원과 대통령으로 재임하는 동안 자신이 참고했다는 유사성(類似性, analogues)이라는 개념을 가지고 독특한 입장을 취했다. 즉 남북전쟁의 수행에 관한 위원회(Committee on the Conduct of the Civil War)를 제2차 세계대전 중의 자신의 상원 위원회에 대한 나쁜 선례로 삼는다든지, 전쟁의 말기에 갑작스럽게 대통령에 취임한 자신을 앤드류 존슨(Andrew Johnson)에 비교한다든지, 또는 자신과 맥아더의 관계를 링컨과 맥클렐런(McClellan)의 관계와 닮은 것으로 본다든지, 1930년대를 자신들의 교훈으로 삼는다든지 하는 등등이다.[218] 그러나 이러한 설명은 다소 약한 듯이 보인다. 우리가 알고 있는 바로는 트루먼 대통령

218) Harry S. Truman, *Memoirs*, vol. I: *Year of Decisions* (Garden City, N.Y.: Doubleday, 1955), pp.119-21.

재직 시의 정말로 역사적으로 중요한 선택들—이미 언급한 바 있는 1947년 그리스에 대한 원조와 1950년 6월 한국을 구하기 위한 그의 행동은 예외로 하고—은 그의 기억 속에 축적되어 있는 그 모든 전례들을 거의 참고로 하지 않았거나 전혀 참고하지 않은 상태에서 이루어진 것들이다. 트루먼이 현재의 또는 미래의 변화의 중요성과 관련된 역사가 함축하고 있는 주장들을 추적하는 데 뛰어난 능력을 보여주었다는 사실에 우리가 의문을 제기하는 것은 아니다. 다른 사람들이 유추(analogy)를 이끌어내지 않을 때 그는 종종 그렇게 했다. 그가 자신의 축적된 역사지식으로부터 어떤 통찰력을 얻고 또 많은 위안을 얻었다는 점에는 의심의 여지가 없다. 그러나 정책결정 스타일에 있어서 트루먼은 그때그때 다른 사람이었다. 즉 각각의 결정은 그 자체의 조건에 따른 것이었지 항상 다른 사안들이나 과거의 경우와 비교하여 내려졌던 것은 아니었다.

트루먼을 마셜과 대비하여 본다고 해서 지식의 유용성을 반박하는 주장을 하려는 것은 아니다. 전혀 그렇지 않다. 우리가 말하려고 하는 것은 역사적으로 구체적인 사실들에 관한 그러한 지식이 시간의 흐름에 따라 발생하는 개개의 현상들을 즉시 연결할 수 있는 재능 그리고 그러한 연결을 되풀이해서 검토할 수 있는 정신적인 자질 같은 것을 (보완은 하더라도) 대체할 수는 없다는 점이다. 이러한 재능과 자질은 선택에 접근하는 특별한 스타일로서 변호사나 판사 또는 상담역이나 문제해결사의 스타일이라기보다는 기획자나 장기적인 프로그램 관리자의 스타일이며 분명 트루먼의 스타일이라기보다는 마셜의 스타일이다. (굳이 두 가지의 스타일이 있다고 하고 그 가운데 어느 접근방법이 특정한 상황의 사람에게 특징적인 것인가 하는 문제는 시간의 흐름 위에서 사건이나 세부사항들을 통해서 검증될 것이다.)

이러한 구분을 더욱 명확하게 하기 위해서 초기의 사회보장법(Social Security Act)에 대한 공헌을 통해서 시간을 하나의 흐름으로 사고하는 재능을 잘 보여준 루스벨트로 되돌아가 보자. 루스벨트는 마셜보다 더 빈번하게 역사적인 사건들에 관해 언급했다. 때로는, 특히 대외문제에 있어서 그는 트루먼이 한국전쟁의 발발 시에 그랬던 것처럼 역사적 사실을 이용했다. 예를 들어 국제연합을 창설하는 데 있어서 루스벨트가 보여준 극도로 조심스런 접근방법은 일정부분 윌슨과 국제연맹에 대한 매혹적인 유추에 기인한다.[219] 그러나 대개의 경우 루스벨트는 트루먼과는 다른 방식으로 역사를 끌어들였다.

어떻게 다른지에 대해서는 1932년의 커먼웰스 클럽의 연설—경제성장에 관한 그 어떤 징후도 보이지 않는다고 예측함으로써 우리 학생들을 놀라게 했던 바로 그 연설—에서 찾아볼 수 있다.[220] 이 연설의 대부분은 봉건시대 이후의 정부의 변천 과정에 관해서 다루고 있다. 루스벨트는 정부에 대한 반대파의 성장과 그 반대파가 어떻게 미국의 혁명을 이끄는 데 도움이 되었는지에 관해서 이야기했다. 그는 해밀턴과 제퍼슨의 차이에 관해 요약하면서 전자가 정부권력의 필요성에 관해서 더 초점을 맞추었다면 후자는 거기에 내재된 위험성에 더 초점을 맞추었다고 설명했다. 또한 제퍼슨 시대 이래

219) Ernest R. May, "*Lessons" of the Past: The Use and Misuse of History in American Foreign Policy* (New York: Oxford University Press, 1973)의 제1장은 FDR의 유추의 활용에 관한 더 많은 사례들을 언급하고 있다.

220) Samuel I. Rosenman, ed., *The Public Papers and Addresses of Franklin D. Roosevelt*, vol. I: *The Genesis of the New Deal, 1928~1932* (New York: Random House, 1938), pp.742-56. 본서의 제11장 참조.

도시의 성장 및 국경의 확정과 더불어 공장과 금융제국들이 어떻게 새로운 상황들을 만들어 냈는지에 관해서 기술했다. 이 모든 내용들이 다음과 같은 그의 중심적인 주장으로 이어지고 있다.

> 정부란 그것이 성장해 온 사상적 토양을 추적해 본다면 필연적으로 상호타협의 관계 즉 계약인 것입니다. 그러한 계약 하에서 통치자들은 권력을 부여받고, 국민은 자신들이 어떤 권리를 부여받는다는 점을 고려하여 그러한 권력에 동의한 것입니다. 훌륭한 통치자의 직무는 변화하고 성장하는 사회질서의 조건 속에서 항상 이러한 권리를 재정의하는 일이었습니다. 새로운 상황은 정부 그리고 정부의 업무를 수행하는 사람들에게 새로운 요구를 부과하는 것입니다.

루스벨트는 새로운 상황들 가운데 하나가 경제성장의 종언이라고 연설을 이어감으로써 실수를 저질렀다. 그러나 긴 과거의 시각에서 "현재"를 바라봄으로써 그리고 변화의 과정을 인식함으로써 그는 영원히 그러한 실수의 포로가 되는 것으로부터 스스로를 구출해 냈다.

시간의 흐름 속에서 사고하는 것의 본질은 미래를 그것이 과거가 되었을 때 갖추어질 수 있는—어떤 명료한 연속성을 지니고 있지만 충분히 복잡하고 또 사람을 놀라게 할 수도 있는—모습으로 그려보는 것이기 때문이다. 그러한 습관을 체득한 사람은 따라서 "문제해결"에 신중해지게 된다. (절망하지도 않고 의문을 품지도 않으며, 단지 신중할 뿐이다.) 제2차 세계대전 중에 윌리엄 크넛슨(William S. Knudsen)은 잠시 동안 미국의 방위물자 생산 업무의 책임을 맡은 적이 있다. 자동차 기계공에서 시작하여 제너럴 모터스사의 사장에

오른 원만한 성격의 자수성가형 인물인 그는 마치 명확하고 신속하게 고정시켜야 할 부분에서 불비한 부분은 제거하는 어셈블리 라인 작업을 조직하듯이 자신에게 주어진 정부의 업무를 처리하려 했다. 그는 군무원을 비롯한 관계자들에게 "여러분은 상품을 상점으로 가져오도록. 그러면 나는 잘 팔리도록 세일즈할 테니까"라고 거듭 말하곤 했다.221) 대부분이 불확실한 세계에서 알려지지 않은 내구성을 갖도록 하기 위해 자신(다른 사람도 마찬가지지만)이 경험해 보지 못한 규모와 스케줄에 따라 새로운 방법으로 이전과는 전혀 다른 상품을 생산해 내는 가히 미국의 산업과 그 노동력의 변형이라고 할 만한 것이 요구되었기 때문에 결국 크넛슨은 잘 해내지 못했고 오래 견뎌낼 수도 없었다. 4반세기 뒤에 한 때 포드사의 사장이었던 로버트 맥나마라는 더 잘 했고 또 더 오래 견뎌냈지만, 그 역시 비슷한 접근방법을 취하면서 그의 조국은 때때로 고통을 겪게 되었다. 1965년 맥나마라의 병력증강에 대한 맥조지 번디의 비판은 18년 전 중국에서 발을 빼라는 마셜에 대한 경고와 아주 흡사한 맥락에서 더 크고 더 장기적인 의미와 잠재력을 담고 있었다. 마셜을 숭배했던 러스크 역시 이를 간파하고 있었다. 러스크는 베트남을 포기하지도 않고 미국의 개입정도를 강화하지도 않는 어떤 방안이 강구되어야 할 것이라는 번디와 맥나마라에 대한 자신의 초기의 경고를 회고하고 있다.222) 그러나 1965년 당시에는, 맥나마라는 문제가 자기의 상점에 입하되면 세일즈를 잘 할 수 있으리라고 확신하고 있는 것

221) Eliot Janeway, *The Struggle for Survival* (New Haven: Yale University Press, 1951), p.158.

222) Larry Berman, *Planning a Tragedy: The Americanization of the War in Vietnam* (New York: W. W. Norton, 1982), pp.38–39. 본서의 제5장 참조.

같았다. 적어도 그렇게 보이도록 하는 것이 자신의 의무라고 생각했다. 미국의 과거와 베트남의 과거 이 양자의 과거로부터 지속적으로 흘러 내려오는 흐름의 일부로 미래를 보았던 사람이라면, 특히 미래의 모습을 그리면서 그것이 혼란스런 이전의 희망들 속에 자리하고 있는 현재와도 같은 모습일 수 있다고 보았더라면 좀 더 신중하였을 터인데 말이다!

시간을 하나의 흐름으로 파악한다고 해서 미래에 관해서 의기소침해지는 것은 아니다. 시간을 흐름으로 파악하는 사고방식을 가지고 있었기 때문에 프랭클린 루스벨트는 자신은 물론 자신의 다음 세대 이후까지도 생명력을 지닐 수 있는 사회보장 시스템을 구상할 수 있었다. 지금까지 거의 50년 동안이나 "의회의 보수주의자들"이 손대지 못하도록 할 수 있었던 것이다. 마찬가지로 마셜도 1947년 절망 상태의 유럽에서 막대한 달러 원조가 만들어 낼 수 있는 번영의 공동체를 구상할 수 있었다. 이들은 현재가 변화하면서 살아 있다는 것을 감지하면서 과거 역시 이전에는 없었던 미래에 의해서 낡은 것이 되어 버린다는 것을 알고 있었다. 그러나 이들이 그렸던 미래의 이미지는 과거에서 그 근원을 파악하고 이해한 것이었기 때문에 현실적인 것이 될 수 있었다. 뿐만 아니라 원하는 대로 미래를 만들기 위해서는 얼마나 많은 주의와 노력이 필요한지, 따라서 미리 장애를 조사하고 비용을 계산하는 것이 얼마나 중요한지에 관한 이들의 감각 역시 마찬가지의 파악과 이해가 있었기 때문에 현실적인 것이 될 수 있었다.

이와는 분명 다르게 사고하는 사람의 좋은 사례를 카터에게서 찾아 볼 수 있다. 그의 기본적인 접근방법은 크넛슨과 비슷했다. 즉 어떤 시점에 문제가 생기면 그것을 해결하고 다음으로 넘어간다는 것이었다. 뿐만 아니라 카터는 비슷한 어려움에 직면했을 때 자기기만에 가까울 정도의 확신을 보였다. 다음과 같은 사실을 상기해 보자. 즉 선거가 끝난 뒤 그는 자신이 선거운동 기간 동안 제시했던 모든 공약들을 다시 모아 반복 언급했으며, 이를 백악관 공보실에서 정리하여 의회로 보냄으로써 어느 하나도 임기 3, 4년차나 제2기 또는 기한 없는 연구 대상으로 넘겨버리지 않고 모든 공약을 정식으로 실천해야 한다는 입장을 취했다. 이렇게 함으로써 오히려 모든 공약들이 외견상으로는 "곧 처리될 사안"이 되어 의회 내 논쟁의 대상이 되어 버렸다.[223] 여기에 "100일(의 유화기간)"이나 "밀월기간"이라는 관례 같은 것에 대한 기대감이 결합되었고, 결국 이러한 행동은 카터의 조락에 한 몫 했다.

시간의 흐름 속에서 사고하기 위해 우리가 제시한 사례들에서 조지 마셜이 군인이었다든지 또는 하버드 대학이 1947년에 그에게 명예학위를 수여했을 때 그와 비교했던 조지 워싱턴 역시 군인이었다는 사실이 우연이라고만은 할 수 없을 것이다. 아마 다른 어떤 분야보다도 군인이라는 직업은 미래에 관해서 생각하도록 하는 분야이기 때문이다. 그렇다고 해서 모든 군인이 그렇게 한다는 것은 아니다. 절대로 그렇지 않다! 그렇지만 마셜이 분명 그랬던 것처럼 훌륭한 기획자 그리고 일급 참모는 상상력에 넘치는 예지를 최대한 발동한다. 성공적인 작전 계획은 마지막 한 정의 소총이나 한 개의 보급품에 이르기까지 모든 필수적인 요소들을 적시에 그리고 적소에 배치하는 것이다. 공공관리의 영역에서 이러한 계획들은 때로는 "역진적 맵핑(backward mapping)"에 의해서 만들어지며 더 빈번하게

---

223) *Newsweek*, (January 24, 1977), p.19.

는 전방향적 정밀조사(forward probes)에 의해서 수립되기도 한다. 시간의 흐름 속에서 사고한다는 것도 결국 같은 것이다. 즉 원하는 미래상을 현실적인 조건 하에서 형상화하고, "그렇게 될 시점(then)"으로부터 거꾸로 "현재(now)"로 거슬러 올라오는 과정에 무엇이 필요한지 또는 역으로 "현재"가 단계를 바꾸어 가면서 어떻게 "그렇게 될 시점"으로 접근해 가는 것으로 전환되어 가는지를 하나하나 차근차근 그리고 구체적으로 생각해 보는 것이다. 혹 마셜과 힐드링의 경우처럼 즉 마셜이 한 세대 전에 우리로 하여금 공산 중국에 대해서 하게 했던 것처럼 어떤 미래를 감수해야만 하는 상황이 된다면, 그 미래가 바람직스럽지 않을 수도 있어서 그것을 피하기 위한 계획이 만들어질 수도 있을 것이다.

군인들의 경우 특히 마셜이 그랬던 것처럼 군인이면서 동시에 민주주의에 대한 의지가 투철한 시민이기도 한 경우에 미래에 대한 사고는 전문적이고 개인적인 이해관계에 대한 인식에 의해서 특별히 진지하게 형성된다. 체스터튼(Chesterton)이 지적한 것처럼 군인이라는 직종에는 대부분의 사람들과 달리 환상이 비집고 들어설 여지가 없다. 즉 "전투에서 패배했다면 전쟁에서 승리할 것이라고 확신할 수는 없다"는 것이다. 그리고 예측은 인간의 육체를 매개로 한다. 국무장관과 국방장관을 역임한 후인 만년에도 마셜은 여전히 군인은 대체로 정치적인 결정에 개입해서는 안 된다는 믿음을 가지고 있다고 말했다. "그것이 너무 광범위한 영향을 미친다"면서 그는 이렇게 설명했다.

> 작전에 있어서는 군사적인 책임이 매우, 매우 광범위한 것인데, 여기에 정치적인 결정까지 개재되면 무시무시한 희생을 수반한다

는 점을 명심해야 한다. 나는 며칠에 한 번씩 루스벨트 대통령에게 우리의 사상자에 관한 보고서를 보낼 정도로 매우 주의를 기울였다. 그리고 그 보고는 지리적으로 그리고… 군종별로 분류되어 아주 효과적인 방법으로 이루어졌기 때문에 루스벨트가 한 번만이라도 또는 두 번만 생각해 보면 명확하게 이해할 수 있었다. 나는 그의 앞에서는 항상 대통령께서 이에 대해서 강력하게 밀어붙였기 때문에 이러한 사상자가 나왔다는 점을 인식시키려 했고, 따라서 대통령께서는 어떤 생각을 하든지 언제나 가장 먼저 이 사상자들을 상기해야 할 것이라는 점을 주지시키려고 노력했다.[224]

시간의 흐름 속에서 사고하는 것을 배우기 위해서 전투를 계획하거나 사망자나 부상자의 숫자를 계산할 필요는 없지만, 도움은 될 것이다. 미래는 하나하나 아주 구체적으로 다가온다는 사실 그리고 경솔하게 내려진 결정이 때로는 무서운 대가를 수반한다는 사실을 가슴에 새기는 데에는 틀림없이 도움이 된다.

하나의 흐름으로서의 시간에 관해 사고하기는 사람들이 가져야 할 또는 체득해야 할 훌륭한 습관이라고 우리가 누군가에게 설득한다고 생각해 보자. 어디서부터 시작해야 할 것인가? 도대체 어떻게 해야 할 것인가? 정기적으로 해야 할 것인가? 어떻게 해야 잊어버리지 않도록 할 수 있을까? 모호한 것은 어떻게 해석해야 할까? 개별적인 사례들을 인용하지 않는다면 이런 질문들에 대해서 뭐라고 답해야 할까?

"패턴(pattern)"을 파악하기에서와 같은 유용한 "소방법" 같은 것을

224) Pogue, *Organizer of Victory*, p.315.

우리는 제시할 수 없다. 시간의 흐름 속에서 사고하기는 독특한 관행을 추적함으로써 어떻게 할 것인가를 생각하는 그런 것이 아니다. 우리는 제시하고 싶다. 만일 정말로 될 수만 있다면 부족한 부분을 채우고 싶지만, 지금 이 책에서는 그렇지 못하다. 지금까지 우리는 이슈의 역사를 유추하고 환기하는 것 그리고 가정을 검증하고 위치 짓기를 하는 것에 집중해 왔다. 집중력을 발휘한다면 그러한 질문들에 답하는 데 도움이 되는 어떤 간단한 방법을 찾아내는 것이 가능할지도 모른다. 그렇지만 우리는 아직 그것을 찾지 못했다. 언젠가는 찾게 될지 어떨지도 불확실하다. 현 단계에서 우리가 제시할 수 있는 것은 그러한 사고를 하는 것이 얼마나 어려운지 아니면 쉬운지를 보여주는 몇 가지의 검증절차(스스로에 대한 것이든 다른 사람에 대한 것이든) 그리고 "패턴"을 파악하기 위해서 하는 것과 비슷한 몇 가지의 실험적 연습들뿐이다. 더 나아가 시간을 절약할 수 있는 독서방법에 관한 약간의 제언 그리고 마지막으로 개인적인 시각에 관한 몇 마디 정도이다. 이제 이러한 절차들의 리스트를 정리해 보자.

어떤 사람의 시간적 흐름 속에서의 사고 성향에 관한 최초단계의 검증으로서 우리는 "간격(intervals)" 즉 우리가 검증의 목적을 위해 고안한 이차원 게임(two-level game)을 제시하려고 한다. 전자에 있어서 가장 간단한 레벨의 질문은 "당신에게 '10'이란 어떤 의미를 갖습니까? 만일 어떤 사람이 당신에게 이리하여 10이 중요하다고 말한다면 그것은 무엇을 의미합니까?"이다. 대답이 (질문자를 응시하거나 또는 어깨를 으쓱하면서) "10년" 또는 그와 비슷한 것 즉 "하딩 행정부와 루스벨트 행정부 사이의 기간" 또는 "베트남에서의 (미국의) 전쟁 지속 기간" 아니면 "지금부터 북해의 유전이 아마도 고갈될 때까지의 대략적인 시간"이라든지 또는 "내가 중학생이었을 때" 같은 것인지 보라. 또 다른 식으로 "해(년)", "세기", "세대" 등의 의미에 관해서 물을 수도 있을 것이다. 질문이 어떤 식이든 간에 대답이 아무리 개인적인 내용의 것이라 하더라도 숫자가 아닌 그러한 방식으로 나온다면 적절한 상상력 즉 시간 그 자체 그리고 시간이 인간 세대의 진행에 대해서 갖는 의미에 의해서 촉발된 상상력이 확실히 있는 것이라고 할 수 있다. 이 상상력의 보유 여부를 확실하게 탐색하기 위해서 다음과 같은 질문으로 단계를 한 층 높여 보라. 즉 "누군가가 사회보장 신탁기금은 2050년쯤에는 고갈될 수도 있다고 말한다면 당신은 어떻게 대답하시겠습니까?" 만일 대답이 "매우 걱정스럽다. 베이비 붐 시기에 태어난 노년층을 부양할 노동력이 충분하지 않게 될 것이다" 같은 것이라면, 시간의 흐름 속에서 사고하는 재능에 한계가 있을 수 있다. 오히려 "지난 60년 간 세계와 경제 그리고 미국의 인구동향—그리고 앞으로의 인구통계의 전망—의 변화를 되돌아 보건대 아직 걱정하지 않아도… 너무 빠른 것 아닌가… 모르겠는데… 출산율… 이민… 2020년에 다시 물어보시지"라는 대답에 가깝다면 아마도 재능이 있다고도 할 수 있다.

재능 보유 여하에 관한 두 번째 단계의 검증으로서 질문의 주체(당신이든 다른 사람이든)가 "그것에 관해서 그다지 새로운 것 있습니까?"라고 그 날의 뉴스에 관해서 묻는 빈도를 체크해 보라. 시간을 하나의 흐름으로 파악하기에 있어서 변화가 일어났는지 아니면 일어나고 있는지 또는 일어날 것인지를 판단하는 것은 훌륭한 시도이다. 여기서 절대적으로 필요한 것은 그러한 판단에 합리적이고 정확하게 도달하는 것인데, 이러한 사고의 방법은 현재를 과거 및 미래와 끊임없이 비교하도록 함으로써 그렇게 할 수 있는 기회를 제공해 준다. 쿠바의 소련 여단 사건은 변화가 일어난 것도 아닌데 사람들이 어떤 현상을 변화라고 감지했을 때 어떤 일이 일어날 수 있는지를 풍자적으로 보여 준다. 1972년의 사회보장법의 수정안의 사례는 실제로 변화가 진행 중임에도 그것을 간파하지 못함으로써 어떤 결과가 발생할 수 있는지를 보여 준다. 이 두 경우에 있어서 행위자들은 부주의한 비교를 하는 잘못을 저질렀다. 뉴스가 새로운 것인지 아닌지를 따져 보는 일은 치밀한 주의까지는 아니더라도 적어도 주의를 기울이고는 있어야 한다는 점을 가르쳐 준다.

미국에서는 부주의한 비교의 산물로 국가의 정치적 의제가 생겨나는 경우가 이상할 정도로 많다—소련 여단 시리즈라고도 하겠다. 매스 미디어도 이에 일조한다. 매일 밤 방송은 "새로운 것(뉴스)"—즉 변화의 증거—을 생산해야 한다. 바뀐 게 없다는 사실도 변화가 일어날 것이라는 가정을 전제로 하게 되면 뉴스가 될 수 있다. ("오늘은 '인질 위기' 100일째 되는 날입니다" 하는 식이다.) 조간신문들은 방송을 따라잡아야 하고, 주간지들은 방송과 신문 모두를 능가해야 한다. 거의 지속적으로 행해지는 정치적인 캠페인 역시 이에 일조하는데, "야당"은 모든 것이 더 나빠졌다고 비판해야 하는 반면 "여당"은 전보다 더 좋아졌다고 주장해야 하기 때문이다. 그리고 일반적인 대중들 역시 책임이 없을 수 없는데, 우선 첫째로 "미국의 생활양식"(맥주의 상표, 자동차, 주거, 배우자) 자체에 변화가 내재되어 있기 때문이며, 둘째로 대부분의 사람들이 역사에 대한 교육을 많이 받지 않았기 때문이기도 하며 그리고 셋째로 "위기"라고 이름 붙여진 "뉴스"의 사태 속에 살아와서 기억세포들이 어지럽혀져 있기 때문이다.

남보다는 더 양식이 있어야 할 사람들 즉 과거 역시 현재와 그다지 다르지 않다는 점을 *기억*해야 할 사람들조차 함정에 빠지고 만다. 예를 들어 우리가 이 책을 집필하고 있을 때 컬럼니스트나 다른 의제 설정자들에 의해서 널리 그리고 엄숙하게 논의되었던 문제 즉 이른바 외교정책에 관한 "새로운 컨센서스(New Consensus)"가 필요하다는 주장에 관해서 생각해 보자. 이 논의에서 전제가 되는 것은 멀리 제2차 세계대전 시기부터 베트남전쟁 시기까지 미국의 세계적 역할에 관한 그리고 그 역할이 어떻게 수행되어야 할 것인가에 관한 일반적 동의가 있었다는 점이다. 즉 뉴욕을 중심으로 한 "기득권층"은 외교위원회에서 당파를 초월한 리더십을 발휘했었다. 그러나 이와는 대조적으로 지금 현재는 동의, 논쟁, 초당파주의, 경계를 초월한 정치가 없으며 목적이 없다는 사실에 대한 인식도 없다는 등의 전제이다. 이러한 전제 하에서는 장차 미국의 지도자가 될 사람들이 해야 할 일은 상황이 변화해 온 양식을 밝혀내고 고려하는 것이며 그리고 그것을 수행한 후에는 잃어버린 "컨센서스"를 재건하는 일이라는 결론이 뒤따르게 된다.

목표에 관해서 무슨 이야기를 하든 그 전제는 거의 순수한 공상이다. 사실을 이야기하자면 냉전 초기에 민주당과 공화당은 연대를 형성하여 고립주의의 부활을 성공적으로 막았었다. 그들은 평화적이고 안정된 서유럽이야말로 미국에게는 중대한 이익이 된다고 주장함으로써 광범위하고 지속적인 대중 및 의회의 지지를 받았다. 일본에 대해서도 마찬가지였다. 소련은 사악할 뿐만 아니라 이와 같은 미국의 중대한 이익과 전 세계 평화와 안정에 대한 주요한 위협이 된다는 점에 대해서도 합의가 있었던 것이 사실이다. 그러나 이를 제외한 다른 문제들에 관해서는 사실 컨센서스가 있었다고 보기 어려울 것이다. 1945년부터 1960년까지의 시기는 중국의 "상실", 유럽에서의 미군의 장기 주둔, 한국전쟁의 확전방지 그리고 디엔 비엔 푸(Dien Bien Phu)나 금문도(Quemoy)와 마조도(Matsus)를 둘러싸고 새로운 전쟁의 위험을 감수해야 할 것인가 하는 문제 등등에 관해서 격렬하고 당파적인 그리고 합의가 철저하게 부재한 논쟁을 목도한 시기였다. 독재정권이 민주정권을 전복한 것이었든 아니면 쿠바에서처럼 공산정권이 독재자를 쫓아 낸 것이었든 불문하고 남미에서 발생한 사건에 대해서 민주당은 아이젠하워를 비난했다. 1948년 이스라엘의 승인문제 그리고 1956년 수에즈 사건을 둘러싸고도 의견의 일치는 거의 없었다.

그나마 전면적인 합의 같은 것이 있었다고 한다면 그것은 공화당이 트루먼에게 가했던 그리고 자신들이 아이젠하워에게 가했던 것과 같은 공격으로부터 스스로를 보호하기 위한 케네디와 존슨의 노력에서 비롯된 것이었다. 외교정책에 대한 공공의 의견불일치가 뚜렷하게 *가장 적었던* 시기는 쿠바 미사일위기 뒤인 1962년 겨울부터 북베트남에 대한 폭격과 도미니카 공화국 침공에 이은 1965년 봄까지의 약 28개월 동안이었다.

1945년부터 1960년 사이에 컨센서스가 이루어졌던 제한된 문제군(群)에 대해서는 그 이후에도 컨센서스가 지속되었다. 사실은 더 공고해졌다. 초기에는 공화당의 태프트(Taft) 진영이 "요새 미국"이라는 대안을 내세웠었다. 1980년대에는 태프트의 정치적 후계자인 레이건이 민주당원이나 동부의 보수층 못지않게 열성적인 북대서양조약기구 지지자였다. 레이건 시절에 남미, 중동 그리고 아시아에 관한 여론의 확산은 1963~65년 시기보다 광범위한 것이었지만 1945년부터 1960년까지의 긴 시간 동안만큼 그렇게 광범위한 것은 아니었다. 1980년대의 잠재적인 의제의 설정자들—이들 가운데 일부는

1950년대를 경험했다—은 국무부의 중국 전문가들(China hands)이 숙청당했고 또 맥아더를 해임했다고 해서 상원에서 트루먼의 탄핵이 이야기되었던 시절을 되돌아보면 마치 이상적인 미래가 발견될 수도 있을 것처럼 주장했던 것이다!

황금시대에 관한 이야기는 이 정도로 해 두자.

시간적 조건 하에 사고하는 성향에 대한 우리의 두 번째 검증수단은 따라서 변화라고 일컬어지는 어떤 것에 관하여 읽거나 듣고서, 과거를 회고하기 위해서 잠시 멈추고는 "그렇지만 그건 넌센스야! 적어도 X년 동안은 어느 정도 그런 식이었는 걸"이라고 말하는 빈도이다. 빈도가 잦으면 변화가 발생했을 때 실제로 그 변화를 인식할 수 있는 쪽으로 잘 전진해 가게 될 것이다. 발생하도록 *만들어*졌을지도 모르는 변화까지도 파악할 수 있을 정도로 진척될 수도 있을 것이다.

검증 후에는 연습(exercises)의 단계가 온다. 여기에는 과거에 어떤 입장을 취했다고 상정하고 곧 도래할 상황을 어떻게 예견할 수 있는지 또는 과연 예견할 수 있는지 없는지를 그려보는 시도가 포함된다.

그러한 연습의 첫 번째로 우리가 취급한 것은 1861년 미국 남북전쟁의 가능성과 특징이었다. 우리의 실무자-학생들에게 그러한 시도를 하게 하면서 우리는 당시의 약간의 문서 모음집 즉 1860년판 『대영백과사전(*Encyclopaedia Britannica*)』 가운데 미국에 관한 부분, 1860~61년 겨울의 미국의 여러 도시에서 취재된 런던 타임스(*London Times*)의 기사들 그리고 같은 시기 미국 주재 영국 외교관들이 보낸 전문 등을 묶어서 배부했다.[225] 우리는 이 문서를 읽는 사람들이 스스로를 볼티모어 앤 오하이오 철도회사(Baltimore & Ohio Railroad)

주식의 선택매매권을 가지고 있는 영국의 상업 은행가라고 가정할 것을 주문했다. 1860년 11월 링컨의 당선 직후에 발생한 주식시장의 짧은 공황기간 동안 얻어진 선택매매권은 조건이 좋은 것이었다. 미연방의 분열이 영구적인 것이 되거나 교전이 발생한다고 할지라도 버지니아-메릴랜드-펜실베이니아 지역에서 지상전만 지속되지 않는다면 어떤 상황에서도 주식의 권리 행사를 통해 은행가는 돈을 벌게 될 것이었다. 1861년 4월 12일 이 권리는 소멸되었다. 역사적 현실 속에서는 바로 이 날 남부연방의 포병대가 찰스턴 만의 섬터 요새를 포격하면서 4년간의 남북전쟁이 시작되었다. 당시에는 아직 대서양 횡단 전선이 있지도 않았고 모든 통신은 배편으로 이루어졌기 때문에 영국에 있는 우리의 가상 은행가들은 그 사실을 알지 못하며 적어도 이후 12일 동안 섬터의 소식을 알 수가 없었다. 영국 은행가의 역할을 하는 우리의 학생들은 1861년 3월 28일 이전의 정보에 기초해서 사업적인 결정을 내려야 했다. 이들의 윗선 중역들은 외무성과 친밀한 관계에 있어서(정말 실제로 그러했다) 그 날짜 현재 가능한 한 최근의 상황을 담고 있는 외교전문에 접근할 수가 있었다.

그러한 입장에 있는 영국인들이라면 모름지기 권리를 행사하여 주식을 사들였을 것이라고 우리는 믿는다. 『대영백과사전』의 미국 항목은 이전의 두 차례의 분리 위협을 포함하여 타협으로 종결된 과거의 많은 위기들을 상기시키고 있었다. 통상적으로 받아들이자면 미국의 역사는 결국 이번에도 같은 현상이 발생할 것이라는 점을

225) 문서들은 "Secession A: Foreign Reports," Kennedy School of Government Case No. C14-82-435에 모두 수록되어 있다(부록 참조). 채권을 구입한다는 가설적 대안은 이 사례와 함께 활용될 강의요목에 설명되어 있다.

암시하는 유혹적인 유추를 제공한 셈이었다. 타임즈 특파원이나 외교관들도 이러한 가정에 도전하는 증거를 많이 제시하지 못했다. 평화적인 조정에 대한 기대 이외에 어떤 다른 분위기도 감지하지 못했던 것이다. 기자든 외교관이든 불문하고 거의 모든 사람들이 경제적인 계산이 인간의 선택을 통제한다고 믿고 있었다. 타임즈 특파원은 "금융상의 필요 때문에라도 평화가 요구된다"고 쓰고 있었다. 실제로 어떻게 될 것인가를 추적할 수 있는 가장 훌륭한 단서는 뉴올리언스의 영국 영사가 보낸 별로 중요하지 않아 쉽게 간과되었던 보고서에 나타나 있었다. 그는 전통적인 친 북부적 보수주의가 어떻게 와해된 것처럼 보일 수 있는지 그리고 풍요로운 미시시피강 교역의 상실 가능성에 관해서 사람들이 얼마나 주의를 기울이지 않고 있는지에 관해서 당혹감을 표시하면서 전문을 보냈다. "이익에 대한 동기조차도 북부와 서방 국가들에 대한 반감과 적개심에 자리를 내어 주고 말았다." 그러나 런던의 은행가들은 워싱턴과 뉴욕을 비롯한 여러 중심지들로부터 보내오는 보다 낙관적인 보고서들보다는 이러한 전문에 더 많은 주의를 기울여야 한다는 점을 몰랐었을 것이다. 적어도 우리는 그렇게 믿는다.

실제로 벌어진 상황을 알고 있는 우리의 현직자-학생들은 당연히 문서들 속에서 장기적인 유혈전쟁을 예측할 수 있는 단초들을 찾아내려고 했다. 현명한 사람들이었기 때문에 그렇게 하는 데 성공한 사람도 많았다. 그러나 그렇게 해서 훌륭한 결과보고서를 작성한 사람들조차도 어떤 주어진 순간에 그 이후에 불가피하게 다가올 미래가 어떤 모습인지를 예견하는 것이 얼마나 어려운지를 결과적으로 더 잘 알게 되었다. 미국에서 보고서를 보내고 있던 영국 외교관들조차도 봄이 지나면서 적대행위의 가능성이 더 커졌다고 생각하게 되었으면서도, 봉쇄를 시도하면서 발생하는 경계선 상의 충돌 그리고 봉쇄를 강화하거나 타파하기 위해서 필요한 해상의 군사행동 같은 것 말고는 "전쟁"을 연상하게 하는 그 어떤 암시도 자신들의 전문에 담고 있지 않았다. 4년 동안의 처절한 지상 전투 끝에 약 3천 1백만 명의 총인구 가운데 60만 명이 사망하는 전쟁—가장 비관주의적인 관찰자들조차도 이런 종류의 언급이나 암시를 하지 않았다. 후일의 1914년의 경우처럼 이들은 전쟁이 어떤 것인지를 알기 위해 과거를 되돌아보면서도 자기들 주변의 실마리는 놓치고 있었던 것이다. 이제 와서 *되돌아보면* 그건 분명하다. 따라서 연습은 예측은 신중히 하라는 것 그리고 미래는 놀라운 것일 수도 있다는 점을 인식하라는 것 이 두 가지를 촉구하는 효과를 갖고 있다. 보이지는 않지만 현재의 무엇인가가 지침으로서의 과거를 무력하게 만들기 때문에 놀라게 된다는 것이다.

1982년 우리는 과거와 미래를 배경으로 하여 현재를 연기해 보는 드문 기회를 가졌다. 섬터 요새의 개전 기념일인 4월 12일 강의실에서 영국 은행가들의 딜레마에 관한 토론이 열렸다. 그 날은 아르헨티나 군대가 포클랜드 군도(Falkland Islands) (또는 아르헨티나인들의 명칭대로 말비나스 군도(Malvinas))를 점령한 지 열흘째 되는 날이기도 했다. 수강생들을 대략 반반으로 나누어 1860~61년 은행가들이 어떻게 해야 할지에 관해서 토론한 뒤에 남대서양의 상황은 어떻게 될 것인가에 관해서 추측해 보도록 했다. 몇 명을 제외하고는 강의실 안의 거의 모든 수강생들이 분노에 찬 교전은 발생하지 않을 것이라고 예측했다. 영국과 아르헨티나는 일종의 평화적인 출구를 찾을 것임에 틀림없다, 그들은 지난 한 세기 이상 그래 왔다는 것이었다. 다섯 주 후 학기가 끝난 뒤에 우리는 비공식적으로 다시 만나기로 했다. 그 때에는 이미 벨그라노(Belgrano)호와 셰필드(Sheffield)호가 침몰한 뒤였다. 곧 이어 천 명의 사망자와 거의 그 두 배에 달하는 부상자가 발생할 것이었고, 영국은 자신들의 속령을 탈환할 것이었다. 역사가 되어버린 미래가 우리 연습의 교훈을 확인해 준 것이다.

우리의 또 다른 연습은 대공황의 발생에 관한 것이었다. 우리는 그 이전 40년 동안의 약사와 1920년대의 통계수치들을 나누어 주었다.[226] 이 자료는 1929년 10월의 주식시장의 붕괴를 다루고 있는 것으로서 1930년 초 거의 회복된 지점까지만 나와 있는 것이었다. 그리고 질문은 1930년 3월부터의 경제 동향을 예측하고 향후 2년 동안 전개될 대선 레이스는 물론 그 해의 의원선거에서의 당별 득표 결과에 관한 가설을 설정해 보라는 것이었다. 이는 1861년 4월 볼티모어 앤 오하이오사의 주식 매입 여부의 선택에 대응되는 것이기도 했다. 과거를 되돌아볼 수 있었음에도 학생들은 곤혹스러워졌다. 1907년과 1921년의 재정공황은 물론 1893~97년의 경기침체조차도 학생들—허버트 후버의 입장에 서 있는—에게 후버와는 달리 자신들이 이미 알고 있는 상황 즉 물가의 3분의 1이 하락하고, GNP가 절반으로 떨어지며, 실업률이 10배나 증가하는 상황이 도래할 것이라고 예측할 수 있는 아무런 확실한 근거를 제공해 주지 않았다. 사실은 1890년대 중반에 비해서 더 극심한 상황이 전개되었었다. 그러나 그러한 상황은 아직 발생하지도 않았고 1930년 봄에도 일어날 것처럼 보이지 않았다. 1861년 봄의 경우와 마찬가지로 후일의 입장에서 되돌아보지 않는다면 감지하기도 추량하기도 어려운 현

---

226) "The Great Crash," Kennedy School of Government Case No. C14-81-376 (부록 참조).

재의 측면들이 미래에 대한 과거의 관련성을 바꾸어 놓고 있었던 것이다. 익숙한 지표들이 유용성을 상실하려 하고 있었고, 이전에는 간과되었던 과거의 다른 측면들이 그 자리를 차지하려 하고 있었다.

간단히 말해서 대대적인 변화가 실제로 일어나고 있었던 것이다. 그러나 동시대인들에게 이것이 순식간에 사라질 현상이 아니라고 경고하는 예언적 내용을 담은 명료한 문장으로 남아 있는 것은 하나도 없었다. 변화는 때로 단명하며 1920년대와 1850년대에는 간혹 그러했다. 우리에게 익숙한 과거가 자기주장을 하면서 다시 지침의 역할을 한 것이었는지도, 상대적으로 약간의 변용을 통해서 다시 부활한 것이었는지도 모른다. *단순한 변화 그 이상의 것이 있다*… 학생들은 이 특별한 경우에는 그럴 수 없다고 알고 있지만, 후일의 입장에서 되돌아보는 시각을 결여한 상태에서는 이와 정반대로 가정하는 것도 무리는 아니었을 것이라는 점을 알게 되었다. 그리고 우리는 이들에게 아직 되돌아볼 수는 없는 시점에서 어떻게 확실한 구별—변화무쌍함과 지속성 사이의 구별, 현재의 목소리와 과거의 패턴 사이의 구별—을 할 수 있는지 말해 줄 수 없었지만, 이러한 연습들을 통해서 이 작업은 일종의 정책결정자의 의무이기도 하기 때문에 그것이 확실하든 아니든 아무튼 반드시 구별은 하게 될 것이라는 인식이 확산되었다. 그렇게 되면 결국 갑작스럽게 놀랄 수도 있게 되는 것이다. 연습을 통해서 참여자들의 마음속에는, 과거를 관찰해서 얻어지는 분별력 또는 적어도 명백한 유추와 피상적인 흐름으로 판단하는 분별력을 가지고 내다보는 앞날보다는 미래가 훨씬 더 나쁠 수도 있고, 아무튼 이와는 매우 다른 것일 수도 있다는 생각이 자리 잡게 되었다(이러한 생각이 얼마나 오래 지속될지 그 누가 알랴마는). 1930년에는 1861년의 경우처럼 그 이전에 진행되었던 것 그리고 정책결정자들이 예상했던 것과는 극적으로 다른 현상이 발생했던 것이다. 다른 것은 어쨌든 학생들은 후버를 동정해야 한다는 점을 배운 셈이었다.

우리가 실시하는 검증과 연습은 서로 서로를 강화해 준다. "간격"의 의미에 관해서 연기를 해 보거나 "뉴스에 뭐 *새로운 것*이 있나?"고 질문함으로써 지속성(continuity)을 염두에 두게 된다. 1860~61년이나 또는 1929~30년을 재생시켜 봄으로써 지속성이 전부는 아니라는 사실을 상기하게 된다. 인간은 갑작스럽고 급격한 그리고 설사 예견할 수 있었다고 하더라도 그렇게 하기 어려웠던 단절(discontinuity)을 경험하기도 한다. 지속성과 단절의 어느 한 쪽의 징후로, 아니 더 바람직스럽게는 양자 모두의 징후로 현재를 바라보는 법을 배운 사람이라면 당연히 시간의 흐름 속에서 사고하는 법도 배우게 되었을 것이다. 그렇다면 이러한 검증과 연습에서 얻을 것은 많다. 이 이외에 일종의 덤으로 얻을 수 있는 것은 이 두 가지 연습을 통해서 언어가 엄격해진다는 점이다. 남북전쟁과 대공황의 시대를 대리경험을 통해서나마 느껴 본 사람이라면 "위기"라는 말을 현재의 미국인들이 사용하는 것처럼 느슨하게 사용할 수는 없을 것이다. 원유가 25센트 인상이나 이란주재 대사관원들의 피랍억류 같은 것을 문제 또는 사고라고는 할 수 있을 것이다. 그렇지만 "위기"라니?!

책은 우리의 다음 주제인데, 좀 더 정확하게 말하자면 여기서 책이란 역사에 관한 저술저작을 말한다. 누구든 우리의 검증방법을 이용할 수 있고, 원하는 사람들은 누구나 우리의 연습절차를 강의실 밖으로 가져나가 자기 자신을 포함하여 어디서든 누구에게나 적용시켜 볼 수도 있다. 그러나 누군가에게 시간의 흐름 속에서 사고하는 습관을 들여 주는 데에는 책이 훨씬 더 도움이 될 것이다. 책

속에는 이러한 검증에 대한 세련된 대답들은 말할 것도 없고 아무리 해도 셀 수 없을 만큼 많은 양의 연습을 위한 재료들이 들어 있다. 이 밖에도 책은 대리경험의 보고(寶庫) 즉 지식목록(inventory)과 맥락(context)의 준거점을 즉각 탐색할 수 있는 원천이기도 하다. 정말 틀림없이 도움이 된다.

우리는 사례에 언급된 개인들을 지적하면서 "봐! 그는 독서(아니면 학창시절에 그 문제에 대해서 연구한 것)를 통해서 배웠잖아!" 하고 좀 더 확신을 가지고 말할 수 있어야 하는데, 불행하게도 그렇지 못하다. 마셜과 워싱턴은 역사를 읽었다. 프랭클린 루스벨트가 워싱턴 시절의 미국 역사—현재가 성장해 온 토양으로서의 과거—를 인용한 것 못지않게 워싱턴도 로마의 역사를 인용하곤 했다. 그러나 마셜이나 워싱턴이나 책벌레는 아니었으며, 그렇다고 해서 존 애덤스나 제임스 매디슨 또는 더글러스 맥아더처럼 책벌레라고 할 수 있는 다른 사람들이 과거와 현재 그리고 미래를 모두 비교해 보면서 과거에서 미래로의 전환기로서 현재를 생각하는 특성에 있어서 앞의 두 사람보다 더 나았다고 할 수도 없을 것 같다. 우연일 수도 있겠지만 이 책벌레들은 자의식이 강했던 앞의 두 사람보다 더 많은 문제들을 안고 있었던 것이다.

다만 우리가 말할 수 있는 것은 역사를 읽으면 도움이 *될 수 있다*는 것이다. 태어나면서부터 수학적으로 사고하는 (아주 극소수의) 사람들이 있는 것처럼 선천적으로 역사적인 사고를 하는 사람들이 있다고 할 수도 있겠다. 즉 아마도 시간적 차원에 관한 본능이 유전자에 내재되어 있거나 해서일 것이고, 만일 그렇지 않다면 후천적으로 어떻게 될 수 있는 것은 아니라는 식이다. 우리는 그러한 양분법을 믿지 않는다. 결국 우리 자신을 포함해서 대다수의 사람들은 스승과 책을 통해서 수학적으로 사고하는 법을 배우는 것과 마찬가지로 시간의 흐름 속에서 사고하는 법도 스승과 책을 통해서 배우는 것—만일 둘 중에 어느 한 쪽을 하는 것이라면 말이다—이다. 뿐만 아니라 배움이라는 것은 철학이나 사회과학의 추상적 구성을 통해서 또는 더욱이 소설 속의 만들어진 캐릭터(내면적인 문제)를 통해서 보다는 실제적인 사람들에 관한 단편적인 조각들의 종합을 통해서 얻어지는 것이라고 이해할 수도 있을 것이다. 어떤 사람이 읽은 것이 역사이고 또 그 사람이 하는 일이 정책결정이라면 그는 역사를 읽음으로써 이러한 점에서 능숙해질 수 있다고 우리가 자신 있게 말하지는 못한다. 그렇다고 해서 더 좋은 방법이 있다고 생각할 수도 없다.

그 밖에 독서는 무엇보다도 재미가 있다. 다른 것이라면 몰라도 우리는 이것만큼은 확신하고 있다. 역사가 반드시 사람을 편안하게 해주는 것은 아니라는 점은 인정한다. 현실 세계로부터 도피하는데 그것이 가장 좋은 방법이 아니라는 점은 분명하다. 결국 역사 속의 사실들도 이미 현실에서 일어난 것들이 아닌가! 물론 재미라는 면에서 역사책이 "매쉬(M · A · S · H)" 재방송이나 레드스킨스의 (야구)경기 또는 심지어 엘모어 레너드(Elmore Leonard)의 스릴러물 같은 것들과 경쟁할 수는 없다. 그러나 어떤 일에 대한 자신의 능력을 향상시키기 위한 재충전의 기회로 주어진 여가 시간에 역사를 읽음으로써 느낄 수 있는 재미라는 것은 실제적인 사람들에 관한 다른 그 무엇을 읽음으로써 얻는 재미를 압도한다.

이렇게 되면 "재미"라는 것이 선택에 있어서 하나의 주요 기준이 되어버리기 때문에, 결국 무엇을 읽어야 할 것인가 하는 문제에 봉착하게 된다. 어떤 사안을 조사하는 방법에 관해서 논의하면서 우리는 저자의 명성, 각주의 밀도 그리고 외견상의 신뢰도 등을 고려하고 특히 최근의 출판물들에 우선적으로 주목하라고 제안한 바 있다. 그러나 집으로 가져가서 통독해야 할 책들에 관해서는 기준이 또 다르다.

우선 모든 새로운 역사책에 관해서는 의심해 보아야 한다. 20세기가 진행되면서 전문적인 역사가들은 점점 더 사회과학자들처럼 기술하는 경향을 보여 왔다. 즉 독자를 즐겁게 해 주거나 독자의 관심을 붙들어 두는 데에는 거의 혹은 전혀 관심이 없다는 것이다. 교수가 집필한 책은 다른 교수들이 읽을 것을 의도하고 씌어진 것이라고 생각해야 한다. 다행스럽게도 예외가 많기는 하지만 다른 규칙이 적용되어야 한다고 주장할 만큼 충분하지도 않다.

어쨌든 역사를 배우는 데 반드시 더 새로운 책이 오래된 책보다 더 유용한 것은 아니다. 새로운 발견이란 것도 기본적인 스토리에 약간 정도의 내용을 첨가한 것에 불과한 경우가 많다. 오래된 책 속에서 발견되는 해석은 거의 틀림없이 낡은 것이지만, 사실상 모든 중요한 일련의 사건들은 몇 년 마다 재해석되기 때문에 새로운 책 속의 해석 역시 곧 낡은 것이 되어버릴 것이다. 아마도 가장 쓸모가 있는 것은 그저 다른 시대를 경험해 보는 것이다. 특별히 유리한 입장이라는 것이 중요하기는 하지만 사실 이는 부차적인 것이다. 북아메리카의 식민지 경쟁에서 영국인들이 프랑스인들에게 승리할 수 있었던 이유에 관한 프랜시스 파크먼(Francis Parkman)의 설명에는 홍인종에 대한 백인종의 우월함, 라틴계에 대한 앵글로 색슨계의 우월함 그리고 가톨릭에 대한 프로테스탄트의 우월함이 당연한 것으로 전제되어 있다. 그렇지만 그러한 편견 하나하나에 혐오감을 느끼는 독자라도 17세기와 18세기의 광대한 아메리카의 황무지에서 일정 기간을 살아보는 경험을 갖게 하고 또 그 경험을 잊을 수 없게 만드는 『대서부의 발견(*The Discovery of the Great West*)』이나 『몽칼름과 울프(*Montcalm and Wolfe*)』 같은 책들은 메모해 둘 수 있을 것이다.[227)]

우리가 좋아하는 책을 몇 권 지목하라면 우선 앞 장의 첫머리에서 언급했던 투키디데스부터 시작해야겠다. 그의 『펠로폰네소스 전쟁사』의 효과는 파크먼의 책들이 주는 효과와는 다르다. 이 책을 읽는 사람이라면 누구나 자기 자신이 기원 전 5세기의 그리스에서 살고 있다는, 당시의 사람들이 어떻게 삶을 영위하는지 보고 있다는, 또 명예와 도시(국가) 또는 신들에 관해서 그들을 흥분시킨 것이 무엇인지를 이해한다는, 또는 심지어 투키디데스가 기록해 놓은 잔인한 전투 리듬의 냄새까지 맡고 있다는 느낌을 지울 수가 없을 것이다. 투키디데스가 당연한 것으로 받아들이고 있는 이러한 상황들은 책 속에서 건조하게 언급되거나 또는 언급되지 않고 넘어가기도 한다. 『펠로폰네소스 전쟁사』의 충격은 오히려 그 책이 지니는 외견상의 동시대성에서 비롯한다. 번역이 업데이트되고 있다는 것은 결국 거의 모든 독자들이 이 책에서 자기 시대의 전조를 보고 있다는 것을 의미한다. 17세기에 토머스 홉스(Thomas Hobbes)의 번역판을 읽거나 19세기에 리처드 크롤리(Richard Crawley)의 번역판을 읽은 영국인들이 그러했으며, 1950년대에 번역된 렉스 워너(Rex Warner)의 판본을 읽고 있는 우리 시대의 사람들 또한 마찬가지이다. 아테네와 스파르

---

227) 가장 최근 판으로는 Francis Parkman, *France and England in North America*, 2 vols. (New York: Library of America, 1983)가 있다. 아직까지 출판되고 있는 것으로는 Samuel Eliot Morison, ed., *The Parkman Reader* (Boston: Little, Brown, 1955)가 있다.

타 사이의 경쟁은 다름 아닌 냉전이며, 시라쿠사 원정은 바로 베트남(또는 엘살바도르)이다. 물론 사실이 그렇지는 않다. 딱 들어맞는 유추는 불가능하다. 그러나 독자의 머릿속에 남는 것은 딱 들어맞는 유추가 아니다. 그보다는 인간의 본성은 불변한다는—또는 아마도 더 좋게 표현한다면 인간 통치의 딜레마들은 여전하다는—투키디데스의 예증적 명제들 즉 간단히 말해서 2,500년 전에도 나쁜 정치적 판단과 좋은 정치적 판단이 오늘날과 거의 같은 비율로 내려졌다는 징표가 가슴에 와 닿는 것이다. 투키디데스를 읽고 기억하는 사람이라면 이번 주에 발생한 위기가 인간사에 있어서 최악이라거나 마지막이라거나 하는 사고방식에 저항할 수 있는 어떤 면역성 같은 것을 갖고 있을 것이다. 번역본을 통해서 역시 즐거움을 느끼게 해 주는 고대의 다른 몇몇 역사가들을 읽으면 이 면역성이 더 강화될 수 있을 것이다. 리비우스(Livy), 폴리비우스(Polybius), 플루타크(Plutarch) 그리고 타키투스(Tacitus) 등이 그들이다.[228)]

우리가 추천하고자 하는 다른 범주의 저작들은 실제로 정치행위를 하기도 했던 역사가들의 저술들이다. 이들의 모든 저작이 읽을 만한 가치가 있는 것은 아니다. 우드로 윌슨의 『미국민의 역사(*History of the American People*)』는 지루하기 짝이 없다. 조지 밴크로프트(George Bancroft)의 10부작 『미합중국의 역사(*History of the United States*)』는 거의 반세기 전에 씌어졌는데 윌슨의 저작과는 대조적으

228) 이들 모두의 저작의 가장 생생한 버전은 웬만한 서점에서 소프트 커버의 형태로 구입할 수 있는 펭귄문고 고전시리즈(Penguin Classic)에 들어 있다. 번역자와 출판년도는 다음과 같다. Thucydides (Rex Warner: 1954); Livy, 전 4권 (Aubrey de Selincourt, 1960 and 1965; Henry Bettenson, 1976; Betty Radice, 1982); Polybius (Ian Scott-Kilvert, 1979); Plutarch, 전 4권 (Rex Warner, 1958; Ian Scott-Kilvert, 1960, 1968, and 1973); Tacitus, *Annals* (Michael Grant, 1956), *Histories* (Kenneth Wellesley, 1964).

로 독립전쟁과 공화국 초기에 관한 가장 생생한 저술 가운데 하나로 남아 있다. 밴크로프트는 부끄럼 없는 애국자로서 작품을 썼다. 뿐만 아니라 그는 특정 정당의 당원으로서 작품을 썼다. 그의 역사저술은 "잭슨을 지지하는 것"이었다고 회자되었다. 그렇지만 밴크로프트에게 "올드 히커리(Old Hickory)"[229)]의 실제적인 후원자로서 그리고 포크(Polk) 행정부의 해군장관으로서의 경험이 없었더라면 역사서술에 그러한 예리한 현실주의 감각을 가미하지 못했을 것이다. 이에 필적할 만한 것으로 앨버트 비버리지(Albert Beveridge)의 존 마셜 전기가 있다. 비버리지는 대학 시절에는 앵글로 색슨계의 파생어가 아닌 단어는 단 한 개도 사용하지 않은 연설문을 작성하여 상을 받았을 정도로 능란한 영어의 달인이자 인디애나 출신의 상원의원이었다.[230)]

시오도어 루스벨트의 『서부의 승리(*Winning of the West*)』는 비록 그의 정치이력이 막 시작되었을 때 집필된 것이기는 하지만 밴크로프트의 역사서술과 파크먼의 저작 양 쪽의 우수성을 어느 정도 겸비

---

229) (역자주) 미국의 제7대 대통령(1829-37년) 앤드루 잭슨의 별명.

230) George Bancroft, *A History of the United States from the Discovery of the American Continent*, 10 vols. (Boston: Little, Brown, 1834~74). 한 권으로 압축된 버전은 1966년 시카고대학 출판부에서 출간되었다. Albert J. Beveridge, *The Life of John Marshall*, 4 vols. (Cambridge, Mass.: Houghton Mifflin, 1916~19). 비버리지의 앵글로 색슨계 언어 연설문 작성에 관한 이야기는 Claude G. Bowers, *Beveridge and the Progressive Era* (Boston: Houghton Mifflin, 1932), pp.16-17 참조. 바워즈 역시 우리의 리스트에 오를 수 있는 사람이다. 저널리스트이자 정치가였고 스페인 내란 시기에 FDR 행정부의 스페인 대사를 역임한 그는 미 건국 초기에 관한 사실적—비록 열렬한 제퍼슨 지지를 노정하고 있기는 하지만—인 3부작을 집필했다. *The Young Jefferson* (Boston: Houghton Mifflin, 1945), *Jefferson and Hamilton* (Boston: Houghton Mifflin, 1936) 그리고 *Jefferson in Power* (Boston: Houghton Mifflin, 1939).

하고 있다. 그의 4부작을 읽는 독자들은 애팔래치아 산맥의 일대 즉 "음침한 피투성이의 땅"이라는 물리적 현실에 정주하면서도 때로는 이를 못 본 체하고 때로는 이상주의적이었던 미국인들의 모습을 쉽게 잊을 수 없을 것이다. 실무자-역사가 가운데 가장 위대한 인물은 물론 처칠이다. 그가 쓴 자신의 조상 말버러(Marlborough) 공작에 관한 전기와 여러 권으로 된 『영어권 국민들의 역사(*History of the English-Speaking Peoples*)』는 역사를 읽음으로써 정치에 대한 이해를 증진할 수 있다는 점에 의문을 표하는 사람들조차도 서가에 보관하는 책들이다.231)

그 다음으로는 주로 역사가이지만 경험이나 관찰 내용에 있어서 내부자의 시각 같은 것을 얻기에 충분한 입장에 있었던 저술가들의 책이 있다. 마키아벨리가 좋은 예인데, 특히 리비우스의 로마사에 관한 그의 『로마사론(*Discourses*)』은 으뜸가는 예라고 할 수 있다. 매컬리(Macaulay)의 『영국사(*History of England*)』도 그 통렬함의 일정 부분은 의회에서의 직접 체험에 의존하고 있다. 헨리 애덤스(Henry Adams)의 『토머스 제퍼슨과 제임스 매디슨 행정부 시기의 미합중국

---

231) Theodore Roosevelt, *The Winning of the West*, 4 vols. (New York: G. P. Putnam's Sons, 1889~96). 하비 위시(Harvey Wish)가 편집한 선집(選集)은 1962년에 뉴욕의 캐프리콘 출판사(Capricorn Books)에서 출간되었다. Winston S. Churchill, *Marlborough: His Life and Times*, 6 vols. (New York: Scribner's, 1933~38)는 한 권으로 된 축약판이 1968년 같은 출판사에서 간행되었다. 본문에 언급된 다른 책은 *The History of the English-Speaking Peoples*, 4 vols. (London: Cassell, 1956~58)이다. 또 읽을 만한 가치가 있는 것으로는 비록 밝히는 것보다는 숨기는 것이 더 많기는 하지만 아무튼 자기 아버지의 전기 *Lord Randolph Churchill*, 2 vols. (New York: Macmillan, 1966)가 있다. TR(시오도어 루스벨트)에 관한 탁월한 전기가 현재 출간 중에 있는데, 첫 권은 역사가로서의 그의 시절을 다루고 있다. Edmund Morris, *The Rise of Theodore Roosevelt* (New York: Coward McCann, 1979).

역사(*History of the United States During the Administrations of Thomas Jefferson and James Madison*)』는 백악관이 자기의 가족이라는 저자의 느낌뿐만 아니라 자기 시대의 현실 정치인들과의 친분관계를 반영하고 있다. 아홉 권이나 되는 방대한 분량이지만 너무나도 생생하여 읽다보면 매우 짧게 느껴질 정도이다. 아서 슐레신저의 『루스벨트 시대(*The Age of Roosevelt*)』도 이런 부류에 속한다. 현재까지 출간된 세 권은 1936년 선거까지의 기간을 다루고 있으며 1,700페이지가 넘는 분량이지만, 한 번 읽기 시작하면 더 읽고 싶다는 지적 욕구에 시달리게 될 것이다.232)

또 다른 저작들을 이야기해야 한다면 우리는 자서전, 전기 그리고 회고록 등을 강조하고 싶다. 존 니컬리(John Nicolay)와 존 헤이(John Hay)의 링컨 전기는 백악관에서 링컨과 함께 일했던 사람들의 작품이라는 장점을 가지고 있는데, 이들 가운데 한 사람(헤이)은 나중에 시인 그리고 미 국무장관이 되었다. 율리시즈 그랜트(Ulysses S. Grant)의 자서전은 아주 간결하여 현대적이라고 할 수 있는 문체로 매우

---

232) 펭귄문고 고전시리즈에는 최신 버전으로 레슬리 워커(Leslie J. Walker)의 번역판 『로마사론』(1983년)이 있다. 축약판이기는 하지만 또 다른 생생한 번역판이 Frank Bordanella and Mark Musa, *The Viking Portable Machiavelli* (New York: Viking, 1979)에 수록되어 있다. 토머스 매컬리(Thomas Babington Macaulay)의 『제임스 2세의 왕위 계승 이후의 영국 역사(*The History of England from the Accession of James the Second*)』는 1968년에 뉴욕의 AMS출판사에서 6권으로 출판되었고, 이 후 1980년에 같은 출판사에 의해서 12권짜리 『전집(*Complete Works*)』의 절반을 차지하는 개정판이 나왔다. 헨리 애덤스의 『역사(*History*)』 전집은 1962년 뉴욕의 앤티퀘어리언 출판사(Antiquarian Press)에 의해서 다시 인쇄되었다. 1967년에는 시카고대학이 한 권으로 된 축약판으로 출판했다. 본문에 언급된 또 다른 작품 Arthur M. Schlesinger, Jr., *The Age of Roosevelt*, 3 vols. (Boston: Houghton Mifflin, 1957~)는 현재 출판이 진행 중이다.

잘 씌어진 작품이어서 어째서 그 시대 사람들이 이 작품을 발행자인 마크 트웨인(Mark Twain)이 대신 집필한 것이라고 비판했는지 금세 이해할 수가 있다. 이 비판자들이 잘못 짚었기 때문에 더욱 더 읽을 가치가 있는 책이 되었다. 제1차 세계대전과 제2차 세계대전에 관한 처칠의 자전적 작품들은 적어도 말버러의 전기 못지않게 훌륭한 것들이다. 이 저작들에는 학자들을 곤혹스럽게 하는 교묘한 말 돌리기가 있기는 하지만 대리경험을 추구하는 실무자들에게는 매우 보탬이 될 것이다. 해럴드 니콜슨(Harold Nicolson)의 영국 외교관들의 전기와 그 자신의 파리 평화회담에 관한 회고록 『1919년의 평화건설(*Peacemaking 1919*)』은 독자들로 하여금 에드워드 치하 영국의 전환시대를 살고 있는 느낌을 갖게 한다. 케네디와 해럴드 맥밀런(Harold Macmillan) 두 사람이 가장 좋아했던 전기라고도 일컬어지며 사실상 두 사람을 처음부터 친밀하게 만들었던 것들 가운데 하나이기도 한 데이비드 세실 경(Lord David Cecil)의 『멜버른(*Melbourne*)』은 이 세 사람은 물론 빅토리아 여왕 이전의 영국에 관해서도 많은 점을 시사해 준다. 로버트 셔우드(Robert Sherwood)의 『루스벨트와 홉킨스(*Roosevelt and Hopkins*)』 그리고 슐레신저의 훌륭한 작품인 『로버트 케네디(*Robert F. Kennedy*)』는 서로 다른 스타일로 아주 생생한 대리경험을 제공하기 때문에 우리의 리스트에 들어간다. 헨리 키신저의 회고록도 마찬가지이다. 우리는 지금까지 출판된 그의 책들이 더 길었으면 좋겠다고는 양심상 말할 수 없거니와, 키신저가 결정판을 냈다고 주장하지도 않겠다. 그러나 그는 그 서술에 있어서 독자들로 하여금 키신저 자신의 경험 속으로 들어가도록 함으로써 독자들이 그를 어떻게 생각하든 간에 결국 독자 자신들을 위한 통찰력을 획득하게 만드는 아주 강력한 "첫 문장"을 만들어 내는 재능을 지니고 있다.[233] 그리고 마지막으로 전기 가운데 비록 당파성이 강한 것이기는 하지만 플랜태저니트조(the Plantagenet)의 왕들에 관한 셰익스피어의 희곡들을 우리는 들지 않을 수 없다.

이상의 책들은 통찰력을 얻기 위해 의존하는 대리 경험을 공유하는 데 특히 유용하다고 우리 두 사람이 생각하는 것들이다. 이러한 책들을 선정하는 데 있어서 주요한 원칙은 이러하다. 즉 독자의 경험의 영원한 한 부분으로 될 수 있도록 스토리가 충분히 잘 개진되어야 한다는 것이다. 도대체 그러한 청구서를 채울 수 있는 것은 무엇일까 하는 것은 사람마다 충분히 다를 수 있기 때문에 우리의 마지막 제안은 간단하다. 닥치는 대로 읽으라는 것이다. 닥치는 대로 읽다가 미세한 선을 넘어 허구 속으로 들어가 헤매게 되더라도 자연은 예술을 놀라게 한다는 점만 제대로 인식하고 있다면 그대로

233) John G. Nicolay and John Hay, *Abraham Lincoln*, 10 vols. (New York: Century, 1890). 시카고대학은 1966년에 한 권으로 된 축약본을 출판했다. Ulysses S. Grant, *Personal Memoirs*, 2 vols. (New York: Webster and Co., 1885~86). Winston S. Churchill, *The World Crisis*, 5 vols. (New York: Scribner's, 1923~29)는 한 권짜리 축약판(New York: Scribner's, 1949)으로 출판되기도 했다 그의 *The Second World War*, 6 vols. (Boston: Houghton Mifflin)는 한 권으로 된 것(Boston: Houghton Mifflin, 1959)도 있고 두 권으로 축약된 것(New York: Time, Inc., 1959)도 있다. 해럴드 니콜슨의 작품들 가운데는 다음과 같은 것들이 있다; *Portrait of a Diplomatist, Being the Life of Sir Arthur Nicolson, First Lord Carnock, and a Study of the Origins of the Great War* (Boston: Houghton Mifflin, 1930); *Peacemaking 1919* (Boston: Houghton Mifflin, 1933); *Curzon: The Last Phase* (Houghton Mifflin, 1934); *Dwight Morrow* (New York: Harcourt Brace, 1935); 그리고 *The Congress of Vienna* (New York: Harcourt Brace, 1946). Lord David Cecil, *Melbourne* (Indianapolis: Bobbs-Merrill, 1954); Robert E. Sherwood, *Roosevelt and Hopkins* (New York: Harper, 1950); Arthur M. Schlesinger, Jr., *Robert F. Kennedy* (Boston: Houghton Mifflin, 1978); 그리고 Henry A. Kissinger, *The White House Years*, 2 vols. (Boston: Little, Brown, 1979~82) 등도 참조.

좋다.[234)]

우리는 마치 대리경험이 시간의 흐름 속에서 사고하는 재능으로 축적될 수 있다고 생각하는 것처럼 쓰고 있다. 그럴지도 모른다. 분명 대리 경험은 지식목록을 증가시키고 맥락을 채워 준다. 뿐만 아니라 정의(definitions)를 구축하기도 한다. 즉 단어라는 것은 내용을 갖게 마련인데, "위기"라는 말을 다시 한 번 보기 바란다. 아마도 이러한 것들은 길을 따라가는 단계들일 것이다. 모름지기 대리 경험은 다른 사람들의 마음속에 있는 패턴에 대한 감수성을 높여 줄 것이고, 따라서 위치 짓기를 도와 줄 것이며, 진리를 상대적인 것으로 그리고 역사를 우연적인 것으로 보는 경향을 조장할 것이다. 그리고 아마도 현재 벌어지고 있는 상황 속에서 미래에 대한 예보자로서의 과거의 판단들에 관해 알려줄 것이다. 여기서 우리가 "아마도"라는 표현을 쓴 것은 그런지 어떤지에 관해서는 우리가 알지도 못하고 또 알 수도 없기 때문이다.

만일 가능하다면 도달할 가치는 있는 것일까? 우리는 이러한 의문에 대해서 단호하게 예스라고 대답할 것이다. 이 대답에 우리가 가지고 있는 편견, 우리의 가치관이 나타나는 것은 물론이다. 이러한 우리의 편견과 가치관으로 인해 우리가 정부의 결정들과 같은 중요하고도—우리에게는—불확실한 것들에 대해 보수적인 입장을 취하게 되었다는 점을 독자들은 알아차리게 될 것이다. 우리는 "훌륭하다(good)"고 부르는 판단들을 특징지으면서 "우연한" 그리고

234) Daniel D. McGarry and Sarah Harriman White, *World Historical Fiction Guide* (Metuchen, N.J.: Scarecrow Press, 1973)과 A. T. Dickinson, *Dickinson's American Historical Fiction* (Metuchen, N.J.: Scarecrow Press, 1981)의 제4판이 관련 서적의 탐색에 도움이 될 수 있다.

"상대적인" 등과 같은 용어들을 만족스럽게 사용해 왔다. 그리고 다른 그 무엇보다도 그 "성격(character)"으로는 물론 과열된 시대에도 일관성 있게 온건한 노선을 추구한 것으로 유명한 마셜과 워싱턴 같은 장군들의 사례를 만족스럽게 인용해 왔다. 그들은 특정의 이데올로기를 주창한 사람들이 아니었으며, 더 정확하게 말해서 극단주의자들이 아니었으며, 오히려 본질적으로 합의에 의한 이상에 만족하는 사람들이었다. 과연 이것이, 모든 것이 논의되고 취해졌을 때, 시간의 흐름 속에서 사고하기라고 부르는 것에서 우리가 찾는 것일까? 과연 거기서 얻을 수 있다고 생각했던 그것일까? 사실 그렇다. 우리의 견해—견해이지 "진실"이 아니다—로는 정부의 결정에 직면했을 때 꾸러미 속에 들어있는 중요한 것은 바로 분별력(prudence)이기 때문이다. 바로 그러한 이유 때문에 시간을 하나의 흐름으로 파악하는 것이 우리에게는 가장 중요한 것처럼 보인다.

모든 면에서의 분별력(prudence-in-the-large)을 목표로 삼는 것은 목표를 높이 잡는 것이며, 우리가 정확하게 그 특징을 묘사할 수 없는 어떤 사고방식을 일반적으로 적용하려고 하면 실망만 초래하게 된다. 이와 같은 과도한 기대는 모래와 옥석을 구별하거나 순간적으로 소멸해버리는 것과 끊임없이 변화하는 것을 구별할 수 있는 기준들을 확실하게 명시하지 못하는 우리의 무능함(우리만의 문제는 결코 아니지만) 때문에 그 전망이 밝지 않다. 기준을 명시하지 못하는 관계로 우리는 결정을 내리는 사람들이나 그들의 보좌관들에게 행동을 통해서 배우라거나, 행동으로 연마하라거나, 스스로를 검증해 보라거나, 또는 가능한 한 많은 다른 사람들이 하는 작업들에 스스로를 침잠시켜 대리경험이나마 해 보라거나 하고 촉구하는 간곡한 권고에 의존하고 있는 것이다. 어쩔 수 없지 않은가? 아무튼 노력은 그들이 해야 하는 것이고, 우리가 그다지 해주는 일도 없는 사람들에게 양심상 우리의 바람을 강요할 수는 없는 일이다.

그러나 작은 부면에 있어서의 분별력(prudence-in-the-small)에 관해서라면 우리는 더 강력하게 강요할 준비가 되어 있다. 여기서 우리는 구체적인 상론(specifics), 소방법들을 제시하려고 하며, 우리는 그렇게 할 수 있다. 한 번에 한 가지의 결정을 하는 작은 부면에 있어서의 분별력이란 이 책의 앞 장들에서 언급한 바와 같이 각각의 사례를 하나하나 검토하여 개선의 여지가 있다고 판단되는 모든 것을 목표로 하는 것이다. 개선은 개인의 성격과 환경에 의해 좌우된다. 때로는 다루기 어려운 경우가 많으며, 그럴 경우 그 여지는 줄어든다. 그러나 우리는 거의 모든 경우에 그 여지가 존재한다고 확신한다. 뿐만 아니라 우리는 우리의 소방법들이 제시하는 노선에 따라 사고한다면 기회가 만들어지며 위험은 줄어들 것이라는 점도 확신한다. 따라서 우리는 모든 참여자들에게 소방법들을 사용하도록 촉구했다.

우리가 제시한 사례들을 생각해 보자. 우리의 사례들은 분명 중용(modesty)을 권고하지만 개선의 여지를 제시하기도 하며, 제한적인 개선이라고 할지라도 더 행복한 결과의 도출에 기여할 것이라는 점을 분명하게 함축하고 있다. 우리가 맨 처음에 언급한 상대적인 성공사례들 즉 쿠바 미사일 위기와 사회보장제도 개혁사례 조차도 약간의 관찰이 어마어마하게 큰 이로움을 가져다 줄 수도 있는 상황에서 관찰을 생략하고 뛰어 넘는 경향이 있다는 점을 보여준다. 이 두 케이스에는 간단한 질문을 하지 못했던 이전의 실패들을 회복할 수 있는 적절한 방법들이 포함되어 있다. *우리*는 소련이 중거리 미사일을 수출하지 않을 것이라고 왜 그렇게 확신하고 있을까? 소련인들로 하여금 미사일을 수출하도록 부추기는 것은 무엇일까? 그러한 유혹은 존재하는가? 하는 등등의 질문을 미사일 위기가 발생하기 6개월 전에라도 관료들이 스스로에게 심각하게 제기했더라면 미사일 위기 또는 적어도 위기를 가속화한 경악을 초래하지는 않았을 것이다. 이러한 질문들로부터 시의 적절한 경고까지는 작은 걸음 하나면 되었을 것이다. 그리고 민주당의 어떤 의원이 서명했는가? 다른 사람들은 어떻게 했는가? *우리*는 어떻게 알고 있는가? 하는 등등의 약간의 질문을 데이비드 스토크먼(David Stockman)에게 일찌감치 던졌더라면 1981년 양당이 초당파적으로 협조하여 사회보장제도를 변화시키기 위해 마련한 정상적인 채널이 붕괴되는 일은 막을 수도 있었을 것이다.

계몽적인 질문들은 우리가 제안하는 모든 방법들의 포인트이다. 즉 대답과는 거의 무관하게 나름대로 빛을 비추어 주는 질문들 말이다. 역사의 기록들, 준거들, 또는 회고록들이 이러한 질문들의 유일한 원천은 아니다. 더욱 일관성 있게 그리고 의식적으로 적용되는 다른 원천들은 정책결정이론과 사회과학을 포괄하며, 통계적인 분석에서부터 법률적인 분석에 이르기까지 다양하다. 역사는 최후에 의존해야 할 하나의 원천에 지나지 않으며, 또는 어차피 아마추어가 찾아야 할 최후의 피난처 같은 것이다. 그러나 역사는 일종의 부가(附加)물로서라도 현재의 미국의 관행(우리의 비과학적 선택 사례들이 보여주는 한에 있어서) 속에서 활용되는 것보다는 더 많은 것을 제공해 준다. 지금이나 적어도 두 세대 전이나 마찬가지로 워싱턴 사람들은, 학창시절에 거의 그 기회를 박탈당했던 준거점(reference points)들의 보물창고를 열기 위해서 전적으로 특이한 노력을 하거나 모름지기 아무런 노력을 하지 않으면서도, 특히 논쟁에 있어서 유추는 남용하고 오히려 그 밖의 다른 모든 것들—이슈, 개인, 제도의 역사들—은 충분히 활용하지 못하는 경향이 있기 때문이다.

강좌에 참여하는 현직자들에게 그리고 지금 독자들에게 우리가 입버릇처럼 말하는 것은 이런 저런 방법으로 또 의식적으로든 무의식적으로든 지금 역사를 활용하면서 어째서 짧은 시간 내에 간단한 방법들을 이용하여 조금만 더 잘 해 보려고 하지 않느냐는 것이다. "간단해야" 하는 이유는 명확한 결과를 산출하지 못하는 복잡한 방법을 참고 견디는 사람은 없을—있어서도 안 될—것이기 때문이다. "짧아야" 한다는 것은 30분이 훨씬 넘는 시간을 재량껏 자유롭게 쓰거나 쓴다고 생각하는 사람은 없기 때문이다. 조금만 더 잘 해보려 한다는 것은 수수한 목표이지만 우리에게는 그것으로 충분하다. *알려진 것-불분명한 것-추정되는 것*에서부터 *유사점-차이점* 그리고 골드버그 법칙—"자초지종이 어떻게 된 것이지?"—에 이르기까지 그리고 더 나아가 걸기와 따기 그리고 알렉산더의 질문—"어떤 새로운 지식이 추정을 바꾸게 될 것인가?"—과 시간의 궤적 위의 사건들과 세부사항에 이르기까지 우리가 주장하는 방법들은 사람 *그리고* 조직에 잘 어울린다. 이 방법들과 그 외의 것들은 순박하다고 할 정도(이 이상은 넘지 않기를 바란다)로 단순하다. 바쁜 사람들이 가질 수 있는 것보다 더 많은 시간을 가지고 숙고한 다음에야 계몽적인 질문의 불꽃을 터뜨리기 시작할 수는 없다.

작은 부면에 있어서의 분별력 증진을 모색하다보니 우리는 그것을 모색하는 것이 의무로 되어 있는 사람들 즉 정책결정자들의 입장을 이해하게 된다. 우리의 방법들은 적어도 정책결정자들 못지않게 그 스태프들을 위한 것이기도 하지만, 이들을 거치지 않고 곧바로 정책결정자들에게도 의미가 있는 것이 되리라고 생각한다. 마지막으로 우리의 이러한 희망들을 한 마디로 정리하자면 이렇다. 미래의 정책결정자들에게 행운은 물론 약간의 주의력 즉 이 책에서 제안하는 종류의 주의력만 갖추어져 있다면, 피그만에서 재앙이 발생했을 때 케네디가 시어도어 소렌슨에게 흘렸다는 불만 즉 "내가 왜 그렇게 어리석을 수 있었을까?" 하는 식의 불만은 갖지 않게 될 것이라는 점이다.[235] 케네디는 카스트로가 문제라고 생각할 만큼 어리석지는 않았다. 대부분의 미국인들 그 중에서도 특히 아이젠하워와 닉슨 역시 그렇게 생각했다. 뿐만 아니라 케네디는 미 군사력의 공공연한 사용에 끈질기게 반대할 만큼 어리석지도 않았다. 법률과 도덕은 군사적인 고려에 의해서 지탱되었다. 즉 쿠바는 큰 나라이며 다른 곳들이 보복에 취약하다는 것이었다. 따라서 케네디 스스로가 자책했던 그 어리석음은 작은 특별한 문제들에 대한 몇 가지 되지도 않는 판단들과 가정들에 관한 것으로 좁혀져 내려오게 된다. 즉 상륙지점을 서쪽으로 70마일 옮긴 것이라든지, 두 차례의 공습 가운데 하나를 취소한 것이라든지, 자신이 이미 거부하기 어려운 상황에 처해 있다는 사실을 간과한 것이라든지, 또는 덜레스 같은 사람이라면 자기의 공공연한 개입금지조치를 신뢰했을 것이라고 당연하게 생각한 것이라든지 하는 등등이다. 그러한 종류의 오판은 대부분이 실행가능성(feasibility)에 관한 문제였다. 즉 "제대로 될까?", "이러지도 저러지도 못하게 되는 것은 아닐까?", "상처받는 것 이상으로 도움이 될까?", "그렇지 않다면 무엇일까?" 하는 등등의 질문 영역 안에서 해결될 수 있는 문제였다. 우리가 바라는 것은 그러한 질문들을 더 많이 제기하라는 것이다.

---

235) Theodore C. Sorensen, *Kennedy* (New York: Harper & Row, 1965), p.309.

■ 감사의 글

이 책의 완성 전 단계인 대학원 수업을 위해서 약 50개 정도의 사례연구를 마련했다(리스트는 부록에 수록되어 있다). 이 사례들은 전국의 대학원 과정과 대학에서 활용할 수 있다. 이를 준비하는 데에는 국립 인문학 지원기금(National Endowment for the Humanities)의 지원을 받았으며, 이 기금에 심심한 감사를 드린다.

시간, 기금, 대학원 수업의 조교들, 관심 있는 동료들 그리고 그 밖에도 많은 것들을 통해서 수 없이 많은 방법으로 우리를 지원해 준 하버드 대학의 존 F. 케네디 행정대학원(John F. Kennedy School of Government)에도 깊은 감사의 말씀을 드려야겠다. 워싱턴에 있는 우드로 윌슨 국제연구센터(Woodrow Wilson International Center for Scholars)는 필자 가운데 한 사람이 이 책을 집필하던 시기의 한 동안을 머무를 수 있게 해 주었다. 센터는 초고를 가지고 논의할 수 있는 포럼을 마련해 주기도 했다. 우리는 센터와 센터의 뛰어난 스태프들에게 빚을 지고 있는 셈이다.

우리가 밝힌 사례들 속에 언급된 많은 분들을 포함해서 초고 상태에 있는 이 책의 각 장들을 읽고 코멘트해 준 학계 안팎의 여러분에게 특별한 감사를 드린다. 우리가 주장하는 내용에 관해서 비난을 받아야 할 이유가 없는 분들이지만, 우리를 바로 잡아 준 점에 대한 감사의 뜻을 표하는 것에는 반대하지 않은 분들이 있다. 낸시 앨트먼

루푸(Nancy Altman Lupu), 로버트 블랙윌(Robert Blackwill), 제임스 블라이트(James Blight), 존 브로스(John Bross), 해롤드 브라운(Harold Brown), 즈비그뉴 브레진스키(Zbigniew Brzezinski), 맥조지 번디(McGeorge Bundy), 윌리엄 번디(William Bundy), 브루스터 데니(Brewster Denny), 스튜어트 에이젠슈타트(Stuart Eizenstat), 토머스 엘리어트(Thomas Eliot), 하비 파인버그(Harvey Fineberg), 앤서니 킹(Anthony King), 돈 프라이스(Don K. Price), 딘 러스크(Dean Rusk), 토머스 쉘링(Thomas Schelling), 제임스 슐레신저(James Schlesinger), 브렌트 스코크로프트(Brent Scowcroft), 제임스 시베니어스(James Sebenius), 시오도어 소렌슨(Theodore Sorensen) 그리고 찰스 위잰스키(Charles Wyzanski) 같은 분들이다. 이 분들의 시간, 생각, 솔직함, 경고 그리고 격려에 대해서는 말로 표현할 수 있는 것 이상의 감사의 마음을 항상 가지고 있다.

우리의 사례연구 대부분을 만들어 낸 프로젝트의 팀장으로 일해 준 멜라니 빌링스-윤(Melanie Billings-Yun)과 그녀가 이끌었던 사례 작성팀에게도 감사를 드린다. 이 팀의 모든 분들이 진지하게 그리고 탁월하게 업무를 수행해 주었다. 각 사례의 작성자들의 이름은 사례연구의 표지에 기재되어 있다. 편집감독은 멜라니와 우리의 몫이었다.

빈틈없는 교정과 판단력으로 도와 준 프리 프레스(Free Press) 출판사의 어윈 글릭스(Erwin Glikes) 편집장과 그의 편집진 그리고 훌륭한 업무수행으로 도움을 준 우리의 저작관계 대행자 맥신 그로프스키(Maxine Groffsky)에게도 감사를 드린다.

끝으로 이 책이 준비과정에 있던 여러 해 동안 우리를 그리고 메이(May)의 워드 프로세서는 물론 우리의 악필을 참고 견뎌 준 우리의 비서 샐리 매커시너스(Sally Makacynas)에게 감사하고 또 감사한다—감사의 뜻을 충분히 표현할 수 있는 다른 방도가 없다.

A. 방법들
B. 수업과목
C. 사례들

A. 소방법들(Mini-Methods)의 요약

Ⅰ. *알려진 것-불분명한 것-추정되는 것(K-U-P)/유사점-차이점(L-D)*

- 목표가 도출되어야 할 당면의 *상황*("지금")과 그 상황에서 정책 결정자의 *관심사*(문제들)를 정의하는 데 도움을 주고,
- 과거("당시")로부터 끌어낸 유추를 가지고 또는 유추 없이 활용하기 위해서,

제1단계: *불분명한 것*과 "지금" *알려진 것*을 구별하고, 이 두 가지를 (문제를 안고 있는 사람이나 그 대리인에 의해서) *추정되는 것*과 구별하라.

제2단계: 자기 머릿속에 떠오르거나 다른 사람들이 촉구하는 모든 관련 있는 "당시들"을 동등하게 취급하라(*현재의* 지식으로 각각의 "당시"를 채워 볼 것).

제3단계: 유사점과 차이점을 찾기 위해서 지금과 당시를 비교하라(유사한 것이 없으면 건너뛸 것).

제4단계: 지금의 관심사 그리고 가능하면 이에 상응하는 목표들을 구체적으로 분명히 하라.

주의: 관심사와 목표가 분명해지지 않으면 위치 짓기(이하의 Ⅶ항)를 가미한 후 다시 한 번 분명히 하려고 시도하라. 그래도 불분명하다면 이슈의 역사(이하의 Ⅱ-Ⅳ항)를 다시 검토하고 나서 한 번 더 시도하라.

Ⅱ. ***골드버그 법칙***

"'문제가 무엇이냐?'고 묻지 말고, '자초지종이 어떻게 된 것인지?'를 물어보라. 그렇게 함으로써 정말로 문제가 무엇인지를 찾아내게 될 것이다."

Ⅲ. ***시간의 궤적 (이슈의 경우)***

"지금"으로부터 거슬러 올라가서 자초지종이 시작되는 시점까지의 나날들.

Ⅳ. ***저널리스트적인 질문:***

"언제" (시간의 궤적) "무엇을" "어디서" "누가" "어떻게" "왜"

• 이것들을 함께 활용하면, 이슈의 역사(이슈는 정책결정자의 관심사에 의해서 정의된다)를 추적해서 분명히 하고, 목표를 그리고 따라서 대안을 좀 더 조명하는 데 도움이 된다.

제1단계: 이슈와 관련하여서는 골드버그 법칙을 환기하라.

제2단계: 도움이 되는 저널리스트적인 질문을 하면서, 관련이 있는 흐름을 시간의 궤적 위에 구성하라.

제3단계: 특히 고도의 정치적 중요성을 지닌 것처럼 보이는 구체적

인 변화가 있다면 어떤 변화든지 시간의 궤적 위에 구성해 보라.

제4단계: 이슈의 역사에 의해서 정밀하게 다듬어진 관심사에 상응하는 목표와 대안을 분명히 하라.

Ⅴ. ***걸기와 따기:***

추정되는 것이 옳다고 판명됨으로써 얼마나 딸 것이라고 예상하는가?

그리고/또는

얼마나 많은 돈을 거기에 걸 것인가?

• 위의 I에서 또는 그 이후에 다루어지지 않은 가정(추정되는 것)들을 검증하기 위해서 활용된다.

제1단계: 다른 사람들이 있는 가운데 각 조언자에게 위의 두 가지 가운데 어느 한 가지(또는 두 가지 모두)를 질문하라.

제2단계: 각 조언자에게 자신의 답이 다른 사람들의 답과 구체적으로 무엇이 다른지 설명하도록 요구하라.

제3단계: 논쟁을 하도록 유도하여, 명확한 차이를 산출하도록 하라.

제4단계: 그에 따라 추정되는 것을 다시 검토하라.

Ⅵ. ***"알렉산더의 질문"***

어떠한 새로운 사실이 (만일 그 사실이 곧 발생할 것 같다면 언제까지) 발생해야 당신의 추정이 바뀔 것인가? (당신의 방향은? 당신의 결정은?)

- 추정을 검증하는 또 다른 방법이다. 뿐만 아니라 미리미리 경고 신호를 설정하고, 뜻하지 않았던 검토 작업("만일 우리가 이러한 사실들을 발견하게 된다면, 그 때는…)을 예정해 두는 방법이기도 하다.

제1단계: 위의 질문을 하라.

제2단계: 동의된 답변들을 비망록 시스템에 넣어두라.

제3단계: 비망록에 발견된 사실이 있는 것으로 나타나면, 추정—또는 결정—의 재검토에 착수하라.

제4단계: 그에 따라 상황의 정의, 관심사, 목표 그리고 대안들을 지시된 대로 (뜻하지 않았던) 검토를 수행하고 수정하라.

Ⅶ. *"위치 짓기"*

	개 인	제 도
시간의 궤적	부모의 청년기 이후	핵심적인 요소의 시작 이후
사건들	널리 교육하거나 보고된 공적인 역사	법률, 지도자, 또는 널리 보고된 논쟁들
(특별한 사건들)	특별한 공적 집단에 널리 알려진 것	(개인의 경우와 동일)
세부사항들	기록되어 있거나 입수가능한 개인적인 역사	내부의 역사: 구조, 절차 (특히 인센티브)

- 외양적 징후가 암시해 주는 역사로부터, 사람의 머릿속에 들어 있거나 제도의 전문영역 속에 인센티브로 내재되어 있을 수 있는 개인의 사고방식이나 제도의 성향을 추측해 냄으로써, 상대적으로 잘 모르는 사람이나 조직을 "위치 짓기"할 수 있도록,

제1단계: 다른 사람이나 조직에 관한 초기의 고정관념을 분명히 하라.

제2단계: 관련 있는 시간의 궤적을 그려 보라.

제3단계: 적절하게 정의된 관련 사건들(그리고/또는 특별한 사건들)과 세부사항을 개략적인 날짜를 넣어 구성해 보라.

제4단계: 초기의 고정관념을 정교하게 다듬기 위해서 개인의 있음직한 사고방식이나 조직의 있음직한 접근방법에 관한 추론을 이끌어내 보라—(마치) 직접적인 증거가 개재되는 것처럼 사실 체크를 해야 한다.

B. 수업과목의 내용과 평가

우리는 이따금 하버드대학의 케네디 행정대학원에서 우리가 담당하고 있는 "역사의 활용" 과목에 대해서 언급했다. 이 과목과 이 책은 같은 주장을 전개하고 있고, 같은 사례들을 많이 인용하고 있기 때문에 이 책을 읽은 사람들이라면 이 과목에 관해서 많이 알게 될 것이다. 본 부록에서 우리는 우리와 비슷한 목적을 가지고 있는 다른 몇몇 과목들에 관해서 기술하고자 하며, 우리 과목에 참여하는 실무자-학생들이 우리의 "소방법들"을 실무 현장에서 활용해보고 평가한 내용들에 관해서도 보고하고자 한다.

우리 과목은 1970년대 초 학기의 일부를 할애 받는 실험과목으로 시작되었다. 1970년대 중반에 우리는 용기를 내어 이 과목을 한 학기의 *정규과목*으로 택하자고 제안했다. 그리고 1970년대 말에 이르자 국립인문학지원기금(National Endowment for the Humanities)이 우리 과목을 발전시킬 수 있도록 그리고 가능하면 이것을 수출상품으로 만들 수 있도록 하는 지원금을 제공해 주게 되었다.

당시까지만 해도 우리는 주로 제록스로 복사한 자료들을 분류하고 있는 실정이었다. 따라서 학생들에게 제공할 수 있는 사례의 수도 제한될 수밖에 없었다. 게다가 저작권 침해에 해당되기 십상이었다. 지원기금의 지원으로 우리는 멜라니 빌링스-윤 박사를 프로젝트의 팀장으로 위촉했다. 그녀는 많은 파트타임 사례작성자들을 감독하면서 각각 10쪽에서부터 25쪽에 달하는 아주 간결한 50편의 사례들을 만들어 냈다. 우리는 그녀는 물론 다른 사람들과 함께 강의실에서 이 사례들을 검증했다. 그 과정에 이 사례들은 경험을 통해 수정되거나 다시 씌어졌다. 부록 C에는 초록과 함께 전체 리스트가 수록되어 있다.

우리의 사례를 활용하거나 아니면 실험에 참여하는 대부분의 대학들은 우리와 마찬가지로 공공 업무 분야에서 커리어를 쌓으려는 대학 졸업 이상의 수준을 지닌 전문적인 학생들을 교육하는 공공정책대학원 또는 행정대학원이다. 그러나 이 대학원들은 재학생의 성격과 교육방침의 특성 그리고 스타일이 각각 다르다.

조엘 타아(Joel Tarr)는 카네기-멜론 도시공공정책대학원에서 "도시문제의 역사적 조망"이라는 과목을 개설하고 있다. 그와 그의 동료인 피터 스턴즈(Peter Stearns)는 우리가 작업을 시작한 것과 거의 같은 시기에 이 과목을 위한 작업을 시작했다. 특히 도시의 전력, 상수도, 수송 또는 위생 등의 분야에 종사하려고 계획하고 있는 엔지니어와 그 밖의 사람들을 위한 과목을 구상하면서 타아는 우리가 미루어 두었던 질문을 제기하면서 작업을 시작했다. 학생들로 하여금 "도시의 위기"를 정의하도록 유도하면서 그는 함축적으로 다음과 같은 물음들을 제시한 것이다. 즉 현재의 조건은 얼마나 다른가? 변화하지 않은 것은 무엇인가? 그리고 나서 그는 도시경제, 수송체계, 주택지구, 근교, 인종 및 종교적 공동체 그리고 정치조직 등의 발전과정을 차례로 관찰하면서 이슈의 역사를 강조했다. 그는 학생들에게 피츠버그의 "도시 르네상스"의 미래를 평가하도록 하는 것으로 끝을 맺었다. 즉 우리의 용어로 표현하자면 학생들에게 시간의 흐름 속에서 주제를 설정하도록 요구했던 것이다.

스토니 브룩에 있는 뉴욕주립대학의 해리먼 도시공공정책대학원에서 데이비드 버너(David Burner)와 그 뒤를 이어 마이클 반하트(Michael Barnhart)는 다른 과정을 구상했다. 이들의 학생들 대부분 역시 주 또는 지방정부에서 커리어를 쌓는 것을 목적으로 하고 있었지만 일부 학생들은 기술적인 배경을 가지고 있었다. 이보다 더 많은 수의 학생들은 일반적인 관리업무를 지향하고 있었다. 따라서 스토니 브룩의 과정은 우리도 활용했던 피그만의 사례는 물론 광업노조연맹(United Mine Workers union) 그리고 사적 부문으로부터는 유명한 하버드 경영대학원의 "대쉬먼(Dashman)" 사례를 활용하면서 조직의 역사에 역점을 두었다. 이 사례들은 각각 표준업무절차(standard operating procedures)가 발전하고 완료되어 가는 약간 다른 경로를 예시해 주는 것들이다.

주제에 대한 접근방법이 우리와는 다른 대학원도 있었다. 캘리포니아의 랜드 전문대학원(RAND Graduate Institute)에서는 모든 학생들이 이미 석사학위를 취득한 박사 후보자들이었고, 랜드 연구소의 프로젝트에 파트타임으로 참여하고 있었으며, 거의 모든 학생들이 어려운 질적 분석방법을 체득하고 있었는데, 우리의 방법을 모방한 과정에 대한 이 곳의 초기 반응은 줄잡아 말하더라도 복합적이었다. 어떤 학생들은 "역사 평가"의 성격이 짙다고 말하기도 했다. 랜드 전문대학원의 스테픈 슐로스먼(Stephen Schlossman)은 당시 자신들이 수행하고 있는 특별한 연구 프로젝트인 개인연금제도, "TVA"의 다른 국가에의 적용, 전쟁 초기 국면에서의 비행장 공격 등의 진행 과정 속에서 학생들이 유추, 이슈의 역사, 기타 등등을 관찰하게 하는 하나의 과정으로 강의를 진행했다. 이러한 형식 속에서 수업과정은 가장 수학적인 사고를 지닌 참여자에게도 "효과가 있음"을 보여 주었다.

시카고대학의 공공정책 프로그램에서 배리 칼(Barry Karl)은 평범한 효용성보다는 "역사 평가"에 더 치중함으로써 정반대의 방향으로 과정을 진행했다. 그의 수업은 직업, 공적 또는 사적인 관리, 정부규제 그리고 교육 및 사회복지와 관련된 정책 이슈의 발전을 광범위하게 다루는 것이었다. 이 수업은 미국 이데올로기의 광범위한 검토로 끝을 맺는 것이었다.

이와 같은 다양한 실험들은 공공정책 및 공공행정 대학원들에게 광범위한 가능성이 열려 있음을 보여 준다.

채플 힐에 있는 노스캐롤라이나대학 경영대학원(Graduate School of Business Administration)의 레스터 가너(Lester Garner)는 MBA 프로그램에 포함시키기에 적합한, 정책결정에 있어서의 역사의 활용에 관한 과정을 개설했다.

사례에 초점을 맞춘 것이기는 했지만 채플 힐의 과정은 한 학기 동안 극소수의 사례만을 다루면서 학생들로 하여금 각 사례를 서로 다른 다양한 각도에서 보도록 시도했다는 점에서 우리의 과정이나 위에 언급한 다른 과정들과는 차이가 있다. 그 대표적인 것이 학생들이 어떤 전자회사에 새로운 탱크의 구성부품을 입찰하도록 추천할 것인지 아닌지를 선택하는 결정에 관한 사례이다. "학생들은 복잡한 재정적인 자료 없이 추천을 해야 했는데 수업의 후반부에 가서는 모두가 놀라는 반응을 보였다. 추천의 단계에 이르기까지 우리는 무기조달의 결정을 좌우하는 정치적인 커넥션의 구조, 군과 대기업에 대한 미국인들의 태도 그리고 새로운 기술을 취급할 때의 제조상의 문제점 등과 같은 기업의 입찰결정에 사실상 영향을 미치는 요인들에 관해서 토론한다. 우리는 이러한 요인들을 각 요인의 중요한 과거를 통해서 관찰하는데, 많은 학생들이 추천의 단계에 이르면 재정적인 자료라는 것은 이러한 결정을 내리는 데 있어 가장 영향력이 없는 요인이라는 사실을 인식하게 된다"고 가너는 기술하고 있다.

채플 힐에서 사용된 다른 사례는 1930년대 멕시코의 석유자원 국유화에 대한 보상을 둘러싼 미국-멕시코 사이의 협상을 시뮬레이션한 것이다. 이슈를 정의하는 단계에 이르기 위해서는 멕시코 관리들, 미국 관리들 그리고 석유산업 관리자들의 각각 다른 역사적 경험을 탐색할 것이 요구된다. 그러나 일단 이해하고 나면 이슈 자체는 복잡한 회계기술의 적용에 의해서만 해결될 수 있는 것으로 판명된다.

수강신청자의 증가, 수강생의 성적 같은 것들로 판단하면 이 모든 전문적인 수업과정은 우선 성공적이라고 할 수 있다. 그러나 이 데이터들 중에 위의 대학원에서 다른 교과목들보다는 위의 과목들이 교양과목답다거나 또는 그러한 이유로 더욱 편안하게 느껴지기 때문에 많은 학생들이 선호하는 것 아니냐는 의심을 불식시켜 줄 만한 것은 아무 것도 없다.

부분적으로는 이러한 이유에서 그리고 또 부분적으로는 우리 자신의 지침에 따라 우리는 1980년대 초 케네디 행정대학원의 "역사의 활용"이라는 우리 과목의 처음 여섯 개 학기 동안 등록했던 학생들을 상대로 설문 조사를 하기로 했다. 우리는 약 200명의 졸업생 주소를 파악하여 한 가지 우편물을 발송했다. 68명이 질문서에 답을 적어 보내 주었다. 인상적인 것은 대여섯 명의 응답자를 제외하고는 모두가 자발적으로 코멘트를 해 주었으며, 이들 대부분이 질문서 용지의 앞면은 물론 뒷면에까지 적어 주었고, 별지까지 붙여 보내 준 사람들이 많았다는 사실이다.

모든 사람들이 이 과목을 칭찬한 것은 아니었다. 기억에 남는 과목의 개념은 무엇이며 어떤 과목을 신청했었는가 하는 질문에 내과의사라는 한 졸업생은 둘 다 "없다"라고 답했다. 워싱턴의 정책분석가 두 사람은 이 과목에 좀 더 엄격한 개념화가 필요하다고 답했다. 한 경영컨설턴트와 저널리스트 한 사람은 과연 많은 사람들이 자신들의 업무에 이 과목이 유용하다고 생각할지는 의문이라고 답해 주었다.

그러나 대체적으로 응답자들은 이 과목이 자신들이 하는 일에 도움을 주었다고 강조하면서 답해 주었다. 거의 모든 사람들이 기억할 만하고 유용한 것으로 최소한 한 개 이상의 과목 개념을 선택했다. 1에서 5까지의 단위로 "실무 현장에서의 유용성"을 평가해 달라는 질문에 대해서 다음 항목들 중 하나 또는 그 이상을 언급한 사람들이 매겨 준 점수의 평균은 다음과 같다.

과목 개념의 실무 현장에서의 유용성에 대한 졸업생들의 평가

단위: 1(약간)부터 5(매우)까지

	개 념	평균점수
O-H	(조직의 "위치 짓기")	4.53
PL	(개인의 위치 짓기)	4.19
I-H	(이슈의 역사 조사하기)	4.04
A-Q	(추정되는 것 검증하기)	3.93
K-U-P	(상황을 정의하기)	3.93
L/D	(유사한 것 비교하기)	3.76
PER	(전반적인 시각 넓히기)	3.14

"조직의 역사"를 인용한 졸업생의 숫자는 비교적 적어서 표본의 약 20퍼센트에 불과했지만, 이들의 평가는 일률적으로 높았으며, 코멘트의 내용도 강력한 것이었다. "정책 이슈와 정부 제도의 역사에 훨씬 더 주의를 기울이게 되었다. 이러한 종류의 주의를 *항상* 기울이고 있다"고 월 스트리트의 한 은행가는 쓰고 있다. 또 다른 은행가는 "조직의 역사는 때때로 그 조직의 오늘날의 문화와 관리 스타일을 결정"한다고 쓰고 있는데, 이 은행가는 런던에서 활동하고 있는 사람이다. 어떤 경영컨설턴트는 "졸업 후 5년이 지났지만 나는 여전히 '역사의 활용'이 하버드에서 내가 수강했던 가장 유용한 과목들 가운데 하나였다고 생각한다. 나의 업무의 대부분은 기업이 조직상의 변화를 통해서 전략적 방향의 중대한 전환을 하도록 돕는 일과 관련이 있다. 성공적인 조직 변화란 기업의 과거에 대한 상당한 정도의 이해—특히 기업의 *과거* 전략들이 *현재*의 조직 구조와 문화에 어떻게 내재되어 있는지에 대한 면밀한 분석—를 필요로 한다. '역사의 활용' 과목은 주로 공공정책의 이슈를 다루면서도 기업의 역사를 분석하는 데 활용할 수 있는 강력한 수단을 제공해 주었다" 고 평가해 주었다. 개인적으로 활동하고 있는 한 법률가는 이 과목이 자신이 서게 될 법정의 역사연구의 효용성에 대한 경각심을 불러일으켜 주었다고 코멘트했으며, 좀 더 젊은 법률가 한 사람은 자기가 속한 로펌의 역사를 연구한 것이 매우 유익했다고 대답해 주었다. 고참 파트너들의 결정을 더 잘 예측할 수 있었다는 것이다.

공적 또는 사적 분야에 종사하는 졸업생들이 조직의 역사에 대한 자신들의 등급을 매김에 있어서 통계학적으로 의미 있는 차이를 보인 것은 아니었지만, 그 유용성에 관한 추가적인 증언의 대부분은 업무의 이익 창출 계통에 있는 사람들로부터 나왔다. 하나의 예외가 있다면 한 국가 기관의 중간급 관리의 증언이었는데, 그는 이렇게 쓰고 있다. "어떤 이슈의 역사와 그 이슈들을 다루는 관료기관의 역사는 정책의 형성과 기관의 관리에 절대적으로 필수적이다." 재단의 관리자인 또 다른 사람은 "… '역사의 활용'에서 얻은 배경적 지식은 조직이 제안된 활동을 얼마나 효과적으로 수행할 수 있을지에 관한 예측에 개념의 틀을 적용하는 데 도움이 된다"고 대답했다.

다른 한편으로 "위치 짓기"에 대한 높은 점수에는 졸업생들의 대략 5분의 3의 판정이 반영되었다. 잘못된 유추를 예방하기 위한 조치의 필요성과 함께 개인의 역사에 있어서의 차이점을 고려해야 한다는 점은 졸업생들이 가장 잘 기억하고 있는 이 과목의 윤리적 부분이었다. 그리고 여기서 이를 지지하는 증언들은 대부분이 공적 분야에 종사하는 사람들의 것이었다. 어떤 법률가는 "위치 짓기"를 가장 유용한 과목 개념이었다고 평가한 뒤 "'역사의 활용' 과목은 훌륭한 마케팅의 도구이다. 이 과목이야말로 나 자신의 업무를 개선시킨 몇몇 과목들 가운데 하나"라고 답해 주었다. 그러나 가장 강력한 감사의 증언은 워싱턴의 관료들이 해 주었다. "위치 짓기는 정치적인 임명직들과의 건설적인 관계를 촉진하는 데(아니면 적어도 파괴적인 관계를 피하는 데) 극히 유용한 개념이었다"고 어떤 관료는 평해 주었다. "나는 개인적으로 ["위치 짓기"가] 조직개편이나 새로운 지도부의 등장 이후의 어떤 정책 방향의 변화를 설명하는 데 유용하다는 것을 알았다…"는 다른 관료는 "일반적인 위치 짓기에서 얻어진 지식은 정책결정자를 조종할 수 있는 틀을 제공해준다"는 걱정되는 멘트를 덧붙였다. 의회에서 일하는 한 직원은 위치 짓기를 "거의 매일같이" 활용하고 있다고 했으며, 도시계획에 종사하는 어떤 사람은 위치 짓기를 활용하면서 "나 자신과는 다른 사람들과 더 효과적으로 의사소통을 하기 위해서 정책이나 프로그램의 결정에 대한 나의 설명 방식을 만드는 데" 위치 짓기 및 그 관련 개념들을 활용했다고 주장했다.

우리 졸업생들의 실제 직업은 너무나 다양해서 일률적인 통계처리가 어려울 정도이지만, 이러한 평가들을 통해서 드러나는 명백한 사실은 조직의 역사가 주로 거대한 조직을 상대로 일을 하는 투자금융가나 경영관리 컨설턴트 같은 사람들에게 유용한 것으로 보이는 반면 "위치 짓기"는 어떤 조직 내에 종사하는 사람이나 다른 어떤 이유로 해서 설득작업을 해야 하는 사람들에게 더 가치 있는 것처럼 보인다는 점이다. 한 졸업생은 자신이 정책분석가였을 때 유추들 사이의 차이점 구별이 본 과목에서 얻은 가장 유용한 도구라는 점을 느꼈다고 했다. 현재 어떤 주의 수도에서 로비스트로 활동하고 있는 그는 "위치 짓기"를 첫째로 꼽았다.

이런 저런 방식으로 분석 작업에 종사하는 졸업생들은 이슈의 역사, 추정되는 것의 검증 그리고 유추의 면밀한 조사 등 이 모든 것들을 가장 선호하는 경향을 보였다. 국내적으로 초점이 맞추어진 사회보장제도의 사례를 통해서만 이슈의 역사에 접해 보았음에도 불구하고 세 사람의 장교들은 자기들보다 고위의 장교들이나 민간인들에게 브리핑을 하는 데 있어서, 의회에서의 증언을 준비하는 데 있어서, 또는 국방관계의 전반적인 지침서를 작성하는 데 있어서 시간의 궤적 기법이 얼마나 유용한 것으로 판명되었는지 써 보내 주었다. 유럽에서 고위 참모직으로 일하고 있는 한 공군 장교는 K/U/P와 L/D 항목들을 "항상—내 직무의 핵심"으로 삼고 있다고 썼다. 워싱턴에서 일하는 한 법률가는 분석을 위한 효용성과 변론을 위한 효용성을 함께 묶어서 "간단히 말해서 변론의 많은 부분은 협박인데, 역사적 주장은 아주 위협적"이라고 쓰고 있다.

잠시 주목해야 할 것은 이 과목에서 실용성이 가장 떨어지는 요소—우리가 역사에 대한 전통적인 설명방식과 동일시하면서 "시각(perspective)"이라고 명명했던 부분—가 졸업생들로부터 뚜렷하게 가장 낮은 점수를 받았다는 사실이다. 더욱이 60여 명에 달하는 자발적인 평가자들 가운데 이 과목이 교양과목 취향이기 때문에 또는 그 효과를 가지고 있기 때문에 이 과목을 열망했다고 답한 사람은 한 명도 없었다.

부정적인 입장에 서 있는 평가들과 마찬가지로 졸업생들의 전반적인 긍정적 평가들은 거의 모두 직업에 대한 적용가능성과 관련이 있었다. 예외에 가장 가까운 것은 한 정보산업회사 사장의 평가였다. 그는 "과목이 제공해 주는 *프리즘*은 언제나 유용한 것"이었다고 썼다. 한 경영 컨설턴트는 이 과목이 자신이 전문대학원에서 선택했던 모든 과목 가운데 가장 가치 있는 것 가운데 하나였다고 평점을 매기면서 이렇게 설명했다. 즉 "이 과목은 실제 세계에서는 다수를 구성하고 있는 '더 부드러운' 질적인 이슈들을 다루기 위한 엄격하고 '딱딱한' 평가 기술의 개발에 중요한 공헌을 하고 있다." 한 법률가는 같은 내용을 조금 다른 방식으로 "… 이 과목은 '시장의 실패' 그리고 본질적으로 비시장적인 정책결정, 이 양자의 분석을 요구하는 케네디 행정대학원에 개설된 몇 안 되는 과목 가운데 하나"라고 기술하고 있다.

또 다른 경영 컨설턴트는 이 과목에 대해서 우리가 그 잠재력을 과장하고 있는 것은 아닌가 의심할 정도의 표현을 구사하면서 이 과목이 "능률은 물론 방향을 제시하는 리더십의 요소가 간과되지 않는다는 점을 확실히 보장해 주기" 때문에 하버드의 전문대학원들이 가지고 있는 교육과정 가운데 뚜렷이 부각된다고 평가했다. 이 과목이 그러한 면에서 실제로 달성할 수 있다고 우리가 생각하는 바에 대해서는 위협적인 역사의 힘에 관해서 썼던 워싱턴의 법률가가 가장 잘 기술하고 있다. 그의 주장에 따르면 "정부의 문제들은 장구한 역사를 가진 것들이 많고 [그리고]… 다양한 지속적 주제들로 나타나는 경향이 있기…" 때문에 이 과목의 개념들은 정부 밖에서도 유용했지만 정부 내에서 더 유용했다고 한다. 따라서 그는 "관리하고 이끄는 가장 훌륭한 방법은 사람들로 하여금 자신들이 하고 있는 일의 중요성과 방향을 이해하도록 돕고, 자신들이 일부가 되어 버린 힘(forces)의 흐름을 깨닫도록 돕는 것"이라고 썼다.

우리 자신이 처방해 보건대, 우리는 이 과목이 케네디 행정대학원 교육과정에서 장기적인 생명력을 가진 과목으로 남게 될 것이라고 믿고 있다. 마찬가지로 우리는 적어도 다른 각 대학원들의 이와 같은 과목들 가운데 적어도 몇몇은 장수할 것이라고 확신한다. 많은 전문대학원에서 씨앗이 싹을 틔우게 될지 어떨지는 또 다른 문제이다. 우리는 그러기를 희망하지만 그에 대해서만큼은 자신할 수가 없다. 이와 같은 불확실성의 이유는 우리 자신의 경험과 다른 사람들의 경험에서 도출한 다음과 같은 세 가지의 교훈 속에 내재되어 있다.

첫째, (a) 전문대학원의 학생들이 역사 활용에 관한 과목을 자신들의 커리어에 유리한 것이라고 인식할 수 있고, (b) 그러한 과목을 선택했던 사람들이 실무 현장에서 실제로 도움이 되었다고 회고할 것이라는 증거가 *현재로서는* 강력하다. 그렇다고 해서 이와 같은 결론으로부터 그러한 과목이 곧 바로 전문 커리어 준비과정의 일부가 될 것이라는 *기대* 섞인 예측이 나오는 것은 아니다. "역사의 활용" 과목들은 아마도 그러한 지위를 획득하기 전까지 한 세대

동안은 스스로의 유용성을 입증해야 할 것이다.

둘째, 이러한 과목들의 생명력은 효과적이고 일상적인 분석기술의 제공자로서 가치가 있다는 인식의 지속성 여부에 달려 있게 될 것이다. 커리어를 시작하기 전 단계의 학생들이나 한창 커리어를 쌓고 있는 학생들 가운데, 기술습득 과목 대신에 가치 있고 재미있지만 주로 지식과 문화의 일반적인 수준의 확대라는 비실용적인 목적으로 만들어진 과목들을 선택하는 학생들은 많지 않다. 강의자가 항상 명심해야 할 것은, 자신들은 학생들에게 이들이 장차 할 업무를 위한 교육을 하는 것이지 학부에서처럼 이들이 영위할 인생을 위한 교육을 하는 것이 아니라는 점이다.

셋째, 각각의 학생 구성이 다르다. 카네기-멜론이나 스토니 브룩 대학원의 공공정책 프로그램 그리고 랜드 대학원의 학생들은 하버드의 학생들과 다르며, 채플 힐의 경영대학원 학생들은 다른 어떤 대학원의 학생들과도 다르다. 각 대학원 내에서도 중요한 차이들이 있다. 하버드 내에서도 커리어 전 단계의 학생들, 커리어 중의 학생들 그리고 관리자 과정의 학생들 사이의 기대와 요구는 천차만별이다. 학생들의 경험이 덜 실제적일수록 우리는 과거의 특정한 상황과 사람들에 관해서 생각하는 시간을 갖도록 학생들에게 요구하는 이유를 더 많이 설명하고 정당화해야 한다. 이와 반대로 학생들이 경험이 풍부하면 할수록 우리는 "소방법"이라는 엄지손가락의 법칙이든 아니면 정책결정이론이나 협상이론 같은 분야의 공식이든 아무튼 이러한 일반적인 법칙의 적절성에 대한 회의주의와 싸워야 한다. 따라서 여기서 명심해야 할 것은 "역사의 활용" 과목을 가르치는 강의자는 자신들이 대면하는 학생들을 위치 짓기 하는 데 어느 정도는 노력해야 한다는 점이다.

C. 사례 목록

다음의 사례연구들은 공공정책 결정과 관리를 위한 역사의 활용을 가르치려는 우리의 노력과 관련하여 1975년부터 1983년 사이에 하버드 대학에서 준비된 것들이다. 강의는 케네디 행정대학원을 비롯한 여러 곳에서 진행되었다. 이 몇 해 동안 우리는 국립 인문학 지원기금의 지원을 받았는데, 이 지원을 통해서 사례의 질과 양 모든 면을 눈에 띠게 개선할 수 있었으며, 이 점에 대해 매우 감사하고 있다. 지원기금 측은 우리의 사례 자료들이 전국의 많은 다른 과목에서도 활용될 수 있도록 널리 배포되기를 원했다. 우리도 그러기를 바란다.

각 사례들은 본디 실제적인 정책결정에 있어서 역사의 특별한 활용에 관한 토론 및 역사 활용의 연습을 유도하거나 또는 역사 활용의 실례를 보여주기 위해서 만들어졌다. 각각의 사례는 형태상으로는 자체 완결적인 설명이거나 관점 또는 기록문서의 요약이지만, 다음과 같은 간단한 질문을 시도함으로써 다양한 결정의 사례로 전환될 수 있는 것이 대부분이다. 즉 "당신이 사례에서 "X"라고 하고, "Y"라는 변수가 다음과 같이 변화했다고 가정하자. 그렇다면 당신은 어떻게 했을 것인가?"

더욱이 자체 완결적인 설명방식을 취하고 있기 때문에 각 사례는 정책결정에 있어서의 역사의 활용에 관한 우리의 관심과는 멀리 떨어진 목적에도 부응할 수 있다. 즉 우리 자신이 많은 사례들을 학부의 역사학과 정치학 과목에 도입해 본 결과 다른 다양한 요구에도 훌륭하게 부응하는 것을 알 수 있었다. 실험해 볼 것을 권한다.

이하에서는 우리가 처음에 준비했던 특별한 용도에 따라 사례연구들이 분류되어 있다. 가능한 경우에는 한 가지의 용도에 대해서 여러 개의 예를 만들었다. 그렇게 한 한 가지 이유는 (우리를 포함하여) 강의자들에게 이슈와 시간 그리고 행위자를 선택하는 데 있어서 융통성을 부여하기 위해서이다. 다른 이유는 이 책을 위해서 예시된 사례들의 본질을 모두 훑어 버린 후에라도 우리 자신이 강의실에서 활용할 대안적인 예들을 남겨두기 위해서이다. 그렇게 함으로써 차후 우리 과목의 강의에도 선택지를 열어 둔 것이다. 즉 책과 사례 모두를 이용할 수 있다는 것이다. 그렇게 하면 학생들에게 이 책이 담고 있는 것과는 다른 과거의 사례들에 우리의 소방법과 같은 것들을 적용해 보라고 요구할 수 있기 때문이다. 따라서 우리는 편의상 이 책의 분류방법에 따른 제목 아래에 사례들을 나열하기로 한다. 많은 사례들은 이러한 여러 개의 제목 아래에 거의 균일하게 맞아떨어진다. (실감해 보고 싶으면 이것들을 면밀하게 살펴보거나 아니면 적어도 우리가 함께 제공하는 강의요목들을 골라 볼 것을 권한다.) 그리고 이 사례들은 예를 들면 알파벳순과 같은 다른 방법으로도 쉽게 정리될 수 있다. 이 방법은 케네디 행정대학원 출판부가 선택한 방법이며, 이 출판부는 우리 사례들을 포함해서 대학원에서 취급하는 사례들의 모든 결과물에 대해서 이러한 방식으로 정리된 리스트를 배포하고 있다. 원하는 사람은 다음의 주소로 연락하면 된다.

Publication Distribution Office
JFK School of Government
Harvard University
79 John F. Kennedy Street
Cambridge, MA. 02138

이 주소로 연락하면 비용이야 지불해야겠지만 우리 사례들의 인쇄물도 낱개이든 묶음이든 제공받을 수 있다. 요청하면 강의요목도 얻을 수 있다. 사례의 일련번호를 명기해야 할 것이다. 따라서 이하에 그 번호도 명기해 두었다.

1. 유추 끌어내기

베트남전쟁의 미국화(C15-80-271) 28쪽 외 요목

베트남 문서(C15-80-271S) 80쪽

이 사례와 발췌 문서들(펜터곤 페이퍼와 최근 비밀 해제된 다른 문서들)은 린든 존슨 행정부의 초기 1년 반 동안의 미국의 정책결정을 다루고 있다. 그 절정은 지속적인 공격 행동을 위한 남부 베트남에의 대규모 지상군 투입과정이며 결국 이를 통해 전쟁을 떠맡게 된다. 이 정책결정에 참여한 사람들에 의해서 인용되는 많은 그리고 변형되어 때로는 상충하는 (미국이 이에 앞서 수행한 전쟁인) "한국의 교훈"을 둘러 싼 갑론을박의 과정이 하이라이트를 이룬다. 베트남에서의 프랑스의 경험 자체에 대한 비유도 마찬가지이다. (1965년 1월 30일자로 맥조지 번디가 LBJ에게 보낸 프랑스의 비유에 관한 메모랜덤이 문서에 포함되어 있다.) 사례와 문서는 그 대상이나 목적에 따라 각각 별도로 혹은 함께 활용될 수 있으며, 문서는 전체적으로 또는 부분적으로 활용될 수 있다.

냉전의 발생(C14-76-144) 16쪽 외 요목

보록(C14-76-144S) 21쪽

1947년 2월 트루먼의 민주당 정권은 소련의 지원을 받는 좌익 게릴라로 골치를 앓고 있는 그리스 정부의 지원자로서 영국을 대신

할 것 그리고 터키로 하여금 소련의 침투에 대항하도록 뒷받침할 것 등 두 가지의 긴급한 요청을 받았다. 명확한 행동을 수반하는 대답을 위해서 트루먼은 새로운 선거를 통해서 공화당이 지배하고 있는 의회의 승인을 받을 필요가 있었다. 상원의 지도자 가운데 한 사람인 아서 반덴버그(Arthur Vandenberg)는 트루먼을 지지하는 쪽이었다. 다른 지도자인 (1948년 대선에서 공화당 후보로 지명될 것으로 믿어졌던) 로버트 태프트(Robert Taft)는 회의적이었다. 행정부의 멤버들 역시 그 지지도에 있어서 유럽에 대한 미국의 적극적인 개입 쪽에 서 있었다.

*냉전의 발생*은 제2차 세계대전의 종결 시점에서부터 현재 트루먼 독트린으로 알려지게 된 그 결정안을 의회에 회부하기로 한 중요한 회의에 이르는 시기까지 독자들을 안내한다. 이 사례는 그리스-터키의 원조문제에 관한 찬반 양쪽의 주장을 제공하지만, 그 최종 결의는 제시하지 않은 채 놓아두고 있다. 스탈린을 히틀러에 비유하는 것에 대해 강력하게 지지한 사람들도 있었지만 거부한 사람들도 있었다.

*냉전의 보록*에는 결정에 참여한 주요 행위자들의 약력, 몇 가지의 미국 내 여론조사 결과 그리고 소련과 독일의 정치/외교 정책의 연대기(*유사점/차이점*의 방법에 의한 비유 검증의 토대) 등이 포함되어 있다.

한국과 1930년대 A & B(C14-80-298/299) 10쪽/15쪽 외 요목
보록(C14-80-299S) 37쪽 외 요목

제2차 세계대전 종결 후인 1950년 6월 소련의 지원을 받는 북한군의 남한에 대한 기습공격은 해리 트루먼 미 대통령의 머릿속에 "1930

년대" 더 구체적으로 말하면 "만주… 오스트리아… 뮌헨" 등등의 강력한 유추를 떠올리게 했다. 그의 동료들 역시 이러한 유추의 유혹을 느꼈다. 트루먼의 주도에 따라서 그의 동료들은 자신들이 구축했던 대 남한 정책을 뒤집고 트루먼의 입장을 지지하는 쪽으로 모여 들었고, 자신의 동료들 사이에 일었던 의심을 일축했다. A 사례는 그 이전의 정책과 1950년 6월 말 일련의 블레어 하우스 회의를 통한 정책의 전환 과정을 추적한다. B 사례는 후일 걸핏하면 인용되는 "30년대의 교훈"을 포괄하는 1931년부터 1941년까지의 10년 동안 발생한 사건들을 요약하고 있다. 이 두 가지 사례를 함께 묶어 놓으면 사건들이 정책결정자의 머릿속에 결정적인 힘을 가진 비유를 가동시키는 실증적 사례에 관한 훌륭한 기록이 된다. *보록*에는 한국에 대한 정책결정과 관련된 문서들이 포함되어 있다.

돼지독감 D(C14–81–410) 20쪽 외 요목

리처드 노이스타트(Richard E. Neustadt)와 하비 파인버그(Harvey Fineberg)의 『신종 전염병(*The Epidemic That Never Was*)』(New York: Vintage Books, 1983)과 함께 읽어야 할 것. 이 사례는 1918~19년(스페인 독감), 1957년(아시아 독감) 그리고 1968년(홍콩 독감) 등 이전의 유행성 독감의 만연 사례에서 도출될 수 있는 역사적인 유추를 제공해 준다. 뿐만 아니라 1976년 한 해 동안 독감 면역을 위한 유추로서 환기된 바 있는 1960년대의 소아마비 바이러스 근절을 위한 성공적인 캠페인을 검토하고 있다.

베르덩과 베르사이유(C14–83–494) 14쪽 외 요목

한국에서의 침공 사건에 직면했을 때 트루먼이 "30년대의 교훈"에

귀를 기울였던 것처럼 1930년대에 영국 수상 네빌 체임벌린(Neville Chamberlain)은 제1차 세계대전과 그 후유증에서 끌어낸 "교훈"의 관점에서 독일의 요구를 바라보았다. 오늘날의 시점에서 되돌아보면 그의 "유화" 정책은 재앙을 불러온 실수로 간주되기 십상이지만 당시 영국에서는 지난 마지막 전쟁과 지난 최근의 평화의 경험으로부터 유화정책이 대대적인 지지를 얻고 있었다. 이 사례는 관련자들에게 비추어진 모습 그대로의 두 가지 상황을 환기시켜 준다.

2. 이슈의 역사 조사하기

마야게스 사건(C14-81-443) 27쪽

제럴드 포드는 대통령으로 재직하기 시작한 처음 10개월 동안 닉슨 불명예 이후 백악관의 원상을 회복하는 일, 의회에 빼앗긴 외교의 통제권을 탈환해 오는 일, 인도차이나에서의 미국의 패배의 치욕을 씻는 일, 스태그플레이션을 잡는 일 그리고 자기 자신의 연약한 이미지를 극복하는 일 등의 거대한 도전에 직면했다. 그리고 1975년 5월에는 크메르 루지(Khmer Rouge)가 미국의 화물선 마야게스 호를 나포했다. 포드는 이 사건을 국민의 신뢰를 얻고 전 세계에 미국이 여전히 해외에서의 자국 이익을 보호할 의지가 있음을 과시할 수 있는 기회로 삼았다.

이 사례는 마야게스의 나포로부터 미 구원부대 파견까지의 3일 동안 대통령에 의해서 내려진 결정들을 다룬다. 이 사례는 다음과 같은 질문을 제기하고 있다. 즉 해결이 문제에 우선했으며, 정말로 문제의 성격을 규정했는가? 또한 이 책의 제4장에서 탐색된 유추들에 관한 질문들을 제기하고 있다.

피츠버그 머신

A. 피트 플래어티(Pete Flaherty): 중립적 인물(C14-82-468) 4쪽 외 요목

B. 성장과 쇠퇴(C14-82-469) 15쪽 외 요목

C. 데탕트(C14-82-470) 3쪽 외 요목

이 사례들은 1933년의 극적인 탄생으로부터 1977년 그 건전함이 의심되는 상태를 맞이할 때까지의 피츠버그 민주조직(Pittsburgh Democratic Organization)의 역사를 취급한다. "A. 피트 플래어티: 중립적 인물" 은 1973년의 시점으로 상황을 설정하고 민주당의 이 조직이 선거세력으로서 살아 있는지 아니면 죽었는지 하는 질문을 제기한다. "B. 성장과 쇠퇴"는 더 나은 통찰력을 위한 역사적 배경 자료를 제공해 준다. "C. 데탕트"는 이 이슈를 업데이트하고 있다.

사회보장

A. 비판자들(C14-77-197) 18쪽 외 요목

B. 이슈의 역사(C14-77-198) 26쪽 외 요목

*사회보장 A*는 1980년대 초기의 사회보장제도가 직면한 장단기 재정 곤란 모두를 검토하고, 기본적인 원인과 해법에 관한 많은 탁월한 경제학자들의 견해를 요약하고 있다.

*사회보장 B*는 1935년부터 1981년까지의 제도 형성과 뒤 이은 팽창 과정을 서술한다. 루스벨트 행정부에 영향을 미친 정치적 그리고 개인적 요소들은 제도 초기의 특별한 형태를 설명하는 데 도움을 준다. 그리고 그 이후의 수정안들은 A 사례에서 대부분의 제안들이 직면한 어려움은 물론 초기 결정의 지속적인 중요성을 보여준다.

1983년까지 지속된 상황과 이러한 점들에 대한 추가적인 강조에 관해서는 이 책의 제2장을 참조할 것.

임금 및 물가통제

A. 1980년의 논쟁(C15-83-489) 6쪽 외 요목

B. 닉슨 행정부의 통제(C15-83-490) 25쪽 외 요목

C. FDR에서 아이젠하워까지(C15-83-526) 11쪽 외 요목

*임금 및 물가통제*는 현재의 해결책 모색에 대한 이슈의 역사 적용을 탐구한다. A 사례는 카터 행정부가 인플레이션을 잡기 위해 분투했던 1970년대 말의 "문제"를 설정한다. 카터는 자신에게 위임된 임금 및 가격통제의 부과를 거부했지만, 만성적인 두 자리 수의 인플레이션은 그러한 정책들의 재점검을 요구했으며 양측은 자신들의 입장을 뒷받침하는 역사적 기록—특히 이른바 닉슨 행정부의 통제의 "교훈들"—에 눈을 돌렸다.

B사례 즉 "닉슨 행정부의 통제"는 정치와 경제 양쪽의 추세의 맥락에서 임금-물가 통제(1971~74년)에 관한 이전의 미국 정부의 실험의 수행, 구조 그리고 효과를 설명하고 있다. 이 사례는 현재의 정책 분석에 주는 "교훈"의 평가 또는 1980년 이에 대해서 개진되었던 주장들에 대한 판단, 혹은 이 양자를 가능하게 한다.

C사례 즉 "FDR에서 아이젠하워까지"는 닉슨과 그의 동시대인들이 "교훈들"을 이끌어 낼 수 있는 과거의 경험에까지 시간적으로 더 거슬러 올라간다. 이 사례에는 제2차 세계대전 중의 통제 프로그램과 더 문제성 있는 트루먼 행정부 시절의 시도들에 관해서 아주 간략하게 설명되어 있다.

3. 추정되는 것 검증하기

정보 과정

A. 1980년 시점의 미 국가정보활동의 실제(C14-81-361) 11쪽 외 요목

B. 바바롯사 작전(C14-81-362) 19쪽 외 요목

C. 1970년대 말 시점의 소련 정보활동의 구조와 실제(C14-81-363) 10쪽 외 요목

*정보과정*에서 "B. 바바롯사 작전"은 1941년 6월에 발생한 독일의 러시아 침공에 대한 스탈린의 예측 실패에 관한 것이다. 이 사례는 스탈린의 정보체계의 장점과 단점을 개략적으로 설명하고, 독일의 의도와 능력에 관한 소련 군사전략 입안자들의 선입견을 상세히 묘사한다. 비교를 위해서는 *정보 과정*의 A와 C를 참조할 것.

케네디와 피그만 사건(C14-80-279) 25쪽 외 요목

미국에서 훈련받은 망명자 여단을 이용한 CIA의 쿠바침공 계획의 수립 및 실패의 과정. 이 사례는 케네디가 계획에 관해서 처음으로 듣고, 수정하고, 자신과 다른 사람들의 다양한 추정들을 검토하지 않은 채 마침내 승인했던 그의 취임 초 3개월 동안에 초점을 맞추고 있다. (이 책의 제8장을 참조할 것.) CIA 조직의 역사라고 할 수 있는 *1961년까지의 CIA*(C14-80-280)와 함께 이 사례는 일찌감치 제기되었더라면 대통령이 침공 계획의 승인 시에 참고했던 정보를 더 잘 평가하는 데 도움이 되었을 법한 그러한 제도적인 문제들을 고려하기 위한 기초를 제공해 준다. 정권 변동 시의 위험들을 예시하는 데에도 활용될 수 있다. *세션 C*(C14-82-427)가 다루고 있는

링컨의 경우 또는 이 책의 제7장에서 다루고 있는 SALT에 있어서의 카터의 경우와 비교해 볼 수 있다.

한국전쟁의 목적(C14-82-484) 9쪽 외 요목

한국에서의 미국의 점진적인 전쟁 돌입에 관한 간략한 설명 및 결국 한반도 통일을 UN의 전쟁 목적으로 설정하고, 그 후 서둘러 포기하는 과정. 변화하는 추정의 문제 그리고 그 추정들을 검증하는 것 또는 검증하지 않는다면 처음부터 줄곧 그 추정들을 고집하게 하는 것은 무엇인가를 제기한다. 앨리슨의 모델이나 다른 정책결정 이론의 다양한 설명방법들을 소개하는 데에도 도움이 된다. 뿐만 아니라 *한국과 30년대 A*를 다듬는 데에도 활용될 수 있다.

4. 사람의 위치 짓기

메어리 앤더슨과 여성국(C14-81-368) 27쪽 외 요목

탁월한 여성 노동운동 지도자이자 1920년부터 1945년까지 노동부 여성국장을 지냈던 앤더슨에 관한 전기문 성격의 요약. 출생에서부터 프랭클린 루스벨트 행정부의 출범 시(노동부 장관 프랜시스 퍼킨스와의 치명적인 논쟁에 돌입한 시기)까지의 그녀의 삶을 커버하면서, 공직에서의 그녀의 시각과 스타일을 형성하는 데 영향을 준 공적, 사적인 사건들을 묘사하고 있다. *프랜시스 퍼킨스*(C14-81-369)와 함께 분석 또는 옹호의 수단으로서의 "위치 짓기" 연습의 틀을 제공해 준다.

제임스 윌리엄 풀브라이트(C14-82-488) 8쪽 외 요목

상원 국제관계위원회 위원장의 출생에서부터 케네디 행정부의 출

범 시까지의 삶의 궤적. 이 사례는 *베트남 조언자들*(C14-80-272)과 함께 백악관의 베트남정책으로부터의 최종적이고 핵심적인 이탈자들을 보여 준다. *케네디와 피그만*(C14-80-279)을 보완하는 자료이기도 하다.

마틴 루터 킹(C14-81-365) 26쪽 외 요목

1929년 애틀란타 흑인 중산층 가정에서의 출생으로부터 1964년의 노벨 평화상 수상까지 인권운동 지도자 마틴 루터 킹의 삶을 다룬다. 킹의 가정환경과 그의 스승들 그리고 그가 받은 신학과 철학 교육이 비폭력을 통한 흑인평등권 실현의 꿈을 형성하는 데 어떤 영향을 주었는지를 보여 준다. 다른 방법으로 비슷한 목적을 추구했던 동시대의 흑인 지도자의 삶의 연대기인 *맬컴 X*(C14-81-366)와 함께 *마틴 루터 킹*은 한 개인을 역사적 맥락 속에 위치 짓는 것이 초기의 고정관념을 넘어서 인간에 대한 평가를 얼마나 깊이 있는 것으로 만드는지를 보여 준다.

맬컴 X(C14-81-366) 35쪽 외 요목

흑인 무슬림 지도자이자 흑인 자부심의 강력한 대변자였던 맬컴 X의 삶을 1925년 맬컴 리틀이라는 이름으로 출생했을 당시부터 1964년 무슬림들과 결별하는 시기까지 다룬다. 빈곤과 폭력으로 점철된 유년 시대와 범죄 청소년이었던 시기로부터 이슬람국민운동(Nation of Islam)을 통해서 지위를 확보하기까지 장구한 개인적 투쟁경험이 그의 철학을 형성하는 데 어떤 역할을 했는지 보여 준다. 다른 방법을 통해서 비슷한 목적을 추구했던 동시대의 흑인 지도자의 삶의 연대기인 *마틴 루터 킹*(C14-81-365)과 함께 맬컴 X는 한 개인을 역사적

맥락 속에 위치 짓는 것이 초기의 고정관념을 넘어서 인간에 대한 평가를 얼마나 깊이 있는 것으로 만드는지를 보여 준다.

마틴 루터 킹과 맬컴 X의 운명(C14–82–426) 4쪽 외 요목

1965년 초부터 각각 암살당하기까지 두 흑인 지도자의 전기의 완성본.

노동부 장관 프랜시스 퍼킨스(C14–81–369) 25쪽 외 요목

미국 역사상 최초의 여성 각료이자 FDR 행정부의 노동부 장관이었던 프랜시스 퍼킨스에 관한 전기문 성격의 요약. 출생으로부터 그녀의 첫 각료회의 참석까지의 시기를 커버하면서, 공직에서의 그녀의 시각과 스타일을 형성하는 데 영향을 준 공적, 사적인 사건들을 묘사하고 있다. *메어리 앤더슨*(C14–81–368)과 함께 분석 또는 옹호의 수단으로서의 "위치 짓기" 연습의 틀을 제공해 준다.

베트남 조언자들(C14–80–272) 19쪽 외 요목

딘 러스크, 로버트 맥나마라, 조지 볼, 맥조지 번디 그리고 클라크 클리포드는 인종, 계급, 성별, 특별한 능력 그리고 외교업무에 있어서의 예민한 이해관계 등등의 면에서 공통점을 지니고 있었을 뿐만 아니라 케네디와 존슨 행정부의 탁월한 인물들이었다. 이들은 베트남 문제에 관해서 존슨 대통령에게 주요한 조언자 역할을 했다는 공통점도 지니고 있다. 그러나 이러한 유사점—이 밖에도 연령의 폭(10년)이라든가 공직생활의 기간 등—을 제외하면 그들은 시각(outlook)에 있어서 많은 차이점들을 가지고 있었다. 이 사례는 위치 짓기 연습의 틀을 제공해 준다. 이들 베트남 조언자들에 관한 간략

한 전기를 제공하고 또 중요한 사건들을 집중 조명하여 경험형성의 과정을 보여줌으로써 각 조언자들의 특별한 세계관의 기원에 대한 통찰력을 제공해 주며, 이들의 시각에 관한 조악한 고정관념을 세련되게 만들어 준다. 이 책의 제9장을 참조할 것.

이 사례는 베트남전쟁*의 미국화*(C15-80-271) 또는 *베트남 문서*(C15-80-271S)와 곧 잘 함께 활용된다.

5. 조직의 위치 짓기

1961년까지의 CIA(C14-80-280) 27쪽 외 요목

제2차 세계대전 중의 OSS라는 이름으로의 창설에서부터 피그만 침공에서의 역할에 이르는 시기까지의 미 중앙정보국(CIA)의 조직의 역사. 정보국 내에서 특징적인 제도적 정체성과 관점을 형성하는 데 영향을 미친 요인들이 강조되며, 침공계획에 대한 "정보국의" 분석과 옹호론을 평가하는 데 필요한 시각을 제공해 준다. *케네디와 피그만*(C14-80-279)과 함께 이 사례는 일찌감치 제기되었더라면 대통령이 침공 계획의 승인 시에 참고했던 정보를 더 잘 평가하는 데 도움이 되었을 법한 많은 조직상의 문제들을 고려하기 위한 기초를 제공해 준다.

미국 광업노조연맹

A. 1977년의 계약협상(C14-81-357) 11쪽 외 요목

B. 존 L. 루이스의 노동조합(C14-81-358) 29쪽 외 요목

C. 교회 계약(C14-82-267) 4쪽 외 요목

1940년대부터 1950년대까지 미국에서 가장 강력한 노동조합—강

력한 존 L. 루이스가 지배—이었던 광업노조연맹은 과거 20년 동안 허약하고 다루기 힘들며, 혼란스런 것처럼 보였다. 무모한 파업들로 인해서 노조와 석탄광부들의 자산뿐만 아니라 국가의 기본 에너지원으로서의 석탄에 대한 신뢰마저 위협을 받았다. 이러한 변화를 어떻게 설명할 것인가? 이러한 변화는 역전될 수 있을까?

이 세 가지의 사례는 이러한 질문들을 조명하기 위해 조직의 역사를 검토한다. "A. 1977년의 계약협상"은 1977~78년의 협상과정을 기술하면서 점점 더 호전적이 되어 가는 노조를 이끌려고 시도한 아놀드 밀러(Arnold Miller)가 직면했던 어려움들을 보여준다. "B. 존 L. 루이스의 노동조합"은 노조의 초창기로 거슬러 올라가 부패한 W. A. "토니" 보일(W. A. "Tony" Boyle)을 축출하고 밀러를 의장으로 밀었던 어둠의 반란을 살펴본다. "C. 교회 계약"은 독자들을 1981년의 협약시기로 안내하여 "그 다음에는 어떻게 되었는가?" 하는 질문을 제기한다.

6. 패턴을 파악하기

경제성장

A. 세 가지 이론(C14-76-186) 18쪽 외 요목

B. 4건의 성명서(C14-83-515) 17쪽

*경제성장 A*는 최대한의 사회적 이익을 달성하기 위한 열쇠로서 경제성장 정책을 추구하는 것에 대한 미국 경제학자 그룹들의 찬반론을 기술하고 있다. 월트 로스토, 로마 클럽 그리고 레스터 서로우(Lester Thurow)의 분석을 검토하여, 이들이 경제발전의 역사적 패턴과 사회적 이익 달성에 관한 서로 다른 인식에 기반을 두고 있었다는 점을 보여 준다.

*경제성장 B*에는 3건의 정치 연설문(1건은 FDR의 연설문이고 2건은 레이건의 연설문)과 1건의 1939년 정부보고서의 발췌문—이 4건 모두 정책적 관점에서 성장의 문제를 다루고 있다—이 포함되어 있다. 이것은 *경제성장 A*보다 먼저든 나중에든 언제나 활용될 수 있다. 활용의 예에 관해서는 이 책의 제12장을 참조할 것.

대공황에 관한 케인즈와 프리드먼의 견해(C14−82−427) 15쪽 외 요목

대공황에 관한 두 가지의 서로 다른 해석 즉 존 메이너드 케인즈(John Maynard Keynes)와 밀턴 프리드먼(Milton Friedman)의 해석을 살펴보고 이론적 맥락 속에서 설명한다. 대공황의 기원에 관한 케인즈와 프리드먼의 분석 그리고 이 경제 위기를 극복하기 위한 그들의 정책적 처방을 기술하고 있다. 경제이론에 관한 이들의 논쟁은 여러 가지 면에서 현재의 경제적 논의는 물론 더 나아가 정치적 행동에 필요한 변수들을 설정해 주고 있다. *케인즈와 프리드먼: 두 사람의 경제학자*(C15−82−428)와 함께 읽어야 할 것이다.

케인즈와 프리드먼: 두 사람의 경제학자(C15−82−428) 16쪽 외 요목

대공황에 관한 케인즈와 프리드먼의 견해(C14−82−427)에 수록된 케인즈와 프리드먼에 관한 이론적 스케치를 보완할 수 있는 전기적 성격의 정보를 제공해 준다. 이 두 사람의 서로 다른 역사적, 국가적, 경제적, 교육적 배경 그리고 정부와 관련된 이들의 다양한 경험을 서술하면서, 두 경제학자의 세계관을 형성하는 데 영향을 준 개인적인 환경을 조명해 준다. 약간은 "파격적인" 제3의 경제학

자에 관해서는 *폴 A. 새뮤얼슨*(C15-83-532)을 참조할 것.

폴 A. 새뮤얼슨(C15-83-532) 5쪽 외 요목
대공황에 관한 케인즈와 프리드먼의 견해(C14-82-427)와 *케인즈와 프리드먼: 두 사람의 경제학자*(C15-82-428)에 묘사된 케인즈와 프리드먼의 인물묘사를 보완하는 제3의 경제학자 즉 케인즈 학파에 속하는 한 미국 경제학자에 대한 인물묘사. 새뮤얼슨(Paul A. Samuelson)의 역사적, 국가적, 경제적, 교육적 배경 그리고 그의 응용경제학의 경험을 서술하면서, 새뮤얼슨의 세계관 형성에 영향을 미친 개인적 환경을 조명하고 있다.

맑시즘-레닌이즘 (C14-80-284) 12쪽 외 요목
공사주의 사상의 중심 개념들인 변증법적 유물론, 노동가치론, 물신숭배, 소외, 공산주의, 프롤레타리아 독재, 민주집중제 그리고 제국주의 등을 소개한다.

소련경제에 관한 미국의 분석(C14-81-373) 20쪽 외 요목
소련경제에 관한 미국의 전문가들의 세 가지 견해를 제시한다. 맑시즘-레닌이즘과 전적으로 부합하지 않는 관점에서 표명되어 있지만 이 사례는 *맑시즘-레닌이즘*(C14-80-284)의 사례와 함께, 개혁을 수행하고 있는 소련의 관리들이 지도자에게 자신들의 입장을 어떻게 정당화할 수 있었을까 하는 질문의 기초를 제공해 준다.

소련의 미국관(C14-85-642) 26쪽 외 요목
1970년대 말 소련의 엘리트 집단 구성원들이 미국의 사회와 경제

에 대해 가지고 있는 다채로운 견해들을 제공해 준다. 만일 당신이 그들의 입장에 있었다면 그 시대의 미국 경제의 문제들을 어떻게 보았을까? 미국인으로서 그러한 견해에 대해 어느 부분에서 반론을 제기했을 것인가? 그리고 그 이유는 무엇인가? 하는 등의 질문의 기초를 제공한다.

7. 변화를 판단하기

대폭락(C14-81-376) 31쪽 외 요목

1920년대에 달성된 번영의 전성기로부터 1930년 봄 대공황의 여파로 주식시장이 폭락한 이후의 반 년 동안의 시기까지 미국 경제와 주식시장의 흐름을 추적한다. 그 이후에 어떻게 되었는지도 보여주고 있다. 폭락을 둘러싼 사건들에 관한 그 시대의 르포에 주로 의존하면서, 임박한 경기침체의 심각성을 간파하지 못했거나 인정하지 않았던 재계 및 정계 지도자들의 둔감함을 지적하고 있다. 현재의 사건들을 평가하고 미래의 경향을 예측하는 데 있어서 과거의 경험은 크게 부풀려지게 마련인데, 결국 당신이 그 자리에 있었다면 무엇이 *새롭다는 것*을 어떻게 알 수 있었겠는가? 그리고 과거(의 경험)가 아니라면 무엇을 가지고 알 수 있었겠는가? 하는 질문들이 제기된다.

남부연방의 이탈

A. 해외보고서(C14-82-435) 45쪽 외 요목
   보록(C14-82-435S) 14쪽 외 요목
B. 남부의 견해(C14-82-436) 5쪽 외 요목
C. 파국 직전(C14-82-427) 20쪽 외 요목

남부연방의 이탈 "A. 해외보고서"는 1860년 에이브러햄 링컨의 당선 시점부터 5개월 후 남북전쟁 직전까지의 시기에 발생한 사건들의 연대기로서 영국의 외교관들이 보고한 것들이다. 아마도 유추한 것일 테지만, 과거의 사건들이 1860년판 영국의 백과사전의 발췌문 속에 요약되어 있다. 섬터 요새에 대한 남부연방의 공격 직전까지를 다루고 있는 이 사례는 다음과 같은 질문들을 제기한다. 즉 위기라고 불리는 것이 정말로 위기인 때를 어떻게 알 수 있을 것인가? "전쟁"이 도래한다면 그 "전쟁"이 의미하는 것은 어떻게 알 수 있을까?

남부연방의 이탈 "보록"에는 A 사례와 함께 활용될 수 있는 전기, 연대기 그리고 통계수치가 포함되어 있다. 볼티모어 앤 오하이오 철도회사에 관한 부분은 이 책의 제14장에 기술된 학생들의 연습의 틀을 제공해 준다.

남부연방의 이탈 B와 C는 남북전쟁의 첫 번째 교전에 이르기까지 발생한 사건들을 서로 다른 분석의 시각에서 살펴보면서, 설명과 예측을 위한 각각의 상대적인 효용성에 관한 질문을 제기한다.

남부연방의 이탈 B는 섬터 요새에 대한 남부연방의 공격은 북부에 도덕적인 우위를 제공하기 위해 링컨 대통령이 영리하게 조작한 것이라고 주장하는 남부의 탁월한 역사가 찰스 W. 램스델(Charles W. Ramsdell)의 논의를 요약하고 있다. *남부연방의 이탈* C는 막 당선된 링컨이 직면한 혼란과 사건의 쇄도를 조명함으로써 램스델의 "합리적 행위자"식 해석을 반박하고 있다. 섬터에 대한 병참의 재개를 지시한 링컨의 결정은 그의 취임 첫 달이 지나면서 정부를 시동하고, 각 요직을 임명하며, 대통령 자신의 권위를 수립하면서 북부연방을 유지하려는 시도와 동시에 이루어졌다는 것이다.

남부연방의 이탈 C는 *케네디와 피그만*(C14-80-279)이나 카터와 SALT에 관한 이 책의 제7장 또는 이 두 가지와 연결시켜 활용하면 시간의 경과에 따른 제도와 개인적 특성 그리고 작동과정의 연속성과 변화에 관한 일층 발전된 질문들을 제기할 수 있다.

금주법

A. 제정(C14-83-492) 21쪽 외 요목

B. 폐지(C14-83-493/493S) 4쪽 외 요목

보록(C14-83-493S) 10쪽

1920년 1월 16일 주류의 제조 또는 판매를 불법화하는 헌법 수정조항 제18조가 공포되었다.

*금주법 A*는 주류판매반대연맹(Anti-Saloon League)의 승리로 절정에 달한 금주법 입법을 위한 한 세기에 걸친 노력들의 연대기를 정리하고 있다. 마지막 섹션에서는 금주법 입법 성공의 배후에 있는 힘을 분석하고 있다. *금주법 B*는 제18조의 탄생과 소멸을 아주 간략하게 기술하고 있다. *보록*에는 비교의 관점을 제공하기 위한 도덕적 다수파 운동(Moral Majority) 및 기독교정치행동위원회(Christian Political Action Committees)에 관한 다수의 최신 기사들이 포함되어 있다.

조지 마셜(C14-82-480) 20쪽 외 요목

제2차 세계대전 당시 합참의장이었고, 국무장관과 국방장관을 역임한 저명한 육군 장성의 동시대인들의 눈에 비친 모습. 이 사례는 호평이든 악평이든 동시대인들의 평가를 풍부하게 인용하면서, 역사에 의해서 "위대하다"고 평가받는 인물의 일생에서 감지되는 자

질을 설명해 준다.

조지 워싱턴(C14-82-479) 16쪽 외 요목

미국 독립혁명군 총사령관이자 미국의 초대 대통령의 동시대인들의 눈에 비친 모습. 호평이든 악평이든 동시대인들의 평가를 풍부하게 인용하고 있는 이 사례는 조지 마셜에 관한 사례에서와 같은 목적을 위해 활용될 수 있으며, 비교의 목적으로도 활용될 수 있다.

■ 저자 약력

리처드 노이스타트(Richard E. Neustadt)는 하버드대학 존 F. 케네디 행정대학원의 창설자 가운데 한 사람이며 동 대학에서 더글러스 딜런(Douglas Dillon) 교수를 역임했다. 트루먼, 케네디, 존슨 등 여러 대통령과 그 각료들의 조언자였던 그는 『*동맹의 정치학(Alliance Politics)*』은 물론 미국 정부의 정책결정과정에 관한 탁월한 통찰력을 담은 연구서 『*대통령의 권력: 리더십의 정치학(Presidential Power: The Politics of Leadership)*』의 저자이기도 하다. 2003년 11월 84세로 작고했다.

어니스트 메이(Ernest R. May)는 하버드대학의 찰스 워런(Charles Warren) 교수로서 미국사를 가르치고 있다. 국방장관실과 국가안보회의 등 정부 고위 관료와 기관들에 대한 조언자로 봉사했고 대외관계위원회(Council on Foreign Relations) 위원, 9/11 위원회의 선임 자문역을 역임했다. 저술로는 『*먼로 독트린의 형성(The Making of the Monroe Doctrine)*』, 『*적을 알기: 양차 대전 전의 정보 평가(Knowing One's Enemy: Intelligence Assessment Befor the Two World Wars)*』, 『*케네디 테이프: 쿠바 미사일 위기시의 백악관(The Kennedy Tapes: Inside the White House During the Cuban Missile Crisis)*』(공저) 그리고 『*이상한 승리: 히틀러의 프랑스 정복(Strange Victory: Hitler's Conquest of France)*』 등이 있다.

■ 역자 약력

이호령은 고려대학교에서 국제정치학 박사학위를 취득하고, 미국 조지타운대학 초빙연구원을 역임하였고, 국가안전보장회의 사무처를 거쳐 현재 한국국방연구원 안보전략연구센터 선임연구원으로 있다. "미국의 독주: MD정책"(『아세아연구』, 2002년), "Cold War Arms Races and New Suspicious MD and North Korea Missile Development"(UK–China Int'l Conference, 2004), "6자회담 평가 및 전망"(『군비통제연구』, 2004년), "미국수출통제법과 남북경협"(『국방정책연구』, 2005년), "북한사회변화와 군"(『북한』, 2006년) 등의 논문이 있다.

오영달은 영국 웨일즈대학에서 국제정치학 박사학위를 취득하고, 고려대학교 BK21 동아시아교육연구단 연구교수를 거쳐 현재 고려대학교 평화연구소 연구교수로 있다. "인권과 주권: 정치철학사상 그 상호관계에 대한 두 가지 전통"(『사회와 철학』, 2005년), "Political Changes and Ethnic Koreans in Central Asia: A Kantian Liberal Perspective"(Journal of Asia–Pacific Affairs, 2004), "영국 정치제도 발전의 역사적 배경: 의회 및 정당을 중심으로,"(『유럽정치』, 2004년), "주권과 인권에 대한 홉스와 로크이론의 비교연구"(『평화연구』, 2002년) 등의 논문이 있다.

이웅현은 일본 동경대학에서 박사학위를 취득하고, 고려대학교 BK21 동아시아교육연구단 연구교수를 거쳐 현재 고려대학교 평화연구소 연구교수로 있다. 『ソ連のアフガン』(저서, 2002년), 『평화와 전쟁』(역서, 1999년), 『새로운 중세』(역서, 2000년) 등의 저, 역서와 "러시아의 동북아정책과 안보협력의 제도화"(『한국과 국제정치』, 2003년), "러시아의 정치권력과 국가이익"(『정치적 현실주의의 역사와 이론』, 2003년), "푸틴 2기 러시아 에너지 산업의 정치경제학"(『21세기정치학회보』, 2005년), "청일전쟁 개전기 러시아의 극동정책: 1894년 3월~1894년 7월"(2006년) 등의 논문이 있다.